JN457561

백 년 전의 꿈: 다시 읽는 장리욱

백 년 전의 꿈

다시 읽는 장리욱

초판 1쇄 발행 2022년 11월 30일

엮은이 유영미, 김미혜

펴낸곳 서울대학교출판문화원
주소 08826 서울 관악구 관악로 1
도서주문 02-889-4424, 02-880-7995
홈페이지 www.snupress.com
페이스북 @snupress1947
인스타그램 @snupress
이메일 snubook@snu.ac.kr
출판등록 제15-3호

ISBN 978-89-521-3142-3 03990

ⓒ 유영미, 김미혜 2022

이 책은 저작권법에 의해서 보호를 받는 저작물이므로
무단 전재와 복제를 금합니다.

다시 읽는
장리욱

백년 전의 꿈

유영미 · 김미혜 엮음

서울대학교출판문화원

장리욱

(張利郁, 1895~1983)

△ 맏손자 장승국이 스케치한 장리욱의 모습

△ 장리욱의 고향 평안남도 안주읍 전경

▽ 안주평야와 청천강, 그리고 백 가지 경치를 볼 수 있다는 백상루

△ 1925년경 장리욱이 미국에서 유학할 당시 가족이 보낸 사진

뒷줄(왼쪽부터): 장리욱의 셋째 동생, 장리욱의 장남, 장리욱의 둘째 동생, 장리욱의 아버지
앞줄(왼쪽부터): 장리욱의 어머니, 할머니, 부인, 친척, 장리욱의 장녀

▽ 1932년경 장리욱 가족 사진

뒷줄: 왼쪽에서 첫 번째 장동상의 4남(장대욱), 세 번째 장리욱의 아버지(장동상), 제일 오른쪽 장리욱의 장남(장재전)
가운뎃줄: 왼쪽에서 첫 번째 장동상의 3남(장기욱), 다섯 번째 장리욱의 할머니, 제일 오른쪽 장동상의 장남(장리욱)
앞줄: 왼쪽에서 세 번째 장리욱의 장녀(장은전)

President Steffens

Mrs. Steffens

Prof. Mohr

△ 장리욱이 유학했던 듀북대학교 캠퍼스,
장리욱이 깊은 영향을 받았던 총장 내외와 모어 교수

1919, 1921, 1925 학교 연감에 실린 사진. 듀북대학교 아카이브의 허락을 받아 수록

THE KEY
UNIVERSITY OF DUBUQUE

KOREAN SOCIETY

(Standing)—S. W. Chang, Kim, D. Choy.
(Middle)—J. Shyn, Wei.
(Bottom)—K. Choy, L. W. Chang, D. Shyn.

O·F·F·I·C·E·R·S

L. W. CHANG .... *President*
J. SHYN .... *Secretary*

PAGE 136

THE KEY

Korean Students' Club

It was one of brightest afternoons of last September, when the Korean students met at Kane's Heights and considered the matter of creating an organization through which we might act like a unit and consequently be benefitted as a body, though we were limited to a small number.

It was organized with the idea of promoting fellowship and sociability among its members; to exchange the viewpoints and interpretations of American ideals and institutions; to inform its members of the matching events and thought currents at our home land, that we would not be behind the times when we get back to serve our fellow countrymen; and finally to do away with the problems such as homesickness and the like which confront us in one way or another.

With these ends in view, we hold our monthly and semi-monthly metings for social, discussion, and information purposes. We as a group have subscribed to the best and representative papers and magazines at home in order to keep pace with the ever enlightening thought movements. We realize, after all, that our success in bringing these ends to a fruitful realization depends upon our spiritual lives. With this understanding, we are keeping on our "Mother tongue prayer meeting" on every Sunday.

We hope that in the future, the new Korean students will come into our club and keep up the good work that so far has been accomplished.

PAGE 137

Korean Literary Society

From the creation of the world God has endued man with knowledge, which places him above any other creature. Along with this knowledge, he gave man a grouping instinct which he has manifested in the family and clan organizations and later in societies and state and national organizations.

For many years there have been one or more Korean students in the University, but they have had no organization whatsoever. At the opening of the academic year of 1921-1922, there were seven Korean students in this institution. In November 1921, they met together and organized the "Korean Literary Society."

The purpose of this organization is to develop a more intimate friendship among our members and to afford practice in public speaking, debating, and in literary work. Our chief aim is embodied in this phrase, "The more you practice, the more you learn," and our motto lies in these verses of Scripture: "Ask, and it shall be given you; seek, and ye shall find; knock, and it shall be opened unto you; for everyone that asketh receiveth, and he that seeketh findeth; and to him that knocketh is shall be opened."

1923

PAGE 81

△ 장리욱이 활동했던 듀북대학교 한국 학생 클럽

1923, 1925 학교 연감에 실린 사진. 듀북대학교 아카이브의 허락을 받아 수록

LEE WOOK CHANG..Anju, Korea
Philosophy

Korean Society '22-'24; Y. M. C. A. Cabinet '23-'24.

Simplicity of character is the natural result of profound thought.

△ 듀북대학교 졸업(1925)

△ 미국 흥사단 단소 앞에서 도산 선생과 함께(1925)

▽◁ 안창호, 한승곤, 장리욱(1926)[흥사단 제공]

▽▷ 도산과 캔자스시티 한인 과수원 방문(1925년경)[흥사단 제공]

△ 도산과 시카고 한인 농장 방문(1925)[홍사단 제공]

▽ 제1회 수양동우회 기념 사진(1931)

앞줄(왼쪽부터): 이영학, 김병연, 이인수, 김동원, 이광수, 박선제, 유기준
가운뎃줄(왼쪽부터): 김배혁, 조명식, 노준탁, 김윤경, 정재호, 백영엽, 유상규, 오익은
뒷줄(왼쪽부터): 주요한, 김기만, 최능진, 이종수, 박원규, 장리욱, 채우병, 전재순, 김용장

△ 장리욱이 교장으로 재직했던 신성학교 본관, 신축한 체육관 겸 강당(1934)

『창립 100주년 신성학교사』에 실린 사진. 신성학교 동창회의 허락을 받아 수록

신성학교 시설 ▷

『창립 100주년 신성학교사』에 실린 사진. 신성학교 동창회의 허락을 받아 수록

양계장

목장

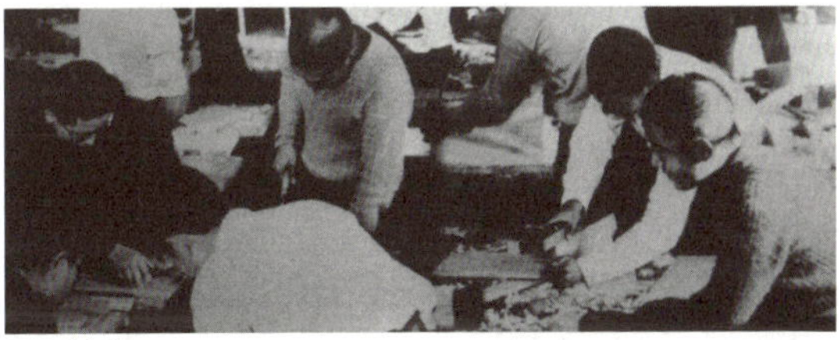
목공 실습실

물리실

화학실

박물실

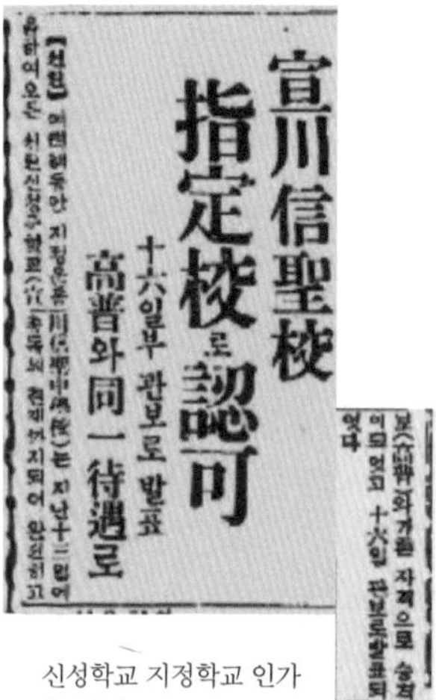

宣川信聖校
指定校로認可
十六일부 관보로 발표
高普와同一待遇로

신성학교 지정학교 인가
『동아일보』 1931. 3. 19.

"信聖週間"一日
七千五百圓
二만五천원은 무난할듯
信聖校財團完成運動

前科四犯의窃盜

신성학교 건립, 성공적인 모금 운동
『동아일보』 1934. 2. 2.

林野二十萬町步를
農用地로提供計劃
貧農廿萬戶에 一戶當一町步씩
慶北道에서研究中

迎日의貧民數
一萬五百餘戶
半農半漁地帶에春窮
十六面의調査統計

宣川信聖學校
大講堂落成記念

安東縣李龍治氏=
債權十六萬圓抛棄
過去을깨끗이淸算

羅津에火災
損害額約五千圓

失業勞働者六千

대강당 신축 관련
『동아일보』 1934. 5. 19.

△ 신성학교 관련 신문기사

渡美教育使節團 今日仁川港出航

01 《동아일보》 1946년 3월 13일자 '도미교육사절단 금일인천항출발' 기사

「동아일보」 1946년 3월 13일자에 「도미교육사절단 금일인천항출발(渡美教育使節團 今日仁川港出發)」이라는 제목의 기사가 있다. 시선을 끄는 것은 그 기사 옆에 있는 한 장의 사진이다. 사진의 중앙에 자리 잡고 있는 여성은 쪽머리에 한복을 곱게 차려 입고 있었으며, 양장을 입은 중년 남성 5명이 그 여성을 둘러싸고 있었다. 이 6명의 이름은 고황경 · 구영숙(Koo Byren R. S.) · 문장욱 · 장리욱 · 나기호 · 김훈(Kim Hoon Lincoln)이며, 미국으로 향하는 배에 승선하기 위해 대기 중이었다. 훗날 사람들은 이들을 한국교육사절단(Korean Education Commission)이라고 불렀다.

한국교육사절단은 1946년 3월부터 8월까지 미국정부, 공공기관, 사설 교육기관을 대상으로 남한의 학생들을 미국에 유학시킬 수 있도록 적지 않은 노력을 했다. 이들은 국무부 관계자들을 접촉했으며, 연방정부의 산하 기관인 국제인력교류국(Divsion of International Exchange of Persons)과 예산청 그리고 애틀란타 시의 보건위생국을 방문하여 관계자들에게 한국 유학생 유치의 필요성을 역설했다. 한국교육사절단은 공공기관 뿐만 아니라 밀스대학(Mills College), 미시간대학, 듀북대학, 터스키기대학(Tuskegee University), 스탠포드대학, 캘리포니아대학 등 미국의 유명 대학을 찾아다니며 소기의 성과를 거둘 수 있었다.

△ 1946년 방미 교육사절단 대표로 트루먼 대통령과 미국 국민에게 고려자기를 증정하는 장리욱

▽ 교육사절단 관련 신문기사

THE NEW YORK TIMES, SUNDAY, MAY 19, 1946.

Revitalizing the Schools of Korea

After nearly forty years of Japanese domination Korean educational leaders are facing a tremendous problem in revitalizing and expanding their school system on all levels to meet the needs of an era they hope will bring increasing contacts with Western ideas and techniques.

To help solve the educational problem of Korea, the State Department of the United States is now acting as host to six members of the Korean Educational Commission, which represents the United States Army Military Government of that country. The commission members are here for a period of about three months to carry on discussions with American Government officials and with teachers and administrators of leading educational institutions in this country.

After they survey educational conditions here, the commission will make recommendations to the Military Government of Korea for establishing a long-range cultural and educational program to meet the requirements of the Korean people, with special emphasis on the training of technicians for all phases of public life there.

Education for All

According to Dr. Chang Lee Wook, head of the Military Government's Bureau of Education and spokesman for the commission, Korea, north and south of the 38 degree parallel, now has 4,892,418 boys and girls from 6 to 12 years, and of this number only 1,721,873 are at present in schools. To bring educational opportunities to all the children of school age, Dr. Chang estimates that at least 52,800 new teachers are needed, with a corresponding increase in buildings and equipment.

In addition, the latest figures show that 182,089 boys and 64,954 girls were graduated from elementary schools in Korea in 1944 and for these children only 336 middle schools of all kinds are available. About 40,000 students, or 16 per cent of the elementary school graduates, can be admitted into the first-year classes at present.

The job of providing teachers and leaders for the educational system of Korea is complicated by the fact that the country has only sixteen normal schools with a capacity for approximately 8,000 students. These institutions can supply some 2,000 teachers a year.

Leadership Needed

Besides the educational field, the need for leadership is also great in other branches of the nation's life. The Korean educator stresses the urgency of training technicians and specialists for his country's industry and commerce, government and professions. He points out that Korea has only one university and twenty-two professional colleges and that their total capacity is 11,000 students.

"To meet the immediate needs," he said, "we cannot help but turn in the direction of re-educating those who were the teachers, educators and leaders under the old regime. That is, their experience of the past should be enlisted, but only after the owner of that experience has been regenerated in the spirit of a new age.

As a step toward meeting Korea's educational needs, a plan has been devised to send 300 students from that country to the United States to study latest methods and techniques. In turn, it is hoped that American experts and instructional personnel will visit Korea to be teachers and consultants in such fields as government, industry, finance and transportation. MURRAY ILLSON.

△ 해방 후 한국 교육제도를 정립하기 위해 방미한
교육사절단의 대표 장리욱의 인터뷰. 『뉴욕 타임스』 1946. 5. 19.

△ 1960년 한국대표단 유엔총회 참석

UNCURK: United Nations Commission for the Unification and Rehabilitation of Korea (1951~1973)

△ 주미대사 시절 미국 적십자사 방문(1960. 12.)

▽ 1960년 미해군 박물관 방문

△ 미국 대사관저에서 열린 김신 공군 참모총장을 위한 리셉션에서 국방성 극동지구 책임자 헤인즈(Luther C. Heinz) 제독과 함께(1960. 12.)

▽ 1961년 한국 대사관에서 부인과 함께

—PITTSBURGH POST-GAZETTE: WEDNESDAY, MAY 17, 1961—

Seoul Envoy Asks U.S. Speak Plainly in Crisis

Moral Support for Ousted Government All That Is Needed, He Tells Newsmen

WASHINGTON, May 16 (AP)—Korean Ambassador Lee Wook Chang pleaded today for the United States to back up the overthrown government of Premier John C. Chang by endorsing the moral backing expressed by top American officials in South Korea.

The ambassador told a news conference only "moral support" of the United States is needed, not military help, and he is confident the coup will fail soon. He said officials here should repeat what the two Americans said in Seoul.

Surprise in Washington

But in an atmosphere of surprise and confusion over the situation, officials here were saying almost nothing about the turn of events.

"The situation there is so fluid and unclear that I am unable to make any substantive comments on it," Lincoln White, State Department press officer, told newsmen.

He said he doesn't know what is going on in the countryside outside Seoul.

Officials at the Pentagon declined any comment at all. And members of Congress were waiting to learn more before saying anything, although some—like some officials — said they had been aware that all was not well politically in Korea.

White and Pentagon officials were pressed repeatedly about statements issued in South Korea by Gen. Carter B. Magruder, commander of United Nations and U. S. forces in Korea and by U. S. Charge d'Affaires Marshall Green, expressing support for the Chang government.

White said the statements were made "in the scope of their authority in their posts." He would not say whether the statements were cleared here in advance.

Coup's Failure Predicted

The State Department spokesman said it is not clear to what extent the Korean armed forces under Magruder's U.N. Command participated in the coup. He said he had no indication that the flow of U.S. aid to Korea had been interrupted. And there were no reports of injuries to any Americans.

Both Ambassador Chang and his minister, Kwang Lim Coh, said repeatedly at a late afternoon news conference that they feel and hope the United States "will implement" the statements by Magruder and Green.

"The coup is against the will of the people, therefore it will fail," Ambassador Chang said.

LOOK! WHAT A BEEF SALE!

The Philadelphia Inquirer

Public Ledger

— An Independent Newspaper for ... the People

WEDNESDAY MORNING, MAY 17, 1961

S. Korea Envoy Asks U. S. to Aid Ousted Regime

WASHINGTON, May 16 (AP). — Korean Ambassador Lee Wook Chang pleaded Tuesday for the United States to back the ousted Government of Premier John C. Chang by indorsing the moral support expressed by top American officials in South Korea.

The ambassador told a news conference that only "moral support" of the United States is needed, not military help, and he is confident the coup will fail soon. He said officials here should repeat what the two Americans said in Seoul.

SITUATION 'UNCLEAR'

But in an atmosphere of surprise and confusion over the situation, officials here would say almost nothing about the turn of events.

"The situation there is so fluid and unclear that I am unable to make any substantive comments on it," Lincoln White, State Department press officer, said.

He admitted he doesn't know what is going on in the countryside outside Seoul.

Officials at the Pentagon declined comment. Members of Congress were waiting to learn more before saying anything, although some said they had been aware that all was not well politically in Korea.

BACKED PREMIER

White and Pentagon officials were pressed about statements issued in South Korea by Gen. Carter B. Magruder, commander of U.N. and U. S. Forces in Korea and U. S. Charge d'Affaires Marshall Green, expressing support

The Philadelphia Inquirer, May 17, 1961

△ 5·16 군사정변 후 주미대사 장리욱이 기자회견을 통해 발표한 성명서를 다룬 신문기사

△ 청와대 리셉션(연도 미상)

▽ 샘터사에 놓여졌던 장리욱의 악수하는 손

△ 도산공원에서 김재순과 함께(1970년도 중반)

▽ 장리욱의 흉상과 손수 쓴 산타야나의 글귀, "세상을 지혜롭게 사는 사람은 누군가 한눈 뜨고 꿈꾸는 사람일 거다."

발간에 부쳐

장리욱,
한국 현대사와 서울대학교의 역사

서울대학교 제3대 총장이었던 고 장리욱(張利郁, 1895~1983) 박사의 저작과 그에 대한 글을 유족과 후학들의 각별한 노력에 힘입어 내놓는 것은 뜻깊은 일이다. 이 책에서 가장 큰 비중을 차지하는 제1부『나의 회고록』은 1975년에 처음 출간한 바 있어 이 책이 재출간의 성격을 띠기도 하지만, 이후 발굴한 다양한 자료와 이 책을 위해 특별히 따로 쓴 논문까지 모은 저작이라 새로운 의미가 있으며 앞으로 서울대의 역사를 더 깊이 이해하기 위한 소중한 자료가 되리라 믿는다.

장리욱 박사는 1948년 4월 미군정에 의해 서울대 제3대 총장으로 임명되었지만, 1949년 3월에 이승만 정부의 압력으로 사임했으니 실제 재임 기간은 1년도 미치지 못했다. 굴곡 많은 우리 근현대사의 뛰어난 인물들 대부분처럼 장리욱 박사 역시 자신의 뜻과 역량을 남김없이 발휘하는 행운을 누리지 못했다. 그러나 그와 서울대의 인연이 총장을 맡은 기간이 짧다고 해서 가벼운 것은 결코 아니다.

그는 식민지 시대부터 우리 근대 교육의 발전을 위해 헌신한 교육자였으며, 해방되자마자 월남하여 1945년 10월에 훗날 서울대 사범대학의 모태가 되는 경성사범 교장을 맡았다. 이듬해 1946년 3월부터 8월까지는 미국 정부 초청의 교육사절단 6인 중 한 사람으로서 미국 순방길에 올라 여러 정부 기관과 대학들을 접촉하는 등 독립을 앞둔 나라의 교육 체제 정비와 인재 양성 준비를 위해 애썼다. 그러나 회고록에도 기록되어 있듯이, 그가 귀국한 자리에 나온 기자들이 방미 성과에는 전혀 관심을 보이지 않고 직전에 미군정 당국이 발표한 국립종합대학안에 대한 의견을 먼저 물어 올 정도로 '국대안 파동'이 큰 사회적 갈등을 불러일으키고 있었다. 그는 귀국해서야 자신이 서울대 사범대학장이 되어 있다는 사실을 알게 되었으며, '국대안 파동'에 휘말리게 되었다. 한마디로 말해, 장리욱 박사는 해방 이후부터 1949년 3월까지 3년 반 정도의 가장 중요한 시기에 서울대의 주춧돌을 놓는 일에 깊이 간여한 주요 인물이다.

한국 최고·최대의 대학이라고 자부하는 서울대학교의 역사는 그 전사(前史)인 경성제국대학과 여러 전문학교의 역사를 포함하여 아직도 연구할 내용이 많다. 이 책은 장차 '서울대 연구'를 심화하는 계기를 제공함으로써 후대의 연구자들에게 큰 도움이 되리라 생각한다. 서울대에 대한 깊이 있는 연구는 21세기의 새로운 시대를 열어야 할 서울대 구성원들의 자기 인식과 자기 성찰에도 필요불가결한 작업이다.

잘 알려져 있듯이, 고인의 인생 역정은 도산(島山) 안창호(安昌浩) 선생과 맺은 인연 없이는 말하기 어렵다. 그는 도산과의 만남을 통해 우리 민족의 역량과 실력을 키워 독립을 이루고 근대 민족 국가를 세우는 일에 뜻을 세웠다. 1920년대에 미국 컬럼비아대 대학원에서 교육학을 전공한 후 귀국하여 평안북도 선천의 신성학교 교장으로 10년 가까이 봉직하면서 나라의 장래를 이끌 인재를 기르며 자신의 기독교 신앙과 민족 해방의 신념을 실천했다. 이러한 노력이 일본 제국주의의 탄압을 당하는 것은 필연적이었으며, 1937년 11월 일경에 체포된 그는 감옥에서 존경하는 지도자인 도산의 부음을 접하는 뼈아픈 일도 겪었다.

장리욱 박사는 한국전쟁 이후 북한 출신 지식인들이 흔히 그러했던 것과 달리 맹목적인 반공주의에 빠지지 않았다. 북진 통일을 부르짖는 이승만 정권과 거리를 둔 탓에 서울대 총장도 일찍 물러나야 했다. 훗날 4월 혁명으로 탄생한 민주당 정부의 주미 한국 대사로 복무 중에 터진 5·16 군사 쿠데타를 애초부터 반대하며 박정희 군사정권을 내내 비판하는 입장에 섰다는 점에서 경제 발전 지상주의가 아닌 민주주의와 경제 성장의 균형을 생각하는 인물이었다. 해방 이전에 미국에서 교육받은 친미 성향의 지식인들이 분단과 전쟁, 독재로 점철된 우리 현대사의 소용돌이 속에 무력한 모습만 보였다는 역사적 평가도 있지만, 그러한 평가가 지닌 일면성을 진지하게 점검할 필요가 있다. 그가 남긴 저작으로 도산 선생에 관한 책들 외에 『현실과 이상』(1958), 『무엇인가 들려오고 있다』(1979) 등이 있지만, 마지막 저서의 '무엇인가 들려오고 있다'라는 제목이 담고 있는 내용은 팔순을 훌쩍 넘긴 장리욱 박사가 4·19 혁명의 주역이었던 젊은 학생들의 피끓는 에너지와 고귀한 희생, 혁명의 역사적 의의를 가슴속에 생생하게 간직하고 있었다는 증거라서 더욱 소중하다. 무엇보다도 그는 많은 식민지 지식인과 달리 친일의 길을 거부하고 신앙을 지킨 동시에 해방 이후에도 민주주의에 대한 굳건한 소신에 변함이 없었던 남다른 인물이었다.

개인적인 이야기이지만, 내 할머님의 생부였던 임치정(林蚩正, 1880~1932)은 도산 안창호 선생과 뜻을 같이한 독립운동가이자 기독교인이었다. 평양 출신인 나의 할머님은 남편을 일찍 잃고 홀몸으로 자식들을 기르느라 고생하며 월남인들이 모이는 서울의 영락교회를 다닌 독실한 개신교 신자였다. 해방 후 한국 개신교 일각은 극우 반공으로 사회적 물의를 일으켰으나, 장리욱 박사의 길은 전혀 달랐다.

이것은 그분의 온후한 성품과 인본주의적 철학에서 기인하는 것으로 이해할 수 있다.

비록 고인이 서울대와 맺은 인연은 짧았지만, 그의 일생은 서울대 구성원들에게 여러 가지 중요한 화두를 던져 준다. 19세기 말에 태어난 그가 평생토록 추구했던 교육을 통한 근대화, 근대 민주주의의 정착, 근대적 민족 정체성 확립은 오늘의 서울대인에게 여전히 시효를 다하지 않은 중대 과제이며, 그가 평안도에서 태어나 자라난 인물이라는 점은 분단 극복과 한반도 평화체제 구축의 과제를 자연스럽게 떠올리게 한다. 또 극렬한 반공주의와 거리를 두지만 그 대척점에 선 또 다른 극단적 사상이나 이념도 배격함으로써 '중도'의 길을 실천하기 위해 진력한 일은 그가 충심으로 따른 도산의 정신인 동시에 오늘날 서울대라는 고등교육기관이 본받아 마땅한 정신적 유산이다.

2022. 10.

김 명 환(서울대학교 영어영문학과 교수)

머리말

오늘을 비추는
백 년 전의 "생활 활동" 기록

2003년경에 김미혜 선생님 댁을 방문한 적이 있었다. 한쪽 벽을 가득 메운 책장에서 소박한 책자 하나가 눈에 들어와 꺼내 들었더니 1975년에 발간된 외할아버지의 회고록이라고 하셨다. 격동적인 근현대 역사의 소용돌이 속에서 살았던 분의 회고록을 읽으며 드는 느낌은 예상과 전혀 달랐다. 장리욱 박사(1895~1983)는 실로 극적인 삶을 살다 간 우여곡절의 주인공이었다. 1916년 일제의 눈을 피하여 조국을 탈출하고 상하이를 거쳐 샌프란시스코에 도착한 뒤 운명적으로 도산을 만나게 된다. 듀북대학과 컬럼비아 교육대학원에서 천신만고 끝에 "뜨거운 고학"을 마치고 귀국 후 선천의 신성학교 교장으로 부임하여 지정학교 승격을 위해 노력을 다했고, 일제강점기에는 수감 생활로 곤욕을 치르기도 한다. 해방 후 서울대학교 총장에 임명되었다가 정부의 압박으로 물러나고 일본에서 활동한다. 이후 장면 정부 시절 주미대사로 취임하였으나 5·16 군사정변으로 8개월 만에 사임한다. 그러나 파란만장한 인생의 역경과 달리 회고록의 내용이나 문체는 담대함과 담담함, 고매한 인격에서 우러나온 겸손의 무언가였다.

회고록의 서문에는 '회고록'을 쓴다는 것에 대한 장리욱 박사의 고민이 다음과 같이 잘 드러나 있다. "내가 80 평생의 길을 걸어오면서 겪어 보고 느껴 온 모든 사실을 숨김없이 바로 그대로 적어 보려는 의욕을 가졌다 치더라도 본능적으로 어떤 수치스러운 경험을 빼먹기가 일쑤일 것이다. 그 반면 무엇이든 자랑스러운 일이라면 비록 고의가 아니라 해도 이런 것들을 골라 가며 적는 폐가 없지 않을 것이다." 그럼에도 불구하고 그는 회고록을 저술하는 이유를 다음과 같이 풀어 놓는다. "나는 어느 시대의 인간과 마찬가지로 바로 우리에게 주어진 그 시대적 상황 속에서 살아야 했다. 그리고 이 시대의 모습은 어쩔 수 없이 이 동안에 삶을 가진 그 개인들의 저마다 벌여 온 부분적 생활 활동을 통해서만 부각될 것이다." 그는 자신의 '회고록'이 자신이 살아온 시대의 일면을 이해하는 일에 반드시 도움이 될 것이라는 믿음으로 "남다른 조심성"을 극복하고 본인의 "생활 활동"을 기술했다.

캐나다 저널리스트 맬컴 글래드웰(Malcolm Gladwell)이 주장한 '세대효과'라는 것이 있다. 예를 들면 스티브 잡스와 빌 게이츠가 1955년생이었기에 21세기 초입의 '컴퓨터 혁명'에서 큰 역할을 할 수 있었다고 하면서, 어느 시점에 어느 장소에 있게 된 역사적 우연이 개인의 능력과 노력보다 더 중요한 요소일 수 있다고 분석한다. 필자가 장리욱 회고록을 읽으며 떠올린 생각도 처음에는 다르지 않았다. 장리욱 박사가 1895년 평안도 기독교 집안에서 태어나 미국 유학을 한 여정은 얼핏 근대 개화기의 우리 역사와 문화의 한 유형으로 이해되는 것 같기도 하다. 그러나 회고록에서 독자가 발견하는 것은 역사의 순간순간 이룬 업적의 나열이 아니고, 즐거울 때나 괴로울 때나 원칙을 가지고 살아온 그의 온화한 삶과 세상을 대하는 담대하고도 담담한 자세다. 그의 생활 지침이었던 "번뇌나 희열도 알고 보면 크게 다른 것은 없다"라는 관점에서 보면, '원칙'이라는 강건한 단어와 '온화함'이란 단어의 이율배반적 조합이 한 사람의 인생에서 어떻게 실현되는지를 여실히 알 수 있다. 제3공화국 시절 『사상계』에 대한 대대적 탄압의 단초가 된 그의 기고문 「박정희 대통령에게 부치는 공개장」을 이 책에 다시 싣는 이유도 그의 두려움 없는 자세를 볼 수 있기 때문이다.

1975년에 출간된 장리욱 박사의 『나의 회고록』(이 책 제1부)을 증보하여 재출간하는 것은 한국 현대사의 맥락에서 그의 생애가 21세기를 사는 우리에게도 큰 의미를 던져 주기 때문이다. 식민지 시기 미국 유학생의 서구 체험을 필두로 한미 관계의 속 내용을 공부하는 것이 한국의 현주소를 이해하는 데에 필수적이다. 또한 1988년 『교육철학』에 실린 장리욱의 삶과 철학을 조명한 두 편의 글(이 책 제3부 제1편~제2편)에 잘 나타나 있듯이, 삶의 고비마다 그가 내린 결정은 현재를 살아가는 지식인들에게 큰 영감을 주었다. 경제학자 변형윤이 큰 감명을 받았다고 『학현일지』(2019)에 언급한 "흔들림 없이 꼿꼿한 자세"를 예로 들 수 있다.

> 나는 해직된 후 "앞으로 어떤 자세로 살아갈 것인가"를 결정하기 위해 동서양을 가리지 않고 여러 유명 인사들의 행적을 알아보기로 했다. 또한 동서고금의 여러 책을 다시 읽어 보기로 했다. 그 가운데 내게 가장 큰 감동을 주었던 것은 역시 학자인 야나이바라 다다오(1893~1961) 전 동경대 총장과, 장이욱(1895~1983) 전 서울대 총장의 책이었다. 우연인지 필연인지 두 총장 모두 비슷한 시대를 살아가면서 자신의 신념으로 말미암아 교직에서 해직당한 경험이 있었고 이를 극복한 글을 남겨 좋은 참고가 되었다. (중략)
>
> 장이욱 선생은 자신의 경험을 책으로 남겼는데 그것이 바로 『나의 회고록』이란 책이다. 장이욱 선생은 평안남도 출신으로 미국

유학 시절 안창호 선생을 만나 감화를 받고 흥사단에 입단, 활동했으며 1928년 유학을 마치고 귀국하여 평안북도 선천에 있는 미션스쿨인 신성학교 교장으로 취임한다. 1937년 5월 신사참배 거부가 발단이 된 이른바 '동우회 사건'으로 일제 식민지 경찰에 체포되었다가 이듬해 8월에 석방된다. 해방 후에는 국립서울대학교 창설에 따라 초대 사범대학 학장을 거쳐 1948년 제3대 서울대 총장에 취임했지만 정부 수립 후 이승만 정권으로부터 사직을 강요받고 같은 해 11월에 총장직에서 물러나게 된다. 그 뒤 흥사단 활동에 주력하다가 1960년 장면 정부 시절 잠깐 주미대사로 활동했지만 5·16 군사 쿠데타가 일어나자 쿠데타를 비난하는 성명서를 발표하고 대사직을 사임했다. 장이욱 선생은 민족독립과 민주주의에 대한 신념 때문에 투옥과 해직을 당하면서도 흔들림 없이 꼿꼿한 자세를 유지했던 점에서 나에게 큰 감명을 주었다. 장이욱 선생의 회고록을 읽어 보면 이런 부분이 나온다.

즉 선생이 일경에 의해 투옥되었다가 1년여 만에 석방되어 학교에 돌아와 보니 신성학교 정문에는 '무운장구', '내선일체' 등의 구호가 적힌 커다란 현수막이 드리워져 있었고 친했던 동료들마저 자신을 죄인처럼 보거나 위험인물로 보았다는 것이다. 그렇다고 이들을 나무랄 수도 없었는데 인간사회란 언제나 그랬던 것이 아닌가 하는 생각으로 선생은 아무런 불평 없이 외로운 나날을 보냈었다고 한다. 과거에 그냥 알고 지냈던 사람들은 말할 것도 없고 종교계나 교육계에서 여러 해 동안 친하게 지냈던 사람들 가운데에서도 장이욱 선생을 만나기를 꺼리는 사람도 많았다고 한다.

나는 이 두 분의 글을 읽으면서 문득 나도 비슷한 처지에 있는 것이 아닌가 하는 생각을 하게 되었다. 나의 경우에도 해직 후에 보니 과거에 친하게 지내던 사람들 가운데에서도 만나기를 꺼리는

> 사람이 있는가 하면, 전혀 생면부지의 사람들로부터 뜻하지 않게 격려를 받거나 도움을 받는 일도 생겼다. (199~201쪽)

또 다른 예는 법조인 윤재윤의 『잊을 수 없는 증인: 40년간 법정에서 만난 사람들의 연약함과 참됨에 관한 이야기』(2021)에서 찾을 수 있다. 그는 '과거와 현재, 미래의 우리 모두에게 무엇인가 들려 오고 있다'라는 글에서 스물한 살 때 지명 수배를 피해 지내던 낯선 방안에서 읽고 용기를 얻은 장리욱의 글을 45년 만에 수상집 『무엇인가 들려오고 있다』에서 발견하게 된 감격을 적었다. 장리욱 박사는 수유리 집에서 늘 백운대를 바라보면서 그처럼 당당하고 도도하게 살아야겠다는 글을 썼는데, 저자도 수십 년 후에 "백운대를 바라보며 똑같이 느끼고 같은 방식으로 삶에 관한 글을 쓰고 있는 것"이 장 박사의 '큰 정신'이 소리 없는 소리 속에서 이어지고 있는 증거라고 피력한다. 역시 과거의 글이 미래로 반향되고 있음을 증언하는 글이다.

연전에 한국 근현대사 학자인 펜실베이니아대학 이정식 교수의 강연을 들은 적이 있었다. 그때 각별히 기억에 남은 말은 "한국 사람들은 더 많이 회고록을 써야 한다. 자신을 미화하고 과오를 숨기는 회고록이라고 할지라도 사료의 가치가 크다"라는 것이었다. 내가 감명 깊게 읽은 책을 꼽아 보면, 『감옥으로부터의 사색』(신영복), 『나의 서양 미술 순례』, 『소년의 눈물』(이상 서경식), 『역사 앞에서: 한 사학자의 6·25 일기』(김성칠), 『윤동주 평전』(송우혜), 그리고 비교적 최근에 읽은 『뜻밖의 개인사』(조희연) 등, 대부분 미시적이고 개인적인 기록이다. 같은 맥락에서 개인적 경험을 한 적이 있다. 어머니가 돌아가시기 한 해 전인 2016년 여름, 어머니를 대상으로 구술 인터뷰를 할 때의 일이다. 내용은 1945년 8월 15일 열일곱 살 소녀가 겪은 어떤 하루였는데, 한 시간으로 예정되었던 인터뷰는 세 시간이 넘어도 마무리를 지을 수 없었다. 아침에 '벤또'를 싸 등교하여 서울 인근 산으로 가서 송충이를 잡는 노동을 한 일, 정오가 지나자 학교 소사가 엉엉 울며 산으로 찾아와 일왕이 라디오에서 패망 소식을 알린 것을 전한 일, 그 자리에서 학생들이 모두 해산한 일, 쌀과 김을 가지고 동덕여고의 유일한 일본인 교사였던 '국어 선생님'을 뵙기 위해 원효로 댁으로 찾아간 일, 눈물을 흘리며 선생님과 작별 인사를 한 일, 그 선생님을 80년대 초에 서울로 초대한 일 등 나로서는 처음 듣는 깊은 이야기들이 줄기에 달린 고구마처럼 이어졌다. 평생을 알아 온 어머니였지만 당신의 경험담은 놀랍도록 생소한 이야기들이었다. 이런 개인사들은 묻지 않으면 세상에 드러나지 않은 채 사라지고 기록하지 않으면 흔적도 없이 잊힌다. 장리욱 박사의 회고록을 읽는 독자들도 그날 내가 느낀 놀라움과 감동을 발견할 수 있을 것이라 믿는다.

거대한 역사의 흐름 속에 묻히는 미미한 개인들이 스스로 일구어 나가는 섬세한 "생활 활동"을 미시적으로 조명하기 위해, 이 책은 다음과 같이 구성되었다.

제1부 「장리욱, 『나의 회고록』」은 1975년 발간된 『나의 회고록』을 그대로 싣되, 한자를 한글로 바꾸고 설명이 필요한 부분은 주해를 달았다. 제2부 「저작으로 본 장리욱의 삶과 철학」은 출간된 적이 없었던 편지, 기자회견, 광복절 기념사 원고와 1920년에서 1982년까지 저술된 장리욱 박사의 글 중에서 특히 역사적 가치가 있는 글을 골라 세 부분으로 나누어 싣는다. 제1, 2부의 주해는 모두 엮은이의 것이고, 원글의 느낌을 최대한 살리기 위해서 철자, 외래어 표기 및 띄어쓰기 등에 최소한의 수정만 거친 편집본임을 일러둔다. 제3부 「학문적으로 본 장리욱의 생애」는 장리욱에 대한 학술적 글을 모은 것이다. 앞에

서 언급한 『교육철학』의 논문 두 편과 한국 현대사의 맥락에서 장리욱의 삶을 재조명한 논문 두 편을 더하여 구성하였다. 이화여자대학교 사학과 정병준 교수의 「해방 후 장리욱의 교육 활동」은 세밀함과 정확함이 돋보이는 논문으로 역사학 연구의 정수를 보여 준다. 논문, 신문기사 등 100여 편의 자료를 바탕으로 '미군정기 경성사범학교 교장, 서울대학교 사범대학 학장, 서울대학교 총장 시절의 교육 분야 활동'을 작은 오류라도 빠뜨리지 않고 바로잡아 총정리한 논문이다. 국립대학설립안 파동 당시 좌우익 대립과 일본 제국대학 시스템이 남긴 인적 자원을 두고 벌어진 서울대학교와 김일성대학교의 격렬한 유치 경쟁 등 흥미로운 사건도 살펴본다. 그리고 흥사단 박만규 이사장의 글 「장리욱이 본 도산 안창호」에서는 "제국주의가 맹위를 떨치던 엄혹한 시절에 민족지도자로서 끝까지 지조를 지켜 낸 도산의 면모를 설득력 있게" 보여 주는 장리욱의 도산관을 높이 평가한다.

앞서 언급했듯이 이 책의 출간 계획은 1975년 출간된 『나의 회고록』에서 비롯되었으나, 개인사적 맥락을 확장하기 위해 장리욱 박사의 둘째 따님 장혜전 님이 소장하셨던 편지, 사진, 등을 십분 활용하였다. 책 출간을 보지 못하고 2021년 12월 영면하신 것이 못내 안타깝다. 고통스럽던 코로나 팬데믹 동안 김미혜 선생님과 의미 있는 공동 작업을 하게 된 것을 크나큰 복으로 생각한다. 자료 수집, 주해, 번역, 교열, 출간 계약에 도움을 주신 조인숙, 조희금, 윤정혜, 박선주, 유세종, 이철범, 김성희 님에게도 감사한다. 사회적 현상으로 장리욱의 생애에 대한 논문을 써 주신다고 하셨던 약속 대신에 진실화해를 위한과거사정리위원회 위원장으로서 과거사 정리에 매진하고 계신 정근식 교수님의 여러 조언도 많은 도움이 되었다. 회고록의 가치를 인정하고 서울대학교출판문화원에서 재출간을 할 수 있도록 도와주시며 「발간에 부쳐」를 써 주신 서울대학교 영어영문학과의 김명환 교수님 덕분에 20세기의 민족 유산이 21세기에도 이어질 수 있게 되었다. 진심으로 감사드린다.

유영미(럿거스대학 한국학 교수)

차례

제2부 저작으로 본 장리욱의 삶과 철학

제3부 학문적으로 본 장리욱의 생애

제1부

장리욱,
『나의 회고록』

마음의 平和

사람은 永劫의 시간을 통해서 그 어느 짧은 한토막을 단 한번만 살고 가는 運命을 타고 났다. 그래서 누구나가 다 자기 人生을 소중히 여긴다. 어떻게 해서든 아름답게, 올바르게, 또 즐겁게 살아가려고 한다. 그리고 또 생각해보면 별 차이가 있어 보이지 않건만 조금이라도 더 오래도록 살고 싶어하는 것이 常情인듯 하다.

그런데 이렇게 해서 살아가는 우리 人生의 現實世界는 과연 어떤 것인가.

대부분의 人生은 고달픈 것임을 체험하게 된다. 人間關係에 있어서 그 대개는 경쟁과 갈등이요 시기와 질투요 또한 원망과 격정의 소용돌이인 경우가 많다. 이 얼마나 괴롭고 쓰라린 경험인가.

物質生活面에 있어서도 사람은 安逸과 享樂을 바라면서 안간힘을 쓰지만 끝내는 그것이 얼마나 空虛한 것인가를 깨닫게 된다. 이러다가 늙고 병들고 보면 그 어디서건 적은 慰安이나마 찾을 수 있을 것인가. 人間一生이 정녕 이런 것이 전부라면 아마도 人生처럼 애닯고 처참한 것은 없다고 할 수 있다.

그러나 다행하게도 본시 인간은 病的인 상태에 있지 않는한 행복을 느끼며 살줄 아는 存在인 것 같다. 몸과 마음이 건강하기만 하다면 남이 볼 때 아무리 괴롭고 가난하고 쓸쓸해 보여도 그 자신은 기쁨과 즐거움 속에서 살아갈 수가 있으리라.

한걸음 물러서서 생각해 보면 길지도 않은 人生을 단 한번 살고 가는데 그처럼 애타할 것이 있을까, 울부짖을 까닭이 있을까. 삶이 있으면 죽음이 있을 것을…….

산다야나가 말했던가. 한 눈을 뜨고 꿈을 꾸며 살아간다고. 한 눈으로 눈앞의 現実을 보고, 다른 한 눈으로 멀고 높은 理想을 볼 수 있는 삶— 그런 길을 걸어가는 사람은 정녕 지혜롭고 행복한 사람이리라.

고달파하는 사람이 많은 것 같다. 그간 人類는 좀 過勞했는지도 모른다. 그러나 그것은 일시적인 것, 곧 健康은 회복될 수 있을 것이다. 俗世의 苦樂을 초월하여 멀리 더 높은 곳을 바라볼 수 있는 生命力만 잃지 않는다면 人類의 希望은 영원할 수 있지 않을까.

하나님은 있는가. 現実이 가혹할 때면 때로 의아할 때가 있다. 사람의 지혜는 때로 神을 否定한다.

그러나 홀로 눈을 감으면— 그리고 자기의 人生을 생각하며 사랑하는 사람들의 행복을 빌 때면 절로 마음의 平和가 온다. 어디서 올까, 그 根源은?

나는 그것을 하나님이라고 부르는 이외의 딴말을 모른다.

1976년 8월
西海 棲雲台에서
장리욱

△ 1976년『나의 회고록』출판 기념에 부쳐

서문

나는 이 책을 쓰느냐 마느냐 하는 문제를 놓고 오랫동안 주저하며 지내왔다.

무엇 때문에 주저해야 했는가를 지금 돌이켜 보면 여러 가지 까닭이 있었지만 아래 적은 17세기 사람 크로올리의 말은 내 마음속에 잠재해 있었던 가장 중요한 이유를 설명해 주는 것이라고 느껴진다.

> "자기 자신에 관한 것을 주제로 삼고 쓰는 글이란 원래 흥미 있는 일이지만 이것은 또 심히 어려운 일이기도 하다. 무엇보다도 자신에 대한 수치스러운 면을 쓰기는 마음 괴로운 일이다. 한편 자랑스러운 면일 경우에는 독자들의 귀를 거슬리게 할 것이다."

내가 80 평생의 길을 걸어오면서 겪어 보고 느껴 온 모든 사실을 숨김없이 바로 그대로 적어 보려는 의욕을 가졌다 치더라도 본능적으로 어떤 수치스러운 경험을 빼먹기가 일쑤일 것이다. 그 반면 무엇이든 자랑스러운 일이라면 비록 고의가 아니라 해도 이런 것들을 골라 가며 적는 폐가 없지 않을 것이다.

그것이 인정이고 보면 정확하고 공정하고 또 진실된 회고록을 쓰기란 진정 어려운 일이 아닐 수 없다. 더군다나 나는 남달리 조심성을 갖는 일면이 있었다. 설사 내가 이 책을 쓰는 데 있어서 수치거리나 자랑거리를 가리지 않고 공정하고 또 적나라하게 쓴다 치자. 그렇다고 해서 제삼자인 독자가 어느 개인의 생애에 대해서 흥미를 느낄 까닭이 어디 있을 것이냐 하는 조심성인 것이었다.

그러면 소위 회고록이라는 것을 쓰는 데 따르는 그 어려움에다 내 자신이 갖고 있는 조심성마저 겹쳐 있는데도 불구하고 어째서 이 책이 상재(上梓)[1]되는 것일까. 나는 어느 시대의 인간과 마찬가지로 바로 우리에게 주어진 그 시대적 상황 속에서 살아야 했다. 그리고 이 시대의 모습은 어쩔 수 없이 이 동안에 삶을 가진 그 개인들이 저마다 벌여 온 부분적 생활 활동을 통해서만 부각될 것이다. 이러한 사실을 염원에 두고 생각해 본다면 내가 어째서고 가져야 했던 그 생활 역시 이 세대의 일면을 이해하는 일에 일조가 될 수 있을 성싶다.

그러나 이러한 이론을 말하는 사람이 바로 내 자신이면서도 나는 자서전류의 책을 쓸 만한 배짱을 갖지는 못했다. 그런고로 어느 누구의 끈질긴 지레질[2] 같은 게 없는 한 이런 일이 용이하게 이루어질 가능성은 거의 없었던 것이다. 바로 이 지레의 역할을 해 준 사람이 곧 샘터사 이사장이기도 한 외우(畏友)[3] 김재순 군이었다. 그의 격려와 조언과 협력에 대하여 고마움을 금하지 못한다. 다른 한편 언론인 박동운 군의 이 책의 원고정리와 내용 조정 등 그 주도(周到)한 노력에 대하여 깊이 감사한다. 그 밖에도 샘터사 출판, 편집진 제위와 여러 직원들이 이 책 간행에 관련하여 보내 준 그 정성 어린 조력에 대하여 깊은 사의를 표한다.

1975년 5월
수유리 집에서

1 상재: 책 따위를 출판하기 위해 인쇄에 붙임.
2 지레질: 지렛대로 물건을 움직여 옮기는 일.
3 외우: 가장 아껴 존경하는 벗.

제1편

먼 곳을 꿈꾸는 동안

개화기의 모던 스쿨

초록빛 꿈을 키워 준 나의 고향 안주(安州)는 아름다운 자연과 길고 먼 역사를 지닌 곳이다. 백상루(百祥樓)[1]가 자리 잡은 그 옆에는 숱한 전설과 사화를 간직한 칠불사(七佛寺)[2]가 있었다. 그 백상루의 웅대한 망루에 오르면 천고를 꿰뚫어 도도히 흐르고 있는 청천강을 굽어보게 된다. 산과 구름과 하늘이 맞붙은 묘연한 동북방 그 어디서부터인가 굽이굽이 흘러온 이 청천강은 마침내 황홀한 낙조가 바라보이는 서해에로 사라져 버리는 것이었다. 흐르고 흐르는 강물도 어디서든 오는 데가 있고 또 가는 곳이 있다. 인간 세상 역시 지난 세월이 있고 어딘가 향하여 가는 미래가 있는 것은 아닌가. 이렇듯이 그저 막연한 느낌이 내 어린 가슴속에 스며들었다.

나는 청일전쟁이 이 강산을 무대로 하여 벌어질 무렵 평안남도 강

---

1 백상루: 평안남도 안주시 안주읍에 있는 고려시대의 건축물. 관서팔경의 하나로 한국전쟁 때 파괴되어 1977년 복원됨. 백상루는 백 가지 아름다운 경치를 한눈에 볼 수 있다고 해서 붙인 이름.

2 칠불사: 을지문덕과 싸우던 수나라 군사가 청천강에 이르러 강 건너기를 망설이고 있을 때 7명의 승려가 나타나 옷을 걷고 강을 건너는 것이었다. 수나라 군사는 그것을 보고 청천강이 얕은 것으로 알고 서로 다투어 강을 건너가다 모두 강물에 빠져 죽었다. 그 후에 고구려 군대에 승리를 안겨 준 7명의 승려를 추모하여 절을 짓고 칠불사라 하였으며, 승려들이 물을 건넌 곳은 오도탄이라 하였다.(『한국민족문화대백과사전』, 안주군 항목)

서군에서 잉태되어 부모가 피난살이를 하던 평양 가까운 대동강 하류 베기섬(碧只島)에서 1895년에 태어났다. 본시 이 집안은 평양성 밖 내성 4골(당시에는 강서군)에 한 문중을 이루고 지내다가 전쟁이 터지자 소유 전답이 있는 이 섬으로 피란 갔던 것이라고 한다.

할아버지는 한약상으로 자수성가한 후 사숙을 마련하여 자식과 조카들에게 글을 가르쳐 왔지만 과거 보는 시대가 지나간 것을 살피자 젊은 자식들에게 직업을 갖게 하기 위해서 평안남도 안주성 내로 이사하고 큰 한약방을 차렸다는 것이다. 그래서 나는 아홉 살 적에 안주에서 러일전쟁을 목격하였고 천여 명의 읍민들과 함께 성 밖으로 피란 갔던 일을 기억한다. 그 전쟁 뒤에 전익호(全益鎬)라는 당시에 가장 진보적이던 스승 밑에서 소학교를 졸업했는데, 이것이 소년 시절의 가치관을 형성하는 데 크게 이바지했다고 생각된다.

러일전쟁은 일본의 승리로 끝나고 우리나라는 일본의 "보호국"으로 전락하고 말았다(1905년). 나라의 운명이 이처럼 기울어지게 되자 외래 침략의 자극을 받아 오랜 정체의 잠에서 깨어나는 듯이 경향 각지에서 신교육열이 크게 높아지고 있었다. 물론 당시 이 시골 안주에서는 중앙의 정치 형태가 어떻게 돌아가고 있는가를 아는 사람은 극히 적었다. 그러나 시대의 물결은 느껴지기 시작했던 것이다.

이때를 즈음하여 미국인들의 선교 사업의 한 끝이 근경에까지 미치게 되었다. 안주성 안에서 제일 먼저 신교육이라고 부를 만한 기관이 마련된 것은 감리교 선교사였던 모리스[3] 목사의 활동에서 비롯된 것이다. 교사 한 분, 학생 넷, 교실은 방 한 칸뿐인 "예수학교"란 것이었다. 나는 그 네 학생 가운데 한 사람이었다. 지금 돌아보면 그 '미니

---

3 모리스(Charles D. Morris, 1869~1927): 미국 감리교 선교사. 1901년부터 한국에서 선교사로 봉사. 영변, 평양, 해주에서 10년간 활동 후 강원도를 책임지는 감리사로 사역하다가 한국에서 사망. 양화진 외국인 선교사 묘원에 묻힘.

스쿨'이 진정한 의미에서의 '모던 스쿨'이었다고 생각된다. 그것은 무엇보다도 우리가 존경할 수 있었던 선생님 한 분 때문이었다.

그는 전익호라는 선비 타입의 젊은이였다. 그는 일찍이 구 대한제국 군대의 하사관으로 있으면서 문서 사무를 맡아 보았다고 한다. 일본의 강압으로 군대가 해산당하자 장낙도(張樂道)라는 전도사(후에 감리교 감리사가 되었다)의 권고로 기독교 신자가 되었으며 곧 이어 이 "예수학교"의 교사로 부임해 왔다는 것이다. "예수학교"의 교사는 문자 그대로 초가삼간이었다. 한 칸이 부엌이고 다른 한 칸이 전 선생의 거실 그리고 웃 한 방이 곧 교실이었다. 교과목은 성서를 중심으로 한 것과 산수와 일반과학 등이었다. 학교에서 기독교 교리를 가르치는 데 사용한 얄팍한 팸플릿이 있었는데 『교리문답』이라는 책이었다. 그 첫 페이지가 다음과 같았다고 기억된다.

문(問). 이 세상을 누가 창조하였나뇨?
답(答). 하나님께서 창조하셨나니라.

문(問). 하나님께서 어떻게 창조하셨나뇨?
답(答). 말씀 한마디로 창조하셨나니라.

문(問). 얼마 동안에 창조하셨나뇨?
답(答). 엿새 동안에 창조하시고 이레 되는 날에 쉬셨나니라.

전 선생은 그다음 언젠가 마태복음 제5장에 있는 산상보훈을 가르칠 적에 과연 기발한 아이디어로 우리를 가르쳤다. 그는 우리 학도들과 같이 흙과 돌을 날라다가 학교 뒤뜰에 조그만 인조산을 만들고 이것을 팔복산이라고 이름지었다. 그리고 '마음이 가난한 자의 봉'

'마음이 깨끗한 자의 바위' 식으로 팔복산을 만들고 꾸미는 동안에 우리는 가장 쉽고도 재미있게 팔복을 일일이 기억할 수 있었다.

그는 본래 탐구심과 창의성을 타고난 사람으로 모든 사물에 관하여 증명을 찾으려고 했다. 스스로 의식했는지 못했는지는 몰라도 그는 분명히 진보주의적 교사였던 것이다. 당시에 우리가 거의 유일한 교과서처럼 사용했던 책은 선교사 기일(奇一)[4] 박사가 저술한 『유몽천자(幼蒙千字)』[5]였다. 그 책의 어딘가, 인간이 살고 있는 이 땅은 눈에 보이듯이 평면이거나 또는 어디 고정되어 있는 것이 아니라 둥글고 허허로운 창공에 떠 있으면서 항상 회전하고 있다는 학설이 쓰여 있었다. 정말 그렇다면 왜 바닷물이 쏟아지지 않느냐 하는 것 등 이해가 가지 않는 것이 많았다. 이러한 새로운 학설을 학생들에게 해명해 주어야 하는 전 선생 역시 우리와 마찬가지로 그저 막연하기만 했는지 모른다. 그런데 지금 생각해 보면 전 선생은 과연 놀라운 실험을 통해서 지구가 둥글어서 늘 돌고 있다는 사실과 또 바닷물이 공중에 매달려 있을 수 있다는 가능성을 명쾌하게 설명했던 것이다. 그는 먼저 두레박을 가지고 우물에서 물을 길어 올렸다. 그리고 그 끈을 짤막하게 쥔 다음 천천히 돌리기 시작했다. 돌아가는 속도가 빨라질수록 물은 한 방울도 떨어지지 않은 채 두레박과 같이 공중에서 돌고만 있었다.

국운이 날로 암담해 갈수록 사람들의 신교육열은 높아 가기만 했다. 그러한 시대적 분위기 속에서 우리의 조그마한 "예수학교"도 급진적으로 성장해서 마침내 크고 넓은 교사로 이사하게 되었다. 그리고 "유신소학교"라는 간판을 내걸었다.

---

4 기일(James Scarth Gale, 1863~1937): 캐나다 장로교 선교사. 기일은 한국명. 신학박사 및 한국어 학자로 한국 최초의 『한영 사전』을 간행. 『신·구약 성서』와 『천로역정』을 한역하여 발간. 『구운몽』 영역.

5 기일 편, 『유몽천자』(Thousand Character Series), 경성: 광학서포, 1904.

전 선생 역시 성장을 계속했다. 가르치면서 쉼 없이 공부했던 것이다. 당시에 그리 많지 않았던 신간 책들을 계속 탐독했을 뿐만 아니라, 어느 해 여름에는 평양의 숭실중학교에서 주최한 사범강습소에 다녀온 사실을 나는 기억한다. 어쨌든 어디서 찾아낸 구상이었는지는 몰라도 그는 오늘날 우리가 아는 모든 현대적 교육방법을 많이 사용했던 것이다. 전 선생은 그 무렵 서울에서 발간되던 『수리학잡지』[6]를 받아 읽고 있었다. 하루는 이 잡지에 실린 방법에 따라 우리 상급생 4, 5명을 데리고 비누를 만들기로 했다.

우리가 비누를 만든다니 이런 놀라운 일이 있는가, 모두들 가슴을 두근거렸다. 숯불을 피우고 냄비에 물을 끓이며 조심스레 소기름 얼마, 양잿물(가성소다) 얼마를 넣고 계속 끓였다. 결국 이것들이 반고체로 엉키어졌을 때 냉수에 씻어 보니 세탁비누가 만들어졌다. 이것이 그 고장에서는 처음 있어 본 화학실험이라고 생각된다.

전 선생은 보다 더 놀라운 교육자적 선견을 나타냈다. 현대적인 조사연구(research) 방법을 그 옛날에 실시했던 것이다. 주로 지방의 역사와 문화에 관한 자료에서부터 착수했는데 먼저 안주성 안팎에 흩어져 있는 사적과 유물들을 택해서 유능한 학생들에게 개별적으로 테마를 맡겼다. 예컨대 백상루, 칠불사, 현충사, 내남문, 동소문, 북장대 등에 관해서 조사시켰다. 그 시절에는 도서관이란 이름조차 들어보지 못했는데 주어진 테마를 어떻게 다룰 것인가. 선생은 역시 현실적인 접근 방법을 가르쳐 주었다. 먼저 집안 어른들, 또는 동네 노인이나 이름 있는 선비들을 찾아다니며 자기가 조사하게 된 테마에 관해서 그 역사와 전설 등을 모조리 묻고 듣고 적어 보라는 것이었다.

6 『수리학잡지』(제1호~7호): 개신교 목사이며 총독부 촉탁으로 근무했던 유일선(1879~1937)이 경성에서 발간한 잡지(1905~1906).

그런 다음에 정리해서 보고 하라고 했다.

이런 모양으로 내 어린 시절 이야기를 적어 나가다 보니 소학교 시절이 마치 전 선생 한 분만을 중심으로 이루어진 것처럼 들릴는지도 모른다. 그러나 사회의 다른 어른들, 선비들과 교회에서 받은 영향 역시 컸던 것이다. 물론 동창생들도 많았다. 내가 평생을 통해 잊을 수 없는 당시의 동창 한 사람이 있다. 김화식(金化湜) 군인데 그는 8·15 해방까지 평양 장시현교회에서 목사로 있었다. 강직한 인격자로서 진리와 양심을 거슬러 가면서까지 살기를 원치 않았던 사람이다. 그는 목자에게 맡겨진 양떼와 같은 교인들을 버리고 홀로 남하할 수 없어 그곳에 남아 있다가 끝내 시베리아 어디론가 끌려가고 말았다는 소문을 들었다. 지금은 살았는지 죽었는지조차 모르는 김 군은 지금 한국 음악계의 중진 작곡가 김동진[7]의 아버지이기도 하다. 나는 그와 함께 유신소학교를 졸업했고, 같은 해에 평양 숭실중학교[8]에 입학해서 4년간을 더 동창으로 지냈던 것이다.

숭실 시절

1908년 나는 평생 처음으로 부모의 슬하를 떠나 평양으로 유학길에 올랐다. 안주에서 170리 되는 거리다. 5년 전 온 가족이 걸어서 사흘이 걸렸다는 길이다. 이번에는 나는 기차로 신안주역에서 두 시간 만

---

7 김동진(1913~2009): 안주 출신 작곡가. 평양 숭실중학교, 숭실전문 출신. 일본 고등음악학교에서 바이올린 전공. 「봄이 오면」, 「가고파」 등 다수 가곡 작곡.

8 숭실중학교: 1897년 미국 북장로교 선교사 베어드(W. M. Baird)가 평양에 설립한 중·고등교육기관으로 일제강점기 평양 지역 항일운동의 중심이며, 서북지방 인재 교육의 산실. 1938년 자진 폐교하고 분단 이후 서울에 캠퍼스를 둠. 졸업생으로는 윤동주, 안익태, 김형석, 주요섭 등 다수.

에 갈 수 있었다.

숭실은 그 교가의 첫머리에 그려져 있듯이 모란봉이 달려오다 돌아앉으며 대동강이 흘러내려 감도는 곳에 자리 잡고 있었다. 일찍이 장로교 선교회에 의해서 세워진 학원이다. 나는 이때부터 1912년, 60명의 동창생들과 같이 졸업할 때까지 4년 동안 몸과 마음이 무럭무럭 자라는 소년기를 이곳에서 보냈다.

그런데 이 기간이야말로 나라의 운명이 최후를 향하여 기울어져 가다가 급기야 1910년 한일합병을 당하는 민족적 비극을 맛보았던 시기다. "동해물과 백두산이……" 「애국가」의 원래 옛날 곡[9]은 애수를 자아내는 곡이기도 했지만 어느 해인가 교내 대운동회가 끝나고 늦은 저녁에 거행된 폐막식에서 우리 학생들은 이 「애국가」를 제창하면서 모두 울고 말았다. 마치 장송곡처럼 장내를 온통 눈물바다로 만들어 버렸던 것이다.

1909년 융희(隆熙) 황제[10]가 관서지방 순방길에 올랐는데 그때 이토 히로부미(伊藤博文)가 통감으로 명목상 배종[11]으로 따라 나섰다. 이 일행을 맞기 위해 평양의 일본인 경찰서장은 시내 학교장들을 불러 놓고 학생들이 태극기뿐만 아니라 일장기도 같이 갖고 나가 환영하도록 지시했다. 이때 대성학교 교장이었던 도산 안창호 선생은 그것이 경우와 예절에 맞지 않는다고 지적했고 실제로 봉영 당일 대성학교 학생들은 태극기만을 가지고 나갔다. 숭실의 경우는 당시 미국 선교사인 윤산온(尹山溫)[12] 교장이 국내 정치문제에 깊이 관계할 입장이

---

9 「애국가」의 원래 옛날곡: 스코틀랜드 민요 「올드 랭 사인」곡으로 부른 최초의 애국가. 작사자가 민영환, 안창호, 윤치호라는 설이 있음.

10 융희 황제: 대한제국의 제2대이자 마지막 황제 순종(1874~1926, 재위 1907~1910). 융희는 연호.

11 배종: 임금이나 높은 사람을 모시고 따라감.

12 윤산온(George Shannon McCune, 1873~1941): 미국 북장로교 교육 선교사. 1905년

못 된다고 해서 학생들에게 어떤 정식 지시를 내리지 않았다. 그러나 그의 암시에 의해서 학생들은 주로 태극기만을 갖고 나갔고 일장기는 조금만 갖고 나갔다. 그러나 황제가 막상 평양역에 내렸을 때는 모든 학생들이 태극기만을 높이 흔들었다.

이렇듯 비운이 계속된 상황이었지만 대부분의 우리 학생들은 학업을 계속하고 있었다. 그 시절에는 요즘처럼 실력을 갖춘 유자격 교사와 알맞은 교과서가 넉넉지 못했다. 그래서 하급반은 상급생 중에서 실력 있는 학생이 강사처럼 가르치기도 했다. 이런 형편에서 나는 입학한 첫해에 최근 별세한 곽림대(郭林大) 선생에게서 우리나라 역사를 배웠고 정인과(鄭仁果) 선생에게서 수학을 배웠다. 한문은 사계에 이름 높은 조설 선생이 가르쳤고 서양사는 선교사인 삘정쓰[13] 선생이, 대수 기하는 루프스[14] 교수가, 화학은 백아덕(白雅德)[15] 선생이 서투른 우리말로 용케도 가르쳤다. 교과서는 등사판으로 된 것이 대부분이었고 생리학만이 배위량(裵偉良)[16] 선교부인이 편찬, 인쇄한 정식 교과서를 썼다.

그때 숭실은 대개 오전에만 수업을 했고 오후에는 많은 고학생들

내한하여 숭실학교, 신성학교 교장 역임. 한국 민족의 자유와 독립을 향한 운동에 공헌. 일제 압박으로 1921년 한국을 떠났다가 1928년 신성학교 교장으로 재입국. 1936년 신사참배 거부로 추방됨.

13 삘정쓰(Bliss Billings, 1881~1969): 한국 이름 변영서. 미국 감리교 선교사. 1908년 내한. 숭실·연희전문 교수. 감리교신학교 교장. 1940년 추방되었다가 1945년 내한하여 구호사업에 헌신.

14 루프스(W. Carl Lufus, 1876~1946): 미국 감리교 선교사. 1907년 내한. 한국 최초로 서양과학 소개. 숭실·연희전문 수학과, 천문학과 교수. 『조선천문학사』 발간. 국보 「천상열차분야지도」를 서양에 소개하고 미국학회 잡지에 「한국천문도」 발표.

15 백아덕(Arthur Lynn Becker, 1879~1978): 미국 감리교 선교사. 1903년 내한. 1907년 평양 숭실학당 대학부의 물리학 교수로 숭실과학관 건립. 1914년 배재대학장, 연희전문학교 설립이사, 부교장으로 부임하여 과학관(아펜젤러관) 건립.

16 배위량: 1897년 숭실중학교를 설립한 선교사 베어드(Baird)의 한국 이름.

이 무슨 일을 해서든지 학비를 벌 수 있도록 했다. 그래서 교사 가까이 기계창(機械廠)이라고 알려진 일종의 작업장이 있어서 목공 철공 등의 여러 가지 일거리들이 준비되어 있었다. 이 작업장은 맹장로(孟長老, Mr. McMurry)라는 선교사가 그 감독과 운영을 맡아 했다. 일을 하지 않은 학생들은 오후 시간에 대개 운동장에 나가서 야구, 정구, 축구 등 운동을 즐겼다. 이 시절 동창 가운데 나와 같이 운동을 하며 지낸 사람은 조병옥(趙炳玉),[17] 이용설(李容卨), 엄희안, 김극로(金極老), 한장호(韓章鎬), 장병훈(張炳勳) 등이다. 특히 조병옥과 나는 학교 운동부의 회계직을 번갈아 맡아 보았었다. 그야말로 호랑이 담배 먹던 시절의 얘기인데 내가 야구팀에 끼어 유니폼을 입고 찍은 사진을 보면 두고두고 우습기만 하다.

그때 나는 정구에 맛을 들이고 거의 미쳐 버렸었다. 3학년 때라고 기억되는데, 그때 내가 유숙하고 있던 김극로 군 집의 할머니(이 할머니는 나를 자기 손자와 마찬가지로 귀여워해 주었다)가 하루는 내게 물었다. "너는 요즘 밤마다 무슨 잠꼬대가 그리 심하냐? 그것도 알아들을 수 없는 쮸쓰(듀스)니 써브니 하는 소리만 지르는데 도대체 그것이 무슨 소리냐?" 아마 너무 정구에 골몰한 나머지 자면서도 테니스 꿈만 꾸었던 모양이었다.

그때 숭실에는 '격물학당(格物學堂)'이라 불리는 일종의 과학관이 있었고 그 옆에 주로 교수들이 사용하는 정구 코트가 있었다. 여기서 백아덕 화학 선생과 김형재(金亨哉) 성경 선생이 이따금 시합을 가졌는데 백 선생은 서브와 스매싱이 일품이었다. 그는 이따금 멋진 공격

---

17 조병옥(1894~1960): 대한민국의 독립운동가, 교육자, 경찰관, 정치가. 일제강점기 초반 도미유학. 독립운동에 종사하였고, 안창호에 감화되어 흥사단과 수양동지회, 국민회 일에 적극 참여. 1948년 정부 수립 후에는 UN대표단, 내무부 장관 역임. 1960년 대한민국 제4대 대통령 후보자로 출마하였으나 선거유세 중 병사.

을 하고는 파안대소하며 "김 선생, 용해됐소!"를 연발하는 것이었다. 이것은 물론 화학실험실의 용어로 김 선생이 '녹았다'는 뜻이었다.

이때 조병옥은 멀고 먼 충청도 공주에서 황인식(黃仁植) 등 몇몇과 같이 와서 평양에 유학하고 있었다. 해마다 약 일주일 동안 식목방학(요즘의 봄방학)이 되면 집이 가까운 곳에 있는 학생들은 모두 귀성하는 게 공주같이 아득히 먼 곳에서 온 학생들은 그럴 수가 없었다. 어느 해 봄인가 나는 조병옥을 안주 내 집으로 초청해서 즐겁게 일주일 동안을 보낸 적이 있었다. 내 아버님도 아들의 친구라 하여 정중하고 친절히 대접하도록 집안 식구들에게 당부했다. 뒷날 조 군이 정계에서 거물로 활약할 때 어쩌다 화제가 옛날로 돌아가면 그때 안주 내 집에서 지내는 동안에 먹어 본 음식 맛을 잊을 수가 없노라고 되뇌곤 했다.

유신소학교에서부터 친구인 김화식은 나와 같이 숭실에 진학해서 같은 집에 묵으면서 학교에 다녔다. 그러나 그와 나는 일상생활이나 학문, 취미 등에 있어 서로 달랐다. 내가 오후 시간에 주로 운동을 하면서 지낸 데 반해 그는 가난한 목사의 아들이었기 때문에 일자리를 구해 학비를 벌어야 했다. 그는 한문에 남다른 취미가 있어서 한학에 열중했고 또한 본시 뛰어난 손재주를 타고난 데다가 틈틈이 서도를 연습해서 뛰어난 필치를 갖게 되었다. 그에 반해서 나는 영어와 일어에 취미를 가져서 마우리 목사가 과외로 지도하던 영어반과 오모(吳某) 선생이 지도하던 일어반에 나갔다. 김 군은 그 후에도 계속 서도에 정진하여 일가를 이루었고 숭실을 졸업한 다음 어느 해엔가 서도가로서 중국 산동 지방을 무전여행까지 했다. 그와 나는 이렇게 서로 다른 취미와 길을 걸으면서도 언제나 변함없이 친밀하게 지냈다. 물론 어떤 경쟁의식 같은 걸 한 번도 서로 가져 본 적도 없었다. 오히려 서로의 특성과 장기를 아끼고 존경할 뿐이었다. 그러므로 우리 사이의 우의는 평생을 통해 변함없이 이어졌다.

1912년 6월, 그렇게 즐거웠고 보람에 찼던 중학 생활도 끝났다. 이해 봄부터 나는 몸을 잘못 돌본 때문에 심한 소화불량증에 걸려 고생했다. 건강에 자신을 잃은 나는 한때 비관적인 생각에 빠지기도 했었다. 소화불량은 그 후 점점 만성화되어서 평생의 지병이 되어 오늘에 이르고 있다. 6월 상순 졸업식을 앞둔 며칠 전, 조병옥이 저녁을 같이하자면서 그때 평양에서 이름난 홍승루(鴻昇樓)라는 중국요릿집으로 나를 데리고 갔다. 그때까지만 해도 나는 이처럼 큰 요릿집에는 우리 따위가 발을 들여놓을 수 없다고 여기고 있었는데 조 군은 그렇지가 않았다. 그는 언젠가 안주 우리 집에 초대되었던 데 대한 답례로서, 그리고 4년 동안 같이 지내던 동창 생활이 끝났다는 아쉬움에서 이 같은 자리를 마련한 것 같았다. 그 후 그와 나는 숭실을 떠난 이래 각각 미국 유학을 하고 귀국할 때까지 13, 4년 동안을 헤어져 지냈다. 마침내 졸업식이 다가왔다. 조 군이나 김 군 외에도 4년에 걸쳐 서로 즐겁게 지내며 장래의 꿈을 키워 온 동창들과 헤어질 날이 다가온 것이다. 우리들 철부지 소년들을 품에 안아 심신을 고이 길러 주며 보다 더 큰 꿈에 부풀어 청년의 길을 떠나도록 모든 뒷바라지를 해준 숭실, 우리는 숭실중학교 제9회 졸업생들이었다.

일본 유학

1912년 여름, 숭실중학을 졸업한 나는 그 후 약 1년 동안을 무료하게 보내야 했다. 지병인 소화불량이 그 원인이었는데 매일 우울 속에서 지내면서 상급학교에 진학할 뜻조차 잃어버릴 정도로 모든 걸 시들하게만 생각하며 지냈다. 대대로 이어 온 가업이 한방약상이었으므로

『한방본방』에 실려 있는 위장약은 거의 다 써 보았고, 특히 할머님의 지극한 정성으로 알려진 통속 치료법은 거의 모두 시험해 보았다. 예를 들어 닭똥집 내피는 수를 헤아릴 수 없을 만큼 말려서 가루를 만들어 먹었고 사람을 일부러 멀리 평북 지방에 까지 보내서 돌배나무 겨우살이를 구해다 먹어 보기도 했다. 그러고 지나는 동안 병세는 좀 나아지기도 하고 다시 나빠지기도 하면서 장기화하고 말았다. 젊은 나이에 하릴없이 병치레나 하고 있는 나에 대해 집안 어른들은 걱정스런 빛을 띠었고 나 역시 뭔가 변화가 있어야겠다는 생각을 했다. 그래서 생각 끝에 환경을 바꾸어 심기일전하기로 하고 일본 유학을 떠나기로 작정했다. 집에서도 허락을 해 주었다.

아버님께서는 내가 의학 공부하기를 바라셨다. 안주성에서는 처음으로 일본에 유학 가는 것이었기 때문에 모두들 선망의 눈으로 나를 보았다. 안주 군청에 있는 일본인 서무주임(조선인 군수보다 실권이 많았다) 후쿠나가(福永)는 도쿄의 자기 친구에게 소개 편지를 써 주기도 했다. 1913년 9월 어느 날, 나는 마침내 일본 유학길에 올랐다. 난생처음으로 오랜 여행을 하고 도쿄 신바시역(新橋驛)에 내려 인력거를 타고 김영환(金永煥)의 하숙을 찾아갔다. 김 군은 숭실에서 가까이 지내던 친구로 남달리 음악에 취미를 가지고 있었다. 그래서 그는 그 얼마 전에 숭실을 중퇴하고 도쿄에 건너가 우에노음악학교(上野音樂學校)에 입학하려고 노력하고 있었던 것이다. 내가 도쿄에 간 지 며칠 뒤 그가 마침내 우에노음악학교에 합격된 사실이 관보에 보도되었다. 그 기쁨이란 이만저만이 아니었음은 물론이다. 김 군은 그 뒤 꾸준히 음악에 정진하여 우리나라 최초이자 유일한 피아니스트로 각광을 받았고 후진 양성에 생애를 바치다가 지금은 은퇴하여 서울에서 살고 있다.

얼마 동안 김 군의 하숙집에 곁붙어 지내던 나는 얼마 뒤 간다구

(神田區) 진보초(神保町) 조요칸(常陽館)이란 하숙으로 옮겼다. 그리고 우선 일본말 공부에 주력하다가 곧 세이소쿠영어학교(正測英語學校)에 입학, 영어 공부에 몰두했다. 아버님이 기대하셨던 의학 공부를 위해서가 아니라 앞으로 와세다대학(早稱田大學)에 입학할 생각에서였다. 세이소쿠영어학교는 같은 구내에 있는 세이소쿠예비학교와 함께 사이토 히데사부로(齊藤秀三郎)라는 영어학자가 개인적으로 경영하는 교육기관이었다. 이 학교에서는 입학 시험이나 졸업장 등의 거추장스러운 절차가 전혀 없었고 오직 매달 1원씩 하는 통학증서 한 장만 사면 그만이었다. 어쩌다 시험을 보는 때가 있기도 했지만 그것은 자기의 학력을 알아보려고 자원하는 학생에게만 보도록 했고 싫으면 보지 않아도 무방했다. 세이소쿠영어학교와 예비학교는 아주 인기가 좋았다. 항상 많은 학생들이 모여들었는데 그 까닭은 경영자인 사이토가 어떤 과에든 가장 우수한 교사만을 채용했기 때문이었다. 우리 같은 외국인 학생들은 물론이고 대학 입학을 준비하고 있는 일본인 학생에게도 세이소쿠학교는 대단한 인기였다.

그때 도쿄에는 일찍이 대한제국의 공사관으로 쓰이던 건물이 있었는데 공사관이 없어지자 이 건물은 조선 유학생들의 감독부가 되었다. 그 구내에 유학생 기숙사도 마련돼 있었지만 사실상 학생들을 주도하게 감시하고 있는 곳이었다. 한편 우리 YMCA는 일본식 집을 세로 얻어서 그 본부로 쓰고 있었는데 일요일이면 학생들이 모여 예배 보는 교회로 쓰이기도 했다. YMCA 총무는 김정식(金禎植) 씨였고 교회의 목사는 주예삼(朱禮三) 씨였다. 주 목사의 맏아들이었던 주요한은 그 무렵 아직 중학생이었지만 몇 년 뒤 그는 조선 학생으로는 처음으로 제일고등학교(第一高等學校)에 입학해서 수재로 명성을 떨쳤다.

그해 안재홍(安在鴻) 씨는 와세다대학을, 노정일(盧正一) 씨는 아오야마학교(青山學校)를 졸업했는데 나보다는 선배였기 때문에 별로 접촉할 기회가 적었다. 그러나 그 밖에 내 또래의 유학생들과는 왕래가 잦았다. 엠브리오 문학도[18]인 김억(金億), 전영택(田榮澤), 김동인(金東仁) 등과도 자주 어울렸다. 본향이 안주군인 이응준(李應俊) 씨도 그때 도쿄에서 육군유년학교 졸업반에 다니고 있었다. 그해 연말 유학생 총회에서 그를 처음 만났을 때 그는 내가 안주에서 왔다는 말을 듣고 퍽 반갑게 대해 주었다. 이듬해 봄 그가 학교를 졸업할 때에는 졸업생들에게 두 장씩밖에 나누어 주지 않은 식전(式典) 초대장을 내게 한 장 보내 주었다. 일본 천황까지 참석하는 식전이었기 때문에 퍽 귀한 초대장이었다. 만약 이것이 운동 경기장 입장권이었다면 상당히 많은 프리미엄이 붙었을 것이다. 요즘 이 옹을 만나서 이런 얘기를 하면 60년이나 지난 옛일이라서 기억이 희미하다고 하지만 나는 그때 천황이 참석하지 않았던 사실이 기억난다.

우리나라를 합병한 후 일본은 자기네들이 얼마나 강대하고 문물에 앞섰는지 보여 주기 위해서 우리나라 각 지방에서 유력한 인사들을 모아 일본 관광을 시켰다. 한번은 그 일원으로 내 고향 안주에서도 오덕연(吳德衍) 선생이 왔다. 그 일행 가운데 몇 사람이 어느 날 밤 그때 이왕(李王)의 시종무관이라는 김응선(金應善) 씨(그의 군 계급은 기억나지 않는다) 집을 예방했는데 나도 따라가게 되었다. 푸짐한 주안상이 나오고 얘기를 나누며 술을 들다 보니 모두들 얼큰히 취했다. 김응선 씨는 내가 아직 나이 어린 학생이지만 이런 좌석에서는 주는 술잔을 받아야 한다면서 연거푸 술잔을 건네주었다. 그러나 나는 끝내 사양하고 받지 않았다. 그러자 그는 마치 자존심이 크게 상한 양 버럭 화를 내면서 그러려면 자리를 물러나라는 등 심한 핀잔을 주었다. 나는

---

18 엠브리오 문학도: 문학의 창시자를 태아(embryo)라는 뜻을 가진 영어로 표현.

모욕을 꾹 참고 끝까지 있다가 같이 물러나왔지만 지금도 그때의 일을 생각하면 김 씨의 그 행패가 괘씸하게만 여겨진다.

그 얼마 뒤 훌륭한 선생 두 분이 도쿄를 지나갔다. 한 분은 서울에서 오신 월남 이상재(李商在)[19] 선생이었고 또 한 분은 오래전 미국에 건너가 학업을 마치고 귀국하는 동석기(董錫琪) 선생이었다. 월남 선생은 내가 일본으로 건너간 다음 해, 그러니까 1914년 봄에 일본 가마쿠라시(鎌倉市)에서 열린 국제 YMCA 회합에 참석하기 위하여 건너온 길이었다. 점잖은 한복 차림을 한 그분은 어느 모로 보나 순후장자(純厚長子)의 풍을 지니고 있어서 누구나 보기만 하면 처음부터 존경심을 가졌다. 그분은 나라가 망한 뒤에도 그냥 국내에 남아 있던 지도자로 특히 청년지도자의 한 분이었다. 그분은 우리 유학생들에게 겨레에 대해 짊어진 성스러운 책임을 잠시라도 잊지 말 것을 간곡히 당부했다.

동 선생에 대해 유학생들이 관심을 가진 것은 미국에 관한 소식 때문이었다. 그때 우리 유학생들 가운데는 기회만 생긴다면 미국에 유학 가겠다는 꿈을 가진 사람들이 많았다. 그렇기 때문에 동 선생의 강연을 들으러 몰려든 학생들이 많았다. 동 선생은 미국에서의 고학생 생활이며 경험담 등 학생들이 듣고 싶어 하는 것들을 들려주었다. 그런데 동 선생은 미국은 그야말로 지상천국인 것처럼 얘기하는 반면 일본은 마치 미개발국처럼 깔보는 듯이 얘기해서 듣는 사람들로 하여금 약간 반발을 느끼도록 한 것 같았다. 비록 미국에 가서 공부하고 싶은 마음이 간절한 청중들이었지만 당장 지금 자기네들이 유학와서 배우고 있는 나라를 그처럼 하시하는 것이 기분 좋을 리는 없었

---

19 이상재(1850~1927): 호는 월남. 충남 한산(서천) 출생. 대한제국의 미국 공사관 서기관, 개화파 정치인이며 일제강점기 조선에서 활동한 계몽운동가, 독립운동가. 엄격하면서도 충청도 출신 특유의 위트로 유명함.

을 것이다.

나는 초년 유학생으로서 비교적 도쿄의 생활을 즐긴 편이다. 틈 있는 대로 곳곳을 돌아다니며 구경도 하고 놀이도 하며 지낸 셈이다. 긴자(銀座) 거리의 4층짜리 미쓰코시(三越) 본점, 아사쿠사공원(淺草公園)의 12층탑 등이 구경거리였다. 또 공기오염이니 공해니 하는 말조차 없었던 그 시절인지라 도내 어느 언덕에서건 날씨만 좋으면 아득히 아름다운 후지산(富士山)을 볼 수 있었다. 야스쿠니신사(靖國神寺)의 넓은 경내, 우에노공원(上野公園)과 혼고쿠(本鄕區)의 제국대학(帝國大學) 식물원에 만발한 벚꽃은 무척 인상적이었다. 주말이면 숭실에서 낯익은 학우들과 도쿄서 새로 사귄 동료들과 같이 멀리 오쿠보(大久保) 들판에 나가 야구 등의 경기를 하며 놀았다.

이러고 지내는 동안 그 아름답던 꽃들도 다 떨어져 버렸고 어느덧 여름방학이 다가왔다. 그러자 고국으로 귀향하는 학생들이 주위에서 서성거리기 시작했다. 도쿄에 건너온 지 아직 1년도 안 된 처지였고 게다가 아직 어느 대학에 입학된 것도 아니었지만 주위에서 술렁이는 모습을 보니 고향과 집이 갑자기 그리워졌다. 그래서 나는 언제쯤 도착하리라는 전보를 띄우고 서둘러 짐을 꾸려 6월 하순 귀국 길에 올랐다. 도쿄 신바시역을 떠나 이틀 동안에 걸친 지루한 여행 끝에 집에 도착했다. 집에 도착할 때까지도 나는 일시 귀국이라고만 생각하고 있었다. 그러나 막상 집에 오고 보니 사정이 크게 달라져 일본 유학을 더 계속할 수 없게 되고 말았다. 행인지 불행인지는 몰라도 어쨌든 나의 짧은 일본 유학은 이렇게 막을 내렸다.

아슬아슬했던 탈출

1910년 우리나라가 일본에 합병되자 수많은 애국자들이 해외로 망명했다. 그 뒤를 따라서 젊은 학생들도 해외로 나가는 수가 부쩍 늘어나기 시작했다. 이들의 '오디세이'는 1914, 1915년에 이르러 그 절정에 달했다. 조국 광복을 위해 싸우며 배워야 한다는 신념으로 해외로 나간 젊은이들 가운데는 조병옥, 이기붕(李起鵬),[20] 백낙준(白樂濬),[21] 하희옥(河熙玉), 한병선(韓秉善), 신현모(申鉉謨)[22] 등도 있었다.

국내에서 실의에 잠긴 젊은이들이 조용히 그러나 계속해서 해외에로 사라져 버리는 것이 사회적 저류가 되어 있는 이 동안 나는 일본 유학을 더 계속할 수 없는 사정에 직면한 것이다. 그 사정이란 가세가 기울었기 때문이었다. 당년 총독부의 소위 자원 개발 정책에 의해서 민간 광산 사업과 개간 사업이 크게 붐을 이루었다. 이러한 붐에 휩쓸려 본시 경험과 지식이 없으면서 사업에 손을 댔다가 도산한 사람들이 많았다. 나의 가친도 그런 사람들 중의 한 사람이었다. 가업인 약국은 규모가 아주 작아질 수밖에 없었고 사회적으로도 집안의 위신이 떨어져 버렸다. 나로서는 쓰라린 경험이었다. 가친은 이미 손대어 온 사업 관계로 만주 봉천에 장기 체류해야 했고 약국은 오랫동안 가친을 도와 충성으로 일해 왔던 근친이 맡아서 가까스로 명맥을 이어 갔다. 나는 이 동안 가업을 도우면서 한편으로는 모교인 유신소학

---

20 이기붕(1896~1960): 대한민국 제3대 국방부 장관, 재선 국회의원을 지낸 정치가로 이승만 정권의 최고 권력자로 군림. 1960년 부정선거로 촉발된 4·19 혁명 후 해외로 도주하려다 아들 이강석에게 살해됨.

21 백낙준(1895~1985): 대한민국 제2대 문교부 장관, 초선 참의원 등을 지낸 대학교수 출신 정치가이며 연세대학교 초대 총장.

22 신현모(1894~1975): 일제강점기 동우회 사건, 조선어학회 사건과 관련된 독립운동가, 정치인.

교에 나가 일어를 가르쳤다. 그리고 교회에 나가 동창 김화식 군과 더불어 청소년부 일을 열심히 했다.

그 어간에 내가 그런 모양으로 지내는 것이 그때 내가 할 수 있었던 최선의 길이라고 생각했다. 그러나 언제까지나 그렇게만 지낼 수 없는 일이라는 것도 알았다. 나와 나의 집안 사정을 잘 아는 사람들도 내가 집안에만 매여 있지는 않을 것이라고 말했다. 또 집안 사람들, 특히 할머님은 "너는 어쩐지 이 집안 식구 같지가 않고 언젠가는 집을 떠날 것만 같구나" 하셨다. 이것은 젊은 사람이 무료하게 세월만 보내는 것을 안쓰럽게 여기면서 품은 뜻이 있으면 움직여 보라는 암시이기도 했다.

나는 1916년 가을, 집과 고국을 등지고 해외를 향해 떠나기까지 거의 2년 동안을 표면상으로는 조용하게 지냈다. 그러나 마음까지 조용한 것은 아니었다. 집안 사업의 실패 때문에 가족들이 입었던 경제적·심리적 상처가 어느 정도 아물고 또 가친이 새로이 손댄 사업이 웬만큼 궤도에 오를 때라면 나는 곧 미국을 향해 떠날 것을 늘 생각하고 있었다.

1916년에 접어들면서 나는 비밀리에 길을 떠나는 일을 보다 더 적극적으로 추진하기 시작했다. 이때 압록강 건너편 안동현(安東縣)에서는 이갑(李甲) 선생의 족형뻘이 되는 이휘림(李彙琳) 선생이 그곳 신시가(新市街) 한편에 우거하면서 합병 이후 국외로 탈출하는 유명무명의 많은 애국자들의 망명길을 안내해 오고 있었다. 또 우리 또래 청년층의 출국도 비밀리에 적극 지도하고 있었다. 나는 1916년 봄 여러 차례 평양을 왕래하면서 이 비밀 루트의 소식통 친구를 찾아서 안동현, 상해, 그리고 미국에서 접촉을 가져야 할 인물들과 그 밖의 지식을 알아냈다. 그 후 나는 여러 차례에 걸쳐 안동현에 들러 이휘림 선생을 찾아뵈었는데 그는 일찍부터 내 가친과 친교가 있었고 우리집

약국에서 두세 차례 보약을 지어다 쓴 일이 있다는 사실 등을 알았다. 이런 등등의 인연으로 하여 그가 나를 각별히 가깝게 대해 준 것은 물론이고 미국까지 가는 길에 필요한 지식과 주의할 점들을 일러 주면서 "길을 떠날 때 나를 다시 찾아오라"고 당부했다.

길을 떠나는 마지막 준비로서 집안 어른들과 가족들의 동의와 승낙도 받았다. "네가 집을 떠나는 것이 만일 하나님의 뜻이라면 누가 이것을 막겠느냐." 그때 어머니가 하시던 말씀이 지금도 내 가슴속에서 들려오고 있는 것 같다. 여비 700원을 마련해 주시고 나서 다시 봉천으로 떠나가시는 가친께 나는 언제 다시 뵈올지 모르는 하직을 고했다. 청년층의 동정을 유달리 주의하는 일제 감시 아래서 이 모든 일은 물론 극비리에 진행되었지만 나는 이 원행 계획에 대하여 적어도 내가 믿고 존경하는 안주교회의 김찬성 목사와 길정선 장로 그리고 김화식 군에게만은 미리 알리는 것이 도리라고 생각했다. 그리고 그때 교회 안에서 서로 가깝게 사귀게 된 최희송(崔熙松) 군에게도 역시 알려야겠다고 생각했다. 바로 여기에서 뜻밖의 일이 생겼다. 설마 그러리라고는 생각지도 못했던 최 군이 다짜고짜 자기와 동행할 것을 요청한 것이다. 그 역시 진작부터 해외로 나갈 것을 꿈꾸고 있었던 것이 틀림없었다. 며칠 뒤에는 그의 장인인 이기창 씨까지도 최군과 동행할 것을 나에게 당부했다. 머나먼 모험의 길을 외롭게 떠나려는 나에게 동도자가 생겼다는 것은 어쨌든 반가운 일이었다.

중추절을 약 일주일 앞둔 어느 날 오후 대문을 굳게 닫고 온 집안 식구가 모두 안방에 모여 고별예배를 보았다. "이제 가면 몇 해나 걸리겠느냐?" 하고 할머님이 눈물을 흘리시며 물었다. "할머님 진갑 때는 돌아올 거예요." 나는 6년 앞을 생각하면서 대답했지만 결국 11년이 걸리고 말았다. 할머님께서는 남아가 길을 나서면 주머니에 돈과 칼이 있어야 한다면서 30원과 주머니칼 한 개를 주셨다. 이 돈 30원이 국경을 넘어서서 처음으로 맞은 아슬아슬한 위기를 넘기는 데 결정적인 구실을 할 줄은 그때는 미처 몰랐다. 모두들 눈물을 흘리면서도 한편으로는 기쁜 마음으로 웃으며 나의 먼 길을 축복해 주었다.

나는 그날 밤 신의주역에 내렸다. 미리 짜놓은 계획대로 하루 앞서 길을 떠난 최 군을 역전의 어두운 길가에서 만났다. 다음 날 오전 우리는 안동에 있는 이휘림 선생을 만나기 위해 압록강 철교를 건너기 시작했다. 그런데 이게 웬일인가. 뜻밖에도 우리가 지금 찾아가고 있는 이휘림 선생이 웬 신사복 차림의 세 사람과 같이 신의주를 향해 오고 있지 않는가. 이 선생은 담담한 표정으로, 잠깐 다녀올 테니까 집에 가서 기다리라고 하고는 그냥 우리를 지나쳐 버렸다. 뭔가 심상치 않은 느낌이 들었지만 우리는 그대로 이 선생 댁으로 갔다. 그런데 막 이 선생 댁에 도착하자 우리는 함정에 찾아 들어간 것을 알았다. 조금 전에 만났던 이 선생은 그때 일경에 검거되어 압송되어 가는 길이었고, 집에서는 일경 4, 5명이 가택 조사를 하고 있는 중이었던 것이다.

우리가 이 선생 댁으로 들어서는 것을 보자 그들은 우리를 붙잡고 심문하기 시작했다.

"너희들 미국으로 도망하기 위해서 온 거지?"

"아닙니다."

"그럼 뭣 하러 여길 찾아왔어?" 그들은 꼬치꼬치 캐물었다.

"예, 봉천에 계시는 아버님을 찾아가는 길입니다. 그런데 이 선생이 우리 집 약국에 아직 청산하지 않은 약값이 있어서 그걸 찾아 갖고 오라는 아버님의 분부였습니다. 그래서 여길 들른 것입니다."

그럴싸한 변명을 해 보았지만 한 번 품은 의심을 그들이 좀처럼 풀 리가 없었다. 그들은 우리가 해외로 멀리 간다는 물적 증거를 잡기 위해서 짐은 물론 몸을 수색했다. 나는 다행히도 가친이 여비로 준

700원을 일인들이 소위 '복권'(腹卷, 하라마끼)이라고 부르는 배두렁이 속에다 얄따랗게 펴 넣어 허리띠에 띄고 있었다. 그들은 첫 몸수색에서 이것은 찾아내지 못하고 포켓에 들었던 30원(할머님이 주신)만을 발견했다. 이 돈 정도라면 실제로 봉천까지의 차비에 불과한 액수였다. 만약 이 돈이 없었더라면 그들은 내 몸을 다시 수색했을 것이고 그러면 허리띠에 두른 700원을 찾아내고 말았을 것이다. 그렇게 됐다면 만사휴이(萬事休而), 본국으로 압송되어 갈 판이었다.

아슬아슬한 위기를 용케 벗어난 우리는 곧 상해로 가야겠다고 생각했다. 전에 이 선생에게서 들어 둔 정보대로 상해로 가는 선편을 알아보기 위해서 우리는 영국인 쇼우가 경영하는 대륭양행이란 데를 찾아갔다. 그러나 상해행 배는 바로 그 전날 출항했고 다음 배는 열흘 뒤쯤에나 있다지 않는가. 할 수 없이 우리는 계획을 바꾸어 그날 밤 기차를 타고 봉천으로 갔다. 그곳에서 나는 앞서 하직을 고했던 가친을 다시 만났다. 가친은 내게 주었던 조선은행권의 돈을 상해에서도 통용되는 일본은행권으로 바꿔 주셨다. 우리는 다시 기차를 타고 상해로 향했다. 봉천역은 복잡했고 또 일경의 눈초리를 피하기 위해서 번양역(藩陽驛)에서 기차를 탔다. 가친을 비롯하여 봉천교회의 장죽섭(張竹燮) 집사와 그밖에 몇몇 분이 배웅을 나왔다. 그들은 기차간까지 올라와 먼 길을 떠나는 우리를 위해서 축복의 기도를 올려 주었다.

산해관[23]을 지나 천진에서 하룻밤을 묵은 우리는 진포선(천진~포구 간)으로 갈아탔다. 차창 밖에는 중추 둥근 달이 떠 있었다. 언제 다시 보게 될지 모르는 고국의 산하. 고향에서 있었던 가지가지 추억이 눈앞을 스쳐 갔다. 양자강(장강)을 건너 곧 이어 경호선(남경~상해 간)으로 갈아탄 우리는 그 유명한 소주(蘇州)를 지나 밤 8시쯤 마침내 상해

23 산해관(山海關): 중국 만리장성의 동쪽 끝 관문으로 군사 요충지.

에 도착했다. 기차에서 내려 곧 인력거를 불러 타고 곧장 영미공동조계 안에 있는 해정로 55호 위씨 댁으로 갔다. 이곳은 이미 알아 가지고 온 주소였다.

상해에는 그때 약 100명의 젊은이들이 대개 미국으로 가기 위해 머무르고 있다는 소식이었다. 다음 날 아침 식사를 하기 위해 안내받아 간 곳이 바로 이런 젊은이들이 많이 이용하는 중국인 집이었다. 그런데 천만뜻밖에도 나는 거기서 숭실의 선배인 김정단(金正段) 선생을 만났다. 낯선 땅에서 믿을 수 있는 사람을 만난 것이 무엇보다 반가웠다. 그는 상해에서 3개월이나 기다린 끝에 마침내 바로 그다음 날 미국으로 떠난다고 했다. 반가움과 서운함과 부러운 마음이 동시에 들었다. 나는 염치 불고하고 그와 같은 배를 타고 같이 갈 수 있도록 도와 달라고 매달렸다. 나의 간청을 들은 그는 처음에는 어처구니없다는 듯이 놀라는 표정이었다. 다른 사람들은 한두 달은 물론이고 5, 6개월, 심지어는 1년도 기다리는 것이 보통인데 도착한 지 이틀 만에 떠날 생각을 하는 것이 도무지 말이 안 된다는 듯한 표정이었다. 더구나 바로 내일 떠나는 배의 표를 어떻게 살 수 있겠느냐고 했다. 그러나 배 회사까지만 나를 안내해 달라고 간청했다. 그것마저 거절할 수는 없었던지 그는 같이 배 회사를 찾아 나섰다. 가는 길에 우리는 중국인 전장(錢莊)에 들러서 내 돈을 달러화로 바꿨다.

배 회사에는 배표가 없었다. 예상했던 일이었지만 발길이 돌아서지지가 않았다. 얼마 동안을 그 앞에서 서성거렸을까, 뜻밖에 매표인이 손짓을 하며 나를 불렀다. 혹시나 하는 기대를 가지고 카운터로 달려갔더니 그는 한 시간 정도 기다려 보라는 것이었다. 한 가닥 희망을 걸 수 있는 말이었다. 김 선생 역시 기뻐하면서 틀림없이 배표를 구할 수 있을 것이라고 장담했다. 아닌 게 아니라 한 시간이 지나기 전에 나는 표를 살 수 있었다. 배표를 미리 사 두었던 어떤 승객이 무슨 사정 때문인지 취소를 했기 때문에 그 표를 내가 살 수 있었던 것이다.

뜻밖의 행운으로 배표를 산 나는 곧 피치(Fitch)[24] 박사를 찾아가 신체검사를 받았다. 피치 박사는 오래전부터 우리 학생들을 잘 돌보아 주던 의사였다(그의 아들 피치 박사 내외는 해방 뒤 서울에 와서 우리 YMCA 일을 도와주었다). 신체검사를 마치고 그밖에 다른 준비를 갖추기 위해 나는 분망히 돌아다녔다. 저녁 늦게 숙소에 돌아와 동행했던 최 군에게 사정을 얘기했더니 일이 그렇게 급진전된 데 놀라며 부러워했다. 다음날 우리가 타기로 되어 있던 배는 미국의 어떤 기선회사 소속의 에퀘도호였는데 홍콩으로부터 오는 길이 하루가 늦어져 나는 상해에서 하루를 더 묵어야 했다. 그러고 보면, 나는 상해에서 사흘 밤을 묵고 미국으로 떠나는 행운을 얻은 것이다. 배에 올라 며칠이 지난 다음에야 알았지만 그때 나와 같이 떠난 사람은 25명이었다. 이들 가운데는 먼 훗날 정계에 몸을 담은 신현모, 이기붕, YMCA 총무 변성옥(邊成玉),[25] 건축가 박인준(朴仁俊)[26] 씨 등이 있었다.

---

24 피치(George Field Fitch, 1845~1923): 미국 장로교 선교사. 일제강점기 상하이에서 임시정부 요인들을 비롯해 한인들을 물심양면으로 지원. 중국 소주(蘇州)에서 태어난 그의 아들, 조지 애시모어 피치(George Ashmore Fitch, 한국명 비오생費吳生, 1883~1979)도 상하이에서 한국인을 여러모로 돕고 김구를 포함한 독립군에게 은신처 제공. 해방 후 한국에서 YMCA 간사로 구호 활동에 전념.

25 변성옥(1892~1950): 일제강점기 만주의 조선기독교회 창설자인 목사. 숭실전문학교 졸업 후 미국 시카고 노스웨스턴대학교에서 신학사 학위. 1937년에 길림 신학교를 세우고 말년에 YMCA 총무로 피치 박사와 전국을 순방하며 지도자 양성에 주력.

26 박인준(1892~1974): 일제강점기 숭실중학을 졸업하고 연희전문학교를 다니다 일제에 항거, 구국활동을 하다 상하이로 건너간 후, 1917년 도미. 미국에서 공학사를 받은 최초의 한국인 건축가로 연희전문학교 교수 재직.

태평양을 건너다

나는 뜻밖의 행운으로 다른 친구들과는 달리 단 사흘 만에 상해를 떠나서 미국행 배에 탈 수 있었다. 그러나 미국으로 가기 위해서 장기간 상해에 머무르면서도 여러 가지 사정이 여의치 못하여 결국은 그 목적을 이루지 못한 채 귀국해 버리거나 아니면 중국 땅 어디엔가 주저앉아 버린 사람들도 적지 않았다. 우리나라가 일본에 합병당한 이래 미국에 가는 한국인에 대한 입국 절차는 무던히도 관대한 편이었다. 무엇보다도 우리를 모두 정치망명객으로 인정했기 때문에 여권을 요구하지 않았다. 한두 가지 조건만 갖추면 누구나 받아 주었다. 조건이란, 국내에서 실제로 정치활동을 했거나 아니면 학생의 신분이 확실해야 한다는 것이었다. 노동해서 돈을 벌 목적으로 오는 사람은 절대로 용납하지 않았다. 그리고 누구를 막론하고 현금으로 200달러를 지참해야 했는데 이것을 휴대금이라고 불렀다. 그런고로 당시 우리들이 미국에 가려면 국내에서 상해까지의 여비, 여기서 얼마 동안의 체류비 그리고 선비와 휴대금만 가졌으면 되는 것이었다. 이것은 미화로 300달러 정도 즉 우리 돈으로 600원 내외의 액수였다. 그러나 그때 국내에서 냉면 한 그릇 값이 10전 정도였던 것을 생각하면 그것은 엄청난 금액이었던 셈이다.

그때 이 정도의 돈을 제대로 마련해서 집을 떠난 사람은 극히 적었다. 그저 어떻게 해서든 상해까지 가기만 하면 무슨 길이 열리리라는 막연한 기대를 갖고 떠난 사람들이 많았다. 혹시 상당한 돈을 갖고 온 사람이 있었더라도 빈궁한 친구들이 모여 있는 상해에서 그 돈이 좀처럼 남아날 수가 없었다. 그뿐 아니라 그때 상해에서 미국으로 가는 배는 한 달에 한 번이나 두 번밖에는 없었다. 선편이 생기면 돈이 없어진 때이기가 일쑤였고 막상 돈이 생기면 배편이 없었다. 어쩌다 운이 좋아서 돈 사정과 배편 사정이 맞아 떨어져 배를 탔다 치더라도 미국 상륙 때 내놓을 휴대금까지 가진 사람은 극히 드물었다. 내가 경험하고 알아본 바에 의하면 약 8% 정도가 될까 말까 할 정도였다. 그렇다면 이들은 휴대금 문제를 어떻게 해결할 심산으로 떠나는 것일까. 알고 보니 이 휴대금 문제를 해결하기 위해서 상해에서의 체류 기간이 길어진 사람이 많았다. 즉 상해에 머무르고 있으면서 하와이 호놀룰루에 있는 대한인국민회(大韓人國民會)[27]를 통해서 국민회 자체거나 혹은 국민회가 알선해 주는 친척 친지 등 개인에게 이 휴대금 조달을 미리 부탁해 두는 일을 해야 하는 것이었다. 이것은 물론 시일이 걸리는 일이었다. 이런 방법이 잘 들어맞는 예도 적지는 않았다. 배가 호놀룰루에 도착하면(흔히 이른 새벽) 약 10시간쯤 정박하는데 이 동안을 이용하여 곧 시내 국민회를 찾아간다. 그래서 거기서 200달러를 일시 빌려 가지고 배를 탄다. 샌프란시스코에 이르러 이민국 관리에게 국민회에서 빌린 돈을 제시하고 입국이 허가되면 돈을 다시 호놀룰루의 임주에게 돌려주는 것이다.

미국행 항로의 난관은 이런 것만은 아니었다. 상해에서 미국으로 가는 배는 대개 일본의 나가사키(長崎), 고베(神戸), 요코하마(構濱) 등에 기항했다. 많은 우리나라 청년들이 미국 배를 타고 도피한다는 사실을 알고 있는 일경은 이때 배에 올라와 우리를 색출하려고 혈안이 되는 것이었다. 그런고로 만약 배가 일본 항구에 기항하게 되면 우리 망명 학생들은, 같은 배를 타고 이민 가는 수백 명의 중국인들 사이에

---

27 대한인국민회: 하와이 한인합성협회와 샌프란시스코의 대한공립협회가 통합하여 1909년 조직된 대표적인 해외동포기구. 1910년 대동보국회를 흡수하여 대한인국민회로 이름을 바꿈. 1911년 도산이 네 곳의 지방총회(북미, 하와이, 만주, 시베리아)의 대표자회의를 소집하여 중앙총회를 조직. 일제의 압력으로 1914년 만주 지방총회가, 러시아의 탄압으로 시베리아 지방총회가 1915년에 해산당함.

섞여서 그들과 같이 투전 골패 등 잡기판을 벌이거나 혹은 식사를 같이 하는 등의 수단으로 그 수사망을 벗어나곤 했다. 이러 경우를 위해서 상해에 체류하는 동안 중국인 모습(약간의 중국말, 옷차림, 몸가짐, 손톱 기르기 등)을 어지간히 '공부'하기도 했다. 이와 같은 용의주도한 준비에도 불구하고 몇몇 우리 청년들이 일경에 발견되어 잡혀갔다는 소식을 들었다.

나는 이런 난관을 넘는 데도 뜻밖의 행운을 만났다. 우리가 탄 에퀘도호의 선장은 일본의 어떤 항구에서도 일경이 배에 올라오는 것을 거절했던 것이다. 상해를 떠난 지 일주일 남짓, 배는 일본 요코하마 항을 떠나 뱃머리를 미국으로 스피드를 올렸다. 그때까지 조마조마했던 우리 일행은 안도의 숨을 내쉬며 앞으로 맞이할 새 세계에 대한 저마다의 희망 속에 잠겼다. 나는 갑판 위에 올라가 저 멀리 구름위에 고요히 그 아름다운 모습을 드러내고 있는 후지산을 바라보았다. 이윽고 그 아름다운 백설의 봉우리도 아스라이 사라져 버렸다. 나는 그 산 너머 멀리 마음속으로 바라보이는 고국과 고향에 대하여 석별을 보내며 눈물을 흘리지 않을 수 없었다.

요코하마를 떠난 지 2주일이 지난 어느 날 이른 아침 에퀘도호는 호놀룰루 항에 들어갔다. 배가 부두에 닿자 우리도 다른 사람들처럼 상륙하려고 준비를 했다. 그런데 이게 웬일인가. 청천벽력과 같은 소식이 전해졌다. 에퀘도호의 3등 손님 중에 천연두 환자가 발생하여 3등 선객에게는 일절 상륙이 허가되지 않은 것이다. 외부와의 연락도 일절 엄금되었다. 우리 일행은 당황할 수밖에 없었다. 많은 사람들이 국민회와 연락을 가져 휴대금을 마련해야 할 처지였는데 사태가 이렇게 급변하고 보니 당황하지 않을 수 없었다. 어떤 사람은 무슨 수를 써서든 국민회와 연락을 해 보려고 추태까지 부렸지만 허사였다. 휴대금이 없어서 샌프란시스코까지 갔다가 입국을 못하고 상해로 되돌아간 예를 우리는 듣기도 했고 보기도 했었다.

우리의 이런 당황과 불안, 초조를 아랑곳하지 않고 배는 예정대로 그날 오후 4시 긴 고동을 울리며 샌프란시스코를 향해 떠났다. 그때 알아보니 우리 일행 25명 가운데 휴대금을 가진 사람은 단 두 사람뿐이었다. 그것도 그중 한 사람의 경우는 다소 문제점이 있었는데 다름 아닌 바로 나의 경우였다. 나는 상해를 떠나기 바로 전날, 그때 내가 신세를 끼쳤으며 지금 동행하고 있는 김정단 씨의 피할 수 없는 부탁으로 내 휴대금 200달러를 이채봉이란 여자에게 꾸어 준 것이다. 이 양은 다음 배로 뒤따라오기로 돼 있었는데 그녀는 오레곤주 세일럼 군에서 큰 농장을 경영하는 김정단 씨의 친척 김인옥 씨와 사진 결혼으로 도미하게 되었던 것이다.

에퀘도호는 12월 상순 어느 날 이른 아침, 상해를 떠난 지 29일 만에 샌프란시스코항에 들어서서 조용히 멈추었다. 샌프란시스코만은 짙은 안개 속에 묻혀 있었다. 나는 갑판 위 구석에 앉아서 머리를 숙여 기도했다. "제가 앞으로 이 신대륙에서 몇 해를 보내야 할지 모르지만 이 앞날에 하나님의 축복과 은혜가 같이하여 주시기를 간절히 빕니다. 그리고 이 오랜 세월 동안 멀리 헤어져 있게 되는 고향과 고국과 모든 사람들이 어려운 시련을 이기고 다시 만날 때까지 평안하도록 지켜 주시기를 기도합니다."

정오가 가까워지자 배는 다시 움직이기 시작하여 어느 부두에 갖다 대었다. 1·2등 선객들은 바로 상륙이 허락되었지만 3등 선객들은 작은 배로 옮겨 타고 만(灣) 안에 있는 천사도(天使島)[28] 이민국으로 가서 그곳에 수용되었다. 우리는 그 후 여러 날에 걸쳐서 한 사람씩 이민국 심사실에 불려가 심사를 받았다. 심사 결과 휴대금 문제를 원만

---

28 천사도(Angel Island): 샌프란시스코만의 이민관리국이 있는 섬.

히 해결한 (이민국이 인증하는 보증인을 세우는 등) 사람은 12명밖에 안 되고 나머지는 원망스럽게도 다시 상해로 돌아가야 했다.

나의 경우, 휴대금 문제에 대해서는 사실대로 얘기했다. 그랬더니 그들은 내가 200달러를 빌려 준 이채봉 양과 결혼하기로 되어 있는 김인옥 씨가 그 돈을 이민국으로 가져오면 된다고 했다. 그리고 내가 학생인지 아닌지 알아보기 위해서 시험을 치도록 했는데 거의 만점으로 패스했다. 시험문제라는 것이 미국의 초대 대통령이 누구인가, 한 개의 삼각형 안에 몇 개의 직각이 있느냐 하는 정도였으니 웬만큼 지식이 있는 사람이라면 금방 대답할 수 있었다. 내게 대한 그들의 심사 판결은 김인옥 씨가 200달러만 가지고 오면 곧 상륙이 허락된다는 것이었다. 그러나 김인옥 씨는 그 나름의 이유가 있어서 그 돈을 가지고 오는 데 여러 날 주저했다. 그는 일찍이 상해에 머무르고 있는 이 양에게 300달러를 송금한 일이 있었는데 그때 이 양이 묵고 있던 집주인이 그 돈을 가로채 갖고 잠적해 버렸던 것이다. 그러니 지금 장모(張某)인들 어떻게 믿겠는가 하고 주저했던 모양이었다. 그러나 마침내 김 씨는 12월 12일, 200달러짜리 수표를 가지고 천사도 이민국으로 왔다. 그 즉시 미국 입국이 허락되어 나는 김 씨와 같이 샌프란시스코로 건너갔다.

이날로부터 나는 11년이란 긴 세월을 미국에서 지내게 되었다. 그 첫밤을 나는 윤혁(尹爀)이란 사람 내외가 경영하는 여관에서 보냈다. 이 여관은 일종의 가족풍의 여관으로서 미국에 오는 우리나라 학생들 가운데 많은 수가 이곳에 체류하면서 그들의 목적지를 정하곤 했다. 소위 '신도학생(新渡學生)'들에게 있어 이 여관은 미국에서의 첫 번째 체류지였던 셈이다. 누구든 오랜 항해 끝에 육지에 내리고 보면 식욕이 왕성해지는 모양이었다. 그때 우리 학생들은 상해에서나 배 위에서 제대로 식사다운 식사를 못했기 때문에 이 여관에서 때를 만난 듯 미친 듯이 먹어 댔다. 아침에 7, 8명이 식탁에 둘러앉으면 윤씨 부인이 화덕 위에 널따란 번철을 올려놓고 쉴 새 없이 핫케이크를 구워 냈다. 보통 사람이라면 커피 한두 잔에 핫케이크 두세 개면 되는 아침 식사를 우리들은 무려 7, 8개, 어떤 때는 10여 개씩 먹어 치웠다. 엄청난 식욕이었다. 윤씨 부인은 그 많은 양의 핫케이크를 최대의 스피드로 구워 내야 했다. 그래서 그녀는 지쳐 버릴 정도였는데 우리들의 왕성한 식욕을 만족시켜 주려다 보니 여관의 수지가 맞지 않을 만큼 되어 남모르는 걱정이 컸다는 얘기도 있었다. 나는 이 여관에서 약 2주일을 머무르면서 상해로부터 곧 뒤따라 건너오기로 되어 있는 최희송 군을 기다렸다.

나는 이때까지도 나의 미국에서의 생활을 어디서 어떻게 출발해야 할지 분명한 안을 세울 수가 없었다. 어디서든 공부를 해야겠다는 생각과 함께 먼저 로스앤젤레스로 가야겠다고 막연히 작정하고 있을 뿐이었다. 로스앤젤레스로 가려고 한 것은 그곳에 흥사단(興士團)[29] 본부가 있었고 도산 안창호 선생을 비롯하여 내가 아는 선배들이 있었기 때문이었다. 최 군이 도착하자 나는 그와 함께 로스앤젤레스로 갔다. 지금은 샌프란시스코와 로스앤젤레스 사이에 배가 다니지 않지만 그때는 다녔다. 기차보다 뱃값이 쌌기 때문에 우리는 배를 타고 약 20시간 만에 로스앤젤레스 앞 산페드로(San Pedro)항에 도착했다. 샌프란시스코 국민회 회장 강영소 선생의 연락을 받은 로스앤젤레스 국민회 회장 민찬호 목사가 마중을 나와 우리를 알리브코트 2호 국민회관

29 흥사단: 도산 안창호가 인재 양성과 훈련을 목적으로 1913년 샌프란시스코에서 20여 명의 발기인과 8도 대표를 창립위원으로 포함하여 창립. 1914년에 로스앤젤레스 지사로부터 사단법인 인가를 받고 로스앤젤레스로 이주. 독립운동을 위한 조직적 재정 후원과 일꾼 양성, 그리고 4대 정신(무실, 역행, 충의, 용감)을 주창. 일제강점기에 직·간접으로 독립운동에 참여. 1946년 본부를 한국으로 옮기고 미국 본부를 미주위원회로 개칭. 잡지 『동광』과 『새벽』 출간.

2층 객실로 안내했다. 이것이 1916년 12월 하순의 일이었다. 이때부터 나의 20대를 보낸 미국 생활이 시작된 것이다.

제2편

미주 생활

뜨거운 고학

로스앤젤레스에서 며칠간 머무르는 동안 먼저 도산 안창호 선생을 찾아뵈었다. 그분의 말씀도 듣고 저녁 식사에도 초대되었는데, 이 '만남'은 내 평생을 통하여 줄곧 깊은 영향을 끼쳐 주었다. 나는 그해 성탄절을 며칠 앞두고 로스앤젤레스에서 동쪽으로 약 50마일 떨어진 클레어몬트(Claremont)라는 작은 마을로 갔다. 1920년 인구 조사에 의하면 이 마을의 당시 인구는 1,800명이었다. 큰 뜻을 품고 태평양을 건너 머나먼 미국까지 온 나는 그 웅지(雄志)의 첫 발을 이렇듯 작고 조용한 곳에서 초라한 모습으로 출발했던 것이다.

앞에서 이미 말한 바 있는 대한인국민회(大韓人國民會)는 그 본부를 샌프란시스코에 두고 있으면서 해외공관의 일까지 맡고 있어서 나라 없는 동포들을 여러모로 돕고 있었다. 그중의 한 사업으로 국민회가 한 일은 유학생을 위한 기숙사 건립이었다. 한일합병 후 4, 5년 동안 상해를 경유해서 계속 도미해 오는 많은 학생들을 위해서 국민회는 클레어몬트 마을에 10여 명을 수용할 수 있는 기숙사를 세운 것이다. 유학생들의 아담한 보금자리였던 이 기숙사는 2층 건물로 '한인 학생 양성소'라 불리었다. 당시 클레어몬트는 지금과는 달리 오렌지 향기에 묻혀 있는 조용하고 깨끗한 마을이었다. 비록 작은 마을이었지만 널리 알려진 포모나대학이 있었고 고등학교, 교회는 물론 은행, 병원, 우체국 등 모든 시설을 다 갖추고 있었다.

나는 그 전달 미국 입국이 허락될 때 찾은 휴대금 중에서 얼마를 가지고 한인 학생 양성소에 입소했다. 그때 20세의 나이였던 내가 국민학교에 들어갔다면 거짓말처럼 들릴지도 모른다. 그러나 알고 보면 그때 나보다도 나이가 한두 살 더 먹은 어떤 학생은 키도 6척에 가까운 사람이었는데 영어 실력이 어린애만도 못해서 짧은 기간이긴 했지만 유치원에 가야 했던 웃지 못할 사실도 있었다. 어쨌든 영어부터 배워야 한다는 것이 우리들이 느끼는 시급한 일이긴 했지만 클레어몬트 같은 시골에 외국인에게 어학을 가르치는 기관이 있을 턱이 없었다. 그래서 나는 그곳 국민학교장의 양해를 얻어서 5학년 영어 시간과 미국 역사 시간에만 수업을 받은 것이다. 그리고 오후 늦게는 같은 사정에 있는 2, 3명의 다른 학생들과 같이 중국 선교사로 근무하다가 이곳 조용한 촌에 은퇴하여 지내고 있는 퍼킨스 목사 댁을 찾아가 회화 연습을 했다.

내가 처음 국민학교에 등교했을 때 5학년 담임 선생은 미스 윌슨이라는 중년 부인이었다. 그녀는 첫날 교과서와 펜, 잉크, 연필 등 학용품 일체를 내게 갖다 주었다. 그 값을 치르려고 하자 그녀는 "이것들은 미국 정부가 학생들에게 무상으로 주는 것이니까 염려 말고 받으라"라면서 친절하게 설명해 주는 것이었다. 그 후 언젠가 작문 시간에 나는 미국으로 건너오던 때의 얘기를 간추려서 글을 지어 냈다. 이 글에서 나는 중국의 천진(天津)이란 지명을 "Tenchin"이라고 표기했는데 며칠 뒤 윌슨 선생은 내 작문을 가지고 다가와 자상히 교정을 해 주었다. 그러나 윌슨 선생은 이런 문제를 그렇게 간단하게 다룬 것이 아니었다. "그대가 바로 천진이란 곳을 거쳐 왔으니까 그대가 쓴 철자법이 어느 누구 것보다 정확할지 모르지만 미국에서는 Tientsin이라고 쓰고 있으니 그대로 따라 주기 바란다"라면서 잘못된 철자법을 교정해 주었다. 이처럼 조그만 일에서도 그렇듯이 다른 사람의 의사를 존중하는 태도를 보여 주는 것이었다.

한인 학생 양성소에는 5, 6명의 학생들이 자취를 해가면서 모두 어학 공부에 열중하고 있었는데 그중 오직 강영각(姜永珏)[1]이란 사람만이 포모나대학을 다니고 있었다. 그는 평안남도 강서에서 아들 6형제를 모두 데리고 도미한 강 모 노인의 막내아들이었다. 그런데 이 강 노인은 남달리 한학에 능해서 미국의 지명을 한자로 표기하는 것이라든지 한자와 영어를 뒤섞어 써서 많은 일화를 남기기도 했다. 그중의 한 가지를 소개하면 다음과 같다.

어느 날 이 강 노인은 샌프란시스코에서 전차를 타고 중국인들이 모여 사는 이른바 차이나타운을 찾아가는 길이었다. 차장이 어디를 가느냐고 묻자 강 노인의 대답이 걸작이었다. 그는 천연스럽게 "아거청인동(我去淸人洞)" 하고 대답했는데 이 요령부득의 말을 들은 차장은 이것을 "아이 고 차이나타운(I go Chinatown)"이라고 알아들었는지 정말 차이나타운에 이르자 그를 내려 주었다는 것이다. 그때 강 노인의 말인즉 "미국의 전차 차장들 중에도 한문을 아는 유식한 사람이 있더라." 하면서 미국을 높이 평가하더라는 것이었다. 우리가 미국의 로스앤젤레스를 흔히 나성(羅城)이라고 부르거나 쓰는데, 이것 역시 강 노인의 작명이라고 하는데 사실 여부는 분명치가 않다. 일본인들은 나부(羅府)라고 쓴다.

어쨌든 이 강 노인의 막내아들인 영각 군은 어느 모로 보나 천재적 소질을 지니고 있는 것 같았다. 무엇보다도 그는 자기가 하고 있는

---

1 강영각(1885~1946): 일제강점기 미국 하와이 및 본토에서 대한인국민회를 중심으로 활동한 독립운동가. 1885년 평남 증산군에서 태어나 1905년 가족과 함께 하와이로 이민. 1921년 포모나대학 졸업 후 하와이기독학원 교사로 초빙되었고 1940년대는 하와이 정부학교 교사로 근무. 국민회의 기관지 『국민보』의 영문판 주필.

일에 온통 미쳐 버리기가 일쑤였고 어떤 기발한 행동을 저지르면서도 그것을 아무렇지도 않게 그저 대범하게 넘기는 것이었다. 그는 당시 포모나대학 3학년에 재학하면서 대학 악대(Band)의 리더였다. "영강(Young Kang)"이라면 학교 안에서 모르는 사람이 없었다. 그의 전문 악기는 코넷[2]이었고 좋아하는 학과는 영문학이었다. 나는 한인 학생 양성소에서 한때 간사직을 맡아 보았다. 간단한 재정의 일을 보며 그 장부의 기입과 매주 토요일마다 각 방에 침대용 새 홑이불(bed sheet)을 나눠 주는 일 등이 임무였다. 영각 군은 새 홑이불을 줘도 흔히 몇 주일씩이나 그것을 갈지 않고 어느 구석에 그냥 버려 두기가 일쑤였다. 또 어떤 날은 방문을 닫아걸고 아침부터 코넷을 불어 대기 시작하는데 그럴 때는 아침, 점심의 끼니를 아주 잊어버린 듯 그냥 나팔만 불어 젖히는 것이다. 아무리 방문을 노크해도 대꾸 한마디 없이 코넷만 부는 것이었다. 이런 성격의 강영각 군이었지만 저녁 식사 후 한담이 벌어지는 날이면 얘기판에 뛰어들어 색다른 화제로 열을 올리기가 일쑤였고 분위기를 유쾌하게 만드는 데 남다른 재주를 가지기도 했었다.

때는 분명 4월 6일(1917년) 정오께였다. 강 군은 그날 신문 한 장을 들고 총총걸음으로 식당에 들어섰다. 그리고 미국은 마침내 세계대전(제1차)에 참전하고야 말았다는 역사적 뉴스를 알려 주었다. 그러면서 그는 미국이 전쟁에 참가함으로써 앞으로 전국이 어떻게 달라질 것이냐 하는 문제보다는 윌슨 대통령이 발표한 선전포고문에 대해 더 관심을 나타냈다. 즉 그 선전포고문이야말로 좀처럼 볼 수 없는 명문장이라면서 문학적인 면에서 찬탄해 마지않았다. 아닌 게 아니라 그때 강 군의 문장실력 또한 대단했었다. 그때 한인 학생 양성소 근처에

---

2 코넷(cornet): 트럼펫과 비슷한 금관 악기.

있는 오렌지 농장에서 일하면서 고학하고 있던 조 모라는 학생이 있었는데 그는 그해 봄에 중학교를 졸업하게 돼 있었다. 그런데 졸업하려면 논문 한 편을 제출해야 했다. 그러나 그는 그럴 만한 실력이 없었던 모양이었다. 강 군은 이 조 군을 위해서 하룻밤을 꼬박 새워 가며 당당한 논문 한 편을 써 주었다.

꽃향기 그윽한 맑은 공기 속에서 조용하고 평화롭기만 하던 이 클레어몬트에도 전쟁이 선포된 그날부터 전시체제를 갖추기 위한 움직임이 재빨리 일어나기 시작했다. 포모나대학은 그 넓은 운동장을 나누어 밭으로 만드는가 하면 주택가에서도 아름다운 잔디밭을 채소밭으로 바꾸는 광경을 볼 수 있었다. 그리고 미국에 거주하는 사람은 시민권이 있건 없건 누구나 다 관청에 등록을 해야만 했다. 이에 따라 전시 봉사 의무 순위가 결정되었는데 우리 또래의 외국인들은 제5급에 속한다고 표시되어 있는 카드를 받았다. 어쨌든 나는 처음 미국에 건너와서 이 클레어몬트 촌에서 약 반년 동안을 살았다. 여기야말로 오렌지밭에 둘러싸여 있는 자연환경과 문화적 분위기가 아름답게 조화를 이루고 있는 아담하고 평화로운 커뮤니티였다. 오늘날 대부분의 미국 사람들이 동경하는 그 이상적 교외생활이란 바로 이런 곳에서의 생활이 아닐까.

여름방학이 왔다. 곧 이어서 한인 학생 양성소에서는 교포 어린이들을 위해 국어 강습회를 열었는데 약 1개월 동안 나는 즐거운 마음으로 봉사했다. 마침내 나는 어디론가 떠나야 할 때가 왔다. 해마다 이때쯤 되면 노동 품을 파는 우리 교포들이 중부 캘리포니아주 방면으로 옮겨 가서 포도를 따게 된다. 나도 이들을 따라서 다뉴바(Dinuba)라는 곳으로 가서 흥사단 단우 김병규(金炳奎) 군이 경영하는 노동알선소에 묵으면서 포도를 땄다. 이 일터에서의 잊히지 않는 경험은 매일 화씨 100도(섭씨 약 37.7도)를 오르내리는 그 지독한 더위였다. 밤이 되어도 우리는 방에 들어갈 엄두를 못 내고 대개 캠프 주변에 있는 무화과나무 아래에서 모기장을 치고 야숙을 했다. 나는 이 여름 다뉴바에서 지내는 동안 그때 각 지방을 순방 중이던 안창호 선생 앞에서 두 차례의 진지한 문답을 치르고 흥사단에 입단했다.

어느덧 가을 개학기가 닥쳐왔다. 그러나 나는 아직도 어느 정규 대학에 입학할 생각을 갖지 못하고 그냥 로스앤젤레스로 가서 소위 스쿨보이라는 고학의 길을 통해서 그 이듬해(1918년) 봄까지 YMCA 영어반에 다녔다. 스쿨보이란 가정부를 둘 형편이 못 되는 중류가정에 들어가서 아침과 저녁 때 그 집 주부를 도와 식사 준비와 서비스, 설거지 등을 해 주고 그 나머지 시간에 제 공부를 하는 것을 말했다. 그때 로스앤젤레스에는 이런 식으로 고학을 하면서 대학에까지 다니고 있는 학생들이 있었다. 그러나 나는 이것으로 미국에 유학한 느낌을 가질 수는 없었다.

나는 하루 빨리 미국 동부로 가서 가을부터 어느 대학에 정식으로 입학할 것을 작정했다. 그냥 막연하기는 했지만 대체로 아이오와주 듀북(Dubuque)대학[3]을 마음에 두고 있었다. 이 듀북대학에 맨 처음으로 적을 둔 학생은 6·25 때 이북으로 납치되어 간 김여식(金麗植) 박사였다. 그는 평안북도 신천(新川)이 고향이었다. 지난 여름까지 클레어몬트 한인 학생 양성소에서 나와 같이 지내며 한때 유치원생이기도 했던 장태윤(張泰潤) 군과는 먼 친척 사이였다. 장 군은 그때 김여식 씨의 연락을 받고 나보다 반년 먼저 듀북에 갔던 것이다. 그 후 장 군은 이 듀북대학을 나에게 소개했다.

---

3 듀북대학교(University of Dubuque): 1852년 장로교 신학교로 문을 연 미국 아이오와주 듀북에 위치한 사립대학. 1901년에 부임하여 1908년에서 1924년까지 총장을 역임한 스테픈스 재임 시 문리대를 증설했다. 야구영화 〈꿈의 구장〉(Field of Dreams, 1989)의 촬영지.

나는 5월 상순 시카고로 갔다. 전시니만큼 외국인에게도 일거리가 넉넉히 돌아가는 때라 나는 곧 일자리를 얻었다. 주로 살충제를 만드는 화학공장이었는데 여기서 다루는 제품은 거의 극약에 가까운 것이었기 때문에 공장 안에서는 누구나가 마스크를 써야 했다. 직업병의 위험성이 아주 많았다. 얼마 후 나는 다른 일자리를 찾아 오하이오주의 애크론시[4]로 갔다. 애크론시라면 무엇보다도 '굿리치'니 '굿이어'니 하는 대규모의 고무공장을 연상시키는 곳이다. 이 여름에도 수명의 우리 교포와 학생들이 여기서 일하고 있다는 소식을 들었기 때문에 나도 그곳으로 간 것이다. 막상 일을 시작하고 보니 이것 역시 더운, 아니 뜨거운 일이었다. 그것은 기후 때문이 아니고 일 자체가 뜨거운 것이었다. 보통 200도 이상으로 달군 주조형에다 원료인 생고무를 넣어서 각종 제품을 구워 내는 것이다. 땀을 계속 흘리다 보면 몸은 녹초가 되어 아찔해질 지경이었다. 대학에 갈 날을 기다리는 나에게 그 하루하루는 정말 지루하도록 길기만 했다.

마침내 행장을 꾸려 목표한 듀북대학을 향해 떠났다. 그러나 앞길은 그냥 막연하기만 했다. 입학원서를 제출한 것도 아니었고 또 입학을 허락한다는 통지나 보장을 받은 것도 아니었다. 공부하겠다고 찾아간 외국 학생을 그냥 쫓아 버리기야 하겠는가 하는 무모한 배짱과 좋게 해석해서 일종의 나이브한 신념밖에는 아무것도 없었다. 내가 듀북역에 내린 것은 9월 상순 어느 날 오전이었다. 역에서부터 대학의 위치를 물어 가면서 옷가방 하나를 들고 꽤 먼 언덕길을 걸어서 듀북대학 문안에 들어섰다. 나는 이때부터 1925년 6월 이 대학을 나설 때까지 이 캠퍼스에서 대학생으로서 인생행로의 한 과정을 지냈

---

4 애크론(Akron): 미국 오하이오주 북동쪽에 있는 공업도시. 굿이어 타이어를 시초로 굿리치, 파이어스톤, 제네럴 타이어 등의 거대 타이어 회사의 공장과 연구소가 위치해 세계적 규모의 고무 관련 사업으로 유명.

다. 거기에는 외국 학생으로서 피할 수 없는 인상 깊은 일들이 물론 많이 있었다.

듀북대학의 한국 학생들

마침내 듀북대학의 정문을 들어서긴 했지만 나는 아무런 준비도 없이 무모하게 찾아온 것이 아니냐 하는 불안감을 다시 한번 느끼지 않을 수 없었다. 그렇다고 여기서 발길을 돌릴 수도 없는 노릇이다. 막다른 골목에서 잠시 착잡한 심경에 사로잡혔던 나는 마음을 가다듬고 대학 사무실을 찾아 들어갔다.

우선 입학원서를 받아 주소, 성명, 국적, 학력 등을 써 넣었다. 그러나 이런 것쯤은 별로 문제가 아니다. 중요한 것은 학비 문제였다. 학비 준비도 없이 나는 회계과로 갔다. 담당자는 나의 사정을 들어 보더니 경리부장에게 넘겼다. 경리부장은 내 사정을 자세히 듣더니 동정과 격려를 하며 그 해결안을 내놓았다. 첫째, 사정이 허락하는 한 얼마가 되든 돈을 낼 것. 둘째, 숙식 해결을 위해서는 교내에서 일거리를 마련해 줄 터이니 성실히 일할 각오만 가져라. 셋째, 수업료 문제는 총장에게 보고해서 해결 방안을 찾도록 하겠다. 그리고 그는 곧 기숙사에 입사할 수 있고, 대학 식당을 이용할 수 있는 등 모든 특전을 허락하는 카드를 내주었다. 그때 내가 학교에 낸 돈은 2백 달러도 못 되는 돈이었다.

어쨌든 나는 이렇듯 후하고 호의적인 특전을 받아 듀북대학의 학생이 되었고 생활해 나갈 수 있는 길까지도 마련되었다. 지금으로부터 50여 년 전, 까마득한 시절의 일이긴 하지만 어느 다른 대학이 추천서 한 장 없는, 그것도 학비조차 없는 맨주먹의 처음 보는 외국 학생에게 이처럼 관대하고 이해 깊은 처사를 해줄 것인가, 생각해 볼수록 고마울 뿐이다.

듀북대학은 내가 입학한 그때 벌써 70년의 역사를 가진 기독교 계통의 대학이었다. 그런 오랜 역사를 가졌으면서도 학생 정원은 500명선을 넘지 않았다. 캠퍼스 내외 어디서나 가족적인 분위기가 넘치도록 노력하는 학교였다. 미국에서의 나의 학생 시절이 이런 대학에서 시작되었다는 것은 참으로 다행한 일이었다. 그러나 때는 세계대전(제1차)이 계속되고 있는 시절이었다. 그랬기 때문에 나는 비록 짧은 기간이긴 했지만 듀북대학에서 평생 처음 군사훈련을 받아 보았다. 곧이어 육군본부로부터 대위급의 정식 교관 2명이 배치돼 와서 그때부터 외국 학생들에게는 군사훈련이 면제되었다. 그러나 교내외 생활에서는 모든 것이 다 전시체제 아래 놓이게 되었다. 식사에서도 '고기 없는 날', '밀가루 안 먹는 날' 등이 일주일에 한두 번씩 있었고 식당에서 마시는 커피에도 설탕을 넣지 못하고 대신 조청(molasses)을 타서 마셨다.

그해 가을부터 세계대전의 전세는 연합군의 승리가 거의 확실하게 되었다. 독일이 언제 백기를 드는가가 문제였다. 1918년 11월 11일 11시. 갑자기 학교의 큰 종이 요란스럽게 울리기 시작했다. 그와 함께 온 시가지의 교회 종탑에서도 종소리가 울려 퍼졌고 소방서의 사이렌이 울어 댔다. 그것은 환희의 소음이었다. "휴전이다, 휴전이다!" 교실에서 공부를 하고 있던 학생들은 소리를 지르며 밖으로 뛰어나갔다. 어느새 전교의 교수와 학생들이 교정에 집결되었다. 어느 누구의 지휘가 있었던 것도 아니면서 모두들 대열을 이뤄 시가지를 향해 행진해 나갔다. 행진 대열에는 시민들도 가담했다. 인도와 차도의 구별이 없어진 채 거대한 인파로 뒤덮였다. 세계대전이 끝났다는 역사적인 뉴스를 들은 사람들은 그 누구도 가만히 있을 수 없었던 것이다.

나도 행렬을 따라 인파 속을 걸어갔다. 어느 집 앞을 지날 때 나는 영원히 잊히지 않은 감동적인 광경을 보았다. 현관 옆 포치에 앉은 늙은 부부가 조용히 서서 지나가는 인파를 바라보며 말없이 눈물을 흘리고 있었다. 손수건으로 자꾸만 흘러내리는 눈물을 닦으면서. 나는 미국에 와서 2년도 채 못 되는 기간 동안에 미국이 참전하던 모습과 승리의 휴전을 환호 속에 받아들이는 광경을 보았다. 그리고 그동안에 미국 국민들이 피땀을 흘리며 승리에의 의지와 결심을 가졌던 것을 감명 깊게 보았다. 휴전이 되면서부터 듀북대학은 모든 것이 정상적으로 돌아갔다. 나도 안정된 분위기 속에서 학업에 전념할 수 있었다.

그 무렵 듀북대학에는 한국 학생이 두 명 있었다. 이미 말한 바 있는 장태윤 군과 나였다. 우리는 둘 다 고학으로 학업을 계속하고 있었는데 그해의 일자리는 교내 식당 부엌에서 식기를 닦는 것이었다. 5명쯤의 다른 외국인 학생들과 팀이 돼서 일을 했다. 우리는 매끼마다 식사 후 약 한 시간 동안 세기(洗器) 작업을 했다. 작업은 뜨거운 물이 돌아가는 세기대 앞에 서서 해야 했는데 그 열기가 대단했다. 특히 키가 크고 몸집도 큰 장 군은 그 열기에 몹시 시달려 계속 비지땀을 흘리며 고생했다. 그의 이런 모습을 보며 우리 팀은 염려도 하면서 한편 농담도 했다.

"저 빅 장(Big Chang)이 녹아나고 있구먼. 좀 더 있으면 아주 녹아버리고 말겠는 걸. 빨리 끝내고 밖으로 나가야겠어." 그러면 아직 서투른 영어로 장은 대꾸하는 것이었다. "염려 마. 그래도 얼마쯤은 남아 있을 테니까." 고생스러웠지만 이렇게 웃고 농담하면서 우리는 항상 즐겁게 일했다.

듀북대학에는 그때 외국 학생들이 많았다. 그러나 그들은 대개 독일, 유고슬라비아, 헝가리, 화란(네덜란드) 등 구라파 지역에서 온 학생들이었고 동양인으로서 이곳을 처음 찾아온 학생은 김여식(뒤에 박사 학위를 받음)이었다. 그다음이 '빅 장'이었고 세 번째가 나였다. 언젠가 총장 집에 저녁 초대를 받아 갔을 때의 일이다. 귀부인 티가 나는 사교적인 총장 부인이 그럴듯한 한국인관을 털어놓아 모두들 웃었다. 김여식은 키와 몸집이 보통 사람보다 훨씬 작았다. 그래서 총장 부인은 한국인은 김 군처럼 모두 작은 사람일 거라고 생각했다고 한다. 그런데 다음에 나타난 장은 보통 미국 사람보다도 키나 몸집이 컸다. 그러니 한국에는 저렇게 키가 큰 사람과 또 아주 작은 사람이 살고 있는 모양이라고 생각했다고 한다. 그러나 세 번째로 나타난 나는 작지도 크지도 않은 걸 보니 결국 한국에도 다른 어디나 마찬가지로 크고, 작고, 보통의 사람들이 섞여 있다는 걸 알게 되었다는 얘기였다. 총장 부인은 별로 대수롭지 않은 것을 가지고도 재미있게 화제를 꾸며 가며 우리들에게 친절감을 보여 주었다.

김 군은 내가 듀북대학에 간 그 전해에 아이오와시에 있는 주립대학으로 전학갔다. 김 군이 떠난 데 대해서 총장 부인은 다소 서운한 듯한 눈치였다. 그 뒤 여러 해에 걸쳐서 듀북대학에 온 한국 학생들이 많았다. 그래서 어느 정도의 문젯거리가 생기기도 했고 여러 가지 에피소드를 남기기도 했다. 내가 듀북대학에 있는 동안에도 여기 와서 신세 지고 가 버린 학생이 적지 않았다. 지금 생각나는 대로 적어 보면 다음과 같다. 곽림대(郭林大, 본명 태종泰鐘, 작고), 최윤호(崔允鎬, 작고), 최능진(崔能鎭, 작고), 김태선(金泰善, 전 서울시장), 신윤국(申允局, 본명 현모鉉謨, 제헌국회의원), 한홍(韓鴻, 오랫동안 서울컨트리클럽 관계), 최경학(崔敬學, 대구에서 목사), 신동기(申東起, 전 필리핀 대사), 그리고 지금 미국에 살고 있는 정애경(鄭愛敬, 김계봉 박사 부인), 신줄리아(유형기 감독 부인), 박이근(朴利根, 대한인국민회 회장), 황창하(黃昌河), 이선두, 김형린 등이다.

그러나 이 많은 사람들 가운데 듀북대학을 졸업할 때까지 다닌 사람은 한 사람도 없었다. 이들은 듀북대학에 와서 길어야 1, 2년이고 대개는 6개월 정도만 지내다 떠났다. 이때 듀북대학에서는 한국 학생이라면 거의 무조건 받아 주는 호의를 보였는데 이들이 왜 졸업할 때까지 머물러 있지 않는가에 대해 당국자들은 궁금해했다. 언젠가 러스턴이라는 노학감 선생이 내게 말했다. "저간에 한국에서 독립운동이 있었다는데 본국에서의 이런 정치적 사정이 미국에 있는 한국 청년들을 불안정하게 하는 것이 아닌가?" 러스턴 선생은 자못 동정적인 표정으로 진지하게 물었다. 그때쯤 '빅 장'도 이미 떠나고 없었다. 1925년 나는 한국 학생으로서는 처음으로 듀북대학에서 졸업장을 받았는데 내가 끝까지 듀북대학에 남아 있었던 것은 물론 듀북대학을 사랑했기 때문이지만 그 자연환경과 아늑한 기풍을 좋아했기 때문인지도 모른다.

1919년 국내에서 기미년 독립운동이 일어났을 때 수많은 동포들이 잔학한 일본 군경에 의해 학살당하고 탄압당했다는 소식이 미국에 전해졌다. 듀북대학에 재학하고 있던 우리 학생들은 이런 참상의 소식을 그냥 듣고만 있을 수가 없었다. 그러나 이역만리 먼 곳에 있는 우리로서는 무엇을 어떻게 해야 할지 막연했다. 생각 끝에 총장의 양해와 한국에 대해 깊은 동정을 가진 몇몇 교수들의 도움을 받아서 듀북대학생 전부가 연명으로 탄원서를 보내기로 했다. 탄원서는 당시 파리 평화회의[5]에 참석하고 있는 미국무장관 브라이언[6]에게 보냈다.

---

5 파리 평화회의(Paris Peace Conference, 1919~1920): 1차 대전 종전 후 승전국인 영국, 프랑스, 미국, 이탈리아가 패전국 독일에 배상을 요청하고 국제연맹(League of Nation)이 설립됨.

6 브라이언(William Jennings Bryan, 1860~1925): 미국 정치가. 윌슨 대통령 정부의 국무장관.

탄원의 내용은 일제가 한국에서 감행하고 있는 비인도적인 만행을 규탄하고 제재해 주도록 해 달라는 것이었다.

3·1운동과 관련해서 듀북대학에서만 볼 수 있었던 아름다운 에피소드가 있다. 비록 역사적으로 어떤 큰 의의를 지닌 사실은 아니라 할지라도 오래도록 기억될 추억이다. 3·1운동의 첫돌을 맞는 1920년 3월 1일, 우리 한국 학생들에게 특별 휴일이 허락되었다. 유난히 따뜻한 날씨였던 그날 우리는 미시시피 강변의 양지바른 구릉에 올라가 나뭇가지에 태극기를 걸어 놓고 애국가를 불렀다. 그날은 뜻깊은 피크닉이었다. 그날 저녁식사 때, 식당 관리를 맡고 있는 아담스 부인에게 미리 부탁하여 우리는 300여 명 전교생에게 한국 학생의 이름으로 아이스크림과 케이크를 대접했다. "이 디저트는 한국의 독립운동 1주년을 기념하는 뜻에서 한국 학생들이 내는 것입니다."

아담스 부인의 설명을 들은 전교생들은 식당이 떠나가라 박수를 보내 주었다. 한국 학생들의 이름으로 내놓는 것이라고 했지만 사실은 신윤국 군 개인이 낸 것이었다. 그때 본국에서 학비를 가져다 쓰는 학생 수는 아주 적었는데 신 군은 그런 학생 중의 한 사람이었다. 다른 학생들에 비해 비교적 여유가 있는 그가 그날 디저트 값을 내놓은 것이다. 어느새 듀북대학에 와 있는 한국 학생 수가 7, 8명이 되었다. 그래서 우리는 한국 학생 클럽을 조직하고 학교에 정식으로 등록까지 했다. 그해 대학 앨범에는 우리 클럽의 사진과 기사가 실렸다.[7] 몇 안 되는 모임이었지만 한때 엉뚱한 문제가 생겨서 화제를 일으키기도 했다. 그때 듀북대학의 교수들 가운데 젊은 강사가 몇 있었는데 그중 체격이 좋은 미남 강사가 한 사람 있었다. 그런데 우리 한국 학생 가운데 어느 여학생이 그 강사를 짝사랑했던 모양이다. 서투른 영어

7 해당 사진과 기사는 이 책 화보면 참조.

실력으로 연애편지를 써 보낸 것이 한두 번이 아니었다는 소문이었다. 이런 종류의 소문이란 본래 근거 없는 억측을 낳는 것이 보통이지만 아무튼 우리 한국 학생들은 체면이 깎이는 일이었다. 듀북대학에서의 한국 학생에 대한 얘기와 소문은 1925년 내가 졸업한 다음에도 계속 있었다. 해방 뒤에도 언짢은 사고가 생겼다고 한다. 적은 액수의 돈거래가 말썽이 되어 그것도 신학부에서 공부하던 자가 동료 우리 학생을 살해하는 비극까지 벌어졌다는 것이다.

내가 경험한 범위 안에서 듀북대학과 한국 학생과의 관계를 곰곰이 헤아려 본다면 우리가 일방적으로 은혜와 신세만 졌다고 말할 수밖에 없다. 듀북대학의 문을 마지막으로 나서는 날을 즈음해서 나는 나의 이런 마음을 스테픈스(Cornelius M. Steffens) 총장에게 얘기했다. 그랬더니 그는 다음과 같이 대답했다. "듀북이 그대들에게 얼마나 도움을 주었는지는 모르지만 만약 도움을 주었다면 그것은 오로지 그대들이 조국에 돌아가 참된 크리스천으로서 백성을 위해 최선의 봉사를 바치라는 뜻에서였다."

학창 생활

한국 학생들 가운데는 역여(逆旅)의 과객인 양 잠깐씩 듀북대학을 스쳐 간 사람이 많았다. 그들은 모두 그래야만 했던 이유가 있었겠지만 나는 여기서 졸업을 하고야 떠나겠다는 마음을 먹고 있었다. 하긴 나도 재학 중에 약 2년 동안 듀북을 떠나야 했었다. 그러나 다시 찾아갈 대학은 듀북이 아닐 수 없었다.

아이오와라면 옥수수만이 키 높이로 자라는 한없는 평원을 연상하는 것이 보통이다. 사실 그렇다. 그러나 동쪽 경계가 되는 미시시피

강과 그 연변 곳곳에 드높이 서 있는 구릉, 그리고 구릉을 맴돌며 흐르는 계곡은 그 어느 곳보다 아름다웠다. 듀북시는 당시 인구 4만이 채 못 되는 도시로 아이오와주의 동북쪽에 자리 잡은 도시였다. 뒤로는 산을 지고 앞으로 강물을 안고 있는 아름다운 곳이었다. 듀북대학은 도시의 높은 언덕 위에 있었다. 가을이면 붉게 타는 단풍, 겨울이면 온 천지가 눈 속에 묻히는 그림 같은 캠퍼스에서 나는 여러 해를 기쁜 마음으로 보냈다. 어느 해 겨울엔가는 나그네 흥에 겨워 나도 모르게 노트에다 다음과 같은 글을 적기도 했었다. 이것은 내가 지은 것인지 혹은 다른 사람의 글을 옮겨 쓴 것인지는 모르지만. "달도 희고 눈도 희고 온 누리가 다 흰데 집 생각 고향 생각 잠들기 힘들어라."

내가 듀북에서 보낸 대학 생활이 두고두고 잊히지 않고 깊은 영향을 주게 된 것은 무엇보다 그 가족적인 분위기에 있다. 언제나 풍기고 있는 가족적인 분위기 속에서 친구와 친구, 선생과 제자, 그리고 고유의 미국 정신을 가진 시민과 한 외국 사람과의 사이에 이루어진 사연들은 나에게 아름다운 인간관계의 인연을 맺어 주었던 것이다. 듀북대학의 교수들은 결코 적은 수가 아니었지만 나는 그들의 이름을 거의 기억할 수 있었다. 그들 중에는 유난히 나를 가까이해 주었던 분들도 있었다. 학생들 중에서도 감사절 같은 때 집에 갔다가 돌아오는 길에 칠면조 요리며 케이크, 파이 등을 싸 가지고 와서 멀리 집 떠나 있는 나를 위로해 주는 친구들도 있었다. 어떤 학생은 주말에 자기 집에 초대해 주기도 했는데, 그럴 때면 나는 교회에 나가서 우리나라의 사정을 소개하곤 했다.

만약 내가 수만 명의 학생을 가진 대학을 다녔다면 듀북대학에서처럼 자연을 즐길 여유나 순후 소박한 인심을 맛볼 기회가 없었을 것이다. 그러나 큰 대학이 그것대로의 많은 단점이 있는 것처럼 듀북대학도 단점이 없을 수는 없었다. 내 경험에 비추어 보면 첫째 듀북에서는 모든 것이 인정에 치우쳐져서 다루어지는 게 아니었던가 싶다. 즉 인간 사정이 잘 통했다는 얘기다. 새 학년이나 새 학기를 맞으면 학생들은 이수할 학과목을 선택하고 등록을 해야 한다. 어느 해엔가 나도 학과목을 선택하는데 독·불·서어 등 외국어(영어는 제외) 한 가지를 택해야 할 입장이었다. 그때 내 생각에는 영어 자체가 내게는 외국어였다. 그뿐 아니라 나는 조선에 있을 때 일어와 한문을 배우느라고 많은 시간과 노력을 바쳤었다. 그런데 이제 와서 또 다른 외국어를 더 배워야 한다면 평생 외국어만 배우다 말지 않겠느냐 하는 것이 내 생각이었다. 지도교수를 찾아가 이런 나의 생각을 말했다. 그는 나의 주장을 받아들이면서 내가 본국에서 일어와 한문(독서력뿐이긴 하지만)을 수학했다는 증명서를 제출하기로 하고 다른 외국어 수강을 면제해 주었다. 지금 돌이켜보면 그때 지도교수가 좀 더 강경히 나왔다면 나는 별수 없이 독어든 불어든 한 가지를 수강했을 것이다. 나는 지금 독어든 불어든 어떤 고유명사 하나도 바로 읽지 못하는 무지한 상태다. 그때 배워 두었더라면 하는 후회가 크다.

듀북대학의 그다음 단점은 새 학기마다 개강되는 여러 학과가 대개 한 사람의 담당교수에 의해 지도된다는 점이다. 이 경우 만약 그 담당교수가 무슨 이유에서든 접수해 주지 않는다면 수강의 길이 막혀 버릴 수밖에 없었다. 나는 처음부터 교육학을 전공할 생각을 가지고 있었기 때문에 사회학 방면의 학과목에 치우쳐 수강하는 편이었다. 그때 경제학을 가르치던 M 교수는 나에게 좋은 조언을 해주었는데 모든 사회 문제는 결국 경제 문제에 결부되어 있기 때문에 만약 내가 사회 문제에 취미가 있다면 꼭 경제학을 공부하라는 것이었다. 나는 그의 말을 전적으로 수긍하고 또한 감사하면서도 왠지 그에 대해 존경심이나 신임을 가질 수가 없었다. 그래서 끝내 그의 교실을 피하고 말았다. 그 후 나는 1924년 여름 아이오와 주립대학 하기대학에서 경제학통론을 수강했다. 그때 교수는 사계(斯界)의 권위자 중의 한 사람인 엘리[8] 박사였다. 그는 자기의 저서를 교과서로 해서 가르쳤다. 여기서 얻은 학점은 곧 듀북대학으로 보내졌다.

듀북대학의 또 하나의 특징은 가족적 공동 생활에서 비롯되는 특이한 분위기였다. 즉 유행이나 어떤 생활양식을 모든 사람들이 따라가도록 은연중에 종용하거나 미묘한 압력을 느끼게 한다는 것이다. 이런 분위기에서 생활하면서 나는 더욱 의식적으로 모든 것을 본뜨고 따라가려고 애써 노력했었다. 학생들 사이에 쓰이고 있는 말투를 비롯해서 멋대로 입는 옷차림, 그리고 그룹 생활에서 드러내 보이는 사교 생활의 패턴까지 모든 것을 흉내 내려고 무척 신경을 썼다. 넓은 의미에서 나는 미국의 문물과 생활양식 등 모든 것을 배우고 본받으려고 미국에 온 것이라는 마음의 자세가 나로 하여금 이런 생각을 하도록 했는지도 모른다. 그러나 3학년을 마치면서부터 내 생활에는 일종의 전환기를 맞았다. 그때까지 지나치게 마음 쓰며 지내 오던 모방과 순응과 추종의 굴레에서 벗어나 독립성과 주체성을 갖는 방향으로 돌아서게 된 것이다.

그런 전환을 가져오게 한 계기는 무엇이었는가? 그것은 자아 발견이었다. 무엇을 배우려고 미국에 왔는가, 나의 신분, 처지, 위치는 어떤 것인가 하는 진지한 자성을 해 보았다. 결국 나는 미국에서 살거나 미국에서 일하려는 것은 아니다. 나는 조국에 돌아가 거기서 살며 일해야 할 사람이다. 이런 자성을 통하여 나는 유학의 목표를 보다 높은 차원에 두어야 한다는 것을 깨달은 것이다. 그렇기 때문에 미국인에게도 과도적이고 또 가변적인 한때의 생활양식이나 형태를 배우고 본받을 것이 아니라 미국이 쌓아 올린 빛나는 전통과 문화에 이바지

8 엘리(Richard Theodore Ely, 1854~1943): 미국 진보 경제학자. 미국 경제학회 창립 멤버.

된 그 정신과 학문을 배우는 데 보다 더 정진해야 할 것을 깨달은 것이다. 이렇게 주체성이랄까 자각이랄까 하는 것이 생기면서부터 나의 생활 태도도 달라지기 시작했다. 그래서 여러 해 동안 나를 아껴 주고 가까이해 주던 어떤 교수가 달라진 내 생활태도에 대해 물어 올 정도였다. 한편 내가 그처럼 변할 수 있었다는 것은 듀북대학의 훌륭한 교육의 결과라고 볼 수도 있다. 교육 본래의 이념에 따라 정성스레 가르치는 진지한 배움의 길을 열어 준다면 어디서나 누구에게서나 바람직한 변화는 생기게 될 것이다.

듀북대학에서 내가 전공한 학문은 교육학이었지만 그 밖에도 나는 자연과학 방면에 깊은 흥미를 가지고 공부했다. 그중에서도 생물학과 지리학은 가장 흥미 있는 과목이었다. 특히 생물에서 다윈의 진화론에 대한 학문적 시비는 지식을 탐구하는 모든 학도들에게 큰 자극이었다. 그때 나도 토론에 꽤나 열을 올리고 참석했었다. 그래서인지 졸업앨범에 각자의 특징을 간평(簡評)하는데 나와 원숭이가 친한 모습을 묘사해 놓을 정도였다.

나의 대학 생활에 대하여 지금까지 여러 가지 얘기를 적었지만 나에게 가장 크고 깊은 영향을 오래도록 끼쳐 준 사람이 두 사람 있다. 모어(Charles A. Mohr) 교수와 스테픈스 총장이다. 모어 교수는 독일에서 철학, 미국에서 신학의 박사학위를 받은 뛰어난 지식인이다. 그는 괴벽하리만큼 독립적이고 사물을 초월해서 사는 것 같았다. 그는 학생 기숙사의 단칸방에서 독신 생활을 하며 지냈다. 나는 그에게서 사회심리학과 종교철학을 배웠는데 수강생은 대개 10명 내외의 상급반 학생들이었다. 학생 수가 적었기 때문에 우리는 개인 지도를 받는 것과 같았다. 그는 강의 시간에는 물론이고 보통 때에도 우리들에게 올바른 사고방식을 배우기 위해 힘쓰라고 강조했다. 인간이 인간인 것은 다른 동물들이 갖지 못한 사고력을 가졌기 때문인데 이 사고력을 올바로 쓰는 사람보다 함부로 쓰는 사람이 많기 때문에 사회에 불합리와 부조리가 범람하는 것이라고 언제나 개탄하곤 했다.

듀북대학에는 일주일에 몇 차례씩 채플(예배) 시간이 있었다. 이 채플 시간에는 많은 학생들과 교수들이 참석했는데 교수들의 좌석은 강단 위에 있었다. 모어 교수는 거의 빠짐없이 채플 시간에 참석하여 다른 교수들과 같이 앉아 있었다. 그런데 그는 연사가 말을 하고 있는 중에 갑자기 실소하곤 했다. 언젠가 채플이 끝난 다음 시간이 모어 교수의 강의 시간이어서 한 학생이 용기를 내서 물어보았다. "선생님은 왜 채플 시간에 종종 실소를 하십니까?" 그는 빙그레 웃으면서 대답했다. "자네들은 그 연사의 말 가운데서 조크를 발견하지 못했나? 다른 사람을 웃기게 하는 게 조크가 아닌가. 부조리(incongruity)한 것을 천연스럽게 말하고 있다면 그게 바로 조크가 아니고 무언가."

또 한 번은 종교철학 시간에서였다. 불교철학에 대해 공부하고 있었는데 그 시간에 숙제를 발표할 학생은 파익이라는 나이 많은 학생이었다. 그는 여러 해 동안 YMCA 청소년부를 지도한 경험이 있었기 때문에 유난히 말을 잘했다. 숙제를 발표하는 파익 군은 청산유수로 말을 이어 나갔다. 얼핏 들으면 참 그럴듯하게 들리기도 했다. 그런데 갑자기 모어 교수가 그의 말을 중단시켰다. 그러더니 "자네가 오늘 숙제가 무언지 정확히 알고 있다면 그런 장황설을 늘어놓을 필요가 없을 텐데" 하고 일침을 놓는 것이었다. 모어 교수는 이처럼 정확하고 논리적인 사람이었다.

하루는 나대로의 고민을 가지고 모어 교수의 거실로 찾아간 적이 있었다. 나는 일찍부터 기독교 가정에서 태어나 신앙심 속에 자라 왔는데 그즈음 종교에 대해 회의를 갖게 되었던 것이다. 이런 나의 심경을 낱낱이 그에게 고백했다. 내 말을 들은 그는 웃으며 말했다.

"학문을 하는 사람이라면 누구나 한 번은 반드시 그런 고민에 빠지게 되는 법이다. 그러니 너무 심각하게 걱정하지는 말라." 그러면서 그는 계속해서 타이르는 것이었다. 즉 인간의 사상사를 살펴보면 마치 시계의 진자(振子)처럼 어떤 시대에는 신앙유일주의가, 또 어떤 시대에는 이성지상주의가 앞세워지면서 그 두 사이를 왔다 갔다 하는 패턴을 이루고 있다. 그런데 만일 내가 이성 쪽에 기울어지고 있는 듯하다면 이때 가장 경계해야 할 것이 바로 '지상주의'라는 것이다. 즉 "이것뿐이다" 하는 생각을 가져서는 안 된다는 것이다. 신앙이란 이성과 병행하면서 우리 인간 생활의 가치를 보다 더 높여 준다는 사실을 잊지 말도록 하라고 그는 간곡히 부탁했다. 그의 이 충고는 나에게 큰 교훈이 되었다.

한편 스테픈스 총장은 모어 교수와는 퍽 대조적인 성격이었다. 그는 신학박사였지만 학자는 아니었다. 또한 대학의 총장이면서도 총장이란 자리에 대해 어떤 권위를 의식하는 것처럼 보이지 않았다. 대학 행정을 비롯하여 모든 일을 화기 속에 조용히 처리해 나가는 전형적인 신사였다. 게다가 좋은 풍채와 모든 사람에게 친밀감을 갖게 하는 사교성을 가져 대학의 재정을 후원해 주는 많은 인사들을 끌어들일 수 있었다. 나는 다른 교수들을 면접하는 것처럼 총장을 자주 만나 볼 수는 없었다. 그러나 내가 듀북대학에 끝까지 남아 있었기 때문인지는 모르지만 그는 나에 대해 개성에서부터 결점에 이르기까지 소상히 알고 있었다. 물론 여기에는 자상하고 현명한 그 부인의 힘이 컸을 것이다. 내가 듀북대학을 졸업하기 얼마 전 총장은 사택으로 나를 저녁에 초대했다. 그리고 그 자리에서 그는 오래 두고 나에게 주고 싶었던 충고를 해 주었다. "크리스천 젠틀맨은" 하고 그는 말머리를 꺼내더니 다음과 같이 말을 이어 갔다. "기독교적 신사는 무엇보다도 먼저 겸손(modesty)한 마음 자세를 가져야 한다. 그러나 이 겸손은 어떤 지나친 조심성 때문에 해야 할 말이나 해야 할 일을 그냥 삼가기만 하거나 사양하기만 하는 그런 태도를 뜻하는 것은 아니다. 기독교적 신사는 겸양을 가지면서도 때로는 무척 과격(courageous)하게 나가야 한다." 스테픈스 총장이 어째서 내게 이런 충고를 주었는지 나는 그 이유를 잘 알고 있었다. 그때의 그 고마움과 그 감명은 내 평생을 통해 지워질 수 없는 것이었다.

듀북대학은 매년 졸업식이 있기 전날 졸업생들 주관으로 고별식을 거행하는 것이 오랜 전통으로 되어 왔다. 나는 그 식전에서 그해 졸업생을 대표해서 고별사를 하는 영광을 가졌다.

듀북대학에서 4년여의 세월을 보내며 학창 생활을 한 사람은 물론 나 혼자만이 아니다. 다른 미국인 동창들도 많았다. 그러나 나의 학창 생활 뒤에 담겨 있는 많은 인연과 사정은 다른 동창들이 이해하기 어려울 정도로 나로 하여금 듀북에 대하여 뜨거운 정과 깊은 의리감을 느끼게 하지 않을 수 없었던 것이다. 고별사를 하면서 나는 가슴에 사무친 그 석별의 아픔을 이길 수 없었고 눈물을 흘리지 않을 수 없었다. 내 20대의 긴 한동안을 보낸 듀북대학에서 맺어진 가지가지의 사연을 고이 간직한 채 마침내 나는 듀북을 떠나야 했다. 그리고 그 후 해방을 맞아 듀북을 다시 찾을 수 있기까지에는 20년이라는 긴 세월이 흘러가야만 했다.

도산(島山)을 따라서

듀북대학에서 전공한 것이 교육학이었던 만큼 나는 앞으로도 이 분야에 대한 연구를 더 계속할 생각이었다. 그래서 나는 듀북대학을 졸업하자 그해 가을 곧장 뉴욕에 있는 컬럼비아대학 사범대학원(Teachers College)에 들어갈 계획을 세우고 있었다. 그때 컬럼비아의 사범대학원이라면 세계 어디서든 교육학에 관계를 가졌거나 관심을 가진 사람들이 그들의 메카인 양 여기고 있을 정도였다. 특히 존 듀이[9] 교수의 새교육철학은 교육원리, 교육행정, 교육방법 등 모든 면에서 혁명적인 변화를 일으키고 있었다. 그러니 교육학을 전공한 나 역시 그곳에 가려는 마음을 가질 것은 당연한 일이었다.

1925년 6월 상순 나는 듀북을 떠나 먼저 시카고로 향했다. 막상 기차를 타고 미시시피강 철교를 건너는 순간 나는 다시 한 번 강 건너 듀북을 돌아보면서 여러 해 동안 나의 젊음을 담았던 그곳을 떠나는 감회에 젖었다. 고향 아닌 고향을 떠나는 가슴 뭉클함을 느끼지 않을 수 없었다. 당시 시카고에는 주로 시카고대학과 서북대학[10]에 적을 두고 있는 우리 학생이 약 20, 30명 정도 있었다. 그러나 하기방학이 되면 인근 지역에서 일자리를 얻으려고 시카고로 오는 학생들이 많았고 지나가는 학생들도 많았다. 그래서 이 기간 동안에는 시카고의 우리 교회와 교포가 경영하는 유일한 가족풍 여관이 언제나 붐볐다. 교회라고 해야 유급의 상주 목회자가 있는 형편은 아니었고 유지신자 몇몇이 몇 달 동안씩 돌아가며 맡아 보는 정도였다.

시카고에 도착한 나는 예의 교포가 경영하는 여관에서 묵으면서 일자리를 구하려 하고 있었다. 그런데 그때 뜻밖에도 도산 선생을 거기서 만난 것이다. 1917년 캘리포니아주에서 만나 뵈어 온 이래 7년 만의 해후였다.

도산은 1916년 이래 재외 동포들의 결사인 대한인국민회 중앙총회장을 맡고 있었다. 1919년 조국에서 3·1운동이 일어나자 그는 곧

9 존 듀이(John Dewey, 1859~1952): 미국의 철학자, 심리학자, 교육가. 그의 교육사상은 민주주의에 대한 확고한 신념을 바탕으로 함.

10 서북대학(Northwestern University): 미국 일리노이주 에반스톤에 있는 1851년에 창립된 사립대학.

각 지방의 대표들을 소집해서, 재외 동포들이 조국에서 일어난 독립운동을 어떻게 도우며 또 참가할 것인가 하는 문제를 놓고 며칠 동안의 진지한 회합을 가졌다. 그리하여 구체적인 방략과 시책을 마련한 다음 그해 5월 상해로 가서 임시정부의 여러 직책을 맡아 보며 실질적인 지도자로 일을 했던 것이다. 그러는 한편 그는 1913년 인격 수양을 목적으로 미국에서 조직한 흥사단운동을 그곳에서 벌이기도 했다. 도산은 처음부터 실력주의를 주창해 왔는데 독립운동이 장기화하는 실정에 비추어 인적·물적 모든 실력을 길러 축적해 놓아야겠다는 것을 더욱 절감했던 것이다. 그리고 이러한 사업을 지속적이고 구체적으로 추진하기 위해서 반영구적인 근거지를 만들 계획을 구상하고 있었다. 이것이 곧 그의 '이상촌'인 것이다. 이상촌을 구현시키는 데 필요한 초창기 자금은 재미 동지와 동포들의 도움으로 마련해야 한다고 그는 생각하고 있었다. 도산은 이 이상촌 건설을 위한 준비와 함께 자기가 떠나 있는 동안 다소 침체된 듯한 국민회와 흥사단에 활력을 불어넣으려는 목적으로 1925년 이른 봄에 세 번째로 미국에 온 것이다. 그는 먼저 캘리포니아주 여러 지방에 흩어져 살고 있는 동포들을 방문하여 독립운동의 현황을 알려 주면서 그들이 오랫동안 재정적 뒷받침을 해준 데 대해 감사의 뜻을 전했다. 그러고 나자 그는 곧 미국 동부로 떠났다.

그가 7년 전 떠날 때만 해도 미국에 있는 우리 교포는 소위 '신도학생(新渡學生)'이라 불리는 소수의 학생 이외에는 대개가 캘리포니아주에서 노동을 하며 사는 처지였다. 그러나 7년이 지난 1925년에 이르러서는 상황이 크게 달라져 있었다. 바로 그해에 나도 대학을 졸업했지만 그때를 전후해서 대학에 재학 중이거나 졸업, 또는 박사학위를 받으려고 연구하고 있는 젊은이들이 상당히 많았다. 그들 중에는 지명인사들도 여럿 끼어 있었다. 도산은 가능한 한 그들을 일일이 찾아보려고 했다. 그들에게 독립운동과 인격 수련에 관해 하고 싶은 말이 많았고 또한 그들로부터 듣고 싶은 말도 많았던 것이다. 도산은 먼저 뉴욕 방면으로 직행했다. 거기서 설산(雪山) 장덕수(張德秀)[11] 씨를 비롯해서 윤홍섭(尹弘燮), 김도연(金度演) 등 여러 인사들과 독립운동에 대하여 진지한 대화를 나누었다. 그리고 다시 캘리포니아주로 돌아오는 길에 예정했던 대로 시카고에 들른 것이다. 도산은 시카고대학에서 가까운 한 중류 호텔에 체류했다. 도산과 다시 만난 나는 그해 가을 컬럼비아대학 사범대학원에 진학하려던 계획을 일단 보류하지 않을 수 없게 되었다. 도산이 같이 캘리포니아주로 가서 흥사단 일을 보아 달라고 부탁했기 때문이었다. 이러한 제의를 받은 나는 그 자리에서 선뜻 그러겠다고 대답할 수는 없었다. 일을 잘했던 못했던 간에 나는 전에 (듀북대학을 2년 동안 떠나 있을 때) 이미 1년 반 동안 흥사단을 위해 일했었다. 그런데 이제 다시 학업을 중단하고 흥사단 일을 보게 된다면 나의 해외 생활과 수학 연한이 그만큼 늦어질 것이다. 더구나 나는 그 가을에 컬럼비아로 가서 계속 공부하기로 계획하고 있던 처지가 아니었던가.

물론 도산은 이런 나의 사정을 모르지는 않았다. 그러면서도 그는 "장 군이 한 번 더 수고를 해야 돼" 하면서 나의 결의를 재촉하는 것이었다. 나는 그때 별달리 생각하고 느낀 바가 있어서 마침내 도산을 따라 나설 것을 작정했다. 나는 그때 적은 힘이나마 흥사단에 도움이 되야겠다는 생각도 있었지만 한편으로는 도산을 모시고 가까이 지낼 수 있다는 사실에 보다 더 큰 의의를 느낀 것이다. 대학은 대학으로서 나에게 학문적으로 무엇을 주겠지만 도산은 남달리 타고난 그 예지와 파란만장한 경험의 진수를 생활을 통해 가르쳐 줄 것이라고 나는

11 장덕수(1894~1947): 황해도 재령 출생. 일제강점기의 정치인, 언론인, 교수, 친일행위자.

믿었던 것이다.

도산은 시카고에 있는 동안 많은 학생들과 더불어 개별적으로 혹은 그룹으로 진지한 대화를 연달아 가졌다. 그때 시카고에 있으면서 도산과 대화를 나눈 사람들 중에는 다음과 같은 이들이 있었다고 기억된다 염광섭(廉光燮), 조희염, 노준택(盧俊澤), 배동선(裵東善), 장세운(張世雲), 오천석(吳天錫), 이용설(李容卨), 윤치창(尹治昌), 이병두(李炳豆), 신동기(申東起), 오한영(吳漢泳), 황창하(黃昌河), 김학수(金學洙), 김창준(金昌俊), 그리고 여학생으로는 정애경(鄭愛敬), 손진실(孫眞實), 이선행(李善行), 한소제(韓小濟) 등. 어느 날 밤엔가는 도산이 정한경(鄭翰景)[12] 박사를 호텔로 맞아 다음날 새벽까지 밤새도록 독립운동의 현황과 앞으로의 방략에 대해 의견을 나누는 것을 보았다. 그날 밤 자정에 나는 블랙커피를 주문해 그들의 목을 적시도록 해 주었다.

또 어느 날 밤에는 학생회 주최로 도산 특별강연회가 서북대학 소강당에서 열렸다. 연제는 '애국심'이었다. 도산은 그때까지 연설을 한 적이 수없이 많았다. 그러나 그날 밤과 같이 엘리트들만을 청중으로 하여 강연을 한 적은 거의 없었다. 청중의 수준이 그렇다는 것을 살핀 도산은 애국심을 고무하고 감정에 호소하는 연설식이 아니라 애국심 자체를 분석하면서 그 심리적 기원과 성장, 그리고 이것이 국민 생활과 어떤 관련을 갖고 있는가 하는 것 등 여러 면에서 설명하는 강연 방법을 택했다. 나는 그 뒤 이 강연을 들은 몇몇 사람들로부터 그 강연에 대한 반응을 들을 수 있었는데 그들의 말에 의하면 도산의 강연은 당시 많은 사회심리학자들의 학설과 거의 일치하고 있다는 것이었다. 다만 술어와 표현이 달랐을 뿐이라는 것이다.

12 정한경(鄭翰景, 1890~1985): 독립운동가, 외교관. 1910년 미국으로 망명. 샌프란시스코에서 안창호, 이승만 등과 함께 대한인국민회 조직.

1925년 6월 하순 도산과 나는 캘리포니아주를 향하여 시카고를 떠났다. 그러나 곧장 캘리포니아로 직행한 것이 아니었다. 가는 길에 우리는 곁길로 들어가기도 했고 높은 산정이나 도시를 찾아가기도 했다. 도산은 이 여행길을 떠나면서부터 어느 정도 심리적으로나 시간적으로 여유를 가졌던가 싶다. 어디서든 외롭게 살고 지내는 동포들을 찾아보기 위해서는, 또 그가 구상하고 있는 이상촌 건설에 참고가 될 만한 자료나 지식을 얻기 위해서는 좀 돌아가는 길이라도 마다않고 찾아갔다. 그리고 큰 무리가 없는 한 그가 그렇게도 즐기는 자연경치를 구경하고 싶어 했던 것 같다. 우리가 이 길에서 제일 먼저 찾은 곳은 캔사스시였다. 그의 후배 동지인 한장호(韓章鎬) 군 일가족이 살고 있었고 사진업을 하는 신 모 씨도 살고 있었다. 그들을 찾아가 위로와 격려를 주었다.

노정이 콜로라도주 콜로라도 스프링스(Colorado Springs, 현 미 공군대학이 있는 곳)에 이르렀을 때 우리는 관광버스를 타고 절경의 산악지대를 굽이굽이 돌아 마침내 그렇게도 유명한 파이크스 고봉[13]에까지 올랐다. 1만 5천 피트나 솟아오른 이 봉우리에서 바라보는 전망은 참으로 웅장하고 아름다웠다. 안계(眼界)를 벗어나기까지 아득히 펼쳐진 그 승경(勝景)이 얼마나 감격스러웠기에 일찍이 여류시인 캐서린 베이츠[14]는 1893년 여기서, 미국 국민들이 두고두고 애창하는 「America, the Beautiful!」(미국은 아름다워라!)이란 시를 읊었겠는가.

그다음으로 도산이 꼭 보고 가야겠다고 마음한 곳이 있었다. 지금

---

13 파이크스 고봉(Pikes Peak): 미국 콜로라도주에 있는 남부 로키산맥의 가장 높은 봉우리. 미국 탐험가 제불론 파이크(Zebulon Pike)의 이름을 따서 지음.

14 캐서린 베이츠(Katharine Lee Bates, 1859~1929): 미국 작가. 미국의 애창곡 「America, the Beautiful!」의 작사가. 로키산맥을 올라 큰 감명을 받아 "Oh beautiful for spacious skies,/For amber waves of grain,/For purple mountain majesties/Above the fruited plain"라는 가사를 지었다고 알려짐.

은 유타주의 도부[15]가 된 솔트레이크시(Salt Lake City)가 바로 그곳이다. 여기에는 브리검 영(Brigham Young)이 1947년 모르몬 교도 1,700명을 이끌고 멀리 동부로부터 와서 황야를 개간하고 정착지를 세운 곳이다. 도산은 여기서 며칠 동안 머무르면서 전차를 타고 종점에서 종점까지 다녔다. 그러면서 어디서든지 자기가 구상하고 있는 것과 비슷한 것이 있으면 그 도로의 배치며 가로수의 종류, 주택의 재료에 이르기까지 자세히 살펴보고 끈질기게 물었다. 그곳을 떠나 다음으로 찾아간 곳은 깊은 산속에 있는 빙햄 노천 동광산[16]이었다. 그곳에는 우리 동포 약 20명이 광부로 고달프고 외로운 생활을 하고 있었다. 거기까지 찾아 준 것을 감사하면서 반기는 그들에게 도산은 위로와 격려를 해 주며 어려움을 이겨 성공해 달라고 당부했다. 그리고 독립운동의 현황을 알려 주었다.

우리는 거기서 곧장 샌프란시스코로 갔다. 도산은, 그해 여름 호놀룰루에서 열린 태평양회의에 참석하고 돌아오는 서재필(徐載弼) 박사를 샌프란시스코에서 마중하려고 했던 것이다. 본국에서 태평양회의에 참석했던 송진우(宋鎭禹), 백관수(白寬洙) 씨는 바로 귀국했고 그들과 동행했던 김양수(金良洙), 김진철 씨 등이 서 박사와 같이 미 본토로 왔다. 서 박사를 만난 도산은 같이 로스앤젤레스로 갔다. 거기서 서 박사는 이틀 동안 머물면서 도산과 여러 가지 얘기를 나누었다. 일찍부터 민족혁신운동과 독립운동을 위해 몸 바쳐 온 두 지도자는 서로 의지가 상통하였고 서로의 인격을 존중하였다. 두 사람 사이의 뜻과 정이야말로 민족지도자들의 본보기가 되고도 남았다.

서 박사가 로스앤젤레스를 떠나기 전날 밤 20대의 학생 한 사람이

15 도부: 주의 수도.

16 빙햄 노천 동광산(Bingham Copper Mine): 솔트레이크시티의 서남쪽에 위치한 세계 최대의 노천 동광산. 1906년부터 채광을 시작했고 1966년에는 역사 기념물로 지정됨.

홍사단으로 도산을 찾아왔다(그때까지도 도산의 가족은 홍사단 아래층에 살고 있었다). 마침 서 박사도 동석하고 있었다. 찾아온 학생은 평북 선천의 유지인 이창석(李昌錫) 옹의 셋째 아들인 이영학(李英學) 군으로 귀국 인사를 하러 왔던 것이다. 이창석 옹은 재산도 많았고 일찍부터 사회사업과 교회의 일에 참여한 지도자로서 105인 사건[17] 때는 감옥에 들어가 지독한 고문을 견디다 못해 자살을 기도하여 유명해진 사람이었다. 이 군은 오산고보를 졸업하고 약 5개월 전에 학비를 넉넉히 가지고 도미해 왔었다. 그러나 이 군은 그 짧은 기간 동안에 무엇을 느꼈는지 모르지만 미국에서 공부할 것을 단념하고 귀국하기로 결심했던 모양이다. 바로 그다음 날 귀국길에 오르기에 앞서 인사를 하러 왔던 것이다. 두 분 선생은 다 같이 이 군을 만류했다. 이왕 공부할 목적으로 왔다면 적어도 1년은 지난 다음에 귀국 여부를 결정하는 게 옳다는 의견이었다. 그러나 이 군은, 충고는 고맙지만 자기대로의 소견이 있기 때문에 그대로 귀국하겠다고 했다. 다음 날 아침, 아직 해도 뜨지 않은 새벽에 이 군은 떠나갔다. 그 이른 새벽에 로스앤젤레스 중앙역까지 나가 이 군을 전송한 사람은 도산 한 분뿐이었다. 이 군의 그 귀국 결심의 잘잘못을 떠나서 그의 강한 주체성을 도산은 높이 평가했던 것이다.

나는 그때부터 홍사단의 서무원이란 직명으로 매달 홍사단보를 등사판으로 찍어 내는 일을 비롯해서 홍사단의 살림을 실제로 거의 도맡아야 했다. 도산은 내 글씨체가 본시 변변치 않다는 것을 모르지는 않았다. 그런데 이번 내가 처음으로 써서 등사해 낸 화보를 펴 보더니 "장 군의 글씨는 누가 보든 잘 쓰는 글씨라고 말하기는 어렵겠

17 105인 사건: 1911년 1월 1일부터 조선총독부가 서북 지방의 신민회, 기독교, 부호, 지식층 등의 항일세력에 데라우치 마사타케 암살 모의 누명을 씌우고 대거 체포하여 민족운동을 대대적으로 탄압한 사건.

는데!" 했다. 몇몇 동지들이 같이 앉은 자리에서 그렇게 말한 도산의 평은 솔직히 말해서 옳은 평이었다. 한번은 어떤 일요일에 우리 교회에서 내가 설교를 하게 되었다. 어떤 사정으로 그런 기회가 생겼는지는 잊어버렸지만 차라리 그것은 설교가 아니라 예배 시간에 한 얘기라고 해야 옳을 것이다. 그 자리에는 도산도 교인으로서 참석했다. 청중 앞에 나선 나는 어쩐지 거북하고 어색한 느낌을 갖지 않을 수 없었다. 도산도 이런 사정을 눈치채지 못할 리 없었다. 폐회가 되자 도산은 웃으며 말했다. "장 군이 대학을 졸업하고 오더니 좀 새 맛 나는 설교를 하는데……." 물론 나의 긴장을 풀어 주고 격려해 주려는 마음에서 그런 말을 했을 것이다.

도산이 산과 바다를 좋아했다는 것은 그가 산과 바다 그리고 강을 예찬한 노래를 많이 남긴 것만 보아도 알 수 있다. 그래서 나는 도산을 모시고 여러 번 인근 산이나 해변을 찾곤 했다. 로스앤젤레스 동북쪽에 있는 5,700피트의 험준한 윌슨 마운틴[18]을 올라가 윌슨 천문대 구경도 했고, 한가한 오후면 해변을 산책하기도 했다. 이런 길에 나서게 될 때면 흔히 아직 미혼인 그의 처제 앨리스 양이 차를 몰았다. 도산은 이따금 차를 멈추게 하고 몸소 나가서 캔디를 사 오곤 했다. "장 군이 또 캔디 생각이 날거야. 앨리스, 너도 그렇지?" 우리 차는 산타모니카 해안으로 달린다. 그리고 좀 높은 언덕을 찾아 올라간다. 여기서 그는 한없는 태평양을 굽어보며 어디서든 이런 지대를 찾아내서 이상촌을 건설해야겠다는 꿈과 계획을 얘기하곤 했다.

도산은 이처럼 얼마만큼의 시간적 여유를 가지고 살았지만 한편 꼭 찾아봐야 할 데가 있다든지 또는 교포 사이에 어떤 말썽이 생겨

---

18 윌슨 마운틴(Mt. Wilson): 캘리포니아주 로스앤젤레스 근처에 있는 샌가브리엘산의 봉우리.

와 달라는 간청을 받으면 곧 가곤 했다. 가는 곳마다 노동을 하거나 사업에 종사하는 동포들을 만나면 경제력을 기를 것을 당부했다. 그리고 학생을 만나면 지식과 기술을 열심히 배우고 쌓으라고 간절히 당부했다. 실력을 갖추지 못한 채 그저 입으로만 독립운동을 외치는 것은 부질없는 노릇이라고 경고했다. 그렇게 지나는 동안 도산이 도미한 지 어언 1년이 지나갔다. 그는 극동 지역에서 구현시키려는 이상촌과 중국과 러시아 등지에 흩어져 있는 독립운동의 모든 잠재세력을 대동단결시켜 하나의 대독립당으로 만들려는 구상을 가지고 다시 극동 지방으로 떠날 준비를 했다. 도산이 먼 길에 오르기 며칠을 앞두고 로스앤젤레스 근방의 동포들은 시내 미국 YMCA 2층 식당에 모여 그를 위한 송별연을 마련했다. 도산은 이 자리에서 동포들이 지금까지 공적·사적으로 자기에게 보여 준 그 꾸준한 관심과 지원을 깊이 감사한다고 하면서 재미동포들이 보다 더 화목하고 단결하여 장기화되는 독립운동에 대해 조금도 동요하지 말 것을 당부했다. 꾸준히 노력하며 참아 달라는 간절한 당부였다. 그리고 잠시 말을 멈추고 거기 같이 참석한 그의 가족들을 바라보았다. "나는 평생을 통해서 당신에게 치마저고리 한 감을 사 줘 보지 못한 부족한 남편이오." 그의 부인에게 한 말이었다. 그는 계속해서 장자 필립 군과 그 동생들에게 말했다. "나는 너희들이 소학교 중학교를 졸업하는 동안 공책 한 권, 연필 한 자루 사 줘 보지 못한 부족한 아비다." 도산은 자기 가족들을 보살피지 못하는 아쉬움을 늘 가슴속에 지니고 있으면서도 좀체로 더구나 이런 공석상에서 말한 적이 없었다. 그런데 왜 이때만은 그랬던 것일까. 이번 떠나는 길이 가족과 이 세상에서의 영이별이 되리라는 것을 육감으로 느꼈던 것일까.

도산은 1926년 5월 상순, 샌프란시스코에서 배를 타고 오스트레일리아를 거쳐서 상해로 갔다. 도산은 길을 떠나기 얼마 전부터 나의 신상 문제에 대해 깊은 관심을 나타냈다. 그해 가을 컬럼비아대학원에 가서 연구를 계속해야 한다는 데 대해서는 벌써부터 양해가 되어 있었다. 그러나 그때 흥사단 사정으로 보아 재정적으로 나를 도와줄 수 없는 처지였다. 이 사실이 도산의 마음을 몹시 괴롭게 만든 것이다. 그러나 그는 내가 동부까지 가는 여비만은 마련해 주었다. 그때 캘리포니아주 콜링가 지방 유전에서 일하는 이승호(李昇瑚) 군에게 내가 동부까지 갈 여비를 부탁한다는 친서를 보냈던 것이다. 이 군은 어느 정도 경제적 여유가 있는 터였다. 이 군은 안심하고 길을 떠날 수 있도록 도산이 떠나기 얼마 전에 300달러를 부쳐 왔다.

도산이 떠난 지 일주일도 채 못 되는 어느 날 새벽 그 가정에 일대 참변이 일어났다. 도산의 동서 김창세(金昌世) 박사의 장자 피터 군과 도산의 차자 필선 군, 그러니까 이종사촌 사이인 이들 두 10대 소년들이 장탄된 줄을 모르고 피스톨을 가지고 놀다가 오발이 돼서 탄환이 필선 군 척추에 박혀 버린 것이다. 곧 앰뷸런스가 달려와 필선 군을 싣고 안식교계의 화이트 메모리얼 병원에 옮겼다. 그는 생사의 고비에 놓인 중태였다. 바로 며칠 전에 이 세상에서 다시 만나 볼 기약도 없이 남편을 떠나보낸 도산 부인은 이처럼 엄청난 참변을 또 당하고 만 것이다. 그 슬픔과 비통함이 오죽 컸을까. 오직 몸부림치고만 있었다. 아직 항해 중에 있을 도산에게 이 사실을 알리느냐 마느냐 의논 끝에 나중에 자세한 내용을 알리기로 합의하고 지금은 알리지 않기로 했다. 나는 곧 이 위급한 사정을 널리 모든 동지들에게 알리고 무엇보다 시급한 치료비를 거두도록 호소했다. 모두들 발 벗고 나서서 후원금을 보냈다. 일반 동포와 동지들이 보여 준 그 베풂은 정말로 뜨겁고 컸다. 필선 군은 천행으로 위기를 넘기고 쾌도를 보이기 시작했다. 불행 중 다행이었다.

마침내 나는 로스앤젤레스를 떠나 뉴욕으로 가야 할 때가 왔다.

로스앤젤레스에 온 지 14개월 만이었다. 그 기간은 결코 짧다고 말할 수 없을 것이다. 그러나 나는 그동안 흥사단 일을 도우며 다른 한편으로는 도산을 가까이 모시면서 그의 생활철학을 배울 수 있었다. 그것은 결코 무엇과도 바꿀 수 없는 값진 것이었다.

잊지 못할 두 사람

1926년 가을, 나는 저간에 그토록 오래 그리던 학원을 다시 찾아 뉴욕 컬럼비아대학 사범대학원에 등록했다. 그리고 다음 해 6월에는 석사학위를 받았고, 그해 늦가을에는 선천에 있는 신성중학교에 교장으로 취임할 것이 작정되었다. 이것이 내 일생에 있어 그 정규의 수양기를 일단 매듭짓는다는 사실과 아울러 30대 고개에서 생긴 일이고 보니 바로 여기에 하나의 이정표가 세워지는 것이라는 느낌을 나는 안 가질 수 없었다. 그러므로 나는 이 고갯길에 서서 지금 여기까지 걸어온 길을 잠시 뒤돌아보았다.

내가 듀북대학에서의 생활을 적을 때 학업 도중 약 2년 동안 휴학을 해야 하는 사정이 있었다고 했었다. 이야기는 1920년 가을로 거슬러 올라간다. 나는 그해 여름방학 동안 시카고 시에서 멀지 않은 제네바[19] 피서지에서 일하며 얼마큼의 학자를 마련해 갖고 다시 듀북으로 갔다. 가을 수업이 시작되어 약 한 달 정도가 지났을 무렵 나는 멀리 파리로부터 한 장의 전문과 그 후 잇달아 편지를 받았다. 그것은 내 동생 성욱 군이 보낸 것이었다. 그는 기미년에 조국을 탈출해 상해로

19 제네바(Geneva): 시카고에서 서쪽으로 50킬로미터 떨어진 폭스강(Fox River) 가의 경치 좋은 관광지.

갔다가 김법린(金法麟),[20] 최근우(崔謹愚)[21] 씨 등과 같이 프랑스로 갔었다. 얼마 동안 프랑스에서 지내면서 공부할 길을 찾아보다가 결국 미국으로 건너올 것을 작정했는데 그러자니 여비가 문제였다. 나 역시 내 동생이 미국으로 건너오기를 바라고 있으면서 이 여비 문제의 해결을 도와야 할 것을 느꼈다. 이런 사정에 직면해서 설사 내가 어느 친구에게 이런 금액을 일시 차용할 생각을 가졌다 치더라도 이것은 내가 대학에 그냥 재학하고 지내면서는 염치없는 일이 아닐 수 없었다. 나는 얼마 동안이건 휴학하고 돈벌이에 나설 것을 작정했다.

그러면서도 그때 내가 어디로 가서 어떤 일자리를 찾을 수 있는가에 대해서는 그저 막연할 뿐이었다. 이때 얼른 생각난 데가 디트로이트시였다. 이곳은 그때도 지금과 마찬가지로 자동차 업계의 중심지였다. 그곳을 찾아가면 무슨 일감이라도 찾을 수 있을 것이라는 내 나름의 기대를 갖고 바로 그리로 갔다. 거기 도착해서 맨 먼저 일자리를 얻으려고 찾아간 데가 포드 공장 인사과였다. 나는 그 후도 계속해서 마치 정식으로 출근이라도 하듯이 매일 아침 공장 채용 사업소에 찾아갔다. 그러나 일자리는 좀체 찾아지지 않았고 마음은 점점 초조해질 뿐이었다. 또 다른 몇몇 공장을 찾아가 보기도 했지만 이때 내가 이 도시에서 어떤 '잡'(job)을 얻는다는 것은 거의 불가능한 노릇이란 것을 깨달았다. 무엇보다도 시기가 나빴다. 바로 두어 달을 앞두고 미국 대통령 선거가 닥쳐오는 기간이니만큼 모든 사업기관은 그 선거 이후에 올 경제동향과 산업정책이 어떻게 전개될 것인가를 기다

---

20 김법린(1899~1964): 일제강점기의 불교 승려, 독립운동가. 1921년 프랑스 유학. 조선어사전편찬회 준비위원. 조선어학회 사건으로 피검. 해방 후 동국대학교 총장 역임.

21 최근우(1897~1961): 독립운동가, 정치인. 일제강점기 대한민국 임시정부수립 의정원의원 역임. 일본 도쿄상과대학 졸업. 독일과 프랑스에서 유학. 1961년 5·16 후 피검되어 8월 옥사.

려 보면서 기껏 현상유지거나 긴축정책을 취하고 있을 뿐이었다. 이런 때이고 보니 그 많은 구직자 가운데서 일자리를 얻는 사람의 수는 극히 적었던 것이다.

이런 사정 아래에서 두 주일이 지나가는 동안 내 포켓은 바닥이 나게 되었고 또 내가 묵고 있는 셋방은 늦은 가을인데도 아직 화기를 맛보지 못한 냉방이었다. 게다가 바로 강 건너 북쪽 캐나다에서 불어오는 찬바람은 잎이 다 떨어져 앙상하기만 한 가로수들을 몹시도 흔들고 있었다. 이러한 처지에서 나는 시급히 여기를 떠나야 한다는 생각을 가지면서도 막상 어디로 가서 일자리를 찾아볼 것인가 그 행선지에 대해서는 쉬 판단이 생기지 않았다. 에라, 캘리포니아로나 가 보자, 하고 나는 될 대로 되라는 식으로 작정했다. 그때 대전 말기 몇 년 동안 캘리포니아주의 우리 동포들은 벼농사로 톡톡히 재미를 본 사람이 많았고 또 그해에는 많은 동포들이 합자해서 대규모의 벼농장을 경영하고 있다는 소식을 듣고 있었기 때문에 막연한 기대를 품었던 것이다.

어느 날 오후에 나는 옷가방 하나를 들고 전차 길을 향해서 걷고 있었다. 내가 거기서 반 달 동안의 세월을 보내며 일자리를 찾아 헤매다가 결국은 실패하고 이제 외롭게 떠나가는 그 모습이야말로 스스로 생각해 보아도 너무나 초라했다. 지금 이 찬바람 휩쓰는 이역의 낯선 거리를 걷고 있는 나의 심정은 고독과 불안감에 스산하기만 했다. 바로 이때다. "할로우!" 하고 명랑하게 부르는 소리가 들려오는 것이 아닌가. 여기서 나를 찾을 사람이 있을 리 없었지만 나는 거의 본능적으로 몸을 돌이켰다. 약 40세가량의 신사 한 사람이 만면에 웃음을 띠고 정말 나를 부르고 있었다. 나는 이곳에 머무는 동안 어느 일요일에 숙소에서 머지않은 감리교회에 나갔던 일이 있었다. 지금 나를 부른 신사는 바로 그 교회 직원 중 한 사람으로서 나와는 악수까지 한 일이 있다면서 구면의 친구인 양 대해 주는 것이었다. 그리고 내가 어째서 디트로이트시에 왔는가, 또 지금은 어디로 가는 길인가 등에 대해서, 그저 인사 정도가 아닌 성의 있는 대화를 걸어 오는 것이었다. 나는 간단히 내 사정을 말하면서 혹시 기차 시간에 늦어지는 것은 아닌가 하고 연방 손목시계를 보았다. 나의 사정을 대략 파악한 그는 서슴없이, 그러나 진지한 어조로 제의해 왔다. 내가 이미 2주일 동안이나 여기서 기다려 왔다면 앞으로 2, 3일가량 더 머물면서 자기도 협력해서 일자리를 찾아보면 어떻겠느냐 하는 것이었다. 나는 그의 제안을 따르기로 했다.

그는 헤이스 생명보험회사 디트로이트 지사 지배인으로 있는 윌리엄 그래함(William Graham) 씨였다. 한 단란한 가정의 가장으로서, 교회에서는 주일학교 교장이고, 또 일반 시민으로서는 각종 자선사업과 공민 지도사업을 위해 시간과 노력과 돈을 바쳐 가면서 모든 사람에게 봉사를 바치는 가운데 생의 취미와 보람을 느끼며 사는 사람이었다. 그는 그날 밤 여러 곳에 전화를 걸어 나를 위한 일자리를 널리 알아보았고, 또 그다음 날은 나와 차를 같이 타고 포드 공장을 비롯해서 다른 여러 곳을 두루 다녀 보았다. 그러나 때가 때인 만큼 어디서나 특수 기술자가 아닌 경우라면 도리어 해고를 시키고 있는 형세라는 것이었다. 이러고 보니 그래함 씨도 결국 손을 들었다. 그는 여러 번 미안하다면서 앞으로 보다 더 좋은 기회가 있을 것을 믿자고 했다.

다음 날 그는 나를 디트로이트 중앙역까지 전송해 주었다. 나는 처음 생각했던 그대로 도중에 인디아나주 사우스벤드(South Bend)시에 내려 일찍부터 지면을 가진 동포들이 경영하는 사업체(중국 음식점)에서 노비를 꾸어 가지고 캘리포니아주를 향해서 대륙을 횡단하여 가는 기차에 몸을 실었다. 때는 11월 중순, 네브라스카주 일대에는 벌써 백설이 덮여 있었다. 차창 밖으로 바라보는 대륙의 모습은 참으로 황막하고 처량한 그것이었다. 나는 이 여행에서처럼 마음에 고독을 느껴 본 적은 다시 있은 것 같지 않다.

어느 비 내리는 날 저녁 늦게 나는 북캘리포니아주 윌로스의 우리 동포들이 합자 경영하는 농장에 도착했다. 이것은 어떤 표준에서든 큰 규모의 농장이었다. 그러나 대전이 끝나면서 벼 값이 폭락하고 보니 이 해의 농사는 그만큼 더 큰 손해를 본 것이다. 추수를 한댔자 수지가 전혀 맞지 않으니까 벼를 베야 할 필요가 없어지고 말았다. 그 많은 벼는 그 넓은 논바닥에서 썩어 버리고 만 것이다. 그러고 보니 나의 돈벌이 행각은 또다시 허탕친 것이 되어 버렸다. 나는 이 농장이 그 사무실마저 닫아 버리는 그해 연말을 기해서 약 70마일 거리에 있는 캘리포니아주 수도 새크라멘토시로 갔다.

여기서는 때마침 1920년도 흥사단 북가주(북캘리포니아주) 연차대회가 개최되는 동안이어서 나는 많은 친구들을 만나는 기회를 가질 수 있었다. 특히 이 대회에 흥사단본부를 대표하고 또 대회 진행을 돕기 위해서 로스앤젤레스로부터 온 선배 송종익(宋鍾翊)[22] 군을 다시 만나게 되었다. 송 군은 그 전해 도산이 상해로 건너간 이후 일시나마 흥사단 이사장 자리를 안 맡을 수 없는 사정이었던 것이다. 그는 본시 '장' 자리를 원하지 않는 성격의 인물이었다. 그동안은 주로 도산이 일찍이 온갖 노력을 기울여 만들어 놓은 대한인 북미실업주식회사의 경리 사무를 맡아 보면서 도산을 돕고 있었다. 이 대회가 끝나던 밤 송 군은 나를 찾아와서 특별히 부탁하는 말이 있었다. "장 군은 어데를 가든 돈 버는 사람은 못 될거요." 이런 식으로 그 말머리를 꺼낸 송 군은 결국 내가 자기와 같이 로스앤젤레스로 가서 얼마 동안 흥사

22 송종익(1887~1956): 독립운동가. 1906년 미국으로 건너가 공립협회 가입. 1908년 미국 외교관 스티븐스 암살 사건의 재판후원회 재무로 활동. 1913년 흥사단 창단 때 경상도 대표로 활동. 1919년 흥사단 이사장 역임.

단 사무를 보도록 하자는 것이었다. 나는 몇 달 전 어째서 내가 듀북을 떠나야 했는가 하는 사정과 아울러 그동안 동서로 전전하며 지내온 이유를 얘기하지 않을 수 없었다. 이때 송 군은 자기 생활철학의 그 한 면을 설명하는 양 "사람은 언제나 무엇을 먼저 할 것이냐를 알아서 그것을 성실히 해 가노라면 다른 낮은 차원의 일들은 자연히 해결이 지어지는 것"이라 하면서 흥사단 일을 보는 것이 곧 그러한 중대한 일이라고 고집하는 것이었다. 나는 마침내 1921년 1월 어느 날 밤, 송 군과 같이 새크라멘토역에서 침대차를 타고 로스앤젤레스로 갔다. 이것은 내가 첫 번 흥사단 일을 보게 된 사연의 얘기지만 그 후 4년 만인 1925년 도산의 종용을 받아 다시 흥사단으로 가야 했던 경위는 앞에서 이미 적은 그대로다.

송 군은 그때 나이가 35, 6세(나보다 10년 연장이나 흥사단우 사이에는 서로 "군"이라고 부르기로 한 결의가 있었다)의 미혼 독신으로서 흥사단 2층에 방 한 칸을 세 얻어 갖고 다른 동지들과 같이 자취 생활을 하고 있었다. 나는 로스앤젤레스에 도착하는 그날부터 그 이듬해 가을까지 그와 더불어 같은 집에서 숙식하고 같은 사무실에서 일하며 지냈다. 이런 생활이 시작된 지 며칠 만에 송 군은 내가 그때까지도 해결을 짓지 못하고 있던 파리에 체류 중인 내 동생 여비 문제에 대하여 제안했다. 어쨌든 먼저 그 여비를 보내 주고 그 상환 문제는 다시 의논하자면서 250달러를 나에게 빌려 준 것이다. 이것은 분명 대여라는 점을 밝혔고 그리고 이것을 갚는 방법으로는 시일이 좀 걸려도 무방하니까 매달 얼마큼씩 월부의 형식으로 하면 좋을 것이라는 것이었다. 어떤 인연 때문이든 내가 이 기간을 통해서 그와 가까이 지냈고 또 그가 아름다운 덕망을 갖고 있는 이상 나는 그를 흠모하면서 지내지 않을 수 없었다.

송종익 군은 말년에 이르기까지도 '쌀'을 '살'이라고 밖에 혀를 놀릴 수 없었던 경상도 사람이다. 그는 이 20대부터 기울어져 가는 나랏일을 도와야 하겠다는 뜻을 품고 서울로 올라와서 한때 박영효(朴泳孝)[23] 선생을 모시면서 그가 구상하고 진전하던 혁명운동의 일을 일부 맡아 보았는데 그것은 주로 지방에 흩어져 있는 역사(力士)들을 연락 짓는 일이었다. 그 후 나라의 혁신운동을 벌이는 데는 보다 더 본질적인 무슨 사업이 있어야 할 것을 느낀 송 군은 일본과 하와이를 거쳐서 미국으로 건너왔다. 여기 와서도 스쿨보이(반노半勞 학생) 생활을 하면서 그때 우리 동포사회의 영도자였던 최정익(崔正益) 선생을 섬기면서 국민회 일을 도와 왔다. 그러다가 1912년 도산 안창호 선생을 만나게 되면서부터 도산이 주장하는 민족개조운동 방략에 깊이 공감하여 흥사단 창립위원 중의 한 사람이 된 이래 그는 도산과 또 흥사단 사업을 위해서 평생을 바쳤다.

이것은 1923, 4년 그 어간에 있은 일이라고 기억되는데 도산은 그때 상해에 있으면서 송 군을 위해서 '우강(友江)'이란 아호를 지어 이것을 큰 글씨로 써서 보내 왔다. 하필이면 '우강'일까. 이것은 이 두 사람 사이에 흐르고 있는 그 우정을 기억하려고 한 것이 아닐까. 우강은 자기가 타고난 인격이나 역량에는 모자라는 점이 많다고 늘 겸허한 태도를 가졌다. 그렇기 때문에 자기가 나라와 민족 또 일반 인간을 돕는 길은 즉 이런 일을 자기보다 훨씬 더 잘 할 수 있는 유능하고 덕망 높은 지도자를 도와주는 데 있다고 했다. 그는 정녕 그 신념을 따라서 살아온 것이었다. 이런 정신을 갖고 사는 우강은 명예욕이니 출세욕이니 하는 것 따위를 가져 본 적이 없고 오직 하나의 숨은 일꾼으로서 공익을 위하고 또 적고 크고 간에 많은 사람들에게 도움 주기를 즐겼

23 박영효(1861~1939): 조선 경기도 광주유수 겸 수어사 직책을 지낸 조선 말기의 문신, 정치인, 사상가로 급진개화파. 갑신정변을 일으켰고 갑오개혁을 주도함.

다. 이렇듯이 지도자로 나서기를 삼가는 우강이긴 하지만 우리 교포 사회에서 종종 어떤 문젯거리나 말썽거리가 생기면 그의 지혜와 지도와 조언을 구해서 찾아오는 사람들이 많았다. 나는 그가 이런 문제들을 처리하는 데 있어서 갖는 그 판단력과 또 그가 주는 충언이 언제든 정도를 벗어나는 예가 적다는 점에 대해서 깊은 감명을 가지게 되었다. 언젠가는 직접 어떤 '비결'이라도 있는가를 물었다. 우강이 역시 겸허한 태도를 보이면서 하는 말이 나에겐 심히 감명 깊었다. "누구든 웬만큼 보통 상식을 가진 이상 오직 사심과 사욕을 버린다면 모든 사물을 비교적 바로 판단할 수 있을 것이다"라는 것이었다.

우강은 그 외모가 키가 작고 몸은 뚱뚱한 편인 데다가 그 말투는 아무런 꾸밈도 없는 직언을 하는 것이 특징이었다. "김 군, 그 옷이 김 군에게 어울려?" 이런 식으로 얼른 듣기에는 무정하게 내쏘기도 한다. 이런 점들은 다른 사람으로 하여금 그가 큼직한 인물이라는 인상을 갖게 하지는 않았다. 그러나 그가 그 마음을 어떻게 쓰느냐 하는 것을 알게 될 때 이런 피상적인 인상은 곧 사라지고 마는 것이었다. 일을 처리하는 데 있어서 그는 자기 자신의 이해와 득실을 완전히 잊어버리고 의리와 원칙을 찾았다. 그는 명예와 지위를 사양하고 그늘진 어디서라도 꾸준히 일만 했다. 또 어느 누구로부터 오해를 받거나 혹은 어떤 위협까지 받을 때에도 그는 아무런 변명이나 해명도 없이 그냥 빙그레 웃고 지나갔다. 이런 것들은 모두가 그의 마음속에 큼직하고 묵직한 무엇이 도사리고 있는 것이라고 느끼게 했고 가식으로는 있을 수 없는 생활태도였다. 몸체가 작은 우강이 큰 우강 구실을 할 수 있는 것은 오로지 그 마음속에 차 있는 덕망 때문이었다.

나는 한때나마 대학에서 휴학하고 얼마 동안 돈벌이를 해야 할 사정에 직면해서 미국 동서부를 전전하다가 마침내 로스앤젤레스까지 와서는 흥사단 사무를 보면서 1년 반 동안이나 주저앉아 있었다. 그러나 나는 거기서 약간의 사회생활의 경험을 쌓았고 또 우강 같은 선배로부터 뜻깊은 감명을 받았으니 이것은 내가 대학에서 이수해야 하는 학과정에 학점으로 계산된 것은 아니지만 긴 코스의 인생 대학의 경우에서라면 적지 않은 학점의 의의를 띠고 있는 것이라고 믿는 것이다. 내가 이 이상 더 학업을 중단하고 거기서 그냥 지낼 수 없다는 사정은 친구 동지들이 다 같이 고맙게 이해해 주었다. 나는 3년 후 도산을 모시고 다시 로스앤젤레스로 와서 같은 일자리로 돌아올 것은 물론 예측조차 못하면서 그해(1922년) 가을 듀북으로 돌아갔다.

내가 그전 전해 가을 구직길에 나서면서 처음으로 디트로이트시에 들렀다가 길에서 우연히 그래함 씨를 만나 "보다 더 좋은 기회가 있기를 믿자"면서 서로 헤어졌던 얘기는 앞에서 이미 적은 바 있다. 다시 듀북대학으로 돌아간 나는 어느덧 한 학년을 보내고 여름방학을 또 맞게 되었다. 방학일을 몇 주일 앞둔 어느 날 나는 그래함 씨로부터 한 통의 편지를 받았다. 50달러짜리 수표 한 장이 동봉돼 있는 그 편지 사연인즉 이제는 일자리를 구해 줄 자신이 있으니 방학이 되는 대로 곧 디트로이트로 오라는 것이었다. 나는 그해 여름 3개월 동안을 거기서 지냈는데 이것은 그전에 내가 초조감과 불안감 속에서 지낸 것과는 크게 대조적이었다. 그래함 씨의 주선으로 내가 포드 공장에서 한 일이 그 일의 종류로나 그 보수에 있어서 만족했다는 것만은 아니다. 나는 이 여름 동안 그를 자주 접촉하는 가운데 그에게서부터 하나의 뛰어난 전통적 미국인 그리고 진정한 인도주의자를 발견할 수 있었던 것이다.

그는 정규 교육이라고는 소학교를 졸업했을 뿐이었고 가난한 가정에서 자라나면서 추운 겨울에도 구두를 신어 본 적이 드물었다는 것이었다. 모든 험난과 가난과 고생을 극복하고서 미국이란 나라가 세워졌듯이 그래함 씨 역시 모든 역경을 승화시키는 노력가였다. 가난이 무엇인가를 알고 그것을 극복하고 성공할 때의 기쁨이 어떻다는 것을 체험한 사람이었다. 노력의 가치를 높이 평가하고 옳은 일을 위해 노력하길 사양하지 않았다. 그는 또 무엇보다도 이웃 돕기를 좋아했다. 어떤 이웃이건 차별 없이 돈으로 돕고 노력으로 돕고 또 위로해 주는 말로 도왔다.

그해 여름 포드 자동차 공장에서는 '공장 견학생'이라고 간주되는 중국 학생 약 100명을 특별 채용한 일이 있었다. 이들은 공장 가까이 주택을 구입해서 지낸 일이 있었는데 집을 사느니 수리하느니 또 소유권을 위한 수속과 모든 서류를 만드느니 하는 일들은 특히 외국 사람에게 있어서는 아주 서투른 노릇이었다. 그래함 씨는 자기의 많은 시간과 노력을 써 가면서 그들에게 갖은 도움을 주었다. 그때 디트로이트시에는 그전부터 독신으로 바이올린 개인교수를 하면서 지내는 우리 교포로 조 씨란 사람이 있었다. 나는 그 여름 여러 차례 그래함 씨와 같이 고독하게 지내는 이 바이올린 선생을 찾아본 일이 있었다. 석양 드라이브를 나갔던 길에도 그래함 씨는 이 외롭게 사는 조 씨를 찾아 같이 가자고 제의하는 것이었다. 어떤 경제적 도움을 주는 것이 아니었고 그저 격려하고 위로하고 또 가끔 유머 섞인 농담으로 말동무가 되어 주는 것이었다.

그로부터 몇 해 후의 일이지만 역시 디트로이트시에서 상업에 종사하고 지내던 우리 교포 최 모 씨가 있었다. 그는 그 후 캘리포니아주에서 우리 교포사회를 많이 도운 일도 있었다. 이 최 씨는 어떤 생명보험회사에 보험을 들고 있었는데 어느 해엔가 그 불입금을 납기일에 내지 못하여 그 보험은 실효되어 버렸다. 세상일이란 공교롭기도 해서 최 씨는 곧 폐병에 걸려 버렸다. 보험은 실효가 됐고 저축한 돈은 대수로운 것이 못 되고 보니 이야말로 최 씨는 사형선고를 받은 거나 다름없는 신세가 되었다. 이 사정을 들은 그래함 씨는 그가 지금까지 보험사 업계에서 얻은 모든 경험과 지식과 또 영향력을 총동원해서 이 병들고 속수무책이 된 최 씨를 위해서 혹은 투쟁하고 혹은 진정하는 등 갖은 성의와 노력을 기울여 그 보험을 회복시켰다. 최 씨는 그 후 몇 년 동안 마음 놓고 치료를 계속했고 마침내 완쾌를 얻은 것이다. 그래함 씨는 또 유색 외국인, 특히 흑인들을 종종 자기 집에 초청해서 그 가족들과 같이 식사를 나누기도 했다. 이것은 자기 자식들로 하여금 모든 사람은 피부빛이 어떻든 간 다 같은 인간이란 것을 체험시켜 주기 위한 일이기도 하다는 것이었다. 나는 이해 여름 그가 추천하는 두 권의 책을 읽었다. 그 하나는 당년 베스트셀러인 『에드워드 보크의 자서전』[24]이고 또 다른 한 권은 이태리 문호 파피니[25]의 『예수의 일생』이었다. 이 두 권의 책은 내 평생을 통해서 깊은 감명을 갖게 한 책들이다.

9월 상순 어느 날, 나는 포드 공장 일을 끝맺고 다시 대학으로 돌아갈 채비를 갖추고 있었다. 디트로이트시를 떠나기 전날 저녁에는 그래함 씨의 초청을 받아 그의 집에서 그 가족들과 식사를 하고 이어 거실에 나와 앉았다. 거기서 그는 잠자코 봉투 하나를 나에게 주었다. 그 속에는 내가 그 여름 동안 버는 대로 그에게 맡겨 두었던 전액이 계산된 은행수표 한 장이 있었고 그것과 꼭 같은 액면의 수표 한 장이 또 들어 있었다. 그리고 간단히 쓴 편지가 붙어 있었다. 그 요지는 자기가 관계 가진 모든 사업은 신의 은혜로써 번성하고 있다는 것, 가족의 결의로 소득의 십일조를 공제해서 무슨 보람 있는 일에든 바치

---

24 에드워드 보크(Edward William Bok, 1863~1930): 네덜란드 태생의 미국 언론인. 자서전 *The Americanization of Edward Bok: the autobiography*(New York: Scribner, 1926)로 퓰리처상 수상. 30년간 『레이디스 홈 저널』 편집장 역임.

25 파피니(Giovanni Papini, 1881~1956): 이태리 작가, 비평가, 철학자. *Life of Christ*(New York: Harcourt, Brace and Co., 1923) 등 다수의 저서 출판.

도록 되어 있다는 것, 그리고 여기 넣은 수표는 그런 기금의 일부인데 나의 학비에 보태 쓰라는 뜻에서 주는 것이라고 적혀 있었다. 그리고 이 돈에 대해서는 그 자리에서 아무 언급도 말고 그냥 받아 넣으라는 말이 끝에 아울러 적혀 있었다.

그 후 나는 다시 듀북, 그리고 컬럼비아를 거쳐서 귀국했다. 그와 나는 대륙과 대륙을 사이에 두고 멀리멀리 동서에 헤어져 있었지만 상호간에 맺어진 이 아름다운 인연은 잊을 수 없었다. 그와의 인연은 그뿐만 아니고 그 다음 대에 이르러서도 이어져 갔다.

일생의 이정표

1926년 가을 어느 날 오후다. 나는 그날도 다른 날과 마찬가지로 당시 나의 일과를 따라 컬럼비아대학 사범대학원 본관 4층에 마련되어 있는 연구생 도서실에서 참고서를 읽고 있었다. 내가 자리 잡고 앉은 긴 테이블 맞은편 한끝에 앉아서 역시 책 읽기에 여념 없는 한 부인이 있었다. 잠깐 고개를 든 순간에 서로의 시선이 마주쳤다. 전연 생소한 얼굴이 아니고 어디선가 한번 만난 것같이 느껴지면서도 그녀가 누구인지는 얼른 떠오르지 않았다. 그리고 건네는 말이 "안츄 미스터 장?(Aren't you Mr. Chang?)" 즉 장 모가 아니냐 하는 것이었다. 그녀는 미스 블랑쉬 스티븐스[26](Blanche I. Stevens, 한국 이름 서애온)라는 미국 북장로교[27]계 선교부인으로서 선천 보성여학교[28] 교장이었다. 이때는

---

26 블랑쉬 스티븐스(1884~1969): 미국 북장로교 선교사로 한국에서 선교(1911~1946). 평북 선천의 보성여학교 제2대 교장. 뉴욕 컬럼비아대학교 사범대학 졸업. 1941년 일제에 의해 추방되었다가 해방 후 돌아와 1949년까지 선교.

27 미국 북장로교(Presbyterian Church in the United States of America, PCUSA): 1789

안식년 귀국 휴가를 이용해서 교육학 방면 석사학위를 얻고자 여기서 지내는 동안이었다.

그녀는 그전 1923년 가을, 그때 내가 재학하고 있던 아이오와주 듀북대학에 들러서 한국 선교사업 보고 강연을 가진 일이 있었다. 그때 우리 한국 유학생 4~5인은 따로 그녀와 더불어 식사를 나누면서 본국 사정을 듣는 밤을 가졌었다. 그 후 4년 세월이 흘러 지나갔고 또 기약하지 않았던 곳에서 만나게 되니 그녀가 나를 곧 기억한다는 것이 반가웠고 또 놀랍기도 했다. 그녀와 나의 여기서의 해후 상봉은 새삼 놀랄 만한 일은 아니다. 그러나 이 우연한 만남은 내가 한 젊은 일꾼으로서 본국에 돌아가 그 첫발을 어디서 어떻게 내딛느냐 하는 아득한 문제 해결의 실마리를 찾는 큰 구실을 한 것은 틀림없다. 그리고 이것이 또 내 나이가 30을 셈하는 해에 생긴 일이고 보니 나는 내 일생행로에 있어서 한 시점에다가 어쩌면 하나의 표식을 세우고 지나간다는 느낌을 갖게 되는 것이다.

우리는 다음 초여름 MA(Master of Arts) 학위를 같이 받을 때까지는 한두 가지 주요한 학과를 같은 교수 밑에서 공부하기도 하면서 수시로 학문적 토론을 가졌다. 그때 우리는 캠퍼스 안에 있든 밖에 있든 컬럼비아대학의 그 학문적·정신적 분위기를 벗어날 수 없었다. 당년 컬럼비아는 버틀러[29] 총장의 영도 아래 세계적 권위를 가진 교수

년에 설립된 미국의 장로교 교단으로 북미 개신교단 중에 가장 선두에서 세계 선교 활동을 펼침. 초기 한국 선교 과정에서 평안도, 황해도, 경상도를 중심으로 활동. 1880년대 파견된 알렌, 언더우드를 필두로 마포삼열(Moffett), 배위량(Baird), 소안론(Swallen), 이길함(Graham Lee) 선교사들이 평양과 부산에 선교지부를 개설함.

28 보성여학교: 미국 북장로교 선교회에서 운영한 것으로, 평북 선천 지역 유일의 여성 중등교육기관.

29 버틀러(Nicholas Murray Butler, 1862~1947): 미국 철학자, 외교관, 교육가, 노벨 평화상 수상자, 컬럼비아대학교 총장(1902~1945).

학자가 모여 있었다. 특히 사범대학원을 중심으로 존 듀이의 새교육 철학 또 그 진보주의 교육방법을 배우고 연구하기 위해서 널리 구라파, 아시아, 남미 각국으로부터 많은 학생 또는 교육 실무자들이 모여들었다. 컬럼비아의 황금시대가 바로 이때였다. 여기에 풍기고 있는 자유주의와 진보주의적 분위기 속에서 신구나 좌우가 서로 대립되는 어떤 문제도 피차 솔직 대담하게 토의되고 있었다. 사상 문제, 종교 문제, 인종 문제, 평화 문제들이 모두 이런 분위기 속에서 다루어지고 있었다.

어떤 때는 외국에서의 선교사업 문제가 진지한 토의의 과제로 되기도 했지만 여기서는 선교 제일선(第一線)에서 갓 돌아온 선교사들의 생생한 경험에 따른 발언을 들을 수 있었다. 초기 선교사들의 경우에 있어서는 어디를 가서라도 그 나라 그 땅에 고유한 종교와 문화를 대개 부정하거나 무시해 온 것이 사실이다. 그러나 시대는 달라졌고 세대는 바뀌어졌다. 서구적 문물이라면 무엇이든 쳐다보고 비판 없이 받아들일 줄만 알았던 이른바 후진국들도 지금은 점점 자아의식을 갖게 되어 가고 있는 것이다. 기독교적이 아닌 다른 모든 문화를 종전과 같이 부정하는 선에 있어서의 선교사업은 앞으로 있을 수 없고 또한 있어서는 안 된다는 이론이 전개되기도 했다.

당년 우리나라에 건너와 있던 미국 북장로파 선교사들은 다른 어느 교파보다도 보수적이었다는 것은 자타가 같이 인정하던 사실이었다. 미스 스티븐스 역시 그중의 한 사람이었다. 그러나 이때 내가 살핀 대로라면 그녀는 본시 하나의 지성인으로서 새 지식과 새 학문을 몹시 그리워하는 사람이었다. 지적 활동이 본시 강조되지 않고 있는 선교사 사회에서 여러 해를 지내 오는 동안 자기도 모르게 어떤 이성적 자극 또는 지식적 활동이 심히 아쉬웠는지 모른다. 그렇기에 그녀는 이 컬럼비아라는 지성인들의 광장에서 풍기고 있는 그 자유기풍을 만끽하면서 무척 만족해했다.

그녀가 과거 14, 5년 동안이나 살고 있는 선천 선교사 사회를 돌아본다면 더욱 그럴 수밖에 없었다. 겨우 7, 8가족으로 이루어진 이 작은 그룹은 당시 이질적 사회 환경에 둘러 있으니만큼 비록 그들의 사명이 사회를 개선하거나 혹은 '정복'하는 데 있었다 하더라도 그들은 무의식중에서나마 내향적 경향을 갖게 되는 것을 피할 수 없었던 것이라고 보아야 하겠다. 따라서 이 작은 커뮤니티는 그 그룹 생활에 있어서 종교적 신조는 물론 행동의 통일성마저 강조되었을 것은 사실이다. 우리는 이렇듯이 강의와 강연을 듣고 토론회를 갖고 또 책 읽는 것으로 유쾌하고 보람을 느끼는 매일을 보내고 있었다.

다음 해 봄 어느 날 그녀는 당시 선천 신성중학교에서 교장직을 갖고 있는 호프만[30] 씨가 머지않아 뉴욕에 온다는 연락을 받았노라고 전했다. 그 후 어느 날인가 비 내리고 질척거리는 저녁 우리는 이 호프만 씨를 맞아 사범대학원 구내식당에서 식사를 나누었다. 이 자리에서 가진 우리 화제의 줄거리는 주로 그때 본국에 있는 미션 스쿨들이 지니고 있는 문제점들이었다는 것을 어렴풋이 기억하고 있다. 어쨌든 이 회합을 주선한 사람이 서애온(徐愛溫) 교장이고 그 후 내 일생에 생겨진 일들을 돌아본다면 이것은 정녕 운명 같기만 하다. 그해 6월 나는 교육학으로 MA학위를 받았다.

이때 나의 체미 생활은 11년에 접어들었고 나이도 서른 살을 헤아리게 됐다. 이 이상 더 미국에 머물러 연구 생활을 계속하기보다는 오히려 귀국해서 흔히 젊은 사람이 갖는 그 꿈의 설계를 실현시켜 본다

---

30 호프만(C. S. Hoffman, 1883~1978): 한국명 함가륜. 미국 선교사로 신성학교 4대 교장(1925~1928). 교사 신축 등 신성학교의 성장과 발전에 심혈을 기울여 봉사. 1941년 일제에 의해 강제 추방. 한국 병천에서 출생한 그의 아들 리처드 호프만(R. E. Hoffman, 한국명 함부만, 1929~) 역시 한국에서 사역(1955~1979).

는 생각이 간절해지고 있었다. 그래서 그럴 만한 기회가 생긴다면 빨리 귀국한다는 것을 마음먹고 있었다. 그러나 본국에 언제 어디를 향해서 어떤 모양으로 떠난다는 등 구체적인 계획이 세워져 있을 수는 없었다. 강산마저 변하기도 한다는 십수성상(十數星霜)의 세월을 멀리 해외에서 지내 보낸 내가 이제 돌연 본국에 돌아가서 무엇을 구체적으로 계획한다는 것은 실제 있을 수 없는 일이고 만일 있었다고 하면 이것은 물론 가공의 일이 아닐 수 없었다. 그렇다고 해서 먼저 귀국부터 하고 보자 하는 선에서 나의 거취 문제를 결정짓고 싶지는 않았다. 그뿐 아니라 나는 그때까지 덮어놓고 귀국을 서둘러야 할 다른 이유도 없었다. 보다 더 구체적인 계획이나 어떤 안이 마련되기까지는 연구를 더 계속할 수도 있었고 그렇지 않으면 임시 직장을 얻어 돈벌이를 해도 무방하다는 배짱이기도 했다.

좌우간 귀국하는 날이 언제 오든 간 나는 이때까지 오래 두고 해보고 싶었던 일 한 가지를 먼저 실천하기로 작정했다. 이것은 내가 미국을 떠나기 전 대서양 연변에 위치한 여러 주의 자연 풍경은 물론 그 식민지 시대로부터 남북전쟁을 지나 온 역사적 고장들을 관광하는 것이었다. 어떻게 보면 바로 이때가 나의 이런 계획을 실행해 보는 가장 알맞은 때였던가 싶다. 이 여행에는 최희송 씨와 그리고 아직도 미국에 살고 있는 내 동생 성욱 군이 함께하기로 되었다. 우리는 50달러짜리 중고차 한 대를 마련한 다음 거기다가 동양 수예품을 잔뜩 사 싣고 행상으로서 길을 떠났다. 북쪽 코네티컷주에서부터 줄곧 대서양 연안을 따라 남쪽을 향하고 내려갔다. 바닷가에 거의 연달아 자리 잡고 있는 피서지를 찾아 물건을 팔고 구경도 하고 또 남들이 잘 사는 모습을 부러워하기도 했다. 어느덧 단풍 지는 가을 날씨가 다가왔다. 우리는 조지아, 플로리다 등 남방 여러 주를 향해서 계속 전진해 내려갔다. 도중 우리는 윈스턴 세일럼[31]시에 이르러 며칠 동안 머무르면서 여자대학이나 YWCA 등 주로 부녀기관을 찾아다니며 장사를 했다.

그런데 어느 날이던가! 우리가 이곳 우체국에 들러 일반 배달처(여행자가 전 주소 우체국에 미리 알려 둔 전출지 우체국으로 전송되어 온 우편물을 찾는 곳) 창구를 찾았을 때 전보 한 장이 나에게 수교되었다. 이 전문은 그때까지도 그냥 뉴욕에 머물고 있는 서애온 교장이 보낸 것으로서 그 내용인즉 본국 선천 신성학교 이사회가 나를 동교 교장으로 초청할 것을 결의하고 그 교섭하는 일을 선교회 본부에 의뢰해 왔다는 것이다. 그러면서 이 초청에 대한 수락 여부를 빨리 알리라는 것이었다. 이 전문은 짤막했고 또 내가 여기에 대한 답전을 쓰는 데는 역시 긴 시간이 필요치 않았다. 그러면서도 나는 이 전보를 받은 날 밤 좀처럼 깊은 잠을 이루지 못했다. 철부지의 어린 시절을 비롯해서 긴 방랑의 생활로 30의 고개에까지 이르는 동안 생긴 하나하나의 일들이 모두 센티하게 회억(回憶)되었고 그리고 앞날에 두고두고 넘어가야 할 많은 고개들이 마음속에 그려지고 있기 때문이었다.

31 윈스턴 세일럼(Winston Salem): 미국 노스캐롤라이나주에 있는 도시.

제3편

신성학교 시절

귀국

미국 남부의 어떤 시골에서 뜻밖으로 신성학교(信聖學校) 교장으로 취임하겠느냐는 전보 제의를 받고 즉시 승낙한 나는 행상 겸 관광여행을 중지하고 곧 뉴욕으로 돌아왔다. 그리고 서애온(Miss Stevens) 교장을 만나 그녀의 안내로 북장로교 선교회 본부를 찾아갔다. 그곳의 사람들은 모두 반갑게 악수를 나누면서 축하해 주었다. 그러면서도 나를 조심스럽게 관찰하는 것 같았다. 그때 이 선교회는 우리나라에서 8개의 남녀 중등교육기관을 경영하고 있었는데 곧 대구의 신명(神明)과 계성(啓聖), 서울의 정신(貞信)과 경신(儆信), 평양의 숭의(崇義)와 숭실(崇實), 선천의 보성(保聖)과 신성(信聖)이 그것이다. 이 학교들은 모두 미국 선교사들이 교장을 맡고 있었다. 그런데 이제 신성학교 교장직을 미지수의 조선 청년에게 맡기기로 한 것이다. 선교회로서는 처음 가져 보는 '시험'이라 할 수 있었다. 물론 지내 봐야 알 일이지만 그때 선교회 사람들로서는 당연히 조심성을 가질 수밖에 없었으리라. 어쨌든 이미 결정된 일이고 보니 그들은 격려와 함께 나의 앞길에 신의 가호가 같이하기를 기도해 주었다.

나의 귀국 여비는 선교회에서 마련해 주었는데 그들은 3등을 고집하는 나에게 굳이 2등을 타고 가라고 권했다. 1, 2등 선객 중에서 앞으로의 일에 도움을 줄 수 있는 사람과 인연을 맺을 수 있는 기회가 있을지도 모른다는 이유에서였다. 그리고 그들은 내가 뉴욕을 떠나기 전에 선교회 전속 의사에게 건강진단도 받아 보라고 했다. 한편 서 교장은 그 나름대로 나에게 할 말이 많았다. 내가 선천에서 교장으로 있노라면 반드시 접촉을 자주 가져야 할 몇몇의 교역자들에 대해서 그들의 개성이며 일을 처리하는 태도, 수법 등을 아는 대로 자세히 설명해 주는 것이었다. 또한 선천에 있는 그 조그마한 선교사 커뮤니티의 특성까지도 말해 주었다. 모든 것이 나에게는 크게 도움이 되는 고마운 예비지식들이었다.

마침내 나는 뉴욕을 떠나 귀국길에 올랐다. 샌프란시스코에서 배를 타도록 돼 있었지만 나로서는 로스앤젤레스를 거치지 않고 그냥 미국을 떠날 수가 없었다. 출국 수속을 밟는 데도 로스앤젤레스를 들르는 것이 약간 편리한 점이 있었다. 나는 본시 여권 없이 입국을 했지만 출국 시에는 승선 허가가 있어야 했다. 다시 미국에 재입국할 사람은 그 허가를 이민국에서 취급하고 있었다. 나는 그때 재입국 신청서를 내지 않았는데 재입국 신청 없이 미국을 떠나는 동양인은 거의 없다는 담당 직원의 말이었다. 그러면서 재차 나의 의향을 묻는 것이었다. 나는 그저 간단히 그럴 필요를 느끼지 않는다고만 대답했지만 마음속으로는 배수진을 친 것이었다. 우리나라 교육계를 위해 헌신하겠다는 뜻을 품고 귀국길에 오르는 나로서 만약 1, 2년 이내에 다시 미국에 건너와야 하는 사정이 생긴다는 것은 곧 나의 뜻이 실패했다는 것을 의미하는 것이라고 느꼈기 때문이었다.

1928년 1월 7일 나는 샌프란시스코에서 일본 선박회사의 배인 사이베리아호에 올랐다. 선객은 대부분 일본 사람들이고 소수의 서양인들도 타고 있었다. 수많은 전송자들이 부두에 나와서 배 위의 선객들과 오색 테이프의 이 끝과 저 끝을 마주 잡은 채 석별의 정을 나누는 가운데 출항 시간이 카운트다운 되고 있었다. 출항 예정 시간은 정오였다. 그런데 정오가 지나고 다시 오후 1시가 지나도 배는 움직이지를 않았다. 아무도 그 까닭을 아는 사람이 없는 것 같았다. 그때 자동차 한 대가 스피드를 내며 부두에 와 닿더니 한 신사가 내려 총총히 배에 올랐다. 그러자 비로소 사이베리아호는 긴 고동을 울리면서 천천히 부두를 떠나는 것이었다.

얼마 후 사정을 알고 보니 거의 두 시간 가까이 출항을 지연시키면서 기다린 그 신사는 그때 일본에서 널리 알려져 있던 소설가이자 정치가인 쓰루미 유스케(鶴見祐補)[1] 씨였다. 그는 그해 일본 중의원 선거에 출마하기로 되어 있었는데 만일 그날 배를 놓쳤더라면 그 선거를 치르지 못할 뻔했다는 것이다. 그는 미국 동부 유세 중 출항 시간에 나오기가 어려웠던 것이다. 만일 사이베리아호가 일본 배가 아니었다면 다른 많은 손님들을 그토록 기다리게 하면서 출항을 늦췄을 것인가. 나는 그때 나라 없는 내 나라를 찾아가고 있었다. '내 나라'와 '내 나라 것'을 가지고 있는 사람의 처지가 몹시도 부러웠다.

배는 점점 스피드를 올리면서 샌프란시스코만 한복판으로부터 일로(一路) 태평양을 향하여 금문[2] 해협을 나서고 있었다. 나는 11년 전 그 어느 안개 자욱한 새벽에 바로 이 만(灣) 안에 정박한 에퀘도호 갑판 위에서 앞으로 얼마가 될지 모르는 미국에서의 생활에 신의 지도와 가호를 기도했었다. 그로부터 나는 20대라는 젊음의 긴 한 토막을 이 신대륙에서 지냈다. 심신의 어느 면에서도 큰 지장이 없었을 뿐만 아니라 많은 사람들에게서 도움을 받았고, 뜻대로 공부했으며 다양한 인생 경험까지 얻을 수 있었다는 데 대해 오직 감사할 따름이었다.

큰 바다에 나선 배는 서쪽으로 서쪽으로 물결 잔잔한 태평양을 단

---

1 쓰루미 유스케(1885~1973): 일본관료, 정치가, 작가.

2 금문(金門, Golden Gate)해협: 샌프란시스코만에 있는 해협.

조롭게 항행하고 있었다. 조선 사람은 나 혼자였다. 홀로 갑판 의자에 앉아 망망대해를 바라보노라니 온누리가 하늘과 바다뿐인 것 같은 착각에 빠졌다. 그러나 눈에 보이지 않은 아득한 앞날을 마음으로 바라보노라면 온갖 꿈이 아롱거렸다. 10여 년 동안에 걸쳐 다른 민족의 통치를 받아 온 조국의 정세가 어떻게 달라졌는지 알 수는 없었지만 그 조국에 새로운 교육이념을 구현시켜 보려는 나로서는 여간 마음이 부푸는 것이 아니었다.

샌프란시스코를 떠난 지 6일 만에 배는 하와이의 호놀룰루에 기항했다. 많은 일본인 선객들이 상륙을 서두르고 있었는데 그중에는 골프 세트를 메고 내리는 사람들도 적지 않았다. 항해 중의 지루함을 혹은 시가에서 혹은 초원에서 잊어 보려는 생각에서였을 것이다. 나는 미리 연락을 해놓지는 않았지만 시내로 들어가 우리 YMCA를 찾았다. 다행히도 총무 이 모(李某) 씨가 있어서 반갑게 맞아 주었다. 그리고 그는 몇몇 친구에게 전화를 걸어서 점심식사를 같이 나누는 자리를 만들었다. 나는 11년 전 호놀룰루항을 그냥 거쳐 간 적은 있었지만 상륙하기는 이때가 처음이었다. 점심식사가 끝나자 이 총무는 나를 위해 관광 드라이브에 나섰다. 시내는 물론 멀리 교외를 일주하면서 하와이의 그 특이하고 로맨틱한 풍경을 두루 구경했다. 어쨌든 융숭한 대접을 받았다. 그리고 그날 점심 먹는 자리에서 들은 바로는 저녁에 떠나는 사이베리아호에 어떤 조선 여성 한 사람이 탈 것이라는 소식이었다. 어떤 사람일까 궁금했다.

그날 저녁 사이베리아호는 예정대로 호놀룰루를 떠나 요코하마로 향했다. 요코하마까지 중간에 아무 데서도 정박하지 않는 논스톱 항해였다. 호놀룰루를 떠난 다음날 나는 갑판 위에서 예의 조선 여성을 만났다. 그녀도 어디서인가 동포 한 사람이 배에 탔다는 소식을 들은 모양이었다. "조선 사람이 아니십니까?" 하며 그녀는 조심스럽게 다가오며 물었다. “예, 그렇습니다” 하면서 나는 내 성명을 말했다. 그녀는 30세 미만의 매우 인텔리젠트해 보이는 미모의 여성이었다. “저는 미세스 정이에요”하고 그녀도 자기의 이름을 말해 주었는데 “미세스” 라는 말을 힘주어 발음하는 것을 느낄 수 있었다. 처음 만나는 남자에 대한 경계심에서 그러는 것 같은 인상이었다.

배가 목적지인 요코하마에 이르기까지 10여 일 동안을 나와 그녀는 매일 갑판 위에서 얘기를 나누었다. 그러는 동안 서로 갖고 있던 경계심도 버리게 되었고 서로가 누구인지 좀 더 잘 알 수 있었다. 그녀도 나를 믿고 보다 더 가까이 여겨 주었다. 그리고 자기의 불행한 과거에 대해서도 거의 모두 얘기해 주었다. 그녀는 우리나라 감리교계에 이름이 널리 알려진 현순(玄楯)[3] 목사의 딸로 일찍이 이화학당에서 공부한 여성이었다. 학교를 다니는 동안 어떤 인연으로 경상남도 어느 고을의 부잣집 아들인 정 모 씨를 알게 되었는데 그는 일본 유학까지 한 사람이었다. 그녀는 학교를 다니는 동안 그에게서 학자금을 받았던 모양이다. 이와 같은 인연으로 그와 결혼을 하여 아들까지 하나를 낳았는데 알고 보니 그에게는 본처가 있더라는 것이었다. 그러니까 그녀는 작은댁인 셈이었다. 뒤늦게 이와 같은 사정을 알게 된 그녀는 생각 끝에 이런 생활을 청산하고 새로운 삶을 찾기로 했다고 한다. 그래서 우선 어린애를 하와이에 이주해서 살고 있는 친정어머니께 얼마 동안 보살펴 달라고 부탁하기 위해서 하와이에 왔다 간다는 것이었다. 제 아무리 영리하고 당돌한 여성이라 할지라도 인생의 길목에서 이런 고비에 이르게 되면 모든 게 다 막연하기만 하고 외롭고 슬프게 마련이리라.

---

3 현순(1880~1968): 일제강점기 감리교회 목사이며 대표국민대회 평정관, 임시정부 외무차장, 내무부 차장 등을 역임한 독립운동가. 그의 딸 현앨리스에 관한 자세한 기록은 『현앨리스와 그의 시대』(정병준, 돌베개, 2015)로 출간됨.

어느 날인가 갑판에서 그녀는 나에게 봉투 하나를 건네주었다. 속에 든 것을 꺼내 보니 나에게 주는 글이 씌어 있었는데 나를 "큰오빠라고 불러도 좋습니까?"라고 물으면서 자신의 운명을 시처럼 적은 글이었다. 글씨나 표현이 모두 아름다웠다. 험한 세상을 원망하면서 자신의 신세를 하소연한 그 글을 읽은 나 역시 마음이 편하지는 않았지만 그렇다고 어떻게 그녀를 도와줄 길이 없었다. 다만 세상은 그런 것이니 앞으로는 보다 더 대담하고 지혜롭게 살아가야 한다고 일러 줄 수밖에 없었다. 배가 요코하마에 입항하기 며칠 전 그녀는 아직도 그녀의 남편인 정 씨에게 전보를 쳤노라고 했다. 그래서 배가 요코하마에 도착했을 때는 정 씨가 마중 나와 있었다. 그 뒤 나는 그네들과 더불어 기차와 연락선을 타고 부산까지 여행을 같이했다. 부산에서 그네들과 아쉬운 작별을 했다.

마침내 조국에 돌아왔다! 일찍이 고국의 뒷문으로 빠져나가서 이국에서 긴 세월을 보내고 이를테면 지금은 앞문으로 들어서서 그 그립던 땅을 다시 밟은 것이다. 경부선 기차를 타고 서울을 향하여 달리며 차창 밖으로 내다보이는 조국의 산하는 너무도 메말라 있었다. 겨울이기 때문에 그렇게 보이기도 했겠지만 못 먹고 못 입고 여위어 있는 모습이 너무도 짙게 드러나 보였다. 그러니 이 땅에 사는 겨레는 어떻겠는가, 나는 마음속으로 불려 가는 쓸쓸한 바람소리를 어떻게 할 수가 없었다. 서울에서 내려 이틀 동안을 보낸 나는 다시 경의선 기차를 타고 고향 안주를 향해 떠났다. 안주(安州)! 안주는 나를 고이 길러 준 곳이며 산과 강, 그곳에 사는 모든 사람들이 나를 살뜰히 보살펴 준 곳이다. 이제 그 고마운 곳을 몇 시간 뒤면 보게 되는 것이다. 내 가슴은 설레기만 했다.

10년 전 고향을 떠날 때 나는 제대로 인사도 못하고 떠났었다. 그러나 고향은 언제나 나를 잊지 않고 있었다. 1925년 내가 듀북대학을 졸업하던 때에는 고향 사람들이 정성 어린 선물까지 보내 주었었다. 예로부터 이름 높던 안주 자수[4]로 십장생을 한 폭에 수놓은 액자였었다. 거기에는 고향을 대표한 각계각층의 50명 인사의 이름이 연령순으로 수놓여 있었다. 그 첫머리에 적혀 있던 분이 현도철(玄導徹) 노인이었다. 그분은 지금 서울대학교 농과대학에 있는 현신규(玄信圭) 박사의 엄친이시다. 나는 이 액자를 가보로 여기면서 간직하고 있었는데 월남하느라, 부산, 제주 등지로 피난하느라 어려움을 겪는 통에 어디선가 그만 잃어버리고 말았다. 비록 그 물건을 잃어버렸지만 내 마음속에는 그 고맙고 귀한 선물이 언제까지나 간직되어 있다.

10년 만에 고향을 향하는 기차에 앉아서 나는 잠을 이룰 수가 없었다. 캄캄한 밤 속을 달리며 그동안의 온갖 일들이 그야말로 주마등처럼 마음속을 스쳐 갔던 것이다. 그렇게 얼마나 지났을까 아직 동이 트지는 않았는데 기차는 평양역에 도착했다. 아, 이제 두 시간만 더 가면 안주다! 바로 이때다. 누군가 찻간을 뛰다시피 지나가면서 소리치는 것이었다. "리욱이 어데 있어? 장리욱이 어데 있어?" "거 누구요?" 하는 나의 반문을 듣고 돌아선 그 사람은 뜻밖에도 죽마고우인 김화식이 아닌가. "설명은 내려서 할 테니까 빨리 내리자" 웬 영문인지는 몰랐지만 그의 말을 좇아 나는 급히 짐을 챙겨 가지고 기차에서 내렸다. 기차를 떠나보내고 나서 그의 사연을 듣고 보니 대강 다음과 같은 이야기였다. 즉 고향의 어른들과 친지들이 나를 기차역에서 마중해 줄 계획인데 지금까지 내가 타고 온 기차는 너무 이른 아침에 도착되므로 평양에서 내렸다가 오후 차편으로 오도록 하라는 것이었

4 안주 자수: 누에치기가 발달하여 명주, 항라의 명산지인 안주에 장인들이 모여 명주실로 수를 놓는 기술을 전수한 것으로, 정교한 안주수의 베갯모는 혼숫감으로 유명. 안주 자수는 숙련된 남성 자수관들이 많은데, 양기훈이 밑그림을 그린 10폭 병풍 '자수매화도'도 안주의 남성 자수 전문가들이 제작.

다. 고향 사람들의 이런 부탁을 받고 김 군이 먼저 평양에 마중 온 것이라는 말이었다. 뭐라고 감사해야 할지, 오직 황송할 따름이었다.

그날 석양녘에 안주역에 내리고 보니 과연 많은 사람들이 마중 나와 있었다. 늙은 어른들(아버님도 계셨다)과 10여 년 사이에 몰라볼 만큼 달라진 많은 친지들이 눈물겨울 정도로 따뜻이 맞아 주었다. 나는 그저 고맙기만 할 뿐이었다. 그동안 우리 집안에 어떤 불상사나 크게 마음 상할 일이 일어나지 않은 것은 천만다행이었고 그 또한 감사해야 할 일이었다. 그러나 단 한 가지, 10년 전 내가 집을 떠나려 할 때, "네가 먼 길을 가는 것이 하나님의 뜻이라면 누가 이것을 막겠느냐!"고 말씀하시던 어머님이 중환으로 병상에 계셨다. 미국에서 들었던 소식보다 훨씬 중태였다. 거의 말기에 이른 자궁암이라서 이제는 치유될 가망이 없을 것 같다는 의사의 말이었다. "내가 죽기 전에 너를 다시 보게 되었으니 이제는 여한이 없다. 하나님께 감사할 뿐이다" 하시면서 어머님은 그 허약한 손을 겨우 내밀어 내 손을 어루만지시는 것이었다. 그 뒤 나는 일이 바쁘다느니 사정이 어떻다느니 하는 핑계로 어머님의 병간호는커녕 작은 시중도 들지 못했을 뿐더러 마침내는 임종마저 지키지를 못했다. 지금도 어머님께 대한 이 불효스러운 기억이 떠오르면 견딜 수 없는 아픔으로 머리를 흔들며 잊어버리려고 하는 것이 버릇처럼 돼 버렸다.

고향에 돌아온 지 얼마 뒤 읍내 기독교 청년회와 천도교 청년회의 공동 주최로 천도교당에서 나의 귀국 강연회가 열렸다. 역시 귀국 환영의 한 행사였는데 청중이 많았다. 나는 그 강연회에서 고국의 가련한 모습을 지나치게 말했던 모양이다. 강단 바로 옆에서 "주의!" 하는 날카로운 목소리가 들렸다. 집회에는 반드시 임석하던 일본 경찰(조선인 형사)이 주의해서 말을 하라는 경고였던 것이다. 나의 발언이 간접적으로 총독정치를 비방한 것이라고 해석했던 모양이었다. 어쨌든 나는 이 첫 강연회를 통해서 국내에서 말할 수 있는 범위가 어느 정도인가를 짐작할 수 있었다. 귀국해서의 여러 가지 행사와 절차들이 그런대로 대강 끝이 났다. 이제부터는 나의 생각과 정성을 모아서 모든 정력과 시간을 신성학교에 바칠 때가 온 것이다. 바야흐로 나의 꿈과 이상을 현실적으로 행동에 옮길 때에 이른 것이었다.

신성학교

인생에 있어 30대는 누구에게나 뜻깊은 시절이다. 이 무렵의 활동이나 생각에 따라서 전 생애가 좌우되기 때문이다. 나는 그 뜻깊은 30대의 출발을 신성학교에서 시작하려고 할 참이었는데 막상 일할 곳마저 아직 가 보지 못한 처지였다. 정식 교장이 되려면 먼저 평안북도 학무과로부터 인가가 나와야 했지만 나는 우선 학교가 있는 선천 거리와 신성학교를 겉으로나마 봐야 하겠다고 생각했다.

2월 상순의 어느 날, 나는 여행 가방 하나를 들고 선천역에 내렸다. 누구한테도 연락을 하지 않았기 때문에 아무도 마중 나온 사람이 없었다. 역 앞에서 어떤 사람에게 신성학교의 위치와 길을 물어 보았더니 걸어서 15분 정도의 거리라고 가르쳐 주었다. 좀 무겁기는 했지만 가방을 들고 걸어서 학교를 찾아갔다. 넓은 교정을 지나 정문을 열고 들어서니 오른쪽에 '수부(受付)'라고 써 붙인 창구가 있었다. 창문을 노크하니까 한복을 입은 사무원이 오른팔에 토시를 낀 채 창구를 열었다.

"어떻게 오셨습니까?"

"예, 저는 장리욱(張利郁)이란 사람인데요, 그냥 신성학교를 찾아왔습니다."

"아, 그럼 우리 학교의 교장 선생으로 오시는 장 선생님이신가요?"

"예, 아마 그런가 봅니다."

그는 곧 사무실 문을 열고 뛰어나와 내 가방을 받아 들고 안으로 안내했다. 그는 서무일을 보고 있는 김지일(金志一) 장로였다. 그러니까 내가 신성학교에서 제일 처음으로 만난 사람은 김 장로였던 셈이다. 그는 곧 사환을 시켜서 내가 만나야 할 사람들에게 연락을 하도록 했다(그때 선천에는 전화가 없었다). 뒤에 김지일 씨는 교장으로 오는 사람이 아무런 연락도 없이 혼자 갑자기 들어서는 법이 어디 있느냐는 말을 털어놓기도 했었다.

4월 새 학기가 시작될 무렵 나에 대한 교장 인가가 나왔다. 본격적으로 교장 노릇을 할 수 있는 채비가 갖추어진 것이다. 내가 그때까지 생각하고 있던 교장이란 직책은 컬럼비아 사범대학원에서 꿈꾸었던 대로 이상적 학교행정, 새 교육이념, 실제적 교육방법 등을 실천에 옮기는 것이라고만 생각하고 있었다. 그러나 나는 오래지 않아서 무엇보다 먼저 현실 정세부터 배워야겠다는 것을 깨달았다. 내가 신성학교를 중심으로 어떤 아름다운 꿈을 그렸던 간에 그것은 학교의 전통이나 과거를 떠나서는 있을 수 없는 일이고 또한 현실을 떠나서도 이루어질 수 없는 일이다.

신성학교는 앞에서 이미 말한 대로 미국 북장로파 선교회가 경영하면서 종교교육을 그 목적으로 삼고 있었다. 1927년부터 조선 장로교 측과 합동으로 경영하게 되면서도 그 목적에는 변함이 없었다. 이 학교에서 내가 가진 종교교육의 개념은 그때까지 선교사들이 펴온 그것보다 약간 넓은 뜻에서의 종교교육이었다고 할 수 있다. 학생들에게 좋은 영향을 줄 수 있다는 생각에서 당시의 원로 선교사였던 마포삼열(馬布三悅)[5] 박사의 제의대로 나는 교회의 장로직을 맡기도 했다. 한편 신성은 민족주의의 본거지라는 인상을 줄 만큼 민족사상에 철저했다. 그래서 1911, 2년 사이에 있었던 105인 사건 때나 1919년 기미독립운동 당시에 상당 기간 동안 학교가 문을 닫지 않을 수 없을 정도로 교사와 학생들이 수감되는 등의 어려운 고비를 겪었었다.

그리고 신성에는 또 하나의 특색이 있었는데 많은 고학생들을 도와주는 한편 노동의 존엄성을 체험시키도록 하기 위해서 부설 우유 목장과 목공소, 과수원 등을 갖고 있었다.[6] 이러한 배경과 조선, 미국의 합동경영 아래 있는 신성의 초대 조선인 교장의 입장이 단순할 수 없는 것은 당연했다. 한편에는 선교회, 다른 한편에는 조선 교회를 대표하는 평북노회와 의산노회가 있는가 하면 일반 교회도 있다. 그리고 무엇보다 언제나 예의주시하고 있는 총독부 감독관청이 있다. 나는 매년 한 번씩 모이는 선교회 연회에 반드시 참석해서 연간 학교 상황을 보고해야 했다. 그리고 학교 운영에 관여하고 있는 두 노회는, 재정적으로는 약간의 책임이 있을 뿐이지만 말하는 사람은 많았다. 이들은 기 총회를 매년 여름과 겨울 두 차례에 걸쳐 소집하는데 나는 번번이 여기에 나가서 학교 상황을 보고해야 했고 많은 질문에 답변해야 했다. 일반 교회도 지금까지는 미국 선교사가 교장이라서 학교에 대한 관심이나 친근감이 비교적 적었지만 이제부터는 보다 더 가까워지도록 힘써야 했다. 교육과 직접적인 관계는 없어도 모두가 소홀히 할 수 없는 일들이었다.

---

5 마포삼열(Samuel Austin Mofffett, 1864~1939): 미국 북장로교 선교사. 1890년에 내한하여 한국장로교회의 발전에 큰 기여. 평양 장로교신학교, 숭실중학교, 숭의여학교, 숭실전문학교 설립. 1936년 일제에 의해 추방. 그의 아들 마포삼락(Samuel Hugh Moffet, 1916~2015) 박사는 1916년 평양에서 태어나 프린스턴대학교에서 목회학을 전공하고 난징신학교, 서울 장신대 교수, 대학원장 역임.

6 저자(장리욱)가 1930년 연말, 모교인 듀북대학 총장과 옛 친구들에게 보낸 편지에 학교의 운영과 고학생들의 사정을 적었는데, 해당 편지와 신성학교 목장의 사진은 이 책 화보면 참조.

각종학교(各種學校)에서 지정학교(指定學校)로

한편 당시의 신성학교는 학교 운영상 시급히 해결해야 할 문제가 있었다. 다름 아니라 '지정학교'로 승격하는 일이었다. 그때 총독부는 조선교육령으로 정규 중등교육기관인 고등보통학교(高等普通學校)와 더불어 어느 정도 동등한 특전이 주어진 지정학교를 두었고, 그 밖의 학교는 각종학교로 했었다. 지정학교가 아닌 학교를 졸업한 학생이 전문학교에 진학하려 할 때는 입학시험에 앞서 먼저 검정시험에 패스해야만 응시자격을 주었었다. 그러므로 고등보통학교가 되든지 지정학교가 되지 않으면 학생들은 물론 학부형들도 이런 유의 학교를 기피했었다. 그런데 그때까지 신성은 지정학교가 되지 못했던 것이다.

신성은 고보(高普)로는 될 수 없는 입장에 있었다. 고보가 되려면 성경을 정규학과로 가르칠 수가 없을뿐더러 그 밖의 종교 행사나 의식을 교내에서 가질 수가 없었기 때문이다. 그러므로 신성의 유일한 진로는 지정학교로 되는 것이었다. 그렇게 되지 않으면 학교 운영은 심히 어려워질 수밖에 없었다. 심지어 교역자들까지도 그 자녀들을 고보로 보내는 실정이었다. 학생 수가 줄어들면 재정 면에서도 학교 운영이 어려워지는 것은 물론이지만 남아 있는 학생들도 열등감에 빠질 것은 당연한 일이었다. 신성이 지정학교로 승격해야 한다는 과제는 새삼 생긴 문제는 아니지만 내가 교장으로 부임한 이래 더욱 긴급히 해결해야 할 문제가 되었다. 교장인 나 자신은 물론이지만 교계(敎界)가 그랬고 또 일반인들도 지방의 유일한 중등교육기관이 승격되지 않아서야 되겠느냐는 여론이 지배적이었다. 마침내 본격적으로 승격운동을 벌이기 시작했다. 승격하기 위해서는 세 가지 면에서 총독부 당국의 요구 여건을 갖춰야 했고 그 밖에도 당국과의 스무스한 인간관계가 있어야 했다.

첫째 여건은 학교 운영을 위한 기본재산인데 이것은 선교회가 이미 마련한 부동산(전답, 임야 등)이 있었지만 아직도 얼마간 부족했다. 이 부족한 것을 읍내의 유지 이창호(李昌鎬) 옹으로부터 토지를 기부받아 충당했다.

둘째는 시설인데, 실험기구를 비롯해서 표본류와 체육의 온갖 도구, 기계 등을 갖추는 것이었다. 이것은 비교적 큰 어려움 없이 그 표준에 다다를 수가 있었다.

셋째는 유자격 교원의 적정수를 갖추는 것이다. 적어도 전 교원 수의 3분의 2 이상이 자격증을 가져야 했다. 이것을 해결하는 데는 비교적 오랜 시간과 노력을 기울여야 했다. 자격이 평가되는 순위는 대개 제대[7] 등의 대학 출신이나 고등사범[8] 출신, 그리고 기타 전문학교[9] 출신으로 되어 있었다. 선천 시골에서만 훌륭한 교원을 구한다는 것은 어려운 일이었다. 그래서 나는 서울을 자주 왕래하여야 했

---

7 제대(제국대학): 1886년 일본의 제국대학령에 의해 설립된 제국대학은, 도쿄제국대학(1886), 교토제국대학(1897), 도호쿠제국대학(1907), 규슈제국대학(1911), 홋카이도제국대학(1918), 게이조(경성)제국대학(1924), 다이호쿠(타이베이)제국대학(1928), 오사카제국대학(1931), 나고야제국대학(1939)으로, 제국대학이 폐지된 1947년까지 일본 본토에 7개교, 식민지에 2개교가 설치되었음. 경성제국대학은 일제강점기 조선에 유일하게 존재했던 고등교육기관으로서의 대학. 전체 학생의 70%가량이 일본이나 조선 출신의 일본인으로 구성.

8 고등사범학교: 중등학교 교원을 양성하는 고등교육기관(경성, 대구, 평양, 전주, 함흥, 광주, 춘천, 진주, 청주, 신의주, 대전, 해주, 청진, 경성여자, 공주여자, 원산여자사범학교). 조선교육령에 의하면 중등교원은 고등사범학교를 졸업한 자를 임용해야 하나, 일제강점기 조선에는 고등사범학교가 없어 조선의 고등보통학교나 중학교에서는 비고등사범학교 출신을 중등교원으로 임용하는 사례가 많았음.

9 전문학교: 일제 강점기 실업학교 이상의 고급 기술을 교육하기 위한 고등교육기관. 관공립 전문학교는 조선총독부 공업전습소 특별과, 경성의학전문, 경성고등공업, 경성법학전문, 수원고등농림, 경성고등상업, 평양의학전문, 대구의학전문, 경성광산전문, 부산고등수산, 광주의학전문, 함흥의학전문, 평양공업전문, 대구농업전문. 사립 전문학교는 연희, 세브란스 의학, 보성, 이화여자, 숭실, 경성치과의학, 경성약학, 중앙불교, 대동공업, 경성여자의학, 숙명여자, 혜화, 명륜전문학교.

다. 서울에서 당시 배화여자고등보통학교 교무주임으로 오랫동안 일하던 주기용(朱基瑢) 선생의 도움을 많이 받았다.

이상의 조건들이 어느 정도 준비되자 마침내 지정 신청서를 제출하기에 이르렀는데 그 문서가 실로 방대했다. 선천 군청을 거쳐 평북도청을 경유하여 신청서가 총독부 학무국까지 올라갔다. 그런데 그때부터 영 소식이 없었다. "이제부터는 따라다녀야 해요" 하는 것이 경험 있는 인사들의 말이었는데 "따라다닌다"는 말의 뜻조차 나는 충분히 이해하지 못하던 때였다. 그때 학무국 시학관실에는 민 모(閔某)라는 조선인 시학 한 사람이 있었다. 그를 통해서 사교 지정 문제와 관련 있는 일본인 관사 5, 6명을 요정 명월관[10] 지점에 초대했는데 그때 내가 그런 자리에, 그것도 초대주(招待主)의 입장에서 끼어 앉아야 했던 그 어색함과 겸연쩍은 경험은 지금 돌아봐도 지긋지긋하기만 하다.

이 무렵 사회과에 나의 먼 친척이 되는 임 모(林某) 씨가 사무관급으로 근무하고 있었다. 일이 뜻대로 진전이 되질 않게 되자 나는 그를 찾아가 모든 사정을 털어놓고 의논했다. 그는 할 수 있는 한 적극적으로 도와주겠다면서 먼저 신청서가 어디서 잠자고 있는지 알아야 한다고 했다. 며칠 뒤 그는 서류가 기획실 쇼지 히데오(庄司秀雄)라는 사람이 갖고 있다면서 내가 직접 찾아가 만나는 것이 좋겠다는 제의를 했다. 나는 임 씨와 같이 그 쇼지라는 인간을 찾아갔다. 그는 냉담하게 대하면서 자기 테이블의 서류 상자를 뒤적거리더니 많은 서류들의 맨 밑에서 우리의 신청서를 꺼냈다. 여기저기 색연필로 줄을 그어 놓은 것이 눈에 띄었다. 그는 처음부터 끝까지 트집만 잡으려고 들었

---

10 명월관: 1909년경 한말 궁내부(宮內府) 주임관(奏任官) 및 전선사장(典膳司長)으로 있으면서 궁중 요리를 하던 안순환이 현재의 서울특별시 종로구 세종로에 개점한 20세기 최초의 조선 요리옥.

다. "학생 정원이 300명인데 이런 시설 가지고 되겠소!"

그는 시종 이런 식으로 일관했다. 같이 간 임 씨는 벌써 눈치를 채고 허리를 굽신거리면서 잘 보아 달라는 부탁을 남기고 나왔다. 임 씨의 코치대로 우리는 그다음 날 고급과자를 보자기에 싸들고 효자동[11] 깊숙이 들어가 있는 관사로 쇼지를 찾아갔다. 그랬더니 천만뜻밖에도 그가 그럴 수 없이 친절히 맞아 주는 것이 아닌가. 그리고 지나치게 융숭한 대접을 해 주는 것이었다.

"관청 사무실이란 데는 너무 딱딱한(가다구루시이) 데라서……."라는 등의 얘기를 천연스럽게 했다. 이것은 분명 자기를 그 사무실로는 자주 찾아올 필요가 없다는 뜻이었다. "이제는 길이 열렸소." 돌아오는 길에 임씨는 이렇게 말했다. 물론 이것은 하부(下部)에서의 길을 뜻하는 것이었다.

이때 선천에는 일찍이 미국 뉴욕에 있었던 유태경(柳泰慶) 군이 얼마 전 귀국하여 거주하고 있었다. 유 군은 미국 가기 전에는 오랫동안 일본 유학을 했고 한편으로는 정치활동에도 참여해서, 친일파로 알려졌던 박춘금(朴春琴) 일파와 치열한 투쟁을 벌이기도 했었다. 그래서 그는 일본정계의 거물급들과 잘 알고 있었다. "왜 진작 얘기 안 했나. 사이토(齊藤, 총독)를 만나면 될 것 아냐!" 유 군은 이런 식으로 말하며 곧 서울로 가자고 했다. 그는 본래 체격이 조금 작은 데다가 말과 행

---

11 효자동: 19세기 후반 조선에 정착한 일본인들이 일본공사관이 있던 진고개 일대로부터 시작해서, 1895년 청일전쟁 이후 서울 남부 지역의 중국인 상권을 몰아내고 남대문로로 세력을 확장함. 1896년 일본영사관이 지금 신세계백화점 본점 자리로 이전하고, 러일전쟁과 한일 강제병합 이후 경성 남부 지역이 일본인 지역으로 확립되자, 1920년 이후 청계천 이북의 북촌과 서촌으로 주거 지역이 확장됨. 총독부가 경복궁으로 이전함과 더불어 적선동, 통의동, 청운동, 효자동 지역에 총독부와 경성부의 관사, 동양척식회사 직원숙소가, 1926~1928년에 연건동, 동숭동에 경성제대가 들어서면서 동숭동, 이화동, 명륜동, 혜화동 지역에 경성제대 교수와 직원을 위한 관사와 사택이 들어섬. 1929년에는 정동에 재판소, 1934년 광화문에 총독부 수신국 분관이 설치됨.

동이 빨랐다. 그러면서도 당돌했고 한편 천진스러운 면도 있었다. 유 군은 상경한 지 이틀 만에 사이토 총독[12]을 만날 기회를 만들어 주었다. 비서의 안내를 받아 총독실에 들어섰더니 그는 정중하게 나를 맞아 주었다. 홍안백발의 순후해 보이는 노신사였다. 그는 먼저, 유 군 말에 의하면 내가 국어(일본어)에 서투르다고 하니 통역을 부를 것인가 하고 물었다. 사실 나는 그때까지 어느 관청에 가서도 일본말을 사용한 적이 없었다. 그러나 지금의 경우에는 통역의 힘을 빌리고 싶지 않았다. 이런 때일수록 잘 하지는 못하지만 일본말로 내가 직접 말하는 것이 훨씬 효과적일 것 같았다. 나는 신성학교의 지정교 승격을 위해서 제출한 신청서 등의 사정을 간단히 말하고 그의 도움을 간곡하게 부탁했다. 그는 사정을 알아보고 '선처'하겠으니 과히 염려 말라면서 격려해 주었다.

사이토 총독을 만나고 돌아와 유 군에게 보고했더니 그는 일이 틀림없이 잘 될 것이라고 장담했다. 나 역시 그럴 것 같은 육감이 들었다. 설사 상부에서의 일은 그만큼 잘 되었다 하더라도 하부의 쇼지를 무시해 버릴 수는 없는 일이었다. 전에 그의 집까지 동행했던 임 씨를 통해서 얼마의 돈을 사례했다. 그러자 그 후부터는 모든 일이 일사천리로 진행되었다. 곧 이어서 총독부에서 신성 학생들에 대한 학력 시험이 있었는데 시험문제를 밀봉해 가지고 시험관(2명), 도학무과 직원(3명) 등이 선천에 와서 이틀 동안 학력시험을 보았다. 그들은 자기들이 있는 동안 절대로 저녁에 요정에 초대하지 말라는 예외의 주문을 했다. 우리로서는 이보다 더 반가운 명령이 없었다. 그 뒤 학력시험의 채점이 끝났음직할 무렵 나는 다시 상경하여 총독부로 쇼지를 찾아

---

12 사이토 마코토(齋藤實, 1858~1936): 일본의 해군, 정치인. 조선의 3대(1919~1927)·5대(1929~1931) 총독. 일본의 내대신(1935~1936).

갔다. 그는 만면에 웃음을 띠고 나를 맞으며 조용히 말했다. "위에서 지시도 있고 하니 머지않아 지정에 대한 정식 통고가 나갈 겁니다. 염려 말고 내려가 기다리시오." 이렇게 해서 마침내 '1931년 3월 16일부 총독부 고시 제136호'로 지정인가를 받기에 이르렀다.[13]

재단법인을 위한 기부금 모집

학교가 지정학교로 승격하고 나니 교내에서는 물론 경영진과 선교회 그리고 일반 사회에서도 모두들 기뻐했다. 그동안 나는 여러 사람에게 폐도 끼치고 가기 싫은 데를 가기도 했고 찾기 싫은 인간을 만나기도 하면서 동분서주를 했지만 이렇게 모든 사람들이 기뻐하는 모습을 보니 그저 감사한 느낌뿐이었다. 그러면서도 한편으로 나는 회의와 약간의 불만을 안 가질 수가 없었다. 내가 귀국해서 결국 이런 노릇을 하기 위해 해외에서 교육학을 전공한 것인가 하는 것이었다. 교육에 대한 문제를 놓고 교원들과 더불어 토론을 가질 시간도 별로 없었고 학생들과 더불어 어떤 대화를 나눌 기회도 좀처럼 적었었다. 이런 모순점을 시정해 보려고 상급학년의 수신과를 맡기도 했고 매일 갖는 채플 시간에 강단에 자주 서기도 했지만 그렇다고 흡족하다고는 할 수 없었다.

사실 이때 국내에서 학교를 운영한다는 것은 교육 그 자체보다 교육을 위한 그 수단적 여건을 마련하는 것이 더 큰 비중을 차지하고 있었다. 훌륭한 교사(校舍)와 부속건물을 짓거나 기타 시설을 갖추는 일, 기금을 적립하는 일, 정규학교로 승격시키는 일 등이 학교행정에 있어서 언제나 우선순위였었다. 신성 역시 이런 추세에서 벗어날 수

---

13 「선천신성교 지정교로 인가/16일부 관보로 발표/고보와 동일대우로」, 『동아일보』(1931년 3월 19일).

는 없었다. 마침 학교 승격으로 인한 여세를 최대한으로 이용할 수 있는 것은 곧 기부금을 모아 재단법인을 만드는 것이었다. 신성에는 신축교사 외에 목장, 전답, 임야 등 약 10만 원으로 평가되는 선교회 소속 자산이 있었다. 이제 우리 측에서 10만 원 정도의 기금을 모아 20만 원의 재단법인을 만들자는 것이 학교 이사회의 일치된 결의였다. 그래서 우리는 기부금 모집 위원회를 구성하고 도당국으로부터 모금 허가를 받았다. 모금 총액 10만 원, 모금 지역 평안북도 일원, 기간 6개월이었다. 모금위원 중에는 33인 가운데 한 분인 유여대(劉如大) 목사도 있었다. 그는 일찍이 의주 지방에서 다른 사업을 위해서 모금해 본 경험을 갖고 있었다. 한번은 우리 위원들에게 자기가 흔히 쓰는 비방 한 가지를 유머를 섞어 가며 얘기했다. 즉 누구를 찾아가든 먼저 "찰 영(盈) 자로 보입니다." 하고 정중하게 인사를 한다는 것이다. '영' 자를 해자하면 내(乃), 십(十), 사(四)가 되는데 다름 아닌 "내십사"가 된다는 것이다. 즉 돈을 내십사 하는 뜻으로 찾아뵌다는 말이다.

우리는 총액 10만 원의 절반인 5만 원을 선천읍에서 거두기로 했다. 모금 방법은 내가 듀북대학에 다닐 때 동 대학이 듀북시에서 50만 불 캠페인을 벌일 때의 방법을 모방했다. 모금 기간을 일주일 동안으로 단축하고 그 기간 동안 집중적으로 강력 모금을 하는데 임시 사무소를 시내 중심지의 구세병원 2층에 마련하고 위원들이 매일 두 번씩 회합을 해서 전략을 짜도록 했다. 그러고는 반을 편성해서 먼저 유력한 후보자를 분담 방문하여 미리 얼마만큼의 약속을 받았다. 그러나 그 이름과 금액은 아껴 가면서 매일 몇 명씩만 발표하도록 했다. 그리고 오후 4, 5시쯤에는 학교 악대를 동원하여 시가행진을 하면서 전 읍민의 주의와 관심이 모금 캠페인에 집중되도록 했다. 그러는 한편 많은 학생들을 동원하여 그날의 기부자 성명과 금액이 적힌, 모든 읍민의 협력이 있기를 호소하는 전단을 살포했다. 누구든 이 운동에서 빠져서는 안 되겠다는 분위기가 읍내에 가득 차도록 일종의 심리 작전을 전개한 것이다. 다행히도 이 모금 캠페인[14]은 성공적으로 끝났다.

한편 도내 일반 모금에 있어서는 그때 광산으로 치부한 유흥산(劉興山) 씨가 2만 원을 희사해 준 데 힘을 얻어 모든 위원들이 맹렬히 활동을 벌였다. 그중에서도 선천 동교회의 김석창(金錫昌) 목사의 공적이 컸다. 그는 남강(南岡) 이승훈(李昇薰) 선생이 오산고보(五山高普)의 기금을 마련하기 위해서 간척 사업을 한 것과 마찬가지로 신성에서도 그런 사업을 해 보도록 주창했다. 김 목사와 나는 여러 차례에 걸쳐 대령강(大寧江) 하류에 나가 보았지만 결국 이 사업은 이루질 못하고 말았다. 한편 나는 선천 주임선교사 남행리(南行理, Henry Lampe)[15] 목사와 같이 운산(雲山) 북진(北鎭)에 있는 미국인 경영의 금광산[16]을 찾아갔다. 이 광산의 어느 간부급 사람 집에서 하룻밤을 묵으면서 모금에 대한 얘기를 꺼냈다. 그러나 그는 그다지 흥미를 보이지 않는 것 같았다. 자기 생각에는 조선이 필요로 하는 교육은 실업교육인데 총독부에서 그것을 하고 있지 않느냐면서 총독부가 그다지 반겨 하지도 않는 교육사업을 애써 할 필요가 있느냐는 듯한 인상이었다. 그러나 그는 광산업체를 대표해서 5백 원을 내었다. 교회와 일반 사회의

---

14 「"신성주간" 1일 칠천오백 원/이만오천 원은 무난할 듯/신성교재단완성운동」, 『동아일보』(1934년 2월 2일).

15 남행리(1878~1971): 1908년 내한. 선천에서 선교. 1940년 강제추방. 1946년에 다시 내한하여 청주에서 사역하고 1948년 은퇴.

16 금광산: 조선 말엽 산금국으로 유망했던 조선에 열강들이 주목하고, 조선 정부는 여러 외국인에게 광산 채굴권을 허용함. 1876년에 강화조약이 체결된 이후 개광 정책이 표명되어, 1891년(고종 28)에 처음으로 일본인에게 10년간 기한부로 경상남도 창원시 용장금동산의 채굴권이 허락됨. 1896년에는 미국인에게 평안남도 운산광산의 특허권 인정, 1899년에는 영국인에게 은산광산의 채굴권을, 1901년에는 프랑스인에게 평안북도 창성광산의 채굴권을, 1905년에는 영국과 미국이 합작한 한성광업회사에 황해도 수안광산의 채굴권을 부여.

열렬한 후원과 지지 가운데 10만 원의 목표액은 큰 어려움 없이 거두어졌다. 그러나 이것은 현금이나 현물로 한꺼번에 모두 거두어진 것이 아니기 때문에 얼마 동안의 기간을 두고 계속 현금화해야 하는 것이었다.

지정학교로 승격되고 기금도 마련되었다. 하지만 그렇다고 신성의 여건 준비가 모두 끝났다고 할 수는 없었다. 다음 단계로 서둘러 마련해야 할 것은 강당과 체육관이었다. 그 둘을 한꺼번에 마련할 수가 없는 형편이라면 강당과 체육관을 겸용할 수 있는 건물을 나는 구상하고 있었다. 이것까지만 이루어진다면 그때부터는 정말 알맹이 있는 교육을 본격적으로 시작해 볼 생각이었다.

학원 탄압

미국에서 만난 이영학(李英學) 군에 관해서는 앞에서 이미 얘기한 바 있다. 1925년 7월 내가 시카고에서 도산 선생을 모시고 로스앤젤레스에 왔을 때의 일이다. 그때 이 군은 서재필 박사와 도산 선생의 충고를 정중히 거부하고 도미 5개월 만에 유학을 단념하고 서둘러 귀국했었다. 내가 1928년 3월 신성 교장으로 부임했을 때 그는 이미 선천읍 중심가에 태양상회라는 간판을 걸고 텍사코 석유 대리점과 동아일보 선천지국을 경영하고 있었다. 일찍이 그의 아버지가 마련해 주었던 미국 유학 자금을 거의 그대로 남겨 갖고 돌아와 장사 밑천을 삼은 것이다. 내가 10년을 신성 교장으로 있는 동안 이 군과는 공사간에 퍽 가까이 지냈다. 그는 내 경제 사정까지 늘 관심을 가지고 보살펴 주었다. 언젠가 그는 내가 받는 월봉(150원)으로 빚지지 않고 살 수 있느냐고 물었다. 나는, 누구에게도 돈을 직접 꾸어 쓴 일은 없지만 교내 여러 학생 그룹들이 내게 맡긴 돈을 융통해서 쓴다고 말했다. 그러나 학생들이 청구할 때는 틀림없이 내주노라고 했다. 이 말을 들은 이 군은 펄쩍 뛰었다. "그건 공금유용입니다. 또 배신하는 행위와 다름없습니다." 어마어마한 말을 하면서 내가 금전관계를 그런 식으로 계속하면 앞으로 무슨 큰 문제가 생길지도 모른다고 경고했다. 그리고 그는 다음날 750여 원의 수표를 보내 왔다.

그는 내 개인의 어려움뿐만 아니라 공적인 면에서도 나를 도와주었다. 신성학교의 강당을 짓는 데 그는 많은 도움을 준 것이다. 앞에서 이미 말한 대로 체육관으로 겸용해서 쓸 수 있는 강당을 지으면 그런대로 신성의 건축 문제는 해결된다고 생각한 나는 약 180평 정도의 강당을 짓기로 작정했다. 거기에 소요되는 건축비는 대략 1만 2,000원 정도였는데 이 돈은 결국 기부금으로 마련할 수밖에 없었다. 그래서 나는 제일 먼저 이영학을 찾아갔다. 그는 선뜻 1,000원을 내겠다고 하면서 한 가지 조건을 붙였다. 그것은 기부자의 이름을 밝히지 말고 무명씨로 해 달라는 것이었다. 그러나 그때 선천에서 이 무명씨가 누구인가를 추측하기란 어려운 일이 아니었다. 나는 이 군으로부터 이렇게 돈과 격려를 받고 용기를 얻어 다른 독지가와 인사들을 찾아 나섰다. 미국에서 귀국하여 선천에서 영주하게 된 김승길(金承吉) 씨(그는 기미년 미국에서 애국금 1,000불을 바친 사람)가 선뜻 1,000원을 내놓았다. 그리고 평북에서 명문으로 알려진 오치단(吳致段) 씨가 역시 1,000원을 냈다. 오참봉이라고 불리는 이 오 씨는 일찍이 남강 이승훈 선생이 상업을 할 때 그 전주(錢主)이기도 했고 그 즈음에는 오산고보를 크게 지원하고 있는 터이었다. 이어서 나는 서울로 올라가 관철동으로 방응모(方應謨)[17] 씨를 찾아갔다. 방 씨는 평북이 고향으로

17 방응모(1883~1950): 일제강점기의 교육자, 언론인, 법조인. 1922년 동아일보 정주

광산을 경영했으며 서울 고공(高工) 출신이었다. 또한 신성에서 교편을 잡고 있다가 급환으로 세상을 떠난 진연근(陳演根)이라는 사람과 막역한 친구였다. 지금까지 방 씨는 신성과는 어떤 인연이 없었지만 진 씨를 생각해서 그와 새로운 인연을 맺어 보려는 것이 내 생각이었다. 나는 방 씨를 만나자 그의 친구였던 진 씨를 위해서 지금 짓고 있는 신성 강당에 진 씨 기념 현관을 지어 달라고 부탁했다. 그는 나의 뜻을 받아들여 5백 원을 기부했다. 이 밖에도 동창생들, 일반 인사들 등의 지원과 협조를 얻어서 1934년 4월 성대한 강당 낙성식[18]을 가질 수가 있었다.

잊을 수 없는 김대우(金大羽) 씨의 도움

그때 학교에 새로 교원을 채용하려면 도학무과로부터 인가를 받아야 했었다. 나는 그즈음 가까운 벗 김화식 목사를 성경선생 겸 교목으로 초빙하기로 하고 그 교섭을 진행했다. 그는 그때 우리나라 교계의 중진급 목사로 용천(龍川) 양시(楊市) 교회에서 시무하고 있었다. 만약 나의 초청이 아니었다면 그는 그렇게도 만류하면서 붙잡는 그 큰 교회를 떠나 선천으로 왔을 리 없었으리라고 나는 믿는다.

이때 학교에서는 김 목사의 부임과 때를 같이해서 그에 대한 교원 인가 신청서를 도당국에 제출했다. 그리고 인가가 나올 것을 기다리면서 비공식적으로 임시 학교 근무를 하도록 했다. 그동안에도 교원 채용을 할 때 대개 이런 식으로 해왔었고 한 번도 인가가 안 나온 적은 없었다. 김 목사의 경우에도 전처럼 잘 되리라고 나는 믿고 있었다. 그런데 뜻밖에도 그의 경우에는 달랐다. 신청서를 제출한 뒤 얼마

지국장, 1932년 조선일보사 입사, 조선일보 사장(1933~1950).

18 「선천신성학교 대강당 낙성기념」, 『동아일보』(1934년 5월 19일). 『창립 100주년 신성사』에 실린 대강당의 사진을 신성동창회의 허락을 받아 이 책 화보면에 수록함.

만에 도당국으로부터 공문이 왔는데 거기에 '심의할 수 없음(詮議難)' 이라고 적혀 있었다. 이 말은 일인(日人)들이 공식으로 거부할 때 쓰는 문구로 즉 교원 채용인가를 고려할 수 없다는 말이었다. 나는 정말 이때처럼 망지소조(罔知所措),[19] 어쩔 줄을 모르고 당황해 본 적은 없었을 것이다. 이 일을 어떻게 처리한단 말인가. 인가할 수 없다는 공문까지 받았으니 어떻게 돌이킬 방법이 있을 성 싶지도 않았다. 그렇다고 가만히 앉아 있을 수만은 없는 노릇이었다. 어쨌든 나는 신의주로 가서 당시 평안북도 산업과장인 김대우 씨를 관사로 찾아갔다.

김 씨는 일찍이 고등공업학교와 규슈제대(九洲帝大) 광산과를 나온 사람으로 앞에서 말한 바 있는 진연근 씨와는 고공 동창으로 가까운 사이였다. 그래서 그는 벌써부터 이런저런 기회에 선천을 여러 번 다녀갔었고 그러는 동안 나와도 매우 친한 사이가 되어 있었다. 나는 그간의 사정을 그에게 털어놓고 해결할 방법을 의논했다. 그는, 이미 공문까지 나갔으니 손을 쓸 방법이 당장 떠오르지 않는다면서 왜 그렇게 됐는지 사정이나 알아보자고 했다. 그가 알아본 것에 의하면 사정은 매우 어려울 것 같았다. 당시 총독부에서 인사 관계를 다루는 데 가장 예민하게 보는 점은 사상 문제였다. 김화식의 신원 조회에 대하여 용천 양시 경찰서장은 '김은 본시 배일파(排日派) 가정에서 자라나 사상이 불온하므로 교원으로서는 절대 부적당하다'고 회신을 보냈더라는 것이었다. 그러니 그 같은 공문이 나갈 수밖에 없었던 것은 당연한 결과였다. 더 이상 어떻게 해볼 도리가 없는 것 같았다. 나의 딱한 입장을 알고 있는 김대우 씨는 무슨 최후 수단이 있는지 자기대로 알아보겠다면서 선천에 가서 기다려 보라고 했다.

선천에 돌아온 나는 그야말로 일각(一刻)이 삼추(三秋)같이 소식

---

19 망지소조: 매우 급하여 어찌할 바를 모름.

이 오기만 기다렸다. 매일 초조한 심정으로 지내기를 일주일 남짓 됐을까, 정말 세상에 믿기지 않을 결과가 도착했다. 김화식에 대한 교원 인가 공문이 온 것이다. 어떻게 조화를 부렸기에 이렇게 일이 해결된 것인가. 기쁜 마음 한편으로는 궁금하기도 했지만 오랫동안 우리는 서로 그 일에 대해 얘기를 하지 않았다. 나중에 그 이면의 사연을 대충 알게 되었는데, 김대우 씨는 나를 돕기 위하여 실로 대담한 모험을 감행했던 것이다. 그때 평북도청의 경찰과장은 조선인 김덕기 씨였다. 김대우 씨는 동료인 김 경찰과장에게 나의 딱한 사정을 설명하고 도와주도록 한 것이었다. 그래서 양시 경찰서장이 보내온 신원 조회 회신을 뽑아내고 대신 교원으로 패스될 수 있는 회신을 만들어 넣은 것이다.

물론 나는 기술적으로 그런 일이 어떻게 가능한지 알지 못한다. 혹시 어떤 정치적 의미가 개재돼 있는지도 모를 일이다. 지금 내가 기억하기로는 해방 후 김덕기 씨는 민족반역자 재판 심의에서 사형을 구형당했고 김대우 씨도 재판에 올려진 일이 있을 정도로 그들은 '친일파'였었다. 그러나 내 입장에서 본다면 특히 김대우 씨는 두고두고 잊을 수 없는 고마운 사람이었다. 1934년 도산 선생이 대전 감옥소에서 나온 뒤 전국을 순회하고 나서 "우리 동포 중에는 진정한 친일파는 없다고 봐야 한다"라고 말한 적이 있다. 나는 김대우 씨를 친일파라고 여긴 적이 없다. 그가 친일파의 거물로 알려지게 된 것은 내가 알기로는 그의 성격 탓이 아니었던가 생각된다. 그는 정치적인 것을 좋아했고 정치적 놀음을 즐겨했다. 그래서 자연 오해가 생길 수밖에 없지 않겠는가. 내가 가까이 아는 사람 중에 글을 잘 쓰는 사람이 있었는데, 그 시절에 글을 잘 쓰고 자주 썼다는 것 때문에 친일파로 알려지고 말았다. 이처럼 본질적인 문제보다 단순한 외형에 의해서 곡해되는 경우가 우리 사회에는 흔히 있는 것이다.

물론 김대우 씨의 경우 산업과장이라는 직위 때문에 그만큼 정치적으로 놀 수밖에 없었을 것이다. 1935년경 그는 최린(崔麟)[20] 씨를 중심으로 소위 '시중회(時重會)'라는 친일단체를 만든 적이 있다. 총독부 고위층의 지시가 있었는지 모르지만 그는 전국의 각 지방에서 인사들을 서울로 초대해서 그 발기회를 열었다. 평안도에서는 평양에서 이 모(李某) 씨(중앙의원 의사), 영변에서 백륜호(白崙虎) 씨, 정주에서 김기홍(金起鴻) 씨, 그리고 선천에서 나 등이 불려 갔다. 발기회 전날 밤 김대우 씨는 나를 최린 씨 집으로 안내하여 초대면시켰는데 나는 이 모임에 참여할 뜻이 없다는 것을 김 씨에게 간단히 알리고 귀향해 버렸다. 김대우 씨는 그때 우리 사회의 청년 지도자로 있는 남녀인사들의 지조를 더럽혀 주었다는 혹평도 받았다. 이 같은 평을 받은 것은 그가 인사들로 하여금 소위 시국강연을 하도록 시켰기 때문이었다. 그때 강연회에서는 총독부의 정책을 지지하는 말을 할 수밖에 없었고 따라서 연사로 등장하면 빈축을 사지 않을 수 없었던 것이다.

언젠가 그의 집에서 같이 식사를 하는 자리에서 이런 화제가 나오자 그는 말했다.

"물론 다른 사정도 있지만 그 인사들이 과연 얼마만큼의 지조를 가졌는지 알고 싶어서도 강연회를 시켜 본 것입니다." 김 씨의 이 같은 생각은 물론 그릇된 생각이다. 하지만 지조와 지행이라는 것은 어려운 조건과 상황 아래에서 더욱 빛나는 것임을 잊어서도 안 될 것이다. 김대우 씨에 대해서 덧붙이자면 그는 기미년 3·1운동 때 학생층의 중견 지도자 중 한 사람이었다는 사실이다. 그리고 나중에 창씨개명[21]이 강요됐을 때 그는 끝까지 '金大羽'라는 이름을 버리지 않았다

---

20 최린(1878~1958): 일제강점기의 친일파. 민족대표 33인 가운데 한 사람으로 3·1운동에 참여하여 독립운동가로 활동하다가 친일 인사로 변절. 나혜석과의 관계로 물의를 일으킴.

는 사실이다. 그리고 이로 미루어 볼 때 그를 단순히 친일파로 악평만 할 수는 없지 않을까 하는 것이 나의 생각이다.

비극, 재난

그날 나는 외출하려고 사무실을 나와 교정을 걸어 내려가고 있었다. 오후 4시 하학시간도 지나서 학교 안은 한가한 편이었다. 얼마만큼이나 걸어 내려왔을까, 갑자기 뒤에서 무서운 폭음이 들렸다. 교사 안 어디선가 무엇이 폭발하는 것 같은 소리였다. 순간 나는 무언가 심상치 않은 일이 벌어진 것을 느끼고 뛰어 들어갔다. 과연 엄청난 사고가 일어나 있었다. 학교 지하실에서 폭발사고가 일어났던 것이다.

지하실에는 이화학 실험실, 표본실 등이 있었다. 여기에는 고학생 두 명이 배치되어 매일 오후 실험기구를 정비하고 청소하는 등의 일을 했다. 이날도 그들은 일을 하고 있었는데 동급생 몇 명이 실험실에 내려와 그날 당번인 지치억(池治億) 군을 졸라서 거기 배치돼 있는 알코올통에서 알코올을 조금 꺼냈던 모양이다. 그리고는 그 통의 마개를 원상태로 밀봉해 놓으려고 초를 녹이다가 그만 통 안의 알코올이 인화되어 폭발한 것이었다. 옆에 섰던 지 군은 폭발과 동시에 전신에 화상을 입었다. 일을 저지른 학생들이 지 군을 업고 가까운 미동병원으로 내려갔다. 원장인 치즘[22] 박사(Dr. Chisholm)는 최신약과 기술을 동원하여 어떻게 해서든지 생명을 구하려고 최선을 다했다. 나는 몇몇 직원, 학생들과 함께 병원에서 밤을 새우며 초조히 기다렸다. 자정

---

21 창씨개명: 1940년부터 1945년 광복 직전까지 일제가 조선인들에게 일본식 성씨를 쓰도록 강요한 정책.

22 치즘(William H. Chisholm, 1885~1951): 한국명 최의손. 미국 북장로교 선교사, 의사. 1923년 내한. 평북 선천 미동병원 원장으로 의료 선교(1923~1940). 신사참배 문제로 1940년 추방. 1946년 내한하여 부산에서 의료선교를 하였으며, 고려신학교에서 가르침.

이 지났을 무렵 신성 교의(校醫)인 조인규(曺仁圭) 박사가 내게 다가와 어려울 것 같다고 조용히 말했다. 결국 지 군은 새벽 5시경에 숨을 거두고 말았다.

세상에 이런 비극이 또 어디 있을 것인가. 지 군은 홀어머니를 모시고 동생 하나와 같이 가난하고 어렵게 살아왔다. 그러면서도 그는 성실했고 공부도 중 이상으로 잘하던 학생이었다. 생각할수록 애처롭고 불쌍했다. 지금까지 고생을 하며 길러 온 그 어머니의 심정은 어떨 것인가! 그러나 그의 어머니는 오히려 나를 위로하려고 했다. "이것이 하나님의 뜻이라면……" 하면서 울음을 참으며 슬픔을 이기려고 했다. 정말 훌륭한 어머니였다. 학교장으로 지 군의 장례를 치르던 날 전교가 휴교를 하고 울었다. 피어 보지도 못한 채 스러져 간 젊은 꽃봉오리, 그 외로운 넋을 무엇으로 위로할 것인가. 그리고 그 뒤에 남은 어머니와 동생을 어떻게 위로해야 할 것인가. 조금이나마 위로하는 뜻에서 지 군의 동생이 소학교를 졸업하면 신성에 무조건 입학시켜 줄 것과 입학 뒤의 수업료 면제 그리고 얼마만큼의 학비를 도와줄 것을 그 어머니에게 약속했다. 그로부터 10년 뒤인 1946년 봄, 지 군의 동생이 서울사대 관사로 나를 찾아왔다. 그리고 느낀 바 있어 군에 입대한다는 말을 남기고 떠나갔다. 그러고는 지금까지 아무런 소식도 받지 못하고 말았다.

신성학교의 책임자였기 때문에 나는 도청 학무과가 있는 신의주에 자주 드나들어야 했다. 대개 하루에 다녀오는 일이 많았지만 어쩌다 부득이한 경우에는 이틀이 걸리는 수도 있었다. 그날도 당일치기를 하지 못하고 어떤 여관에서 묵어야 했다. 이튿날 아침 학무과에 들어섰더니 채 인사도 끝나기 전에 정신이 아뜩할 놀라운 소식을 전해주는 것이었다. 지난 밤 1시쯤 신성학교 기숙사에 불이 났다는 것이 아닌가! 내가 어느 여관에 있는지를 몰라서 연락을 하지 못하고 아침 일찍 학무과로만 전화를 했더라는 것이다. 다행히 인명피해는 없었다면서 빨리 돌아가서 화재 원인과 피해 현황을 자세히 보고하라는 것이었다. 비록 하루뿐이라 할지라도 학교를 떠나 외지에 나갔으면서도 내 연락처를 학교에 알려 놓지 않은 부주의, 그래서 이와 같은 불행한 변을 당한 소식을 간접적으로, 그것도 관청을 통해 들었다는 자책감 등이 화재에 대한 불길한 생각과 함께 나의 심정을 몹시도 괴롭혔다.

학교에 돌아와 사정을 알아보니 다음과 같았다. 밤 10시 소등종이 울린 뒤에도 한 학생이 촛불을 켜 놓은 채 계속 공부를 했던 모양이다. 그러다가 그가 그만 깜박 잠이 들어 버린 사이 촛불로 인하여 불이 났던 것이다. 때마침 곤하게 첫잠을 들었던 때라서 불이 나자 연기와 불길에 놀라 깨어난 학생들은 허둥지둥할 수밖에 없었다. 2층에서 뛰어 내리다 서너 명이 부상을 당했고 2층 벽돌 건물 내부가 얼마만큼 타 버린 정도의 피해였다. 정말 불행 중 다행이 아닐 수 없었다. 이 기숙사에는 약 100명 정도의 학생을 수용했고 책임 사감이 있었다. 촛불을 켜 놓고 공부하는 것을 특히 엄금시켜 왔는데 한 학생의 실수로 그런 재난을 당하고 만 것이다. 지 군의 비극을 당한 지 2년도 지나지 않아서 다시 이 같은 화재를 당하고 나니 나는 그냥 교장직에 앉아 있을 면목이 없었다. 연달은 재난에 대한 책임을 지고 나는 학교 이사진에 사의를 표명했다. 그러나 이사들은 오히려 나를 격려하고 위로하면서 계속해서 일해 줄 것을 부탁했다. 그들의 뜻대로 나는 계속 교장직을 맡기로 했다. 그러나 때는 바야흐로 미나미 지로(南次郎)[23]란 자가 새 총독으로 군림하여 종교 계통 학교들은 운영이 더욱 어려워지기 시작한 무렵이었다.

---

23 미나미 지로(1874~1955): 7대 조선 총독(1936~1942). 총독 재직 중 내선일체와 창씨개명령을 시행.

신사참배(神社參拜)

그 시기는 일제가 소위 대륙정책 수행의 결의를 굳혀 가던 때였다. 이때 만약 조선에서 무슨 동요가 일어나면 일제로서는 여간 큰일이 아니었다. 그래서 총독으로 미나미 지로를 보내서 먼저 조선민족의 일본화를 꾀하려고 했다. "우리는 황국의 신민(臣民)이다……"로 시작되는 소위 국민서사(國民誓詞)라는 것도 이때부터 모든 집회나 교회에서까지 낭독하도록 했다. 또한 '내선일체(內鮮一體)'니 '일시동인(一視同仁)'이니 '국어상용(國語常用)'이니 하는 표어를 방방곡곡에 내걸고 각급 학교를 비롯해 신사참배[24]를 강요하기 시작했다. 대부분의 종교계통 학교들은 이것을 일본 고유의 종교적 의식이라고 보고 신사참배를 거부했다. 그러나 당국은 종교적 의식이 아니라 국가의식이라고 강변하며 만약 신사참배를 계속 거부하면 폐교시키겠다고까지 위협하며 참배를 강요했다. 어떤 교파에서는 당국의 주장을 받아들여 형식적으로나마 참배하는 데도 있었다. 북장로파에서는 이렇다 할 결정을 내리지 못하고 양론이 맞서고 있었다.

신성의 경우는 다행히도 내가 1937년 교장직에서 축출당할 때까지 신사참배를 강요당하지는 않았다. 다만 해가 솟는 동방을 향하여 요배(遙拜)하는 정도였다. 신사참배로 술렁일 그즈음 나는 서울 유한양행(柳韓洋行)의 유일한(柳一韓)[25] 사장으로부터 편지 한 통을 받았다. 그 편지는 영어로 써져 있었는데 유한을 위해서 자기와 손잡고 일할

---

24 신사참배: 일제의 민족말살정책으로, 일본 왕실의 조상신을 모셔 놓은 사당에 조선인을 참배시킴.

25 유일한(1895~1971): 일제강점기와 대한민국의 기업인, 독립운동가. 유년기와 청년기를 미국에서 보냄. La Choy 식품회사 창설(1922). 귀국 후 식민지 한국인의 보건 문제를 해결하기 위해 유한양행 설립(1926). 최초로 종업원지주제를 시행하여 노동자에 대한 복지 보장. 스탠퍼드대학에서 법학공부(1948). 유한공업고등학교와 유한공업전문대학설립. 전 재산을 교육사업에 기부.

생각이 없느냐는 내용이었다. 어떤 책임 있는 지위(Responsible Position)를 주겠다는 제의도 덧붙여져 있었다. 유 사장은 아마 내가 술렁이는 교육계의 실정 때문에 신성을 그만둘 생각을 품고 있을지도 모른다는 추측을 했었던 모양이었다. 그래서 그와 같은 제의를 하게 된 것이리라. 나는 유 사장에게 회한(回翰)을 보냈다. 먼저 나에게 그런 고마운 제의를 해 준 데 대해 사의를 표하고 나서 내 마음을 적어 보냈다. 즉 지금 신성은 그 어느 때보다 어려운 역경 속에 있는데 이럴 때 나 혼자만 편하게 살겠다고 떠날 수는 없지 않겠는가, 의리로 보아 그렇게 할 수 없는 내 처지를 양해해 달라고 했다.

나는 이와 비슷한 경우를 신성에 처음 부임했을 때에도 당한 적이 있었다. 1928년 봄, 아직 가족도 데려오지 못한 채 교장 사택에서 가정부를 두고 혼자 지낼 때의 일인데 하루는 뜻밖에 남강 이승훈 선생이 찾아왔다. 나이로 보면 그분은 내 아버지뻘이 되었고 교육계로 보아도 이제 겨우 첫발을 딛는 나에게 있어 그분은 대선배 격이었는데 몸소 찾아오신 것이다 황송한 마음으로 변변치 않은 저녁식사를 대접하는 자리에 그 분은 나를 찾아온 뜻으로 짐작되는 화제를 꺼냈다. 한마디로 오산학교[26]에 와서 일할 생각이 없느냐는 말씀이셨다. 종교교육을 지향하는 신성에서보다 민족주의 교육을 펴고 있는 오산에서 보다 더 뜻깊은 교육을 할 수가 있고 구상대로의 교육을 할 수 있지 않느냐는 말씀도 덧붙였다. 그때 나는, 경력도 없고 별다른 업적도 없는 나를 이처럼 몸소 찾아와 불러 주시는 데 대해 무어라 말씀드릴

26 오산학교: 1907년 12월 남강 이승훈이 민족운동과 국민교육의 모범이 될 인재를 양성할 목적으로 평안북도 정주에 세운 서북 지방 최초의 사립학교. 오산학교의 설립은 "나라가 바로 서고 힘을 키우기 위해서는 교육이 우선"이라는 도산 안창호의 연설을 들은 것이 계기가 되었다고 함. 신채호, 조만식, 류영모, 염상섭, 김억 등이 교사로 재직. 졸업생으로는 시인 김소월, 목사 주기철, 사상가 함석헌, 화가 이중섭 등이 있음.

수 없는 감사의 마음을 전하면서 그러나 신성을 떠날 수 없다고 말씀드렸다. 그 이유는 선교회와 신성에 대한 신의를 지켜야 하기 때문이라고 말씀드렸다. 그러자 그분은 잠시 침묵을 하며 생각하시더니 말씀하시는 것이었다. "장 교장의 말이 옳소. 신의는 무엇보다 중대한 문제지요."

그러면서 선생은 지금 우리 사이에 오고 간 말은 없었던 것으로 치고 잊어버리자고 말씀하셨다. 나는 그때부터 남강 선생을 보다 더 큰 위인이라고 존경하여 섬겼다. 그분과의 약속대로 그때의 일은 그 뒤 어디서고 얘기를 하지 않았다.

1935, 6년 사이에 일제가 우리나라에 대해 신사참배를 강요하기 시작한 것은 그들의 본격적인 대륙 침공에 앞서 조선 안에서 먼저 사상적·종교적 반체제 기운을 소탕하려는 뜻에서였다. 신성은 일찍부터 반일운동에 앞장섰을 뿐만 아니라 보수적인 북장로파의 학교였기 때문에 감시와 조사를 잠시도 게을리할 수 없는 학교였다. 그래서 교내에서 가끔 여는 웅변회나 연설회 등의 회합에도 그들의 사냥개 형사가 반드시 입회를 했고 만약 그들이 도착하지 않았으면 올 때까지 회합을 기다려야 할 정도였다. 그리고 이 어간에는 해마다 3·1절이 가까워 오면 신의주에 주둔하고 있던 일본 군대가 신성학교 근처에 와서 모의 작전을 하곤 했다. 하필이면 신성 근처에서 그런 훈련을 할 것이 무엇이겠는가. 그 저의가 짐작되는 바 있었다. 어쨌든 사학의 운영은 갈수록 어려워만 가는 나날이었다.

이유 있는 학생 동요

'광주학생사건'[27]의 밑바닥

1930년대는 전국적으로 학생들의 동요가 우심(尤甚)한 시기였다. 학생들 자신도 무엇을 할까 분명히 인식하지는 못하였지만 주위의 부조리한 것을 보고 그 불만이 가슴에 가득 차 무엇에건 풀어 버려야 할 지경이었다. 당시 학교의 실정은 어땠는가. 학교의 수는 많았지만 양심적으로 운영되는 학교가 과연 얼마나 됐을까. 거짓 없이 학생을 사랑하며 아끼는 선생들은 또 얼마나 있었을까. 만성화되다시피 한 형식적이고 고지식한 교육, 무기력, 무성의, 무의미한 학교놀음이 교육이라는 미명 아래 계속되고 있는 실태가 맑은 학생들의 눈에 비치지 않을 리가 없었다. 그렇다고 학교 공부를 그만둘 수는 없는 노릇이니 학생들의 불만은 날이 갈수록 커질 수밖에 없었다. 불어나는 불만 속에 지내던 학생들은 어쩌다 교내에 문제가 생기면 일제히 일어나곤 했다. 학교의 시설이 안 돼먹었다, 교장이나 교사가 틀렸다 하며 배척운동이 일어나면 그 시정을 요구하면서 동맹휴학에 들어가기 일쑤였다. 다시 말해서 학생들은 꼭 무엇이라고 꼬집어 설명할 수 없는 불평불만의 돌파구를 동맹휴학에서 찾으려고 했던 것이다. 이 시절 전국에서 이런 소란스러운 경험을 겪지 않은 학교는 아주 드물었다.

전국이 이런 저기압골에 놓인 상황에서 '광주학생사건'이 일어났다. 지금까지 학생들 가슴속에서 꿈틀거리고 있는 응혈이 광주학생운동이 계기가 되어 터지고 말았다. 전국의 학생들이 일어났다. 400여 학교에서 5만여 명으로 추산되는 학생들이 궐기한 것이다. 전국의 학

---

27 광주학생사건: 1929년 광주 지역의 학생이 주도하여 일으킨 항일 독립만세운동. 광주역 사건으로 사태가 전국으로 확대됨으로써 광주 학생의 항일 운동은 3·1운동 이후 최대의 민족 항쟁이 됨.

교가 소용돌이 속에 있는데 신성이라고 해서 예외일 수는 없었다. 광주에서 불이 붙은 학생운동은 점점 북쪽으로 번져 왔고 이것을 막을 길은 아무것도 없었다. 그렇다고 방관할 수 없는 학교 당국이고 보면 어떤 형태로든 이것을 막아 보려고 노력을 해야 했는데, 이때 학생들이 학교의 입장을 이해하여 학교에서 내리는 어떤 조치가 형식적이라는 것을 은연중 알아준다면 그처럼 다행한 일은 없었다. 그것이야말로 가장 바람직한 학교 대 학생의 관계였다.

이때 도청 학무과에서는 3명의 시학을 선천에 파견하여 학생운동을 막아 보려고 같이 노력했다. 그러나 마침내 어느 날인가 전교생이 몰려나와 데모를 벌이고 동맹휴학에 들어가는 사태가 일어나고 말았다. 시학들도 별 수가 없었다. "결국 해치웠구만(結局やっちまたえ)!"

교장실로 들어서며 그들은 쓴웃음을 지었다. 올 것이 오고 말았다는 뜻인 것 같았다. 그들도 조선학생들의 입장이 된다면 그럴 수밖에 없으리라는 것을 느끼는 것 같았다. 맹휴에 대한 문제는 그 뒤처리에도 어려운 점이 따랐다. 주동자에 대한 징계가 그것인데, 이것은 학교와 학생이 서로의 입장을 이해하는 가운데 해결해야 할 문제였다. 신성에서는 별 어려움 없이 해결했다.

학생을 훈육하고 징계하는 데 있어 생각해야 할 것은 서로의 입장이다. 즉 학교와 학생이 서로 대립된 입장에 있는 것이 아니라 같이 한 편에 서 있다고 생각해야 한다는 것이다. 서로 협조해 가면서 잘못을 시정해 가는 정신을 가져야 하는 것이다. 교육적 면에서 볼 때도 훈계를 이런 식으로 해결하는 것이 효과적이라고 나는 믿는다. 나의 경험에 의하면 학생들, 특히 졸업반 학생들은 마지막 겨울방학에 흔히 잘못을 저지르는 일이 많았다. 한두 달 지나면 졸업하게 된다는 심리가 머리를 기른다, 담배를 피운다, 요정에 출입한다 하는 일을 저지르게 한다. 신성에서는 학생이 술을 먹으면 특히 중벌을 내렸다. 유기

(有期)나 무기정학이었다. 어쩌다 이런 말썽이 일어나면 학생과장은 그 처리를 교장에게 넘기는 수가 많았다. 한 달 남짓만 지나면 졸업하게 되고 그러면 그들이 머리를 기르거나 술을 마시거나 시비를 거는 일이 없을 것이다. 오직 한 달이라는 그 시간이 문제인 것이다. 어찌 생각하면 모순이라고도 할 수 있는 이런 사정을 나는 그들에게 터놓고 얘기한다. 그러면 일을 저지른 학생은 충분히 납득하게 되고 학교의 입장도 이해하게 된다. 학교로서는 징계를 할 수도 안 할 수도 없는 처지이고 학생은 처벌을 받을 수도 안 받을 수도 없다는 처지를 서로가 알게 된다면 징계의 적정선은 곧 찾아지는 것이다.

그때 우리나라 중등교육의 학생 훈육 방법은 일본 군대식이었다. 대화보다 먼저 채찍을 드는 것이었다. "이 자식! 그런 버릇 어디서 배웠어!" 고함을 지르면서 따귀부터 갈기고 보기가 일쑤였다. 이런 광경을 볼 때마다 나는 당장 선생을 나무랄 수도 없고 그렇다고 참고 볼 수도 없어서 그냥 내 방으로 돌아와 버리곤 했다. 그리고 교원의 재교육이 시급하다는 것을 뼈저리게 느끼곤 했다. 그러나 그것은 해방될 때까지 기다려야만 했다.

사회가 젊은 일꾼을 대하는 태도

선교사 사회는 모든 면에서 우리와는 달랐다. 경제적인 데서, 심리적인 데서, 그리고 일반 생활에서 여유가 있었다. 당장 어려운 점이 없기 때문에 주위를 돌아볼 여유가 생기고 넓고 멀리 볼 수 있는 마음이 생길 수 있다. 그래서 다른 사람들에게 도움의 손길을 뻗칠 수도 있을 뿐만 아니라 작은 기쁨이라도 더불어 즐기는 마음이 될 수 있다. 1931년 신성이 지정학교로 승격되자 선교사들의 모임인 미션 총회에서는 승격 축하와 함께 교장에 대한 치하의 결의문을 채택하고 그것을 회의록에 실었다. 그리고 그 결의문을 정중한 서한과 함께 내게 보내 왔었다. 그 뒤에도 미션회에서는 이와 비슷한 방법으로 젊은 나를 격려해 준 일이 있었다.

그러나 우리 교계의 사정은 달랐다. 단칸방에서 북적거리는 것과 같은 사회 상황이기 때문에 시야나 아량이 좁고 제약과 단견(短見)에서 벗어나기가 어려웠다. 학교 승격이 됐을 때에도 우리 교계에서는 교역자 자제들에 대해서 여러 가지 특전을 요청해 왔었다. 입학 우선권, 수업료 면제나 할인 등이었는데 어떤 특정한 학생에 대해 각별히 고려해 주기를 부탁하는 일이 허다했다. 학교 승격에 따라 입학지원자가 늘어났고 그만큼 어려움이 많았기 때문에 그럴 수밖에 없었을지도 모른다. 물론 우리 교계 전체가 그렇다는 것은 아니다. 다만 남의 사회에는 있는 여유와 아량이 우리에게서는 적다는 것이 아쉽다는 얘기다.

하긴 우리 사회라고 흐뭇한 일이 없지는 않았다. 어느 해 봄인가 이영학 군이 멀리 벽동(碧潼)에 있는 처남 강 군을 데리고 와서 신성에 지원을 시켰다. 신성이나 나와 이 군과의 가까운 관계를 아는 선천에서는 강 군은 틀림없이 입학되리라고 믿었다. 그러나 결과는 그 반대였다. 강 군은 낙방하고 만 것이다. 이와 같은 사실이 알려지자 제일 먼저 전화를 걸어 온 사람은 이영학 군이었다. 그는 혹시나 내가 자기 처남을 합격시키지 못해서 미안하게 여길까 봐서 전화를 건 것이었다. 오히려 나를 격려하며 공정하게 다룬 처사를 칭찬해 주었다. 얼마나 고마운지 몰랐다. 고마운 것으로는 나의 가친도 마찬가지다. 그즈음의 입학난은 말할 수 없이 심했다. 그래서 혹시라도 학교에 어떤 영향력을 행사할 수 있는 사람이면 어떻게 해서든지 힘을 빌리려고 했다. 나의 가친의 경우에도 그와 같은 일로 난처한 경우를 여러 번 당했을 것은 자명한 사실이다. "교장에게 소개장을 써 주십시오" "명함만이라도 한 장 주십시오" 등의 청탁을 받기가 일쑤였는데 그때마다 가친께서는 "내가 그런 짓을 하면 아들이 어떻게 제대로 교장 구실을 할 수 있겠습니까?" 하며 점잖게 거절하곤 했다고 한다. 내가 10년 동안을 교장으로 있는 동안 가친은 단 한 번도 "잘 봐주라"는 명함이나 소개장을 내게 보낸 적이 없었다.

고마운 그래함 씨

앞에서 이미 얘기한 적이 있는 그래함 씨와 나는 신성에 온 이후에도 계속해서 편지를 주고받으며 지냈다. 그의 편지에는 머잖아 동양을 여행할 계획인데 그때는 꼭 신성에 들르겠다는 것, 내가 하고 있는 일에 대한 격려, 진리에 대한 경건한 소신, 신앙에 대한 토론 등이 담겨져 있었다. 언젠가는 상해(上海) 향항(香港)은행의 200달러짜리 수표가 들어 있었다. 그리고 그 돈의 출처와 용도를 적어 보냈다. 그는 그즈음 취미로 카나리아라는 새를 기르기 시작했는데 번식률이 높아서 금방금방 늘어난다, 그들 중 노래를 잘 부르는 놈을 골라 새장에 넣어 장기간 입원하고 있는 환자들에게 선물하고 나머지는 팔아서 주일학교에 기부하고 나머지 돈을 보낸다, 그러니 이 돈은 신성에서 고학하는 학생들을 위해서 좋다고 생각되는 대로 써 달라는 것이었다. 그의 뜻을 좇아서 나는 가장 좋다고 생각되는 방법으로 그 돈을 썼다.

일본 시찰

7월 하순 여름방학이 시작되면 나는 황해도 몽금포에 가서 10여 일 동안 휴가를 보내곤 했었다. 거의 해마다 그러는 것이 관례처럼 돼 있었는데 1936년 여름에는 몽금포 대신 일본을 여행할 기회가 생겼다. 휴가를 이용해서 일본의 모범 농촌과 농업교육시설 등을 견학, 시찰하기로 한 것이다. 일본 농촌 구경을 떠나게 된 동기는 도산 선생의 종용 때문이었다. 나도 그 방면에 퍽 흥미를 가지고 있었기 때문에 이

기회에 건너가 보기로 한 것이다.

도산이 1925, 6년에 세 번째로 미국에 간 이유 중의 하나가 이상촌 건설을 위한 기금 모집과 동지를 구하기 위해서였다는 얘기는 앞에서도 말한 바 있다. 1926년 다시 원동(극동) 중국으로 건너간 도산은 먼저 남경에 동명학원을 설립하고 계속해서 양자강 연안 진강(鎭江) 등지를 답사하면서 이상촌 후보지를 찾았다. 그러는 한편 중국과 만주 등지에 흩어져 있던 모든 독립운동단체를 규합해서 하나로 대독립당을 만들기 위해 온갖 노력을 다했다. 그러던 중 1932년 봄 윤봉길(尹奉吉) 의사의 의거[28] 직후 일경에 체포되어 고국에 돌아와 3년 동안 옥고를 치르고 1935년 2월에 출감했다.

그 후 도산은 국내에서 이상촌 건설에 대한 구상을 계속하면서 적당한 후보지를 찾았다. 나도 언젠가 도산 선생을 따라 만경대[29] 주변을 돌아본 적이 있었고 또 한번은 조만식(曺晩植)[30] 선생도 같이하여 평남선 강선역 북쪽에 있는 달마산[31] 아래를 살펴보기도 했다. 배산임수(背山臨水)한 평원지대인 그곳을 첫 번째 이상촌을 세울 마땅한 장소로 도산은 마음먹고 있었다. 도산이 구상하는 이상촌은 특수직업학교와 같은 훈련기관을 중심으로 이루어지도록 하는 것이었다. 그러므로 내가 일본을 가게 되면 특히 이런 면에 유의해서 보고 오도록 도산 선생은 부탁했다. 8월 3일 나는 신안주역에서 일본을 향해 떠났

---

28 윤봉길 의거: 1932년 4월 29일 중화민국 상하이 훙커우공원(虹口公園)에서 독립운동가 윤봉길(1908~1932)이 폭탄을 투척하여 일본 제국의 주요 인사들을 죽거나 다치게 한 사건.

29 만경대: 평양 서쪽에 있는 구역.

30 조만식(1883~1950): 한국의 독립운동가, 일제강점기의 교육자, 종교인, 언론인, 정치인. 숭실중학교, 메이지대학 법학부 졸업. 오산학교 교사, 교장 역임. 국산 물산장려운동 주도. 한국전쟁 중 공산군 세력에 의해 살해됨.

31 달마산: 평안남도 남포특별시 천리마 구역에 있는 산.

다. 여비는 충분했다. 도산 선생이 400원을 마련해 준 것이다. 도산, 오윤선 장로와 장희근 씨가 각 100원씩, 그리고 도산의 명함을 가지고 가서 서울의 어떤 사람에게서 100원을 받았다. 그때 신안주에서 일본 도쿄까지는 연락선 뱃삯까지 해서 27원 몇십 전이었다.

약 3주일 동안의 여행에서 일본 어느 지방을 우선적으로 시찰할 것인가 생각하던 나는 대체로 우리나라와 기후, 풍토, 지형 등이 비슷한 도호쿠 지방을 찾기로 했다. 나는 먼저 일본 농림성을 찾아가 나의 여행 목적을 설명하고 협조를 구했다. 담당관은 많은 자료와 조언을 해 주면서 모범 농촌, 독농가,[32] 농사 훈련소, 농산물 가공 조합, 특수작물 재배 시험소 등의 명단과 주소, 사업 내용이 수록돼 있는 시찰안내서를 주었다. 그리고 도호쿠 지방의 몇몇 현청과 유력한 신문사에 소개장을 써 주었다. 도쿄를 떠나 제일 먼저 찾은 곳은 북쪽으로 약 200km 떨어진 곳에 있는 도모베(友部)의 '일본농사학원'이었다. 이 학원은 그 설립자며 원장인 가토 칸지(加騰完治)[33] 씨의 명성과 함께 모범적 농사학원으로 일본에 널리 알려져 있는 기관이다. 가토 씨는 일찍이 덴마크에 유학하고 돌아와 곧 학원을 세우고 덴마크식으로 운영하고 있었다. 채소, 과수, 묘포(苗圃), 엽초 등을 비롯해서 양계, 양돈, 양토(養兎)와 각종 농산물 가공시설을 갖춘 거대한 규모였다. 이곳에서의 중요한 훈련 원칙과 방법은 '노작(勞作)'이었다. 강의나 학습이 없는 것은 아니지만 그것은 부수적인 것이고 중요한 일과는 현장에서 일하는 것이다. 또 하나의 특색은 그렇게 오랜 시간을 계속해서 일하면서도 일하는 동안에는 서로 말을 주고받는 일이 없다는 점이다. 무슨 일을 하고 있건 바로 그 일에 온 정신을 쏟아 넣으라는 것이

---

32 독농가(篤農家): 농사를 독실하게 짓는 사람.

33 가토 칸지(1884~1967): 일본의 교육자, 농본주의자, 검도가.

었다. 수도하는 사람의 자세로 일을 해야 한다는 것이었다. 이런 모든 것을 둘러보고 나는 느낀 점이 많았다.

일본 농사학원을 둘러보고 나서 나는 다시 북쪽을 향해 떠났다. 이와테현(岩手縣)을 향해 가는 도중 센다이시(仙台市)에서 내려 하루를 묵었는데, 일본 도호쿠 지방에서 가장 유력한 신문으로 알려진 가호쿠신문사(河北新報社)를 찾아보기 위해서였다. 나의 신분과 여행 목적이 인쇄된 명함과 함께 농림성에서 받아 온 소개장을 신문사에 내놓았다. 그랬더니 담당자가 나와서 맞아 주며 이어서 여러 가지 참고 자료와 동북지방의 농사 형편을 들려주었다. 동북지방은 해마다 냉해가 심해서 농작물에 대한 피해가 심하다는 것과 그것을 극복하기 위해 연구와 노력을 기울이고 있다는 등의 얘기를 해 주었다. 그처럼 친절히 대해 준 데 대해 감사의 인사를 하고 물러나오자 그는 카메라를 들고 뒤따라 나오며 기념사진을 한 장 찍으라며 셔터를 눌렀다. 그날 오후 센다이를 떠나는 기차에 오른 나는 가호쿠신문 석간을 사 보고 깜짝 놀랐다. 1면 한쪽에 "조선 신성교장의 일본농사교육 시찰"이란 제목과 함께 커다랗게 내 사진까지 실려 있는 것이 아닌가. 기차에 탄 손님들이 나를 쳐다보는 것 같아 여간 쑥스럽지가 않았다. 그러나 이 보도 덕분에 나는 여행하는 데 많은 도움을 받았다. 비교적 쉽게 여러 곳의 사업장을 들러볼 수 있었고 우수한 독농가들도 만나 볼 수 있었다.

모리오카시(盛岡市)에 이르러 나는 먼저 현청으로 농촌사업 지도관을 찾아갔다. 그는 현내에서 내가 찾아갈 만한 농촌의 촌장들에게 특별 소개장을 써 주었고 또 독농가들에게 소개 명함까지 여러 장 써 주었다. 이 덕분에 나는 쉽게 여러 곳을 돌아볼 수 있었고 가는 곳마다에서 친절히 안내를 받았다. 어느 한 촌락에 갔을 때 그곳 촌장은 한나절 이상을 같이 다니며 안내해 주었는데, 그 마을은 80호 남짓

되는 마을로 어느 집에나 소 두 마리, 돼지 세 마리 이상씩을 기르는 부촌이었다. 버터, 햄, 소시지 등도 생산해 내고 있었는데, 그 모든 시설을 둘러보았다. 여행을 하면서 인연을 맺은 한 독농가와는 귀국 후에도 연락을 가져 신성 졸업생인 박규창(朴奎昌) 군을 그 집에 묵으며 약 1년간 묘포 관리법 등을 실습하도록 했다. 박군은 해방 뒤 창경원에서 묘목과 식물관리의 일을 보았다.

예정했던 3주일이 훌쩍 지나갔다. 더 보고 싶은 것이 많았지만 개학일도 다가와 미련을 남긴 채 귀국길에 올랐다. 귀로에 대보산[34]으로 도산 선생을 찾아가 여행 경험을 간추려 대강 보고하고 자세한 것은 다음에 보고하기로 연기했다. 그러나 그 연기는 영원한 연기가 되고 말았다. 그때의 돈은 정말 가치가 있었던 모양이었다. 떠날 때 도산이 마련해 준 400원은 내가 거의 한 달 동안을 여행했는데도 다 쓰지 못하고 100원을 남겨 가지고 왔으니 말이다.

경찰 유치장에서 사표를 쓰다

누구도 모르게 갔다

내가 일본 농업계를 시찰하러 갔던 1936년에 '국제올림픽위원회'는 '일본올림픽위원회'의 청원을 받아들여 다음번 1940년 올림픽대회를 일본 도쿄에서 열기로 결정했다. 그러나 일본의 군벌 세력은 올림픽대회 준비가 그들이 계획하고 있는 전쟁 준비에 지장이 될 것으로 판단하고 대회 개최를 사퇴했다. 이에 앞서 1932년에는 그들의 조작으

34 대보산(大寶山): 평안남도 대동군에 있는 산 이름. 도산이 1935년부터 머물며 송태사가 있던 유허지에 산장을 지어 기거함.

로 세워진 괴뢰국가 '만주국'[35]을 국제연맹에서 승인하지 않는다 해서 동연맹을 탈퇴했다. 이에 대해 일제는 '영광스러운 고립'이라 선전하면서 오히려 어처구니없이 기고만장하였었다. 국제적으로 점점 고립의 길을 치닫고 있었던 것이다.

중국 본토 침략의 만반 준비를 갖춘 일제에게 한 가지 걸리는 점은 다름 아닌 조선민중의 향배(向背)였다. 만약 1919년의 3·1만세운동 같은 사태가 또 일어난다면 그들로선 여간 낭패가 아니었던 것이다. 그래서 먼저 조선 안에서 반일적이거나 반전적인 '불온(不穩)'한 요소가 발견되면 그 싹부터 없애 버리려 했다. 급기야 일본군은 북경 근방에서 일어난 '노구교사건(盧溝橋事件)'[36]을 빙자해서 북경에 대한 전면 공격을 개시했다. 이것이 빌미가 되어 전쟁은 상해에까지 확대되기에 이르렀다.

그해 여름 단오절을 맞은 선천시에서는 예년과 같이 천남동(川南洞) 모래사장에서 씨름대회를 열었다. 5월 8일에는 결승전이 열리는 날, 황소가 대상으로 주어지게 돼 있었다.

그날을 맞아 신성에서도 학생 및 모든 직원들이 한 사람도 빠짐없이 씨름장으로 나가 학교가 텅 비었다. 이 조용한 시간을 이용해서 나는 교장실에 혼자 남아서 그해의 선교회 총회인 미션회에 제출할 학교 상황 보고서를 타이프로 찍고 있었다. 바로 그때 두 사람이 교장실로 들어섰다. 한 사람은 안면이 있는 선천경찰서의 형사였고 다른 사람은 처음 보는 얼굴이었다. 그저 서울서 온 사람이라고만 소개했

35 만주국: 일본 제국이 만주사변 직후부터 만주에 세운 괴뢰국. 1932년 일본은 청나라의 마지막 황제였다가 퇴위한 선통제를 황제로 내세웠고, 일본 제국에 철저히 종속되었던 만주국은 1945년 8월 18일 붕괴.

36 노구교사건: 1937년 7월 7일 베이징시 서남쪽 방향 루거우차오(노구교)에서 일본군의 자작극으로 벌어진 발포 사건으로, 중일전쟁의 발단이 됨.

다. 인사가 끝나자 형사는 서장이 나를 만나자고 하니 잠깐 서(署)까지 같이 가자고 했다. 어쩐지 수상한 낌새가 없는 것은 아니었지만 그렇다고 거절할 수도 없는 처지여서 나는 그들을 따라 서로 갔다. 그러나 서장실로 인도하는 것이 아니라 2층의 어느 텅 빈 방으로 안내하는 것이 아닌가. 의자에 앉아 기다리라는 형사의 말을 들은 나는 그제서야 뭔가 심상치 않은 기미를 눈치 챘고 내가 자유의 몸이 아니라는 사실도 깨달았다.

그날 저녁 나는 서울로 압송당했다. 기차를 타기 위해 형사의 호송으로 선천역에 나갔더니 나뿐만 아니라 주현칙(朱賢則) 의사와 백영엽(白永燁) 목사도 잡혀 나왔다. 아마 경찰서 다른 방에서 나처럼 기다리다 나온 모양이었다. 우리 세 사람은 형사 두 명과 함께 서울행 급행열차에 올랐다. 수갑을 채워야 하겠지만 특별히 대우해서 그냥 둔다며 형사들은 생색냈다. 눈 한 번 못 붙이고 아침에 서울역에 내렸다. 먼저 역 식당으로 올라가 아침을 먹었다. 식대는 내가 지불했다. 아무도 모르게 느닷없이 붙잡혀 가면서 남아 있는 가족들을 생각하니 마음이 무거웠다. 무엇보다 그들의 생활이 문제였다. 우리를 서울까지 압송해 온 형사가 그날로 돌아간다기에 나는 명함을 꺼내 가족들에게 몇 자 적어 전해 달라고 부탁했다. 언제 돌아갈지 모르니 우선 학교로 가서 내 봉급을 받아다가 당분간 살도록 하라는 내용이었다. 그러나 뒤에 알고 보니 그 형사는 나의 이 명함마저 전해 주지 않았다고 한다. 약 10년 전 내가 신성학교를 처음 찾았을 때 누구도 나를 알아본 사람이 없었다. 그런데 이제 신성을 떠나는 날도 내가 어디로 사라져 가는지 아무도 본 사람이 없었다. 생각하면 참으로 기묘한 인연이 아닌가.

내가 끌려간 곳은 서울 종로경찰서 유치장 제4호실이었다. 2평쯤 되는 감방 안에 들어가 보니 조병옥(趙炳玉), 정인과(鄭仁果), 정남수

(鄭南水, 일명 永道) 등이 다른 일반 수인(囚人) 4, 5명과 같이 쭈그리고 앉아 있었다. 그들은 1주일 전쯤에 먼저 잡혀 와 있었던 것이다. 이때 전국에서 체포된 사람은 약 100명에 달했는데 이들은 모두 동우회[37](同友會, 흥사단) 회원들이었다. 일제가 중국 대륙을 본격적으로 침략하기 시작하면서 조선 안의 민족주의 진영을 말살하려고 그 첫손을 댄 데가 동우회였다. 동우회가 조선의 독립을 그 목적으로 하는 단체라는 것을 자백받기 위해 일경은 우리들에게 갖은 고문을 다했다. 형용할 수 없이 악랄한 고문을 받고 보석하여 병으로 세상을 떠난 사람도 있었고 불구자가 된 사람도 있었다.

내가 당한 고문은 먼저 '물먹는 것'이었다. 그리고 그보다 심한 것으로 '비행기 타기'였다. 이것은 '학춤 고문'이라고도 불렀는데 두 팔을 뒤로 묶어서 들보에 매달아 놓고 매질을 하는 고문이었다. 고문, 취재는 3개월이나 계속되었다. 그러고 나서도 그들은 얼마 동안 더 우리를 붙잡고 있다가 검사국으로 넘겼는데 이것은 조서를 꾸미면서 그동안 고문으로 말미암아 생긴 상처가 아물기를 기다려야 했기 때문이었다. 그때 나를 맡아서 취조한 자는 종로서 고등계 차석인 사이가 하치로(齊賀八郎)이었다. 이 사이가의 지휘 아래 동우회 사건이 밤낮으로 취조되었다. 사이가는 수시로 유치장을 순시하곤 했다. 그때 종로서에는 11개의 감방이 있었다. 어느 날인가 그는 내 감방 앞에 오더니 뭔가 먹고 싶은 게 없느냐고 물으면서 주문해 주겠다고 호의를 보였다. 나는 일본식 국수 덴부라 소바(튀김국수)가 먹고 싶다고 했다. 며칠 뒤 그는 나를 2층의 자기 취조실로 불렀다. 올라가 보니 한쪽에

37 동우회: 1926년 안창호가 서울에서 조직한 흥사단 계열의 개량주의적 민족운동단체. 1922년 2월 서울에서 조직된 수양동맹회와 1922년 7월 평양에서 조직된 동우구락부가 1926년 1월에 합동하여 수양동우회가 결성됨. 1929년 11월 국내의 수양동우회를 동우회로 개칭.

초라한 테이블이 한 개 놓여 있었는데 거기 도산 선생이 앉아 있는 게 아닌가. 사이가가 다가오더니 잡범들과 함께 있는 감방 안에서야 이런 식사를 할 수 있겠느냐면서 새삼스레 친절을 베풀었다. 7, 8개월 만에, 그것도 이처럼 기구한 자리에서 만나게 된 도산 선생은 비빔밥을 들고 나는 튀김국수를 먹었다.

"저 사이가야말로 제 나라 일본을 위해 충성을 다하는 사람이라고 나는 생각하오. 제가 맡은 일을 저 사람처럼 부지런히 하는 사람도 드물 거요." 식사를 하시면서 도산 선생은 사이가에 대해 이렇게 평했다. 바로 그 자에게 괴로움을 당하면서도 그에게서 어떤 장점을 찾아내려고 했던 도산 선생이었다. 1916년 12월, 그러니까 21년 전 미국의 로스앤젤레스에서 나는 도산 선생 댁에 초대를 받아 저녁식사를 함께한 이래 선생과 식탁을 같이할 기회가 많았었다. 그러나 그날 서로 수인(囚人)의 신세로 기묘한 곳에서 같이한 식사가 이 세상에서 가진 선생과의 마지막 식사가 될 줄은 미처 몰랐다.

밤, 그 비좁은 유치장(지금의 신신백화점 뒤 한일관 앞에 있었다)에 무료하게 앉았노라면 종로 네거리 쪽에서 들려오는 "미요 도가이노 소라 아게데(보라, 동해의 하늘은 밝아 오고 있도다)!" 하는 행진곡이 들려오곤 했다. 이 행진곡은 결국 패망을 향해 달려가는 발걸음을 재촉하는 노래였지만 그때에는 제남(濟南)을 함락했느니 남경(南京)과 상해로 진격하느니 하면서 사뭇 기세를 올리고 있었던 것이다. 소위 '무적황군(無敵皇軍)'의 승전 뉴스와 함께 그 행진곡은 우리의 마음을 더욱 침울하게 해 주었다.

예년에 없던 혹독한 삼복더위도 어느덧 지나가고 나뭇잎이 우수수 떨어지는 가을이 왔다. 벌써 겨울옷 차입을 받는 동지도 있었다. 우리의 사건도 머잖아 검사국으로 넘겨질 것이다. 그리고 예심에 회부되면 시간은 더욱 오래 걸리게 될 것이다. 그래서 나는 정식으로 신성학교 교장직을 사퇴하기로 작정하고 사이가에게 부탁하여 붓과 종이를 좀 갖다 달라고 했다. 그도 내가 진작 그랬어야 한다고 하면서 부탁한 대로 갖다 주었다. 이때가 10월 하순이었으니 내가 신성학교에 재직한 기간은 4개월이 모자란 10년이었다. 그때 내 나이는 42세에 접어들고 있었다.

현저동(峴底洞) 일번지로

11월 1일, 날씨는 맑았지만 몹시 찼다 이날 아침 도산을 비롯하여 우리는 모두 수갑을 찬 채 몇 대의 버스에 나누어 실려서 정동 재판소 안에 있는 검사국으로 갔다. 아침에 우리들에게 수갑을 채우던 채영식 순사는 "이런 죄가 어디 있습니까? 제가 선생님들 손에 수갑을 채우다니요!" 하며 괴로운 듯 속삭였다. 검사국에서 거의 하루를 보낸 우리는 저녁때 서대문형무소[38]로 넘어갔다. 우리는 먼저 '조실(調室)'이라고 부르던 커다란 방에 끌려 들어가 시멘트 바닥에 줄지어 꿇어앉았다. 각 방으로 나뉘어 수감되기 전에 소독을 하기 위해서였다. 한 사람씩 옷을 벗고 알몸으로 나서면 간수가 펌프로 얼음물처럼 찬 소독수를 뿜어 댔다. 소독수를 받으면 누구나 본능적으로 깡충깡충 뛰지 않을 수 없었다. 그러나 도산만은 달랐다. 본래 건강치 못한 몸으로 온갖 병을 앓고 있는데다가 4개월 이상을 유치장에서 보낸 그의 몰골은 처참할 지경이었다. 앙상한 그 몸에 세찬 소독수를 맞으면 곧 쓰러져 버릴 것 같았다. 그러나 그는 그 세차고 차디찬 물살을 앞뒤로

---

38 서대문형무소: 1907년 대한제국을 점령한 조선통감부가 서울에 건설한 경성감옥이 1923년 서대문형무소로 개칭. 대한제국 말기로부터 일제강점기의 독립운동뿐만 아니라 광복 이후 정치적 격변과 민주화 운동에 이르기까지, 근·현대사의 여러 주요 사건이 벌어진 장소. 1987년 교도소 시설은 경기도 의왕시로 옮기고 1998년 서대문형무소 역사관으로 개관.

받으면서도 조금도 동요가 없었다. 까딱없는 그 자세! 오히려 근엄하기까지 한 모습이었다. 도산의 이런 초인간적인 자제력은 어디서 생긴 것일까. 그것은 민족과 나라를 위하는 지성의 정신에서 생긴 것이 아닐까. 조선민족의 명예와 민족지도자로서의 지조를 지키기 위해 그렇게 의연했다고 생각된다.

소독이 끝나자 한 사람씩 각동(6개동이 있었다) 감방에 집어넣었다. 나는 제5동 16호 감방에 수감되었다. 아무도 없는 감방 안에는 아무것도 없었고 그저 흉한 나무상자와 똥통 한 개가 구석에 놓여 있었다. 그러고 보니 독방이었다. 종로서 유치장에 비하면 호텔과 같았다. 어떤 사람은 독방살이는 외롭다고 해서 오히려 여러 수인과 같이 있는 것을 원하지만 나는 넓고 조용해서 독방이 더 좋았다. 그해 여름이 유별나게 더웠던 만큼 11월 상순은 몹시 추웠다. 어쩌면 나만 그렇게 느꼈는지도 모른다. 입동날인 11월 8일, 기다리던 솜옷 한 벌과 책 몇 권이 차입되어 들어왔다. 솜옷은 말이 한 벌이지 두 벌이나 세 벌치의 솜으로 만들었기 때문에 눈사람처럼 두툼했다. 차입된 책 가운데는 성서와 듀랑의 『철학이야기』[39]가 끼어 있었다. 이 『철학이야기』는 내가 컬럼비아대학을 졸업하던 1927년에 미국에서 베스트셀러였던 책이다. 귀국하면서 천천히 읽어 보려고 사 가지고 왔지만 그동안 통독할 시간을 갖지 못했었다. 독방에 수감된 몸으로 이 책을 읽기에는 안성맞춤의 기회였다. 나는 이 책을 몇 번이고 읽었다. 특별히 내 심경에 호소되는 대목은 읽고 또 읽었다. 나 개인이 당하고 있는 사정도 그랬지만 겨레 모두가 겪고 있는 그 고통, 설움이 나로 하여금 유난히 인간이 당하는 고난을 심각하게 생각하게 했다. 이런 처지에 있는 나

---

39 듀랑(William James Durant, 1885~1981): 미국 작가, 역사가, 철학가. 주요 저서는 *The Story of Philosophy*와 *The Story of Civilization.*

에게 산타야나[40]가 말한 생활철학은 깊은 감명을 주었다.

> 지혜의 한 끝은 무엇인가
> 한 눈 뜨고 꿈꾸는 거다.
> 이 사바세계를 적대시하지 않으면서
> 넌지시 물러설 줄 아는 거다.
> 덧없이 지나가는 그 기쁨도 또
> 덧없이 지나가는 그 고난과 설움도
> 반겨 맞는 거다.
> 그러나 이것들이 얼마나 덧없이
> 지나가 버리는 것을 언제나
> 잊지 않으면서 말이다.

5동 담당 간수 중에 백홍수(白興水)라는 청년이 있었다. 그는 하루 걸러 한 번씩 출근했는데 우리들에게 가능한 한 편의를 봐 주었다. 그를 통해서 5동 30여 개 감방에 흩어져 수감돼 있는 동지들의 사정을 들을 수 있었고 바깥 세계에서 일어나는 소식들도 전해 들을 수 있었다. 12월 상순에 도산 선생이 병감으로 이감되었으며 곧 이어서 대학병원에 옮겨졌다는 소식도 그를 통하여 들었다. 1938년 3월 12일 오전이라고 기억되는데 백 간수가 심상치 않은 낯빛으로 내 감방문 앞에 나타났다. 그리고 잠시 머뭇거리더니 "서운한 소식을 전해 드려야겠습니다. 안 선생께서 별세하셨다고 어제 신문에 보도되었습니다." 하며 창연(悵然)해했다. 백 씨는 해방 뒤 서대문 교도소, 안양 교도소

---

40 산타야나(George Santayana, 1863~1952): 스페인 출생의 미국 작가, 철학가. 하버드대학교 철학과 교수로 있으며 *The Life of Reason* 저술. 말년 40년을 유럽에서 지내며 소설 *The Last Puritan* 등의 저서 출간.

소장을 지냈다.

예심에 회부된 우리 사건은 늦봄부터 심사가 시작되었다. 나도 차례가 되어 어느 날 불려 나갔다. 형무소에서 수갑을 차고 버스 속에 실려 정동 재판소 안에 있는 예심 판사실로 끌려갔다. 이곳에서 심문을 받는 동안에는 대개 수갑을 풀어 주는 것이 관례였다. 그런데 웬일인지 내 수갑은 간수가 아무리 풀어 주려고 해도 열리질 않았다. 별 수 없이 그대로 수갑을 찬 채 심문을 받아야 했다. 심문을 마치고 형무소로 돌아오자 그때야 수갑이 풀렸는데 이때 나를 호송했던 일인 간수가 독설을 퍼부었다. "너는 진짜 죄를 진 놈이 분명해! 그러니까 끌러 주려는 수갑도 말을 듣지 않는 거야."

나는 그 전해에 종로서 유치장에 수감되어 있는 동안에도 의외의 변을 당해 이와 비슷한 '유죄론'을 들은 적이 있었다. 나는 그때 금으로 된 의치를 하고 있었는데 밤에는 이것을 빼서 종이에 싸 머리맡에 놓고 자곤 했다. 그런 어느 날 아침, 같은 감방 안에 있던 조병옥이 감방 소제를 하면서 그만 내 의치를 싼 종이까지 주워서 변소에 던져 버리고 말았다. 아차했을 때는 벌써 늦었다. 조병옥도 당황하여 어쩔 줄을 몰라 했다. 이제는 그 콩밥마저 씹을 수 없게 된 것이다. 이와 같은 얘기를 들은 취조자 사이가는 "네가 믿는 하나님이 죄를 벌한 거야!" 하면서 험구를 해댔다. 그래도 그의 가슴속 어느 구석엔가 인정이 남아 있었던지 그는 다음날 변소 치는 청소부에게 내가 들어올 때 맡겼던 돈을 모두(약 10여 원) 주고 그 의치를 찾아 주었다. 사이가의 '유죄론'이 정말 근거 있는 말이었다면 나는 하나님으로부터 용서를 받은 셈이다.

중국 대륙에서 벌어지고 있는 전국의 추세는 일본군의 일방적인 승리인 것 같았다. 그 전해 12월에는 남경이 함락되면서 국민정부[41]는 깊숙이 사천성(四川省) 중경(重慶)으로 천도했다. 이런 뉴스는 여러 가지 교묘한 방법으로 우리들에게 전달되었다. 중원 전토가 일본군 점령 아래 놓였다는 느낌이 들도록 했다. 민족주의자들이라고 여겨지는 우리 그룹에 대해서 사상 전향을 시키기 위해 그들은 직접 간접으로 세뇌작업을 했다. 예심판사는 심문을 하는 중에도 모모(某某) 유력 인사들이 전쟁에 협력하고 있다는 얘기를 은근히 비치기도 했고 어떤 때는 조선은 독립을 해야 할 필요도 가능성도 없다는 것을 노골적으로 말하기도 했다. 그즈음 현 모(玄某, 당시 총독부 시학관 현모의 아들)라는 철없는 젊은이는 『조선민족이 나갈 길』이란 작은 책자를 써서 돌렸는데 그 내용은 조선민족이 지금 취해야 할 길은 대화민족(일본)에 동화돼 버리는 길밖에 없다는 것이었다. 조선민족에게 자살을 권하는 것과 같았다.

도산이 가신 이후 그렇지 않아도 겨레의 앞날이 암담하게만 여겨지고 있던 나는 정말 아득하기만 한 심정이었다. 이 겨레의 생명은 이렇게 끝장이 나고 마는 것일까. 회의마저 느껴졌다. 그러나 한편 나는 도산이 이번 사건으로 수감되기 몇 달 전에 서울 다동에 있는 중앙호텔 한 방에서 김대우 씨와 밤새 얘기하던 모습을 잊어버릴 수가 없었다. 그때 김 씨는 현실론을 내세워 우리의 독립은 거의 불가능하다고 비관했었다. 그때 도산은 결론처럼 말했었다. "한 민족의 운명은 그렇게 간단히 결정되거나 끝장이 나는 것이 아니오. 절대로 낙심하지 마시오."(이 두 사람이 가진 대화의 상세한 내용은 졸저 『도산의 인격과 생애』제6장 참조). 나는 도산의 예언과 충고를 믿지 않는 것은 아니었다. 그러나 겨레의 어두운 밤은 너무나 길고 지루했던 것이다. 매일 오후 5시 반이 되면 각 동 간수들이 감방 앞 통로를 지나가면서 "취침(就寢), 취침"

41 국민정부: 1927년 4월 장개석에 의해 수립. 1949년 중화인민공화국의 성립 이전까지 남경에 존재했던 국민정부.

하며 외쳤다. 그러면 우리는 모두 자리에 누워야 했다. 자리에 들면서 나는 몇 번씩이고 하나님께 호소하지 않을 수 없었다. "How long, Oh God? How long?(주여, 언제까지나이까?)"

봄이 가고 여름이 가고, 더위도 서서히 지난 무렵에는 예심도 끝났다. 그리고 어쩌면 빨리 보석될지도 모른다는 얘기가 나돌았다. 그 소문대로 9월 상순 우리 그룹 일동은 그동안 도산을 잃은 채 거의 모두 보석으로 풀려 나왔다. 물론 이 사건은 그 뒤 재판에 회부되어서 3년 동안에 걸쳐 지방법원, 부심원, 고등법원 등을 거치며 질질 끌다가 끝이 났다. 출감하던 날 밤 자정에 나는 세브란스 병원[42]에 입원하여 며칠간 정양하고 곧 선천으로 내려갔다. 역에서 나를 마중한 사람은 몇 안 되었다. 내가 이제는 신성학교 교장이 아니기 때문이 아니라 시국이 그렇게 시킨 때문이었다. 역에 마중 나온 몇몇 인사들까지도 내게 어떻게 인사를 해야 '후환(後患)'이 없을까를 염두에 둬야 할 만큼 시국은 달라져 있었던 것이다. 나는 나대로의 감회를 숨기기 위해 제대로 말문을 열 수 없었다. 뒤에 들은 얘기지만 그때 나를 보고 사람들은 감옥살이를 하고 나오더니 정신이상이 된 게 아닌가 염려했다는 것이었다.

10여 년 전 해외의 여행길에서 뜻밖에 신성의 부름을 받았던 나는 10년 뒤 기구하게도 경찰서 유치장에서 사표를 제출하고 신성을 떠난 몸이 되었다. 돌이켜보면 신성에 나의 30대를 고스란히 바친 셈이었다. 부득이한 사정으로 외면적으로는 신성과의 관련을 끊었지만 그렇다고 해서 내 생애에 깊숙이 뿌리박힌 인연까지 끊어질 리는 없는 일이었다. 죽을 때까지 나는 신성을 잊을 수가 없을 것이고 그 인연을

---

42 세브란스 병원: 1885년에 설립된 광혜원에서 시작, 제중원으로 바뀌었다가 미국의 사업가였던 루이스 헨리 세버런스(Severance)의 기부금으로 이전 및 증축. 1902년 착공하여 1904년 완공.

끊을 수는 없다는 생각이었다. 나의 가족들은 그 전해 교장 사택을 비워 주고 거기서 가까운 조그만 집에 세 들어 살고 있었다. 그 집은 신성에서 오랫동안 소사(小使) 노릇을 하던 장 군이 매달 조금씩 저축하여 지은 집으로 그가 학교를 그만두면 살려고 장만한 집이었다. 그는 매달 단 2원을 집세로 받았다. 장 군보다 내가 먼저 퇴직을 했으니 그 초라한 집일망정 내게 우선권이 있었던 것일까.

제4편

8·15와 38선

일제의 패망

약 15개월 만에 다시 보는 사회는 몹시 달라져 있었다. 모두가 형식적으로라도 일본 천황의 충성된 '적자(赤子)' 노릇을 하지 않고서는 살길이 없다고 느끼게끔 된 것이다. 그 무렵 일본은 선전포고도 없이 중국 전토에 전쟁을 확대시켰으며 그만큼 많은 병력을 계속 북송시켜야 했다. 이렇게 군대를 수송해 가는 열차가 선천역을 지나갈 때면 남녀 학생들은 물론이고 온 읍민이 동원되어 역에 나가 "무적황군만세"를 외쳐야 했다. 부녀자들은 차를 끓이고 과자를 준비해서 이 '황군'들을 대접해야 했다. 신성학교 앞 벽에도 '무운장구', '내선일체' 등의 구호가 적힌 커다란 현수막이 드리워져 있었다.

내가 1년여 만에 돌아온 곳은 바로 이런 상황 속이었다. 그렇기 때문에 나를 죄인처럼 보거나 위험한 인물로 본다고 해서 누구를 나무랄 수는 없었다. 인간 사회란 언제나 그랬던 게 아닌가 하는 생각으로 나는 아무런 불평 없이 외로운 나날을 보냈다. 그냥 알고 지내던 사람들은 말할 것도 없고 종교계나 교육계에서 여러 해 동안 더불어 친하게 지내던 사람들 중에서도 남이 보는 자리에서 나를 만나기를 꺼리는 사람들이 많았다. 내 후임으로 신성학교 교장으로 취임한 최 교장은 내가 선천에 돌아온 그날 밤에 사람을 보내 청량음료를 보내왔다. 다른 친구와 인사들도 닭을 보내면서 자기의 명함을 달아 밤중에 배달하도록 하는 일이 많았다. 같이 식사라도 나누고 싶은 마음은 간절했겠지만 때가 때이니만큼 그런 식으로밖에는 마음을 전할 길이 없었으리라고 생각됐다. 오직 감사할 따름이었다. 그즈음 평북노회가 선천에서 열리고 있었다. 평북노회라면 내가 신성에 있었던 10년을 통해서 매년 두 번씩 거의 빠짐없이 찾아다니곤 했던 모임이었다. 모두들 다 잘 아는 목사와 장로들이었지만 대낮에 나를 찾아와 잠시라도 얘기를 나눈 사람은 신의주 제일교회의 윤하영(尹河英) 목사 정도였다.

사람들과 떨어져서 홀로 지내고 있는 나에게 자연은 가장 다정한 친구였다. 집 가까이에 있는 언덕을 조금만 걸어 내려가면 대륙산(大陸山) 골짜기에서 흘러내리는 작은 계곡이 있었다. 맑은 물이 언제나 졸졸 흘러내리는 그곳은 밝은 햇빛 속에 언제나 조용하고 아름다웠다. 10여 년을 선천에 살면서도 바로 옆에 이런 아름다운 자연이 있다는 것을 모르고 살아왔었다. 비록 타의에 의한 조용한 생활이었지만 미처 몰랐던 자연의 맛을 나는 유유자적하며 즐겼다.

그렇게 지내는 사이 동우회 사건으로 나와 같이 옥고를 치른 이영학 군이 나보다 한 달 남짓 늦게 보석이 되어 귀향했다. 그 역시 그 사이 달라진 세태를 절감했다. 어느 날 이 군이 나를 찾아왔다. 그리고 자기가 소유하고 있는 다른 집으로 옮기라고 했다. 날씨가 추워지기 전에 빨리 이사하라는 얘기였다. 언제나처럼 나를 보살펴 주는 그의 호의에 감사하며 나는 그의 말을 좇아 이사했다.

그때 평양에는 동우회 사건에 관련되어 끌려갔다가 감옥살이를 치르고 보석한 동지 6, 7명이 있었다. 그중에 해방 뒤 제헌국회 부의장을 지낸 김동원(金東元) 씨도 있었다. 김 씨는 평양에서 지도급 인사로 특히 교계에서는 중진의 한 사람이었다. 그는 또한 실업가로서 평안고무공업회사를 경영하고 있었고 한편 방계 사업으로 자동차 수리공장을 차리고 있었다. 김 씨는 내가 교육계에서 추방당한 뒤 실업자로 지내고 있는 사정을 잘 알고 있었다. 때마침 그는 그때 자동차 수리 공장을 독립시켜 주식회사로 설립하려 했다. 그래서 나더러 회사를 대표하는 사장이 되어 달라고 제의해 왔다. 나에게 일자리를 주려는 우의에서였다. 또한 그로서도 서로 믿을 수 있는 사람에게 공장을 맡기면 안심할 수 있다는 생각에서 그런 제의를 해 온 것인가 싶다. 구체적으로 얘기를 나눈 끝에 결국 나는 이영학 군에게 3,000원을 빚내어 회사의 주주가 되고 곧 이어서 전혀 엉뚱한 사업계에 발을 내디디며 평양자동차공업주식회사의 사장이 됐다.

1939년 가을, 나는 가족들과 같이 평양으로 갔다. 일생에서 가장 아름다운 30대를 보낸 선천을 떠나 내 어린 시절의 고향으로 돌아가는 감회는 깊었다. 선천에 오기 전 미국에서 지낸 것이 11년, 선천에서 지낸 것이 11년이었다. 이제부터는 교장이 아닌 사장 노릇을 해야 하는 것이다. 교장에 비하면 비교적 간단한 일이라고 할 수는 있지만 자동차에 대해서는 전혀 아는 것이 없는 데다가 또한 공장도 규모가 큰 일급 공장이었기 때문에 일이 그렇게 쉬운 것만은 아니었다. 그러나 다행히도 유능한 이찬빈(李燦彬) 지배인과 후덕한 홍수남(洪壽男) 공장장이 있어서 대내외적으로 큰 어려움 없이 원활히 운영해 갈 수 있었다.

사장 노릇을 하다 보니 그때까지와 두드러지게 달라진 점이 한 가지 있었는데 그것은 만나는 사람들이 전과 다르다는 점이었다. 즉 그때까지 나는 목사나 장로나 학부형, 선생 등을 주로 상대해 왔는데 사장이 되고부터는 기술자, 운전사, 직공, 상인들과 상대하게 되었다. 실질적인 문제는 지배인이나 공장장이 맡아서 처리했지만 고객으로 그들을 상대하다 보니 특이한 점이 많았다. 특히 운전사들은 동료 사이에 의리와 동정심이 대단했고 옹졸하거나 인색하지 않았다. 어쩌다 예외에 벗어나는 일을 저지르기도 했지만 그들의 솔직한 인간성은 흠모할 점이 많았다. 지금과는 달리 그때에는 자가용이나 영업용차가 거의 없었고 관공서나 공영 기업체의 차가 대부분이었고 운전사들도 그런 데 근무하는 사람들이었다.

공장은 나에게 그럴듯한 은신처이기도 했다. 그 무렵 일본은 대륙만이 아니고 멀리 남방에까지 진출을 기도(企圖)하고 있었기 때문에 시국은 날로 어수선해 가고만 있었다. 이런 시국에 자동차 공장이라 편한 것은 아니었지만 다른 사회기관에서 일하는 것처럼 시달리지는 않았다. 그러나 나는 다른 동지들과 같이 아직도 동우회 사건에 대한 재판에 걸려 있었기 때문에 재판 통지를 받으면 서울에 가야 했다. 그것도 한두 번이 아니라 1, 2, 3심을 모두 거치면서 3년 동안을 끌었으니 얼마나 많이 서울을 왕래해야 했는지 짐작할 수가 있을 것이다.

어쨌든 별다른 큰일 없이 하루하루를 지내고 있던 어느 날, 평양 주재 선교사 소안론(蘇安倫)[1] 목사 부인이 차를 몰고 우리 공장에 왔다. 내 사무실로 들어서면서 자기 차에 대해 몇 가지 점검을 의뢰하고는 나와 마주 앉았다. 그녀는 내가 이 공장에서 지내는 모습이 왠지 어울려 보이지 않는다는 듯한 눈치였다. 연민의 눈빛으로 나를 바라보더니, "사람 고치는 일(교육)을 하지 못하고 자동차 고치는 일을 해야 하는 세상이 돼 버린 것을" 개탄했다.

"무엇을 고치든 또 무엇을 만들든 간에 하는 일에 지성으로 최선을 다하면 그것이 보다 더 귀한 것이 아니겠습니까?" 눈물을 지으며 안타까워하는 그녀에게 나는 그렇게 말할 수밖에 없었다.

세태는 더욱 악화되어서 미국과 일본의 전쟁이 불가피한 지경에까지 이른 어느 날 이번에는 선천에서 남행리(南行理, Lamp) 목사가 찾

---

1 소안론(William L. Swallen, 1865~1954): 미국 북장로교 선교사. 1892년 내한. 서울, 원산, 평양 등지에서 전도했고, 1901년 9월에 선교사와 한국인 대표가 참여하는 조선예수교장로교공의회의 회장 역임. 마포삼열과 함께 평양신학교를 세움.

아왔다. 그는 미일전쟁에 대비해서 곧 귀국할 예정이었는데, 그에 앞서 작별인사를 하려고 찾아온 것이었다. "3년 뒤에 다시 만납시다." 헤어지면서 그는 이렇게 말했다. 미국이 그동안에 승리할 것이라는 것을 그는 확신하고 있었던 것이다.

목탄 자동차 시대

급기야 목탄 자동차라는 것이 등장할 만큼 시국이 급박한 지경에 이르렀다. 낙엽이 지면 가을이 온 것을 알 수 있듯이 한 시대가 사라져 가는 징조로 목탄차라는 것이 등장하기 시작한 것이다. 일본은 미, 영과 일전을 피할 수 없게 되자 1941년 12월 8일, 하와이 진주만을 기습했다. 그리하여 마침내 태평양전쟁이 일어나게 된 것이다. 처음 얼마 동안은 일본이 승리하는 것 같았다. 그러나 다음해 6월부터는 미국이 태평양 전역에서 총반격을 가하자 일본은 패배를 거듭하며 후퇴하기 시작했다. 일제의 패망은 이미 내다볼 수 있는 사실이었다.

일본은 유류, 고무, 금속 등 전략 물자를 동남아 지역, 특히 인도지나(인도차이나), 말레이 등지에서 보급받았다. 그러나 패주를 거듭하게 되자 보급로가 끊어져 갔고 특히 유류의 고갈은 심각해지지 않을 수 없었다. 이런 상황에서 휘발유를 절약하기 위해 짜낸 대용 연료가 목탄가스였던 것이다. 우리 공장도 목탄가스를 사용할 수 있는 장치로 대체하는 차들로 붐볐다. 장치를 하려면 철재 등의 자재도 많이 들었고 시일도 오래 걸렸다. 또한 그 모양이 조잡스럽고 볼품이 없었다. 게다가 성능 또한 말이 아니었다. 버스의 경우 웬만큼 비탈진 길에서는 승객들이 내려서 밀고 올라가야 할 정도로 형편없었다.

한편 일본 해군은 미드웨이, 솔로몬군도, 과달카날 등지에서 그야말로 추풍낙엽처럼 흩어져 산산조각이 나고 말았다. 마침내는 '본토결전'이란 비명에 가까운 구호를 외치면서 후퇴를 거듭했다. 동지들과 같이 이와 같은 뉴스를 들으며 나는 머지않아 전쟁이 끝나고 새로운 시대가 오리라는 것을 의심치 않았다. 그러면서도 만일 일본이 쉽게 손을 들지 않고 그들이 부르짖는 대로 죽창이라도 들고 최후까지 버틴다면 최후 발악으로 우리들에게 무슨 참혹한 짓을 할지도 모른다는 것을 염려하지 않을 수 없었다.

1945년 봄부터는 미군 폭격기 B29가 평양에 나타나기 시작했다. 시민들은 비행기를 쳐다보면서 입 밖에 낼 수는 없었지만 기대와 희망을 품어 보곤 했다. 한편 당국에서는 공습에 대비한다고 해서 모든 시민들에게 어디로든지 분산하도록 강요했다. 나는 약 10리쯤 떨어진 대동강 상류 홍부촌이란 곳으로 옮겨 갔다. 그리고 자전거로 공장까지 통근했다. 목탄 자동차 따위를 만드는 일이 보람 있거나 의미가 있어서가 아니라 그런 일이라도 하지 않으면 반전주의자로 몰아붙일 위험이 있었고 게다가 공장에 일감이 계속 있어야 유지가 될 수 있었기에 나는 공장을 계속 지켜 나갔다. 그러나 청천강 철교가 폭격으로 끊어졌다는 등의 소식을 연이어 들으면서 나는 이제는 정말 파국이 눈앞에 다가왔다는 것을 절감하지 않을 수 없었다. 그에 따라 공장 일도 점점 시들하게만 여겨졌다.

그즈음의 일이라고 기억된다. 평안남도지사 시카와(四川)가 조만식 선생을 비롯해서 서너 사람을 관사로 초청해서 저녁을 냈는데 그 자리에 나도 초청되었다. 그 목적은 앞으로 시국이 달라질 것을 내다보고 혹시 민중의 폭동 같은 사태가 일어나지 않도록 협력해 달라는 뜻에서였다. 마침내 정세는 그렇게까지 바뀌고 만 것이다. 8월에 들어서 나는 심신의 피로를 몹시 느껴 며칠 동안 공장에 나가지 못하고 홍부촌 집에서 쉬고 있었다. 그러던 어느 날 그러니까 바로 8월 15일 석양 무렵이다. 시내에 나갔다 돌아온 이웃 청년이 찾아와 놀라운 소식을 전해 주었다. 그날 정오 일본 천황이 무조건 항복했다는 것이었다. 이미 예측하고 있었던 일이었지만 그 말을 듣는 순간 나는 흘러내리는 눈물을 어찌할 수가 없었다. 온 겨레가 다 같이 이날 눈물을 흘렸으리라.

나는 이틀 동안 더 홍부촌에 머물러 있었다. 시내에서는 역사적인 새 시대를 여는 데 벅차 있었다. 김동원 씨가 사람을 보내서 빨리 시내로 나오라는 전갈을 해왔다. 이때 평양에서는 졸지에 맞는 역사적 사태를 수습해 나가기 위해 '평남건국준비위원회'를 구성했다. 조만식 선생을 위원장, 오윤선 씨를 부위원장으로 하여 16명이 위원회를 구성했는데 그중에 내 이름도 끼어 있었다. 위원회 본부를 백선행 기념관으로 옮기면서부터 여러 부서로 나누어 책임자를 임명하고 긴급한 업무들을 보기 시작했다.

흥분과 부산함 속에 열흘이 지나갔다. 8월 26일, 소련군 대부대가 평양에 입성했다. 소련은 일본이 항복하기 6일 전인 8월 9일에 일본에 선전포고하고 국경을 넘어 들어와 함흥을 점령한 데 이어서 평양으로 들어오게 된 것이다. 소련군 사령관 시티코프(Terenty Fomich Shtykov)[2] 중장은 평양에 들어온 다음날 저녁 건준위원들을 자기 숙소인 평양 철도호텔로 불렀다. 그리고 미리 호텔에 대기시켰던 공산 측 지도자들과 합석을 시킨 후 새로운 위원회를 구성할 것을 명령했다. 그에 따라서 결국 31명으로 구성된 평남인민정치위원회가 생기게 되었는데 수로 보아 공산 측이 우세했다. '건준' 속에도 이미 몇 명의 좌익분자가 끼어 있었던 형편이었고 게다가 배경에 소련군까지 있으니 완전히 저들의 판이 되고 말았다.

건준의 일을 볼 때도 그 뒤 평남인민정치위원회의 소집에 자주 참

2 테렌티 시티코프(1907~1964): 소련의 연해주 군관구 군사위원회 위원. 해방 후 북한의 소련군정 총지휘.

석하면서도 한편으로 나는 자동차 공장엘 몇 번 나갔다. 그것은 아직도 내가 공장의 책임자라는 내 나름대로의 생각에서였는데, 막상 공장엘 가 보니 내 생각과는 딴판이었다. 사장 같은 것 필요없다는 식으로 바뀌고 만 것이다. 벌써 '평양자동차공장자치회'란 것이 결성돼 있어서 나는 그 공장을 대표하는 사람도 아니고 사장도 아니었던 것이다. 언제부터 그렇게 된 것일까. 나는 소련군이 평양에 진주한 8월 26일을 기해서 이론적으로나 실질적으로 평양자동차회사와 인연을 끊었다고 결론지었다. 그러고 보니 1939년 가을부터 만 6년 동안을 자동차 기름 냄새 속에서 긴 밤 같은 세월을 보낸 셈이다.

나는 그 뒤 몇 차례 더 평남인민정치위원회에 참가해 보았지만 그들의 속셈이라는 것이 너무나 뻔히 보이는 붉은 수법이라 역겨워 더 이상 그들과 더불어 일할 것을 단념했다. 그리고 무작정 서울로 갈 것을 결심했다. 교통과 통신이 두절되어 서울의 정황(情況)을 자세히 알 수는 없었지만 그래도 이제는 서울에 희망을 걸 수밖에 없다는 생각에서였다. 나는 조만식 위원장 앞으로 정치위원 사퇴서를 써서 박태성(朴泰成) 변호사에게 맡겨 전달해 주도록 부탁했다. 그리고 가족들은 홍부촌에 그냥 남겨 둔 채 9월 중순 평양을 뒤로 하고 서울을 향해 떠났다. 그러나 서울로 가는 길에는 벌써 38선이라는 험난한 선이 가로놓여 있었던 것이다.

평양에서 서울로

내가 서울을 향해 평양을 떠난 날짜가 정확하게 어느 날이었는지는 기억에 희미하다. 1945년 9월 1~3일 사이의 어느 날이었으리라 짐작된다. 이미 그때는 평양과 서울 사이의 기차가 두절된 때였다. 그러나 혹시 어떤 열차를 탈 수 있을까 해서 수많은 피난민들이 평양역 주변을 서성거리고 있었다. 나 역시 무슨 기회가 없을까 해서 김치옥 군과 같이 평양역으로 나갔다. 김 군은 신성학교를 졸업한 제자로 8월 15일 오후 줄곧 내 신변의 모든 일을 자상히 보살펴 주었다. 김 군과 나는 혹시나 하는 기대를 가지고 역 구내의 동정을 조심스레 살폈다. 하늘이 도운 것일까, 얼마 동안을 서성거리던 우리는 그 북새통에 실로 반가운 얼굴을 만나게 된 것이다.

그는 강용전(姜龍田)이란 사람이었다. 그는 연전(延專) 출신으로 일제 말기에 한동안 선천 역장을 지냈고 해방되면서부터 평양역 책임자로 있었다. 그와 나는 일찍부터 알고 지내 온 터였다. 그 역시 소련군이 진주하자 피난민 신세가 되어 서울로 갈 길을 찾고 있었던 모양이었다. 우리는 당장 같이 서울로 갈 것을 합심했다. 그는 최근까지 평양역에 있었기 때문에 누구보다도 철도 사정에 밝았다. 그는 역내 여기저기를 돌아보더니 희망적인 뉴스를 갖고 왔다. 그날 저녁 무슨 일 때문인지는 몰라도 기관차 한 대가 여현역(礪峴驛, 북한 최남단역)까지 간다는 것이었다. 우리는 강 씨가 가르쳐 준 기관차에 올라가 뚜껑 없는 저탄장에 거적을 주워다 깔고 앉아서 차가 떠나기만 기다렸다. 그동안 강 씨는 다시 역내를 두루 돌아다니며 '냄새'를 맡아 보더니 더욱 좋은 소식을 갖고 돌아왔다. 즉 그 기관차는 그날 밤 소련군 몇 명을 태우고 가기 위해서 3등 객차를 한 대 달고 간다는 것이었다. 우리는 곧 객차로 옮겨 탔다. 객차에는 소련군 7, 8명이 타고 있었는데 이 차가 떠날 것을 눈치 챈 피난민들이 다투어 타는 바람에 차는 곧 초만원이 됐다. 이윽고 기차는 출발했다.

굼벵이처럼 느릿느릿 달리던 기차가 여현역에 도착한 것은 다음날 새벽 2시쯤이었다. 캄캄한 밤중이라 여기가 어딘지 알 수는 없었지만 같이 타고 온 소련군들이 내려 버렸고 더 이상 기차가 가지 않는 것을 보면 여현임이 분명했다. 그런 줄을 알면서도 승객들은 내릴 줄을 몰랐다. 이 밤중에 달리 어찌할 길을 몰랐기 때문에 그냥 기차에 남아서 날이 밝기를 기다리는 것이었다. 열차에서 밤을 새우며 승객들은 앞으로 어떻게 38선을 넘어야 할 것인가 하는 얘기를 나눴다. 날이 밝자 승객들은 저마다의 생각대로 길을 찾아서 기차에서 떠나갔다.

우리 일행도 다른 사람들과 마찬가지로 별 뾰족한 묘안이 없이 역 앞에서 아침을 사 먹고 38선 경비 상황을 알아보고 다녔다. 별 신통한 소식을 듣지 못한 채 역 근처의 사정을 보고 있노라니까 개성 쪽으로부터 동차 한 대가 들어오는 게 보였다. 재빨리 강 씨가 역 구내로 들어가 동차를 몰고 온 사람들을 만나 얘기를 나누고 오더니 엄청난 행운을 전해 주었다. 잠시 후 동차가 개성으로 돌아갈 때 우리 일행을 태워 주기로 합의를 본 것이다. 이렇게 해서 우리는 그날 정오쯤 개성역에 도착했다. 돈을 별로 갖지 못한 우리였기 때문에 승무원들에게 큰 사례를 할 수는 없었지만 그때 동차의 승무원들에 대한 고마움은 두고두고 잊을 수 없는 일이다.

개성역에 내려 보니 아무런 인기척도 없었고 텅 빈 역은 죽은 듯이 고요할 따름이었다. 예기치 않았던 행운으로 38선은 무사히 넘어왔지만 여기서부터 서울까지 갈 길은 막연했다.

지금까지 그랬던 것처럼 이때에도 강 씨가 나서서 문제를 해결했다. 그는 먼저 비어 있는 역장실로 들어가 서울역장실로 전화를 걸었다. 다행히 전화선은 끊어져 있지 않았다. 그때 서울역 책임자는 강 씨와 연전 동창이었다. 비공식적으로 서울역장 노릇을 하고 있었던 것이다. 강 씨는 이 서울 '역장' 친구에게 빨리 열차 한 대를 개성역으로 보내 달라고 부탁했다. 이 엄청난 요청을 받은 서울 '역장'은 기가 막혀서 이렇게 말하더라는 것이었다. "이 사람아, 지금이 어떤 세상인지 아나? 온통 미국 천지야! 내가 미국 대통령이라면 몰라도 열차를 어떻게 보낸단 말인가?" 그러면서 다소 희망적인 소식을 전해 주더라는 것이었다. 즉 그날 오후 2, 3시쯤 미군 장교들이 여현 소련군 사령부를 다녀온다고 해서 열차 배차를 준비하고 있는데 그들이 개성에 도착하면 잘 교섭해서 돌아오는 길에 편승해 보도록 하라는 것이었다. 만약 그대로만 된다면 우리는 또 편안히 서울까지 갈 수가 있을 것 같았다.

우리는 곧 역 앞으로 나갔다. 그리고 해방 뒤 갑자기 생겨난 무슨 청년단, 무슨 자위단 등을 돌아다니며 미군 장교단이 온다는 소식을 알리면서 대대적으로 환영하도록 했다. 오후 4시쯤 되자 과연 2등 객차 한 대를 단 기차가 개성역으로 들어왔다. 그러나 기차에서 내린 사람들은 서울 '역장'이 알려 준 미군장교들이 아니고 연합군 종군기자 5명이었다(『뉴욕 타임스』, 『샌프란시스코 이그재미너(*San Francisco Examiner*)』, 중국, 오스트레일리아, 뉴질랜드 등에서 온 기자들이었다). "We welcome you to Korea and to Kaisung!" 나는 환영진의 앞에 나서서 크게 외쳤다. 그러자 기자단 일행의 단장 격인 한 사람이 나오더니 내가 개성의 부윤(府尹)[3]이냐고 물었다.

"아니오. 나는 평양에서 오는 길이오."

나는 그 전날 평양을 탈출하여 가까스로 38선을 넘어서 개성까지 온 피난민이라고 설명했다. 내가 방금 평양으로부터 왔다는 소리를 들은 기자들은 귀가 번쩍 띄는 듯했다. 내게서 평양 소식을 들을 수 있을지도 모른다는 생각에서였을 것이다. 그들은 나와의 대화를 잠깐 뒤로 미루고 우선 개성 부윤을 만났으면 했다. 그래서 우리는 그들을 역장실로 안내하여 쉬게 하는 한편 청년들을 시내로 들여보내 누구

3 부윤: 부(府)의 우두머리.

든 책임자를 불러 오도록 했다. 잠시 후 청년들과 같이 온 사람은 부윤은 아니지만 부윤과 같은 일을 보고 있던 송도고보 김준옥 교장이었다. 다행히도 김 교장은 미국 유학을 한 사람이어서 기자들과의 대화에 불편이 없었다.

기자들의 관심은 얼마 전까지 개성에 진주해 있던 소련군의 행장이었다. 소련군은 8월 26일 평양에 입성한 뒤 계속 남하하여 38선을 넘어 개성에까지 진주했던 것이다. 그들은 9월 9일 미군이 인천에 상륙할 때까지 계속 머물러 있다가 38선 건너 여현까지 물러갔는데 김준옥 교장의 말에 따르면 그들은 그 뒤에도 행패가 심했던 모양이었다. 내가 개성에 도착하기 이틀 전에도 소련군의 한 부대가 개성에 들어와 온갖 약탈을 했다고 한다.

그들은 개성의 조흥은행에서 조선은행권 약 백만 원을 약탈했고 또한 개성인삼조합 창고를 부수고 들어가 거기 보관돼 있던 홍삼, 백삼을 모조리 꺼내서 몇 대의 트럭에 싣고 갔다고 한다. 이런 얘기를 듣자 어떤 기자가 꼼꼼히 따져 물었다. 소련군이 가져 간 인삼이 얼마치나 되느냐고 질문했다. “Not by millions of wons, but by billions(몇 백만 원어치가 아니라 몇 십억 원어치입니다)!” 김 교장은 소련군이 가져간 인삼이 엄청나게 많고 값으로 치면 어마어마하다는 것을 말하려 했던 모양인데 좀 과장을 했던 것 같다. 기자들은 꼼꼼히 따지면서 어떻게 그런 계산이 나왔느냐고 물어댔다. 원래 인삼 장사와는 거리가 먼 김 교장이었기에 주위에 있던 우리가 대신 나서서 그 큰 액수를 합리적으로 맞춰 설명하느라고 진땀을 뺐다.

김 교장과의 인터뷰가 끝나자 이번엔 나와의 대화가 시작되었다. 내 신분이며 경력 따위를 간간이 물으며 내가 대답하고 있는 내용의 신빙성을 테스트하는 것 같았다. 어쨌든 나는 해방과 더불어 평양에서 ‘건국준비위원회’가 구성된 것을 비롯하여 시티코프 중장을 배경으로 한 공산당이 그것을 '평화인민정치위원회'로 탈바꿈시켰던 경로를 자세히 설명했다. 그리고 소련군이 민간인들에게 저지른 행위를 내가 아는 범위 안에서 얘기했다. 예를 들면 그들이 행인들로부터 손목시계를 빼앗아 자기 팔뚝에 두세 개씩 차고 다니는 꼴을 흔히 볼 수 있었다. 왜 그랬는지는 모르지만 그때 평양에 들어온 소련군들은 시계라면 사족을 못 쓰는 인간들 같았다.

기자들은 그 밖에도 여러 가지 질문을 했는데 특히 조만식 선생에 대해 어떤 인물인지 자세히 물었다. 어느 정도 취재가 끝나자 기자들은 자리에서 일어섰다. 더 늦기 전에 여현을 다녀와야 한다면서, 밤 9시쯤 개성을 지나가게 될 것이니 우리 일행도 동행해 달라고 오히려 저들이 제의해 왔다. 우리로서는 천만다행이었다. 그날 밤 예정했던 대로 기자들이 탄 기차가 다시 개성에 돌아왔다. 우리가 안내되어 들어간 2등 객차는 대낮같이 밝았다. 기자들은 저마다 기사를 타이프로 치느라고 정신이 없었다. 차 밖에서는 피난민들이 어떻게 해서든 이 차를 이용해서 서울까지 가려고 아우성이었다. 열차 지붕에 기어 올라가 앉는 사람이 있는가 하면 기관차 옆에 붙어 서서 매달리는 사람도 많았다.

열심히 타이프를 치고 있던 기자 한 사람(『샌프란시스코 이그재미너』 기자라고 기억된다)이 내게 다가오더니 잠깐만 더 기다려 달라고 했다. 이윽고 타이프를 끝내자 그는 자기가 친 통신 전문을 갖고 내 옆에 와 앉았다. 그 통신문은 바로 그날 오후 개성 역장실에서 가진 우리와의 인터뷰 내용이었는데 읽어 줄 터이니 듣고 할 말이 있으면 서슴지 말고 해 보라고 했다. 특히 나와의 인터뷰 내용에서는 나의 가족이 아직 평양에 남아 있는 상태이므로 내 이름을 밝히지 않았다고 했다. 그가 읽는 것을 들어 보니 대체로 만족할 만한 기사였다.

외국기자들을 태운 특별기차는 밤 11시쯤에 서울역에 도착했다.

기차에서 내리니 지프차 몇 대가 대기하고 있었다. 기자들은 우리에게 호의를 베풀어 지프차에까지 편승시켜 주어서 종로 네거리까지 같이 타고 갔다. 거기서 우리는 기자들과 작별했다. 평양에서 서울까지 5백 리 길을 요행히도 힘 안 들이고 올 수 있었던 것은 강용전 씨의 수고 덕분이었다. 철도 사정에 밝은 그가 익숙한 솜씨로 길을 열었던 것을 생각하면 내가 그를 만난 게 그야말로 행운이라 하지 않을 수 없을 것이다.

그 후 우리나라는 북의 반쪽을 잃어버린 채, 또 나 개인으로서는 고향을 다시 찾아볼 수 없는 처지에 놓인 채 어언 30년이라는 한 세대가 지나가 버렸다. 그때 나는 앞날의 상황이 설마 이렇게 되리라는 것을 내다볼 안목이 없었다. 오직 새 천지, 새 시대를 맞이해서 내 능력과 분수 그리고 경험을 살려서 일해 보겠다는 일념만 가졌을 따름이었다.

9월 10일 서울에 진주한 미군은 해방 이후 계속 격화되고만 있는 정치·경제·사회·문화 등 각계의 혼란을 수습해야 했다. 군정청을 설치하고 남한의 모든 행정을 담당하게 되었지만 그들은 전쟁에 주력했던 탓으로 혼란에 빠진 남한을 행정적으로 잘 처리할 준비를 미처 갖추지 못한 처지였다. 그때 미군정의 교육 부문 책임자는 록카드[4] 대위였다. 그러나 그는 다른 부문의 책임자들과 마찬가지로 역시 우리나라 교육계에 대해 캄캄했다. 그래서 교육계에서 알려진 인사들 10명으로 '한국교육위원회(Korean Committee on Education)'를 만들어 그들의 자문과 협력을 얻으며 교육행정을 진행해 나갔다. 교육행정에서 무엇보다 먼저 해야 할 일은 8·15 이래 닫혀 있던 각 학교의 문을 열

4 록카드(E. L. Lockard): 미군정 교육부문(학무국) 담당관. 한국인으로 구성된 교육 자문기구 설치.

고 모두 공석이 돼 버린 기관의 장을 임명하는 일이었다. 10월 상순경이라고 기억되는데, 나는 경성사범학교(京城師範學校)[5] 교장으로 임명되었다. 내가 이 자리에 임명된 것은 한국교육위원회의 추천에 따라서였겠지만 한편 내가 컬럼비아대학의 사범대학원을 나왔고 10년 동안 신성학교 교장을 했다는 점을 고려했기 때문이었으리라 짐작된다. 그러고 보니 1937년 교육계에서 추방당한 지 8년 만에 나는 다시 평생 몸담고 살고자 했던 일터로 돌아온 셈이었다. 11월 상순, 정식으로 경성사범학교 관사로 옮겨 갈 때까지 나는 몇 달 동안을 친구인 오경숙(吳敬淑) 선생 댁에 우거(寓居)하면서 온갖 폐를 끼쳤다. 두고두고 고마운 일이다.

교육사절단

경성사범 교장으로

미군정 학무당국이 나를 경성사범(경사) 교장으로 임명했지만 곧 취임할 형편이 못 되었다. 그것은 그 당시의 세태 때문이었다. 본시 경사는 해방을 맞을 당시 약 1,000여 명의 학생을 수용하고 있었지만 그 7할은 일본 학생이었고 또 40여 명 교사 중 4, 5명만이 조선인이었다. 일본인이 물러가고 미군정이 정식으로 학교에 개입하기까지 약 2개월 동안 경사는 남아 있는 300여 명 우리나라 학생들과 몇 안 되는 교사들이 지키고 있었다. 경사뿐만이 아니라 그 무렵 우리나라의 거의 모든 기관들은 일본인이 물러간 뒤 그 속에 남은 조선인들이 지

5 경성사범학교(1922~1946): 일제강점기 관립 초등교원 양성기관으로, 중등학교였다가 1943년 전문학교급으로 승격. 해방 이후 경성여자사범학교와 함께 서울대학교 사범대학으로 통폐합.

키고 있는 실정이었다.

경사는 해방 직전부터 좌익 세력의 침투가 심했었다. 해방 뒤 얼마 동안의 공백 기간은 이들 좌익들이 교내의 주도권을 장악하는 데 절호의 찬스였다. 외부와 연락을 하면서 교내에서 이런 획책(劃策)을 주도한 인물은 김택원(金宅源)이라는 교사였던 것 같다. 그는 그 뒤 월북하고 말았는데 아무튼 그의 지휘 아래 경사에서의 좌익분자들은 날뛰었던 것이다. 당시 좌익들의 과제는 미군정을 어떻게든 혼란에 빠뜨리고 방해하는 것이었다. 그러니까 무엇이든 먼저 반대부터 하고 나서는 것이 예사였다. 이런 형편이었으니 미군정 당국이 임명한 교장을 그대로 받아들일 리는 만무한 노릇이었다. 임명 자체를 반대하고 나서면서 내가 해방될 때까지 자동차 공장을 한 인물이니 경사 교장이 될 수 없다는 것이 그들의 주장이었다. 그렇다고 당국이 나의 교장 임명을 취소할 리가 없었지만 한편 무작정 서로 버티고만 있을 수는 없는 일이었다. 그래서 학생들을 설득시키기로 했다. 즉 그렇게 무조건 반대만 할 것이 아니라 임명된 교장을 한 번 만나서 얘기를 나눠 보는 것이 현명하지 않겠느냐고 설득한 것이다.

나는 어느 날 학무부 구내 어떤 방에서 학생 대표 7, 8명과 만났다. 비록 몇 명 안 되는 학생일망정 교육계에서 추방당한 뒤 8년 만에 만나는 학생들이었다. 그동안 나는 무의식 속에서라도 이런 학생들을 그리며 지냈는지도 모른다. 막상 눈앞에 한 무리의 학생을 보게 되니 나도 모르게 눈시울이 뜨거워졌다. 잠시 분위기가 숙연해졌다. 이윽고 학생들과 나눈 얘기는 교장의 취임 반대다 거부다 하는 문제가 아니었고 서로 선을 보면서 새 시대에 대한 얘기를 나눈 정도였다. 그러고 나서 반대 소요(騷擾)가 좀 조용해지자 나는 교장으로서의 일을 시작했다. 물론 취임식 같은 것은 없었다. 학생들은 곧 요구 같은 걸 제출했는데 내용이 어처구니없는 것이었다. 학교 운영에 관한 것이 아니고 사회 전반에 걸친 문제까지 해결하라고 요구해온 것이다. 예를 들면 소작농과 지주와의 수확 분배를 어떻게 해야 한다는 식이었다. 또한 학교 내의 운영에 있어서도 신입생을 받으면서 면접시험을 치를 때는 학생 대표들도 참석시켜 반드시 무시 못할 발언권을 달라는 식이었다. 나는 학생들의 이 같은 요구를 모두 거절했고, 그 같은 요구를 하러 온 학생이 담배를 피우는 걸 보고 당장 나가든지 담배를 끄라고 명령했다.

내가 이렇게 강경히 나오자 학생 대표들은 곧 반발하면서 교장 배척운동을 펴기 시작했다. 그러면서 그들이 내세운 이유는 내가 친일파였기 때문에 교장으로 받아들일 수 없다는 것이었다. 나를 친일파로 모는 것도 기묘한 3단 논법에 의해서였다. 즉 "장 모를 경사의 교장으로 추천한 한국교육위원회라는 것이 과거 친일했던 사람들로 구성된 것이다. 친일한 사람들이 추천한 장 모는 친일파임에 틀림없다"는 식이었다. 말 같지 않은 소리라 여기고 그냥 넘겨 버릴 수도 있지만 나는 그들의 행실이 괘씸하게 여겨져서 바로 그들의 논법으로 역습했다. "너희들은 경사의 학생이다. 그러나 과거에 내가 10년 동안을 교장으로 있었던 신성에서는 단 한 명도 경사에 입학을 할 수가 없었다. 그 이유가 무엇인지 아느냐? 그것은 다름 아니라 신성이 반일학교라는 낙인이 찍혔기 때문이었다. 그러고 보면 너희들이 친일파였거나 너희 부형들이 친일파였던 게 분명하지 않은가?"

그리고 내가 반일 혐의로 2년 동안 감옥에 갔었다는 사실도 덧붙였다. 여기에 대해 그들은 항변다운 항변을 하지 못했다. 할 수도 없었을 것이다. 그러나 나는 곧 냉정을 되찾아 생각해 보았다. 내가 너무 지나치게 학생들을 몰아붙인 것이 아닌가, 그들 역시 경사에 다니면서 차별 대우를 받으며 반일의 정신을 품고 있지 않았겠는가, 하는 생각을 하면서 학생들이 가엾게 여겨졌다. 다음날 나는 학생 대표들을 학장실로 불러서 내 심경을 털어놓으며 전날의 나의 흥분한 발언을 유감스럽게 생각한다면서 취소했다. 그리고 앞으로는 다시 이런 불쾌한 일을 화제로 삼지 말자고 당부했다.

이와 같은 어려움 속에서도 어쨌든 경사를 이끌고 가야 했다. 먼저 교수진을 짜야 했는데 서울 사정이 생소한 나는 이종수(李鍾洙) 교수의 도움을 받을 수밖에 없었다. 그는 성대(城大) 제2회 졸업생으로 졸업 후 계속해서 서울 교육계에서 종사해 왔는데 나와는 전부터 잘 아는 사이였다. 그는 학무과장으로 있으면서 교내의 인사 문제뿐만 아니라 다른 복잡한 문제도 냉정하고 지혜롭게 처리해 나갔다.

한국교육사절단

미군정은 한국에 문화 및 기술적 협조 훈련 프로그램을 마련하고 교수와 학생들을 교환하기 위하여 미국 정부 초청으로 교육사절단[6] 6명을 파견하기로 했다. 교육사절단의 명단은 다음과 같았다.

고황경(高凰京) 경기여자중학교 교장
구영숙(具永淑) 의사
김훈(金勳) 농상부 총무국장
문장욱(文章旭) 군정 외사과(外事課) 총무
나기호(羅基瑚) 광공부(鑛工部) 화학국
장리욱(張利郁) 경성사범학교 교장

사절단 일행을 안내한 사람은 미군정의 헤츠(Hertz) 대위였다. 그

6 「도미 교육사절단 금일 인천항 출발」, 『동아일보』(1946년 3월 13일). 해당 기사와 사절단 사진은 이 책 화보면 참조.

는 워싱턴에 도착하자 곧 소령으로 승진했다. 사절단 일행은 3월 상순에 인천에서 미군 수송선 갈매기(Sea Gull)호를 타고 떠났다. 이 배는 태평양전쟁에서 승리를 거두고 개선하는 약 1,000명의 장병을 태우고 그들의 고국인 미국으로 돌아가는 배였다. 지루하고 긴 항해였지만 장병들에겐 기쁨과 희망에 찬 뱃길이기도 했다. 4월 상순(3, 4일) 어느 날 밤 배는 금문교를 통과해서 샌프란시스코만에 정박했다. 어둠 속에 휘황찬란하게 빛나는 도시를 바라보니 그렇게 오랜 동안 전쟁에 시달린 것 같은 느낌이 들지 않았다. 샌프란시스코만 한가운데 있는 천사도는 내가 30년 전에 2주일 동안 수용된 적이 있는 이민국이 있던 섬이다. 그러나 지금은 캄캄하기만 했다. 그 캄캄한 배경 위에 커다란 아치 모양의 전광판이 빛나고 있었다. 거기에 쓰여 있는 말이 사람들의 눈길을 끌었다. "Welcome Home, Well Done(장하다, 어서 오너라)." 싸움에 이기고 돌아오는 용사들을 맞는 이 말은 모든 사람들을 감동시키기에 충분했다. 우리 일행과 함께 갑판 위에서 이 모든 광경을 바라보고 있던 함장은 감개무량한 듯 말했다. "지금 미국 국민이 개선 장병을 환영하는 심정을 저 두 마디 말 이상으로 더 잘 표현할 수는 없을 것입니다."

미국무성은 윌리엄. F. 샌즈(William Franklin Sands)[7] 씨를 샌프란시스코까지 보내 우리 일행을 맞았다. 그는 국무성 소관의 국제보도 및 문화사무소의 상담역을 맡고 있는 사람이었다. 또한 그는 구한말 서울에 주재하면서 대한제국 정부를 보좌한 경력을 가지고 있었다. 우리 일행은 4월 11일 워싱턴에 도착하여 블레어 리 하우스(Blair Lee House)에 들었다. 이 집은 본래 역사적으로 이름난 집으로 외국의 귀빈들 숙소로 사용되는 영빈관 같았다. 우리는 한 달 가까이 워싱턴에

7 윌리엄 F. 샌즈(1874~1946): 미국의 외교관. 고종 황제의 고문(1900~1904).

머무르면서 각자 전공 분야와 관계있는 미정부의 부처와 연락을 취하여 전국을 역방(歷訪)할 계획을 세웠다. 한편으로는 군 관계 기관과 국무성이 주최하는 기자회견을 갖기도 했다.[8] 6월 상순 우리 일행은 스케줄에 따라서 각자 저 나름의 미국 여행길에 올랐다. 7월 중순에 모두 시애틀에 모여 그동안 순방의 결과를 검토, 정리하고 8월 초에 귀국하기로 예정을 세웠다.

나는 다른 대표들과 같이 워싱턴을 떠날 수가 없었다. 그것은 아직도 워싱턴에서 해야 할 일이 한 가지 남아 있었기 때문이었는데 다름 아니라 미 대통령께 드리는 선물을 전달하는 일이었다. 우리가 미국으로 떠날 때 국민을 대표해서 해방의 감사를 미국 국민에 전하는 뜻으로 트루먼 대통령께 전할 선물을 준비했었다. 그것은 약 9백 년 전 고려 초기의 화병으로 1912년 경기도 장단의 왕비릉에서 발굴된 국보급 물건이었다. 이 선물을 전달하는 책임을 내가 맡았던 것이다. 이 화병은 우리가 샌프란시스코에 도착했을 때 포장회사에 맡겨서 정중하게 포장을 해갖고 왔는데도 국무성 의전국에서는 이를 고쳐 포장했다. 바쁜 일정의 대통령이기 때문에 선물을 전달할 기회를 좀처럼 얻기 어려웠다. 의전국장인 우드와드(Woodward)도 무척 애를 써 보았지만 나는 꼭 일주일을 기다려야만 했다.

그러나 이 일주일 동안에 뜻밖의 사람을 만나서 그런대로 나에게는 유익했다. 내가 사절단으로 샌프란시스코에 도착하자마자 제일 먼저 소식을 전한 곳은 그래함 씨 부인이었다. 앞에서 말한 "잊을 수 없는 그래함 씨" 바로 그 사람 부인이었다. 그래함 씨는 1934년 갑자기 세상을 떠났지만 그 부인 역시 내게는 잊을 수 없는 사람이었다. 샌프

8 교육사절단의 방문과 인터뷰를 담은 기사: "Revitalizing the schools of Korea; Education for all", *The New York Times*, May 19, 1946.

란시스코에서 나의 도미 소식을 알린 나는 그 뒤 워싱턴에 머무르면서 두어 번 더 편지를 보냈었다. 그러나 웬일인지 회신이 없었고 나는 몹시 궁금한 가운데 나날을 보냈었다. 다른 사절단 일행이 워싱턴을 떠나자 나는 곧 숙소를 워싱턴 호텔로 옮기고 대통령께 선물을 전할 기회를 기다리고 있었다. 그러던 어느 날 나는 호텔 로비에서 디트로이트시의 전화번호부를 뒤져 그래함 부인의 전화를 알아냈다. 곧 전화를 걸어 통화를 했다. 4반세기 만에 얘기를 나누는 그 기쁨은 이루 말로 다할 수 없었다. 그동안의 사연이며 서로의 살아온 길을 얘기하며 시간 가는 줄을 몰랐다. 그런데 그래함 부인은 뜻밖의 반가운 소식 한 가지를 알려 주었다. 다름 아니라 그의 둘째 아들 프랭크가 지금 대위로 백악관 지도실[9]에 근무하고 있다는 것이었다. 백악관이라면 내가 들어 있는 워싱턴 호텔 바로 옆에 있었다. 나는 곧 전화를 걸어서 프랭크 대위와 통화를 하고 다음 날 점심을 같이하기로 했다.

프랭크 대위와 나는 점심을 나누며 많은 얘기를 주고받았다. 그는 트루먼 대통령을 따라서 최근에 포츠담회담[10]에 갔던 일이며 지도실에 근무하며 대통령이 때때로 들려 전황을 묻던 일 등을 들려주었다. 또한 내가 대통령께 전할 선물 때문에 기다리고 있다는 말을 듣고는 자기 나름대로 힘써 보겠다고 했다. 우리의 얘기는 자연 프랭크의 아버지인 그래함 씨에 집중되었다. 훌륭한 인격과 남을 위해 살다 간 거룩한 생애에 대한 회상이 끝없이 펼쳐졌다.

5월 21일 오전 마침내 나는 의전국장 우드와드의 안내로 백악관 대통령 집무실 안에 들어섰다. 트루먼은 책상에 앉아 있다가 일어나

---

9 백악관 지도실(The Map Room): 백악관 1층에 있는, 루스벨트 대통령이 2차 대전을 지휘했던 작전실.

10 포츠담회담(Potsdam Conference): 1942년 독일 포츠담에서 미국, 영국, 소련이 8월 5일에 항복하기로 한 독일을 어떻게 통치할 것인가를 논의한 회담.

걸어 나오며 웃는 얼굴로 맞아 주었다. 나는 가지고 간 선물을 증정했다.[11] “이것은 한국의 전 국민이, 해방을 가져다 준 미국 국민에게 감사하는 마음에서 미국 국민의 대통령인 각하께 드리는 작은 선물입니다.” 선물을 받은 트루먼은 감사하다는 말과 함께 화병에 대한 유래를 물으면서 그 정교한 솜씨와 아름다움을 극구 찬탄했다(이 화병은 지금 미주리주 인디펜던스시 트루먼 기념도서관에 보관되어 있다).[12]

그 후 나는 곧 워싱턴을 떠나 몇 군데를 거쳐 5월 29일 밤 디트로이트시에 도착해서 그래함 부인이 예약해 둔 호텔에서 일박했다. 다음 날인 5월 30일은 미국 국민들이 전몰자들을 기념하는 메모리얼 데이(Memorial Day)다. 아침에 그래함 부인은 그의 막내아들 윌리엄과 함께 찾아와 아침을 같이 나누고 곧 그래함 씨의 묘에 참배하러 떠났다. 묘소로 가는 길은 1923년 여름 내가 포드 공장에서 일할 때 고인과 같이 오후에 드라이브하곤 하던 길이었다. 묘소에 이르자 나는 준비해 온 꽃을 심고 그가 살다 간 값진 생애를 다시 되새기며 명복을 빌었다. 생각해 보면 20년 만에 만나는 고인과의 무언의 재회였다.

디트로이트에서 그래함 부인과 아쉬운 작별을 한 나는 칼라마주시의 서(西)미시간 주립 사대를 방문하고 시카고시를 거쳐 모교인 듀북대학으로 갔다. 듀북대학에서는 내가 워싱턴에 있는 동안 두 번씩이나 연락을 해 왔는데 6월 5일에 있는 졸업식에 꼭 참석하도록 해 달라며 내 모자의 사이즈가 얼마인지 알려 달라고 했었다. 대학의 의도가 무엇인지 대강 짐작을 하면서 나는 졸업식에 맞추어 듀북에 갔

11 트루먼 대통령에게 고려자기를 증정하는 모습은 이 책 화보면 참조.

12 트루먼 대통령 재임 시 백악관의 보수공사로 이 고려자기를 포함한 많은 가재와 물품들을 창고에 보관하게 되었다. 그때 상자에 표기가 제대로 되어 있지 않아 한동안 이 고려자기는 분실된 것으로 처리되었다. 이후 트루먼 기념도서관을 열면서 모든 물건을 풀어 전시하게 되면서 이 고려자기의 존재를 다시 발견하게 되었다. “The Lost gift: a vase history”, *The Washington Post*, March 27, 1995.

다. 듀북대학은 20년 전의 외국인 졸업생이 한국교육사절단이 되어 방미하게 된 것을 무척 반갑게 여기며 특별 예우를 하기로 했던 모양이었다. 그래서 나는 졸업식전에서 다른 3명과 함께 영광스럽게도 'LLD(명예법학)'[13] 학위를 받게 된 것이다. 아무런 업적도 없이 이런 영예를 받는다는 것이 몹시 부끄러울 따름이었다.

듀북을 떠난 나는 남부를 향해 서둘러 내려갔다. 먼저 시카고 시로 다시 돌아가 내 평생 처음으로 비행기를 타고 조지아주 사바나시로 갔다. 사바나시에는 내 동생 성욱이 개업의로 살고 있었던 것이다. 20년 만에 서로 만난 그 기쁨과 감격은 말로 다할 수 없었지만 나는 곧 다음 목적지를 향해 떠나야 할 몸이었다. 만나자마자 헤어지는 것이 너무나 서운했던지 동생은 나와 같이 자동차로 가는 데까지 가 보자고 했다. 내 여행에 도움도 줄 겸 자동차 여행을 하자는 제의였다. 그래서 나는 동생과 같이 예기치 않았던 자동차 여행을 하게 된 것이다. 조지아, 앨라배마, 루이지애나 등 3개 주를 횡단하는 9백 마일에 걸친 드라이브였다.

우리가 사바나시를 떠나 제일 먼저 찾은 곳은 조지아주립 밀리지빌(Milledgeville)여자대학[14]이었다. 이 대학의 가정학부에는 그 분야의 권위자로 널리 알려진 홀츠클로(Katherine Holtzclaw) 박사가 있었다. 그는 나를 만나자 한국에서 유능한 학생을 보내면 재정적인 면은 물론 모든 편의를 보살펴 주겠다고 언약했다. 이것을 계기로 해서 내가 귀국한 다음 사대 학장으로 있을 때 두 여학생을 동 대학에 보낼 수가 있었다. 주정일 양과 권진숙 양이 바로 그 주인공들이다. 주 양은 지

---

13 LLD: Legum Doctor. 법학박사.

14 조지아주립 밀리지빌 여자대학(Georgia State College for Women): 여자 사범대학으로 출발하여 1967년부터 남녀공학이 되면서 학교 이름이 Georgia College at Milledgeville로 바뀌었다가 현재 이름은 Georgia College & State University.

금 서울사대학장으로 있는 정범모의 부인으로 현재 숙명여자대학 학생처장으로 있고 권진숙은 대학 졸업 후 귀국해서 몇 해 동안 교편을 잡고 있다가 지금은 부군인 아르헨티나 주재 김동성 대사를 따라 외교계에서 활약하고 있다. 밀리지빌여자대학과의 인연은 그 후에도 한결같이 계속되어 내 여식도 그 대학을 졸업했다. 홀츠클로 박사도 서울을 찾아와 자기가 뒷바라지를 해준 제자들이 우리나라 여성 사회에서 활약하는 모습을 보았고 그들의 안내로 다른 많은 여성 지도자들을 만나 보기도 했다.

밀리지빌대학을 떠나 다음으로 찾은 곳은 앨라배마주에 있는 터스키기(Tuskegee)학원이었다. 이 학원은 흑인 중에서 입지전적 인물로 널리 알려진 부커 워싱턴(Booker T. Washington)[15]이 창립한 특수교육기관이었다. 근면과 자립정신을 이념으로 생산기술을 가진 농촌사회 지도자를 양성하는 것이 이 학원의 근본 사명이었다. 부커 워싱턴의 그 고매한 인격과 웅변, 성의에 찬 정신은 백인사회에도 널리 인정되어 학원을 위해 물심 양면으로 많은 지원을 해 주고 있었다. 나는 이 학원의 정신과 모든 시설, 운영 방법 등 할 수 있는 한 자세히 알아보고 견학했다.

터스키기학원 견학을 마친 우리는 멕시코만으로 내려가 연안을 따라 관광 드라이브를 하여 뉴올리언스시로 갔다. 루이지애나 주립대학은 거기서부터 100마일 떨어진 곳에 있었다. 우리가 동 대학에 들어서자 교육대학장이 나와서 친절히 맞아 주었다. 미국무성에서 내가 갈 것이라는 연락을 미리 해 놓았던 모양이었다. 나는 한국 유학생을 이 대학에 보내면 가능한 모든 지원을 해 달라고 간곡히 부탁했다. 대학장은 그날 저녁 몇몇 교수들과 같이 교수회관 식당에서 만찬을 베

15 부커 워싱턴(1856~1915): 미국의 흑인지도자, 인권운동가, 교육가.

풀어 주었다. 미국에는 이른바 '남부식 친절(The Southern Hospitality)'이란 말이 있는데 우리는 그때 이것을 체험한 셈이다. 이 대학에서 맺은 인연으로 그 후 서울 사대 제2회 졸업생인 정범모(鄭範謨, 현 서울사대 학장) 군이 동 대학에 유학하는 계기가 되었다.

나와 동생은 뉴올리언스시에서 헤어져야만 했다. 거기서 그는 지금까지 온 길을 거슬러 조지아주 사바나시까지 900마일 길을 외롭게 가야 했고 나는 기차를 타고 서부로 가야 했다. 언제 다시 만날 수 있을지 기약할 길 없는 이별이었다. 로스앤젤레스에 들러 며칠 동안 묵은 뒤 시애틀에 도착한 것은 예정된 스케줄대로였다. 워싱턴에서 약속한 대로 사절단의 다른 사람들과 그 곳에서 합류했다. 귀국 길에 오르기 전 우리는 시애틀에 머무르면서 그동안 각자가 순방한 곳에 대한 자료 등을 정리하고 보고서 작성 준비를 했다. 그리고 그동안 신세를 진 여러 기관과 사람들에게 사례의 편지를 보냈다.

이 미국 여행에서 우리 일행 6명이 남긴 에피소드가 몇 가지 생각난다. 먼저 출발할 때의 일인데 우리는 중앙청 뒤뜰에서 군용차량을 타고 인천으로 떠났었다. 그때 전송객이 퍽 많이 나왔었는데 그중 누군가(미안하게도 그 이름이 생각나지 않는다)가 내게 두툼한 봉투 한 개를 주며 가는 도중에 일행이 같이 점심이라도 나누라는 것이었다. 그의 뜻대로 우리는 그날 인천의 중국인 거리에 있는 오래된 음식점에서 점심을 먹었다. 그런데 식대를 치르고도 돈이 남았다. 남은 돈을 어떻게 쓸 것인가에 대해 우리는 진지한(?) 토론을 벌인 끝에 중국 명과 월병을 사 가지고 배를 타자는 데 합의했다. 전쟁 동안에 그렇게도 굶주렸던 감미(甘味)였기에 그런 생각을 하기에 이르렀는지도 모른다. 그러나 배에 올라 보니 사 가지고 온 월병을 먹겠다는 사람이 아무도 없었다. 그도 그럴 것이 우리는 사관급 식당에서 식사를 했는데 그 메뉴가 요즘의 어느 호텔보다 다채롭고 풍성한 데다가 식후에 케이크,

아이스크림, 커피 등등이 나오니 월병 따위를 거들떠보지도 않게 된 것이다. 그래서 샌프란시스코에 도착할 때까지 고스란히 그대로 보관되어 있었는데 하선(下船)할 때도 누구 한 사람 가지고 가겠다는 사람이 없었다. 고국에 있을 때는 누구나 침을 흘리며 먹고 싶어 하던 월병이 형편없는 천덕꾸러기로 전락하고 만 것이다. 아무도 월병을 가지고 상륙하겠다는 사람이 없으니 우리는 의논 끝에 결국 그것을 바다에 던져 버리고 말았다. 지금 생각해 보면 먹을 것을 그렇게 천대하고 버렸다는 것이 매우 죄송스럽다.

고황경[16] 박사는 우리 일행 중에서 홍일점으로 미국에 있는 동안 특별대우를 받았다. 배가 샌프란시스코에 도착하면서부터 우리 남성 멤버들은 고 박사에 대해 그때까지의 태도를 버리고 깍듯이 모시기 시작했는데 길을 건널 때는 저마다 고 박사 곁으로 가서 부축해 주는가 하면 호텔 같은 데 들어갈 때는 재빨리 문을 열어 고 박사가 먼저 들어가도록 했다. 갑자기 달라진 우리들의 태도를 보고 고 박사는 시치미를 떼고 물었다. "왜들 갑자기 이러시는 거죠?"

"고 박사, 착각하지 마시오. 뭐 우리가 그러고 싶어서 그러는 줄 아십니까? 여기가 미국이라서 그러는 거예요. 우리도 젠틀맨 소리를 들어야 하지 않겠습니까?" 그 밖에도 유쾌했던 에피소드들이 많았다. 얻은 바도 많았고 여러 가지로 재미도 많았던 여행이었다. 우리는 7월 말에 시애틀항에서 미군 수송선 시 스타(Sea Star)호를 타고 고국을 향해 떠났다. 도중에 일본 요코하마에 하룻밤을 기항하고 8월 상순 어느 날 인천에 입항했다. 부두에 마중 나온 사람들 중에서 제일 먼저 우리를 붙든 사람들은 보도진이었다. 그러나 그들이 우리에게

---

16 고황경(1909~2000): 한국의 사회학자, 교육자. 경기여고 교장, 이화여대 교수, 서울여자대학교 초대총장 역임. 대한어머니회 창립.

던진 질문은 우리 사절단 일행이 미국에서 무슨 일을 어떻게 하고 어떤 성과를 거두었는가가 아니었다. 우리가 없는 동안에 국내에서 일어난 사회 문제인 국립종합대학안에 대해 어떻게 생각하느냐고 먼저 질문해 온 것이다. 어쨌든 내가 없는 동안 나도 모르게 나는 경성사범학교 교장에서 서울대학교 사범대학장이 되어 있었고 그리하여 대학파동에 깊숙이 관여하게 되었다.

국립서울대학안 분규

사범대학교 시절

1946년 8월 27일 미군정 학무당국은 군정령 제102호로 국립종합대학안을 발표했다. 그 발표가 나자 이 안에 해당 되는 각 학교의 직원, 학생 그리고 졸업생들은 반대하고 나섰다. 반대하고 나서는 이유는 얼핏 보아 그럴 듯하게 들리기도 했지만, 얼마 동안 누리던 자유성을 잃어버리게 된다는 점과 우리 겨레가 누구와 합작하기를 꺼리는 습성에서 우선 반대의 깃발을 들었다고 볼 수도 있었다. 종합대학안을 각 해당 학교에서 반대하고 나서자 교내외에서 미군정을 궁지에 빠뜨릴 궁리만 하고 있던 좌익분자들이 제철을 만났다. 그해 가을 종합대학으로서 개학일자가 발표되고 곧 이어서 학생들이 문리대 체육관에서 등록을 시작했는데 이것을 방해, 저지하려는 좌익들의 선동과 위협은 실로 격심했다. 대학 내외의 공기도 사뭇 삼엄할 수밖에 없었다. 좌익들은 그 후 서울을 비롯하여 거의 전국적으로 각 학교에서 동맹휴학을 선동하면서 학교 운영을 한동안 마비 상태에 빠뜨렸다.

특히 사범대학의 경우 이들의 난동은 심했던 것 같다. 정상 수업을 방해하고 동맹휴학을 선동, 강요하면서 전국에서도 가장 유명하게 굴었다. 내가 알기로는 상대(商大)가 사대를 따르는 정도였다. 이들은 전교 내에 살벌한 분위기를 조성하여 교수나 학생들로 하여금 등교하기를 꺼리도록 했다. 예를 들면 밤중에 교사 벽이나 정문 긴 벽돌담에다 험악하고 위협적인 슬로건을 적은 포스터를 다닥다닥 붙여 놓아 아침에 등교하는 사람들이 무서운 느낌이 들도록 했다. 또 어떤 날은 떼를 지어 교내로 들어와 스크럼을 짜고 「적기가(赤旗歌)」[17] 따위를 불러 대곤 했다. 그럴 때 나는 교정으로 나가 구경꾼처럼 그들의 하는 꼴을 응시하다가 리더급 학생 서너 명을 학장실로 데리고 들어왔다. 그리고 그들이 벌이는 난동은 대학 스스로가 통제할 정도를 넘었으니 경찰에 넘기는 도리밖에 없다고 말하며 그들이 보는 앞에서 직원에게 중부경찰서에 전화를 걸도록 했다. 그때 그들은 자기들이 벌인 난동은 생각지도 않고 학장이 어떻게 경찰을 학원에 불러들일 수 있느냐고 뻔뻔스럽게 항의하며 나가 버리는 것이었다.

교내 분위기가 이 지경이고 보니 교수나 학생들이 교실에 들어가기를 꺼리게 되고 아예 장기간 등교를 하지 않는 현상이 나타나기 시작했다. 이때 나는 소위 우익 교수나 학생들에 대해 회의하지 않을 수 없었다. 자기들에게 주어진 자유와 권리가 침해당하고 있는데도 불구하고 무기력하게만 있는 꼴이 이해할 수 없었기 때문이었다. 난동하는 좌익들과 대항할 용기와 투지가 도대체 없단 말인가. 주먹으로 나오는 인간들에 대해 별달리 방법이 없다면 역시 주먹으로 대해야 하지 않겠는가. 어느 날 또 이 좌익 애들이 교정 안에 들어와 삐라를 뿌리고 있다고 한 사무원이 알려 주었다. 그 말을 들은 나는 정말 이제는 더 이상 보고 참고만 있을 수 없었다. 학장실 문을 박차고 교정으

---

17 「적기가(The Red Flag)」: 좌익 사회주의의 노래. 영국, 아일랜드 노동당의 당가이며 번역되어 일본과 한국 공산당의 노래로 쓰임.

로 뛰어나갔다. 그리고 저고리를 벗어 던지고 고함을 치며 그들을 쫓아갔다. 그들은 그대로 달아나 버렸다. 학장이 그렇게까지 해 보인 것이 우익학생들에게 어떤 자극을 주었는지 모르지만 이때부터 우익학생들도 뭉쳐서 조직적으로 투쟁을 벌이기 시작했다. 바로 이 시점이 좌우익학생 투쟁에서 터닝 포인트(전환점)가 되지 않았나 생각된다.

학원에서의 계속된 혼란 상황은 급기야 큰 비극을 불러일으키고야 말았다. 교수 한 분이 목숨을 잃은 참극을 맞은 것이다. 그때 사대에는 경성사범 시절부터 계속 근무해 온 신기범(愼驥範) 교수가 있었다. 그는 일본 교토 제대(京都帝大) 출신으로 명석한 두뇌를 가진 학자였다. 또한 모든 사물 판단에도 남달리 밝았다. 성격 또한 깐깐했기 때문에 그는 그때 좌익이든 우익이든 무슨 불합리한 언행을 저지르면 정연한 이론으로 여지없이 지적해 내곤 했다. 그래서인지는 몰라도 그는 좌익 학생들 편에 호의적이라는 오해를 가끔 받았다. 그가 어느 날 밤 자기 집 앞길에서 어떤 자에게 테러를 당한 것이다. 그리고 다음날 오전에 그는 운명하고 말았다. 동기와 이유는 어떻든 간에 이런 엄청난 불행을 당한 교육계는 깊은 상처를 받았고 사대로서는 통한의 눈물을 흘리지 않을 수 없었다. 국대안[18] 반대를 내건 동맹휴학, 혼란의 물결은 1년여의 세월이 흐르는 동안 어느 정도 가라앉기 시작했다. 그에 따라 각 학교도 겨우 정상 수업을 할 수 있는 형편이 되었다.

서울대학교 총장 시절

군정부 당국은 서울대학교 설치령을 발표하면서 초대 총장으로 해리

---

18 국대안(국립대학안): 군정기 1946년 미군정청학무국이 일제 시대의 여러 단과대학을 통폐합하여 단일종합대학인 국립서울대학으로 통합하려는 계획. 1948년까지 2년간 통폐합 대상 학교의 교수와 학생들이 반대하면서 국대안 파동이 일어남.

비 앤스테드(Harry B. Ansted)[19]를 임명했다. 그는 종군목사로, 초대 학무부장 록카드 대위의 뒤를 이어 취임한 피텐저 대령과 가까운 사이였다. 그가 서울대학교 초대 총장으로 일한 약 9개월 동안은 거센 동맹휴학 등 파란의 연속이었다. 그런 가운데도 앤스테드 총장은 서울대학교가 명실공히 종합대학으로서의 면모를 갖추기 위해 온갖 노력을 기울였다. 그러나 미군정 자체가 우리 겨레를 깊이 이해하지 못하는 데다가 학원 소요마저 잠잘 줄 몰랐으니 일하기가 여간 어렵지가 않았다.

위에서 이미 말한 바가 있지만 첫 등록을 할 때의 소요는 사뭇 험악했었다. 좌익들이 이 등록 현장에서 여러 가지로 방해와 위협을 가하게 되자 그 소식이 피텐저 학무부장에게 전달됐던 모양이었다. 그가 등록 현장에 나타난 것이다. 그것도 보통 차림으로 나타난 것이 아니라 군복에다가 유난히 큰 권총을 차고 나와서 장내를 순시하고 다녔다. 그가 미군 대령이고 또 시절이 시절인 만큼 군복을 입은 것은 탓할 수 없지만 그 큰 권총에 대해서만은 눈살을 찌푸리지 않을 수 없었다. 피텐저 대령은 그 후 더욱 저돌적인 행동을 했다. 좌익들이 계속해서 방해공작을 하는데도 우익의 교수나 학생들은 허약하게 보고만 있는 것이 그에게는 몹시 민망하고 딱했던 모양이었다. 그는 전 교수에게 공개서한을 보냈는데 물론 이것은 교수들을 격려하려는 뜻에서였을 것이다. 그런데 그 서한 가운데 이런 구절이 들어 있었다. "당신네 척추 속에는 강철(steel) 같은 무엇이 들어 있어야 할 텐데 알고 보니 그런 것이 아니고 흙(mud)만 가득 차 있구려." 그가 권총을 차고 교내를 순시한 사실이나, 교수들을 모욕하는 언사가 실린 글을

---

19 해리 앤스테드(1893~1955): 법학박사, 종군목사, 미군정 문교부 고문관(대위). 국립 서울대학교 초대 총장(1946. 8.~1947. 10.). 서울대학교의 모토, "진리는 나의 빛"도 이때 정해짐.

보낸 사실 같은 것이 좌익들에게 얼마나 교묘하게 이용됐을 것인가는 넉넉히 짐작할 수 있는 일이다.

다음 해(47년) 5월 서울대학교 설치령이 일부 개정됨에 따라 9명의 조선인만으로 구성된 새 이사회가 생겼다. 이사들은 각 단과대학을 대표하여 선임되었는데 최규동(崔奎東, 일반교육과), 유재성(劉在晟, 공과대학), 서광설(徐光卨, 법과대학), 이의식(李義植, 의과대학) 등이었다. 이 이사회는 총장을 추천하는 일을 비롯해서 대학 운영 전반에 걸쳐 광범위한 임무를 띠었다. 이 이사회의 추천에 의해서 제2대 총장으로 이춘호(李春昊) 박사가 취임했다. 이 총장은 서울대학교가 설립되면서부터 계속돼 온 맹휴와 등록파동이 일단락되자 대학 운영 방침을 새로이 내세우면서 서울대학을 명실상부한 종합대학으로 만들기 위해 모든 노력을 기울였다.

아직은 이름뿐인 종합대학으로서 그런대로 틀을 잡아 나가려는 때에 예기치 않은 문제가 생겼다. 중앙도서관 안에 있는 약 60개의 교수 연구실 분배를 놓고 중대한 사태가 발생한 것이다. 1948년 4월 이사회는 문리과대학에 대하여 연구실 일부를 법과대학에 양도할 것을 명령했다. 구 경성대학 법문학부 중에서 문과는 문리과대학으로 법과는 법과대학으로 편입되었으므로 과거에 법문학부가 사용하던 연구실은 문리과대학과 법과대학이 나누어서 사용해야 된다는 해석에서였다. 이러한 이사회의 명령을 문리과대학은 전적으로 거부했을 뿐만 아니라 한술 더 떠서 이사진의 총사퇴와 총장의 인책을 만장일치로 결의해 버렸다. 이런 사태를 맞자 이사회는 문리과 학장(이태규[20] 박사)의 해임을 결의하고 이 사실을 문리대에 통고했다. 이로부터 사태는

20 이태규(李泰圭, 1902~1992): 한국 이론화학계의 거장. 1931년 교토제국대학 이학박사, 1937년 교토제국대학 조교수. 해방 후 경성대학 교수, 서울대학교 문리대 학장. 도미하여 유타대학 교수로 재직. 1973년 한국과학기술원 명예교수로 부임.

악화일로였다. 이런 혼란의 와중에서 이춘호 총장은 건강마저 해쳐서 결국 사직하고 말았다. 이사회 입장에서 보면 법적으로 문리대에는 학장이 없는 것이 된다. 그러나 문리대는 학장을 비롯해서 많은 교수들이 이사회의 명령을 계속 무시하고 있었다. 쌍방이 서로 정면 대결을 한 채 한 발도 물러서려 하지를 않았다.

한편 이사회에서는 물러난 이춘호 총장의 후임을 선임해야 했다 가급적이면 학장 중에서 새 총장을 선임하기로 결정했던 모양이었다. 4월 어느 날 법대를 대표하는 서광설 이사와 대학 교무처장인 최규남 박사 두 분이 이사회의 파견으로 나를 찾아왔다. 그리고 나더러 총장직을 맡아 달라고 종용하는 것이었다. 그러나 대학이 당면하고 있는 문제의 그 중대성과 복잡성을 어느 정도 짐작하고 있는 나로서, 또한 그것에 대해 어떤 해결 방안도 갖고 있지 못한 나로서 선뜻 이런 요청을 받아들일 마음의 준비가 되어 있지 않았다. 나는 이 문제를 좀 더 진지하게 생각해 보기 위해서 하루 동안의 시간 여유를 달라고 했다. 곰곰이 생각해 보면 대학이 당면한 절박한 문제 해결을 위해서 이사회가 나를 배려해 준 것이 고맙게 느껴졌다. 또한 어려운 사명이라고 해서 이것을 회피하는 것은 옹졸한 태도가 아니겠는가 하는 생각도 들었다. 그래서 결국 나는 이사회의 요청을 받아들여 제3대 서울대학교 총장에 취임했다.

총장에 취임해서 먼저 해결해야 할 문제는 문리대 사태였다. 종합대학 출범에 따른 여파의 하나로 교수 연구실 분배를 둘러싸고 일어난 사태가, 본래의 문제는 젖혀 놓고 이사회 대 문리대 사이의 문제로 확대되고 만 셈이었다. 이사회가 문리대 학장의 해임을 결의하고 통고했지만 그 명령은 준수되지 않았고 또 후임 학장을 선임한 것도 아니다. 사실 이사회로서는 그 이상 다른 대책이 없었다. 옥신각신하는 사이 벌써 5월에 접어들었다. 졸업식이 7월 1일에 있을 예정이니 사태를 하루 빨리 해결해야 했다. 문리대 졸업생들에게 수여될 졸업증서에 대학장의 이름이 쓰여져야 할 것이 아닌가. 이사회의 입장으로서는 파면시킨 이태규 박사의 이름으로 졸업증서를 줄 수 없다는 주장이 지배적이었다. 한편 문리대에서 이 박사의 인기는 대단했다. 이 박사는 조선 사람으로는 단 두 사람(리승기[21] 박사와)밖에 없는 이학박사로 해방 뒤 일본에서 귀국할 때 국민적 환영을 받을 정도의 인물이었다. 이렇게 이름 높은 학자인 대학장의 이름이 없는 졸업증서는 상상조차 못한다는 것이 문리대 졸업생들의 태도였다. 이렇게 맞부딪쳐 버린 사태를 수습 해결하기 위해서는 이 학장의 진의가 무엇인지 아는 것이 가장 중요하다고 나는 생각했다. 그의 태도 여하에 따라서 문제가 쉽게 해결될 수도 있고 혹은 더욱 어려워질 수도 있기 때문이었다.

이 박사는 이사회의 명령을 그대로 받아들여 사표를 내려고 하지는 않았지만 이럭저럭 학년이 끝나면 학장직을 물러날 생각이었으며 그 후 곧 도미할 계획이라는 것을 알렸다. 이 정도 사실을 파악한 나는 이제는 이사회를 설득하는 것만이 이 문제를 해결하는 유일한 길이라고 판단했다. 이왕 문리대 학장에 대한 해임 결의는 여태껏 집행된 것이 아니었고 또 여기에 대한 별다른 대책도 없지 않은가. 그럴 바에는 총장도 바뀐 때를 계기로 해서 사태 해결을 새 총장에게 일임한 양 당분간 이사회는 침묵해 주십사 하는 것이다. 그때까지 법이론을 고집하던 이사회도 아랑을 가지고 양해해 주었다. 한 달 남짓한 시간은 빨리 지나가 버렸다. 이태규 학장의 이름은 그런대로 잡음도 없는 사이에 졸업생들이 원하는 그대로 졸업증서에 쓰였다. 그리고 이

21 리승기(李升基, 1905~1996): 1931년 교토제국대학 졸업. 1939년 비날론 개발. 해방 후 서울대 공대 학장, 대한화학회 부회장 역임. 1950년 월북. 1961년 연간 2만 톤의 비날론(주체섬유) 생산 공장 완공. 북한의 최고 과학자로 추앙됨.

박사는 그 후 곧 도미했는데 대학에서도 추천서를 써 주면서 그를 협조해 주었다.

이사회 대 문리대 문제는 이런 식으로나마 어느 정도 해결을 본 셈이지만 애초의 말썽의 씨앗이었던 교수 연구실 배정 문제는 그 후에도 한동안 끌었다. 가령 어느 누구가 배당받은 연구실에는 햇볕이 잘 들지 않는다느니, 혹은 변소가 가까우니 하는 따위의 불평을 대학 총장실까지 갖고 오는 교수도 있었다. 이 정도였다면 그 시절 우리나라 고등교육계의 사정이 얼마나 비참했겠는가를 상상할 수 있을 것이다. 서울대학교는 아직도 이런 상황 아래 놓여 있었으니만큼 누가 총장이든 종합대학으로서의 체통을 갖는 데 보다 더 많은 시간과 노력을 기울여야 했다. 새 시대 새 나라의 최고 교육 전당으로서 마땅히 가져야 할 원대한 교육적 비전을 구상하거나 관계자들과 이런 면에 대한 진지한 토의를 가지기에는 그럴 만한 겨를이 없었다.

이사회의 결의에 따라서 그해 졸업식에서는 주한미군 총사령관 하지[22] 중장에게 명예학위를 수여했다. 이것은 서울대학이 외국인에게 이런 학위를 준 첫 케이스가 되었다. 그리고 졸업식전에는 그 당시 대통령 취임이 거의 확실해진 이승만 박사의 참석을 바랐었다. 나는 미리 중앙청으로 가서 당시 이 박사의 비서인 이기붕을 만나 이 박사가 꼭 참석하도록 도와줄 것을 부탁했었다. 그러나 이 박사는 종내 이 식전에 나타나지 않았다. 8월 15일에는 대한민국 정부가 수립됨과 아울러 중앙청 광장에서 대통령 취임식이 거행되었다. 이 식전에는 맥아더 장군을 비롯해서 국내외의 많은 귀빈들과 각 기관 대표들이 초대되었다. 그러면서도 이 나라에서 처음 생겨난 유일한 국립서울대학

---

22 하지(John Reed Hodge, 1893~1963): 미국 군인, 정치가. 제1·2차 세계대전 참전. 주한미군 사령관 겸 미군정청 군정 사령관(1945~1948).

교에는 유달리 이 식전에의 초대장이 오지 않았다.

어느덧 9월에 접어들자 서울대학은 바로 얼마 전 수립된 대한민국의 역사적 새 발걸음에 맞춰 새 학년의 과업을 시작했다. 그러나 그때 내가 살핀 대로라면 대학 안에는 무언가 심상치 않은 공기가 흐르고 있는 듯했다. 또 투명치 않은 분위기가 조성된 것처럼 보이는 모습을 엿볼 수 있었다. 이것은 새 정부의 문교정책이 어떤 특징을 띠게 될 것인가, 또 구체적으로 서울대학에 대해서 어떤 변화가 있지 않을까 하는 느낌 때문이었던 것 같다. 특히 내가 총장직에서 물러날 것이라는 추측을 갖는 사람들이 없지 않았고 그래서 재빨리 자리를 옮기는 중견 직원이 있기도 했다. 사실인즉 모두 다 근거 있는 느낌이요, 또 적중한 추측이라고 해야겠다. 새 정부의 초대 문교장관으로는 그때 문리대 교수이던 안호상 박사가 취임했다. 그는 그해 봄 내가 총장으로 취임했을 때 나를 찾아와 앞으로 대학에서 협력하여 일할 것을 다짐하기도 한 사람이었다.

11월 어느 날 문교부 고등교육국장 이인영(李仁榮) 씨가 대학 교무처장실로 이종수(李鍾洙) 처장을 찾아와 얘기를 나누고 돌아갔다. 이인영 국장은 이종수 처장과 경성제대[23] 동창이었다. 며칠 후 그는 다시 이종수 처장을 만나고 총장실에 들러 나와 인사를 나누고 돌아갔다. 그는, 평양에서 내 가친과 교제가 있던 부호 이춘섭(李春燮) 장로의 아들이었다. 이런 관계 때문인지는 몰라도 그는 두 번이나 대학을 찾아온 그 사유를 내게 전하기가 무척 거북했던가 싶다. 물론 나는 저간(這間)의 사정을 다 알고 있었다. 그는 문교부 장관으로부터 내 사표를 받아 오라는 명령을 받고 왔던 것이다.

---

23 경성제대: 한반도 최초의 대학기관. 민간인들의 민립대학설립운동을 저지하기 위해, 1924년 일본 제국의 6번째 제국대학으로 설립. 패전 후 해체되어 서울대학교로 재편.

내가 총장직에서 물러날 것을 마음먹은 것은 대통령이 취임하던 그날이었다. 총장 사무실을 비워 주기는 어느 때든 할 수 있는 일이었다. 그러면서도 나는 나의 사표 제출 문제가 보다 더 직접적으로, 보다 더 구체적으로, 보다 더 극적으로 이루어지는 순간을 기다리고 있었던 것이다. 마침내 안 문교장관은 어느 날 나를 문교부 안 그의 사무실로 불렀다. 그리고 그는 요건을 말했다. 대통령과 국무총리(이범석[24] 씨) 그리고 자기까지 다 같이 나의 서울대학교 총장직 사표를 원한다면서 곧 문교장관인 자기에게 사표를 제출하라는 것이었다. 사표쯤은 벌써부터 써 가지고 다니는 것이고 또 그것을 새로 출범한 우리 정부 당국에 내는 것은 기쁜 일이 아닐 수 없다. 그러나 우리 정부는 아직 새 교육령을 마련하지 못하고 있는 실정이다. 이런 사정 아래 지금 서울대학교 총장 사표 문제만 해도 당장은 그것을 문교장관에게 제출할 길이 열려 있는 것이 아니었다. 아직까지는 서울대학교 이사회만이 이것을 다룰 수 있는 기관이라고 나는 설명했다. 그러나 그는 지금 대한민국에서 문교부만이 그런 모든 학사 문제를 관장할 수 있는 최고 기관이라는 점을 거듭 강조했다. 나는 더 이상 얘기할 필요가 없다고 생각하고 “이 문제에 대해서 지금 내가 갖고 있는 해석이나 태도나 행동이 대한민국의 어떤 법률에 위배되는 것이라면 나를 의법 처리하십시오” 하는 말을 정중하게 남기고 그의 사무실을 나왔다. 나는 문교부에서 나오는 그 길로 와룡동에 위치한 서울대학교 이사회장 최규동 선생 댁에 들러 써 가지고 다니던 사표를 전달했다. 『서울대학교 20년사』[25]에는 대학의 자치성과 학원의 독립성을 말하면서, 아울러 내가 이런 모양으로 사표를 제출한 사실이 다음과 같이 적혀

24 이범석(1900~1972): 일제강점기의 독립운동가 겸 군인이자 대한민국의 정치가 겸 저술가. 대한민국 초대 국무총리, 국방장관.

25 『서울대학교 20년사, 1946~1966』, 서울대학교 20년사 편찬위원회, 1966.

있다.

> 1948년 8월 정부가 수립되면서 대학의 운영은 문교부의 규제를 받게 되었다. …… 특히 인사 문제를 살핀다면, 정부 수립 당시의 총장은 장리욱 박사였는데 그는 사임을 종용 받았던 것이다. 즉 1948년 5월 5일에 취임하여 집무하여 온 장리욱 총장은 대통령과 친밀한 사이가 아니라는 이유로 정부 고위층의 압력이 미쳤으며 문교장관으로부터 사임 권고를 받기에 이르렀다.
>
> 이때 장리욱 총장은 문교부 장관에게 사표를 제출할 것을 거부하고 즉시 이사회장에게 사표를 제출하고 사임하였거니와, 이와 같이 총장이 정치적 이유로 사임을 강요당하고 결국 물러서야 되었다는 사실은 이때의 대학의 자치, 학원의 독립이 어떠한 형태의 것이었는가를 명백히 시사해 준다.(이하 생략)

해방 후 이 나라에서 현대적이고 민주주의적인 한 종합대학이 탄생되고 성장하는 과정에서 바로 이렇게 겪어야 했던 그 시련은 격심했고 또 피할 수 없는 시대적 운명인가 싶었다. 그때 나는 처음부터 이 험난한 시련의 길에 참가하여 그 과업이 요구하는 일부 책임이나마 수행할 수 있었다. 그런 특전과 기회를 가질 수 있었다는 것이 두고두고 잊을 수 없는 내 평생의 커다란 뜻을 지닌 한 대목이다.

제5편

6·25와 4·19

일본으로 가다

1949년 봄 내가 서울대학교를 물러나자 흥사단 동지들 가운데는 단을 위해서는 오히려 잘된 일이라고 말하는 사람도 없지 않았다. 다음해 6·25가 터질 때까지 나는 흥사단 이사회장을 맡았다. 그 기간에는 흥사단의 확장과 월간지 『동광』[1]을 발행하는 것이 중요한 활동 내용이었다. 그때까지만 해도 흥사단 본부는 을지로 3가 뒷골목에 있었다. 고 박현환 선생이 갖고 있던 일본 가옥 2층에 자리 잡은 보잘것없는 작은 장소였다. 그러나 그때의 흥사단 활동은 활발했었다. 또한 그때의 흥사단 중견 동지들은 여러 가지 형태로 왕성한 사업 의욕을 보였다. 특히 백린제 박사를 비롯해서 4, 5명의 단우들이 흥사단에 지프차 한 대를 마련해 주면서 사기를 올려 주었는데 그 후 4반세기를 통해서 흥사단이 어떤 종류의 차든 가져 본 일이 없다는 것을 생각해 보면 그때의 흥사단이 얼마나 활동적이고 생기에 넘쳐 있었는가를 미루어 짐작할 수 있을 것이다. 그 지프차에 얽힌 에피소드 한 가지가 생각난다.

그때 그 차의 운전사로 내가 사대에서 데리고 있던 나이가 좀 든

1 『동광』: 흥사단 원동위원부에서 상하이에서 발간하려 했으나 이광수의 귀국으로 연기. 몇 년 뒤 수양동우회에서 발간하기로 결정하여 미주 흥사단에서 후원을 받아 1926년 5월 창간호 발행. 1933년 1월 40호를 끝으로 종간.

박 군을 불러 썼다. 어느 날 박 군과 나는 우리가 한 달 동안에 사용할 휘발유를 신청하기 위해서 예상 사용 일수와 운행거리 등을 상세히 계산했다. 약 한 드럼 정도의 양이었다. 이때 휘발유는 서울시가 관장하여 배급하고 있었다. 나는 박 군에게 우리가 계산한 그대로 한 드럼을 신청하라고 했다. 그랬더니 그는 놀라운 표정으로 실제 한 드럼이 필요한데 그것만 신청해서 되겠느냐고 물었다. 적어도 두세 드럼을 신청해야 한 드럼 정도가 나올지 말지라는 것이다. 그러나 나는 우리 흥사단에서는 그런 허위 신청을 할 수 없다면서 꼭 소요되는 그 양만 신청하라고 일렀다. 아닌 게 아니라 박 군의 얘기가 맞았다. 신청에 의해 배당된 휘발유는 반 드럼도 채 못 되는 양이었다. 나는 다음 날 시청으로 가서 이기붕 시장을 만났다. 그리고 우리가 휘발유를 신청할 때의 사정과 태도를 자세히 설명했다. 그는 다른 많은 신청자들이 턱없는 양을 거리낌 없이 신청하기 때문에 이런 일이 생겼을 것이라면서 앞으로 흥사단에서 신청하는 양을 그대로 반드시 배급하겠다고 약속했다. 6·25사변이 일어나기 이틀 전 이 지프차는 다른 많은 차들과 같이 국군에 징발(徵發)되었다.

6·25가 터졌을 때 나는 소위 도강파(渡江派)에 끼지 못하고 서울에 남아 있었다. 그 잔인한 3개월 동안을 서울에서 지내면서 모두 13군데를 전전하며 피신 생활을 했다. 특히 국군이 반격을 가하여 다시 서울에 접근할 무렵에는 공산당들에게 납치되거나 총살을 당할 아슬아슬한 경지를 두세 번이나 겪었다. 그때 잊히지 않는 한 밤이 있다. 다른 때였다면 얼마나 아름다운 중추절이었겠는가. 나는 그 밤을 내 딸애[2]와 같이 신당동 뒷산에서 노숙했다. 그러면서 적들이 도망가면서

---

2 내 딸애: 저자는 일남이녀를 두었는데 『나의 회고록』에서 가족에 대해서는 둘째 딸만 두 번 언급함.

불을 질러 멀리 도봉산 가까이까지 온 장안이 불타고 있는 광경을 두려움과 쓰라린 마음으로 바라보았다. 이와 같은 경험은 그때 서울에 남아 있던 사람들이라면 모두가 겪었을 것이다. 그 후 UN군은 계속 적을 추격하여 평양을 지나 마침내는 압록강까지, 그리고 동해안에서는 청진까지 진격했지만 중공군이 개입하여 소위 인해전술을 벌이는 통에 후퇴하지 않을 수 없었다. 전국이 달라져 버리자 일시 수복되었던 서울을 다시 철퇴해야 하는 소위 1·4후퇴가 불가피하게 되었다.

바로 이즈음의 일인데 12월 중순경 어느 날 밤 나는 송현동(松峴洞) 미국인 주택지에 사는 미국 부영사 도날드 맥도날드 씨로부터 연락을 받고 밤중에 그를 방문했다. 그가 나를 만나자고 한 것은 그때 미국무성이 일본 도쿄에서 어떤 일을 시작하려 하고 있는데 일본으로 가서 그 일을 도와줄 수 있겠느냐는 것이었다. 때는 바로 북괴와 중공군이 평양 대동강 철교를 넘어섰다는 소문이 전해지면서 서울이 술렁거릴 무렵이었다. 이번에는 서울을 떠나려고 생각하고 있던 나는 맥도날드 씨의 제의를 고맙게 생각하며 받아들였다. 다음날 도일 수속을 하는 자리에 나가 보니 이 일을 위해서 일본으로 가는 사람은 나만이 아니었다. 하경덕(河敬德) 박사, 오천석(吳天錫)[3] 박사, 황진남(黃鎭南) 씨, 신동기(申東起) 씨, 김영원(金英源) 씨 등 모두 합해서 우리 일행은 10명이었다. 급한 때이고 보니 모든 수속은 서둘러 간단히 끝났다. 그리고 어느 날 밤 김포공항에서 서북항공 편으로 일본을 향해 떠났다. 떠나기에 앞서 나는 그날 밤 내 가족들을 부산으로 피난시켰다. 그때의 그 참담하고 쓰라린 마음은 온 겨레가 모두 겪은 비극이었을 것이다.

3 오천석(1901~1987): 교육학자. 보성전문학교 교수, 미군정청 문교부 차장·부장, 대한민국 제8대 문교부 장관(1960~1961), 한국교육학회장 역임.

도쿄에 도착한 우리 일행은 그때 미군속들 숙소 중의 하나인 컨티넨탈 호텔에 체류하면서 서둘러 일을 시작했다. 우리가 하는 일이란 번역이었다. 그해 가을 UN군은 평양을 탈환했을 때 적의 많은 문서를 차압했다. 미국무성은 이것들을 번역하고 정리하기 위해서 우리를 도쿄에 데려온 것이다. 그러니까 우리의 일이란 그리 어렵지 않은 번역이었다. 국무성이 주관한 이 일은 1951년 4월 말에 끝이 났다.

일이 끝나자 우리들의 거취 문제가 서울의 본국 정부에서도 얼마간 관심거리가 됐던 모양이다. 사실인즉 그 전해 12월에 우리가 일본에 왔을 때에도 누군가가 허무맹랑한 소문을 퍼뜨렸었다. 소위 '그림자 내각(Shadow Cabinet)'의 일부가 망명 왔느니 하는 따위의 낭설이 떠돌았던 것이다. 그렇지 않아도 미국무성 관계자가 우리 열 사람을 데려올 적에 이 대통령과 가까운 사람은 넣지 않았다는 것이 불쾌한 느낌을 갖게 했을지도 모를 노릇인데 그따위 낭설까지 들린다면 기분 좋을 리는 없었을 것이다. 아닌 게 아니라 우리 정부는 그때 리지웨이[4] 총사령부에게 우리 일행이 국무성 업무를 끝마치면 곧 한국으로 돌려보내도록 조치해 달라고 요청했다. 사령부 관계자는 한국 정부로부터 이런 요청이 있다는 사실을 우리에게 알려 주었다. 만일 우리 정부가 우리들에게 무엇인가 시킬 일이 있어서 돌아오라는 것이라면 그것은 있을 수 있는 일이지만 그런 것이 아니고 단순히 우리들의 주거가 어디여야 한다는 것을 간섭하는 것이라면 그것은 쉽게 이해되는 처사가 아니었다. 게다가 미육군은 우리들의 도움을 계속 바라고 있는 실정이라면서 거취 문제를 결정하라고 했다. 이런 형편이었기 때문에 누구도 귀국하기를 원한 사람은 없었다.

---

4 리지웨이(Mathew Bunker Ridgeway, 1895~1993): 2차 대전기 시칠리아, 독일 공격 참전. 한국전쟁 당시 UN 사령군.

한국전쟁이 장기화할 양상을 띠게 되자 UN군 총사령부는 심리작전의 일환으로 대북방송을 시작했다. 우리 일행의 대부분은 이 방송에 필요로 하는 각종 프로그램 제작에 종사하게 되었다. 처음 나는 이 방송 일과는 별도로 퀴서 박사를 중심으로 한 다른 활동에 협력하다가 후에 UN군 총사령부 방송의 부탁을 받아 소위 〈장 박사 시간〉이라는 15분짜리 프로그램을 맡게 되었다. 그들이 처음 내게 제안한 것은 이북을 상대로 하는 내용의 방송이었는데 나의 주장은 좀 달랐다. 물론 우리가 하는 일이 전쟁의 일부이니만큼 적을 정면으로 공격하는 일도 중요하지만 한편 우리의 전투력을 증대시키는 일 역시 그만큼 중요한 일이라는 것이었다. 그래서 결국 나의 방송은 남한 동포의 정신무장을 강조하면서 일반 교양의 향상과 민주국민으로서의 자질을 쌓는 데 중점을 두고 시작했다. 이 방송은 그 후 5년 남짓한 세월 동안 계속되었다. 그런데 그 얼마 후 이 방송 원고 중 얼마를 골라서 본국에 있는 김재순(金在淳) 군(현 사단법인 샘터사 이사장)의 수고로 『현실과 이상』[5]이란 책자로 펴냈다.

1950년 겨울에 우리가 도쿄에 건너와서 일을 하고 지나던 몇 해 동안(미일평화조약이 체결될 때까지) 우리들의 국제적 입장은 소위 '제3국인'이란 것이었다. 물론 여기에는 중국인과 필리핀인들도 포함돼 있었다. 미군이 진주군(進駐軍)이고 일인이 피정복자인 것과 구별되는 지위의 칭호였다. 미진주군의 일본인에 대한 차별대우는 극도로 모욕적이었다고 할 수 있다. 가령 도쿄역이나 다른 역에 가 보면 출입 통로를 둘로 나누어서 진주군이나 제3국인이 드나드는 길에는 일본인이 얼씬도 하지 못하게 했다. 변소도 역시 모두 따로따로 마련되어 있었다. 그뿐만 아니라 일본인이 우리가 머물고 있는 호텔을 찾아오는

---

5 장리욱, 『현실과 이상: 내가 바라는 새 세대의 주인공들』, 새벽사, 1958.

경우에는 그들은 호텔 로비에까지 들어올 수가 없었고 제한된 어느 구역에서 만날 사람을 기다려야 했다. 나는 그들이 바로 그 몇 해 전까지만 해도 우리를 얼마나 차별하고 수모를 주었는가 새삼 상기하지 않을 수 없었다. 그러나 그들은 큰 불평 없이 그 모든 치욕을 감수하면서 조용히 부흥을 위하여 노력하고 있었다. 그런 모습을 볼 때 존경심마저 느껴지기도 했다.

한국전쟁은 교착 상태가 계속되고 있었다. 그동안 UN군에 의해 붙잡힌 수많은 북괴군 포로들은 제주도와 거제도에 마련된 수용소에 수용되어 있었는데 UN군사령부는 그 포로들에 대하여 중대한 책임과 사명이 있었다. 포로들을 선도하고 재교육해서 갱생·재기하도록 길을 열어 주어야 한다는 것이었다. 즉 그들에 대해서 UN군사령부는 교양교육과 훈련을 시켜야 했던 것이다. 이 일을 하는 데 무엇보다 필요했던 것은 교육용 자료였다. 정규 교재를 비롯해서 교양과 오락, 취미 그리고 기술에 이르기까지 모든 책을 마련해야 했다. 포로들의 재교육을 위한 각종 자료는 그들이 공산치하에서 받아 온 교육 배경과 선전에 의한 모든 편견까지를 고려해서 만들어야 하는 어려운 작업이었다. 그래서 UN군사령부는 이런 일을 책임지고 수행할 수 있는 유능한 한국인 약 50명을 초대해 와야 했다. 그때 일본에 건너온 사람들 가운데는 내가 기억하는 범위 안에서 다음과 같은 인사들이 있었다.

윤하영(故 尹河英, 목사), 박형규(朴炯奎, 현 초동교회 목사), 육지수(故 陸芝修, 교수), 이종선(故 李鍾善), 장상문(張相文, 현 멕시코대사), 최창호(崔昌浩, 현 중앙대 교수), 김종흡(金宗洽, 전 서울대교무처장), 홍양보(洪陽寶, 아나운서), 김도성(故 金燾星, 전 연전영어교수), 김용규(金龍奎, 현 중앙청행개정책위원), 김의환(金義煥, 만화가), 최준(崔峻, 현 중앙대 교수), 김익호(金益鎬, 현 일본 거주), 함병춘(咸秉春, 현 주미대사) 등등.

이처럼 한국전쟁으로 인해 생긴 일을 하기 위해 도일한 사람은 전후에 걸쳐 50여 명 정도였다. 나는 이들이 하는 일과는 직접 관계가 없었고 일주일에 한 번씩의 방송에 주력하고 있었는데 차차 다른 방면의 활동에도 시간과 노력을 기울이기 시작했다. 그때 아시아재단[6]은 일본에서 여러 가지 일을 벌이고 있었다. 그중의 한 가지로 우리 교포사회를 위한 일도 하고 있었다. 나는 그 일을 돕기로 한 것이다. 당시 교포의 총 수는 7, 80만으로 추산됐는데 그중 우익진영은 좌익에 비해 아주 심한 열세의 형편이었다. 왜 그렇게 됐는지 여러 가지 이유가 있었지만 여기서 그 까닭을 모두 얘기할 수는 없다. 아시아재단은, 아시아 여러 나라의 민주주의 세력을 강화시키는 데 이바지하는 기관과 사업을 원조하면서 주도하는 것이 그 사명이었다. 한국 안에도 이들의 사업본부가 있었지만 재일교포를 위한 사업은 일본에 있는 아시아재단이 맡아서 했다.

어느 날 나는 아시아재단을 대표하는 두 사람의 초청을 받아 같이 식사를 나누었다. 이 자리에서 그들은 아시아재단이 재일교포를 위해서 하는 일이라면 재정적으로 뒷받침을 해주겠다는 말을 했다. 그러면서 뒷받침해 줄 만한 가치가 있는 기관이 있다면 물론 좋지만 필요한 사업을 새로 구상해도 좋겠다는 것이었다. 그때 교포사회에는 우익을 대변하다시피 하는 우리말 주간신문이 하나 있었다. 교토(京都)에서 간행되고 있던 『신세계신문(新世界新聞)』이 그것이었는데 송기복(宋基復)이란 유지가 그야말로 고군분투하여 만들어 내고 있었다. 아시아재단에서는 먼저 이 신문에 대해 출판비 전액을 보조해 주었다.

다음으로 아시아재단의 도움으로 벌인 일은 『기독신문』 발행이었

6 아시아재단(The Asia Foundation): 1954년 발족한 아시아·태평양 지역의 평화와 번영을 위해 18개국에 지부를 두고 교육·문화 사업을 하는 미국의 비영리 국제개발기관.

다. 그때 교포들의 교회는 도쿄를 비롯해서 교토, 오사카, 나고야, 고베 등지에 7, 8개가 있었는데 교인을 위해서나 교세 확장을 위해서 어떤 간행물이 있어야 했다. 나는 도쿄교회의 오윤태(吳允台) 목사를 찾아가 이 문제를 의논했다. 그 역시 어디서든 재정적 지원만 있다면 이에서 더 기쁜 일이 있겠냐면서 좋아했다. 그래서 우리는 『기독신문』을 발행하기로 합의를 보았는데 재단 측에 대한 신임을 고려해서 신문 발행 기구를 간단하게 조직하기로 했다. 오윤태 목사가 사장이 되고 몇 명의 이사를 둔 다음 편집 책임자로 신학교를 막 졸업한 이 모군을 선정했다. 『기독신문』을 발행하는 데는 많은 경비가 들어야 했다. 신문을 만드는 편집자에 대한 인건비도 있었지만 그보다 인쇄에 많은 어려움이 따랐다. 그때 도쿄에서는 한글 인쇄가 불가능했기 때문에 한글 인쇄를 할 수 있는 오사카에서 인쇄해 와야 했다. 편집인이 매주 오사카로 가서 며칠씩 묵으며 신문을 찍어 와야 하는데 그 출장에 따른 비용이며 인쇄비가 막대할 수밖에 없었다.

나는 이때 『신세계신문』, 『기독신문』과 아시아재단 사이에서 돈을 전달하고 또 돈의 지출보고를 받아 보고하는 정도의 일을 한 셈이다. 이때 내가 주의해야 했던 점은 우리 측이 공금을 다루는 데 있어서 상대방의 신용을 얻을 수 있어야 한다는 것이었다. 이런 문제 때문에 나는 오 목사와 약간의 유머러스한 실랑이를 벌인 적이 있었다. 『기독신문』이 발행되기 시작해서 한 달이 지나자 오 목사는 처음으로 재정 보고서를 내게 보내 왔다. 그런데 그 보고서는 도저히 그대로 아시아재단 측에 보낼 수 없을 정도였다. 예를 들면 편집인의 오사카 출장비를, 지금 정확하게 기억되지는 않지만, "일금 육만 원여" 하는 식이었다. 이 육만 원에 대한 내역이나 증빙서류가 아무것도 없었다. 만일 이런 식으로 어떤 청구서를 쓴다면 육만 원이 아니라 팔만 원을 적을 수도 있지 않겠느냐고 나는 가벼운 기분으로 오 목사에게 말했다. 그러자 그는 어떻게 그럴 수 있겠느냐면서 정색을 하고 항변했다. "우리 교회 안에서는 무슨 일이든 서로 믿는 정신으로 하기 때문에 누가 얼마를 썼다면 그걸 그대로 믿을 뿐입니다." 이에 대해 나는 교회에서든 일반 사회에서든 서로의 신임을 두고두고 유지하기 위해서는 재정을 다룰 경우엔 현대적 재정경리의 원칙과 방법으로 해야 한다고 설명했다. 그러나 오 목사는 선뜻 납득하는 것 같지가 않았다. 그 뒤 여러 달이 지나서야 이런 문제에 대한 오 목사의 생각은 달라졌다. 앞으로는 교회 안에서일지라도 돈을 다루는 데는 기독신문사와 같은 방식으로 따라야 하겠다는 걸 깨달았노라고 웃으며 얘기했다.

아시아재단이 한 일 중에는 도쿄에 있는 우리 YMCA를 도운 것도 있다. 전후 거의 황폐해 버린 건물을 개수하고 도서실 식당 등의 시설을 하는 데 거액의 보조금을 준 것이다. 아시아재단에서 한 일 중 가장 뜻깊은 일의 하나는 교포 학생들을 도와준 것이다. 그때 교포사회에서도, 우리 정부에서도 전혀 관심을 보이지 않은 이 문제에 대한 중대성을 그들은 일찍부터 알고 사업에 착수한 것이다. 나는 UN군 총사령부 방송 〈장 박사 시간〉 프로를 계속하면서 한편으로는 이 교포 학생을 위한 일에 깊게 관계를 맺었다.

일본에서의 생활

유학생들과 더불어

재일교포사회에서 그 당시 우익 측(조선거류민단, '민단')이 좌익 측(조선인총연합회, '조총련' 혹은 '조련')에 비해 열세에 놓여 있었다는 것은 양측을 지지하는 교포 수가 2 대 1 정도로 조련 측에 기울어져 있었다는 사실만 보아도 알 수 있다. 비단 지지하는 교포 수에서뿐만 아니라 여러 가지 면에서 민단 측은 열세였는데 특히 교육사업 면에서는 비교도 되지 않을 정도로 열세였다. 학교 수로 보면 조총련 측은 조선대학을 비롯해서 초등, 중등 학교를 10여 개 갖고 있는데 비해 민단 측은 도쿄에 한국학원과 교토에 중등 정도의 학교 하나, 그 밖에 두세 군데에 초등학교 하나씩이 있을 뿐이었다. 학교 수에서뿐만 아니라 그보다 더 중대한 면에서 민단 측은 저들에 못 미치고 있었다. 그때 내가 들은 바에 따르면 조련 측은 북한으로부터 매년 약 1억 원의 지원을 받아 여러 교육기관을 운영하는 한편 그 돈 중에서 큰 몫을 떼어 많은 학생들에게 장학금을 주고 있었던 것이다. 그러나 우리 측에서는 전혀 그런 사업을 벌이지 못하고 있었다. 민단, 주일대표부가 있으면서도 유학생들에 대한 문제가 교포사회에는 물론, 앞으로 본국에서도 어떤 영향을 가져올 것인가를 깊이 생각해 보는 사람이 별로 있는 성싶지 않았다. 유학생이란 일본에 오래 거주해 온 교포들의 자제로 국어를 잘 모르고 대학에 재학 중인 얼마 안 되는 학생들과 해방 후, 특히 한국동란 이후 본국에서 밀항하여 일본에 입국한 학생들을 말한다. 이들의 수는 정확히 파악하기는 어려웠지만 대략 200명 정도라고 추산되었다.

아시아재단은 일찍부터 우익 학생들에게 재정적 지원을 해야 할 필요성을 느끼고 있었던 것 같다. 그래서 이러한 문제가 거론되자 그들은 서슴없이 이 일을 곧 추진시키기로 하고 사업의 구체적 진행을 나에게 일임하다시피 했다. 그리고 나에게 거액의 돈을 보내겠다고 했는데 나는 개인으로서 돈을 다루기를 원치 않았기 때문에 이를 거절하고 먼저 어떤 위원회 같은 걸 만들기로 했다. 그래서 몇몇 인사들과 만나서 이 문제를 의론한 결과 이번 기회에 유학생을 위한 본격적인 운영 기구를 만들어서 비단 아시아재단에서 주는 자금만이 아니라 더 폭넓게 여러 방면에서 협조를 얻어 이 사업을 펴 나가자는 데 의견을 모았다. 이렇게 해서 탄생된 것이 '한국학생육영회'였고 그 이사진은 한·미·일 세 나라를 대표하는 인사들로 구성되었다. 지금 내가 기억하는 이사들은 다음과 같다.

> 일본 측: 사토(佐藤) 박사(일본 YMCA 총무), 가노 미츠로(加納允朗, 한은 도쿄 지점 고문)
>
> 미국 측: 퓌서 박사, 아시아재단을 대표해서 1명
>
> 한국 측: 유일한(柳一韓), 김정철(金正哲), 오윤태 목사, 민단본부장단, 장리욱 등.

한국학생육영회가 제대로 기구를 갖추고 학생들에게 장학금 지급 업무를 시작한 것은 1952년 가을부터라고 기억된다. 간도 지방을 비롯해서 도호쿠, 간사이, 규슈 지방의 여러 대학에 재학하고 있는 학생들 중에서 약 50명을 선발하여 매달 5천 원씩의 장학금을 주었다. 실제적인 사무는 학생 한 사람이 유급 간사로 일을 보았다. 육영회는 장학금 지급 사업과 아울러 학생들이 공동생활을 해볼 기회를 갖게 하기 위해서 건물 한 채를 마련했다. 이것은 그때 도쿄에서 수출업으로 성공한 이 모 씨의 도움으로 이룩된 것인데 우리의 뜻을 이해한 이 씨가 선뜻 자금을 내놓아 어려움 없이 이루어졌다. 이 집은 도쿄 교외 무사시노(武藏野), 기치조지(吉祥寺)에 위치한 일본식 2층 건물로 학생 14, 5명을 수용할 수 있는 집이었다. 우리는 이 집을 '화랑장'이라고 명명했다. 제1대 간사로 일한 학생은 지금 서울 건국대학에 관계하는 김준희(金俊熙) 박사다. 그 밖에 육영회 장학생으로서 화랑장에서 생활하다가 학업을 마치고 귀국하여 각계에서 활동하는 사람이 많다. 내가 아는 범위 안에서도 김원경(金元經, 현 외환은행 영업부 근무), 조만제(趙萬濟, 실업가), 김인배(金仁培) 씨 등이 있다. 화랑장 생활은 안 했지만 육영회장학생으로 있던 이들 가운데 남궁식(南宮湜) 씨, 황영금(黃英金) 여사가 생각난다.

장학생들의 실태를 살펴보고 또 장학 후보 학생들을 면접하기 위해서 나는 오사카, 교토는 물론 멀리 규슈 후쿠오카까지 돌아다녔다. 이런 현지답사를 통해서 나는 아시아재단이 제공하는 장학금이 얼마나 귀한 효과를 내고 있는가 실감할 수 있었다. 오사카 상대(大阪商大)의 경우를 보더라도 그때 이 대학에는 교포 학생이 약 30명이 있었는데 그중 20여 명이 좌익으로 거의가 조련계에서 주는 학자금을 받고 있었다. 그러나 우익계의 학생들은 전혀 그런 혜택을 받고 있지 못했기 때문에 형편이 말이 아니었다. 그 한 예로 오사카 치대(齒大) 4학년에 다니던 오시남(吳時南) 군의 경우를 보면 다음과 같다. 이 얘기는 내가 1953년 가을 간사이 지방을 여행하며 메모했던 수첩에 적혀 있는 얘기다. 오 군은 어느 식당에서 아르바이트를 하며 학교에 다니고 있었다. 저녁을 그 식당에서 먹고 한 달에 5,000원의 보수를 받았는데 이 돈으로 방세 1,500원을 물고 아침 식사는 자취로 해결하고 있었다. 먹고사는 데만도 이처럼 어려운 지경인 그로서 연 3만 원의 등록금을 준비하려면 얼마나 어렵겠는가. 그때 일본 유학생 가운데는 오 군과 같은 처지에 있는 학생들이 많았다. 만약 조련계에서 이와 같은 처지에 있는 학생들을 유혹하려 든다면 그들은 금방 넘어갈 수밖에 없는 형편이었다. 아시아재단은 육영회 장학금을 통하여 자칫하면 좌익으로 기울어질 수도 있는 많은 우익 학생들을 흔들림 없이 학업에 정진할 수 있도록 힘을 준 것이다. 아시아재단이 우익 학생들을 도운 것은 비단 장학금뿐만이 아니다. 당시 우익 학생들은 한국학생동맹이란 모임을 조직하여 여러 지방에 지부를 두고 매달 한 번씩 『학동신문(學同新聞)』을 간행하고 있었는데 재정적으로 곤란을 겪고 있었다. 아시아재단에서 이 『학동신문』의 재정난을 해결해 주었다.

그 밖에도 아시아재단이 육영회 장학생들과 화랑장 기숙생들을 뒷받침해 준 것은 하계수련회 경비를 보조한 것이다. 어느 해에는 후지(富士) 오호(五湖) 가운데 후지요시다(富士吉田)에서, 다른 해에는 가루이자와(輕井澤)에 있는 일본의 전 총리 하토야마(鳩山) 씨 별장 우애장에서 수련회를 가졌는데 이 대회에 참가하는 3, 40명 학생들의 교통비, 숙박비 등 각종 비용의 대부분을 보조해 준 것이다. 그때의 나의 위치는 재단으로부터 돈을 얻어 내어 필요한 사람이나 사업에 전달해 주는 중간 입장이면서 한편 학생들에게는 일종의 카운슬러와 같았다. 그런데 이만한 정도의 일을 하는 데도 말썽과 잡음이 없지 않았다. 육영회 이사진에는 앞에서 말한 바와 같이 민단부의 대표 한 사람이 끼어 있었는데 이것은 순전히 민단이라는 우리 교포단체를 대접하는 뜻에서였지 사업에 어떤 공헌이 있었다거나 또는 앞으로 무슨 기대를 해서는 아니었다. 그럼에도 불구하고 이때 이사회에 참석하는 정 모 단장은 엉뚱한 생각을 가지고 이상한 말을 하여 우리를 어리둥절하게 만들었다. 즉 그는 육영회는 한국 학생들을 대상으로 사업을 하고 있으므로 교포 전체를 총괄하고 있는 민단의 산하에 들어와 민단의 관장(管掌)을 받아야 한다는 것이었다. 그가 그런 엉뚱한 생각을 하는 대신에 민단의 대표로서 아시아재단에 감사의 편지라도 한 장 보낼 생각을 했다면 얼마나 좋았을 것인가.

장학생 선발은 물론 공정하고 신중을 기하려고 최선을 다했다. 그래서 최종 선발을 할 때에는 이사회에서 두세 사람이 참석하고, 과거에 『학동신문』의 위원장을 지낸 사람들 중에서 한두 사람을 초청해서 심사를 했던 것이다. 그런데 어느 해엔가 말썽이 생겼다. 그해에도 예년과 같은 관례에 따라 장학생을 선발해서 그 명단을 발표했다. 그러자 그해의 '학동' 위원장인 오 모 군이 반발하고 나선 것이다. 특히 나 개인에 대한 불만과 악감정에서 나온 행위였다. 그 이유인즉 그해 장

학생 심사위에 현 학동위원장을 초청하지 않은 데 대한 앙심에서였다. 그는 내가 장학금을 받는 학생들을 적당한 시기에 흥사단에 입단하라고 종용했다는 등의 터무니없는 중상을 퍼뜨리기까지 했다. 아직 학생 신분인 사람을 심사위에 참석시킨다는 것이 바람직하지 않았기 때문에 그를 초청하지 않은 것인데 이를 곡해하여 그와 같은 잡음까지 일으킨 것이다.

지금까지는 내가 관계를 가진 육영회에 대해서만 말했지만 그때 교포사회에 있었던 또 하나의 장학금 단체를 잊어버릴 수가 없다. 육영회가 발족될 즈음이라고 기억되는데 주일대표부의 공사를 지낸 적이 있었던 김용주(金龍周) 씨가 사재를 털어 신한학술연구회(新韓學術研究會)라는 이름의 장학 기구를 만든 것이다. 이 기구는 역시 어려운 처지에 있는 유망한 학생들에게 장학금을 지급하였고 그들이 전공한 학문의 연구논문을 발표할 수 있도록 수시로 기회를 만들어 주었다. 그때 학생들을 도와주고 용기를 준 김용주 씨의 업적을 우리는 두고두고 고마워해야 할 것이다.

망명객 신세

나는 서울대학교 총장직을 사퇴한 그때부터 정치와는 아무런 관련을 갖지 않아 왔다. 그럼에도 불구하고 나는 야당적인 존재라고 낙인이 찍혔던가 싶다. 더욱 내가 일본에 머물면서 하는 일이 앞에서 말한 정도의 일이었는데도 본국 정부의 일각에서는 그 정도가 아니라고 여겼던 모양이다. 본국 정부에서 나를 어떻게 보고 있는지를 나는 우연한 기회마다 들을 수 있었다. 내가 일본에서 지내는 동안 많은 시간을 육영회 일을 보며 지냈지만 그러나 나의 본 직장은 UN군 총사령부 방송국이었다. 따라서 나는 다른 동료들과 마찬가지로 미군속의 신분이었고 특별 숙소에서 거주하고 있었다. 그랬기 때문에 나는 UN군사령부 산하 각 기관에 있는 미국인들과 접촉할 기회가 많았던 편이다. 그들 가운데는 정보기관에 관계하는 사람들도 있었다. 그중 어떤 사람이 전해 주는 말은 도쿄에서의 나의 동태를 살피기 위해 서울과 부산에서 모모(某某)한 사람들이 다녀갔다는 것이었다. 그들이 알고자 했던 것은 내가 혹시라도 유학생들을 비밀리에 흥사단에 입단시키려 하지나 않는가 하는 것이었는지 모른다. 대통령인 이 박사가 흥사단을 싫어하고 꺼린다는 걸 알고 있는 아랫사람들이 과잉충성으로 흥사단을 지나치게 감시했던 것이 사실이다. 실제로 일본에 있는 젊은이들 가운데는 흥사단에 입단하기를 원하는 사람들이 없지 않았고 또 나로서도 입단을 권하고 싶은 학생들도 있었다. 그러나 나는 그들이 입단할 경우 흥사단 단원이라는 것 때문에 어떤 압력을 받을지도 모른다고 생각해서 단 한 사람도 입단을 시키지 않았다. 때가 올 때까지 흥사단이 인격수련의 바탕으로 삼는 무실(務實), 역행(力行), 충의(忠義), 용감(勇敢)의 정신으로 살아가라고 권할 뿐이었다.

한편 일부 사람들은 마치 내가 반정부적이며 친야당적인 어떤 움직임을 보이고 있는 것처럼 여긴 듯하다. 그래서 56년 대통령 선거가 있을 무렵, 내가 야당인 민주당을 돕기 위해서 미국으로부터 거액의 정치자금을 얻어 귀국한다는 낭설이 떠돌 정도였다. 바로 그해 4월 중순에 나는 가친이 별세했다는 비보를 들었다. 곧 일시 귀국할 것을 작정하고 군부처인 UN군 총사령부 방송 책임자에게 사정을 알렸다. 그는 그다음 날 자기 사견으로는 귀국하는 것이 현명한 일이 아니라면서 나의 본국행을 만류했다. 그는 어떤 경로를 통해서 그때 내가 본국의 일부 사람들로부터 정치적으로 곡해를 받고 있다는 걸 안 모양이었다.

친상(親喪)을 당한 데다 불쾌한 소식마저 듣는 것이 얼마나 비통한 일인지 충분히 짐작은 가지만 그러나 귀국하는 것은 무모한 행위라고 그는 거듭 말했다. 그 대신 일본에서 일주일 정도의 위로 출장을 가라는 것이었다. 그들이 나의 안전을 위해서 보여 준 호의는 사실이야 어떻든 간에 고맙기 그지없었고 내 고집만 내세울 수도 없었다. 나는 결국 그들의 충고대로 귀국을 단념했다. 그 대신 동생 성욱이 귀국하기로 했다. 성욱은 미국에서 개업 의사로 살아오다가 그해에는 오스트리아의 비엔나시에서 보충 연구를 하고 있었다. 가친의 부음을 받자마자 그는 곧 한국을 향해 떠나서 도쿄에 왔다. 장자인 나는 참석을 못하지만 그가 대신 내 도리까지도 해주리라 생각하고 어느 정도 마음을 놓았다. 곧 주일대표부로 찾아가서 그의 귀국 비자를 신청했다. 그러나 아무리 기다려도 소식이 없었다. 나는 동생과 같이 여러 차례 대표부에 찾아 갔지만 번번이 본국 정부의 지시가 올 때까지 더 기다리라는 말이었다. 이때 대표부의 실권자는 유태하(柳泰夏) 씨였다. 동생의 입국 비자가 안 나올 이유가 없었기 때문에 우리는 그들의 말대로 기다렸다. 그러나 3주가 지나도록 소식이 없었다. 비자 받는데 그렇게 오랜 시간이 걸릴 까닭이 없다는 것을 알고 있는 나는 반드시 다른 무슨 까닭이 있을 것이라고 짐작하고 다른 길을 통하여 동생의 비자 발급 여부를 알아보기로 했다. 부끄러운 노릇인 줄 알면서도 가까이 지내던 도쿄 주재 『타임』지 기자 프렌더개스트 씨를 찾아가 사정을 설명하고 그가 근간 서울에 가면 동생의 비자가 어떻게 된 것인가 알아봐 달라고 부탁한 것이다. 그는 얼마 뒤 서울을 다녀와서 곧 내게 연락을 해주었는데 요컨대 내 동생은 더 이상 비자가 나오기를 기다릴 필요가 없을 것이라는 얘기였다. 동생은 일본에서 한 달 남짓 기다리다가 마침내 본국 정부에 대하여 분통을 터뜨리고 비참한 마음으로 미국으로 돌아가고 말았다.

생각하면 생각할수록 딱하게만 느껴졌다. 이때 정부의 어느 일각에서나 어떤 관계 기관에서 정말 내 동생이 내 대신 정치 자금을 가지고 건너간다는 뜬소문을 그대로 믿었거나 또는 그러리라 판단했기 때문에 비자를 내주지 않은 것이라면 그들이 얼마나 무능, 무식했고 야비했으며 무책임했는지 알 수 있다. 반면 그렇지 않다는 것을 뻔히 알면서도 입국을 불허한 것이라면 그들이야말로 불법, 비정, 아부의 극치를 보인 인간들이라는 말을 들어 마땅할 것이다.

이런 실정 아래 내 여권까지도 이상하게 돼서 나는 사실상 망명객과 같은 신세가 됐다. 처음 가지고 간 여권이 기한이 되어 갱신하거나 기한 연장을 하기 위해서 나는 대표부에 내 여권을 맡겨 놓았었다. 그럭저럭 몇 해가 지나는 동안 이 여권이 '행방불명'되고 말았다. 누구나 그것에 대해 책임을 지려는 사람이 없었고 또한 문제 해결을 위해 대책을 마련하는 사람도 없었다. 그러니 나는 여권도 없이 외국에 불법 체류하는 꼴이 되고 말았다. 나는 이 문제를 해결하려고 여러 차례에 걸쳐 대표부로 찾아가 공사, 참사관, 영사를 만나 도와 달라고 했지만 그들은 아무런 해결책도 마련해 주질 않았다. 지쳐 버린 나는 그 뒤부터 더 이상 그 문제를 가지고 쫓아다니지 않았다. 그대로 버려 두고 있었던 것이다.

그러고 지내는데 어느 날 대표부에 있는 황호을(黃鎬乙) 서기관(현 파나마 대사)으로부터 전화가 왔다. 유태하 공사가 나를 만나자고 하니 대표부로 들러 주기 바란다는 것이었다. 황 군은 전에 서울 사대 시절부터 인연을 맺은 사이로 내 여권 문제의 해결을 위해 노력해 주었고 한편 대표부 안에서 내 문제가 거론되면 마음속으로 괴로워하고 있다는 것을 나는 알고 있었다. 황 군의 전화 연락을 받은 나는 유 공사를 찾아갔다. 그는 종전과는 달리 매우 친절하게 사교적으로 내 여권에 대해 반가운 소식을 전하는 것이었다. 며칠 전 자기 책상을 정리하다가 어느 서랍 속에서 우연히 내 여권을 찾아내게 됐다는 얘기였다. 그는 곧 황 군을 불러 여권의 '부활'에 필요한 절차를 밟도록 하라고 지시했다. 그 뒤 내 여권 문제는 순조롭게 해결되었다.

1953년 미국과 일본은 평화조약을 체결했고 한국전쟁도 휴전협정이 체결되어 일단락 지어졌다. 정정(政情)과 전국(戰局)이 달라짐에 따라서 그때까지 일본을 발판으로 벌여 왔던 심리작전의 본부도 그 대부분이 오키나와로, 일부는 한국으로 옮겨지기 시작했다. 그에 따라서 이런 기관에서 일을 해오던 동료들은 상당수가 귀국했고 3, 40명 정도는 기관을 따라 오키나와로 갔다. 나는 대통령 선거(56년)가 끝나면 나에 대한 소위 정치자금 낭설도 자연히 사라져 버릴 것이니까 그때쯤 귀국하려고 생각하고 있었다. 그러나 어떤 친구가 이왕 기다려 온 바에는 대통령 선거가 끝난 뒤 새 국회가 열린 다음에 가는 게 더 좋을 것이라 권해서 그의 충고대로 좀 더 일본에 머물러 있다가 1958년 가을 서울에 돌아왔다.

그러다 보니 나는 일본에서 거의 8개 성상(星霜)에 가까운 세월을 보낸 셈이다. 이런 사정을 잘 아는 미국인 친구가, 내가 해방된 조국을 떠나 그것도 하필이면 일본에 와서 그렇게 오랜 세월을 산 것은 '아이러니'라고 말했다. 생각하기에 따라서는 분명 그렇다고 할 수도 있다. 그러나 한편 생각해 본다면 그 오랜 세월은 전쟁과 이어서 계속된 냉전의 연속이었고 또한 이 박사의 정권이 점점 독재에로 치닫고 있던 시절이었기 때문에 설사 내가 본국에 그냥 있었다 하더라도 어떤 뜻있는 일을 할 수 있었을까 의심스럽다. 본국의 인사들 가운데는 일본에서 UN군 관계의 일을 한 친구들에 대해 부정적으로 말하는 사람이 적지 않았다. 조국을 잊어버리고 안전만을 찾아 일본에 가 있었다, 생활이 편하고 좋아서 그랬다 하는 등 호의적인 평이 아니었다. 내가 일본에 있으면서 한 일이란 주로 인간의 수련과 수양, 특히 민주국민으로서의 자질 향상을 위해서 글 쓰고 말하는 것이었다. 그것이 내 재질이나 능력에 합당했는가 하는 것을 별개의 문제로 치고 우선

내 취미에는 잘 어울리는 일이었다. 또 한편으로 생활과 학자에 어려움을 겪고 있는 약간의 우리 유학생들을 위해 얼마만큼의 뒷바라지를 할 수 있었다는 것도 (비록 외국의 어떤 기관의 도움을 받은 것이지만) 보람스러웠다고 생각한다.

어떤 사람은 내가 일본에서 이런 일을 하고 있는 것에 대해 "선생님이 세월을 못 만나서 ……"라고 말하기도 한다. 내가 한 일을 대수롭지 않게 여기는 후배들이 주로 그런 말을 하는데 나를 '동정'해서 그러는 것 같았다. 그들이 말하는 '세월'이 무엇을 의미하는 것인지 나는 모르지 않는다. 그러나 그 좋은 세월이나 좋은 때란 언제 어디서든 스스로가 만들 수 있다는 것을 나는 믿고 살아왔다. 여러 해 동안 고국과 가족을 떠나서 살았기 때문에 외로움을 맛보아야 하기도 했지만 언제든 취미에 맞는 일감과 또 가까이 지내는 친구들이 있었다. 이런 벗 가운데 오천석, 신동기 등도 있었다. 그들과 동행하여 이따금 일본의 그 아기자기한 자연을 즐겼다. 산과 바다와 호수와 폭포 그리고 온천과 산장에 들러 주말을 보낸 것은 잊을 수 없는 추억이다. 한동안은 많은 친구들과 골프에 미쳐 초원을 찾아다니기도 했었다. 그러고 보면 나는 그때 비록 외국에서였지만 나름대로의 보람있는 일을 하면서 한편으로 낭만적인 생활까지 즐긴 셈이다. 내 생애에 잊을 수 없는 한 토막이다.

4·19 전후

월간 『새벽』지

내가 귀국한 1958년은 이승만 정권이 10년 장기집권에 접어든 해이고 또 그 독재정치의 말기 증상이 형편없이 드러나기 시작한 해이기도 하다. 이 대통령의 3선을 목적으로 한 개헌안이 국회에서 부결되었음에도 불구하고 자유당은 소위 '사사오입(四捨五入)'이라는 기상천외의 수법으로 그것을 뒤집어 가결시켰고 무술 경관을 동원하여 국회의원들에게 폭력을 행사한 2·4파동을 일으킨 것도 그해이다. 이런 상황이고 보니 정치적 긴장은 격심했고 일반 인심 또한 불안하기만 했다.

나는 본시 정치적으로 어느 정당과도 관련을 가진 바 없었지만 귀국 후 흥사단과의 깊은 관계는 다시 맺어지지 않을 수 없는 처지였다. 흥사단은 인격 수련을 목적으로 하는 순수한 수양단체임에도 불구하고 이 정권은 흥사단을 정치단체인 양, 그것도 야당적인 단체인 양 줄곧 오해를 해 왔다. 그래서 흥사단이 하는 사업이나 그 멤버들은 심한 감시와 극도의 차별 대우를 받아야 했다. 이런 상황이고 보니 1954년 9월에 흥사단이 창간했던 월간지 『새벽』[7]의 경영이 순조로울 수가 없었다. 계속 경영이 어려워지자 그 대신으로 얄팍하게 『흥사단 소식』을 내서 단우와 친구들에게만 배포하며 지낼 수밖에 없었다.

정권 연장에만 눈이 어두워진 집권자들은 직접 간접으로 사회에 부정부패를 부채질했고 민중으로 하여금 허위와 아부만이 사는 길이라고 여기도록 만들어 버렸다. 뜻있는 사람들은 그러한 사회상을 그냥 보고 앉아 있어야 옳으냐고 스스로에게 물어보지 않을 수 없었다. 비록 작은 일을 통해서라도 건전한 국민정신을 일깨우고 나아가서 민

7 『새벽』: 1926년에 창간되어 1933년에 종간된 『동광(東光)』의 복간지(復刊誌). 흥사단의 기관지인 동시에 종합 교양지. 『새벽』의 편집진 및 사장단은 도산 안창호와 깊은 인연을 가지고 있는, 흥사단의 초기 멤버이자 1950년대 흥사단의 출판국 임원진이었던 김용제, 김주홍, 김재순, 주요한, 장리욱 등. 1960년 4월 이후에는 시인 신동문이 편집장 역임. 『새벽』은 창간호부터 도산의 가르침이 반영되었던 청년학우회(青年學友會)와 흥사단의 출발을 회고하는 최남선의 「진실의 정신」, 주요한의 창간취지, 그리고 도산유훈(島山遺訓)을 통해 정직과 무실역행(務實力行)이라는 그 정신의 뿌리를 강조함.

주 국민으로서의 자질을 향상시키는 데 이바지해야 하겠다는 책임감을 절감하지 않을 수 없었다. 이런 뜻에서 흥사단 간부들은 월간지 『새벽』을 속간하기로 의견을 모았다. 그리고 이 사업을 추진시키는 책임이 내게 주어졌다. 『새벽』이 속간되기 위해서는 두 가지 문제가 해결되어야 했다. 첫째는 재정 문제였고 다음은 『새벽』을 맡아서 꾸려나갈 인적 문제였다. 그 두 가지 문제를 별 어려움 없이 해결할 수가 있었기 때문에 『새벽』은 다시 빛을 볼 수 있었던 것이다. 첫째 재정 면에서는 『새벽』의 정신을 이해하고 있었고 또한 나 개인과도 가까이 지나고 있던 풍한산업(豊韓産業)의 김영구(金泳龜) 사장이 두 차례에 걸쳐서 600만 원을 지원해 주어 해결된 것이다. 그때 그처럼 많은 돈을 흥사단 계통의 사업을 위해서 제공한다는 것은 특히 실업인으로서는 커다란 모험이었다. 물론 극비 속에 이루어진 일이긴 했지만.

두 번째 인적 문제는 젊은 동지 김재순 군이 있어서 그냥 해결되었다. 일단 해야 할 일이라고 판단되면 침식을 잊고 주야를 가리지 않으며 정열과 성의를 바치는 것이 김 군의 성격이었다. 당시의 사회상과 특히 젊은 세대를 깊이 이해하고 있는 김 군이었기 때문에 모든 점에서 가장 알맞은 인재였다. 그러니 나는 명목상 사장이란 지위에 있으면서 실제로 일하는 사람들의 뒷받침만 해주면 되었다. 『새벽』은 속간과 더불어 수많은 독자들의 호응을 받았고 그들에게 깊은 감명을 안겨 주었다.

'공명선거 추진위원회'

1959년이 저물어 가면서부터 자유당은 그다음 해 3월에 있을 정부통령 선거를 생각하지 않을 수 없었다. 공정하고 자유스러운 분위기 속에서의 선거라면 도대체 그들은 승리할 자신이 없었다. 수단과 방법을 가릴 처지가 아니라고 생각한 그들은 무슨 부정이라도 감행하겠다는 배짱으로 불법선거의 예행연습을 하기에 이르렀다. 3인조 상호 감시, 사전투표, 환표, 야당 선거운동 방해, 폭력 등 가지가지 범법을 자행할 준비를 갖춰 갔다. 최후 발악으로 이런 흉계를 꾸미고 있는 그들에게 선거를 올바로 치르자고 외쳐 보았자 귀에 들릴 까닭이 없었다. 그렇다고 좌시하고 있을 수는 없는 일이 아니겠는가. 특히 야당인 민주당으로서는 어떻게든 공명선거를 위한 운동을 벌여야 할 입장이었다. 그리하여 민주당 인사들이 주축이 되어서 '공명선거 추진위원회'가 결성되기에 이르렀는데 여기에는 직접 어느 정당에 몸담고 있지 않은 사람들도 많이 참가하였다. 나도 여기에 참가하였고 중론에 의하여 그 위원장에 추천되었다. 나를 위원장으로 추천한 것은, 지금까지 어떤 정치단체에도 관계를 하지 않은 사람이 위원회를 대표해야 한다는 뜻에서였다.

나 개인으로서는 공명선거 운운하는 구호 정도로 과연 얼마만큼의 효과를 얻을 것인가에 대해 큰 기대를 갖지는 않았지만 그 근본정신이 마땅히 실현해야 할 올바른 원칙을 부르짖고 호소하는 운동이었기 때문에 그 성과 여하를 따지기에 앞서 조금이라도 보탬이 되도록 하는 것이 옳은 태도라고 생각했다. 그리고 나는 이 '공명'의 정신이 선거에 즈음한 한때의 행사에만 그칠 일이 아니라 우리 사회 전반에 걸쳐서 공정과 정의와 페어플레이 정신으로 널리 펴져야 할 것이라고 믿고 바랐던 것이다. '공명선거 추진위원회'는 조그만 사무실을 얻어 간판까지 내걸었지만 구체적으로 실천할 사업 범위는 좁았다. 기껏해야 문서나 강연을 통한 선전과 호소를 하는 데 지나지 못했다.

어느 날 나는 한국일보사의 장기영[8] 사장을 찾아갔다가 돌아오는

---

8 장기영(1916~1977): 언론인, 정치가. 1950년 한국은행 부총재 역임. 1954년『한국일보』창간.

길에 택시를 타고 인사동 골목을 거쳐 을지로 방면으로 내려오고 있었다. 관훈동에 있는 민주당 당사에서는 높이 걸린 마이크에서 방송이 나오고 있었다. 시민들에게 민주당의 정책과 호소를 방송하고 있었던 것이다. 그러나 무슨 말을 하는지 좀처럼 알아들을 수가 없었다. 민주당 당사 주위에 가설해 놓은 자유당의 마이크가 함께 아우성을 치고 있었기 때문이었다. 내가 타고 가던 택시의 운전사가 천천히 차를 몰면서 그 광경을 보고 조심스럽게 말을 건넸다. "선생님, 요즘 정치하는 양반들 양심은 모두 저런 것인가요!" 물론 그는 나의 대답을 꼭 듣고 싶어서 그런 말을 한 것은 아니었다. 썩어 빠진 정치인들의 양심을 개탄하면서 해 본 말이었던 것이다.

독재 정권의 엄호 아래 자행된 그 지나친 불법행동에 대한 국민들의 원한과 반항은 마침내 4·19를 불러일으키게 하였다. 4·19혁명은 10년 독재에 따른 불의와 부정, 갖가지 정치악과 사회악에 대한 국민의 반항심이 정의감에 불타는 젊은이들의 뜨거운 피를 통해 폭발된 것이다. 당황한 정부에서는 계엄령을 선포하고 군대를 출동시켰지만 계엄군은 정의를 부르짖는 학생들에게 총부리를 들이밀지는 못했다. 고립된 이승만은 마침내 대통령직을 물러날 수밖에 없었다. 역사의 한 장이 막을 내리고 만 것이다. 4·19혁명 뒤 7월 총선거가 실시될 때까지 허정 내각이 과도정부로서 주어진 책무를 원만히 수행했다고 생각한다.

총선거 출마

4·19 뒤 헌법을 개정하여 행정부는 내각책임제로, 입법부는 양원제로 되었다. 이에 따라 그해 7월 총선거를 실시했는데 상원격인 참의원 의원과 하원격인 보통 국회의원을 동시에 선출하였다. 나는 이 선거에 무소속으로 성동갑구에 출마했다. 그러나 나는 이 출마에서 여

러 가지 면으로 석연한 판단을 갖지 못했다는 것을 부인할 수가 없다. 첫째, 선거에 나서는 뚜렷한 목적의식과 무슨 수를 써서라도 꼭 당선되겠다는 결의가 없었다. 또 국회의원으로서 꼭 구현시켜 보겠다는 정강정책(政綱政策)이 없었던 것 같다. 그리고 실제로 선거를 밀고 나갈 수 있는 조직망을 가지지도 못했다. 게다가 선거자금에 대한 대책도 구체적으로 갖지 못했다. 이와 같이 여러 가지 문제에서 나는 확고한 준비를 하지 못했던 것이다. 그렇다면 어쩌자고 출마를 한 것인가. 그것은 첫째, 내 나름의 진지하지 못한 심리가 작용했기 때문이었다. 말하자면 이런 일도 한번 해보겠다는 일종의 호기심에서였다. 당선이 된다면 물론 반가운 일이지만 설사 그렇지 못할 경우라도 한 번쯤 시험해 볼 만한 인간 활동이라고 생각했던 것이다.

다음으로 나는 정치니 선거니 하는 현실 문제에 대해서 지나치게 순진했다. 솔직히 말해서 그때 내 가슴속 어느 한구석에는 세태를 모르는 어떤 자부심 같은 것이 잠재해 있었던 것을 부인할 수 없다. 비록 넓지 않은 서클에서나마 내 이름을 기억해 주는 시민이 있을 것으로 생각하면서 그들의 지지를 막연히 기대하고 있었던 것이다. 국회의원이 꼭 돼야 한다는 사명감도 없는 데다가 출마하는 마음자세마저 이 정도이고 보면 실제로 선거운동에서 몸과 마음을 모두 쏟아 최선을 다하기가 어려웠을 것은 당연하다.

한편 그때 성동갑구에서 출마한 다른 입후보자들 가운데는 유성권, 전진한 씨 등이 있었다. 유 씨는 본시 그곳 토박이인 데다가 민주당 소속 국회의원이었다. 게다가 그는 오래전부터 정치적 지반과 사업적 지반을 닦아 온 터였다. 전진한 씨는 정계의 노장으로 그가 내세운 사회주의 이념에 뜻을 같이하며 따르는 젊은이들이 많았다. 어느 모로 보나 두 사람 다 쟁쟁한 입후보자들이었다. 이 밖에도 한두 사람의 입후보자가 더 있었지만 실제로 유, 진, 그리고 나의 3파전이었다. 선거운동이 끝나고 투표일이 되자 그때까지 수고한 모든 사람들이 초조와 긴장 속에 하루를 보내며 밤늦도록 득표 계산에 신경을 모으고 있었다. 그날 밤 나는 비교적 일찍이 잠자리에 들어 다음 날 아침 늦게까지 잠을 잤다. 눈을 떠 보니 내 선거 일을 맡아 보던 몇 사람이 침통한 표정으로 앉아 있었다. 내가 낙선되었다는 무언의 보고였다. 선거에서 패배하자 혹시나 내가 지나친 충격을 받거나 상심해 있지 않은가 염려해서 위로와 격려를 보내 준 친구가 많았다. 모두가 고마울 뿐이었다. 물론 나는 잠깐 동안이나마 서운한 느낌이 스쳐 갔지만 곧 담담한 심정을 되찾을 수 있었다.

그 선거와 관련해서 잊을 수 없는 일이 있다. 그것은 많은 친구들이 보내 준 정신적 후원과 다액(多額)의 물질적 지원에 대한 부담감이다. 그중에서도 평생을 두고 잊을 수 없는 한 친구의 돈이 있다. 그가 보내 준 돈의 액수가 가장 많았다는 점도 있지만 그 돈이 지니고 있는 각별한 사연과 또 보내온 동기 및 경위로 하여 더욱 그렇다. 나는 그때 국회의원에 출마한다는 것을 미국에 있는 어느 친구에게도 알리지를 않았다. 그런데도 내가 출마한 소식이 미국에까지 알려진 모양이었다. 뜻밖에도 미국 캘리포니아주의 어느 벼 농장에서 일하고 있는 조울림(趙鬱林)이란 친구가 거금을 보내왔다. 그 돈은 바로 땀 속에서 건진 돈이었다. 그는 수십 년을 쉴 새 없이 노동하여 살아온 처지인데 그러다 보니 어느 정도 경제적 여유가 생기기도 했지만 내 선거자금으로 돈을 보내리라고는 상상도 할 수 없던 일이었다. 그런 돈을 더구나 낙선까지 해 버린 선거에 써 버리고 말았으니 내 마음이 어찌 편할 수가 있겠는가. 그 후 나는 주미대사로 워싱턴에 있으면서 매달 얼마씩을 조 군에게 송금해서 그가 보내 준 돈의 적은 일부나마 3천 달러를 갚았다. 그 정도라도 그가 타계하기 전에 보답할 수 있었다는 것이 여간 다행한 일이 아니었다. 선거가 몰고 왔던 회오리바람도 지나갔고 8월 상순이 됐다. 선거 결과야 어찌 됐든 나는 홍사단 단우들과 더불어 그들이 해마다 가는 만리포 해수욕장으로 내려갔다. 그리고 거기서 우리는 바다와 모래와 햇볕을 마음껏 즐겼다.

제6편

5·16 전후

주미대사 시절

7·29 총선거 결과 민주당이 새로운 정권으로 등장했다. 장면(張勉) 총리의 영도 아래 내각이 조각(組閣)됐고 민주주의와 서정일신(庶政一新)을 다짐했다. 그러나 이 과업의 수행은 첫 출발부터 그리 순탄하지가 않았다. 정국을 혼란 속으로 빠뜨린 비근한 사정을 들면, 첫째로 4월 혁명에 앞장섰던 학생들이 정부나 국회가 그 체면조차 유지하기 어려울 정도로 비판의 선을 넘어 직접 행동의 선을 넘나드는 실정이었다. 다음으로 수습하기 어려운 문제는 인사행정에 있었다고 생각된다. 과거 10년 동안 독재 정권 밑에서 햇빛을 보지 못했던 수많은 야인들 가운데 '한자리' 차지하려고 동분서주하는 사람들이 많았다. 실제로 생활이 궁핍해서 지위고하를 막론하고, 심지어 관청의 수위라도 좋다면서 직업을 찾는 사람들이 헤아릴 수 없을 정도였다. 나 같은 사람에게도 어떤 유력인사와 줄이 닿을 것이라고 여기고 이력서를 맡긴 사람이 30명에 달할 정도였다. 그뿐인가, 해외에서 대학 교수를 하고 있던 인사들도 이때에 귀국하여 어떤 '특별한 자리'를 차지하려고 노리면서 '운동'을 하는 사람들까지 있었다.

그즈음 시내 일간지에 종종 내 이름이 오르내리고 있었는데 내용은 내가 주미대사로 임명될 가능성이 있다는 것이었다. 그리고 내게 들려오는 소문에 따르면, 임명이 주저되고 있는 것은 내 아내가 구식 여성이기 때문에 내가 외교관 생활을 하는 데 불편할지도 모른다는 등의 얘기였다. 그런 소문이 떠돌고 얼마가 지난 9월 어느 날 외무부 장관 정일형(鄭一亨) 박사로부터 전화가 왔다. 다음 날 오후 3시쯤 반도호텔 커피숍에서 만나자는 내용이었다. 정 박사가 만나자고 한 용건은 장 총리가 나를 주미대사로 임명하려고 하는데 수락 여부를 곧 알고자 함이었다. 나는 24시간의 여유를 달라고 했다. 정부가 나에게 이런 사명을 맡기려고 한다면 그럴 만한 노력과 자격이 내게 있어야 함은 물론이다. 나로서는 흥미 있는 일이기도 했다.

그러나 한편 나에게는 생각해 봐야 할 사정도 있었다. 다름 아니라 『새벽』지 운영에 대한 책임 문제였는데 동지들과 더불어 의논을 해야 했고 그들의 양해를 얻어야 한다고 생각했다. 게다가 주간이던 김재순 군이 이미 외무부 정무담당 차관으로 임명되었기 때문에 『새벽』의 사정은 매우 달라져 있었던 것이다.

나의 대답을 듣기도 전에 외무부에서는 실무자를 보내서 나의 이력서와 사진을 가져갔다. 내가 대사직을 받아들일 것이라고 믿고 빨리 미국 정부에 부임 동의서를 요청하려고 그랬던 것이다. 내가 승낙한다는 의사를 표명하기도 전에 그처럼 일을 진행시키는 것만 보아도 그때 사람들이 '한자리'를 차지하려고 얼마나 극성스러웠는가 짐작할 수 있을 것이다. 결국 나는 미주대사로 임명을 받았다. 장 총리로부터 임명장을 받는 자리에는 정일형 외무부 장관과 기자 한 명이 참석했다. 임지인 워싱턴으로 떠나기에 앞서 10월 19일 오전 경무대[1]로 윤보선[2] 대통령을 예방했다. 그리고 그날 낮에는 장 총리가 송별

1 경무대: 지금의 청와대. 고종 대 경복궁 후원에 조성한 문과와 무과의 시험 장소이자 군대 사열 장소. 이승만 대통령이 대통령 관저로 쓰며 경무대라고 불렀고 윤보선 대통령 때 청와대로 개명.

2 윤보선(1897~1990): 대한민국의 제4대 대통령을 역임한 정치인.

의 뜻으로 반도호텔 6층의 어느 방에서 오찬을 마련했는데 그 자리에는 정일형 외무부 장관만이 동석했다.

나는 평소부터 장 총리가 내게 보여 준 그 우대와 호의에 늘 깊은 사의를 갖고 있었다. 그날의 오찬에 대해서도 나는 역시 같은 느낌이었다. 이 석상에서 한·미 두 나라의 특수성을 감안해서 워싱턴으로 가는 대사에게 총리로서 생각하고 있는 대미외교의 지침 같은 걸 제시해 주리라 기대했었다. 그러나 이런 면에 대한 얘기는 적었다. 그는 워싱턴 교포 김용중이란 사람을 지적하면서 그 사람과는 상종을 하지 말아 달라고 부탁했다. "I don't like him!" 그는 영어로 이렇게 잘라 말했다. 내가 그 김 씨와 상종하는 것이 대미외교에 어떤 나쁜 영향을 가져오게 하는 것이라면 몰라도 그저 장 총리 개인이 좋아하지 않는 사람이라고 해서 나 역시 꺼려야 할 이유는 없을 것이다. 그러나 그가 이런 작은 문제까지 소소히 내게 말해 주는 그 친근감을 나는 고맙게 생각했다.

10월 22일 나는 임지를 향해 아내와 함께 김포공항을 떠났다. 때마침 제15차 UN총회에 한국 대표단의 한 사람으로 참석하는 김재순 외무부 차관과 동행이었다. 일본 도쿄에 들러 엄요섭(嚴堯燮) 대사의 환영을 받았고 거기 머무르는 동안 주일 미국 대사 맥아더 2세[3]를 예방, 환담했다. 그는 주일대사로서 다루어야 할 문제의 대부분이 경제적인 문제라면서 대부분의 시간을 경제 문제 공부를 하면서 보낸다고 했다. 이 같은 그의 말은 외교관 초년생인 나에게 주는 간접적인 충고라 생각되었다. 우리는 도쿄를 떠나 하와이 호놀룰루 공항에 도착했다. 여기서부터 우리는 대사로서의 예우를 받았다. 다른 승객들

---

3 맥아더 2세(Douglas MacArthur II, 1909~1997): 미국 외교관. 일본, 벨기에, 오스트리아, 이란 대사 역임. 유명한 맥아더 장군의 조카.

보다 먼저 비행기 트랩을 내려오게 하는 등의 대접이었다. 비행기에서 내리자 곧 기자들에게 둘러싸였다. 그때 기자들이 물어 온 많은 질문 가운데 지금도 잊히지 않는 미묘한 질문이 있었다. 그것은 그 얼마 전 하와이로 망명하여 말년을 보내고 있는 전 대통령 이승만 박사를 찾아보고 갈 예정이 있느냐는 것이었다. 이 박사는 지금 조용하고 한가한 시간을 가지며 혹은 바닷가에 나가 낚시를 하며 지내는 것이 그의 소원일지도 모르는데 내가 찾아간다면 위로보다 안정을 깨뜨리는 것이 될지도 모르니 찾아가지 않겠노라고 대답했다.

그날 밤 호놀룰루에서 교포들과 같이 집회를 가진 다음 우리는 로스앤젤레스로 갔다. 거기서 김재순 차관은 먼저 뉴욕으로 떠났고 나는 시카고시를 들러 아내와 거기서 헤어졌다. 아내는 그 부근에 머무르고 있던 다른 가족들과 당분간 같이 지내게 되었기 때문이었다. 시카고로부터 나는 단출한 홀몸으로 워싱턴을 향해 떠났다. 워싱턴 공항에는 적지 않은 사람들이 마중 나와 있었다.

대사 생활

한국을 대표하여 미국에 온 대사라면 무엇보다 양국 사이의 우호관계를 유지하고 증진시키면서 아울러 한국의 이익을 확충하는 것이 그 궁극적인 사명일 것이다. 이런 사명을 달성하기 위해서는 일상적으로 해야 할 일이 있고 또 때에 따라서는 비상하게 움직여야 하는 경우가 있을 수 있다. 나의 선임자인 정일권 대사나 그전의 양유찬 대사가 다 이런 모든 일을 위해서 진지한 노력을 바쳐 온 것이다. 나는 주미대사로 부임할 때 이렇다 할 큰 포부를 가진 것도 아니고 또 정부로부터 구체적인 지시를 받은 것도 없었다. 그러나 그때 본국이 하루 빨리 사회적으로 안정을 보고 또 경제개발을 처음부터 다시 추진시켜야 할 처지에 놓여 있다는 것을 느끼고 있었다. 그전 10년에 걸쳐서 미국으로부터 막대한 경제적 원조를 받았지만 그것이 어떻게 낭비되었는가 하는 그 불유쾌한 사실을 되풀이할 수는 없는 일이고 앞으로 미국과 더불어 새로운 원조 협정을 맺어 정녕 이번에는 눈부신 성과를 거두어야 할 것이라고 누구나 생각하고 있었던 것이다.

내가 대사로 있는 동안 어디서든 한국 관계의 무슨 행사가 있을 때에는 물론이지만 특수한 기관의 초대를 받아 출장 연설을 해야 할 경우가 여러 차례 있었다.[4] 특히 내가 미국 국방대학[5]에서 한 연설은 다른 어디서보다도 큰 의의를 가진 것이었다. 나는 그때 미국의 새로운 경제적 원조와 협력을 간곡하고 강력하게 호소했던 것이다. 딘 러스크[6] 국무장관을 찾았을 때에도 이러한 경제원조의 갱신을 요청하면서 먼저 사계 권위자나 관계자들로 구성된 조사단을 한국에 파견해서 원조 사업의 내용과 그 우선순위를 책정하여 단기 또는 장기 계획을 세우도록 제청했다.

경제 분야 문제 외에도 내가 마음속으로 가지고 있던 일종의 포부라면 우리 대사관, 나아가서 우리 국가의 진실된 이미지를 부각시켜 보자는 것이었다. 즉 보다 더 확고한 주체성을 갖고 우리 자신에 대해서 정직하고 진실된 자세를 갖자는 것이었다. 우리는 강하거나 부하거나 거대한 나라는 아니다. 그러나 당시 워싱턴에 있던 90여 개국 대사관 중 하나인 우리로서는 우리의 이러한 사실을 조금이라도 가려 보이기 위해 사실 이상으로 돋보이려 과장된 언동이나 허세를 부리는 경우가 있었다. 가령 그때 우리가 갖고 있던 대사용 자동차는 최

4 관련 사진을 이 책 화보면에 수록.

5 국방대학(The National War College): 1946년 워싱턴 D.C.에 개설.

6 딘 러스크(Dean Rusk, 1909~1994): 미국의 민주당 정치인. 한국전쟁 동안 미국 국무부 동아시아태평양담당국차관보(1950~1952), 록펠러재단 회장(1952~1960), 미국 무장관(1961~1969).

고급, 최대형의 으리으리한 것이었다. 그런 것보다는 우리 처지에 맞는 중간급의 차를 쓰는 것이 어떻겠느냐고 직원들에게 넌지시 물어보았더니 모두가 반대였다. 국가 체면에 관계되는 것이므로 안 된다는 것이었다. 내가 보기에는 현대적 외교는 과거와는 달라서 모략과 술책이나 허장성세로 상대방을 대하기보다는 진실하고 솔직한 태도를 가지는 것이 보다 효과적이다.

내가 어떤 의욕과 포부를 가지고 있었다 치더라도 당시 미국의 정국은 공교롭게도 가장 유동적인 시기였기 때문에 기대했던 만큼의 소득을 얻기는 어려운 실정이었다. 다름 아니라 그것은 그해 11월에 대통령 선거가 있었고 이 선거에서 그때까지의 공화당 정권이 민주당 정권으로 교체되는 시기였던 것이다. 내가 아이젠하워 대통령에게 신임장을 제정(提呈)한 것은 12월 상순이었다. 그의 남은 임기는 새로 당선된 케네디가 취임하는 1월 20일까지 한 달 남짓밖에 안 남았었다. 그러고 보니 그도 대통령으로 이미 기운이 빠져 있을 만한 때였다. 그러나 그런 눈치를 그에게서 찾아볼 수가 없었고, 오히려 그는 비록 새 정부가 들어선다 하더라도 미국이 지금까지 한국과 맺어온 우호친선과 상호협조의 근본정책에는 조금도 변함이 없을 것이라고 장담하다시피 했다. 그것은 머지않아 물러나는 대통령으로서 그저 듣기 좋게 하기 위해서 하는 말은 아니었다. 일찍이 대한 정책을 수립하는 데 있어서 크게 이바지한 그가 미국의 정책의 앞길을 확신 있게 내다보면서 권위를 가지고 하는 말이었다.

신임 대사는 대통령에게 그 신임장을 제정하기까지는 대사로서 정식 활동을 삼가는 것이 상례다. 마침 내가 부임한 10월 말은 제15차 UN총회가 열리고 있던 때였다. 이 무렵 한국 문제가 곧 상정될 것을 예견하면서 우리 옵저버[7] 대표단은 대개 뉴욕의 우리 UN 사무실에서 매일 정규적으로 회합하여 그날그날의 활동 스케줄을 짜 한국 문제

상정에 대비하고 있었다. 나는 소위 수석대표라는 자격으로 12월 상순 정일형 외무장관이 올 때까지 주로 뉴욕에 체재하면서 워싱턴에는 일주일에 하루 이틀만 다녀오는 정도였다. 그해 우리 대표단 가운데는, 지금 내가 기억하는 대로 다음과 같은 사람들이 참여하고 있었다: 최두선(崔斗善), 서민호(徐珉濠), 임병직(林炳稷), 최희송(崔熙松), 박준규(朴浚圭), 김재순(金在淳), 김상협(金相浹), 고황경(高凰京)씨 등.

제15차 UN총회는 우리에게 유달리 기억되는 사실을 남겼다. 그때 인도네시아 대표단은 북한을 정식으로 UN에 초청하자는 동의안을 제출했는데 그것이 총회에서 통과되었다. 바로 그때 미국의 UN대사 아들라이 스티븐슨[8]은 극적으로 재빨리 개의안을 제출했는데 이것이 거의 만장일치로 채택됨으로써 인도네시아 안이 좌절당한 것이다. 개의안은 북한이 UN의 권위와 존엄성을 인정하는 태도를 정식으로 표명할 때에 한해서 초청하자는 것이었다.

1961년 1월 20일은 존 F. 케네디가 미국의 제35대 대통령으로 취임하는 날이었다. 취임 식전에서 그는 "미국이 당신을 위해 무엇을 해줄 것인가를 묻지 말고 당신이 미국을 위해서 무엇을 하겠는가를 스스로 물어보라"는 명구가 담긴 역사적인 취임 연설을 했다. 그리고 미국 국민의 존경을 일신에 받고 있는 노 시인(老 詩人) 프로스트[9]가 감격에 찬 헌정의 시를 읊었다. 취임식과 이에 따른 각종 행사에 들떠 있던 기분이 점차 가라앉고 새 정부의 인사와 기구가 정비되면서 정

---

7 옵저버(Observer, 옵서버): 정회원은 아니지만 UN총회에 초청받아 참여하는 국가. 대한민국은 1949~1990년까지 옵서버 국가였고, 1991년에 북한과 더불어 UN 회원국가로 가입.

8 아들라이 스티븐슨(Adlai Stevenson II, 1900~1965): 변호사, 정치가, 외교관. 일리노이 주지사, UN대사(1960~1965) 역임.

9 프로스트(Robert Frost, 1874~1963): 미국 시인. "The Gift Outright"를 1961년 케네디 대통령 취임식에서 낭독.

상적인 업무가 시작되기까지에는 상당한 시간이 걸려야 했다. 그러고 보니 내가 워싱턴에 부임한 이후 수개월 동안은 물러나는 대통령의 말기와 신임 대통령의 초기에 걸쳐 정권교체에 따르는 어수선한 공기가 가득 찬 기간이었다. 하는 일에 가뜩이나 서투른 데다가 주재국 정부의 사정마저 그랬으니 대사로서 내가 얼마나 무슨 일을 할 수 있었겠는가. 스스로 생각해도 부끄러울 정도였다.

케네디 대통령의 취임 식전에 참석하고 나서 일주일도 지나기 전에 나는 또 다른 나라의 대통령 취임식에 한국을 대표해서 참석하기 위해 남미를 향해 떠나야 했다.

5·16

카드로스 대통령 취임식

1961년 1월 30일은 남아메리카에서 가장 큰 나라인 브라질의 카드로스[10] 대통령 취임식이 거행되는 날이었다. 한국과 브라질 간에는 이미 국교가 수립되어 있었으나 대사 교환은 없었다. 이런 사정 때문에 우리 정부는 그때 주미대사가 정부를 대표해서 이 새 대통령 취임 식전에 축하사절로 참석할 것을 제시해 왔던 것이다. 나는 취임식을 3, 4일 앞두고 지성구(池成九) 서기관을 대동하여 브라질을 향해 떠났다.

새 대통령의 취임식은 새 수도 브라질리아에서 거행되었다. 그러나 브라질리아는 1년 전에 당시의 쿠비체크(Kubitschek) 대통령에 의해 정식 수도로 되었으니만큼 아직은 정부의 각종 청사, 호텔, 아파

---

10 카드로스(Janio Quadros, 1917~1992): 브라질 22대 대통령(1961. 1. 31. 취임~1961. 8. 25. 사임). 그 후 상파울루 시장 역임.

트, 상가, 주택가들의 건설을 한창 서두르고 있는 형편이었다. 그러니만큼 실제로 수도 구실을 하고 있던 곳은 리우데자네이로(약칭 리오)일 수밖에 없었다. 그런고로 그때 브라질 주재 외국 공관만 하더라도 브라질리아로 옮겨 간 나라는 없었고 오직 브라질리아시가 외국 공관 건설 구역으로 지정한 넓은 지역에 여러 나라들이 앞으로 공관 건축에 필요한 사이즈의 땅을 계약하고 어느 나라 '공관 건축 예정지'라는 간판을 세우고 있는 정도였다.

우리가 리오에 도착하자 브라질 외무부 관계자들이 마중을 나왔다. 그리고 우리는 세계에서 가장 아름다운 곳이라고 손꼽히는 곳의 하나인 코파카바나 해변에 위치한 팔레스 호텔에 들었다. 다음 날은 브라질 외무부와 미국 대사를 예방했고 바로 그다음 날은 대통령 취임식에 참석할 내외 관계자들과 같이 정부가 제공한 비행기로 약 600마일 내륙에 있는 새 수도 브라질리아로 갔다. 대사급 외국 하객들은 모두 브라질리아 팔레스 호텔로 안내되었고 또 전용 자동차 한 대씩 배정되었다. 그 이튿날에 있은 카드로스 대통령 취임식은 바로 열흘 전 워싱턴에서 거행된 케네디 대통령의 그것에 비해서 비교적 간소한 것으로 보였다. 그러나 그날 오후부터 깊은 밤까지에 벌어진 그 다채로운 행사는 과연 브라질다운 호화판이었다. 신임 대통령은 그날 오후 외무부의 그 넓은 홀에서 각국 하객과 귀빈들을 한 사람 한 사람씩 접견하면서 인사를 나누었다. 나는 이 기회를 이용해서 우리 정부가 새 대통령에게 진정(進呈)하라고 보내 온 축하 선물을 전달했다. 그러나 무엇보다도 인상적이고 또 나를 놀라게 한 것은 그날 밤 대통령 관저이기도 한 알바라다 궁전에서 열린 그 축하 연회였다. 이 연회에는 음식이 문자 그대로 산적해 있었고 아무런 딱딱한 의식이 없었다. 정원 한가운데 있는 커다란 풀 주위에 연이어 놓여 있는 테이블 위에는 산해진미, 과일, 채소 등 다채로운 요리가 쌓여 있었다. 손님들은 은은히 흘러나오는 음악을 들으며 마음대로 거닐면서 먹고 마시고 그러다가 그 옆 궁중 도서관에서 담소로 밤을 지새우는 것이었다.

나는 이런 공식행사가 끝나자 다시 리오로 돌아오기 전, 아직은 건설 중에 있는 브라질리아 시내와 또 그 주변을 드라이브하면서 살펴보았다. 로마가 하루 이틀 사이에 생겨난 도시가 아니라는 말이 있지만 브라질리아 역시 긴 세월에 걸친 구상 끝에 이루어진 것이다. 브라질은 19세기에 포르투갈로부터 독립하면서부터 그 수도를 내륙 중심 지대로 옮길 계획을 갖고 그 후 계속해서 여러 차례의 조사단을 보내 왔었다. 그러다가 현 브라질리아가 자리 잡은 내륙 고원의 중심지로 수도가 작정된 것은 1956년의 일이다. 여기가 수도로 해야 할 곳이라고 최종 결론을 내리는 데는 인간이 자연환경과 관련을 가지는 데 있어서 필요한 모든 여건에 대하여 가장 정밀한 조사연구를 가졌다는 것이다. 지형, 지질, 기후, 수원, 토양, 배수, 동력, 교통, 풍경 등 모든 점이 수도 설계자들에 의해 만점의 평을 받았다고 알려져 있다. 이런 것도 벌써 14, 5년 전의 얘기이고 보면 오늘의 브라질리아는 얼마나 아름답고 번화하고 또 살기 좋은 곳으로 이룩되었을 것인가.

우리는 일단 다시 리오로 돌아왔지만 브라질을 떠나기 전 우리 교포들을 만나 보기 위해서 곧 상파울루시로 내려갔다. 그때 여기 있는 교포라면 오늘의 수에 비해서 문제가 안 되는 70명 정도였다. 그러나 그들이 브라질이란 나라에 오기까지 걸어온 그 과정의 이야기야말로 우리로 하여금 그들의 결심과 용기를 감탄케 하는 것이었고 우리의 눈시울을 뜨겁게 하는 것이었다. 그들은 한국전쟁 때 북한 군인으로서 전선에 나서지 않을 수 없었으며, 그 후 불행일지 다행일지 포로가 되어 제주, 거제 등 수용소에서 갖은 고생을 겪었다. 1953년 휴전협정이 체결되면서 포로를 교환할 무렵 그들이 가고 싶다면서 지망한 곳은 고향인 북한도 아니고 또 남한도 아니었으며 다른 어느 제3국을 지망했던 것이다. UN 당국자들은 그들을 인도로 보냈다. 인도에서 3년 남짓 힘든 생활을 하다가 다시 브라질로 보내진 것이다. 우리는 앞으로 있을 우리 이민 문제를 비롯해서 결혼 상대자를 구하는 개인 문제에 이르기까지 오랜 시간에 걸쳐 얘기를 나누었다. 이들 교포 중에는 일찍이 일제 시대에 일본인들의 이민을 따라서 건너온 나이 든 사람들도 몇몇 있었다.

우리는 2월 4일 워싱턴으로 돌아왔다. 나는 또 뉴욕에서 열린 연례 박람회에 참석하는 등 워싱턴을 자주 떠나야 했다. 그러나 대사관에는 유능하고도 의욕적인 고광림(高光林) 공사가 있어서 공사로서 다룰 수 있는 대외 문제를 처리하는 한편 대사관 내 모든 살림살이를 보살펴 주었다. 그리고 정무, 재무, 상무 등의 분야에는 각각 그 방면의 전문가들인 담당 직원들이 있어서 일상 사무를 집행할 뿐 아니라 미국을 비롯한 국제 정세의 변동을 언제나 주시하고 있었다. 우리 대사관은 내가 부임한 후 3월 상순에 접어들면서 처음으로 미국 정부 고위층 인물들을 비롯하여 워싱턴 주재 각국 대사진을 초청하는 리셉션을 가질 수 있었다. 이 리셉션은 우리나라의 어떤 명절을 기념해서가 아니고 신임 대사가 워싱턴 전 외교진들에 대하여 인사를 표하는 뜻에서였다. 이때부터 나는 우리 대사관 경제 문제 담당 참사관을 통해서 우리가 경제협조 문제를 중심으로 미정부 당국과 접근하는 데 필요한 지식을 많이 배웠다. 다시 말하면 그때 한국이 미국으로부터 받고 있는 군사협조는 물론이지만 특히 경제 원조 면에 있어서 보다 더 계획적이고 보다 더 효과적인 것이 되도록 하자는 데 중점을 두고 미국 정부와 접촉하고 싶었던 것이다.

군사혁명과 퇴임

어느덧 5월에 접어들었다. 연중 본국으로부터 워싱턴을 찾아오는 인사들은 많았다. 정치인들은 물론이고 육·해·공군의 간부급 인사, 또 산업 경제계를 대표하는 이들이 연달아 오가는 것이었다. 이때만 해도 워싱턴에는 국회의장 곽상훈(郭尙勳) 씨를 비롯해서 국회의원 양일동(梁一東), 이석기(李錫基) 씨 등이 체류하고 있었다.

5월 16일 새벽이던가? 나는 대사관저에서 대사관 통신실로부터 연락을 받고 서울에 군사혁명이 발발했다는 소식을 들었다. 대사관에 일찌감치 나갔더니 모든 직원들이 저마다 라디오를 통해서 들은 쿠데타에 관한 소식을 교환하고 있었다. 나는 17일 대사관에서 TV 방영도 하는 자리에서 기자회견을 갖고 다음과 같은 스테이트멘트를 발표했다.[11]

> 어제 한국에서 발생한 쿠데타는, 내가 보는 한 아무런 정당성을 지니고 있지 않다. 무엇보다도 한국 헌법은 민주주의 원칙에 의하여 제정된 것으로서 언제든 정부를 변경할 필요을 느낄 경우라면 입법행위를 통해서 합법적으로 할 수 있는 방도가 마련되어 있다. 그런고로 정부개혁을 위해서 혁명적 수단을 취한다는 것은 이러한 합법적 길이 마련되어 있지 않을 경우에만 있을 수 있다. (……)
>
> 그런고로 나는 이번에 있은 쿠데타를 아래와 같은 이유를 들어 반대한다.
>
> 1) 현 한국 정부는 과거에 정권 유지만을 위해서 존재했던 정권과는

---

11 *The New York Times*, May 19, 1961; *The Philadelphia Inquirer*, May 17, 1961; *The Pittsburgh Post-Gazette*, May 17, 1961.

달리 국가민족의 복리를 위해서 모든 정력과 성의를 경주(傾注)하고 있다. 장 정권이 그 짧은 시일 동안 이미 이룩한 성과와 아울러 앞에 보다 큰 업적을 위해서 갖은 노력을 기울이고 있는 데 대하여 모든 국민은 인내와 협력을 아끼지 않는 것이다.

2) 현 장 정권은 전 정권으로부터 유산인 양 물려받은 파국적 재정 상황을 비롯해서 기타 모든 사회악을 교정하는 데는 적당한 시간이 요구되는 것이다. 기적이 아니고서야 어떻게 이 몇 달 동안에 우리가 바란 그 재건 부흥사업을 이룩할 수 있겠는가. 그런고로 우리는 현 정권에 일할 수 있는 기회와 시간을 주어야 할 것이다. (……)

3) 만일 이번 이 쿠데타가 인정되는 것이라면 이것은 앞으로 언제든 이런 쿠데타를 일으킬 수 있다는 선례를 만드는 결과가 될 것이다.

내가 이때 본국에서 멀리 떨어져 있는 워싱턴에서 이러한 성명서[12]를 발표했댔자 현지에서 진전되고 있는 쿠데타에 어떤 영향을 끼칠 수 있을지는 물론 알 수 없는 일이었다. 그렇다 치더라도 나는 이때 이 쿠데타에 대해서 내 소신대로의 견해를 밝히지 않고 있을 수는 없었다. 다음 날인 18일자 외신은 장면 총리가 전 각료와 더불어 일괄하여 혁명정부에 사표를 제출했다고 보도했다. 나는 보도를 읽은 즉시 주미대사직을 사퇴하노라고 역시 혁명 정부에 타전하고 곧 그 직에서 물러났다. 사태가 이렇듯 급선회하는 동안 워싱턴에 체류 중이던 국회의장 곽상훈 씨는 그날도 대사관에 들렀었지만 그는 내가 너무 서두르는 것이 아닌가 하는 인상을 받았던 모양인지 은근히 나

12 성명서: 유품에서 원고를 발견하여 이 책 제2부에 수록함.

에게 이런 말을 건넸다. "사태 진전이 어떻게 되는가를 좀 기다려 보시지요." 이런 충고를 나에게 준 곽 회장은 그때 그가 갖고 왔던 모든 계획을 취소하고 그 며칠 후 곧 귀국했다.

나는 사표를 타전하고 나서 대사관 직원들을 소집하여 그들에게 이 사실을 알렸다. 그리고 나는 나의 입장과 처지가 있고 또 내가 생각하는 의리와 사리가 있어서 사퇴를 단행한 것이지만 여타 모든 직원들은 아무런 동요 없이 전과 같이 성의와 노력을 다하여 근무할 것을 당부했다. 그때 고광림 공사는 나의 뒤를 이어 곧 사표를 제출했다. 나는 그 전날인 17일 미국무성을 찾아가 러스크 장관과 더불어 특별 면담을 가졌다. 지금 쿠데타에 당면하고 있는 장 정권은 공정한 선거를 통해서 수립된 진정한 민주주의 정권임을 다시 설명하면서 지금이야말로 특별한 우방인 미국 정부의 강력한 지지가 요청된다는 점을 강조했다. 그는 나의 이론을 전적으로 수긍하면서 사실 미국으로서는 벌써(16일에) 장 정권을 적극 지지하고 쿠데타를 반대한다는 성명을 발표했다고 말했다. 이것은 서울에서 맥그루더[13] 장군과 그린[14] 대리대사가 쿠데타에 대하여 각각 반대 성명(Statement of opposition)을 발표한 사실을 말하는 것이었다. 그러면서 러스크 장관은 말을 계속해서 이제는 장 총리가 어떠한 태도로 나오느냐 하는 데 따라서 사태가 판가름될 것이라고 했다. 나는 이 시각까지만 해도 그런 뉴스일망정 여기서 처음 들을 수 있었던 것이다. 러스크 장관의 말을 수긍할 수밖에 없었다.

이것은 후일담이지만 그때 내가 미국무성을 찾아가서 미국이 군사적으로 간섭해 줄 것을 요청한 것처럼 오해한 일부 사람이 있었던

13 맥그루더(Carter B. Magruder): 육군대장. 주한미군 사령관(1959~1961).
14 그린(Marshall Green): 주한 미국 대사(1961~1964).

것 같다. 군사정부는 내 후임으로 정일권 대사를 임명했지만 그는 바로 나의 선임자이기도 했다. 정 대사는 그 전해 가을 워싱턴을 떠나자 하버드대학에서 연구를 계속하고 지내던 참이다. 그는 무엇보다도 내 입장을 생각해 주는 호의에서 내 가족이 대사관저를 비울 때까지 부임을 연기하고 지내면서 그동안 대사관 관리책임을 임윤영 참사관에게 일시 위촉했던 것이다.

내가 사표를 제출한 행위에 대하여 남달리 경의와 위로를 보내온 사람들이 적지 않았지만 그중에서도 『워싱턴포스트』지 편집국장인 에스타부룩[15] 씨 같은 사람은 각별스러웠다. 그는 자기 집으로 저녁 식사에 초대하고 밤 깊도록 시국담을 나누기도 했다. 그 밖에 대사관저에까지 찾아와서 동정을 표하고 격려를 주고 간 사람 중에는 월남 대사가 있었다. 그는 고딘디엠[16] 대통령의 계수(季嫂)이면서 그 후 미국을 여지없이 공격하고 비판한 것으로 유명했던 마담 누[17]의 아버지였다.

내 가족들은 여러 가지 사정으로 약 1년간 계속 워싱턴에 머물러 있어야 할 형편이어서 그동안 아파트를 얻어 대사관저를 비웠다. 나는 6월 상순, 전년(前年) 가을 부임할 때와 마찬가지로 역시 동행도 수행도 없이 혼자서 워싱턴을 떠났다. 그래도 공항에는 교포 친지들 외에 국무성 관계자 두세 사람이 전송차 나와서 물러가는 대사에 대한 예의를 갖추어 주었다. 나는 비행기 위에서 깊은 회상에 잠기지 않을 수 없었다. 막중한 임무를 띠고 워싱턴에 와서 그동안 나는 무엇을 이

---

15 에스타부룩(Robert H. Estabrook): 기자, 해외특파원. 『워싱턴포스트』 편집장(1946~1971).

16 응오딘지엠(Ngô Đình Diệm)을 말함.

17 마담 누(1924~2011): 첸레수언이라는 이름보다 마담 누로 더 잘 알려져 있는 남베트남의 첫 영부인(1955~1963). 독신인 초대 대통령 응오딘지엠의 제수.

룩하고 떠나는 것인가. 이렇다 할 무엇도 생각되는 것이 없었다. 그저 무엇을 좀 해 본다면서 움직이기 시작하다가 떠나는 것뿐이었다. 그리고 내 임무와는 직접 관계가 없지만 부러워하지 않을 수 없는 선진국의 높은 정치 수준을 실감해 보는 기회가 있었던 것만은 잊을 수 없었다. 남북 아메리카에서 각각 거대한 나라인 미국이나 브라질에서 그 정권교체가 평화적이고 호화스런 분위기 속에서 이룩되었던 정권교체와 비교해서 얼마나 대조적이냐 하는 것을 느끼지 않을 수 없었던 것이다. 그때부터 나는 로스앤젤레스 근방에 정착하고 본국으로 돌아 올 때까지 약 3년의 세월을 보내야 했다.

조국으로의 긴 여정

1949년에 내가 서울대학교 총장직을 사퇴했을 때 흥사단 간부 친구들은 그것이 흥사단을 위해서는 오히려 다행한 일이라고 했었다. 그 후 1961년에 주미대사직을 사임하고 로스앤젤레스에 도착했을 때에도 역시 그곳 흥사단 친구들은 똑같은 코멘트를 들려주었다. 즉 흥사단 사업을 위해서는 오히려 잘되었다는 것이다. 당장 본국으로 돌아갈 처지가 못 되는 것이라면 얼마간 로스앤젤레스에 머물러 있으면서 흥사단운동을 보다 더 적극적으로 미국 안에서 벌이자는 것이었다.

나는 위에서 이미 내 학생 시절의 얘기를 쓸 때에 말한 바 있었듯이 두 번이나 학업을 중단하고 흥사단을 위해서 3년 이상의 세월을 바친 바 있다. 이제 흥사단과 같이 지내온 이러한 과거를 돌아본다면 내가 1917년 도산 안창호 선생에게로부터 절차에 따라 입단하는 문답을 치르고 흥사단에 가입한 이후 흥사단은 내 일생의 정착지가 되어 버렸다는 느낌을 갖게 된다. 그래서 경우와 사정에 따라 일시 어떤 다른 방면 일을 위해 시간을 쓰다가도 결국 다시 돌아가는 곳은 흥사단이었다.

그러면 어째서 내 생활의 정착지랄까 모항(母港)이랄까 할 수 있는 곳이 여기에 설정되었던 것인가. 또 제3자마저 그렇게 보게 되었던가. 나는 가끔 생각해 보곤 했다. 이것은 결국 흥사단운동이란 무엇인가를 인식하는 데서 그 이유를 찾을 수 있다. 흥사단운동은 우리 민족이 먼저 독립을 회복하고 그리고 계속해서 평화와 자유와 번영을 누릴 수 있는 능력과 자질을 갖추도록 하는 즉 도산이 표현한 대로라면, 건전인격을 이룩하게 하는 넓은 의미의 교양운동인 것이다. 특히 우리 겨레가 지니고 있는 도덕적·사회적인 모든 결함에 비추어 볼 때 흥사단운동은 민족성 개혁 운동이기도 한 것이다. 이 운동을 제창한 도산은 가장 평범한 말로서 "돌배나무에서는 돌배를 딸 것이고 참배나무에서는 참배를 딸 것"이라고 표현했다. 이것은 플라톤의 "그 국민에 그 나라(Like Man Like State)"[18]라고 한 정치 사상 바로 그것이다. 독립을 원하는가, 그렇다면 독립할 수 있는 자질을 갖추자. 이것이 곧 도산 사상의 골자인 것이다. 그런고로 흥사단은 우리 온 겨레의 각자가 모두 다 도덕 면에서, 체력 면에서 또 지식 면에서 이러한 자질을 축적하자고 외치면서 조직적 교양사업을 전개한 것이다. 다른 사람이야 나를 어떻게 보든 간에 내 자신으로서는 교육 방면의 일을 한다는 것을 생애의 사명인 양 느끼면서 지냈으니 만큼 흥사단의 사업이 내 생리와 비위에 어울리지 않을 리가 없었다. 흥사단운동에 대하여 이러한 태도를 갖고 있는 나는 그때 로스앤젤레스 흥사단 친구들의 제

18 플라톤의 명언 "Like man, Like state"는 듀랜트(William James Durant)의 책에도 다음과 같이 인용됨. "Governments vary as the characters of men vary. States are made out of the human nature which are in them."

안을 받아들여 내가 서울로 돌아갈 때까지 미국 안에서 흥사단 사업을 돕기로 작정한 것이다.

그때 본국의 어떤 선배 친구는 귀국을 당분간 보류하는 것이 좋을 것이라고 전해 주었는데 이것은 새로 수립된 군사정권이 고 최두선(崔斗善) 선생 등 몇 사람으로 구성된 사절단을 미국에 파견했을 때 그 멤버 중 한 사람이 가져다준 소식이었다. 그리고 내가 일찍부터 잘 아는 어떤 미국인 친구가 보내 온 서한 중에는 이런 문구도 쓰여 있었다. "You may be unwelcome ……" 즉 군사정권은 내가 돌아오는 것을 반가워하지 않을 것이라는 그 개인의 소견을 말한 것이다. 그리고 군사정권은 이때에 모든 정치 및 사회단체들을 죄다 해산시켜 버렸는데 거기에는 흥사단도 끼어 있었다. 국내사정이 이런 것이고 보면 설사 내 개인의 신변 안전 문제는 없다 치더라도 그때 귀국해서 무엇이든 할 수 있는 일감이 있으리라고는 생각할 수 없었다.

미국에서 흥사단운동을 소개해서 알리고 또 단원을 모집하는 일은 그때 미국 내 각 대학에 재학 중인 우리 유학생들에게 중점을 두기로 합의를 보았다. 그런데 이들을 연락하는 길은 문서를 통하는 길밖에 다른 길이 거의 없었다. 그래서 우리는 월간 『흥사단 소식』을 인쇄해서 우리 유학생들에게 배부하기로 했다. 그러면서 나는 먼저 약 100여 대학에 의뢰서를 보내 재학하고 있는 한국 학생들의 명단과 전공학과, 그 진도 등에 대한 소식을 부탁했다. 그때 약 2천 명에 달하는 수가 알려져 왔지만 우리는 약 1천 명에 한해서 『흥사단 소식』을 배부했다. 이 『흥사단 소식』의 성격과 편집 정신이 어디 있었는가 하는 것을 소개하는 의미에서 그 제1호 권두사의 한 구절을 옮겨 본다.

그(안도산)는 그의 40년 혁명 생활을 통해서 뼈저리게 느낀 한 가지 사실이 있었으니 그것은 즉 우리 민족성의 개혁이 없고서는 참된 독립과 자유를 기대할 수 없다는 것이었습니다. 그의 활동은 정치·경제·문화·사회·교육 등 모든 부문에 뻗쳐 있었습니다만 그가 그 어디서든 통절히 느낀 것은 즉 참된 인간이 적다는 것이었습니다.

1. 믿을 수 있는 사람이 적다.
2. 꾸준히 견디지 못한다.
3. 맡은 책임을 끝까지 완전히 이행하는 사람이 적다.
4. 시작은 크나 나중이 없고 소리는 굉장히 나나 실제로 이룸이 적다.
5. 조그만 이론만 많이 하고 서로 갈라지기를 잘하며 내가 잘하려 함보다도 남을 꺼꾸러뜨리려는 근성이 더 강하다.

이러한 민족적 병통을 그냥 두고서는 우리는 무슨 사업에 있어서도 그 기대하는 성과를 거둘 수 없습니다.

주로 이런 내용이 담겨 있는 이 『흥사단 소식』을 받아 보는 학생들 가운데는 흥사단에 입단할 의사를 밝힌 사람들도 있었고 또 심각한 질문을 보내오는 등 그 반응은 컸다.

"흥사단이 만일 이렇게 뜻깊은 훌륭한 사업을 하는 단체라면 어째서 본국에서는 이런 사실을 널리 알리지 않고 있느냐?" 하는 내용의 호의적인 질문은 지금 서울 어느 대학에서 교편을 잡고 있는 소흥문(蘇興文) 교수가 그때 어느 대학에선가 보내온 것이었다.

그 수년 동안에 국내 정세도 많이 달라졌다. 1963년에 한때는 군정 연장설도 있었지만 동년 말 군정은 민정으로 이양되고 박정희 전 최고회의 의장이 대통령으로 당선되고 최두선 내각이 조직되었다. 국내 정국이 그런 정도로나마 안정성을 갖게 됐다고 해서 내가 반드시 본국으로 돌아가야 할 어떤 의무감 혹은 참여욕을 갖게 된 것은 아니다. 오직 내 나라에로 돌아가는 그 일 자체가 옳다고 느꼈을 뿐이다. 그뿐더러 국내의 홍사단 젊은 동지들 중에는 나의 조속한 귀국을 요망하는 편지를 연명(連名)해서 보내오기도 했다. 또 사적으로는 서울에서 지내고 있는 일부 내 가족을 위해서도 서울에 돌아가야 할 사정도 있었다.

1964년 봄 나는 마침내 본국을 향해 로스앤젤레스를 떠났다. 도중에 나는 거의 8년간 체재하고 있었던 일본 도쿄를 그저 지나갈 수가 없었다. 그 시절 UN 심리작전부 등 직장에서 같이 일하며 지내던 많은 친구들은 이미 오키나와로 옮겨 가고 없었다. 이렇게 되어 있는 사정을 모른 것은 아니지만 막상 도쿄에 들리고 보니 허전한 느낌을 금하기 어려웠다. 기왕 여기까지 왔고 또 서둘러 빨리 서울로 가야 할 긴급한 사정도 없다 보니 이때 옛 친구들을 만나 볼 겸 2차 대전 때 태평양전쟁에서 마지막 격전지가 되었던 오키나와를 다녀오기로 작정했다. 생각했던 것과는 달리 그곳을 다녀오는 일은 그리 간단한 것이 아니었다. 먼저 류큐제도(琉球諸島) 관계사무를 취급하는 별개의 관서를 통해서 입국허가를 받아야 한다는 것이었다. 나는 이 사무소를 찾아가서 소정의 절차에 따라 오키나와에 입국허가를 신청하면서 이 허가가 언제쯤 나올 것인가 물었다. 그런데 무려 10일 내지 2주일이 걸려야 한다는 것이었다. 도저히 이해가 되지 않는 장기간이긴 하지만 어쩔 수 없는 일이었다.

이제는 도쿄에서 보내야 할 시일도 넉넉한 편이어서 나는 주일 미대사관에 미리 연락을 짓고 곧 동 대사관으로 찾아가 라이샤워[19] 대

19 라이샤워(Edwin O. Reischauer, 1910~1990): 미국 역사학자, 외교관. 일본·한국 역

사를 예방했다. 그의 내외는 4년 전 내가 워싱턴에 있을 때 우리 대사관에 초대되어 와서 만찬을 같이 하는 등 관계도 있고 해서 서로 잘 아는 처지였다. 얼마 동안 환담을 갖고 작별 인사를 나누는 순간 그는 나의 도쿄에서의 일정을 물었다. 나는 서울로 떠나기 전 오키나와를 다녀갈 예정이지만 입국 수속 관계로 얼마 동안 기다려야 할 형편이라고 하면서 류큐제도 사무실에서 들은 사정을 얘기했다. 그는 오키나와 입국허가가 어째서 10여 일이나 걸려야 하는지를 이해할 수 없다면서 곧 그 옆방의 일등서기관을 불러 사정을 알아보라고 부탁하는 것이었다. 라이샤워 대사는 내가 그다음 날이라도 떠날 수 있도록 오키나와 관계 당국자에게 연락을 지어 주었다.

막상 오키나와 비행장에 도착했을 때에는 이를테면 '전관대우(前官待遇)'라는 형식이긴 하겠지만 그곳 민정청 관계자 한 사람을 비롯해서 UN 방송 책임자 매스터 씨 외에 데이비드 황, 황진남, 김종흡 씨 등 여러 친구들이 마중 나와 주어서 분수에 지나치는 환대를 받았다. 나는 지정해 준 숙소보다는 데이비드 황 군 집에 머물면서 옛 친구들과 더불어 골프를 즐겼고 또 오키나와의 피로 물들었던 전적지를 찾아보기도 했다. 나는 이렇듯 반갑고 즐거운 일주일의 여행을 끝내고 다시 도쿄로 돌아갈 채비를 시작했지만 이때 여기에 무슨 말썽이 있으리라고는 전연 생각지 못했던 것이다. 그런데 이제 내가 도쿄로 돌아가려면 일본정부가 발급한 재입국 허가서가 있어야 한다는 것이었다. 그때 나의 주 여정은 본시 도쿄 경유 서울행이었고 이번 오키나와에 온 것은 이를테면 곁길 여행이었다. 이 곁길 여행이 라이샤워 대사의 호의에 의해서 너무 간편하게 이루어짐에 따라 돌아오는 길 역시 그러리라고 여겼는데 일본 정부로부터 재입국 허가를 받아

사 전공. 매큔-라이샤워(McCune-Reischauer) 한글 로마자 표기법 개발.

야 한다는 것을 생각지도 못했다. 다시 말하면 지금 미국의 민정청 통치하에 있는 오키나와와 일본과의 관계나 지위가 어떤 것인가에 대해 나는 전혀 무식했던 것이다. 그때 오키나와의 현청 소재지 나하시(那覇市)에 있는 일본남방사무소라는 것이 있어서 일본 입국에 관한 사무를 취급하고 있었는데 그때 내가 재입국 허가를 신청하면 약 한 달이 걸려야 허가가 나올 것이라는 것이었다. 나는 한참 동안 당황했다. 그러나 곧 미군용 전화를 이용해서 도쿄에 있는 한두 교포 친구와 또 일한친화협회장 스즈키 하지메(鈴木一) 씨 같은 일본 친구들에게 연락할 수 있었다. 그 결과 나는 곧 도쿄으로 돌아올 수 있었지만 이런 경험을 통해서 누구든 국제 여행에 나서는 사람이라면 여기에 관련된 모든 지식을 충분히 가져야 한다는 교훈을 배운 것이다.

나는 그해(1964) 4월 어느 날 김포공항에 내렸다. 그러고 보니 1960년 10월 대사직을 갖고 워싱턴에 갔다가 이때 서울에 돌아오는 길은 멀고 먼 길이었다. 그러노라니 내 나이도 1년을 앞둔 70고개를 바라보게쯤 되어 버렸다. 이것은 그다음 몇 해 후에 있은 얘기지만 때는 분명 1960년대가 지나가 버리는 어느 날인데 나는 『동아일보』 논설위원인 권오기 씨와 인터뷰를 가졌다. 이때 그가 처음으로 끄집어낸 화제와 또 내가 대답한 그 얘기를 그대로 옮기면 다음과 같다. 이것을 옮기는 것은 내 나름대로의 이유가 있어서이다.

권: 요즘 저널리즘은 그저 거듭거듭 60년대가 어떻고 70년대가 어떻고 하는 얘기를 많이 하고 있습니다만 선생님께서도 그런 큰 토막 이야기로 회고와 전망을…….

장: 글쎄, 앞으로보다 지난 60년대란 나 개인으로는 아무것도 안 하고 지낸 그런 공백의 10년이었어요. 61년에 워싱턴에 주미대사로 있다가 5·16을 만나 그만두지 않았습니까. 거기서 그만두

고 미국에 그냥 3년 남짓 있다가 여기에 건너와서 또 아무것도 하는 것 없이 4, 5년 지나간 셈이니까. 그러니까 나에게 있어 60년대라는 것은 61년 그때부터 마지막 달에 들어서기까지 방관자의 입장에 있었다고 할까요.

권: 때로는 방관자가 객관적으로 더 잘 보는 수도 있지요.

이상 인터뷰에 있어서 권 씨는 방관자가 사물을 객관적으로 더 잘 볼 수도 있다고 말했지만, 이것은 내가 그럴 수 있다는 얘기는 아니라 치더라도 분명 일리가 있는 것이다. 앞으로 나는 한때 방관자의 입장에 놓여 있었던 그 10년간의 세태를 어떻게 보았던가, 어떻게 느꼈던가, 또 무슨 말을 하고 있었던가, 적어 볼 기회를 만들어야겠다. 지금은 그 과제를 기약하면서 장황하게 적어 온 60년대 초반까지의 회고록을 쓰는 것을 여기서 일단 멈추어야겠다.

나의 회고록에 부쳐

장 박사의 체취

교육학 교수가 첫 강의 시간에 어쩌면 이렇게 말할는지 모른다. "불나방이라는 곤충은 등불, 촛불이라면 무턱대고 날아든다. 몸뚱이를 데고 날개 한쪽이 타 버려도 계속 날아들기를 멈추지 않는다. 그러다가 마침내 타 죽어 버리고 만다. 한편 인간의 어린 것들은 어쩌다 이런 불꽃에 손을 내밀었다가도 뜨거운 것을 알면 비록 손을 내미는 시늉을 할지언정 다시는 반복해서 손을 데는 일이 없다"고. 교수는 결론을 말할 것이다. 불나방은 교육할 수 없으나 인간은 가르칠 수 있다고. 경험을 통해서 이익을 얻는 능력에 한해서 교육이 가능하다는 교육학의 큰 원리 한 가지를 설명한 것이다.

본래 인간은 완전무결하게끔 만들어진 것은 아니다. 그러나 실수와 잘못을 통해서 배우고 나아지고 하는 능력을 가졌다는 그 점에서 인간은 존귀한 것이다. 그 옛날 원시적 생활에서부터 바로 이러한 배움의 능력을 통하여 그 방식을 점차 고쳐 오면서 오늘의 찬란한 문화를 창조한 것이 아닌가.

일찍이 강철왕이라고 불려 오던 미국의 앤드루 카네기는 말년에 사업 운영의 전권을 친구인 찰스 스왑에게 넘겨주어 맡겼다. 그리고 오직 한 가지 부탁만을 했다. "그대는 이 사업체를 운영하는 동안 무슨 실수든 해도 좋다. 그러나 같은 실수를 두 번 저질러서는 안 된다는 것을 기억하라." 오늘 우리는 실수로 말미암아 발생하는 모든 사고를 걱정하지 않을 수 없다. 그러나 보다 더 크고 본질적인 걱정은 바로 똑같은 종류의 실수가 계속 반복되는 데 있다는 것을 명심해야 할 것이다.

여기 인용한 글은 장리욱 박사의 수필 「불나방」의 일부이다. 장 박사는 인격과 학식과 언행 그리고 경력과 사명감의 어느 면을 보나 민족적 교육자임에 틀림이 없다. 민족 수난기의 한평생에 점철된 성패와 애환의 기록을 통해 후인들인 우리에게 개인적으로나 사회적으로나 그 시대의 전철을 밟지 않도록 가르치면서 역사를 증언한 것이 바로 이 회고록이라고 생각한다. 흔히 장 박사에 관해서는 그 고매한 품격으로 하여 '정면교사'라는 일면만이 부각되어 왔다. 그러나 이 회고록은 구김새 없는 자기 성찰로 인간미가 넘쳐흐르는 이른바 '반면교사'라는 겸허성도 깊이 인상 준다.

언젠가 나는 장 박사님께 이 겨레의 어려운 고비임에도 그를 감싸 준 분위기와 여건은 당시의 한국인치고는 퍽 행복했음을 느끼게 된다고 말씀드린 적이 있다. 고생이 없었다는 뜻이 아니라 이 '시대의 아들'을 곧게 자라고 고이 노경에 접어들도록 보장한 긍정적 인간관계를 염두에 두고 한 말이었다. 박사는 그 고마운 은인, 지기들의 이름을 상기할 때마다 여하한 난관에 부닥치더라도 절망을 모르는 재기의 용기를 스스로 불러일으킬 수 있었다고 말씀하셨다. 이번 나는 박사님의 원고를 정독하면서 그분의 인덕이 결코 우연적인 행운으로 풀이될 바 아니며 다름 아닌 인격 수양의 보람임을 새삼 느끼게 되었다. 곱게 늙으시는 온화한 동안과 미수의 고령임에도 전혀 굳어지지 않는 박사의 유연한 사고력과 신선한 감수성 그 비결이 무엇일까를 생각하게 한다. 오랜 풍설을 거듭 지내 온 자만이 가질 수 있는 풍격

(風格), 항상 감사하며 살아가는 마음밭(心田)에서 생장한 겸손, 인간에 대한 사랑과 이성에 대한 깊은 신뢰감 등이 몸에 배어, 대하는 사람에게 전달되는 박사님의 체취, 이런 것이 박사님의 주변에 항상 젊은이들의 발걸음을 끊이지 않게 하는 것들임에 틀림없으리라.

박사가 그렇게도 사랑하고 기대하는 젊은 세대와 보다 많은 대화와 접촉을 위해서도 박사님의 건강을 합장 기원한다.

김재순(샘터사 이사장)

1975년 11월

제2부

저작으로 본 장리욱의 삶과 철학

제1편

새로운 교육을 위하여

1

교육적 견지에서 관찰하는 유미(留美) 학생의 심리상 경험[1]

△『우라키』(제1호, 1925년) 표지

1 미국 주재 한국 유학생 조직인 '북미조선학생총회'에서 1925년부터 1936 사이에 발간한 잡지 『우라키』 제1호에 실린 글('우라키'는 로키산맥 Rocky의 우리말 발음). 『우라키』 제1호, 1925년.

우리는 의식을 가진 존재물이다. 그래서 주위 만반의 물질적 자극은 물론이고 내심 각양의 의지적 자극까지라도 자극 그것에만 멎지 않고 무슨 모양으로든지 그것들에 대한 반응을 상양(相襄)[2]하는 것이다. 이 법칙을 인정하는 금일 교육은 가장 깨끗하고, 첩경이 되는 유력한 자극을 찾아내며 또 이것들을 피교육자들에게 응용하여서, 그 개체에게나 사회 일반에게, 가장 필요되는 반응의 습관을 길러 주려 하는 것이다.

유미하는 우리 학생들로 말하면 동편으로는 자유여신상이 그네들 안구 망막에 비친 날로부터 서편으로는 금문만(金門灣)[3]이 그네들 가슴에 깊은 느낌을 끼친 날로부터, 혹은 10여 년 혹은 4, 5년간을 두고 '유학생'이라는 영광되고도 무거운 이름을 받아 가지고 지나는 터이다. 그들은, 오늘 구미 문명의 전통발전의 중심이 된 수많은 교육기관에 흩어져 있다. 그리고 수십 세기를 두고 쌓이고 묻힌, 대부분 다른 민족들의 형이상과 형이하의 경험과 고찰의 전부 혹 일부를 거듭하여 보려고 애쓰는 중이다. 한편으로는, 20, 30층씩 되는 천공을 뚫을 듯한 건축물도 본다. 몇 10만 마력 이상의 동력을 뽑아내는 제방들도 구경한다. 민주와 평등을 외치는 사회에 늘 부딪친다. 자유연애, 금전만능의 희비극들도 자주 보는 바이다. 그래서 그네들은 내지(內地)[4]에 있는 여러 어른들의 상상하는 바와 별로 다르지 않은 주위에 싸여 지내며, 또 별로 허투르지 않는 일을 하고 지난다. 그러나 그들이 바라고 또 상상하는 우리 교육의 결과 혹 우리 반응의 총수(總數)는 불행히 그 어른들을 만족히 할 수 없었던 듯하다. 그 어른들의 말씀을 들어 보자. "미국 대학 출신은 지금 아무 이름도 없다. 독일로나 불국(佛國)[5]으로 가거

2 상양: 서로 조력함.
3 금문만: 샌프란시스코 금문교(Golden Gate Bridge)가 있는 만.
4 내지: 본국.
5 불국: 프랑스.

라." 이는 우리 중 어떤 이가 내지 모(某) 부형에게로부터 받은 서신 중 일절이다. 이뿐 아니고, 이편저편에서 전하는 소식을 모아 보더라도 이상 일절이, 미국 대학생 출신에 대한 일반적인 평판 같다. 그러면 이렇게 물어보자, "유미 우리 학생들에게 무슨 탈이 있는가?"

탈집으로 말하면 물론 외계로부터 발생하는 것도 무수하리라고 믿는다. 그러나 거름거름 더듬어 보면 마침내 주관적인 심리상태도(心理狀態度) 여하에 있는 것이다. 그러므로 만일 유미 우리 학생들의 심적 상태를 잘 고찰하고자 하면 그들의 생활 형식이며 교육 결과의 칠팔 분을 가히 엿볼 수 있는 것이다.

심적 상태는 인식, 감정과 의지의 3면을 거쳐 가지고 나타나는 것이다. 그러므로 그들의 심리상 경험을 헤아려 보는 데도 이 3로(路)를 더듬어 보는 것이 제1 되는 방편 아닌가 한다. (형편에 따라 '의지意志'에 대하여는 의논치 않음)

I. 감정의 경험

먼저, 감정교육의 근본 이상을 알아보자. 감정교육은 우리의 지력을 분리하고 되는 것이 아니다. 마음은 언제든지 기본이 되기 때문에. 고상한 이상과 순결한 의지를 가진 이라야 또한 순수한 감정을 가지는 것이라. 그래서 이 감정교육이 견지하고 나아가는 방면은, 첫째로, 우리 지력에다가 충동을 가할 만한 정서를 발달시키며, 둘째로, 우리 의지에다가 동력을 일으켜 주며 마지막으로, 미에 대한 감상을 얻도록 하는 것이다.

15~16세기경 배출한 여러 학자들의 평생을 살펴보면 교회로서는 다시 말할 것도 없거니와, 그래도 문화의 중심이 된다는 대학들까

지 말로 다할 수 없는 공박을 받았다. 코페르니쿠스, 갈릴레오, 브루노,[6] 하베이[7] 부류의 일생은 참말 위험과 고난에 부딪혔다. 그러나 그들의 일생으로 우리 인류 전체에게 공헌한 것이 얼마나 위대한가. 무슨 세력이 그 어른들 마음을 그다지도 굳세게 만들었는가. 오직 '참'과 '옳음'을 사랑하는 정서에서 기인하였을 뿐이다. 그러므로 과학적 연구와 심사는 이 '덕(德)'과 '선(善)'을 사랑하는 정에서부터 시작한다. 그리고 자연과 예술에 나타나는 순정한 미를 맛보게 하며 즐기게 하는 것이야말로 감정을 발달시키는 교육자들의 가장 큰 책임 중 하나이다.

이제 감정의 발달되는 순서를 잠깐 헤아려 보자. 심리학에서는 이하 3계급을 인증한다—이기적, 사교적과 이상적. 첫째, 이기적 정(情)으로 말하면 유년 시기에 있어서는 감히 없지 못하는 것이니, 자긍, 자존, 공포 분노 등으로 발표되는 것이다. 둘째, 사교적 정은 특히 소년 청년 시기에 있어서 애(愛), 증오, 사교, 동정, 존경과 경쟁으로 발현되는 것이며, 그다음, 이상적 정으로 말하면, 처음에 어떠[某某]한 이상으로서 그 개념의 대상물을 삼어 가지고 점점 이에 감정을 발표시키는 것이다. 또 이 이상은, 우리 인격에 3방면이 있음과 같이 역시 덕선미, 3자로서 대표되는 것이다. 덕은 지성, 미는 감정, 선은 의지를 위하여 각각 그 이상이 될 것이다. 그러나 이 이상적 감정은, 누구에게든지 그저 상당한 연령만 가짐으로 오는 것은 아니다. 반드시 적당한 자극과 반응을 거듭함으로써 오는 것이다.

---

6 브루노(Giordano Bruno, 1548~1600): 이탈리아의 철학자이자 코페르니쿠스의 학설을 심화시킨 철학자.

7 하베이(William Harvey, 1578~1657): 인체 해부에 대한 이론을 처음으로 확립한 영국의 의사.

이제 이상과 같은 교육상 감정관을 가지고 오늘 유미(留美) 우리 학생들의 감정상 경험을 헤아려 보자. 그네들은 어떠한 주위에 싸여서 어떠한 자극을 받는가? 또는 이렇듯이 받는 자극을 가져서는, 감정상 어떠한 해석을 가지는가? 그들이 느끼는 모든 느낌은 과연 어느 정도에까지나 이른 정서인가? 그들의 감정, 고요한 심층에 때때로 살풍경을 일으키는 요란한 바람은 대개 이 3면을 거치는 것이라 한다—향수(鄕愁), 사교 문제, 노동 문제. 이것들이 그네들 감정을 발로하는 유일한 길이란 말이 아니다. 오직 자주 경험한다는 말이며 많은 영향을 끼친다는 것뿐이다.

1. 향수(鄕愁)

황혼이 고요히 내려 덮이는 고즈넉한 사이드워크[8]에 홀홀히도 외로운 발걸음을 옮기고 있는 그들 중 하나를 뒤따라 보자. 그는 어김없이 어디서로인지 곱다히 흘러오는 피아노의 보드러운 곡조를 들으리라. 고개는 문득 그편으로 향한다. 비록 나지막하지만도 깔끔한, 저녁밥이 끝난 방갈로[9]이다. 일가단란(一家團欒)의 무르익은 화평이 황혼곡과 같이 섞여 나옴을 아니 느끼지 못한다. "아—우리는 언제나!" 하고 긴 숨 끝에 중얼거릴 뿐이다. 그리고 어언 삼오의 달[10]이 높아진다. 빠르기는 얼마나이며 시상(詩想)인들 여간하랴! 신의 뜻을 해석하는 예언자도 그가 될 것이고 성스런 곡을 기록하는 시인도 그가 될 것이다. 웬걸, 이 순결한 자연의 미가 그 지극히 고상한 감정의 신경을 건드리기도 전에 그는 한갓 사적(査積)한[11] 두어 줄의 사향곡(思鄕曲)을 불

8 사이드워크(Sidewalk): 인도, 보도.

9 방갈로(Bungalow): 단층집.

10 삼오의 달: 음력 보름달.

11 사적한: 자잘한.

러 볼 뿐이다. 바람이 불면 그 바람이, 잎이 나부끼면 그 잎이, 아-, 그 무엇 하나 향수를 자아내지 않는 것 있으리오. 어찌 이뿐일까. 때때로 책상 앞에 떨어지는 고향 편지를 읽을 적마다 그 전하는 소식의 길불길(吉不吉)은 막론하고, 그의 마음은 얼마나 애달프고 간절하여 하는가.

내지에서 그들에게 큰 소망을 가지고 있는 어른들은, 그들을, 혹, 이렇게 꾸짖을 듯하다—"너희같이 큰 사명과 전도(前途)를 가지고 간 무리들이 향수가 다 무엇이냐! 오직 너의 결심이 부족함이 아니냐!" 하고. 참말 지당스러운 꾸지람이다. 그러나 그들은 이 사명과 이 전도를 위하여, 애쓰고 분투치 않는 것은 아니다. 지난여름 지가고시(芝加高市)[12]에서 공과를 졸업한 박 군은 춘추가 높은 노부모를 떠나서 온 지 8~9년이 된 이다. 그는 이러한 경력을 웃음 섞어 이야기하였다. "지난 학년말 시험이 임박한 어떤 1일에는 6장의 향신(鄕信)[13]을 한꺼번에 받았구려. 집안에 무슨 변고가 생긴 것이라고 가슴이 덜렁합디다. 그래서 곧 피독(披讀)[14]하려고 하였지요. 그러나 문득 시험 칠 일이 생각나서 '에이!' 하고 그냥 뭉쳐서 침상 아래 넣었다가 종장시험을 필한 제7일에야 읽었구려." 마침내 읽고 본즉, 도리어 경사를 전하는 것이었다고 하며 웃어 본 일까지 있다.

좌우간 이 향수에 대하여서야 어찌 유미 학생들에게만 한하였으랴, 서울에 유학하는 이로부터 기타 지나, 일본 및 구주(歐洲) 각국에 있는 이들이 다 과히 다르지 않은 경력을 지니는 줄 믿는다. 동감하여 동정한다. 그러나

12 지가고시: 시카고시.

13 향신: 고향 편지.

14 피독: 펼쳐서 읽음.

2. 사교 문제에 이르러는 유미 학생들같이 번민스러운 경우를 지나는 이가 적은 줄 안다.

이 사교 문제에는 대체로 인종 차별, 남녀교제의 아직 해결치 못한 두 가지 큰 문제가 포함되어 있다. 여기 '해결'이라 운(云)함은 각 개인이 외계로부터 밀려오는 사회 풍조에 대하여 일치 순응한다든지 혹 절대 독립하는 마음을 정하는 것을 이르는 것뿐이다. 나는 이 두 가지 문제를 유미 우리 학생의 '공개된 비밀'이라고 부르려 한다. 이유는 그네들치고 아니 전체 동양 학생을 다 쳐서 인종 차별, 남녀 교제 두 문제 까닭으로, 혹은 분노스럽고, 혹은 수치스럽고, 혹은 기막히는 지경까지 경력지 않은 이가 적으리라 한다. 그러나 이러한 자신의 경력들을 아직도 공개 토론하기를 부끄러워하는 것이 사실이기 때문이다. 나는 여기 있어, 어떠한 방법으로 이 문제들을 세계적으로 해결하자고 아니한다. 오직 이것들 때문에 우리 감정상 얼마나 유독한 자극을 받는가만을 이야기한다.

(갑) 인종 차별. 미국같이 인도·자유·평등의 선구자가 되었다는 사회에 소위 인종 차별, 즉 인종 우세에 대한 개념이 깊다 하면 혹 놀랄 사람이 있을지도 모른다. 그러나 사실은 사실이다. 또 그렇게 된 이유도 찾아낼 수 있는 일이다. 구주 각국을 들러서 온 학생들의 전하는 소식을 듣던지 또 신문 잡지의 보도를 읽더라도, 이 문제에 대하여, 미국같이 심한 곳은 다시 없는 듯하다. 지난해 3월, 만국기독청년회 외국학생 친목회 주최로, 어떤 지방에서 동양인 학생 40여 명이 회집하여 특히 이 인종 문제에 대하여 의견을 교환한 일이 있었다. 그들의 경력담들은, 참말 가슴이 쓰리도록 아픈 것도 많지만, 한편 허리가 끊어지도록 우스운 일도 없지 않았다. 어떤 필리핀 학생은 본래 그 본향에서부터 독실한 신자이었는데 도미한 후 제일 먼저 공회라고 가 본 곳이

주일 예배당이었다. 그이가 좌석하였든 벤치에는 웬일인지 아무도 동석치 않았었다. 그런가 보다 하고 지나기를 몇 주일이었다. 마침내 알고 본즉 그이는, 안색이 좀 감타다한, 외국인이 되기 때문에 다 동석하기를 싫어하는 것뿐이었다. 그 마음이 얼마나 아팠을까! 그리고 그 후부터 교당에, 얼마 동안 불참하던 경력을 이야기하였다. 이렇듯 한 사실은 너무나 치우친 예가 되는 듯도 하지만 다소간 그런 종류의 경력을 보지 않은 동양인이 적은 줄 안다(여기 일언할 것은 특히 교회 내에서, 이러한 경향을 참으로 근심하여 자유·평등을 성심으로 또 몸소 역행하는 이가 적지 않은 것을 잊지 말자 함이다).

탓은 미국인들에게만 아니다. 우리 편에 있어서는, 어학의 불통이며 풍속의 미숙한 이유 등으로 나의 의사, 인격을 순간에 잘 발표하지 못하는 것들이다.

(을) 남녀 교제. 남녀공학은 미국 교육제의 특색이다. 따라서 보통 미국 학생으로서는 이 청년 남녀의 교제 문제가 그 생활의 반분이 못 된다면, 3분의 1은 넉넉히 점령하는 일이다. 정신과 시간을 소비하는 면으로나 금전과 지필을 없이하는 면으로서 매일 3시를 식탁에서 만나는 학생(이 글 쓰는 자가 재학하는 학교의 예)의 담화 자료를 유의하여 들어 보면, 무슨 특별스러운 기회가 아니고는 그 화제는 거의 다 이상 말한 남녀 교제나 혹 이로부터 기원한 것들이다. 사교를 주로 하고 회집하는 연안(燕晏)[15]이며 혹 원족(遠足)[16] 등의 일은 그 기회를 다 거론하기 불가능하다. 그래서 여학생 교제에 능숙한 이는 학교 안의 호한이요, 학창의 무사이다. 또 다른 일편으로 남학생 교제에 능숙한 여학

---

15 연안: 연회, 파티.

16 원족: 소풍.

생도 또한 그만한 자랑이 있을 것이다.

이러한 모든 일로 말하면 유미 우리 학생들에 대하여는 과연 꿈같은 일이요, 염두에 두지 않을 일들이다. 또 그러려고 주의하는 줄 안다. 그러나 그네들은 다 철인들이거나 초자연한 무엇들이 아니다. 경쟁심과 호협심이 가득한 청년 그네들이다. 이러한 학생 풍조에 밀려가면서 아직 철들지 않아 보이는 고심이 적지 않은 것을 믿는다. 좌우간 이러한 마음 상태를 가지는 것이 얼마까지는 자연이요, 상정일 듯하다. 윤리가 현수(懸殊)[17]한 사회에서 생장한 자신 까닭이며 인종 차별 까닭이며 풍속 습관에 부적한 까닭들이다.

3. 노동 문제

미국 대학에 재적한 우리 학생 중 극소수를 제한 남아는 거의 다 고학생이다. 그들이 생계를 이어 가며 학업을 계속하는 방도는 대략 3종으로 볼 수 있다.

(갑) 스쿨보이. 보통으로는 어떤 사가(私家)에 기거하면서 매일 등교 시간 전에 4, 5시간씩 일하여 주고 숙식을 얻는 것이다. 대개로는 다 그 가정주부의 권위하에 있으니 그 거취가 다 그를 만족히 하여야 한다. 행여나 인정이나 많은 '상전'을 만나면 다행이지만 그렇지 않다면 잘해도 못해도 무수히 속을 썩이는 것이다. 밤 8시나 9시경이 되어서야 부엌 전등이 꺼지게 되면 그제야 쓸쓸한 방으로 들어가 책을 펴고 앉으니 그 답답한 심사는 그냥 꿀럭거리고, 부엌 흐린 공기에 반 이상 취한 정신은 아직도 얼떨떨한 중이다. 그 저녁 공부가 얼마나 성실스

17 현수: 현격하게 다름.

러울 것인가!

(을) 그 다음으로는 대도시에 있어서 많은 요리점이나 지나인 찬관(支那人餐館)[18]에서 몇 시간씩 일하고 지내는 이들이다. 이러한 장소들의 공기로 말하면 대개가 다 학생 심리에 해독을 더하기에 적당한 곳이다. 내왕하는 손님들의 보잘것없는 행동은 물론이고 일(從役)하는 동안에는 때로 그 신경과 근육이 극도까지 긴장되는 것이 상례이다. 그래서 화내고 시끄럽게 떠들고 마침내 완력의 싸움까지로 번지게 되는 때가 적지 않았다. 또 이따금으로 "뚜—나마가하이"[19] 등 욕담이나 듣게 되면 그 젊은이들에게 어떠한 반응이 나타날 것인가.

(병) 여름 휴가 동안 혹 공판이나 사가에서 노동하고 가을 학기 어느 지방 기숙학교로 돌아가는 학생이 또한 적지 않다. 그들은 학교에서 아직 방학이 되기 전부터 걱정이 생긴다. 이 여름에는 어디에 가서 일을 얻을 터인가 하고. 그러다가 막상 학교의 문이 닫히어 어느 도시로 찾아가게 되면 그날 저녁부터 사 먹고 사 자야 되는 형세이다. 이 무리들 학생 중 서로 거래하는 서신 중에서는 이하와 같은 애다운 정경도 읽어 볼 수 있는 것이다. "—조석으로 금전이 있어야 먹고 지날 터인데 저에게는 현금 90전밖에 없으니 딱하외다. 이것으로 오는 금요일까지 먹고 쓰고 지날 생각하니 앞이 암암하다 (토요일에 쓰면서)— 이곳에 누구에게 부탁할 곳 없고 생각다 못하여……" 이런 글을 쓰는 이나 이런 글을 받는 이들의 마음은 얼마나 절박스러울 것인가! 그러고는 노동소와 공장 기타 노동을 줄 만한 곳들을 두루 수색하는 것이

18 지나인 찬관: 중국인 식당.
19 "뚜—나마가하이": 이 표현은 어느 나라 말인지 확인 불가.

다. 그렇지 않으면 어느 신문에 광고를 내어 놓고 어떤 '자선가'가 부르기를 기다릴 것이다. 지난 가을의 일이다. 서북대학에서 공부하던 모 군(某君)은 경제상 강박에 못 견디어, 그 다정 다의하던 책상을 밀어 던지고 어떤 중국인 식당에 웨이터로 가는 길이었다. 그날 밤 우리 7, 8학생은 모처럼 합석한 기회라서 주작이 무던히 즐비하였었다. 그 중에 한 학생은 일언반사를 분출하고, 빠알개진 얼굴로 심야까지 지난 끝에 "아— 이런! 돈이란 것이 이렇게도 사람을 괴로이 할까!" 한 마디를 했을 뿐이다.

'미국'이라는 명사부터 금전과 부를 연상시키기 때문에 유미 우리 학생의 생활도 무던히 넉넉한 지경에서 지나는 줄로 헤아리는 이가 많을 줄 안다. 그러나 사실인즉 많이 다르다. 이 노동 문제에 대하여는 좀 더 자세한 소식이 필요한 줄 아는 바이다. 그러나 이에 더 소개하지 못하고 오직 이상 몇몇 형편을 전할 뿐이며 그 나머지는 독자의 추상을 바란다.

이와 같은 사정을 맛보는 그네들은 내지에서 쓰리고 추운 살림을 겪고 지나는 고학생, 그들을 잊지 않으려 한다. 그들의 고통과 외로움을 기억할 적마다 모든 괴로움을 잊곤 하는 것이다.

이상까지는 이른바 향수, 사교 문제, 노동 문제 등으로 인하여 유미 우리 학생들의 감정이 어떻게 늘 찔리우며 부딪치는 것과 또 이에 대한 그 반응을 찾아보려고 한 것이다. 이제 이렇듯 여러 방면으로 발표되는 감정을 심리학상으로 보는 그 발전 계급에 비교하여 보자. 이기, 사교, 이상적의 순서로 발전되는 것이라고 말했었다. 향수나 교제, 노동 문제가 이기적 감정을 지닌 것은 분명하다. 그러나 이상적이 아닌 것도 명확하다. 그 어느 것을 물론하고 자아와 외계 사회와의 관계로써 유래하는 감정들이다. 그뿐만 아니고 감정은 조비적(粗鄙的)[20]과

정세적(精細的)[21] 양종으로 나눌 수 있다. 전자는 공포, 발노, 증오, 희열, 비애, 호기(好嗜) 등의 심리학상 표현이 현명(顯明)[22]한 것이요 후자는, 자존심, 동정심, 기타 미적·도덕적·종교적 정조(情操)[23] 등이 주권을 잡아서 생리학상 표현은 무세력한 상태의 것을 이름이다. 다시 이에 비춰 보아 그네들은 많이 조비적 감정을 표현한다고 하겠다. 그러면 그네들에게는 이상적이나 정세적 감정은 전연 표현할 길도 없으며 또 표현도 못하였느냐? 그런 것은 아니다. 그네들은 때때로 진선미를 깊은 심저로부터 사모하고 또 미적·도덕적·종교적 정조가 그네들 마음 전반을 꽤 무던히 지배할 적도 있는 것이다. 그러나 이것들로 하여금 뿌리를 깊이 묻고 성장할 만한 시절이 오래지 못하곤 하였다. 그 반대로 모진 바람과 찬 서리가 너무도 잦았다. 이제 문제는 여하한 방법으로 이 가련한 정세를 건져 볼까 하는 것이다. 먼저 그들의 인식적 경험을 상고하여 보자.

II. 인식적 경험

인식적 경험이란, 즉 지성의 계발을 의미함이다. 먼저, 지성교육의 목적하는 표점이며 또 그 진행하는 방법에 대하여 일언하여 보자.

혼[24] 교수는 지성의 교육을 정의하여 '참'을 인지할 만한 심력의

20 조비적: 거칠고 천박함.

21 정세적: 정교하고 섬세함.

22 현명: 드러남.

23 정조: 복잡하고 고상한 감정.

24 혼(Herman Harrell Horne, 1874~1946): 미국의 철학자. 19세기 중반에서 20세기 미국 철학을 이끈 관념론(Idealism)의 대표적 주창자. 주요 저서로는 *Idealism in Education*(1910), *The Democratic Philosophy of Education*(1932)이 있음.

발달이라고 하였다. 이에 이른바 심력이란 곧 지식을 가르침이다. 지성은 지식이란 문을 지나고야 '참'을 찾아내는 것이다. 그래서 '참'이란 주격적 사상과 대상적 사실 사이에 조화되는 관계를 이름이다. 다시 말하면 지식을 가지지 못하고는 '참'을 인식지 못할 것이며 또 '참'을 제공치 못하는 지식은 그 지식이란 가치를 잃는 것이다. 그러므로 교육이 견지하고 나아가는 점은 첫째, '참'을 인지할 만한 능력을 갖게[所持] 하며, 둘째, 이미 인정된 '참'을 어느 정도까지 획득하게 하는 것이다. 전자는 우리 일생을 통하여 여하한 경우에서든지, 진(眞) 여부를 가히 분별할 만한 샘 같은 능력을 갖도록 하는 것이며 후자는 유한한 이미 알고 있는 사실을 맞추어서 일생을 비롯하게 하는 것이다. 그러므로 전자야말로 지성교육의 최선 삼는 목적이다.

이 지성의 계발도, 한 민족이나 한 개인을 막론하고 여러 계단을 경과하지 않을 수 없다. 가장 단순한 인지의 작용, 즉 감각을 비롯하여 인지, 기억, 상상, 개념 등 여러 단계를 지나서 마침내 판단과 추리의 봉까지 이르는 것이라. 이렇듯이 현로(現露)되는[25] 각 단의 기능으로 하여금 그 자연의 법칙을 어김없이 발달되도록 보조하는 것이 곧 지성교육의 수행할 의무이다.

지금부터는 유미 우리 학생들의 인식적 경험을 헤아려 보자. 나는 이에 판단과 추리 두 가지만 이야기하련다. 이 양자야말로 그네들 심리상과 지력상 발달된 정도로 보아 가장 관계되기 때문이다.

1. 판단

볼드윈[26] 씨 사전에는 판단을 정의하여 '확언 혹 예언을 선고하는 심

---

25 현로되는: 나타나게 되는.

26 볼드윈(James Mark Baldwin, 1861~1934): 미국의 철학자, 심리학자. *Dictionary of Philosophy and Psychology*(1901~1905) 편집장.

리작용과 행위'이라 하였다. 에버렛[27] 박사는 판단의 기능을 묘사하여 '우리는 판단의 행위를 가지고서야 능히 객관적 실재역(實在域)에 이를 수 있다'고 하였다. 쉽게 말하여 보면 우리는 일상생활에 그침없이 이 판단의 행위를 가지고 있는 것이다. 어떠한 것의 사실이 '그러하다'든지 혹 '그렇지 않다'든지 가혹부(可或否)로 늘 발표되는 것이다. 그러나 그 판단이 객관적 실체와 부합치 않은 때는 그는 오인된 판단, 즉 허보를 전하는 척후(斥候)의 격에서 지나지 못하는 것이다.

고향의 편지[鄕信]에 의하건대, 미국에서 신학사위(神學士位)를 얻고 돌아간 모 씨는 천당과 지옥에 관한 설교를 하는 중 미국같이 덕고문화(德高文化)한 나라는 곧 천당이고 우리 사회같이 빈약암매(貧弱暗昧)한 곳은 지옥이라 하였단다. 이것에 무슨 판단의 의사를 부쳤다 하면, 미국을 적어도 천당으로 여기게 된 것은 사실과 상부치 않은 것이다. 어찌 이 일례에만 멎을까, 무수히도 그릇된 판단이 전하여지는 줄 안다. 그러면 이 유미 학생들로 하여금 정확한 판단력이 부족하게 만든 것은 무엇들인가? 아래 세 가지를 제일 소중한 이유라 한다.

—불충분한 관찰, 의뢰적 지력(依賴的智力)과 무연구(無研究)

(갑) 불충분한 관찰. 판단은 종합된 뭇 사실과 논거에 기이하고서야 비로소 정확하기를 유지할 것이다. 위에 예를 들어 말한 신학사인들, 만일 어떤 음식점에 주린 배를 채우려고 들어갔다가 "너는 동양인이니 먹일 수 없다" 하는 경우를 당하여 보았던지 그렇지 않으면 배우계 혹 지하계의 금수적 생활을 일찍 들었다든지 혹은 야비스러운 정객들의 수완이 얼마나 미국 정계에 환롱되는 것을 읽기만 하였든들

---

27 에버렛(Edward Everett, 1794~1865): 미국 매사추세츠주 출신 정치가, 목회자, 교육자, 외교관, 웅변가. 국무장관, 하버드대학교 교수 및 총장 역임.

위의 것과 같은 판단을 감히 내리지 못하였을 것이다. 판단은 한두 가지 사실에만 기초하지 못할 것이고 가히 모을 수 있는 뭇 사실을 일일이 고찰함으로써야 될 것이다. 다시 물어보자—그러면 어찌하여 충분한 관찰을 가지지 않느냐고. 제1로는 위의 '감정'에서 이야기한 '참'을 사랑하는 마음이 적은 것이 이유이다. 그저 한두 가지의 사실을 보았다든지 혹 한두 사람의 전하는 말을 들었다 하면 그로써 만족한 자료라 하여 곧 판단의 행위를 취하려 한 것이다. 이것이 금일 우리에게는 막대한 불행이다. 제2로, 그리 중대스럽지 않지만, 전계적 저희(前界的沮戱)[28]로 인한 것이다. 즉 충분한 관찰을 얻을 만한 편의가 적은 것이다. 관찰할 사실은 한때 한곳에 한정하지 않고 여러 때 여러 곳 여러 형편에 미쳐야 될 것이다. 그리하는 데는 도서관 사용이며 유의한 여행은 물론이거니와, 각자 특별 연구과에 대한 개인으로서의 사실 종합이며 자료 모집이 극히 필요한 것이다. 이에 이르러, 다시 금전 문제, 사교 문제 등이 적지 않은 고찰을 받을 줄 안다.

어찌하였든지, 이렇듯 불확한 판단력을 가지게 된 큰 이유는 이상에 거듭 말한, '참'을 사랑하는 마음이 넉넉지 못한 것이다. '참'에 대한 주관적 태도가 그릇된 것이다. 그네들 중 그 누구가 어떠한 1과에나 1면에 대한 신뢰할 만한 관찰을 가진 이라면 그는 그 1과 1면 전에는 용이하게 판단을 내리지 않으리라. '이것은 내가 안다, 저것은 아직 모른다' 이렇듯 분명스러운 선언을 하리라. 오늘 현상으로는 그네들이 너무 여러 방면을 다 알게 된 것이 불행이다.

(을) 의뢰적 지력. 그네들은 선배인 구미인들의 문화를 배우려 하는 이들이다. 그러나 그들은 저 구미인들의 행위의 총화인 그것만을 학

28 전계적 저희: 전제된 한계의 막힘.

득(學得)하려 하지 않아야 한다. 그 행위의 동기와 배경이 된 이상(理想)의 여하를 획득하여야 한다(Not only what they did but how and why they did). 우리는 이 점에 대하여 얼마나 그르쳤는가! 구미인들의 소견과 판단은 언제 무엇이든지 늘 옳다고 한 우리들인가 싶다. 그래서 우리들의 판단이란 늘 그네들 것을 반사하여 놓는 데 불과하였다. 우리 학생 사이에 늘 토론되는 이혼, 사교, 오락, 생활 본의 등 여러 문제에 대한 비판들을 헤아려 보자. 그것들이 얼마나 우리 부자유한 지력의 소산물인가를 짐작할 것이다.

(병) 무연구. 어떤 사실이나 형편을 물론하고 그것에 대한 심오한 연구가 없고 보면 그것에 대한 비판이 그릇되기 심히 용이한 것이다. "To think is to live"란 말은 이 연구란 것이 우리 생활과 얼마나 두터운 관계가 맺어진가를 설명하는 것이다. 유미 우리 학생들의 연구력이 박약한 것은 재론할 바 아니다. 제1로 우리 생활이 이를 용이히 허락하지 않는다. 먹기 위하여서 또 일상생활에서만 늘 분주히 지나기에 상각(想覺)할 시간이 적다. 그러나 이보다 더 가통(可痛)스러운 사정은 신선놀음에 도낏자루 썩히는 격이 이것이다. 작년 여름 3개월간 미국 각 대학을 시찰하고 돌아간 그레이 박사가, 그 본향인 스코틀랜드에서 발표한 글 중에 이하 수절이 적혀 있었다.

> 미국 각 대학생의 생활은 참 놀랄 만큼 정신이 착란한 자로 여겨진다. 그네들은 아주 부주의한 태도로 수만 잡종의 일들을 건드려 보기로 그 왕성한 활동력을 마침내 낭비한다. 1건 1종에 치명적 정력을 주력하는 이보다 오히려 각과·각업에 그저 약간씩의 노력을 더할 뿐이다. 그리고 그 나머지 생활은 운동, 사교, 가극, 문학, 음악적 각종 활약으로 과도히 덤빈다. 이러한 현상을 교육상으로 보아 불

행하다 아니하지 못하겠다. …… 특히 대학 시기에 수양을 목적하는 이들은, 다른 무엇보다도 전심의 연구력과 평온한 극기력을 얻음으로써 그 목적을 달한다 할지니, 교육으로 이를 고치지 못 한다면 그것은 실패이다. 운운.

본래 우리 각자의 환경이 우리의 연구력을 증장(增長)하지 못하는 것만 해도 애석한 현상인데, 게다가 우리는 재학하는 동안 남의 장단에 춤을 추어 지내기 얼마나 되는가! 활동을 부인하는 뜻이 아니다. 비록 춤이 아니고 지랄이 될지라도 내 장단과 내 음악에 맞추어 뛰놀자는 말이다. 다시 말하면, 오늘까지 우리는 우리의 소유인 두뇌를 자아의 특유물이란 각성을 갖고 미약하나마 연구를 하지 못하였다. 그래서 이른바 판단은 많이 몽키 비즈니스가 되고 말았다.

이상 약술한 몇몇 이유로 우리의 판단력이 아주 보잘것없이 되었다. 이 현상의 결과는 무엇인가? 제1로 일을 하는 능력을 잃게 되고 제2로 각자의 개성을 잊고 폐기할 것이며 제3으로 사회에 공헌을 할 수 없을 것이다.

2. 추리

추리에는 연역(演繹)과 귀납(歸納)의 양법을 사용하는 것이다. 연역은 이미 인증된 전제에서 시작하여 무수한 세목과 각개를 해석, 설명하는 법이며, 귀납은 그 반대로 허다한 세목과 대표되는 현상들을 먼저 관찰 조사하며 마침내 결론을 구하는 법이다. 전자는 지력(智力)이 승려와 귀족들 권위하에 있는 중고 시대에 성행하던 법이며, 후자는 근세 과학자들 중에서 승리를 얻은 새 법이다. 그러나 이 양법은 완전히 서로 배척(相斥)하거나 분리할 수 없는 것이다. 귀납법이 먼저 총칙을 세우고 연역법은 이 총칙에서부터 진행을 비롯함으로써이다.

유미 우리 학생들은 어떠한 법에 의하여 추리를 구하는가? 이상 '판단'을 이야기하는 동안 암시되어 있음과 같이, 많이는 연역법을 사용하는 것이다. 우리는 스스로 늘 지력의 주권을 타인에게 양여하고 있다. 그러고는 다시 그네들 슬하에 가서 결론 같은 것을 빌려 오는 터이다. 우리에게 있던 고상한 도덕적 관념이며 습관은 일분 가치 없는 것으로 내쳐 버리는 때도 없지 않으며 그 대신 구미인들의 반분 가치도 없는 사회 제도까지라도 때로는 권위와 영광을 가지고 우리가 대하는 바이다. 그네들의 문명에 대하여 우리는 얼마나 무조건 따르는 태도를 가지고 지냈는가! '참'을 발견하겠다는 끓는 마음으로부터의 비평적 심리는 아직 움직여 보지 못한 듯하다. 그네들의 우주관, 인생관, 도덕관, 아! 무엇 하나를 우리 자체에 소득 여부를 돌아보지 않고 그냥 홀딱 뒤집어쓰려는 상태에 있지 않는가. 이렇듯 근본부터 그르쳐 놓았으니 그 밖의 세세한 일상생활 범절이 얼마나 우리 처지 사정과 어긋났을 것인가를 짐작한다. 시간과 정력의 경제를 위하여 물론 연역의 법을 어느 정도까지 사용치 않을 수 없는 것이다. 그러나 우리의 심적 태도는 언제든지 이에 만족하여서는 아니 된다.

이상의 현상을 보건대 우리에게 시급히 요구되는 것은 과학자보다도 오히려 과학적 심리이다. 과학의 근본되는 법칙을 어긴 우리로서 여간한 과학 지식이 무슨 큰 효과를 제공하겠는가. 배우기야 정치, 사회, 교육, 그 어느 학이 되든지, 우리는 먼저 과학적 심리를 가져야 하겠다. 프랜시스 베이컨은 과학자는 아니었다. 그러나 그는 현대과학의 조상이란 칭호를 받고 있다. 그는 먼저 과거에 대하여 심혹(甚酷)하고 정세(精細)한 비평을 가하며 과학자의 절대 독립을 선언하였고, 그때부터 경험과 귀납에 기초하는 과학적 연구법을 건설하였다. 오늘까지 우리에게는 이만한 심적 태도를 가지고 취학하는 이가 적어 보여 한(恨)이다.

유미 우리 학자들의 인식적 경험을 약술함에 제1로 부정확한 판단과 제2로 추종적 추리 양자로부터 결과되는 불행을 이야기하였다. 어떻게 하여 정확한 판단력과 설립된 추리력을 증장케 할까 하는 것이 이제부터 할 말이다. 위에 소극적 현상을 개론함으로 조금 구체적 의견을 엿볼 수 있거니와 그 근본되는 문제는 결론에서 보려 한다.

III. 결론: 그러면 어떻게 할꼬

제1항에서 감정적 경험을 이야기하던 끝에 어찌하여 우리들의 이상적 정세(理想的精細)와 감정을 발달시킬까? 또 제2항에서는 어떻게 하여 우리의 판단력과 추리력을 정확 또 설립된 길로 인도할까? 등 두 문제를 두고 왔다. 그러면 어떻게 할꼬? 첫째 우리의 지성 경험을 보자. 우리 인류가 소지한 이 지성의 기계는 조물주의 뭇 묘공(妙工)[29] 중 하나이다. 그러나 우리는 이를 흠미(欽美)하며 상찬(賞讚)함으로 충분한 것이 아니고 이를 사용함으로써 그 보람과 이익[功利]을 얻는 것이다. 이렇듯 묘공인 기계에다가 발동력을 가하여 그 운전을 가능케 하는 자는 오직 감정뿐이다. 그리고 이 운전으로 이루고자 하는 목적은 '참'에 관한 지식을 얻고자 함뿐이다. 다시 말하면 완전한 지성의 원동력은, 우리의 이상 또 정세와 감정에 있다. 참을 사랑하자, 그리하면 우리의 지성은 경거의 판단을 내리기 전에 먼저 관찰을 부족히 아니하리라, 남의 판단력을 무조건 받아들이지 않으리라, 정밀스러운 연구를 빠트리지 않으리라. 다시 참을 사랑하자, 그리하면 우리

29 묘공: 빼어난 작품.

의 지성은 합리적 결론을 얻기 위하여 오직 이미 인증된 세습적 전제에만 호소[訴]하지 않으리라. 반드시 과학의 과정인 관찰과 조사, 경험에 기초한 귀납법에 먼저 나아가리라. '참'을 사랑하자! 뚜렷한 '참'을 사랑하자!

종장은 감정의 경험이 근본되어 보인다. 어떻게 하여 조비한 감정의 세력을 멸하고 그 대신 이상 또 정세의 감정으로 하여금 우리 마음에서 주권을 가지게 할까? 이런 종류의 감정을 자극시킬 만한 기회를 감소시키며 또 처지를 피하는 것도 취할 수 있는 방도다. 그러나 이는 우리들에게 어느 정도 불가능함도 있거니와 근본이 되는 것도 아니다. 차라리 우리의 의지력으로 이들을 저항 배척하며 한편 이상적 감정으로 깊은 뿌리를 내리도록 하며 다시 우리의 의지력도 이로 인하여 단련을 얻게 될 것이다. 그보다도 나는 '자아' 발견을 역설하고 싶다. 이 '자아'로서는 나의 유래, 나의 입장과 나의 목적 등의 각성을 의미하고자 한다. 철학적 '자아'와는 다른 것이다. 일례로써 내가 의미하는 '자아'를 설명하련다. 우리 중 한 분은 이하 사실과 같은 경험담을 들려준 일이 있다. 재학 중 동창생인 어떤 미국 학생 1인이 내방하여 '너는 왜 활동사진관이나 기타 오락장소에는 좀 다니지 않고 이렇듯 공부만 하고 있느냐!' 하고 물었다. '너희가 만일 나의 처지쯤 되었다면 너희는 나보다도 아마 몇 배쯤 더 하였으리라'가 군(君)의 뜻깊은 대답이었다. 이 길지 않은 한마디에 군의 유래, 입장 및 목적을 일일이 외친 듯하다. 우리 중에는 아직 많지 못하다, '자아'로 늘 동거하는 이가.

마지막으로 본국에 있는 어른들에게 한 가지 부탁이나 하여 보자. 우리들에게 집안 소식을 자주 알려 달라고. 우리로 하여금 뉘집의 딸들과 아들임을 늘 잊지 말도록 하며 또 앞으로는 어떻게 세간살이 잘하고 사는 법도 정답게 일러주며 또 얼마나 우리를 사랑하고 그리워하는지도 믿게 하여 줄 것이다. 개인 편지로도 가능하고 신문과 잡지상으로도 가능하고 기타 어떤 방법으로든 무슨 상관이 있을까. 이 글 쓰는 자의 본 교회에서는 두어 여름 전 아래와 같은 편지를 보낸 일이 있다.

> 夏節에 別無記念物 故로 手巾 一件式 付送하오니 勿却 領收하여 拭汗時마다 本教會와 吾民族을 爲하는 思想이 加하기를 願합네다. 餘只祝地方關念, 本校關念民族關念이 豊富不備亞門[30]
>
> 1922년 6월 8일 XXXX 교회 제직회 일동 상
>
> XXXX 교인으로 유학생 제위 전

그다지 값이 많지 않은 수건이지만, 그다지 문장이 훌륭치 못한 일편출신(一片出信)[31]이지만, 때때로 행이(行李)[32] 속에서 꺼내어 볼 적마다 읽을 적마다 공기는 얼마나 향그러워지는지 벌숙하는 웃음은 어디에서 그리 몰려오는지, 아, 오는 날들의 단꿈을 어이 그리 꾸게 하는가!

---

30 "여름철에 별다른 기념물이 없어서 수건 한 장씩 보내 드리오니 부디 잘 받으시어 땀을 닦을 때마다 본 교회와 우리 민족을 위하는 사상이 더해지시기를 원합니다. 아울러 오직 지방 이념(관념)과 본교 이념과 민족 이념이 풍부해지기를 빌 뿐이며, 예를 다 갖추지 못하고 바삐 올립니다. 아멘."

31 일편출신: 한 쪽 편지.

32 행이: 짐.

2

잊을 수 없는 스승, 새교육 선구자 전익호 선생[1]

나이 여덟 살 때, 나는 평안남도 안주 고을 노인청 안에 있던 한문 사숙에 다니고 있었다. 1904~1905년에 걸친 러일전쟁의 그 일부 전투가 여기서도 싸워졌으니만큼, 크게 사회적으로 끼친 충격과 혼란은 말할 것도 없지만, 나의 이 글공부도 자연 중단되고 그리고 집안 어른들과 같이 청천강 하류 '뒤비탈'이라고 하는 조그마한 어촌에 피난 갔던 것이다.

세월이 평온해져서 다시 고을로 돌아왔을 때, 내가 찾아간 글방은 위에 말한 노인청은 아니었고 '전익호(全益鎬)'라고 하는 젊은 교사가 가르치고 있는 신식 학교였다. 학교, ― 이것은 3간 초가집 ― 한 방은 부엌, 한 방은 선생의 살림방, 그리고 남은 한 방이 교실이었다. 학생 수는 내가 입학해서 전부 여섯, 책상이나 의자가 없었던 것은 물론, 혹 이런 것이 있었댔자 놓을 자리가 있었던 것도 아니다. 게다가 아직은 교명(校名)조차 가지지 못했다. 그저 전 선생 글방이었다. 그러나 지금 돌아보면 이 조그마한 글방은 현대 교육원리에 비추어 보아 훌륭한 새교육 기관이었다. 나는 과거 다른 때에 있어서도 이 옛 글방을 기억하게 될 때마다 이러한 느낌을 가졌던 것이다. 이것은 학교라고

---

1 안주의 유신소학교에서 장리욱에게 탐구심과 창의력을 일깨워 준 은사를 추억하는 글. 『새교육』, 1959년 5월.

하는 기관에 부수되는 교사, 시설, 혹은 학과정 때문에가 아니라 오직 전익호라고 하는 선생 한 사람 때문이었다.

20세기를 전후해서 우리나라에서 신식 교육의 창시를 보게 된 것은 주로 미국 선교사들의 개척자의 노력에 의지한 것이 사실이다. 그들은 선교 사업의 일환으로서 가능한 한 학교와 병원을 아울러 경영하는 것이 그 방침이었다. 이러한 선교 정책에 의지해서 당년 안주 고을에 설립된 것이 곧 이 신식 학교, 전 선생의 글방이었다.

전 선생은 일찍이 구한국 군대의 군인으로서 안주 지방에 예속되어 있었는데 본래 한학에 능하고 또 글씨를 잘 쓰기 때문에 주로 사무 계통과 서기 일을 맡아 보는 하사관이었다고 한다. 군대가 해산을 당하자 그는 일시 직업을 잃었다. 그러나 기독교에 입교할 기회를 가질 수 있었다. 이것은 당시 평안북도 영변 고을을 선교 사업의 전초 지점으로 삼고 여기 와서 주재하던 선교사 "모리쓰"를 도와서 일하던 장락도 전도인의 권유를 받고 예수교인이 되었기 때문이다. 안주 고을에 학교를 설립하게 되자 전익호 씨는 아마 경쟁자도 없이 취직이 결정된 모양이다.

나는 이 단 한 칸 방 신식 학교에서 처음으로 아라비아 숫자 1, 2, 3, 4……를 배웠다. 그리고

문. 태초에 이 세상은 누가 창조하였나뇨?
답. 하나님께서 만드셨나니라.

문. 하나님께서 어떻게 만드셨나뇨?
답. 말씀 한마디로 만드셨나니라.

문. 얼마 동안에 창조하셨나뇨?
답. 엿새 동안에 창조하시고 이레 되는 날에는 안식하셨나니라.

이런 문답식으로 예수교의 교리를 설명한 성경 요리(要理) 문답을 공부했다. 이것은 순한글로 된 적은 팸플릿식 책자였다.

그 다음 중요한 교과서로 씌어진 것이 즉 게일(J. S. Gale, 한국명 기일奇一) 박사가 엮은 『유몽천자(牖蒙千字)』였다. 이 『유몽천자』 전질(1, 2, 3, 4권과 속편)은 지금 우리가 말하는 사회 생활과 물상과 또 문학 등 각 방면을 망라해서 엮은 일종의 종합 교과서였다. 여기서 처음으로 우리가 살고 있는 이 땅이 평평한 것이 아니라 둥근 덩어리, 즉 지구라는 말을 듣게 되었고, 그리고 또 이 지구가 공중에 떠 있으면서 태양을 돌아다닌다는 것을 배우게 되었다. 지구의 공전과 자전설을 처음 듣는 우리 어린 학생들에게 있어서 가장 이해할 수 없었던 것은, 즉 어찌해서 바닷물이 쏟아지지 않고 그냥 땅덩어리에 붙어 있을 수 있느냐 하는 것이었다. 전 선생이 그때 우리들의 이 의혹을 풀어 주기 위해서 열심으로 설명하고 있던 그 모습은 아직도 잊어지지 않으나, 그 내용이 무엇이었다는 것은 기억되지 않는다.

그는 어느 날 우리들을 데리고 안뜰로 나아갔는데 여기는 그렇게 깊지 않은 우물이 있었던 것이다. 전 선생은 두레박으로 물을 길어 올린 다음 두레박 끈을 손에 감아쥐고 두레박을 머리 위로 돌리기를 시작했다. 우리 학생들도 이 두레박을 그렇게 돌려 보았으나 물은 쏟아지지 않았다. 지구인력 또 원심력, 구심력 등 역학에 대한 설명을 들은 것으로는 기억되지 않으나 원운동을 하는 물체에 있어서는 비록 물이라고 할지라도 떨어지지 않는다는 것을 우리는 볼 수 있었다.

예수교 성서 복음서에는 예수가 산에 올라가서 가르쳤다는 팔복 교훈이 씌어 있다. "마음이 가난한 자는 복이 있나니 천국이 저희 것이요" 또 "온유한 자는 복이 있나니 저희가 땅을 차지할 것이요" 등 여덟 가지 복되는 마음보를 말한 것이다. 우리는 이것을 배우고 또 따로 기억하기에 무척 애썼다. 전 선생은 어느 하루 다시 우리들을 뜰로 데리고 나와서 우물 옆에다가 조그마한 산 만드는 공사를 시작했다. 우리 학생들에게 있어서 이 조산(造山)공사는 정말 재미 진진한 일이었다. 며칠 후 이것은 봉우리와 골짜기가 있고 또 바위와 수림도 섞인 얌전한 인조산 하나가 되어 버렸다. 그런데 전 선생이 이 조그마한 인조산을 그 뜰에다 만들게 한 것은 별다른 의도가 있었던 것이다. 그는 이 산을 팔복산(八福山)이라고 명명하자고 제의했다. 그것만도 아니었다. 이 산 가운데서 가장 눈에 뜨이는 여덟 봉우리를 택해 가지고 그 첫 봉우리에 빈심봉(貧心峰) 또 그다음 봉우리에 온유봉(溫柔峰)이라는 식으로 그 여덟 봉에다가 적은 패 하나씩을 다 꽂았다. 우리는 그 후에도 보기 좋은 돌과 화초를 얻어다가 이 산을 장식하고 또 물도 주었다. 그러는 동안 우리는 팔복이 무엇이라는 것을 자연히 기억할 수 있었다.

그 얼마 후 이 신식 학교 전 선생의 글방은 거기서 그리 멀지 않은 지점에 기와집 한 채를 새로 사고 옮겼다. 새로 마련된 이 교사는 교실로 쓸 수 있는 방이 세 칸이나 되었고, 또 학생 수도 20명 이상으로 증가된 것이었으나 선생은 그저 전 선생 한 분뿐이었다. 이때부터 이 신식 학교는 유신학교라는 간판을 걸고서 파란중첩한 20세기의 그 전반기를 지나온 것이다.

이때쯤 해서는 이런 시골에 있어서도 당시 서울에서 발행되는 『황성신문』 또 『대한매일신문』을 받아 볼 수 있었다. 그러나 이런 신문의 그 내용은 우리 학생들에게 취미는 고사하고 사실 그것을 이해할 수도 없었던 것은 물론이다. 이것은 무엇보다도 그 편집이 거의 한문으로 되었기 때문이다.

전 선생은 우리 학생 중 몇 사람을 지명해서 학교 신문을 발행할 것을 종용했다. 이것은 단 한 장짜리 신문으로서 몇몇 학생이 번갈아 써야 하는 것이었는데 그 크기는 요즈음 일간신문의 한 면만 한 것이었다. 기사의 내용은 이 신문이 아니라도 다 알 수 있는 교내의 소식을 다시 한 번 적어 보는 것, 그리고 무엇보다도 중요한 것은 사회면 기사였다고 생각된다. 이것은 당시 안주 고을에서 생기는 일 가운데서 특히 우리 학생들에게 관련이 되고 또 알아야 할 사건들을 보도한 것이다. 이러한 보도 가운데 오직 한 가지만이 아직도 기억된다. 안주 고을에는 칠성못[七星池]이라는 큰 못이 있다. 당시 이것이 안주에 주둔했던 일본 수비대였는지 혹 군청이었는지는 모르나, 좌우간 어떤 관청에서 이 칠성못 한편 구역을 막아 가지고 그 안에 오리를 길렀던 것이다. 시민 중에는 이 구역에 있는 오리를 손질했다가 말썽 겪은 사람이 없지 않았던 것이다. 그때 우리 교내 신문은 이 사실을 상세히 보도하면서 칠성못에 가서 노는 일이 있을지라도 이 점을 주의하라고 알렸던 것이다. 이 한 장짜리 교내 신문 발행이 얼마 동안이나 계속된 것도 지금은 기억에 사라지고 말았다. 그러나 이것이 계속되는 동안 서로서로 돌려 가면서 읽던 것이 회상된다.

그리고 전 선생은 특히 상급 학생들에게 한해서 그때에는 다른 누가 상상도 할 수 없었던 독자적이요, 또 창작적인 교육 방침을 취했던 것이다. 이것은 오늘 우리가 말하는 '프로젝트' 방법이요 또 '리서치'(조사 연구) 방식이다. 이것은 주로 안주성 내외를 중심하고 남아 있던 명승 고적, 사찰, 성지 등에 대해서 우리 학생들로 하여금 그 구조, 역사, 관계 사실 또 일화 등을 조사 정리해서 지금은 논문이라고도 할 수 있는 보고서를 써 바치게 하는 것이었다. 칠불사(七佛寺), 충민사(忠愍祠), 백상루, 만경루 그리고 동서남북 사대 성문이 다 이런 조사의 대상이 되었던 것이다. 그때 내가 책임지고 조사해서 써낸 것이 즉, 안주 고을 소동문(小東門)에 관한 것이었다. 이 글을 쓰는 데 있어서는 물론 전 선생 자신이 많이 도와주었지만 나는 다시 집안 어른들에게 묻고 또 몇 번이고 이 소동문에 올라가서 거기 달려 있던 현판이며 또 그 밖에 참고될 자료를 알아보느라고 무던히 애써 보았다.

그때 서울에서는 어떤 종류의 수리학 잡지가 발행되었다. 전 선생은 이 잡지에서 비누 제조법을 읽고 곧 우리 학생들로 하여금 이것을 만들어 보게 하였다. 재료로서는 양잿물과 쇠기름 그리고 적당량의 물이다. 숯불과 냄비가 준비되고 그리고 우리는 이것을 24시간 동안 끓일 작정으로 만반 준비를 갖추었다. 이것은 즉 밤을 새워 가면서 체번 감독하기로 하고 침구와 밤참을 마련하기까지 주도했던 것이다. 그러나 이 재료를 24시간이나 끓여야 한다는 것은 약 2시간쯤 끓인다는 것의 오식(誤植)인 것을 곧 알게 되었다. 우리는 그 둘째 번 실험에서 성공했다. 마지막으로 이것을 사용하기에 편리한 덩이로 만들기 위해서는 큼직한 술 종지 두 개를 위로 서로 마주대서 비누의 모형을 삼았던 것이다.

당시 우리 학생 사이에는 집안 어른들이 강요하는 조혼 문제가 있었고 또 가정에서 반대하는 단발이 유행했다. 전 선생은 사실 내용으로 전자를 극히 반대하고 또 후자를 적극 지원해 주었다. 그러나 어떤 학생에게 있어서 이러한 문제가 구체적으로 생길 때에는 한편 학생을 설유하고 또 다른 한편으로는 학부형을 권고해서 그 정세 아래서 가장 적당한 해결을 지어 주었다.

봄이 오면 그는 우리들을 데리고 진달래꽃 만발한 태조봉(太祖峰)으로 올라가서 꽃놀이도 했다. 여름이 되면 청천강에까지는 아닐지라도 비교적 수심이 얕은 개천에 가서 헤엄을 배우게 했고 또 물장난을 즐기게 했다.

회고하건대 이것은 모두 반세기 전에 있어서 생긴 일이다. '듀이(John Dewey)'나 '킬패트릭(William Heard Kilpatrick)'의 새 교육원리가 아직 그 체계도 다 갖추기 전의 일이다. 무엇이 그로 하여금 이렇게 참된 교사 또 선각자가 되게 하였던가.

첫째, 그는 천래(天來)의 선생이었다. 학생들의 일 이외에는 아무것도 생각하거나 좋아하는 것이 없었다. 그의 가정생활이 가난했다는 것은 지금도 여러 가지로 기억되는 사실이 있다. 그러나 그가 돈을 생각하거나 이야기했다는 것은 무엇 하나도 인상에 남은 것이 없다.

둘째, 그는 본시 진보적 두뇌를 타고 난 사람이었다. 그는 자기가 살고 있는 그 시대보다 적어도 10년 혹은 20년쯤은 앞서 산 사람이라고 나는 생각한다. 천부의 그 큰 재질을 다 발휘해 보지 못한 채 그는 이미 고인이 되었을 것이다. 잊어지지 않고 기회 있을 때마다 다시금 추모되는 전익호 선생.

3

존 듀이 선생과 컬럼비아대학[1]

지성인의 낙원

존 듀이 선생은 나의 존경하는 은사님이다. 선생은 1904년부터 1930년 은퇴하기까지 약 30년에 걸쳐서 줄곧 뉴욕 컬럼비아대학 철학 교수직을 지켜 왔다. 그동안 1919년과 1930년에 있어서는 중국 북경대학에서 철학과 교육학을 강의한 일이 있고, 또 1924년에는 토이기(土耳基, 터키) 정부의 초청을 받아 그 나라 교육 제도 개편을 위한 보고서를 작성했다. 그리고 멕시코, 일본, 소련 등 여러 나라를 심방하면서 각각 그 교육 제도의 문제점 또는 그 개선의 가능성을 연구하기도 했다.

제1차 세계대전 이후 인간 사회의 새로운 질서를 모색하고, 국가나 민족 사이의 보다 나은 상호 관계의 필요성을 느끼는 지식인들은 매우 많았다. 그리고 이런 문제들에 대한 그 본질적 해결 방안을 교육에서 찾아보려고 했다면, 이것은 쉽게 이해가 갈 뿐만 아니라 분명히 올바른 태도였다고 말할 수 있다.

이런 시점에 있어서 때마침 새교육철학과 새교육방법을 대표하는 듀이 교수가 컬럼비아대학에 자리 잡고 있었으며, 더구나 미국은 세

---

1 미국의 철학자이며 실용주의 교육의 선구자인 존 듀이 교수와 공부하기 위해 컬럼비아대학으로 간 장리욱의 경험담. 『새교육』, 1967년 8월.

계 전쟁에서 승리자로 등장하게 되었던 것이 아닌가. 그렇기 때문에 유럽과 남미 그리고 아시아 여러 나라의 학자, 학생, 교육 실무자 등의 많은 사람들이 컬럼비아 사범대학을 찾아 모여든 것도 바로 이 동안에 있었던 일이다. 이리하여 그 교육 행각과 아울러 컬럼비아 대학에서 계속된 그의 강의, 연구, 저술, 교육 실험 등은 널리 온 세계의 교육사상, 교육방법 및 교육행정 면에 지대한 영향을 끼치지 않을 수가 없었다.

이 시절을 통하여 듀이 교수 또는 기타 저명한 학자들에 의해서 양성된 컬럼비아대학의 학문적 풍토야말로 진리를 탐색하는 지성들의 낙원이요, 그 광장이었다. 여기에 풍기고 있는 그 참된 자유주의와 진보주의적 분위기 속에서는 어떤 사상이나 어떤 종교를 막론하고, 또한 신구와 좌우로 대립되는 어떤 문제일지언정 터부당하거나 제한받을 수는 없었다. 이렇게 진지한 토의의 대상이 되었던 문제로는 세계 평화 문제, 인종 차별 문제, 인구 제한 문제 등 갖가지가 있었다. 오늘날에 이르러서는 그렇게 이슈가 되는 것도 아니지만, 그 시절에 있어서 외국 선교 사업 문제는 역시 새로운 조절이 요청되는 것이었다. 이것은 각국에 흩어져 살면서 선교 사업에 종사하던 많은 선교사들이 소위 '안식년'이라고 하여 귀국하는 기회를 이용해서 이 컬럼비아 사범대학원에 모여 오는 현상 때문에 생긴 사실이기도 하다.

초기 선교사들의 경우에 있어서는 그들이 어느 곳을 가서라도 발견하게 되는 각기 고유한 종교과 문화를 대개 부정하고 또 무시하는 것이 정통적인 태도였다. 그리고 그들이 이러한 태도와 견해를 갖게 됨으로써 그 선교 정책에 반영시키는 데에도 거의 성공했던 것이다. 그러나 시대와 세대는 아울러 바뀌어졌다. 서구의 문물이라면 무엇이나 그저 쳐다보고 또 아무런 비판도 없이 받아들일 줄만 알던 이른바 후진국들도 점차 그 자주성을 뚜렷이 드러내게 되었다. 기독교 이외의 어떤 종교나 기독교적이 아닌 다른 모든 문화를 종전과 같이 부정하는 선의 선교 사업은 앞으로 더 계속할 수 없고 또 있어서는 아니 되겠다는 견해와 여론이 대두하게 된 것이다.

당시에 우리나라에 건너와 있던 미국 북장로교 선교사들은 어느 다른 교파보다 더 보수적이었다는 것은 자타가 인정하는 사실이었다. 1927학년도에 나와 함께 같은 클래스에서 수학한 선교사 한 사람이 있었다. 그는 평북 선천 보성여학교 교장으로도 오랜 동안 시무한 바 있는 미스 스티븐스였다. 그때 내가 알기론 그는 본시 오픈 마인드한 지성인으로서 새로운 지식을 극히 굶주리고 있던 사람이었다. 지적 활동이 본래 강조되지 않는 선교사 사회에서 십수 년을 지내 오는 동안, 그는 자신도 모르게 어떤 지성적 자극이나 지식 활동이 몹시 아쉬웠던 것 같았다.

그렇기에 그는 이 컬럼비아대학이라는 지성인들의 광장에 있어서 풍기고 있는 자유 기풍을 만끽하면서 몹시도 만족해했다. 그가 과거 15년 동안이나 살고 있던 선천 선교사 사회를 돌아보면서는 더욱 더 그럴 수밖에 없었을 것이다. 겨우 7~8명의 가족으로 이루어진 이 작은 그룹은 항상 이질적인 사회 환경에 둘려 있으니만큼, 비록 그들의 사명이 이 이질적 사회를 정복하고 혹은 개선하는 데 있다고 할지라도, 그들은 무의식중에서나마 내면적이 되는 것을 피하기 어려웠을 것이다. 따라서 이 조그마한 커뮤니티는 그 구성원들에 향해서 종교적 신조는 물론, 행동의 통일성까지를 몹시 강조했던 것이다. 이것이 곧 미스 스티븐스가 숨김없이 털어놓고 말하는 그 생활의 경험담이었다.

이처럼 본래는 지성의 사람이면서도, 혹은 자기가 놓여 있는 그 환경으로부터 느끼게 되는 어떤 압력 때문에, 혹은 그저 '루틴'한 실무에 눌려서 오랜 동안 지적 활동이 극히 저조되었던 많은 사람들이 이때에 컬럼비아대학이 마련한 이 지성인의 광장으로 모여 왔던 것이다. 이를테면 좀 과장된 표현 같지만, 하늘 아래서 찾아볼 수 있는 문제치고 여기서 다루지 못한 것은 없었다. 또 어떤 모양으로라도 자유롭게 다룰 수 있는 곳이 바로 여기였다.

이 캠퍼스에 발을 들여놓는 그 시간부터 누구라도 느끼고 또한 즐길 수 있는 것이 바로 자유 분위기였다. 그러기 때문에 미스 스티븐스는 정말로 무엇에서부터 해방된 느낌이노라고 말해 주었다. 그리고 이러한 학풍이 양성되는 데 있어서 존 듀이 교수의 공헌은 곧 '지성인의 낙원' 그것이었다.

나는 오늘날 우리나라 지성들이 살고 있는 이 나라 대학의 그 침체하고 우울한 분위기를 느낄 때마다 학창 시절의 컬럼비아에 대한 향수가 보다 더 짙어만 감을 절실히 느끼곤 한다.

4

대학의 혼을 곡한다[1]

1965년 9월 4일은 우리나라 대학 역사에 있어 하나의 놀라운 사실을 기록한 날이었다. 소위 정치교수 처벌을 늦춘다 하여 이날을 기해 이 나라 고등교육기관으로서 가장 빛난 전통을 지닌 연세대와 고려대에 휴업령이 내렸다. 이 사실은 적어도 한국의 대학가에 있어서 '시일야 방성대곡(是日也 放聲大哭)'이 있었어야 할 것이다. 또 우리 대학은 스스로를 위하여 크게 울었어야 할 노릇이 아니겠는가.

정신을 잃어버린 대학

일찍이 일제가 우리 겨레에 대해서 소위 민족 동화 정책을 강행하고 있을 무렵이다. '우리는 자식을 낳지 말자, 또 가르치기도 그만두자' 하고 울부짖는 사람들이 있다. 자식을 낳았댔자 이것이 조선의 종자가 못될 바에야 또 가르쳐 보았댔자 이것이 우리 정신의 대를 이을 수 없을 바에야 무엇을 위해 자식을 낳을 거냐 또 가르치긴들 할 것이냐 하는 말이다. 이것은 분명 자포자학 또 절망에 가까운 감정의 폭로다. 허지만 그때 우리의 심정은 바로 그랬던 것이다.

---

1 1965년 9월, 정치교수 처벌 관계로 문교 당국이 연세대, 고려대에 휴교령을 내려 얼과 혼을 잃은 대학을 위해 곡하고 싶은 심정을 토로한 글. 『사상계』 제13권 11호(통권 제153호), 1965년 11월.

지금 나는 지난날의 그것과 별로 다름없는 심정을 갖고 오늘의 우리 대학을 바라본다. '정치교수' 파동을 겪고 나서 표면 고요한 우리 대학은 마치 얼과 넋이 아울러 빠져 버린 하나의 커다란 시체인 양 몹시도 서글픈 모습을 보여 주고 있다. 오직 곡하고 싶은 심정뿐이다.

이제 우리 대학이 정말 그 혼을 잃어버린 것이라면 우리는 무슨 덕을 보자고 또 어떤 다른 가치를 위해서 이것을 해야 하는가. 혹은 그냥 이것을 갖고 있어야 하는가. 대학 교육의 그 언저리 가치를 아쉬워하는 것이라면 기술 양성소도 넉넉하다. 보다 더 점잖은 이름이 필요하다면 일제가 우리 젊은 세대를 위해서 마련했던 '전문학교'라면 그만일 것이다. 이쯤 되면 우리는 '대학을 그만두자'라는 '대학금지'론을 떳떳이 내세울 것이 아닌가.

만일 이런 이론에 입각해서 우리 대학이 폐지되는 일이 생기는 것이라면 이것은 현 정부가 그렇게도 미워하고 또 위험시하는 학생 데모의 뿌리를 뽑아 버리는, 또 나아가서는 뿌리만이 아니라 그 종자까지도 싹 쓸어버리는, 가장 철저한 방법이 될 수도 있다. 이번 문교 당국이 감행한 '대학 휴학' 조처는, 그들이 미리 선언했다시피 '휴교' 처치에 거의 직결되어 있는 것이다. 그런데 여기서 짧은 한 걸음만이면 '폐교'선에 돌입하게 되는 것이다.

이렇게 본다면 '대학 폐지'론은 결국 이미 얼이 빠져서 허수아비 같이 되어 버린, 대학이란 거구를 치레 삼아 보전하는 그 낭비와 사치를 없이 하는 데 이바지된다. 또 현 정부의 두통거리 데모를 근절시키는 묘방도 된다 하는 이론이 빼젓이 서게 된다.

이것은 물론 오늘 대학 문제의 그 중대성을 강조하는 입장에서 어디까지 비약시킨 이론이기는 하다. 그러나 '대학 폐지'론이 이렇게나마 성립을 볼 수 있기까지 현실 사태가 거듭 악화되었다는 것은 참으로 슬픈 일이다.

그러면 이런 구슬픈 사태가 빚어지고야 만 그 이면의 사정은 무엇인가. 내가 보는 한 이것은 첫째 정부 당국으로서 그들이 당면한 모든 저항과 반발의 양상을 검토하는 데 있어서 그 진정한 이슈가 어디 있다는 것을 바로 파악하지 못했거나 혹은 바로 파악했을망정 이것을 솔직하게 천명할 성의와 용기가 없었던 것이라고 생각한다. 다음으로 나는 대학 당국의 책임이 또 그만큼 큰 것이라고 본다. 대학 당사자들은 분명 이번 파동에 있어서 그 어떤 이슈가 생사의 선에 걸려 있다는 것을 즉 'What is at stake'를 정확히 또는 대담하게 파악하지 못한 것이라고 생각한다.

그런고로 한편에 있어서는 어디까지나 피상적이고 또 유동적일 수 있는 이슈를 내세우고 강경 일변도로 줄달음친 것이다. 그리고 이러한 강경 정책과 그 수법에 억눌린 다른 한편은 직을 도(賭)하고라도 혹은 모든 위험을 무릅쓰고라도 살려야 한다는 이슈를 파악하지 못했다. 이렇게 방위가 없어진지라 대학은 혼을 잃고 자빠져 버렸다.

근본 쟁점을 회피한 정부

민주주의란 본시 인간의 이지성을 신봉하고 또 인증하는 데서부터 시작된다. 얼마의 경험을 돌아보면서 하는 말이지만 한 사회의 어떤 어렵다는 문제를 다루는 데 있어서 사실 대학 안에서와 마찬가지로 또 대학을 상대로 하는 경우 마찬가지로 더 용이할 수는 없을 것이라고 믿는다. 대학생은 때때로 감정에 흘러서 과격한 행동에로 나아가는 결점(혹은 장점)이 있다. 그렇지만 또 다른 일면 그와 마찬가지로 올바르고 오순도순한 추리 또 거기서 맺어진 결론에 대하여 단 마음으로 복종하는 인간이 적다. 그가 젊다고 해서 언제고 늘 감정과 선동의 지배를 받는 것이라고 생각한다면 이것은 크나큰 잘못이다. 그는 때로 지나치게까지 이성 숭배자이기도 하다. 그들이 모인 자리에 있어서 어떤 사물에 대하여 정연한 논리를 펴는 자는 그들의 기수다. 또 그러한 추리를 통해서 얻어진 어떤 결론일지라도 거기 즐거이 따르는 자는 그들의 용사다. 이것은 대학 자체가 본시 지성인의 모임이라는 사실이 어느 정도 작용하고 있는 것이겠지만 보다 더 근본적인 이유는 이것이야말로 그들의 연대에 있어서 가장 뚜렷이 나타나는 생리적 또 심리적 현상이기 때문이다. 그런고로 이 연대의 학생들과 더불어 무슨 문제를 다루든 여기 가장 유효한 무기는 뜨거운 성의요 또 조리정연한 이론이다. 무리한 고집과 물리적 강압은 절대 금물이다.

그러나 누구와 더불어 무슨 문제에 대해서 어떠한 이론을 벌이든 피차가 갖는 그 다일렉틱(dialectic: 변증법)은 반드시 공동한 차원을 찾아야 한다. 이것을 갖추지 못한 그들의 대화는 끝없는 평행선을 달릴 것뿐이다.

소위 '김(종필)·오히라(金·大平)' 메모 이래 정부 대 학생 사이에 크게 부각되어 나타난 쟁점은 물론 한일국교 정상화를 둘러싼 문제다. 학생들은 '굴욕외교', '매국주의'를 반대하며 데모를 계속했다. 정부는 이러한 데모를 막아 내는 한편 한일협정은 오늘 국제 정세 아래에 있어, 굴욕도 매국도 아닌 최선의 것이라고 PR했다.

그러면 이와 같이 정부와 학생들이 가진 그 대화 또 그들이 주고받은 그 행동과 반동은 정말 같은 차원에 서서 같은 이슈를 둘러싸고서 이루어진 것인가. 나는 그런 것이라고 보지 못한다. 학생들은, 어떻게 보면, 밥투정 옷투정을 몹시 하고 있는 어느 집의 귀한 아들 놈 같다. 아버지는 이놈을 어루만지며 옷이 나쁘냐 찬이 좋지 않으냐 무엇도 다 해주마 얼러댄다. 그래도 이놈은 그냥 투정뿐. 그놈의 가슴속에는 말 못할 까닭이 있다—못마땅한 계모 문제가 도사리고 있지 않는가. 이렇게 되풀이되고 있는 그 투정의 참된 이슈를 그 아버지는 파악했어야 하고 그리고 거기서부터 해결을 위한 다일렉틱이 시작됐어야 할 것이다.

이제 정부는 학생들이 줄곧 계속해서 벌이고 있는 그 반항 그 데모의 중심 이슈가 정말 백 퍼센트까지 다 한일협정 혹은 그 조건을 반대하는 데 있는 것이라고 판단하고 있는가. 표면 그런 판단을 내리고 있는 것이 보인다. 바로 여기 그 맹점이 있는 것이다. 여기서부터 정부와 학생의 대화는 영 그 초점이 맞지 않았다.

생각건대 정부는 오늘 학생들이 문제 삼는 그 이슈가 어디 있다는 것쯤 알았음직도 하건만. 최근 어느 한 신문 기자가 이른바 바람 잔 캠퍼스를 두루 돌고 와서 이런 글을 썼다—"한국의 대학생들에게는 기댈 언덕도 자위할 신기루도 없다는 게 그들의 고백이었다. 한일협정 반대 데모도 한일협정이라는 구체적인 이슈를 포착, 마음속의 울분을 터뜨린 면이 더 많지 않느냐고 반문하는 학생들도 있었다"고.

학생들이 그 가슴속의 울분을 터뜨려 버리는 하나의 방법으로서 한일협정이라는 구체적 이슈를 포착했다는 말은 분명 정확한 견해라고 믿는다. 이 울분이란 다름 아닌 현 정부에 대한 불신이요 또 매일처럼 보도되는 그 끝없는 부정과 부패에 대한 의분이요 또 원한인 것이다.

만일 정부가 보다 더 현명하고 대담했더라면 지금 학생들 가슴속에 잠재하고 있는 그 실질적 이슈를 받아들여 피차 공동한 이슈를 삼았어야 할 것이다. 그리고 여기서부터 양성적인 대화가 시작됐어야 하는 것이다. 그래서 모든 당면 문제를 합리적으로 해결한다는 뜨거운 성의를 갖고 그리고 조리가 닿은 이론을 피차 전개하기에 힘썼더라면 대학을 빈사의 경지에까지 몰아넣지는 않았을 것이다.

정부는 불행하게도 이런 공동 이슈를 찾아보려 하는 아량도 현명도 또 용기도 갖지 못했다. 오히려 데모가 그 뿌리를 어디에다 두고 활소(活素)를 섭취하고 있는가를 독자적으로 밝히려고 들었다. 고작 찾아 놓는 것이 소위 정치교수다. 그래서 학원 안에서 이 정치교수를 제거해 버리기만 하면 학생 데모는 그 뿌리가 아주 뽑아질 것이라는 견해를 굳혀 버렸다. 여기서부터 정부는 마라톤식으로 달리며 대학이 가져야 할 자유와 권위와 주체성을 모조리 짓밟아 버렸다.

'정치교수'가 그 무엇이든 간에 만일 이것이 대학 안에 있어서는 대학과 나라에 해를 끼칠 존재라고 하면 이제 그 누구를 이런 종류의 '정치교수'라고 규정하는 데 있어서 그 누가 이 일을 더 잘할 수 있겠는가—문교 당국인가 대학인가. 이제 또 이런 '정치교수'가 누구라는 것이 규정됐다 하자. 이때 이런 '정치교수'의 사퇴를 종용하는 그 책임과 권리가 누구에게 있어야 옳겠는가—문교 당국인가 대학인가. 대학이 무엇인지를 조금이라도 아는 사람이라면 이것쯤은 다 알 것이 아니겠는가.

국민이 다 보다시피 문교 당국은 먼저 '정치교수' 리스트를 만들고 또 각 대학에 대하여 누구누구를 파면할 것을 강요했다. 또 이러한 지시가 재빨리 집행되지 않는다고 해서 오래 두고 민족정기의 보금자리가 되는 두 대학에 대하여 소위 휴업령을 내렸다. 또 파면 입는 교수들을 다시 채용하지 않는다는 다짐을 받기도 했다고 알려졌다. 이 일련의 모든 조처는 한 대학의 교수만으로서가 아니라 하나의 공민으로서 갖고 있는 그들의 언론의 자유와 또 생존권까지를 박탈해 버리는 폭거가 된 것이다. 그뿐 아니라 그들에게는 그들 스스로의 입장을 변명할 수 있는 기회와 권리가 일찍이 주어졌다는 소식을 듣지 못했다.

또 연달은 보도에 의하면 문교 당국은 각 대학교수가 앞날에 있어서 『동아일보』 또는 『사상계』 등 두 특정 언론 기관으로 더불어 어떤 관련을 가져서는 아니 된다고 하는 태도를 밝혔다고 한다. 그 이면 이유가 무엇이든 이것은 결국 고대 연세대와 아울러 우리 겨레의 자유혼과 정의감을 상징하는 4대 기관을 적대시하는 조처에 나아간 짓이라고 보이는 것이다. 이 기관들은 모두가 다 그 정신과 사업에 있어서 자유와 인권과 정의를 두둔하면서 탄압과 독재와 부정과 부패를 항거해 온 긴 역사를 갖고 있다. 그런데도 하필이면 오늘 이런 기관들이 현 정권의 기피와 혐오를 받아야 하는 그 대상으로 골라졌다고 하는 것은 조비이락(烏飛梨落) 격인 우연일는지 모르지만 하나의 역사적 아이러니가 아닐 수 없다. 이것은 결국 현 정권의 성격과 행장에 대한 그 이미지가, 정부 자신이 바라지 않는 모양으로, 많은 국민의 눈 속에 반영된 것은 아닐까.

데모에 나서는 학생과 더불어 처음부터 지성들답게 대항할 수 있는 공동의 이슈를 찾지 않은 채 독주해 버린 당국은 그 주체성을 스스로 돌보지 않는 대학 당국과 더불어 한국 대학 역사에 한편의 슬픈 기록을 남겨야 했다.

근본 이슈에 눈감아 버린 대학 당사자

학생 데모의 뿌리라고 간주된 '정치교수'를 해임하라는 당국의 명령이 재빨리 집행되지 않는다고 해서 당국은 대학에 휴학 혹 휴교령을 내릴 수 있게 하는 법령을 급조했다.

1965년 9월 4일은 우리나라 대학 역사에 있어 하나의 놀라운 사실을 기록하는 날이었다. 이날을 기해서 이 나라 고등교육 기관으로서 가장 빛난 전통을 지닌 고려대학과 연세대학에 휴교령이 내려졌다. 이 두 대학에 대해서 이러한 조처가 감히 취해졌다는 그 사실의

의의를 분명히 살피는 것이라면, 적어도 한국의 대학가에 있어서는, '시일야 방성대곡'이 있었어야 할 것이다. 아닌 게 아니라 이것은 학원에 암운이 감돌게 하는 것이라고 했다. 일반 사회에 적지 않은 불안을 던져 주는 것이라고도 했다. 또 정계는 부질없는 두통거리를 더 가지게 된 것이라고도 했다. 그러나 고대 연세대 두 대학에 내려진 이 휴학령이 일으킨 그 반응이 겨우 이런 정도에 멎는 것이라면 우리 대학은 스스로를 위해서 또 크게 울어야 할 노릇이 아니겠는가. 대학도 하 많이 생기더니 정말 모두 있으나 마나한 싸구려가 돼 버렸는가.

이날에 있어 적어도 전국 대학의 총·학장들은 일제히 일어나 대학 옹호의 깃발을 높이 들었어야 할 것이 아니겠는가. 이제는 벌써 학생 데모에 관련된 문제를 떠난 새로운 차원의 이슈가 뚜렷이 떠오른 사실을 왜 눈감고 만 것인가. 이것은 대학의 자유와 주체성에 관련된 긴박한 이슈다. '정부는 국법을 범한 교수 또 학생을 법 순서를 따라 처벌하라, 대학은 학칙에 의거해서 그들을 처리하겠노라, 대학의 주체성에 손대지 말라' 이것이 대학 총·학장들이 해야 할 말의 그 내용이 아니겠는가.

아닌 게 아니라 총장들이 모이기는 모였던 것이다. 무엇하기 위해 모였던가. '정치교수'로 알려진 어떤 교수는 이렇게 말했다고 전해졌다. "문교부에서 소집하는 총장 회의라는 것이 흡사 무슨 경찰서장 회의 같아서 명단과 형량까지 정해 '교수 파면'을 시달하면 대학은 이것을 배수(拜受)할 따름." 가련한 모습들이다.

또 사립대학 총장들이 어떤 호텔에서 모였다는 보도가 있었다. 무엇하기 위해서 모였던가. 이것은 문교 당국으로 더불어 어떤 협상의 길을 찾고 혹은 막후 교섭을 시도한 것으로 알려졌다. 그 뜻은 가상타 할까. 그러나 그들이 다루어야 하는 문제의 성격, 요령은 전연 미스한 것이 아닌가. 그러길래 '파면 교수'의 수를 좀 줄여 주십시오 하는 식의 협상조로 조심성 깊게 나온 것이다. 그들의 앞에는 오직 한 가지 명제가 있었던 것이다. 이것은 소위 그 휴학령부터 철회케 하는 것이다. 대학의 자주성 또 그 자유성을 유지·옹호하기 위해서라면 전국 대학의 문을 닫아 버려도 할 수 없다는 각오를 가졌어야 할 것이 아닌가. 대학 관계자들이 평소 그렇게도 부르짖던 '학원의 자유'가 정말 그렇게 소중한 것이라고 믿었다면 이제 이것을 갖기 위해서는 그만큼 큰 대가를 치르겠다는 결심을 가져야 할 것이 아닌가. 이런 식으로 대학을 하라는 것이라면 나는 싫소 하고 총·학장 자리를 스스로 물러서는 사람이 연달아 생겼어야 대학의 일이 제대로 되는 것이고 또 대학의 체면도 섰을 것이다.

'학생들이 공부를 못해서야 되겠는가' 이것이 기껏 대학 당사들에게로부터 들려오는 '정당화' 합리화의 소리다. '이따위 대학에서 이따위 공부는 해서 뭘 하오!' 이렇게 학생은 코웃음 칠 듯싶다. '그따위 대학에서 그따위 공부는 시켜서 뭘 하겠소!' 이렇게 우리는 덧붙이고 싶은 것이다.

이 '정치교수' 문제에 관련해서는 울고 싶은 면이 또 있다. 동료 교수들 가운데는 소위 '자퇴'니 파면이니 하고 여러 가지의 압력에 못 이겨 희생된 사람이 많다. 귀걸이 코걸이 무엇도 될 수 있고 또 열 자 스무 자 줄였다 늘였다를 마음대로 할 수 있는 호왈(呼曰) 법에 의거해서 그들은 국민의 기본 권리 중 가장 중한 것 몇 가지를 박탈당한 것이라고 해석할 수 있는 것이다. 그들은 정부의 입장에서 볼 때 한때 사갈(蛇蝎) 같은 존재일는지 모른다. 그러나 긴 안목으로 바라볼 때 그들은 결국 귀한 인물이다. 행동으로써 공안 질서를 문란시키지 않는 한 그들이 가진 언론 집회의 모든 자유를 최대한 확보해 줘야 할 것이다. 그중의 누구는 '국보'이노라고 자부했다지만 아닌 게 아니라 그들은 대개 다 보배스런 존재다.

그런데 동료 중에서 이런 인물들이, 이번에 있은 것과 같은, 이런 이유 이런 사정하에서 희생을 입었건만 전국 교수 진영은 그저 고요하지만 않은가. 대관절 어떻게 된 셈인가. 그저 나만 이 화를 면했으니 그것만도 감지덕지하단 말인가. 원칙을 살려야 한다는 생각을 갖는 교수는 없는가. 그럴 만한 의분과 용기를 가진 사람은 또 없는가.

내가 기억하는 한, 대학교수 중에는 한일협정을 반대하는 일에 앞장서서 궐기했던 일이 있다. 한일협정 그 내용에 있어서는 본시 여론이 붙을 수 있는 성질의 문제이니만큼 교수 진영 전원의 일치한 행동을 바랄 수 없었을 것이다. 그러나 소위 '정치교수' 처벌에 이르러 대학의 자유와 자주성이 유린당한다는 문제는 어떤 찬과 반의 여론이 붙을 수 있는 성격의 문제가 아니다. 2에 2를 가하면 4가 된다는 것과도 같은 어떤 얼터너티브가 있을 수 없는 문제다.

그런데 이렇게도 뚜렷한 이슈가 떠올랐고 또 이 이슈란 지성들의 양식과 정열을 잡아 일으킬 만한 가치와 마력마저 지니고 있는 것이라고 믿어지는데도 불구하고 어째서 여기 대해서만은 이리도 적막할까. 한일협정 반대는 인기 끄는 이슈, 학원 자유란 소수 사람이 다 알아듣는 이슈—그래서 그런가.

좀 더 밑바닥 되는 이야기를 해본다면 즉 이렇게 떠오른 그 이슈에 관련되고 또 내포된 원칙을 파악하는 힘의 부족 때문이라고 할까. 또 이런 큰 원칙에 사는 것만이 길게 살고 넓게 살고 또 뜻있게 사는 것이 된다는 것을 그저 잊어버렸기 때문일까. 어쨌든 대학을 위해서 슬픈 일이다.

남이 한 일을 비평하고 또 지나간 일에 대해서 이것이 이렇게 혹 저렇게 됐어야 한다는 식의 뒷말하기는 그렇게 어려운 일이 아니다. 이것을 정말 올바로 하기는 또 쉬운 일이 아니다. 그러고 보니 나는 여기서 이 쉽고도 어려운 일을 해본 셈이다.

어쨌든 이번 '정치교수' 파동은 이 문제에 직접 관련을 가졌던 문교 당국, 대학, 교수, 학생들은 물론 우리 일반 국민에게 큰 교훈과 깊은 반성을 갖게 하는 계기, 그러나 가장 후회스러운 계기가 돼야 한다고 믿는다.

5

소위 '국대안 사건'의 전말[1]

진공을 채운 세력

해방 이후 우리나라에서 미국 군정이 그 나름의 행정력을 발휘하기까지 얼마 동안은 흔히 정치적 공백 상태였느니 혹 진공 기간이니 하고 평 받아 왔다. 일황이 항복을 선포한 그날부터 이 땅에서의 총독부 기능은 이미 죽어 버렸지만 이것을 대신하기로 된 미군의 진주는 9월 9일까지 늦장을 보였다. 여기에 분명 공백 기간이 생긴 것이다. 그러나 대기 속에 어떤 진공의 존재가 허락되지 않듯이 한 사회에 있어서 문자 그대로의 진공 상황은 있을 수 없는 것이다. 이것은 어떤 세력에 의지해서든 채워지게 마련이다. 만일 하나의 커다란 지배적 세력이 꽉 차지 못하는 경우라면 여기에는 반드시 서로 비슷한 여러 개의 세력단들이 그 두각을 다투게 되는 것이다.

해방 직후 우리 사회는 바로 이런 현상을 보이지 않을 수 없었다. 즉 여러 갈래의 집단적 세력들이 법석대는 혼란 상태를 빚어낸 것이다. 그 시절에 있어서 약 460여 개의 정당과 사회단체가 있었다는 사실은 바로 이 점을 설명하고 있다.

그러면 이러한 사회적인 현상은 어째서 나타나야 했는가, 혹 무엇

---

1 1946년 8월, 미군정 학무당국의 국립대학교설립안, 즉 서울 일환의 9개 관립 고등교육기관을 합해 종합대학으로 만드는 법령 발표 전후의 경과를 적은 글. 『월간중앙』, 1969년 8월.

때문에 연출되었는가 하는 점을 탐구해 보는 것은 널리 미군정 전 기간에 걸친 그 업적을 평가해 보는 면에서는 물론이지만 특히 그동안에 한국교육이 겪어야 했던 그 진통의 성격을 이해하는 데 크게 도움이 될 것이다. 지금 회고하건대 당년 이러한 사회적 혼란이 조성되는 데 있어서는 크게 분류해서 대개 두 가지 세력이 깊이 작용한 것이라고 분석해 본다.

그 첫째는 물을 나위도 없이 적색 좌익분자들의 세력이다. 이것은 오랜 이전부터 지하조직을 통해서 암암리에 움직이고 있었던 것으로서 해방과 아울러 그 활동이 크게 적극성을 띠게 된 것이다.

그리고 다른 하나의 세력은 본질적으로 어떤 이상적 기반에서가 아니고 오히려 우리 겨레가 경험한 쓰라린 역사의 산물이라고 말해도 무방할 듯하다. 우리는 오랫동안 외적의 압박 밑에서 나라의 주권은 물론, 모든 인간에게 부여된 인격과 자유를 모조리 박탈당하고 살아왔다. 바로 이런 우리들이 해방과 아울러 자유민주사회를 맞이하게 되는데 우리는 이것이야말로 '누구나 무엇이든 마음대로 가진다. 또 마음대로 한다(Free for All)'는 사회인 것으로 착각을 일으킨 셈이다. 이것은 많은 사람들로 하여금 누를 수 없는 소유욕, 영유욕 혹은 참여욕으로 불타게 만들었다.

오랫동안 전적으로 소외당하고 있던 정치 면에서는 더 말할 것도 없지만 일인들이 가졌던 그 지위, 사업소, 동산, 부동산 또 그들이 관리하던 각종 기관, 그들이 사용하던 점포, 사무실 또 하다못해 그들이 남기고 간 가구, 도구 등에 이르기까지 이것들은 모두가 이런 점유욕의 대상이 되고 있었다. '이런 기회에 나도 한몫 차지해야 한다'라는 심리 작용은 해방된 나라를 재건하는 과정에 있어서 소극적 세력으로서 그 재빠른 진전을 크게 저해한 것이라고 보지 않을 수 없다.

좌익분자들은 이 사회를 적화한다는 일념을 갖고 하나로 뭉쳐진 흔적을 보였지만 이 제2세력이라고 호칭되는 소유욕과 참여욕에 도취된 사람들은 어디서고 제각기 적은 왕국을 마련하면서 군웅할거(群雄割據)의 양상을 드러냈고 그리고 서로가 배타, 제외, 독점, 독영(獨營)의 경향을 보였던 것이다.

긴 세월을 통해서 모든 권리와 기회가 거부되었던 우리 사회가 해방 후 한때나마 이러한 추세에 휩쓸렸다면 이것은 어느 정도 이해가 가는 일이기도 하다. 그러나 이것은 결과적으로, 좌익분자들의 일관된 방해 공작과 아울러 우리 사회를 혼돈의 도가니 속에 몰아넣고 또 모든 행정을 극도로 난섭(難涉)[2]케 하는 데 이바지한 것이라고 말하지 않을 수 없다.

어려운 첫걸음

8월 15일 이후 모든 교육기관은 휴교 상태에 들어가고 말았다. 일본인 교수, 교사, 학생, 또 사무원들이 일제히 물러난 이후 모든 교육기관에는 일찍부터 거기에 끼어 지내던 소수 한국인들이 임시로 그 물적(物的) 시설을 지키고 있은 정도였다. 그러나 이런 정도의 책임마저 제대로 수행된 것은 아니다. 손쉽게 옮겨질 수 있는 것이라면 이것이 시설이건 도구건 혹 돈이건 모조리 도난을 당하고 혹은 파손을 입어야 했던 것이다.

어쨌든 미군정은 동년 9월 하순 각 도에 통첩을 띄워 10월 1일을 기해서 중등 정도 이상의 학교들이 개교할 것을 지시했다. 그러나 이 기일에 개교를 본 학교는 많지 못했다. 학교장이 없는가 하면 교사

2 난섭: 일의 진행이 어려움.

가 없고 혹은 교사 전부 혹 그 일부가 진주 미군이 점령하고 있기도 했다.

그리고 경향 각처를 통해서 모든 학교의 책임자를 지정 발령하기란 난사 중 난사이었다. 이것은 첫째, 이미 물러선 일인 교직원들을 대신해서 일할 수 있는 한국인은 그 수가 적었다는 사실과, 또 처음 진주한 미군은 본시 전투 부대로서 민정을 운영하는 면에 있어서 아무런 준비와 그런 경험이 없었다는 사실들이 이 문제를 보다 더 어렵게 만들었던 것이다.

그러나 미군정은 그 기능을 시작해야 했다. 맨 처음 교육 부문의 책임자로서 록카드(E. L. Lockhard) 대위가 임명됐다. 그는 한국이 처음일 뿐 아니라 또 교육계에서 행정적 책임을 맡게 되는 것도 처음 되는 일이었다. 그는 학무국장으로서 자기가 지닌 이러한 소극적 자격을 솔직히 인정 또 인식하느니만큼 널리 한국인의 진언과 의사 표시를 구했다. 먼저 한국 교육계의 중진 인사들을 모아 한국 교육의 당면 문제를 광범위하게 토론하고 이어 '한국교육위원회'를 만들었다(위원은 김성달, 현상윤, 유억겸, 백낙준, 김활란, 김성수, 최규동). 이 작은 위원회는 재생 한국 교육의 태동기를 통해서 역사적 주요한 역할을 다했다. 각 도에 교육 책임자를 선정하고 많은 교육기관에 그 장을 임명하고 또 학무국 자체가 그 제도와 체계를 갖추는 데 있어서 이 위원회는 크게 이바지한 것이다.

이렇게 움직여 나아가기 시작한 한국 교육의 앞길에는 응급조치식으로라도 임시 임시[3] 해결해야 할 문제는 문자 그대로 첩첩산이었다. 교사의 수는 그 절대량이 모자라기도 했지만 이 적은 수의 교사들은 거의가 일본식(군대식) 교육에 젖어 있었으니만큼 이들의 재교육

---

3 임시 임시: 그때그때 당면하여.

문제는 어마어마한 사업인 것과 아울러 한국 교육의 의의를 규정하는 교육 본질의 문제이기도 했다. 교과서와 교재가 없다. 또 휴교 중에 있는 많은 학교들은 그 시설과 비품의 대부분을 망실하기도 했다. 뿐만 아니라 한국 교육은 새로 지향하고 나아가야 할 뚜렷한 이념과 목표가 설립되어 있지 못했고 아울러 이러한 이상을 구현하기에 적절한 제도 역시 마련되어 있지 않았다.

학무당국은 한국 사회 지도층의 중지를 모아 한국 교육에 관련된 이런 모든 문제를 검토, 의결 또 보고케 하기 위해서 약 70명으로 구성된 '교육심의회'를 조직했다. 이 심의회는 다시 아래에 적은 10개의 분과 위원회를 두었다. 교육이념, 교육제도, 교육행정, 초등교육, 중등교육, 직업교육, 사범교육, 고등교육, 교과서, 의과교육위원회가 그것이다.

이 위원들은 약 3개월간에 걸쳐서 1백 5회의 분과 위원회와 20회의 전체 회의를 가지면서 그 맡은 바 사명을 수행했다. 요즘은 원고를 써도 돈이 생기고 또 강연을 했다면 어느 누군가가 '포켓'에다가 사례금이란 것을 넣어 주기도 한다. 그러나 당시의 이 심의회 위원들은 그야말로 건국에 이바지한다는 일념만이 그저 대견했던 것이다. 이 위원들 중에는 회의에 참석하기 위해서 30분 내지 40~50분을 도보로 걸어야 하는 거리에서 왕복한 이가 많았다.

한국 교육이 재생의 그 첫걸음을 내디디는 벽두에 있어서 이 심의회가 남긴 업적은 그 건의된 결의의 알찬 내용과 아울러 이러한 결과가 이루어지기까지에 나타낸 그 지성 어린 자세를 높이 평가해야 할 것이다.

붉은 세력의 도전

해방 전후를 통해서 우리나라 좌익분자들이 갖고 있는 그 조직 체제나 또 활동 경로에 대해서 나는 분명히 아는 바가 없다. 그러나 나는 해방 이후 얼마 동안의 체험을 통해서 이들이 사회의 불안성을 조장하고 또 혼란을 일으키기 위해서 취하는 모든 전략에는 어딘가 통일성을 엿볼 수 있었는데 이것은 반드시 높은 차원의 지도원이 있기 때문일 것이라고 느꼈다.

이때 이들이 어디서고 취한 정략 가운데 한 가지는 즉 군정이 임명하는 모든 기관의 그 장을 무슨 구실에 근거해서라도 일절 거부 반대하는 것이었다. 어떤 기관이건 장이 없는 한 이것을 움직일 수가 없고 오직 정체와 혼돈이 반복될 것이다. 이런 분위기 속에서 그들의 조직적 활동은 보다 더 용이할 것은 물론이었다. 이러한 현상은 교육기관에 한해서만 나타난 것은 아니다. 공장, 백화점, 극장이 모두 다 그랬다. 또 각종 조합이나 협회에서도 그랬다. 임명 혹 지정된 책임자는 그들에게 있어서 거의 예외 없이 모두 반동분자, 친일파였고 그렇지 않으면 노동자와 농민의 피를 빨아먹는 착취자였다.

학무국은 11월 중 모 씨를 경성대학장에 임명했다. 이런 일이 있을 것을 미리 내다보고 있던 일부 좌익 교수 및 학생들은 아닌 게 아니라 반대 거부를 위한 투쟁을 끝없이 벌이고 나섰다. 모 씨는 아예 그 취임을 사퇴하고 말았고 군정은 미군의 종군 목사이었던 앤스테드 씨를 일시 임명해야 했다.

필자 역시 당시 경성사범학교 학장에 임명이 되었지만 처음부터 반대에 부딪쳐 흡진갑진 시일을 끌어 오다가 11월 하순에 이르러서야 정식 취임을 보게 되었다. 내가 교장으로 취임되자 이들은 가지가지 요구 조건을 제출하고 그 승낙을 강요하다시피 했다. 이들이 제출한 그 조건 중 한 가지를 소개한다면 이런 것이 있다. 신입생에 대한 구두시험과 또 입학 허가 적부를 최종으로 심의하는 회의에는 교수진에 상등한 학생 대표의 참석이 있어야 한다는 것이다. 나는 이런 것을 모두 거부할 뿐 아니라 심하게 꾸짖고 나무랐다.

다음날 학교장 배척 운동은 다시 크게 벌어졌다. 반대의 이유로서는 장 모야말로 친일파, 반동파 인물인 것이 탄로되었다는 것이다. 이들은 이미 위에서 말한 바 있는 '한국교육위원회'는 친일파다, 장 모는 친일파인 '교육위원회'가 추천했다, 그러니까 장 모는 친일파다. 그들은 이런 식으로 '실로지즘'(삼단논법)을 구성시킨 것이다.

학생들이 이런 식으로 친일파 논리를 전개시키는 장면을 당해서 나는 잠깐 냉정을 잃었다. "나는 일찍이 배일파니 민족주의자니 하는 혐의로서 2년에 걸친 옥고를 맛보았으며, 또 내가 10년 동안 교장 노릇을 하고 있던 신성중학교는 배일민주주의자의 소굴이란 낙인을 받고 있었기 때문에 여기 졸업생들은 너희들과는 반대로 이 경성사범에는 일절 입학이 허락되지 않았다. 그렇다면 너희들이야말로 친일파일 것이고 그렇지 않으면 너희 부형들이 친일파일 것이 아니냐."

이렇게 언성 높여 따졌다. 이 학생들은 정녕 답변에 궁했다. 그러나 그들은 내 논리를 받아들인 것이 아니고 또 설복된 것도 아니다. 오히려 교장 배척의 이유가 한 가지 더해졌을 뿐이다. '학교장은 우리를 친일파라고 모욕했다. 우리는 이런 학교장을 받아들일 수 없다'라는 것이다. 아닌 게 아니라 나는 학생들에 대한 나의 이런 발언을 곧 뉘우쳤다. 친일파 시비에 있어서 이 젊은 학생들에게 무슨 죄나 허물이 있을 것인가. 어디에 무슨 허물이 있는 것이라면 이것은 우리 국민 전체가 짊어져야 할 것이 아니겠느냐 하는 느낌을 갖게 된 것이다. 나는 학생 대표들을 교장실에 불러 놓고 솔직하게 나의 소감을 말하고 그 전날 나의 발언을 정식으로 취소했다. 경사(경성사범)에 있어서 학교장의 취임 문제는 이렇게 일단락을 지은 것이지만, 좌익 교수, 학생들은 학교의 정상적 운영을 저지하고 방해하기 위해서 적시적소 끝없는 전술을 벌이고 있는 것이다.

국대안 반대의 와중에서

각급 학교의 책임장 배치가 일단락을 짓게 된 8월에 접어들면서 군정은 서울종합대학 설립 계획을 법령으로 발표했다. 서울 일환에 있는 모든 관립 고등교육기관(전부 9개)을 합쳐서 하나의 거대한 효용적이고 또 경제적인 종합대학을 만들고자 한 안이다. 이 안에 대한 일반 사회의 여론이라면 이것은 대체로 찬의를 표했다. 그러나 관계 여러 기관의 현직 교직원 또 그런 기관의 졸업생까지가 거의 다 반대를 표명하고 나섰다. 이것이 세칭 '국대안(국립대학안) 반대'라는 것이다.

종합대학에 포섭되기로 내정된 여러 교육 기관에 오래 그 깊은 인연을 갖고 있는 인사들이 국대안을 반대하고 나서는 데 있어서는 항을 달리해서 그 동기와 이유를 분석해 보고자 한다. 지금 이 항에 있어서는 주로 좌익분자들이 국대안 반대 투쟁을 벌여 온 그 양상과 또 그 수법을 말해 보고자 한다. 종합대학안이 일부 인사들에게 있어서 인기가 없었다는 사실은 이들 좌익분자들에게 있어서 절호의 구실이 되었다. 이들은 이 국대안을 여기서부터 1백 '퍼센트' 이용해서 많은 학원이 마비 상태에 빠지게 했는가 하면 또 일반 교육계가 혼란 속에 헤매면서 그 정상 운영을 회복하려는 노력에다가 가지가지 장애물을 더해 주었다.

국대안이 실제로 발족하는 11월에 이르러 이들은 등록 현장 내외를 서성대면서 학생들을 선동하여 등록을 거부하게 하고 또 각 관계대학에 있어서는 국대안 반대를 위한 동맹휴학을 일으키기에 혈안이 되어 있었다. 이때 소위 '국대안 반대' 맹휴에 가담된 학교는 전국에 걸쳐서 무려 4백 교나 되었다는 것인데 이것은 좌익분자들이 갖고 있는 그 조직망이 얼마나 주도했다는 것을 설명하기도 하는 것이다.

'국대안 반대' 구호 아래서 끈덕지게 벌여진 좌익계의 술책은 한때 한국의 교육계를 궁지에 몰아넣었던 것이 사실이다. 한편 미군정은 물론 본의 아니면서도 상식 밖에 엉뚱한 실수를 반복하면서 간접으로나마 좌익들의 활약을 방조하는 결과를 가져오기도 했다. 이것은 이때 미군정이 한국 사정에 대해서 대체로 어두웠을 뿐 아니라 특히 한국의 지식인과 교수들을 바로 이해하지 못하고 있었다는 데 그 이유가 있었다고 생각한다.

종합대학으로서 그 첫걸음을 내디디는 '국립서울대학교'는 동년 11월 학생들에게 등록을 실시했다. 등록 장소인 현 문리대 체육관 내외에는 암암리에 등록 거부를 종용하는 좌익분자들의 활동으로 인해서 장내의 공기는 매우 긴장되어 있었다.

당시 학무국장인 피턴저 대령은 이 등록 상황을 살피기 위해서 현장에 나타났다. 그는 군복 차림에다가 유달리 번쩍거리는 '피스톨'을 차고 장내외를 순시했다. 이 광경은 필자까지도 포함한 다수의 교수와 학부형들의 비위를 상하게 했다. 아닌 게 아니라 좌익 교수 및 학생 들은 이거야말로 미군정이 '피스톨'을 견주면서 학생들에게 등록을 강제하는 것이라고 신산(辛酸)스런 공격과 효과적인 선전을 펴기도 했다.

이러한 분위기 속에서나마 등록을 마친 일부 학생들은 각 분과대학에 등교하여 수업을 시작했다. 그러나 좌익들의 끈덕진 방해 공작과 맹휴 선동은 그칠 줄 몰랐다. 그뿐 아니라 등교하는 교수들에게는 협박장이 보내오는가 하면 또 어떤 교수 집에는 밤마다 돌멩이가 날

아들어 장독이 깨져 버리기도 했다.

이러한 정세 아래서 교수들의 등교율은 한때 극히 저조하기도 했다. 학무국장 피틴저 대령의 입장에서 볼 때 좌익들의 파괴 행위는 말할 나위도 없지만 우익 교수들의 그 무기력한 모습에 대해서도 그만큼 구역질이 났던 모양이다. 그는 대학교 교수 전원에게 부치는 공개서한을 써서 모든 교수들에게 일일이 전달했다. 나는 그때 이 서한이야말로 미군정하 교육행정의 일면을 여실히 보이는 중요한 문헌이 될 것이라고 생각하면서 그 1통을 여러 해 보관하고 있었지만 유감스럽게도 지금은 갖고 있지 못하다. 이때 피틴저 국장 밑에서 사범교육과에 근무하고 있던 워스(Richard Worth) 씨도 나와 더불어 공감인 것을 표명하기도 했다. 이 서한의 그 내용에 있어서 나는 지금도 생생하게 기억하는 일절이 있다.

"…… 이런 때에 있어서 당신네(대학교수)들의 척수 속에는 마땅히 강철(steel)이 들어 있어야 할 텐데 사실인즉 진흙(mud)만이 차 있는가 싶소……."

이것은 좌익분자들의 위세와 압력을 두려워해서 등교조차 꺼리는 한국 교수들을 격려하자는 본의에서 쓴 글인지도 모른다. 그러나 이 서한을 사실 그런 것이라고 받아들일 인간은 없었다. 한국 교수 또 지식인 전체에 대한 모욕이라고 느끼지 않은 사람은 거의 없었던 것이다.

이 서한이 좌익 교수 또 좌익 학생들의 손에 들어가지 않을 리 없다. 그들에게 있어 이 글 한 장은 다른 의미에 있어서 귀한 자료가 아닐 수 없다. 그들은 민족 감정에 호소하면서 국대안과 아울러 미군정을 타도하는 데 박차를 더했다. 피틴저 국장이 쓴 이 한 장의 서한은 결국 국대안 반대의 불꽃에다가 높은 성능의 '가솔린'을 포개 얹은 격이 되고 만 것이다.

학생들의 척수 속에는

표면 '국대안 반대'를 내세우면서 전국적으로 퍼졌던 맹휴의 불길도 1년 남짓한 시간이 흘러 지나간 1947년 가을에 접어들면서부터는 점점 그 기세가 누그러지면서 많은 교수들이 정상 수업을 시작하기에 이르렀다. 이런 시점에 이르러서 맹휴에 대한 학생들의 태도는 반드시 찬반으로 갈라지게 마련이다. 맹휴의 절정기에 있어서도 학생 전원이 일치된다는 것은 본시 드문 일인 데다가 이때와 같이 장기에 걸친 맹휴가 계속되는 데 있어서는 투쟁의 전열에서 이탈하고 학업을 계속하자는 대열로 옮겨서는 학생의 수가 점점 많아지지 않을 수 없었다. 여기서부터 많은 학교에 있어서 학생 상호간의 투쟁이 시작되었는데 이것은 좌우익 학생 사이에서 벌어진 투쟁이었다. 맨 처음부터 맹휴에 대하여 미온적 태도를 가지면서 하루빨리 수학이 계속되기를 바라고 있는 학생은 적지 않았다. 그러나 한때 전국을 휩쓸고 있는 반대의 기류 속에서는 적어도 침묵을 지키고 있지 않을 수 없었던 것이다.

등교하는 학생, 또 강단 위에 올라서는 교수의 수는 점점 늘어났지만 이것을 저지하기 위한 좌익 학생들의 전략과 수법도 가지가지로 나타나고 있었다. 여기에는 '삐라' 전술이라는 것이 있었다. 하룻밤 사이에 몇천 장의 '삐라'가 교사의 내외 혹 벽돌담 전부에 거의 빈틈없이 발라진다. 이러한 광경은 등교하는 학생과 교수들로 하여금 계속 불안감을 갖게 하는 데 이바지되었다는 것은 부인하지 못할 것이다. 공개 '스크럼' 전술이란 것도 있었다. 수업이 진행되고 있는 대낮에 몇 백 명의 좌익 학생들이 교정에 몰려들어와 스크럼을 짜고 알아듣기도 어려운 구호를 외치며 환상(環狀) '데모'를 계속한다. 이러는 동안 등교하는 교수와 학생을 성토하는 짤큼짤큼한, 그러나 높은 '피치'의 연설을 섞기도 한다. 그리고 이것과는 대조적으로 소수 학생(학생인지 외부 불량배인지도 미상)들이 휴강 시간 혹은 교내의 허술한 틈을 엿보아 몰래 교실 안에 들어와 '삐라'를 살포하고 달아나는 전술이 있었다. 비밀 절도(竊盜)식 전술이라고나 불러 볼까.

이렇게 좌우익 학생 사이에 벌어지고 있는 그 투쟁은 한동안 전국적인 현상이기도 했지만 특히 서울대학교 안에서의 그것은 그 규모로 보아 또 그 강성으로 보아 가장 대표적인 것이었다. 당시 필자가 학장으로 있던 사범대학도 물론 예외일 수 없다. 위에 이미 언급한 바 있는 좌익 학생들의 가지가지 전술에 부대끼고 시달려 가면서도 간신히나마 수업을 계속하고 있었다. 그러나 등교하는 교수 및 학생들의 '모랄'은 극히 저조되어 있었다. 좌익 학생군이 교내에 침입한다, 혹은 침입할 것이라는 '루머'가 퍼지기가 일쑤다. 이럴 때마다 등교했던 학생들은 교실을 거의 비우다시피 만들고 또 담임 교수는 교실에 들어가기를 심히 꺼려했다.

학생들에게 있어서 저항의식이란 전연 엿볼 수 없었다. 자기의 자유를 옹립하거나 쟁취한다는 의식을 드러내지 않았다. 그리고 또 이들 등교 학생들은 자위를 위해서 뭉치거나 조직되지 않았다. 그저 뿌리뿌리 약하고 초라한 존재 그것이었다. 학무국장 피틴저 대령의 서한에 쓰인 그 일절에 동감이 갈 정도였다. 이 학생들 척수 속에는 과연 무엇이 들어 있는가. 진흙이 아니면 팥죽일까.

왜 저항하고 나오지 못하는가, 왜 싸우지 못하는가, 혼자서의 힘이 적은 것이라면 왜 뭉쳐서 그 힘을 크게 만들지 못하는가. 원체 좌익 학생들의 세력이 컸고 또 그 발악이 격심한 까닭에 정면 저항과 투쟁은 염두에 두어 보지도 못한가 싶다. 그렇다 치더라도 한 번은 싸워 볼 용기와 패기는 가졌어야 할 것이 아니겠는가.

바로 이 동안 어느 하루는 좌익 학생의 소부대가 학교 구내에 들어와서 또 삐라를 산포하려고 했다. 이 보고를 받은 학장은 그냥 이것을 좌시하고만 있을 수는 없었다. 사무직원들의 만류에도 불구하고 교정으로 뛰쳐나와 고래고래 고함지르며 또 '코트'를 벗어 내동댕이치면서 이 불법 침입 떼를 따라갔다. 어째서 그랬는지는 모르지만 이들은 곧 교정을 벗어나 어디로인지 잠적해 버렸다. 지금 회고하건대 그때 학장으로서의 이런 행동은 지나치게 소심했던 학생들에게 어느 정도 자극제의 구실을 하지 않았는가 한다. 이런 일이 있은 다음 얼마 후부터 학생들 사이에는 분명 저항의식이 높아졌다. 또 적은 '그룹'으로나마 뭉치기를 시작했다. 이런 표현이 사실에 꼭 들어맞는지의 여부는 확실히 모르지만 학생운동사에 있어서 바로 이 동안이야말로 하나의 '터닝 포인트'가 아닌가 싶다. 그 이후 전개된 학생운동에 대해서는 지금 이 글에 있어서 이 이상 더 쓸 필요나 여유가 없지만 이것은 간단히 말해서 그저 다른 하나의 극단에로 흘러간 것이다.

맞선 권리 주장

해방 이후 우리 사회는 필연적으로 얼마의 혼란 상태를 피할 수 없으리라는 것을 모든 국민은 모르지 않았을 것이다. 그러나 이렇게 있음직도 한 혼란 위에 고의적으로 혹은 의식적으로 이 혼란을 보다 더 심각하게 만든 것은 더 말할 나위도 없이 좌익분자들의 소행인 것이다. 그러나 모든 허울과 죄를 그들에게만 돌려보내고 그 나머지의 국민은 모두가 다 깨끗했다고 주장하기에는 너무도 흉측스런 일들이 많았다. 이 흉측 망측스런 일들의 그 바닥을 헤치고 보면 이것은 대개 지나친 기득권 주장이거나 그렇지 않으면 참여권 혹은 점유권을 강하게 내세우는 데서부터 나타나는 현상이라고 해석하게 된다.

일인들은 해방을 맞이하는 날 그들이 이 땅에서 가졌던 모든 것, 자산, 지위, 권리 등을 고스란히 내놓고 물러서야 했다. 미군정은 일인들이 내놓고 간 이 모든 것을 당분간 보관, 관리 또 처분하는 책임과 권리를 갖게 되었으니만큼 군정은 그 솔하에 소위 적산관리처라는 기구를 두었다. 이런 자산을 비롯해서 일인이 남기고 간 이 모든 것을 누가 소유하느냐, 관리하느냐, 또 사용하느냐 하는 문제를 다루는 데 있어서는 표준이 될 만한 얼마의 원칙이 없지 않았다. 연고자가 우선권을 갖는다는 것은 그런 원칙 중의 하나이다. 만일 일정(日政) 동안에 그 무엇이 총독부의 소유였다면 여기에 대한 연고자는 한국 정부일 것이요, 또 어떤 공공기관의 것이었다면 여기에 대한 연고자는 그와 비슷한 성격을 띤 공공기관일 것이다. 그러나 이 연고자를 확정한다는 것은 비록 공공기관에 있어서도 그리 용이한 일이 아니었고, 더욱이 사인의 자산에 이르러서는 '선래자 선취득'의 원칙이 작용하듯이 그리 누구나가 먼저 손을 쓰면 되는 형편이었다.

이러한 사회 상황 속에서 모든 사람의 점유욕이 도발되었다면 이것을 크게 나무랄 수도 없지 않은가 싶다. 일인이 살고 있던 집을 몇 채씩, 또 사업체를 몇 개씩 점유한 사람은 적지 않았다. 그러나 여기에 말썽이 아니 생길 리 없다. 이렇게 점유를 당하게 된 주택 혹 사업기관에서 하다못해 사환이나 수위의 직을 갖고 있는 사람일지라도 본시 성부지명부지(姓不知名不知)의 외부 사람에 비해서는 연고자일 것이고 그래서 그의 기득권을 주장할 수 있기 때문이다. 우리 사회는 미군정 그 전기를 통해서 많은 사람들의 점유욕, 그리고 또 여기에 맞부딪치는 기득권 주장으로 인해서 끝없는 말썽과 혼동을 계속한 것이라고 볼 수 있다.

한국 교육계는 불행하게나마 이렇게 추잡스런 사회상에서 초월할 수가 없었다. 초월은 고사하고 보다 더 더러운 면을 드러낸 예도 없지 않았다고 말해야 할 정도다. 일인들이 떠나간 어떤 교육기관에든 대개 소수의 한국인이 남아 있었다. 이들은 그 기관에 있어서 연고자 의식을 깊게 갖고 있는 것이 통례였다. 이런 기관에 어쩌다가 보다 더 적격자라는 인물이 그 장으로 임명된다면 흔히 말썽은 생기고야 말았다. 연고자도 아닌데 어째서 여기에 오느냐 하는 투였다. 그렇게 되면 이편에서는 그 임명장을 배경 삼고 새로 얻는 참여권을 주장하게 된다. 이 비슷한 예는 전국을 통해서 수없이 많았다고 말해야 옳을 정도다. 그러나 이 방면에 있어서 그 대표적 '케이스'로 들어 말해야 할 것은 역시 서울대학교에서 생긴 일련의 말썽일 것이다. 위에서 이미 언급한 바 있는 서울종합대 문제가 그렇게도 난섭을 계속하면서 진통을 겪어야 했다는 것은 단순히 좌익분자들의 책동 때문에만은 아니었다. 이러한 책동에 덧붙여 한편 많은 교수와 학생들은 현재 자기네들이 연고를 갖고 있는 기관이 이 종합대학에 통합됨으로 인해서 그 연고권 혹 기득권이 상실되는 것은 아니냐 하는 우려가 다분히 작용했다는 것을 부인하기 어려운 것이다. 그런가 하면 일단 대학이 종합 기구로서 출발을 보게 되면서부터 그들은 이 기구 안에서의 참여권 혹은 독점권을 내세우는 것이고, 남의 것이라고 여겨지는 경우에 있어서는 반드시 참여권 내지 점유권을 요구하고 나선 것이다.

연구실의 기득권과 참여권

우리 교육계에 있어서 이러한 시대상을 가장 극적으로 또 가장 역사적으로 드러낸 것이라고 평할 수 있는 사건은 바로 서울대학 안에서 "법과대학과 문리과대학 사이에 벌어진 이른바 '교수 연구실 분쟁'이었다. 이것은 사소한 일 같기도 하였으나 한편 당시 얼마나 서울대학교가 한 개의 종합대학으로서의 성격과 규제가 짜여 있지 않았던가를 단적으로 표시하는 사건이었다". 위의 글은 『서울대학교 20년사 1946~1966』에서 인용한 일절이거니와 이 교수 연구실 분쟁 문제는 사실에 있어서 결코 사소한 것이 아니었다. 최종적으로 이 문제를 다루어야 했던 대학 이사회는 한 분과대학의 학장에 대하여 해임 결의를 지어야 했는가 하면 또 이 결의를 집행해야 하는 처지에 있은 대학 총장은 사표를 제출하기까지 하는 거창한 문제로 번진 것이다.

구 경성대학은 그 법문과부가 위치했던 현 문리과대학 구내에 도서관을 갖고 있었다. 서울대학이 종합대학으로 발족함과 아울러 이것은 중앙도서관으로 승격을 보았다. 따라서 서울대학 안에 다른 여러 단과대학들도 문리대와 마찬가지로 이 도서관을 사용할 수 있는 이를테면 '참여권'을 갖게 됐다. 중앙도서관 안에는 약 70개의 교수 연구실이 있었는데 서로 용납되지 않은 권리 주장은 바로 이 연구실 분배 문제를 중심으로 일어난 것이다. 지난날의 인연 관계 또 편의한 거리 관계 등등 때문에 이 연구실들은 해방 이후부터 문리대 교수들이 많이 사용해 온 것이 사실이다. 그렇지만 지금에 와서는 다른 단과대학에도 적당히 분배해야 할 것은 상식의 일이 아닐 수 없다. 이론상으로라면 이렇게도 명백한 문제이면서도 서로가 정면하고 나서서 한편은 '기득권' 또 다른 한편은 '참여권'을 끝끝내 주장하는 경우에 이르러서는 이것의 해결은 심히 어려워지는 것이었다.

결국 이 문제는 대학 이사회가 다루어야 했지만 이사회는 총장 또 학장들의 의견을 참작한 후 적당한 안을 만들어 그 집행을 총장에게 위임했다. 그러나 이 안은 쉽사리 집행되지 않았다. 이러고 있는 사이 대학 고위 기관의 권위와 신망은 여지없이 그 빛을 잃고 말았다. 그러기에 소위 학생 대표들은 회의 중의 이사회실 문을 함부로 열어젖히고 들어서서 문제 해결을 촉구하기도 한 것이다. 이로부터 이 연구실 문제 해결권은 적어도 그 일부가 학생들의 손으로 넘어가 버린 감이 짙었다.

당시 이 연구실 문제를 처리하는 데 있어서 본질적으로 어느 정도의 배경이 있었다는 것은 한두 개의 낙수(落穗)가 설명해 주고 있는가 싶다. 어떤 교수는 그가 지정받은 연구실에는 햇빛이 잘 들지 않으니 다른 것으로 바꾸어 줄 것을 요구했다. 또 다른 교수 한 분은 그가 써야 할 방이 변소 옆이어서 틀렸다는 것이었다. 그리고 그때의 실정으로서는 대개 어느 교수든지 서울대에서 강의가 끝나면 곧 다른 몇몇 대학에 출강을 해야만 살아갈 수 있는 정도였다. 그러니만큼 그들의 연구실은 언제나 거의 쇠가 잠겨 있는 형편이었다.

이쯤 적고 보니 이것은 어느 한 개 교육 기관의 다소 '어글리'한 상황을 드러내 보인 혐의가 갈는지 모르겠다. 그러나 내가 믿는 한 이것은 어느 한 기관의 모습만은 아닌 것이다. 경향을 통해서 큰 기관이면 크게, 작은 기관이면 각자 모두가 다 어느 정도 이런 '어글리'한 현실극을 연출한 것이라고 보아야 할 것이다. 다시 말하면 한국 교육 기관은 이 특수한 역사적 과정을 지나면서 모두가 기득권, 점유권, 참여권 혹 사용권을 주장하는 심한 열병에 걸렸던 것이다. 이런 열병이 한국 교육계에 끼친 상처는 컸다. 또 그 후유증은 한동안 가시지 않았던 것이다.

이념과 계획의 기틀을

미군정하의 한국 교육은 시종 형극의 길을 걸어야 했다. 이것은 미군정 자체의 수난이기도 했다. 본시 군정이 지향한 한국 교육행정의 목적은 뚜렷하고 간명했다. 한국 교육을 민주화하는 것과 또 이 민주화

교육을 널리 보급시키는 것이다. 그러나 그 첫걸음은 내디디기는 아주 어려웠다. 전국을 통해서 휴교가 되어 버린 각급 학교의 문을 여는 일은 군정이 겪은 첫 시련 가운데 가장 큰 하나이다. 어디서고 교사는 모자랐고 교과서는 전무고 많은 학교 시설은 망실된 상태였다. 있는 교사는 재교육을 해야 했고 모자라는 교원을 메우기 위해서는 교원 임시 양성소를 설치하는 등 응급책을 취해야 했고 교과서의 편찬을 서둘러야 하기도 했다. 이런 일과 병행해서 한국의 먼 장래를 내다보면서 한국 교육의 이념을 모색하기도 했고 또 이런 이념을 구현시킬 수 있는 합리적 교육 제도를 만들기도 했다. 이제 미군정 기간에 채택된 교육 이념과 그 후 대한민국 정부가 발표한 신교육법에 실린 교육 이념을 대조해 본다.

> 홍익인간의 건국 이상에 기하여 인격이 완전하고 애국정신이 투철한 민주국가의 공민을 양성함을 교육의 근본이념으로 함.

다음으로 대한민국의 신교육법에는 아래와 같이 썼다.

> 교육은 홍익인간의 이념 아래 모든 국민으로 하여금 인격을 완성하고 자유적 생산 능력과 공민으로서의 자질을 구유하게 하여 민주국가 발전에 봉사하여 인류 공영의 이상 실현에 기여하게 함.

미군정은 처음 어디서부터 손을 대야 할는지 그 갈피조차 찾기 어려운 혼란 속에서 일면 적색적 저해 공작을 극복하고 또 다른 일면 교육계 내부에서 일고 있은 쟁투전을 무마해 가면서 용하게 한국 교육의 기초 공사를 이룬 것이라고 믿는다.

제2편

시대의 풍파에 맞서

1

5·16, 워싱턴에서의 기자회견[1]

The Korean Ambassador, Dr. Lee Wook Chang, issued the following statement today:

The coup which occurred in Korea yesterday is, in my opinion, not warranted, since our Constitution, founded on democratic principles, provides for a change in government through legislative action and legal procedure. Such a revolutionary movement should be resorted to only in case there is no other provision made for a new government.

The Government of the Second Republic of Korea was established along true democratic principles with a just and fair election by the people of the Republic of Korea, and if there is dissatisfaction the solution should be worked out in the proper legislative manner as outlined in our Constitution.

Therefore, I reject this coup for the following three reasons:

1. The present Government of the Republic of Korea is sincerely dedicated to the welfare of the nation and our people; this is very different from a Government that is concerned only with continuing in power. The Chang Government deserves consideration and patience from al for what it is trying to do, and for what it has accomplished in this short time.

2. Secondly, as you all know, this Government needs time to implement the reforms needed to recover from the bankruptcy it inherited. Only through a miracle could the Second Republic have

---

1 기자회견을 통해 주미대사로서 5·16 군사정변의 부당함을 밝힌 성명서. 1961년 5월 17일.

completely remedied the ills rampant at the time of its inception. The projects most needed comprised long-range plans instituted to give the maximum reconstruction and rehabilitation for our country. Improvements such as were envisioned by our Government could not possibly be made in a matter of moments nor even a few months.

3. Thirdly, if this coup is allowed to stand, then it will set a precedent for similar action in the future which, of course, would be detrimental to the executive and legislative, as well as economic, health of our nation. This would be tantamount to accepting a dictatorship in exchange for the democratic government we have already set up in our country.

In addition, we cannot ignore the fact that any show of weakness in our governmental structure will only invite the Communist yoke which we and you have struggled so hard in the past to overthrow. If this coup prevails, it will mean that the sacrifices in lives and property you have made will mean nothing, and the hopes that America has had for our freedom and national unity will be destroyed.

For the sake of our national unity and integrity we must strive together and cooperate with each other for the eventual well-being of our nation.

주미대사 장리욱은 오늘 아래와 같이 성명서를 발표합니다.

나는 어제 한국에서 일어난 쿠데타는 정당한 것이 아니라는 것을 밝힙니다. 민주주의 원칙에 근거한 대한민국의 헌법은 입법 행위와 법적 절차를 통한 정권 이양을 규정하고 있기 때문입니다. 이러한 "군사적 행동"은 새로운 정부를 수립할 다른 방안이 없을 경우에만 쓰여야 합니다.

대한민국 제2공화국은 진정한 민주적 원칙에 의거하여 대한민국 국민의 정의롭고 공정한 선거로 수립되었습니다. 만약 이를 인정하지 않는다면, 대한민국 헌법에 적시되어 있듯이 정당한 법적 방법으로 해결하여야 합니다.

따라서 나는 아래의 세 가지 이유로 이 쿠데타를 거부합니다.

첫째, 대한민국의 현 정부는 국가와 우리 국민의 복지에 진심을 다하여 헌신하고 있습니다. 이것은 오직 권력의 지속에만 관심이 있는 정부와는 매우 다릅니다. 장면 정부가 세운 정책 목표와 짧은 기간에 성취한 업적을 인정해야 합니다.

둘째, 아시다시피 이 정부는 제1공화국으로부터 넘겨받은 재정 파탄에서 벗어나기 위해 개혁을 수행할 시간이 필요합니다. 제2공화국이 집권하자마자 만연했던 병폐를 완전히 치유한다는 것은 거의 기적에 가까운 불가능한 일입니다. 가장 긴박한 과제는 우리나라를 최대한 재건하고 부흥시키기 위한 장기 계획을 제도화하는 것이었습니다. 우리 정부가 제시했던 발전적 비전은 단숨에 혹은 몇 달 만에 이루어 낼 수 있던 것이 아니었습니다.

셋째, 만약 이 쿠데타를 용인한다면, 미래에 일어날 유사한 행동에 대한 선례를 남기게 되는 것이고, 그것은 대한민국의 행정, 입법 그리고 경제에 커다란 해악이 될 것입니다. 이것은 이미 우리 손으로 설립한 민주 정부를 전복시키고 독재 정권을 받아들이는 것입니다.

덧붙여 정당성 없는 정부가 노정하는 취약점은 우리 두 나라가 싸워서 물리쳤던 공산주의를 불러온다는 사실을 간과할 수 없습니다. 만약 이 쿠데타가 승리한다면 한반도를 위해서 미국이 감수한 인명과 재산의 희생이 아무런 의미가 없게 되고, 대한민국의 자유와 화합을 원하는 미국의 희망이 파괴된다는 것을 의미합니다.

대한민국의 단결과 보전을 위해 한미 간에 함께 노력하고, 대한민국의 궁극적인 안녕을 위해 서로 협력해야 합니다.

The Korean Ambassador, Dr. Lee Wook Chang, issued the following statement today:

The coup which occurred in Korea yesterday is, in my opinion, not warranted, since our Constitution, founded on democratic principles, provides for a change in government through legislative action and legal procedure. Such a revolutionary movement should be resorted to only in case there is no other provision made for a new government.

The Government of the Second Republic of Korea was established along true democratic principles with a just and fair election by the people of the Republic of Korea, and if there is dissatisfaction the solution should be worked out in the proper legislative manner as outlined in our Constitution.

Therefore, I reject this coup for the following three reasons:

1) The present Government of the Republic of Korea is sincerely dedicated to the welfare of the nation and our people; this is very different from a Government that is concerned only with continuing in power. The Chang Government deserves consideration and patience from all for what it is trying to do, and for what it has accomplished in this short time.

2) Secondly, as you all know, this Government needs time to implement the reforms needed to recover from the bankruptcy it inherited. Only through a miracle could the Second Republic have completely remedied the ills rampant at the time of its inception. The projects most needed comprised long-range plans instituted to give the maximum reconstruction and rehabilitation for our country. Improvements such as were envisioned

-2-

by our Government could not possibly be made in a matter of moments nor even a few months.

3) Thirdly, if this coup is allowed to stand, then it will set a precedent for similar action in the future which, of course, would be detrimental to the executive and legislative, as well as economic, health of our nation. This would be tantamount to accepting a dictatorship in exchange for the democratic government we have already set up in our country.

In addition, we cannot ignore the fact that any show of weakness in our governmental structure will only invite the Communist yoke which we and you have struggled so hard in the past to overthrow. If this coup prevails, it will mean that the sacrifices in lives and property you have made will mean nothing, and the hopes that America has had for our freedom and national unity will be destroyed.

For the sake of our national unity and integrity we must strive together and cooperate with each other for the eventual well-being of our nation.

◁ 5·16 군사정변 다음 날 장리욱이 발표한 성명서

2

박정희 대통령에게 부치는 공개장[1]

귀하가 1961년 5월 헌정을 깨뜨리고 군사 혁명을 일으켰을 때 이것을 반대 성명하고 그 직을 사한 대한민국 재외 공관장이 있었다고 하면 이것은 모름지기 지금 이 글을 쓰는 이 사람만인가 싶습니다. 이런 이면으로 보아서도 귀하는 이 공개장을 쓰는 사람이 누구라는 것을 어렴풋이나마 기억할 것이라고 전제합니다.

그때 귀하와 나는 이 어마어마하게 중대한 문제에 대해서 일찍이 견해와 소신을 달리했던 것입니다. 그랬던 5·16 혁명도 이제는 누구도 손댈 수 없는 안전지대를 찾아 멀리 역사 속에 깊숙이 들어가 버렸습니다. 그렇다고 하면 지금 이 글을 쓰는 벽두 무엇 때문에 지나가 버린 옛 이야기를 끄집어내느냐고 의심마저 생길는지 모르겠습니다. 여기는 그럴 만한 이유가 있습니다. 즉 5·16 군사혁명을 반대하지 않을 수 없었던 그 동일한 정신과 주장과 원칙이 이제 나로 하여금 이 공개장을 쓰도록 만들었다는 것입니다.

군사 정권이 일찍이 기정사실로 화해지자 나는 이렇게 쿠데타를 통해서 생겨진 정권일망정 이것의 교체에 있어서는 역시 5·16 쿠데타 부정의 원칙이 적용되어야 한다는 것을 주장했던 것입니다. 이것

1 지식인 및 학생들의 필독 월간 시사 잡지였던 『사상계』는 이 글로 인하여 정부의 압박으로 광고 취소, 판매량 감소 등 심한 재정난을 겪다가, 1970년 김지하의 「오적」을 게재한 후 반공법 위반으로 17년 만에 폐간되었다. 『사상계』 제13권 제1호(통권 제142호), 1965년 1월.

은 그때 헌법보다도 훨씬 높은 위치에 놓여 있던 혁명 공약을 성실하게 지키는 것을 보는 것으로써 과거를 과거로 여길 수 있으리라는 것을 믿었기 때문입니다. 그렇다고 하면 오늘 제3공화국에 있어서 이 5·16 부정의 정신과 원칙이 얼마나 더 강하게 주장될 것은 중언할 필요조차 없을 것입니다.

그러나 기억해야 할 한 가지 점이 있습니다. 귀하는 이 나라에 있어서 5·16 사태가 다시 일어나지 않게 하기 위해서 5·16 행동을 취한 것이라고 말하지 않았습니까—즉 이것이야말로 우리 역사상 마지막 쿠데타가 되지 않아서는 아니 된다고 한 것입니다. 정말로 다시 있어서는 아니 되겠습니다. 그런데 5·16 행동은 정치에서 부정과 부패와 무능을 없이하고 민생고를 덜어 주고 정국의 안정을 이룩하기 위해서 부득이 취해진 것이라고 말하지 않았습니까. 이제 만일 정치가 여전히 부패 부정하고 무능하고 민생고가 감해지지 않고 그리고 또 개선될 전망을 못 갖는다면 (그때 귀하와 마찬가지로) 역시 똑같은 논리에 근거해서 5·16은 또 있을 수 있다, 혹은 있어야 한다는 결론이 생겨질 것이 아닙니까.

나는 귀하가 이 나라 정치의 개선과 민생 문제 해결과 또 국제적 지위의 향상 등 모든 면에 갖는 그 성의와 노력을 적게 평가하는 것이 아닙니다. 그러나 이것과는 별 문제로서 오늘 이 나라의 현실은 어떻다고 보십니까. 계엄령을 선포함으로써만 진정시킬 수 있었던 사회의 모든 혼란은 정말로 일부 정치인과 일부 언론인들의 무책임한 언동이나 또 일부 몰지각한 학생들의 망동 때문에 야기된 것뿐이라고 간단히 규정하고 지나가도 좋은 것입니까. 그리고 계엄 아래 막 쓸려 들어가서 어마어마한 죄명하에 혼난 젊은이들이 지금은 모든 것을 체념이나 한 듯이 잠잠하다고 해서 과연 천하가 태평한 것이라고 볼 수 있습니까.

내가 살피는 한, 지금 이 나라에서 양식을 가진 모든 정치인들은 물론 또 애국심을 갖고 생각하는 많은 국민들은 바로 정치 면에 있어서 또는 사상 면에 있어서 깊이 고민하고 있는 것이라고 봅니다. 이것은 즉 이 나라에 있어서 헌정을 보호 유지해서 질서 있고 안정된 정국을 이룩해야 한다는 신념과 주장을 버리려 하지 않는 데서 오는 고민일 것입니다. 또 이런 신념과 주장을 고집하거나 변호하려는 때에 있어서 종종 궁지에 서게 되는 경우에서 발견하는 고민이기도 할 것입니다. 다시 말하면 이것은 이 나라에 있어서 5·16을 영원히 부정할 수 있는 여건이 하루빨리 갖추어지기를 바라는 애태우는 심정이기도 합니다.

정강(政綱)과 시책 이전의 문제

귀하는 정치, 경제, 문화, 외교, 부흥 등 모든 면에 있어서 그 최선을 다하는 것이라고 살핍니다. 이것은 그만큼 좋습니다. 그러나 5·16을 부정할 수 있는 여건은 어째서 제대로 마련되지 못하고 있는 것입니까. 필유곡절(必有曲折)이 아니겠습니까. 이 곡절이란, 내가 보는 한, 어떤 정강이나 정책 이전에 있는 것입니다. '인(人)의 장막'을 벗어나서 또 권력의 변두리에서나마 떨어질세라 당시 조심하는 이들의 '진언'도 초월해서 널리널리 국민의 가슴속을 살펴보십시오. 숭고하고도 호화롭게 들리는 정강 정책을 표방하지만 또 의욕적인 계획과 시책을 내세우지만 국민은 참으로 여기 호응하는 것으로 보십니까. 또 성의롭게 협력하는 것이라고 들으십니까. 반대의 당은 거론할 필요조차 없겠지만 정부 정책에 보조 맞추는 시늉을 하려는 일부 국민들도 그 가슴속 어느 구석엔가는 영 가시지 않는 석연치 않은 느낌을 품고 있는 것이라고 봐야 할 것입니다. 그러면 무엇이 이들로 하여금 현 정부에 대하여 이 석연치 않은 느낌을 갖게 하는 것입니까. 이것은 정부와 국민 사이에 뭐라뭐라(정치, 경제 등등)하는 것을 다루기 이전에 이런 것들을 진실하게 다룰 수 있는 참된 인간관계가 맺어져 있지 않기 때문이라고 봅니다. 믿고 존경하고 이해하고 용서하고 사랑하는 것이 곧 이런 인간관계의 특징입니다. 이것은 정강과 정책이 마련되기 그 이전에 마련되어야 할 것입니다. 이때껏 귀하도 말해 온 바 있는 소위 새로운 정치 풍토란, 그 본질에 있어서, 역시 이러한 참된 인간관계가 이루어져 있는 정치 사회를 의미하는 것입니다.

지금 모든 국민이 정성과 열을 기울여서 이 나라 각 방면 살림살이에 적극 참여할 의욕이 생길 수 있는 그 정신적 풍토가 마련되지 못한 데 대해서는 그 책임이 유독 귀하 한 사람에게만 있을 것은 아니겠지요. 그러나 현행 우리나라 헌법에 비추어 보아 이 책임의 크나큰 부분이 귀하에게 있다는 것은 부인할 수 없을 것입니다. 말을 바꿔 본다면 이것은 대통령에 대한 기대가 심히 크다는 것입니다. 이런 기대를 말하는 데 있어서 몇 가지 고언을 적어 보려 합니다만 이것은 이 글을 적는 나에게 있어서 또한 괴로운 일이라는 것을 덧붙입니다.

의심받는 인격?

먼저 귀하는 국민에게로부터 아낌없고 인색치 않은 존경과 신임을 받고 있지 않다는 것을 지적하고자 합니다. 이런 관찰에 대해서도 특히 군사 혁명 당시 귀하를 중심으로 모였던 이른바 주체 세력 또 그 밖에 일부 인사들이 그렇지 않다는 반론을 내놓을 듯도 싶습니다. 아닌 게 아니라 한때 많은 국민들은 귀하에 대하여 커다란 기대와 촉망을 가졌던 것이라고 믿습니다. 그러나 쿠데타가 생겨서 4년에 가까운 세월이 지나간 오늘에 이르러서는 이런 기대가 좌절당한 것과 동시 귀하에 대한 존경심과 신뢰감은 크게 깎여진 것이라고 봅니다. 이것은 귀하 스스로의 양심 문제와는 별개로서 있는 일인지도 모르겠습니다. 국민들은, 마치 높이 모실 수 있는 어떤 남성을 그리워하는 여성의 마음보다도, 같이 마음을 푹 놓으면서 믿고 의지하고 존경하고 또 자랑할 마음이 생길 수 있는 대통령을 그리워하는 것입니다. 설혹 사물에 대한 견해를 백 퍼센트 달리하면서라도 인간적으로 존경하고 또 그의 대소 모든 언동의 진실성을 믿을 수 있는 대통령을 아쉬워하는 것입니다.

지난가을 해방 기념식 때에 있은 대통령의 치사를 많은 일간 신문들이 보이콧하는 데 성공했다는 사실은 무엇을 말하는 것입니까. 그때 언론인들은 분명히 상식에 어긋나는 일을 한 것이라고 나는 믿습니다. 한 나라에 있어서 보도의 사명을 맡은 신문들이 대통령의 치사까지를 국민에게 알리지 않았다는 것은 있을 수 없는 일입니다. 만일 그들이 대통령을 적어도 인간적으로 아끼고 또 존경하는 마음이 얼마큼 있었더라면, 그때까지 지녀 온 무슨 서운한 감정도 초월해서, 대통령이 지녀야 할 위신과 지위를 보호했을 것입니다. 뿐만 아니라 이때 대통령에 대해서 이런 정도의 경의라도 표하지 않고서는 국민들의 빈축을 면치 못하리라는 조심이 아니 생길 수 없었더라면 역시 이런 일은 없었을 것입니다.

그 후 언론윤리위원회법을 둘러싸고 생겼던 말썽을 잘 기억하실 것입니다. 이 법을 실시하는 그 벽두에 있어 정부는 소위 보복 조치라는 수단을 취한 것입니다. 일이 여기까지 이른 데는 나 역시 그 반대 운동에 참여치 않을 수 없었습니다. 이런 운동이 전개될 때마다 이 나라에서 유행되는 식은 언제나 '극한투쟁'입니다. 좌우간 우리는 먼저 대통령에게 '호소'하는 글을 부치기로 의견의 일치를 보았습니다. 이것은 분명히 '호소'라는 말이 비위에 거슬렸던 것인지 혹은 대변인의 실수였든지 또 혹은 신문의 고의거나 과오였든 간 이것은 '호소'가 아니라 '경고'라는 것으로 보도됐습니다. '대통령' 아래 붙이는 '각하'라는 경칭어가 문제되는 판입니다. 대통령은 국민의 공복인데 '각하'가 무슨 필요냐고도. 그렇다면 '대통령아' 하고 부를 것이냐 하는 농담조가 있기도 했던 것입니다.

역시 이 무렵에 있어서의 이야기입니다. 소위 반대 투쟁을 전개하기 전 우리는 대통령을 만나서 직접 호소할 것을 결의하고 이어서 대통령을 만나러 갈 대표 세 사람을 뽑았습니다. 이렇게 뽑혀진 대표가 여기 참석했던 일부 위원들의 눈에는 세상 사물에 퍽 어둡고 또 지나치게 순박한 인간들이라고 보였던 모양입니다. 그들의 하는 말이 무엇입니까. '저들만이 갔다가는 박 씨에게 말려들어 가 버릴 염려가 있다'라는 것입니다. 나는 처음 이 '말려들어 간다'라는 표현의 뜻을 얼른 이해하지 못했지만 이것은 결국 '박 씨'에 의해서 농간을 당한다 혹은 간계에 넘어간다는 등으로 해석되는 것을 알게 되었습니다. 이것은 대통령의 소신을 굽힐 수 없다든가 그 주장을 변경시킬 수 없다는 것과는 전연 딴 종류의 이야기입니다. 결국 귀하의 인격을 도덕적으로 신뢰할 수 없다는 뜻이 아니겠습니까. 하기야 귀하 스스로가 양심상 아무런 거리낌도 없는 것이라면 누가 뭐라 악평해도 모두 초월할 수 있을 것입니다. 또 이런 비난은 대개 야당 사람이나 다른 정적들의 언동이라 해서 모두 다 일소에 붙이고 오히려 자부할 수도 있을 것입니다. 그러나 귀하는 지금 한 개인만이 아니라 두드러지게 공인이라는 데 있어 문제가 되는 것이겠지요. 뿐만 아니라 어느 누구의 인격을 신뢰한다, 존경한다, 아낀다 하는 것은 일에 대한 견해 주장 혹 이념을 달리하면서라고 있을 수 있다는 것을 생각하게 될 때 지금 귀하 인격에 검은 구름같이 가리어지는 반영은 생각하는 국민들의 격정거리가 되지 않을 수 없는 것입니다.

가치(본질적)판단에 대한 불신임

오늘 귀하가 이 나라의 모든 중대한 문제에 대해서 최종 최고의 결정권을 갖고 있다는 것은 주지의 일입니다. 이것은 물론 고도의 가치판단력을 요구하는 어마어마한 책임이나 또 동시에 외로운 책임이기도 합니다. 복잡다단한 국내외 모든 문제에 대해서 이런 유의 판단과 결정을 짓는데 있어서는 물론 귀하를 둘러 있는 많은 사람들의 견해와 소신이 고려될 것이라고 믿습니다. 그러나 이것은 어디까지나 참고자료의 역할을 갖는 데 그칠 것이고 그 최종 최후의 결단을 내리는 것은 오직 귀하만의 책임입니다. 그리고 이렇게 귀중한 책임은 5·16 이래 오늘에 이르기까지 쭉 계속해서 귀하의 두 어깨에 짊어져 있다는 것을 역시 기억하실 것입니다.

그런데 오늘 많은 국민은 귀하가 이런 성질의 책임을 수행하는 데 대해서 어떠한 소감을 갖는가 또 어떠한 평가를 하고 있는가를 아십니까. 이것은 물론 지엽말단에 이르기까지의 만반 문제에 대한 판단을 말하는 것은 아닙니다. 오히려 이 나라에서의 민주주의 정치의 확립, 정치적 안정, 경제 부흥 등에 관련되는 본질적 혹은 일차적 가치에 대한 판단을 뜻하는 것입니다.

'쌀독을 아껴서 쥐를 치지 못한다' 하는 속담이 있지 않습니까. 쥐를 견주고 던지는 돌이나 망치가 반드시 독을 깨뜨린다는 것이 아니면서도 자칫하면 그렇게 될 수 있다 혹은 쥐를 때렸지만 아울러 쌀독까지 깨뜨려 버릴 위험성 혹 모험성을 보게 되는 것입니다. 이런 찰나 평정한 자제력을 가진 사람이라면 쥐를 치려고 들었던 손을 내리고 마는 것입니다. 그리고 광 안에 들어 있는 쥐를 잡아 없애기 위해서는 보다 더 합리적 방안을 별달리 찾는 것입니다.

다루는 문제의 성격이 중요하면 중요할수록 거기는 반드시 복수의 가치들이 저마다 큰 비중을 다투고 혹은 그 우위를 주장하게 마련입니다. 그리고 이렇게 대두하고 나서는 뭇 가치의 비중을 바로 판단하는 일은 물론 쌀독과 쥐의 그것을 판단하는 것 마찬가지로 간단한 일은 아닙니다. 그래서 문제의 초점은 바로 여기 있습니다. 즉 이 나라 앞날 역사를 빛나게 하거나 욕되게 하는 것을 좌우할 수도 있으리만큼 본질적인 가치에 대하여 번번이 올바른 판단과 결정을 지어야 하는 것이 귀하의 책임인 것입니다.

유감스럽게나마 다시 옛 이야기를 끄집어내야 하겠습니다. 언론윤리위원회법, 학원보호법, 최근에 공포된 사립학교법 개정법, 그리고 일단 좀 더 소급해서 3·16 성명 등에 관련된 많은 무게 있는 가치를 판단하는 데 있어서는 흔히 이성을 잠시 잊어버리고 덤벼드는 식의 판단력이 나타난 것이 아닌가 합니다. 지난봄 이래 6·3 데모에 이르는 동안 학생, 언론인, 일부 정치인들이 취한 정부 규탄의 여러 가지 행동은, 특히 지금의 정권을 유지시킴만이 지상 과제라고 믿었을 집권자들의 입장에서 보았을 때, 정녕 백해무일리(百害無一利)한 것 같은 얄밉고 가증한 모습으로 보였을 것입니다. 이런 경우에 직면해서 계엄령이란 묵직한 몽둥이를 흔들어 보았다는 것까지는 어느 정도 납득이 안 가는 것이라고는 할 수 없습니다. 그러나 집권 연장에 방해가 되는 이러한 행위를 근절시켜 본다는 목적을 갖고 소위 언론윤리위원회법 또 학원보호법이란 것을 만들기로 들었다는 것은 이 민주주의 사회에 있어서 진정으로 소중히 여겨야 할 가치가 무엇이라는 것을 판단하는 데 이르러 중대한 착각을 일으킨 것이라고 평하지 않을 수 없는 것입니다. 만일 자유 언론과 자치 학원이 용납될 수 없는 정치 풍토라면 이 나라에 있어서 어떻게 진정한 민주주의 정치의 성장을 바랄 수 있을 것입니까. 그 후 몇몇 일간신문에 대하여 취해진 소위 보복 조치에서 보인 정부의 태도는 분명 초가삼간이 다 타 버려도 빈대 죽은 것만을 시원하게 여긴다는 사람 모양으로 이성을 거의 다 상실한 사람의 행동이었습니다. 때마침 귀하가 어느 정도 냉정한 태도를 회복했던 것은 불행 중 다행이었습니다.

사실 국내외의 허다한 문제를 다루는 데 있어 여기 관련 가진 모든 가치가 그 순위 혹 우위를 바로 찾아 내세우는 일은 정녕 쉬운 것이 아닙니다. 가령 대미 대일 외교 면을 두고 볼지라도 여기는 자유정신이니 실리주의니 경제 발전이니 선린(善隣)정책이니 올바른 자세니 대의명분이니 라는 등 모두 그럴 듯한 가치들이 쉽게 양보하려고 하는 것이 아닙니다. 그러나 이러한 입장에 있어서 언제도 늘 보편성 영구성을 지닌, 그러기 때문에 진리에 가장 가까운 가치를 판단 결정하는 데 영도적 역할을 가져야 하는 것이 귀하에게 무겁게 짊어져 있는 책임입니다.

우리 사회에 근대화를 가져오고 새로운 문화를 창조하는 것은 본시 목적과 방향의 문제요 이상과 원칙의 문제입니다. 그래서 이런 본질적 가치를 다루는 때에 있어서 만일 귀하의 판단이 번번이 애매 불투명하고 알쏭달쏭해지는 것이라면 국민은 그 방향 의식을 갖는 데 혼돈을 일으킬 것입니다. 그리고 귀하에 대한 신뢰감은 점점 더 떨어지지 않을 수 없을 것입니다.

아쉬운 솔직대담

귀하에 대해서 대담한 솔직성이 아쉽다는 것은 그 '번의(飜意)'와 많이 관계되어 있는 것입니다.

인간 지능의 유한성을 인증하는 우리는 사람이 하는 일에 잘못이 있을 수 있다는 것을 또한 인증하는 것입니다. 이런 의미에서 해석할 때, '번의'는 칭찬해야 할 미덕일지언정 반드시 비난의 적이 되지 않아야 할 것입니다. 그러나 번의가 번의되고 번의됐던 번의가 또 다시 번의되는 일이, 그것도 자주자주 생기는 것이라고 하면 이것은 벌써 미덕될 자격을 잃어 버렸을 뿐 아니라, 이미 위에서 언급한 바와 같이, 귀하의 일반적 판단력 혹은 정직성까지를 의심하게 되는 것입니다. 가령 대통령으로서 담화를 발표해서 어떤 법을 강력히 시행한다고 다짐한 데 불구하고 그후 강력도 시행도 찾아볼 수 없는가 하면 그저 흐지부지 넘어가 버리는 예는 한두 번만이 아닐 것입니다. 이런 경우 국민이 실망하는 것은 강력 시행을 보지 못해서가 아닙니다. 강력 시행을 발표할 때에 가졌던 그 어떤 판단에 또다시 '번의'가 생겼구나 하는 데 있는 것입니다.

그러나 이 '번의'가 귀하에 대한 신뢰감과 존경심을 극도로 떨어뜨리게 만든 데는 보다 더 중대한 까닭이 있습니다. 이것은 '번의'를 갖는 때마다 왜 이런 '번의'가 필요했다는 것을 솔직 대담하게 또 성실하게 그리고 일반 국민이 충분한 이해를 가질 수 있도록 명확하고 평범하게 공개 설명하지 않은 데 있는 것입니다.

혁명 공약을 이행한다는 입장에서 행해진 2·27 선서식은 그 후 20일도 지나가기 전 3·16 성명을 통해서 번의된 것이 아닙니까. 이것은 다시 소위 4·8 조처를 발표함으로써 또 번의된 것이 아닙니까. 그럴 때마다 아쉬운 것은 번의에 대한 정직한 고백이요 전적인 고백입니다. 3·16에 있어서라면 2·27에 가졌던 그 판단이 어떤 면 또 어떤 점에서 잘못되었던 것을 솔직하게 고백했어야 할 것입니다. 또 4·8에서라면 3·16 성명의 실시가 어째서 연기돼야 한다는 까닭을 밝히고 그리고 이러한 까닭을 미리 보지 못한 허물의 책임을 누가 어떤 모양으로 진다는 것을 조금도 숨김없이 내놨어야 할 것입니다.

언론법은 지금 어떤 처지에 놓여 있습니까. 이 법이 법으로서 시행되고 있지 않은 이유는 어디 있습니까. 그것의 부당성을 인정해서입니까, 그렇지 않으면 언제라도 한번 써보자 하고 그럴 만한 때가 오기를 기다리는 것입니까. 언론 기관에 대한 보복 조처는 왜 철회했습니까. 이런 법과 이런 조처에 대한 국민의 반대 여론에는 어느 정도로라도 납득 가는 점이 있었습니까, 없었습니까. 한때는 이렇게 하고 또 다른 한때는 저렇게 하면서도 아무러한 설명이나 또 변명다운 변명이 있는 것이 아닙니다. 그렇다고 해서 사과가 있는 것도 아니고 책임을 지노라는 것도 아닙니다. 또 앞에는 어떻게 한다는 다짐이 있는 것도 아닙니다. 그러면 이제 국민의 입장에서 잠깐 생각해 보세요. 정부가 갖는 이런 태도에 대해서 그 어느 누군들 이것을 애매하다 불투명하다 또 무성의하다고 생각하지 않을 수 있을 것입니까.

'번의'는 이미 말한 바와 같이 본질적으로 결함을 가진 것은 아닙니다. 오직 여기 따라서 있어야 할 솔직대담한 '회개'가 같이하지 아니할 때 비로소 큰 허물이 되는 것입니다. '번의'에 대한 이유가 유야무야 흐지부지 밝혀지지 않은 채 넘어가 버리는지라 의심이 생기고 뒷공론이 퍼지고 유언비어가 떠돌고 불신임이 더욱 깊어지는 것입니다.

'조문석사(朝聞夕死)'의 철학

이 글은 이미 장황해졌습니다. 그러면서도 이것은 유쾌하고 명랑하고 혹은 구미 돋치는 내용을 말하는 것도 못 된다는 것을 압니다. 그러면 어째서 귀하에게 이런 글을 써야 하는 것입니까. 해마다 이맘때를 당하면 낡은 해를 보낸다는 것이 우리가 흔히 쓰는 표현입니다. 그러면 이 일 년 동안에 있어서 우리 온 겨레를 그렇게도 고달프게 하고 들볶을 수 있었던 모든 불행의 요소를 지금 가는 해에 덧붙여 보내고 그리고 명랑하고 신선하고 희망에 찬 새해를 맞아 보자는 뜻에서입니다. 먼저 이 어수선하고 흐리멍덩해서 언제든지 조바심만 갖게 하는 사회적 분위기를 바람에 불려 날리듯이 비로 쓸어버리듯이 깨끗하게 참신하게 만들어 보자는 것입니다. 그래서 새해에 전개되는 우리 사회와 정국은 모두 다가 곧은 신념을 갖고 뚜렷한 방향을 바라보면서 또 누구나가 다 진실과 성의와 이해와 협력의 정신 속에서 움직일 수 있는 풍토가 되도록 해보자는 것입니다.

그런데 이렇게 새로운 기풍을 이 땅에 잡아 일으키는 데 있어서 가장 먼저 앞장서야 할 이가 즉 귀하입니다. 이것은 대통령으로서 갖고 있는 그 책임과 또 그 영향력이 가장 크기 때문이라는 것은 물론입니다. 이런 새로운 기풍을 진작하는 일이야말로 이 새해에 있어서 귀하에게 도전하는 일차적 책임이라고 믿습니다. 이 책임의 이행 없이는 어떤 정책 어떤 계획도, 지나가는 해에서 본 것 마찬가지로 그냥 답보하거나 자칫하면 퇴보할 것입니다.

그러면 어디서부터 어떻게 시작할 것입니까. 내가 살피는 한 귀하는 군정 이래 오늘에 이르는 동안 이 출발점을 찾는 데 있어 번번이 미스한 것이라고 봅니다. 교통 정리에서 혹은 청소 작업에서 일단 효과를 보인 총과 칼의 힘도 사람의 마음을 정리하고 정신을 깨끗이 하는 데는 무력합니다. 또 어떻게 해서라도 만들어진 다수 정당을 배경으로 하는 정치력도, 종종 철회해야 되는 법안을 통과시키는 데 이바지될지언정, 이 사회에서 새로운 정신의 기풍을 일으키는 성업에는 아무런 맥도 쓰지 못하는 것입니다.

스타트 라인은 좀 더 깊숙이 물러서서 귀하 자신이 '조문석사'의

철학을 사는 데서부터 시작되는 것이라고 믿습니다. 고풍 풍기는 옛 성인의 가르침이지만 두고 두고 변치 않는 진리입니다. 아침에 도를 들었다면 저녁에 죽어도 좋지 않느냐 하는 말입니다. 지금 옳은 길을 찾았거든 그다음 순간 죽음이 그 길에서 기다리고 있는들 왜 가지 못할 거냐, 옳다고 판단한 일을 하려고 나섰다가 뒤따라 올 것이라고 염려되는 위험 때문에 물러설 수 있느냐 하는 뜻입니다.

왜 '번의'가 되고 또 되고 할 것입니까. 왜 솔직하고 대담하게 나오지 못할 것입니까. 너무 솔직했다가는 야당이 그 무엇을 정치 문제화한다, 체면이 상한다, 약점 잡힌다, 혹 3·16경우라면, 정치보복이 두렵다, 청년 장교들의 반발이 걱정된다 등등으로 뒤에 생길 것이라고 상상되는 희생 혹 위험 때문이 아닙니까. 이렇게 뒤따라 올 사태를 염려하는 태도야말로, 소위 군정 기간의 정치적 유산을 깨끗이 청산 못하는 이유가 아닐까요. 지난번 국정 감사가 정말 국민들이 그렇게도 꺼림칙하게 여기고 불투명하게 바라보는 모든 의혹 사건을 과연 속시원하게 풀어 주는 데 이바지한 것이라고 보십니까. 지금도 국민의 가슴속에는 무엇이 움직이고 있는가를 바로 아셔야 합니다. 뒤에 어떤 사태가 와도 좋다 하는 태도—조문석사의 태도—를 갖고 알쏭달쏭으로 여겨지는 모든 사건을 샅샅이 털어 내놓아 보세요. 이런 태도와 정신이야말로 이 사회를 근본으로부터 움직일 수 있는 참힘이 되는 것이라고 믿습니다. 이렇게만 나간다면 염려하던 '사태'는 실제 생기지도 않는 것입니다. 뿐만 아니라 귀하에 대한 존경심과 신뢰감은 그 순간부터 커지고 높아지는 법입니다. 그리고 이때부터 이 땅에 가득 찬 불신의 공기, 침체한 분위기를 휩쓸어 낼 수 있는 회오리바람이 일어날 것입니다.

3

안도산 비록(祕錄), 내가 지내 본 도산 이야기[1]

나는 1916년 이래 도산(島山)을 가까이 모시고 또 그 가족을 계속 접촉할 수 있는 기회를 가질 수 있었다. 이것은 내 일생을 통해서 어제나 늘 다행하게 또 고맙게 느끼는 일 가운데 그 한 가지다.

미주에 있어서는 1916~1917년 사이와 또 1925~1926년 사이에 그를 모실 수 있었고 그리고 국내에 있어서는 그가 대전 감옥에서 출감한 1935년부터 별세한 1938년 봄 사이에 종종 찾아뵈올 수 있었다. 이런 몇몇 시기에 있어서 내가 듣고 보고 경험하고 또 나 자신이 관련되었던 모든 일은 지금도 인상 깊이 남아 있다. 그뿐 아니라 내가 그를 모신 동안 어느 시점에서부터는 연소한 나에게나마, 때로는, 어떤 사물에 대하여 그가 극히 사사로이 가지는 심경을 아무런 기탄없이 평범히 들려주기도 했다. 그러나 사람의 기억력이란 본시 백 퍼센트 신빙성을 가진 것이 아니다. 그러기 때문에 여기 내가 지내 본 도산 이야기를 적는 데 있어서도 혹은 어떤 사실 자체가 완전한 정확성을 갖추지 못할 수도 있다. 또 어떤 사실이나 경험의 의의를 해석하는 데 있어 그 정곡을 잃을 염려도 있다. 나는 이런 제한성을 인정하면서 최선을 힘써 보겠다. 그리고 경

1 도산 선생을 처음 만난 1916년부터 선생이 별세한 1938년까지 곁에서 보고 경험한 것들을 적은 글. 『사상계』 제13권 제3호(통권 제144호), 1965년 3월.

우에 따라서는 가령 어떤 한 이야기가 사회적으로 무슨 무게 있는 뜻을 지녔는가, 혹은 도산 인격의 그 어떤 면을 유달리 보이는 것일까 하는 것을 부각시켜 보기 위해서는 그런 이야기가 마련되던 곳과 때의 사회적·정신적 환경을 아울러 설명해야 할 필요가 생기기도 할 것이다. 이 이야기의 참고를 위해서 먼저 도산 연보를 간추려 적는다.

1902년 25세 처음 도미

1906년 보호 조약 체결되자 귀국

1910년 합병 바로 앞서 유럽 경유 다시 도미

1913년 미주에서 흥사단 창립

1919년 상해에 건너감

1925~1926년 미국에 다녀와 다시 상해에

1932년 일경에 피체, 대전 감옥살이

1935년 출옥, 서울, 평양, 송태산장에

1937년 중일전쟁, 재투옥

1938년 3월 10일 61세로 옥고로 병사

제2차 미국 체재 동안의 이야기

지성의 눈을 깨쳐 준 도산 선생

이 기간은 도산이 합병당하는 고국에서 망명해서 두 번째 미국에 건너간 1910년부터 기미독립운동을 본 1919년까지 약 10년 사이다.

이때까지의 미주 교포는 그 대다수가 일찍이 이민 관계로서 하와이를 경유해서 건너간 이들이다. 그러나 합병이 있은 후부터는 정치

망명처를 찾아 도미한 사람의 수가 부쩍 늘었다. 그리고 1914~1916년 사이에 있어서는 국내로부터 많은 청년들이 대개 압록강을 비밀리에 건너, 다음 상해를 거쳐서 도미했다. 이들은 미국이 1917년 4월 제1차 세계대전에 참가하기까지는 모두 다 망명객 취급을 받았기 때문에 여권이 요구되지 않았다. 그래서 이 색다른 층의 사람들이 이 4~5년 동안에 도미한 수는 약 4백 명 정도로 추산된다.

도산은 이 기간에 있어 국민성의 개혁을 목적하는 흥사단을 창설했다. 그리고 그는 한편 하와이, 멕시코 및 쿠바에 흩어져 사는 교포들을 각각 장기 순방했다. 이것은 나라와 정부를 아울러 잃어버리고 그리고 또 아무런 지도 체계도 갖지 못한 채 그저 뿔뿔이 하루하루를 살고 지내는 교포들에게 위로와 격려를 주고 또 희망과 계획성을 갖게 하기 위함이었다.

내가 도미한 것은 1916년 12월의 일, 내 나이는 스물한 살. 그 달 말경 나는 로스앤젤레스에 도착해서 어느 날 도산을 그 주택에 찾아뵈었다. 주택이랬자 낡아 빠진 목조 2층 셋집인데 아래층 앞면 응접실이 흥사단 사무실로 돼 있고 그 뒤에 연달린 두 방이 곧 도산 가족이 우거한 곳이다. 그다음 날 저녁식사에 나를 초대해 주었다. 먼저 고국에 남아 있는 그의 친구와 동지들의 소식을 물었다. 그러나 내가 정확한 소식을 전할 수 있는 인사는 많지 않았다. 그는 이어, 정말 나에게 말해 주고 또 가르쳐 주려는 본 문제를 끌어내는 것이라고 느꼈지만, 내가 무슨 목적을 갖고 도미했느냐고 물었다. 공부할 목적을 갖고 왔노라고 나는 쉽게 대답했다. 그러나 그는 '그러면 열심히 공부해서 성공하시오' 하는 식으로써 그 질문을 끝막는 것이 아니었다.

"좋소, 그러면 공부는 또 무슨 목적을 위해서 하는 거요?" 이렇게 계속해서 묻는 것이 아닌가. 공부하는 목적쯤이야 본시 자명의 일인데 여기도 무슨 의문이 붙을 수 있을까 하는 것이 지금까지의 나의 태도였다. 그러나 막상 대답을 해 보자니 이것은 쉬운 일이 아니었다. 당시 우리는 나라를 갓 잃어버린 망국 백성으로서 독립을 회복해야 한다는 것은 어느 누구의 가슴속에도 늘 북받쳐 있는 감정이었다. 나는 생각을 정리해 가면서 대답했다.

"그것은 우리 독립을 회복하는 데도 도움이 되고 또 사회에 유익한 인물이……" 유익한 인물이 되겠다는 것인지 돼야 하겠다는 것인지도 분명치 않게 얼버무리고 말았다.

"좋은 생각이오." 이러면서 그는 질문하기를 그냥 멈추지 않았다.

"그런데 장 군이 공부를 하면 우리 독립을 회복하는 데 어떻게 도움이 될 수 있다고 생각하오?"

"거야 도움이 되면 됐지 해야 되겠습니까" 하는 식으로밖에 대답할 것이 생각되지 않았다. 사실 내가 공부한다는 것과 우리 독립을 회복한다, 또 사회를 유익하게 한다는 것 사이에는 정녕 무슨 인연이 있는 것이라고 느끼면서도 이것이 실제 어떠한 과정을 통해서 그 인과관계가 맺어질 것이냐 하는 데 대해서는 그저 막연할 뿐이었다. 나는 이런 심경을 그대로 고백할 수밖에 없었다.

"옳은 말이오. 지금 장 군이 막연할 뿐이라고 한 말은 참말이오."

그러나 그의 추궁은 여기서 끝이 난 것도 아니었다. 이렇게 막연할 수밖에 없는 그 까닭은 무엇이라고 생각하느냐고 다시 질문조가 계속되었다. 그러나 이것은 나의 대답을 꼭 기대하거나 요구하는 것이 아니라는 것을 느낄 수 있었다.

여기까지의 그 반복한 질문은 결국 이때까지 동면 상태에 있던 나의 사고력을 일깨워 그가 설명하는 논리를 따를 수 있도록 만드는 한 가지의 준비 과정이었다고 생각된다. 아닌 게 아니라 그는 나더러 생각해 보라는 듯이 잠깐 동안 침묵이 있은 다음 "이것은 장 군에 한해서만 있는 문제는 아니라고 믿소. 누구든지 자기가 지금 하고 있는 일과 또 향하고 나아가는 그 목표 사이에 어떤 계획을 갖고 있지 않는다면 이 양자의 관계는 막연할 수밖에 없을 거요."

한 채의 집을 짓는 데도 반드시 설계도가 있어야 하거든 하물며 한 나라가 독립을 회복하고 또 유지하려는 데 있어서야 얼마나 더 위대한 계획이 필요할 것이 아니겠느냐고 도산은 가장 평범하게 설명해 주었다. 그리고 그때 내가 세울 수 있는 계획은 대체로 큰 줄거리만의 계획이 될 수도 있고 혹은 나이를 먹고 지식이 느는 데 따라서는 이런 계획이 고정되거나 변경될 경우가 생길 수도 있을 것이라고 했다. 어쨌든 바라고 꿈꾸고 이상하는 일을 위해서 계획성을 짓는 것이야말로 첫째 가는 성공의 요건이라고 가르쳐 주었다.

나는 나이브한 얼마큼의 순수성을 통해서만 도산을 알아볼 수 있었지만 그는 다른 무엇보다도 지성(至誠)과 지성(知性)의 사람이라는 것을 아니 느낄 수는 없었다. 그리고 내 가슴속에도 얼마의 지성(知性)이 깃들고 있었다면 이것은 그때 비로소 눈뜨기 시작한 것이 아닐까.

3·1운동과 국민회

그 후 국내에서 일어난 기미년 독립운동은 미주 교포 사이에 지대한 충격을 주었다. 비밀된 채널을 통해서 국제적으로 보도되는 그 잔학한 독립운동 탄압상은 전 교포로 하여금 그 흥분의 도를 보다 더 높아지게 했다. 예를 들면 그때 미국의 인기 주간지 『리터러리 다이제스트』는 이런 참상을 보이는 만화를 실었다. 게다를 끌면서 후지산(富士山) 아래를 걸어가는 일본 사무라이는 그 어깨에 긴 죽창을 메었다. 그런데 이 죽창 한 끝에는 코리아라는 흰 옷 입은 사람이 꿰여 들려 있지 않은가. 모두가 다 당장에라도 본국에 뛰어 건너가 직접 독립운동에 가담해야만 된다는 심정이었다. 학생은 공부를 멈추고 모두 다

군사훈련을 받아야 한다고 외쳤다. 일하는 사람이어든 버는 돈을 몽땅 독립운동자금에 바쳐야 한다고 울부짖었다. 고(故) 노백린 장군 주재 아래 공군 양성소가 북가현(북부 캘리포니아)에 설립됐다. 지금 서울에 주거하고 있는 노정민 씨 같은 이는 그 소원(所員) 중 한 분이었다.

이런 분위기에 휩쓸려 있는 국민회 중앙총회는 대의원회를 소집하고 연일연야 재미교포로서 할 일이 무엇인가를 토의했다. 애국심에 북받친 대의원들은 거의 다 개병(皆兵), 개노(皆勞), 개납주의를 부르짖는 정세였다. 도산은 이때 국민회 중앙 총회장이었다. 교포들의 이 뜨거운 애국심과 그 희생심에 대하여 그는 감격했고 고마워했다. 그러면서도 교포들이 보이는 이런 애국심과 희생심은, 도산이 보는 한 전적으로 반겨하고만 있을 수는 없었다. 이것은 우리 독립운동이야말로 그때부터 앞으로 10년, 20년을 두고 오래 계속해야 하는 운동이라고 보았기 때문이다. 만일 이것이 사실이라면 학생들이 지금 학업을 정지해서 되겠느냐, 또 버는 돈을 그 어느 때까지 계속해서 모두 다 바칠 수는 있을 것인가. 이것은 분명히 금덩이 알을 낳는 암탉의 배를 째는 것과도 방불한 행동이 아니겠는가.

도산은 3·1의거의 의의를 비롯해서 일본과 국제 정세 그리고 앞으로 계속해서 있어야 할 독립운동의 성격을 분석 설명하는 데 전력을 기울였다. 그의 성의와 열변과 또 조리 갖춘 이론은 마침내 교포들을 어느 정도 납득시킬 수 있었다.

1. 학생들은 계속해서 공부하라.
2. 일반 교포들은 매달 정미 수입금의 20분의 1을 독립운동을 위해서 바쳐라.

이것이 합의 본 결론이다. 독립운동은 그 후 해방을 얻기까지 4분의 1세기에 걸쳐 계속됐다. 이 기간을 통해서 위의 제2항 결의 사항을 끝까지 실행한 교포의 수는 그렇게 많은 것이 아니었다. 그러나 우리 임시 정부가 중경에 밀려가 지내는 동안까지 미주의 국민회가 다소의 도움이라도 보낼 수 있었던 것은 오로지 이 결의에 따른 재원에 의지했다는 것을 알았다.

제3차 미주 체재 동안 이야기

왜 다시 미국에 갔는가

독립운동에 관련된 재미 교포의 행동 요령이 대체로 그 윤곽을 갖게 되자 도산은 상해로 건너가기로 작정했다. 이것은 독립운동을 위한 사리에서보다도 오히려 그 의리에 입각해서 지어진 작정이라고 했다. 독립운동이 장기화할 것을 전망한 도산이 상해행을 어느 정도 서둘렀다고 하는 데는 도산다운 감정이 움직였다. 10년 전 혹은 고국에서 혹은 청도에서 또 혹은 시베리아(西伯利亞)에서 비분한 이별을 가졌던 혁명동지들이 이제 다시 상해에 모이는 것이 아닌가. 또 지금은 국내로부터 수많은 애국 동포들이 망명의 길을 걸어서 역시 여기로 찾아오는 것이 아닌가. 고난도 같이 겪고 모험도 같이하자, 걱정과 위로도 서로 나누자, 이것이 곧 그의 심정이었다. 그는 그해 5월경 보좌 격인 정인과와 영어 통역 황진남을 대동하고 상해로 건너갔다.

이래 6년 세월에 걸쳐 그는 상해를 중심하고 원동에 머물렀다. 이 기간에 있어서의 그의 행장을 여기 적어 보려는 것이 아니다. 그러나 그가 1925년 봄 다시 미국에 건너가게 된 그 동기가 어데 있었느냐 하는 것을 알기 위해서는 이 여러 해를 통해서 그가 줄곧 느끼고 있던 일 한 가지를 말해야 할 필요가 있다. 이것은 다름 아닌 그의 실력

배양주의다. 도산은 언제 어디서라도 현실 사정이 필요로 하는 어떤 운동 또 어떤 사업에도 그 지성을 다하는 것이었다. 그러기 때문에 오랫동안 임시 정부를 받들어 왔고 또 분산되어 있는 모든 독립운동 단체들의 대동단결을 이룩하기 위해서 최대의 노력을 경주하기도 했다. 그러나 그가 오래전부터 가지고 있는 이 한 가지 신념에는 변화가 없었다.

우리 문제를 근본적으로 해결하는 길은 오직 실력을 기르는 데 있다는 것이다. 그래서 도산은 상해에서 이미 흥사단운동을 통해서 많은 청년들로 하여금 인격 수양에 힘쓸 것을 지도해 왔다. 그리고 기미년 이래 수다하게 모여 온 애국 동포 또 혁명지사들이 점점 방랑객의 신세로 전락되고 있는 실정은 그냥 보고만 있을 수 없었다. 이들이 비교적 안전한 지대를 찾아서 반영구적인 정착지를 마련하고 그리고 거기서 장기 계획을 세워서 독립운동을 위한 실력을 길러야 한다고 느꼈다. 도덕적으로 훌륭한 인재와 아울러 경제, 기술, 학술, 군사 등 모든 방면의 역량이 여기서 준비되어야 한다는 것이다. 이것이 즉 그때 도산이 구상한 중국 대륙 안에서의 독립운동 본거요 또 이상촌이다.

이런 계획을 실현하는 데 있어서는 물론 돈이 필요했다. 또 이것이 든든히 자리 잡고 크게 발전하기까지는 어느 기간에 걸쳐서 물질적 또 정신적 지원을 계속해 받아야 할 필요를 느꼈다. 도산은 적어도 그 초창기에 있어 이 사업을 위한 재원과 또 계속 지원할 수 있는 동지들을 먼저 미주에서 얻어 보기로 생각했다. 그가 세 번째 미주에 건너간 주 목적은 바로 여기 있었다. 그리고 여러 해를 계속해서 재정적으로 지원하여 준 재미 교포에게 독립운동의 진상을 보고하고 또 감사해야 할 의무를 느끼기도 했다.

시카고에서 「애국심」 연설

그는 미국에 도착해서 곧 서부 일대에 흩어져 사는 교포들을 일일이 심방했다. 그리고 이어 동부 여행에 올랐다. 뉴욕에서는 고 장덕수, 윤홍섭, 김도연 등을 만나 독립운동 방략에 대한 의견을 교환했다. 회로(回路) 시카고에 들렀을 때는 마침 여름 휴가가 시작된 이른 6월이었다. 이 방학 기간을 이용해서 시카고에 모여 온 학생 수는 1백 명 내외 또 그 대다수는 연구과 혹은 상급 학년에 있는 사람들이었다. 이것은 도산이 이때까지 가주(캘리포니아) 방면에서 접촉해 온 교포들과는 다른 그룹의 사람이다. 즉 상당한 지식층이었다. 도산은 이 사실을 분명히 인식했다.

그리고 그때 미국에는 정통파 대 진보파 사이의 교리에 관한 싸움이 맹렬했는가 하면 학계 또 지식층 사이에 있어서는 과학사상과 전통주의가 날카롭게 대립을 보이고 있었다. 이러한 사실은 전체 미국 사회의 사상적 또 정신적 분위기를 한동안 긴장케 했다. 그리고 이것은 마침내 하나의 극적 사건으로 응결돼서 넓은 세계의 주시를 끌었다. 20세기 미국 법정사상 가장 유명했다고 알려진 스콥스 사건이 그것이다. 데이턴이란 조그마한 시골 고등학교 생물학 교사 스콥스는 그 주법을 무시하고 교실 안에서 진화론을 가르쳤다. 그리고 곧 피검됐다. 이러자 일찍이 윌슨 대통령 내각에서 국무장관을 지냈고 또 그저 변호사이기도 했던 윌리엄 브라이언(기독교 장로)이 검사진을 성원하려 데이턴에 달려갔다. 다른 한편 피고 스콥스를 위해서는 형사 변호사로서 당대에 명성 높았던 클래런스 대로우가 자진해서 변호에 나섰다.

"이 재판에 있어서는 스콥스 개인이 아니라 인류 문명 자체가 심판대에 선 것이다"라고 대로우는 말했다. 사건의 성격이 이러하니만큼 재판이 진전되는 그 모습과 내용은 미국만 아니라 널리 세계에 소상하게 매일 보도되고 있었다.

도산은 이 '잔나비' 재판에 대하여 깊은 흥미를 갖고 또 신문에 보도되는 재판 내용을 상세히 파악하고 있었다. 어느 조용한 사석에서 그는 이 사건에 대한 자기 견해를 이런 의미로써 말했다. "브라이언 노인은 분명히 성실한 인물이라고 믿는다. 그러나 그는 과학의 발전과 시대의 흐름을 역행하거나 막을 수는 없을 것이다."

또 기독교 안에 여러 종파들이 소위 교리를 에워싸고 승강이를 하는 데 대해서도 도산은 자신의 견해와 주장이 있었다. 어느 종파가 보다 더 정통이냐, 보다 더 진보적이냐 하는 것을 규정할 수 있는 표준은, 즉 어느 편이 그리스도 교훈의 골자인 사랑의 정신을 보다 더 발휘하느냐 하는 데 있을 것이라고 말했다.

우리 유학생들은 어느 날 밤 시카고 시외 서북대학 구내에서 어떤 소강당을 빌려 가지고 도산 강연회를 가졌다. 도산의 강연 제목은 '애국심'이었다. 이 강연의 특색은 이것이 애국심을 고취하는 연설(이때까지 많이 있었던)인 동시에 또한 애국심을 설명하는 학술 강연이기도 했다는 데 있었다. 우리 학생들이 받은 감명은 심히 컸다. 도산은 애국심의 기원을 비롯해서 이것이 발전되는 그 과정과 또 그 성격을 설명했거니와 이것은 어느 사회심리학자의 학설을 그대로 말하는 듯하다고 평했다. 오직 도산이 쓰는 그 술어가 다르다고 했다.

이러한 연설이 있은 다음이라면 그는 이것이 성공했는가 혹은 실패했는가, 또 일반의 반응은 어떤가 하는 데 대해서 늘 관심을 가졌다. "장 군은 이번 내 연설을 학생들이 어떻게 받아들인 것이라고 살피오?" 가벼운 기분으로 묻기도 했다. 역시 이런 기분으로서의 표현이지만 그는 일찍이 대학에 가지 못한 것을 아쉬워해야겠다고도 했다. 만일 그랬더라면 사회·정치·경제 등 모든 문제에 대해서 이제 자기 스스로가 일일이 연구하고 생각할 필요가 없을 것이고 그저 많은 학자들의 연구 발표를 읽기만 해도 넉넉했을 것이라는 논리였다. 그는 이번 연설에서만 아니라 다른 어느 때에 있어서도 연설, 강연 혹 설교를 하게 되는 경우라면 반드시 조용한 시간을 얻어 사색에 잠기는 것이었다. 이런 시간의 길이는 한두 시간 내지 여러 밤에 걸치는 예도 있었다. 모든 사물에 임해서 준비를 갖지 못하고 즉흥적으로 취하는 행동은 무성의한 행동이다. 또 보람 있는 결과를 얻지 못하는 행동이다. 독립운동에 있어서 그렇고 연설에 있어서도 그렇다. 이것이 도산의 신조다.

이때 도산이 시카고에 체류한 기간은 약 2주간 정도라고 기억하거니와, 이 동안 그는 시카고대학 캠퍼스에서 멀지 않게 있는 어떤 작은 규모의 중류 호텔에 머물렀다. 이것은 우리 유학생들을 접촉하는데 이 지점이 가장 편리하였기 때문이다. 이 동안 도산을 만나서 환담하고 의견 교환을 가진 개인과 그룹이 많았다. 염광섭, 조희염, 김창준, 윤치창, 황창하, 오천석, 이용설, 김학수 등도 그런 이들이었다. 도산은 그들에게 하고 싶은 말이 물론 있었다. 그러면서도 또 듣고 싶은 것이 많았다. 그들이 대표하는 여러 전문 방면의 새로운 학설을 조용히 듣는다. 또 묻기도 한다. 예를 들어 미국의 초·중등학교에는 동양에서와 같이 수신이나 도덕이란 독립된 과목을 두지 않고 그 대신 다른 여러 학과목을 통해서 수신과 도덕을 실제로 가르친다고 듣는다. 도산은 이런 방식의 수신 교육이야말로 가장 효과적이요 실제적이라고 동조할 뿐 아니라 이왕 자기가 평양에서 대성학교를 경영할 때부터도 수신을 수신 시간에만 국한해서는 아니 된다는 것을 주장했다고 했다. 그러나 이런 방식으로 해 가면서 거기 독립된 수신 과목을 아울러 둔다고 하면, 그 운영 여하에 따라서는, 전체적으로 보다 더 큰 교육적 효과가 있을 것이 아니겠느냐고 덧붙였다.

나는 그해 방금 대학을 졸업하고 시카고에 들렀던 길이다. 가을에는 뉴욕으로 가서 컬럼비아대학 연구과에 입학할 계획을 갖고 있었다. 그러나 도산은 나에게 별다른 부탁이 있었다. 당신을 동행해서 가주에 나아갈 것과 또 거기 머물러서 약 1년간 흥사단 사무를 보아야 한다는 것이었다.

도산은 이 여행 도상에 있어서 자기 마음속에 가까이 느끼는 몇몇 가지 일을 보살펴 보고자 했던 것이라고 나는 생각했다. 첫째, 여기저기 외롭게 살고 있는 교포들을 심방하고 위로와 격려를 주고 싶어 한 것, 둘째 그가 중국 땅 어디서고 마련하기를 구상하고 있는 이상촌 혹은 독립운동 근거지를 설치하는 데 참고될 자료를 얻고 식견을 넓히고자 한 것, 그리고 할 수만 있다면 그가 그렇게도 즐기고 좋아한 강산 구경을 겸하고 싶었던 것이다. 그러기 때문에 노정에는 다소 굴곡이 생겼지만 일부러 캔자스시에 들려 한장호 씨 일가족과 또 거기서 외롭게 사진업을 갖고 있는 신 모 씨를 찾아보았다. 유타주에 이르러서는 멀리 깊숙한 산골 속에 위치한 빙햄 동광산을 찾아갔다. 여기는 우리 교포 약 30명이 광부로서 노동하면서 고달픈 하루하루를 지내고 있는 것이다.

도산은 지금 유타주 수부인 솔트레이크시티는 꼭 봐야 한다고 했다. 여기가 바로 '브리검 영(Brigham Young)'이 1847년 모르몬교도 약 1,700명을 멀리 멀리 동방에서부터 인솔하고 나와서 황야를 개척하고 새로운 정착지를 세운 곳이기 때문이다. 이 모르몬 도시에 머무른 수일간 도산은 어느 전차에라도 올라타고 종점에서 종점까지 다녀오는 일이 많았다. 또 그 후 어디서라도 자기가 구상하는 규모와 비슷한 곳이라면 그곳의 도로 배치, 가로수의 종류 혹은 주택 건축에 쓰인 재료 등, 또 심히 자세한 면의 일에 대해서까지 끈끈하게 또 자세하게 묻고 살피고 했다.

우리 노정이 콜로라도주 콜로라도 스프링스에 이르렀을 때는 관광버스를 타고 미국 서부 발전 과정에 하나의 표식이 되는 파이크스 봉에 올라가 그 일대의 기묘와 웅도를 아울러 지닌 경색을 구경했다.

다시 로스앤젤레스에

도산은 상항(桑港, 샌프란시스코) 경유 7월 어느 날 다시 로스앤젤레스에 돌아왔다.

도산은 그때 2남 2녀를 두고 있었다. 장남 필립 군은 도산이 아직 상해에서 지내는 동안 벌써 중학을 졸업했다. 그리고 일정한 직장을 갖지 못한 채 할리우드 영화사에 엑스트라로 나아가는 일이 빈번해졌다. 영화배우로서의 소질과 기능이 점점 인정받게 되면서부터 필립 군과 영화계 사이의 관계는 더욱 가까워질 수밖에 없었다.

도산을 아끼고 존경하는 친구들 가운데는 필립 군이 영화계에 진출하는 데 대해서 깊이 걱정하고 크게 못마땅하게 여기는 사람이 적지 않았다. 그 아버지의 이름을 얼마라도 흐려지게 하는 것이 아닐까 하는 염려에서인 것은 물론이다. 미국에서 생장한 필립 군의 처지에서 이 문제를 볼 때 자기가 영화계에 투신하는 일이 반드시 그 아버지 이름에 나쁜 영향을 미치게 할 것이라고 생각된 것이 아니다. 그러나 조그마한 우리 교포사회에 있어서 이렇게 숙덕공론이 번지고 있는 것은 분명히 아버지를 기쁘게 하지 못할 것이라고 느꼈다. 이러한 사정은 필립 군의 마음을 한동안 괴롭게 만들고 있었다.

도산은 필립 군의 직업 관계, 처신 문제를 둘러싸고 이런 사정이 있다는 것을 잘 파악하고 있었다. 그러면서도 이 문제에 대한 자신의 태도를 오랫동안 밝히지 않았다. 이것은 필립 군이 영화계에 진출하는 것을 반대하는 동지와 친구들의 그 호의에다가 어떤 상처도 주고 싶지 않았기 때문이다. 도산은 처음부터 그들의 견해가 옳은 것이라고 보지 않았다. 그러나 그들의 순수한 호의에 대해서는 고마워했다. 아무런 의사 표시가 없이 얼마의 시일이 지나가노라면 그의 의사가 어디에 있다는 것을 이 동지들도 이해하게 되리라 하는 것이 그의 태도였다. 아닌 게 아니라 필립 군 문제를 중심하고 왈가왈부하던 거친 공기는 점점 가라앉기 시작했다. 어느 날 도산은 필립 군을 불러 앉히고 모든 것을 설파했다.

"나는 네가 영화계에 나아가는 것을 반대하지 않는다. 네가 이 방면에 소질과 취미를 가지고 있는 것을 나는 잘 안다. 오직 진실한 사람이 되고 또 최선을 다해서 잘하라는 것만이 나의 부탁이다."

이런 깊은 이해과 격려를 주는 아버지는 또한 은근한 경고와 교훈을 잊어버릴 수 없었다. 그는 일반 사회가 아직도 영화계에 대해서 어떤 편견을 가지고 있는 사실을 지적했고 또 이것은 영화계 자체가 그럴 만한 근거를 만들어 준 허물도 있는 것이라고 했다. 그러나 영화는 일반 문화 향상과 인류 서로 사이에 이해를 깊게 하는 데 보다 큰 한몫을 하게 될 것이라고 내다보기도 했다.(오늘 필립 군은 미국의 영화계 또 TV계에 있어 커다란 한자리를 차지하고 있거니와 그는 이날 아버지에게로부터 받은 그 격려 그 교훈 또 그 깊은 이해에 대해서 못내 감격하고 있다.)

도산은 이해 가을부터 그 다음 해, 1928년 이른 여름 다시 상해를 향하고 떠날 때까지는 대체로 나성에서 그 가족과 더불어 지냈다. 이 기간이 즉 그가 이 세상에 있어서 자기 가족과 같이 지낼 수 있는 마지막 짧은 동안이기도 했다. 도산은 이 기간 특히 그전 수년에 걸쳐서 깊이 침체한 공기 속에 싸여 있는 국민회, 흥사단, 또 일반 교포사회가 새로운 활력을 갖게 하기 위해서 여러 곳, 여러 층 사람을 계속 접촉했다. 또 중국 대륙 안에 건설하려는 이상촌에 대해서 그 자세한 구상을 뜻있는 동지들에게 설명했다.

그의 가족은 여전히 흥사단소 건물 아래층 일우(一隅)에 거주하고 있었다. 그 건물 위층에는 흥사단 사무를 보는 직원이나, 또 딴 곳에서 오고가는 손님들에 세를 내고 투숙할 수 있는 방 넷과 또 그들이 자취할 수 있는 부엌 겸 식당 격으로 된 방 하나가 있었다. 도산은 이따금 마음의 여유가 생기는 것이라면 산보를 겸해서 멀지 않게 있는 차이나타운(중국인 거리)을 다녀오는 일이었다. 생각건대 이것은 그가 산보를 위해서라기보다도 오히려 시금털털한 맛이 나는 삶은 돼지발 쪽이 더 생각켰던 탓인지 모른다. 그는 이것을 안주로 하고 소량의 반주를 무척 즐겼다.

어떤 저녁에는 아래 위층 식사가 끝장나면 도산은 곧잘 위층(식당)으로 올라왔다. 오락 시설이라야 기껏 장기판이었지만 도산은 장기를 좋아했다. 적수로는 연세도 서로 비슷한 한승곤 목사가 흔히 마주 앉았다. 이들 사이에는 종종 장훈 멍훈[2] 하고 외치는 높은 피치의 음성이 들리기도 했다. 이렇게 장기판을 들여다보고만 있을 테냐고 말 쓰기를 재촉하는 일도 있었다. 말을 물려 달라느니 못 물려 줄 거라느니 승강이도 있었다. 지고서야 그만둘 수 있느냐고 때로는 밤이 깊도록 장기가 계속되기도 했다. 어떤 때는 밤이 깊어 가니 이제는 내려와 주무시라고 하는 그 부인의 독촉이 올라오기도 했다. "잠깐만 용서하쇼. 말이 죽을라 해서 그러오." 그러고는 한두 판이 더 계속되기가 일쑤였다. 다른 친구들이 장기를 놀고 있을 때면 도산은 옆에 앉아서 훈수를 하기도 한다. 그러나 자기가 놓는 판에는 훈수를 하지 말라고 노상 당부했다.

도산의 그때의 체미 기간은 약 14개월 동안이었다. 1926년 5월경 그는 다시 상해 방면을 향하고 길 떠날 것을 작정했다. 그의 노정은

---

2 장훈 멍훈: 장군/멍군의 평안도 방언.

오스트레일리아를 경유하기로 되었다. 이것은 이상촌 건설에 도움되는 참고 재료와 지식을 얻고자 하는 것이 그 주요한 목적 중의 하나라고 했다.

어느 날 나성 교포들은 그곳 중앙 YMCA 식당에서 도산을 보내는 송별연을 가졌다. 석상 도산은 교포와 동지들이 자기와 또 자기 가족에게 보내 준 두터운 호의와 동정 그리고 그 꾸준한 지원에 대해서 깊이 감사했다. 또 독립과 보다 영광된 날에 대한 희망을 흐리게 말고 각각 그 처지에 따라 돈 모으고 공부 잘하기를 당부했다. 그리고 도산은 그 옆에 거의 차례를 따라 앉아 있는 그 부인과 장남 필립, 차남 필선, 장녀 수산, 차녀 수라 쪽을 향해서 서서히 그 시선을 돌렸다. 어조는 다소 낮아지고 무드는 약간 센티멘털한 것이 울리는 듯했다.

"여기 내 아내가 앉아 있습니다만……."

이것은 분명히 일반 손님을 향해서 하는 말투다. 그러나 이것은 또 틀림없이 그 부인을 향하고 하는 말이기도 했다.

"나는 평생을 통해서 당신에게 치마 한 감 저고리 한 채를 사 줘 보지 못한 남편이오. 부족한 남편이오." 이런 감정, 이런 어조로 그는 말을 계속했다.

"저기 필립과 그 애 동생들이 앉아 있습니다만……." 역시 같은 말투를 썼다. 그러나 그는 아들과 딸에게 말했다. "나는 너희들이 소학에를 다니고 또 중학을 졸업하는 동안에도 연필 한 자루 공책 한 권을 사 줘 본 일이 없다. 부족한 애비다."

청중은 모두 그 눈시울을 적시지 않을 수 없었다. 이런 정도의 공식 석상이나마 도산은 자기 가족에 대해서 언급하는 예가 일찍이 없었다. 그러면 이번 여행이야말로 이 세상에서 그 가족을 영이별하는 길인 듯이 예감 갔던 것은 아닐까. 평생을 통해서 가슴속에 눌러 두고만 지내던 가족에 대한 그 애끓는 심정을 어째서 이 자리를 빌려 말했을까.

그해 가을 도산이 북경에 이르렀을 때, 10월 22일자로 그 부인에게 간단한 편지를 부쳤다. 그가 이 송별회 석상에서 토로한 그 심정이 바로 이 편지에 그대로 적혀 있는 것을 볼 수 있다.[3]

다시 고국에서

동포 형제자매를 찾아

도산은 마침내 그 가족을 미국에 남겨 둔 채 다시 상해로 건너갔다.

이로부터 거의 10년의 세월이 흘러 지나간 1935년 이른 봄에서야 나는 도산을 다시 뵈올 수 있었다. 때는 바로 도산이 대전 감옥에서 4년 징역을 살고 석방되어 한때 평양에서 오윤선 장로댁에 머물고 있던 동안이다. 또 때는 내가 벌써 귀국해서 선천 신성학교장을 시무한 지 8년이 접어든 무렵이었다.

> 까불대는 이 시운이
> 나의 등을 떠밀어서
> 너를 두고 가게 하니
> 내가 가면 영 갈쏘냐
> 나의 사랑 한반도야

이것은 도산이 25년 전 망명의 길에 올라서 읊은 「거국가(去國歌)」

3 「사랑하는 아내에게: 도산이 미국에 있던 부인에게 보낸 편지들」, 『사상계』 제13권 제3호(통권 제144호), 245~249쪽 참조.

의 한 토막이다. 이래 일정 통치 아래서 신음해야 하는 고국의 동포 형제자매를 어느 하루인들 잊어 본 일이 있었겠는가. 이제는 자의 타의는 별 문제고 그 몸이 고국에 놓여 있다. 도산은 이때의 정세가 허락하는 범위 안에서나마 그렇게도 그리워하던 동포 형제자매를 만나고 싶었다. 또 어떻게 살고 있는가, 또 어떻게 느끼고 있는가 하는 것이 모두 궁금했다. 그는 마침내 널리 국내를 순행할 것을 작정하고 호남, 영남, 기호, 관서의 순으로 장기에 걸친 여행을 가졌다.

일제 치하에서 벌써 4반세기를 지나온 그때부터 겨레의 참된 모습은 도산에게 어떤 것이라고 살펴졌던가. 그는 어느 조용한 자리에서 그 소감을 말했거니와 나는 그 중에서 아래 세 가지 점이 언급된 것을 기억한다.

1. 조선의 마음은 옛날(합병당할 당시)의 그것과 달라진 것이었다. 진짜 친일파는 있지 않다.
2. '일시동인(一視同仁)'이니 '내선일체(內鮮一體)'니 하는 말은 일본이 수단으로 쓰는 거짓말이다. 또 '내지(內地)'니 '황국신민'이니 하고 말하는 동포가 있으나 이것 역시 수단으로 쓰는 거짓말이다. 이것은 양방이 다 알고 있는 사실이다. 그러면 이것은 거짓과 거짓이 어울린 통치다. 거짓+거짓=무엇인가. 그 대답은 자명하다.
3. 지금 우리 동포가 일본 사람에 대해서 어떤 태도를 가져야 하느냐 하는 질문을 듣는다. 일본 사람을 두려워하지도 말라. 또 아첨하지도 말라. 이것이 올바른 자세라고 믿는다.

이해 도산의 전국 여행 도상에 있어서 곳곳마다 일본 경찰이 그에 대하여 취한 태도, 또 우리 동포들이 가슴 깊이 그를 사모한 심정은 어디서나 크게 다름이 없었다. 그의 길 차례가 선천에 몃었을 때의 정형은 모름지기 여러 다른 곳에서의 사정을 대표해서 보이는 것이라고 말할 수 있다.

도산을 환대할 목적으로 어떤 요정이나 음식점 또 어떤 공청에서 모이는 것을 금지했다. 일요일을 당해서 도산은 선천읍 북교회에서 예배할 것을 작정했다. 이 사정을 미리 알아차린 경찰은 도산이 예배당에 출석할 수 있으나 거기서 설교하거나 또 공중 앞에서 기도 올리는 것을 금지했다. 그리고 조선인 형사(노랑개라고 불리었던)들이 참석해서 '예배'했다. 이날에 유달리 많이 모인 '교인'들은 도산의 모습일망정 보고 싶어 하는 심정에서 얼마의 혼돈을 보이기도 했다. 본 교회 목사(지금 평안북도 지사인 백영엽 씨)는 교인들의 이 간절한 심정을 넉넉히 살폈다. 그리고 언뜻 한 가지 묘안을 냈다.

1천여 명을 수용하는 이 북교회는 그때까지도 의자석이 없고 그냥 마루 위에 앉는 평좌식 교당이었다. 그러나 중앙 강단 뒷벽에 직선으로 연달린 바람벽을 따라서는 그 밑에 고정식 장의자가 또 연달아 마련되어 있었다. 여기는 흔히 양복쟁이 교인 혹 교회 직원들이 앉는 것이 보통이었다. 이때 목사는 다른 모든 교인들은 누구나 다 마루자리에 내려앉으라고 부탁했다. 그리고 도산만이 혈혈히 장의자에 앉아 있도록 됐다. 경찰은 이것까지 금하지는 못했다. 하기는 이런 수법이 있으리라고는 일경도 미처 생각지 못했을 것이다. 정식 예배 순서는 잠깐 늦어진다. 교회당 안팎이 고요해진다.

도산은 수천의 시선이 자기에게 집중되는 것을 느꼈다. 또 그들이 무엇을 바라고 있다는 것을 분명히 느꼈다.

서벽사(棲碧舍)와 달마산 이상촌

그 후 도산은 많이 송태산장에 우거했다. 이 산장은 고(故) 조신성 여사의 소유로서 평양에서 서쪽 약 30리 거리 대보산 중턱에 위치했다. 그가 비록 깊숙한 산속에 은거한댔자 이것이 그때 총독 정치에 대해서 하나의 문젯거리가 되어 있기는 매 마찬가지였다. 송태산장은 점점 민족주의자들의 메카가 되어 있었기 때문이다.

그뿐 아니라 앞으로서의 도산의 거취 문제에 대해서는 가까운 동지들 사이에서도 논의된 바가 없지 않았다. 다시 국외에로 탈출해야 한다는 설도 있었다. 그러나 그때 일본의 세력이 중국 대륙에 깊숙이까지 뻗쳐 있는 사실, 또 도산의 연세와 건강 상태를 보아 이것은 거의 불가능한 것이라고 보게 되었다.

이 문제에 대해서 도산은 이미 그 마음을 결정한 것이라고 나는 살폈다. 즉 있을 수 있을 때까지 국내에 있어서 또 총독부가 강제로 제재하지 않는 범위 안에 있어서 민성(民性) 혁신사업을 계속하려고 한 것이다. 산장으로 찾아오는 많은 친구와 동지들과 더불어 토론하고 역설한 것이 이 방면의 일이다. 또 이 사업의 한 갈래 일로서 그는 국내에서의 이상촌을 구상하면서 그 계획을 밀어 나아가고 있었다.

이 이상촌은 먼저 직업학교풍의 인격 수련과 기술 체득을 목적으로 삼는 교육 기관을 중심하고 설계된 것이다. 그리고 이런 유의 이상촌을 국내 여러 곳에 세우려고 생각했다. 도산은 그 제1호 이상촌을 평남선 강선역에서 북쪽에 바라보이는 달마산 아래 세우기로 계획했다. 여기는 좋은 조건을 모두 갖추고 있었다. 산 밑에서부터 남쪽으로 비스듬하게 뻗쳐서 하류 대동강가에까지 미치는 사이의 넓은 땅은 배산임수, 그 풍광 아름다웠다. 수륙 교통이 좋았다. 그리고 여기는 보다 더 현실적인 좋은 조건이 하나 또 있었다. 이것은 이 일대의 토지가 대개 평양의 유력한 인사들의 소유라는 것 그리고 그 소유주 중에는 도산을 깊이 이해하고 사모하는 사람이 적지 않게 있었다는 것이다.

1936년 이른 여름 어느 하루 나는 평양에서 조만식 선생을 모시고 송태산장에 찾아 올라갔다가 일박했다. 그다음 날 우리는 약 15리 길을 도보해서 달마산 아래 이르렀다. 여기 세워질 제1호 이상촌에 대한 청사진은 벌써 도산의 머릿속에 소상하게 그려져 있었던 것이다. 직업학교는 기숙사가 어디쯤 지어진다, 강당 교회 욕탕 등의 위치는 어디쯤이어야 한다, 실습지나 일반 주택 구역은 대체 어느 쪽에 어떤 향작으로 놓여야 한다 등 소견을 말해 주었다.

도산은 특히 이 직업학교 문제를 위해서는 내가 일본에 가서 견학하고 오기를 바랐다. "중도 제 머리는 못 깎는다고 했지. 그러면 장 교장(이때는 이렇게 불렀다) 일본 다녀오는 여비는 내가 주선해야지." 그는 일금 4백 원을 주선해 주었다(도산 백 원, 오윤선 장로와 고故 장회근 씨 각 백 원, 도산이 써 주는 소개 편지를 전하고 성명도 잊어버린 서울 모 유지께로부터 백 원).

나는 이해 8월 5일 일본 동경에 도착해서 일본 농림성을 방문하고 몇 장의 소개서를 얻었다. 그리고 약 1개월에 걸쳐서 특히 동북 지방을 중심하고 각종 농업학교, 농산물 가공 조합, 낙농 조합, 모범 농촌, 모범 농가 등을 두루 살펴보았다. 나는 이 지방에 있어서도 이와테현 일대를 가장 많이 보았거니와 이것은 이 고장의 천후, 지세, 또 산업의 발전 정도가 우리의 그것과 비슷해서 보다 더 실제적인 참고 자료를 얻을 것이라고 생각했기 때문이다.

나는 이 여행에서 돌아와 남은 여비 1백 원을 도산에게 드렸거니와 그렇게 할 수 있은 것은 내가 끊은 신안주역에서 일본 동경까지의 차임은 연락선 것을 합쳐서 일금 17원 몇10전—소위 학할(學割)을 썼지만.

도산은 그해 이른 봄 이래 그 산장에서 과히 멀지 않게 그러나 좀 높은 지점에 아담스러운 기와집 한 채를 짓고 있었다. 집의 규모는 작을망정 그 집의 어떤 부분 어느 구석 또 어느 적은 점도 도산의 주도한 생각이 미치지 않는 데가 없었다. 송태산장은 본시 옛날 절터에 지은 집이다. 우리나라의 많은 사찰들은, 아마 속세와는 인연을 끊어야 한다는 점에서이겠지만 대체로 안계가 넓은 곳을 피해서 깊숙하고 으슥한 데 자리 잡은 것 같다. 이곳 산장도 그랬다. 도산이 지은 이 기와집에 있어서는 특히 이 점에 대해서 웬만치 않은 주의가 더해진 것이다. 이것은 이 집을 꼭 알맞게 높은 지대에다가 꼭 알맞은 서남향으로 놓았다는 데 그 묘가 있다. 이 집 서편 끝에 위치한 마루방에서라면 대보산 밑에서부터 전개된 넓은 벌이 눈앞에 굽어보인다. 또 멀리서 서해를 가리는 연달은 산봉이 희미하게 바라보이기도 한다. 그러나 동편 끝에 아늑하게 꾸며진 온돌방에나 그리고 그쪽에 연달린 정원에 내려선다면 여기는 다름없는 옛 송태산장의 아늑한 맛이 그대로 있다.

도산은 이 집을 서벽사라고 이름했다—푸름을 깃들이는 집이라고. 그는 그의 60세 생신을 기해서 이 새 집에 옮아 들었다. 그러나 몇 달도 못 지나서 그는 다시 일경에 피체 투옥됐다. 도산은 이 서벽사에 다시 돌아오지 못하였다.

중앙 호텔 내실에서

총독부는 일찍이 도산을 국내에로 붙잡아 들여다 징역을 살리기도 했지만 이제 그가 국내에 있다고 하는 사실은 적어도 그때 민심의 움직임을 알고 있는 그들에게 있어서 이렇게도 저렇게도 다루기 어려운 까다로운 문젯감이었다.

도산이 만일 일본의 조선 통치에 대해서 그 합법성 혹 합리성은 말고라도 적어도 그 불가피성 혹 독립 불능성을 묵인하는 정도로라도 나온다면야 그들은 이것을 크게 바랐을 것이다. 그러나 도산에게서 이런 것을 기대할 수 없다는 것을 그들은 잘 알고 있었다.

이때 총독부 고관 중에는 단 몇 명의 조선 사람이 있었다. 그는 도산을 한번 찾아뵙고 싶지만 도산이 이것을 허락할는지 모른다고 했다. 도산은 그를 반겨 맞겠노라 했다. 때는 1938년 봄 어느 날 밤 9시경, 곳은 서울 삼각정 중앙 호텔, T 씨는 그날 낮 미리 인편으로 커다란 과일 바스켓 하나를 보내왔고 그 자신은 정각에 도착했다. 나는 그를 호텔 주인 김병찬 씨 내실에 인도했다. T 씨는 우리 예법 그대로 도산에게 깍듯이 절했다. 도산 역시 정중하게 답례했다. 얼마의 예사가 오고 간 다음 그들의 이야깃거리는 민족 문제에 옮겨졌다.

먼저 도산은 T 씨가 긴 시간에 걸쳐서 설명하는 그 시국관과 정세 판단을 경청했다. 이것은 대개 이 몇 점에 요약되는 것이었다.

1. 거대해진 일본의 국력.
2. 돌릴 수 없는 일본의 대륙 정책.
3. 일본은 조선통치를 영구화하고 또 이런 정책을 수행하는 데 있어서 그 거점을 삼기로 한 것.
4. 실력을 써서 독립 쟁취란 가망 없는 노릇.

그리고 일본 정부 고위층 일부에서는 그 수도를 경성에로 옮길 필요를 말하는 사람까지 생겼다고 덧붙였다. 더 간추려 이것은 즉 일본은 조선을 내놓지 않는다, 그런데 우리는 힘으로써 빼앗을 수는 없다라는 정세 판단인 것이다.

내가 믿는 한, 이것은 그때 T 씨 한 사람의 견해만은 아니다. 이런 판단에로 기울어지게 하기 위한 총독부의 회유와 선전은 적어도 상당수의 생각하는 국민으로 하여금 이런 사실을 부인할 수 없다는 데까지 이끈 것이다. 바로 이 시점에 이르러 커다란 심히 커다라한, 민족적 문제가 떠 오른 것이다.—'그렇다면 우리 겨레는 어떻게 할 것이냐' 어쩔 수 없는 현실에 직면해서 민족적 감정과 대의명분을 어떻게 살릴 것인가, 이러한 명제는 뜻있는 많은 사람을 정녕 번민케 했다. 이때에 약빠른 현실론을 말하는 사람도 얼마 있었다. 일본의 일장기 밑에서 민족의 권익을 도모하는 것밖에 다른 길이 있지 않다는 것이다.

T 씨의 이론 역시 이런 노선에 가까웠던 것이라고 기억한다. 조선에 대한 일본의 종주권을 도산이 공공연하게 인정하지 않아도 좋으나 적어도 이것을 묵인하는 정도까지라도 나오지 않으면 도산이 국내에 있어서 민중을 위해서 무엇을 하기 어려울 것이라는 것이 그의 논지였다. 이제 도산이 이 중대한 민족 문제에 관해서 그 소신을 말하려는 순간에 이르러서는 그의 태도가 보다 더 근엄한 듯했고 또 침통한 빛이 짙은 듯했다.

"고맙소. 잘 알아들었소. 나는 일본 국력이 강대하다는 것을 모르지 않소. 또 일본의 야심이 크다는 것도 알고 있소. 그러나 한 민족(조선)의 운명은 그렇게 간단하게 결정되고 마는 것이라고 나는 믿지 않소. 나는 우리 민족 문제에 대해서는 비관을 갖지 않소."

도산은 먼저 누구나와 마찬가지로 현실을 솔직하게 인정했다. 숫자와 통계와 또 사실을 누구보다도 존중하는 도산에게 있어 이것 말고 다른 태도가 있을 수 없다. 그렇다고 하면 이런 전제 아래 따라오고 있는 소위 '일장기 밑에서'니 '대화족(大和族)에 동화해서'니 하는 논법은 어떻게 처리될 것인가. 도산은 물론 이런 논법을 따르지 않았다. 도리어 무시했다. 그러면 도산은 무엇을 근거하고 이 추리에 있어서 맺어지지 않을 수 없는 결론을 부정할 수 있었던가. 이것은 명분이 허락지 않는다 해서가 아니다. 답변이 궁해서가 아니다. 또 감정상 그럴 수가 없어서도 아니다. 센티멘털리즘에서도 아니다. 그렇다고 하면 그 무엇이 도산으로 하여금 이렇듯이 비논리적 또는 비현실적으로 만들었는가. 이것은 다름 아닌 도산의 사랑이다. 조선 민족에 대해서 갖는 그 지극한 사랑이다. 중태에 빠져도 애기가 죽지 않는다는 것을 믿는 사람은 누군가. 자기의 생명보다 애기를 더 사랑하는 그 어머니다. 사랑과 믿음과 바람은 영원히 있다고 했다.

도산에게 있어 조선 민족이 영 없어지고 만다는 것은 믿을 수 없고 또 있을 수 없다. 그의 민족애가 이것을 용납지 않았다. 그런고로 그는 모든 평범한 윤리에서 비약했다. 그리고 보다 높은 차원에 올라서서 그 신념과 주장의 합리성을 찾을 수 있은 것이다.

도산은 그저 막연하게 들리는 신념론만을 말한 것이 아니다. 그는 계속해서 일본 위정자들의 허위성을 지적했다. 조선 통치에 있어서는 말할 나위도 없지만 소위 대륙 정책이니 세계 정책이니 하는 것에 아무런 진실성이 없다고 했다. 그들이 말하는 '일시동인(一視同仁)'을 누구가 믿는가. 또 '공존공영'이니 '세계 평화'니 하는 것을 그 어느 누구가 진실성 지닌 말이라고 인정하는가, 거짓은 어디서나 파탄이 생기고야 만다고 했다. 그리고 세계 정세는 일본에 대해 점점 불리해지고 있는 것이라고 지적했다. 우리가 독립을 얻는 데 있어서 정세를 의지한다는 것이 아니지만 어쨌든 국제 정세는 일본에 불리한 방향으로 움직여 가고 있다고 했다. 도산은 마지막으로 우리 겨레의 긴 역사에 있는 수난의 경험을 설명했다.

결론은 요약해서 '실망하지 마시오'다. 밤은 자정, 나는 호텔 주인에게 부탁해서 블랙 커피를 가져오게 했다. T 씨는 자리를 일기 전 '총독부 고위층의 한두 사람을 만나 보시면 어떻겠습니까' 하고 도산에게 물었다. 인간 도산이 어느 인간 만나는 것을 사양할 것인가. 그러나 그때 도산의 처지와 입장에서 그들을 만난다는 것은 명분이 서지 않고 또 사리에 도움될 것이 없을 것이라고 해서 그 제의를 정중히 거절했다. T 씨는 다른 안으로서 만일 박영철 씨가 초청하고 윤치호 씨가 배석으로 되면 그 초청에 응하실 수 있느냐고 다시 물었다. 도산은 서슴없이 응하겠다고 대답했다. 윤 씨는 옛날 혁신운동 시절에 동지였다고 지난날의 인연을 소홀하게 여기지 않았다(나는 이 회합의 경과를 알지 못한다).

마지막 '회식', 마지막 모습

일경은 1936년 6월 상순 전국에 걸쳐서 동우회 관계자 약 70명을 검거해서 그 일부를 경기도 경찰부 또 다른 일부를 종로경찰서 유치장에 수감했다. 종로경찰서 유치장에는 열두 감방이 있었거니와 도산은 제1감방에 나는 제4감방에 다른 동지들과 같이 각각 수용되어 있었다. 이때 도산의 건강 상태는 말이 아니었다. 치아가 나쁘고 폐도 좋지 않았다. 그는 종종 4~5일간씩 계속해서 변을 통하지 못하고 고통을 겪는다는 소식이 전해 오기도 했다. 또 어느 때고 들려오는 그의 기침 소리, 폭발시키는 트림, 또 요란한 방귀 소리는 우리로 하여금 그의 건강에 대해서 걱정을 갖게 했다.

이때 종로경찰서에 있어서 이 동우회 사건을 가장 골돌스럽게 다룬 자는 고등계 차석인 사이가 하치로(齊賀八郎)이다. 이 자의 지휘 밑에 전 형사계 진영은 주야 겸행해서 우리를 끌어내다 물을 먹이고 학춤을 추이는 등 가진 고문을 해가면서 취조했다. 일단 이것을 끝내고 우리를 검사국으로 넘겨 보내기 전 그들은 얼마의 시간이 필요했다. 이것은 소위 그 취조서를 정리해야 하고 또 우리들 몸뚱이에 입힌 고문의 상처가 보기에 과히 흉하지 않을 정도로 나아지기를 기다려야 하기 때문이다.

바로 이 동안의 일이다. 유치장을 순시 차 내려왔던 사이가(齊賀)는 무엇이고 먹고 싶은 것이 있으면 청해 보라고 하는 '호의'를 보였다. 나는 그때 일본식 튀김국수를 부탁했다. 다음 어느 날 낮 나는 취조실에 끌려 나갔다(감방을 나서면 언제나 포승으로 허리를 매서 끌고 다닌다). 천만 뜻밖에 여기서 도산과 마주 앉아 식사를 하게 된 것이다. 사이가는 잠깐 옆에 와 서서 왜 여기서 식사하게 하는 이유를 교묘하게 말했다. 절도 강도범들이 우글거리는 감방 속에서 어떻게 이런 식사를 하겠느냐고 했다. 그러나 무슨 이유 때문에 하필 도산과 같이 여기서 음식을 먹게 하는가에 대해서는 아무 힌트도 주지 않았다. 사이가는 제자리에 물러갔다.

이런 경우 또 이런 처지에서 도산은 무엇을 말할 것인가. 또 나는. 그는 도리어 나더러 몸에 탈나지 않도록 늘 주의하라고 당부했다. 그리고 그는 음성을 다소 낮추는 듯하면서 "저 사이가라는 사람은 분명히 일본에 충성을 다하는 사람이라고 나는 인상 받았소. 저렇게 무슨 일을 위해서나 밤낮을 가리지 않고 일하는 사람이 어디 쉽소." 이런 내용의 말로 사이가에게서도 본받아야 할 좋은 점을 발견하고 또 이것을 말해 주었다. 이것은 내가 도산이 모든 사람에 대하여 갖는 태도의 표현을 이 세상에서 마지막으로 듣는 기회였다(사이가는 해방되던 해 11월 원남동 네거리에서 어떤 청년에 의해서 총살됐다). 이때 도산은 비빔밥, 나는 튀김국수를 먹었거니와 이것은 또 내가 이 세상에서 도산을 모시고 식사를 가진 마지막 기회이기도 했다.

11월 1일. 날씨는 맑았으나 기후는 찼다. 우리 그룹은 이날 모두 수갑을 채워 몇 대의 버스에 분승되어 서대문형무소로 넘어갔다. "이런 죄가 어디 있습니까. 선생님들 손에다 제가 수갑을 채우다니요." 이것은 그날 당번이었던 채 순사가 자기의 괴로운 심경을 귓속말한 것.

감옥소의 큰 문이 우리 뒤에서 커다란 음향을 내며 닫힌 때는 해가 이미 서산을 넘고 황혼이 짙어지는 초저녁. 우리는 먼저 소위 '조실'이라고 부르는 커다란 한 방에 끌려 들어가 줄지어 시멘트 바닥에

꿇어앉았다. 물론 난방시설이 있을 수 없는 이 넓은 방에서는 무엇을 하는 건가. 우리를 각 동(그때 6동이 있었다) 각 방에 나누어 집어넣기 전 먼저 소독을 하는 것이다. 한 사람 한 사람 차례에 따라 옷을 벗고 알맹이 몸으로 나서면 커다란 펌프를 가진 간수가 얼음물 이상의 차가운 소독수를 내쏟는다. 이렇게 차디찬 냉방에서 차디찬 냉수 사격을 받는 그 어느 누구도 이것이 마치 뜨스한 욕실에서 따스한 샤워를 맞는 듯이 천연스런 자세를 가질 수는 없다. 이런 경우에 있어서는 누구도 다 "아! 아"를 부르며 냉금냉금 뛰기 마련이다. 이것은 인간 본능에 속한 행동일 것이다. 사실 우리 그룹은 거의 다 이렇게 인간 본능을 보이지 않을 수 없었다.

도산의 차례가 왔다. 본시 불건한 몸에 갖은 병을 갖고 또 4개월 유치장 생활을 겪은 도산의 몸꼴은 보기에 처참했다. 피골상접이란 말은 그의 경우 어울리지 않을 만큼 참혹했다. 앙상한 그 몸은 세차게 뿜는 뽐푸 물에 금방 쓰러 넘어질 듯 보였다. 그는 간수의 명령을 따라 이 차가운 물의 사격을 앞으로 받고 또 돌아서서 받기도 했다. 까딱없는 자세, 오히려 근엄한 자세로 받았다.

도산의 이렇듯 초인간적 자제력은 어디서부터 생겼을까. 이것은 두말없이 민족을 사랑하는 마음에서 우러난 힘이다. 조선 민족의 명예를 높이고 싶었고 또 민족지도자들의 명예를 손상시키고 싶지 않았다. 사랑은 모든 것을 이기고도 남음이 있다고 했다.

이래 나는 제5동 16호 감방에서 독방살이를 계속했다. 이듬해 3월 상순 어느 아침 이날의 당번인 백홍수 간수가 들어왔다. 나는 그가 격일해서 들어오는 담당의 날을 기다리곤 하였다. 이것은 그를 통해서만 사회(감옥 밖 세상을 이렇게 불렀다)의 모든 소식을 들을 수 있었기 때문이다. 그는 이날 예외로 다소 음울한 얼굴을 짓고 내 감방 앞에 와 섰다. "듣기에 좀 어려울 것입니다만 그동안 대학 병원에 이감되어 있던 안 선생께서 어제 별세하셨다고 신문에 보도되었습니다." 세상은 한동안 보다 더 쓸쓸해지고만 있었다.

4

광복절 기념사[1]

우리가 다 아는 것과 마찬가지로 우리나라에는 향배 역사적 필연인 일이 있습니다. 여러분이 다 아시는 것과 같이 첫째는 물론 삼일절입니다. 둘째는 오늘 우리가 기념하고 있는 해방의 날 광복절입니다.

이 두 날은 우리만이 아니라 세계 모든 민족들이 다 같이 지녀야 할 숭고한 인간 미상이 담겨 있다고 생각됩니다. 삼일절은 특별히 우리나라에 있어서 종교적, 사상적, 지방적 모든 차이를 초월해서 민족적 단결을 이룩하고 무력적 압력에 무저항으로 대항하는 정신적 역량을 과시한 것이 그 특색입니다.

8·15 해방의 날은 온 겨레가 다 같이 눈물 흘린 날입니다. 다 같이 눈물 흘린 날입니다.

이것은 감격에 찬 회개의 눈물이요 또 감사의 눈물이었습니다. 나는 37년 전 이날에는 그때 일본이 미군의 폭탄 세례의 위험을 좀 덜어 보기 위해서 피하기 위해 소위 구상된 것이 소개령이었습니다. 도시에 집중해 있지 말고 지방으로 헤어지라는 소개령이 내렸습니다. 그 소개령에 의지하여 나는 대동강 상류 청류벽 언덕에 위치한 홍부라는 촌락에 머물고 있었습니다. 바로 이날 8월 15일 저녁에 옆집 청년이 시내 직장에서 느즉해서 돌아오면서 숨이 차서 내가 누하는[2] 집

---

1 장리욱 박사가 별세하기 1년 전인 1982년, 로스앤젤레스의 유니온 교회에서 가진 광복절 기념 육성 테이프 전사.

으로 찾아와서 소식을 전했습니다. 그 사람이 하는 말은 일본 천황이 항복을 선언해서 전쟁이 끝났다는 것입니다. 나는 이 소식을 듣는 그 순간 갑자기 흘러내리는 눈물을 걷잡을 길이 없었습니다.

얼마 동안이나 울고 있었는지 기억되지 않아요. 그냥 눈물만 흘리고 있었지요. 이렇게 눈물 흘린 사람은 나만은 아닙니다. 옛날 중국 순임금 때 가뭄이 심할 때 순임금이 기우제를 지냈는데 후에 그 사화에 의하면 "대우방 수천 리"라, 큰 비가 수천 리에 내렸더라 하는 사화가 있습니다. 이날 8·15 우리에게는 "감루방 삼천 리"입니다. 감격한 눈물이 삼천리 방방곡곡에 흠뻑 내려 부었습니다. 어느 촌락 어느 부락 어디에서나 감격한 눈물을 흘리지 않은 사람이 없었습니다. 이날 우리가 흘린 눈물은 이때까지 사막같이 메말라 황량한 불모지가 되어 있던 겨레의 마음밭, 겨레의 심전을 부드럽고 기름진 옥토로 만들기에 넉넉했습니다. 과거 우리 스스로의 잘못을 회개하고 또 이때까지 다른 인간에게만 쌓아 오던 원한을 잊어버리게까지 하였습니다. 그래서 일본 사람이건 또는 그들의 앞에서 소위 사냥개 노릇을 하던 그 얄밉고 까다롭던 형사들에게까지 보복보다는 관용한 태도로써 대할 수 있었습니다.

나는 그때 해방과 아울러 평양에서 조직된 평남 건국준비위원회의 일원으로 있었습니다만 그때에 우리가 가장 염려했던 것은 평양뿐 아니라 전국적으로 복수의 행동이 일어나지 않을까 하는 것이었습니다. 일본 사람 혹은 형사들에 대해서 보복적 행동으로 나타나지 않을까 매우 염려스럽던 것입니다. 그러나 이것은 하나의 쓸데없는 기우였습니다. 내가 지금 기억하는 대로는 이러한 케이스는 한 건도 생기지 않았습니다.

---

2 누하다: '유(留)하다'의 평안 방언.

이날에 우리가 흘린 눈물은 겨레의 마음을 이처럼 정화하고 승화시킬 수 있었던 것입니다. 오늘 우리는 우리가 37년 전 흘린 그 눈물이 우리 민족사에 놀라운 변화를 일으킨 사실을 되돌아보고 있습니다. 37년 전에 흘렸던 감격의 눈물을 되새기고 있는 이 시간입니다. 하지만 새로워지고 정화되었던 민족 정기는 오늘날에 이르러 오히려 나날이 새로워지기커녕 도리어 쇠퇴되고 있는 현상을 유감스럽지만 살피게 되는 것이 아닌가 느껴집니다.

아무리 높은 생산력을 가진 기름진 옥토라 할지라도 때로는 비료를 주기도 하고 잡초를 뽑아 버리는 등 계속해서 손질하지 않으면 옥토가 가지고 있던 양질은 비에 흘러내리고 바람에 날라 버려 다시 생산력을 잃어버린 메마른 땅으로 변질될 수가 있습니다.

내가 보는 대로 바로 이러한 현상이 해방 후 오래지 않아 우리 사회에 생기기 시작한 것입니다. 모두가 다 다시 돈, 벼슬, 명예와 출세를 따르는 풍조가 세차게 밀려온 것으로 보입니다. 여러분, 여러분이 지금 보시는 교포사회는 어떻습니까? 생각해 보세요. 어떻습니까? 37년 전 겨레가 흘린 눈물의 흔적을 보십니까? 혹은 못 보십니까? 안 보십니까? 그 눈물의 흔적은 아직 어디에 좀 남아 있습니까? 혹은 아주 없어지고 만 것입니까? 나는 우리 교포사회의 현상을 정확히 비판할 처지에 있지는 못합니다. 그러나 이제 우리는 모두가 37년 뜨거운 눈물을 흘려 겨레가 가졌던 그 마음의 옥토, 기름진 옥토를 다시 찾기 위해 성실하게 노력하는 것만이 광복절을 기념하는 그 의의를 갖게 하는 것이라고 믿습니다.

제3편

삶에 찾아온 인연들

1

듀북대학에 보내는 편지[1]

Syenchun, Korea Dec. 10, 1930

Dear Friends:

When I mailed my Christmas greetings to you last year, I hoped to supplement the general letter with personal notes through the year. But the year has passed with this hope unfulfilled, and I am here again to greet you at this most blessed season. I feel specially indebted to those who so kindly responded to my letter and have shown such keen interest in my work out here, manifesting it in many different ways. The pressing business of the school, added to my being a poor correspondent kept me from writing you as often as I hoped.

Besides the regular routine work in the school, there are a great many things that demand my attention. We are still working very hard to obtain government designation of our school, and this matter along has made necessary several trips to Seoul, the capital city of the country, not to mention numerous visits I have had to pay to the provincial government office at Sin Euiju. In connection with the same problem, we have had to meet and entertain here the government dignitaries very frequently.

By way of information, I will explain what this "designation" means to a school in this land. A regular secondary grade school is called a higher common school, and most of them are established by the

1 장리욱이 1928년 신천 신성학교 교장으로 부임한 후, 모교 듀북대학의 지인들에게 보낸 애틋한 우정이 담긴 편지.

government. There are some private higher common schools which are "recognized" as regular secondary schools, and whose graduates receive the same privileges as the government higher common school graduates do. But in our case, we want to retain the Bible and religious exercises in our curriculum as an integral part of our educational program, and this prevents us from getting "recognition". So, instead, we are seeking "designation". This will put us into a little different category of schools, but the graduates will be entitled to the ordinary privileges which are enjoyed by the graduates of government schools.

Along with this effort to get designation for our school, there is the constant need of cultivating the interest and the spirit of cooperation in the cooperating Presbyteries, for this academy is jointly controlled by the Presbyterian Mission and three Korean Presbyteries in the northern part of the country. The Presbyteries meet twice a year. I have visited six of these meetings and the Mission meeting during the past year reporting the progress of the school and asking for further cooperation and assistance.

This school has been in existence for nearly a quarter of a century and has served the church and the nation in a unique way. But the time has come for readjustment in methods of financing the school and in its educational policies, although the basic objectives of the school will never be altered. Realizing that this institution ought to stand on a financially firm foundation, a year ago last fall, we started to raise an endowment fund of Yen 50,000. The total amount pledged up to the present is Yen 18,000 all the pledges having been made by members of our churches. During the present year, progress has been very slow because of the economic depression.

For the same reason, we are faced by an impending deficit of about 1,000 yen at the end of the fiscal year. We sold the crops from our endowment fields at a price much lower than we had estimated, causing a loss of about 600 yen. Partly because of the low price of farm products and partly because of our failure to secure designation, our enrollment has fallen off. This means a reduction of tuition income of about 500 yen.

I did not intend to write you about all the problems I have to face in the school or elsewhere, for that matter. But once I have started to mention my school, I cannot refrain from telling about our self-help department. This is one of the many enterprises of the school that ought to be developed. We have inherited from the past the privilege of helping needy students, and this work is being carried on a small scale through our dairy farm and apple orchard. At present, we are able to help only twelve boys in all. There are about thirty applicants for the jobs and I don't know what to do with them. The boys earn from six to nine yen a month — just enough to pay their board. Sometimes, I am tempted to close this department altogether, so as to hear no more of the sobs and to see no more of the discouraged faces of boys who are unable to be placed in one of the twelve openings. But this I cannot do.

So, this year has passed amidst unsolved problems and unfinished tasks but with faith in God and in His purpose. To confess the truth, I have often felt burdened, but the heaviness of the task appeals to be oftener, as a rare privilege to serve. I am also conscious of your sympathy and prayer for my work, and this strengthens me to go on.

As I often mention you and your work in my prayers, I long for the friendships I was privileged to enjoy while I was in your midst. Although we are separated by the miles and years, I believe our prayer and friendships know neither. So, in closing I wish you a Merry Christmas and a Happy New Year.

I look forward with eagerness to hear from you again.

Sincerely,
L. W. Chang

친구 여러분들께,

제가 지난해 여러분께 크리스마스 카드를 보냈을 때만 해도 연중에 개인적인 소식을 담은 편지를 추가로 보낼 생각이었습니다. 하지만 그렇게 하지 못한 채 한 해를 훌쩍 보내고 다시 성탄절이 다가온 이제서야 소식을 전합니다. 특히 제 편지에 답장을 보내 주시고 저의 일에 여러모로 지대한 관심을 보여 주신 여러분들께 빚을 진 느낌입니다. 저의 게으름과 더불어 시급한 학교의 업무들 때문에 본의 아니게 자주 연락을 드리지 못했습니다.

학교의 일상 업무 외에도 제가 신경 써야 할 중요한 일들이 많습니다. 아직도 정부로부터 우리 학교의 지정 인가를 받기 위해서 열심히 노력 중이며 저는 이 일 때문에 신의주 관청을 수없이 방문하고 수도인 서울에도 여러 번 출장을 다녀와야 했습니다. 이 문제와 관련해서 정부 관리들과 자주 만나고 대접해야 했습니다.

참고로 한국의 "지정학교"라는 것이 무엇인지 설명을 드리겠습니다. 정규 중등학교를 고등보통학교라고 부르고 있고 대부분은 정부에서 설립한 공립학교입니다. 정부의 승인을 받은 사립학교도 있는데 졸업생들은 공립 고등보통학교 졸업생들과 동등한 대우를 받습니다. 그러나 우리 학교는 성경 공부와 종교 행사를 교육 프로그램의 필수 교과 과정으로 유지하기를 원하고 있기 때문에 고등보통학교로 승인을 받지 못하고 있습니다. 그래서 우리는 정부의 승인 대신에 지정학교로서 인가를 받으려 하고 있습니다. 그렇게 되면 우리 학교도 조금 다른 종류의 학교이긴 하지만 졸업생들은 공립학교 졸업생들과 동등한 자격이 주어지게 됩니다.

지정학교로 인가받기 위해 애쓰는 한편 장로 교단의 관심과 협조를 끊임없이 도모해야 합니다. 왜냐하면 우리 학교는 미국 장로교 선교회와 한국 북부 지역 세 개의 장로교 교단이 공동으로 운영하기 때문입니다. 장로교 노회는 일 년에 두 번 열리는데 저는 지난 일 년 동안 노회 및 선교 모임에 여섯 차례 참석하여 학교의 진전 상황을 보고했고 추가 협조와 지원을 부탁했습니다.

이 신성학교가 생긴 지 사 반세기가 되는 동안 나름 독특한 방법으로 교회와 나라를 위해 봉사해 왔습니다. 그러나 비록 학교의 기본 목표는 절대 변하지 않더라도 학교 재정을 운영하는 방법과 교육 정책을 재조정할 때가 왔습니다. 한 해 전 가을에 학교의 재정적 기초가 확고해야 한다는 것을 깨닫고 50,000엔을 목표로 기금 모금을 시작했습니다. 지금까지 약정 액수는 18,000엔인데 모두 우리 교회 신도들이 약정한 것입니다. 올해는 경제 불황으로 진전이 매우 느린 상태입니다.

올해 회계 연도 말에는 약 1,000엔의 적자에 임박하고 있습니다. 기부받은 학교 부지에서 수확한 작물들이 예상보다 훨씬 낮은 가격으로 팔려 600엔의 손해를 보게 되었습니다. 저렴한 가격에 팔린 농작물과 지정학교 인가를 받지 못해서 등록 학생 숫자가 감소한 탓에 등록금 수입이 500엔 정도 줄었습니다.

제가 당면한 학교 문제나 이와 관련해서 다른 곳에서 겪는 온갖 고충에 관하여 말하려고 여러분께 이 편지를 쓰려던 것은 아닙니다. 그러나 학교 얘기를 시작한 김에 우리의 근로장학생 프로그램에 관하여 얘기하지 않을 수가 없습니다. 이것은 우리 학교가 개발해야 하는 여러 사업 중의 하나입니다. 저희는 예전부터 궁핍한 학생들을 도와주기 위해서 학교에서 우유 농장과 사과 과수원을 작은 규모로 운영해 오고 있습니다. 현재 총 12명의 학생을 지원할 수 있습니다. 그러나 학생 30명이 농장의 일자리를 신청했고 저는 어떻게 해야 할지 모르겠습니다. 학생들은 한 달에 6엔에서 9엔 정도 버는데 겨우 기숙사비를 충당할 정도입니다. 어떤 때는 12명 안에 뽑히지 못한 학생들의 흐느껴 우는 소리를 듣는 것과 낙담한 얼굴을 보기가 너무 힘들어 농장 운영을 중단하고 싶은 생각이 들 때도 있습니다. 그러나 차마 그렇게 할 수는 없겠지요.

올해는 해결되지 못한 문제들과 완결하지 못한 과업들이 쌓여 지나갔지만, 믿음과 하나님의 목적은 함께하였습니다. 솔직히 말씀드리자면 제가 하는 일에 종종 부담을 느낍니다. 그러나 짐의 무거움이 제게 주어진 귀한 봉사의 특권이라고 느낄 때가 더 많습니다. 저를 위한 여러분의 마음과 기도를 잘 알고 있으며 그것이 제가 일을 계속하는데 힘이 되고 있습니다.

저는 여러분과 여러분들이 하시는 일을 기도 속에 떠올리면서 함께 있을 때 누렸던 우정을 그리워합니다. 우리가 수천 마일을 떨어져 있고 여러 해를 만나지 못해도 우리의 기도와 우정은 시간이나 거리와 무관하다고 믿습니다. 즐거운 성탄절과 새해 인사를 드리면서 이만 줄입니다.

여러분의 소식을 다시 듣기를 간절히 바라고 있겠습니다.

1930년 12월 10일

장리욱 드림

L. W. CHANG
SYENCHUN, KOREA

Dec. 10, 1930.

Dear Friends:

When I mailed my Christmas greetings to you last year, I hoped to supplement the general letter with personal notes throughout the year. But the year has passed with this hope unfulfilled, and I am here again to greet you at this most blessed season. I feel specially indebted to those who so kindly responded to my letter and have shown such keen interest in my work out here, manifesting it in many different ways. The pressing business of the school, added to my being a poor correspondent kept me from writing you as often as I hoped.

Besides the regular routine work in the school, there are a great many things that demand my attention. We are still working very hard to obtain government designation of our school, and this matter alone has made necessary several trips to Seoul, the capital city of the country, not to mention numerous visits I have had to pay to the provincial government office at Sin Euiju. In connection with the same problem, we have had to meet and entertain here the government dignitaries very frequently.

By way of information, I will explain what this "designation" means to a school in this land. A reguler secondary grade school is called a higher common school, and most of them are established by the government. There are some private higher common schools which are "recognized" as regular secondary schools, and whose graduates receive the same privileges as the government higher common school graduates do. But in our case, we want to retain the Bible and religious exercises in our curriculum as an integral part of our educational program, and this prevents us from getting "recognition". So, instead, we are seeking "designation". This will put us into a little different catagory of schools, but the graduates will be entitled to the ordinary privileges which are enjoyed by the graduates of government schools.

Along with this effort to get designation for our school, there is the constant need of cultivating the interest and the spirit of cooperation in the cooperating Presbyteries, for this academy is jointly controlled by the Presbyterian Mission and three Korean Presbyteries in the northern part of the country. The Presbyteries meet twice a year. I have visited six of these meetings and the Mission meeting during the past year reporting the progress of the school and asking for further cooperation and assistance.

This school has been in existence for nearly a quarter of a century and has served the church and the nation in a unique way. But the time has come forreadjustment in methods of financing the school and in its educational policies, although the basic objectives of the school will never be altered. Realizing that this institution ought to stand on a financially firm foundation, a year ago last fall, we started to raise an endowment fund of Yen 50,000. The total amount pledged up to the present is Yen 18,000, all the pledges having been made by members of our churches. During the present year, progress has been very slow because of the economic depression.

For the same reason, we are faced by an impending deficiet of about 1,000 yen at the end of the fiscal year. We sold the crops from our endowment fields at a price much lower than we had estimated, causing a loss of about 600 yen. Partly because of the low price of farm products and partly because of our failure to secure designation, our enrollment has fallen off. This means a reduction of tuition income of about 500 yen.

I did not intend to write you about all the problems I have to face in the school or elsewhere, for that matter. But once I have started to mention my school, I can not refrain from telling about our self-help department. This is one of the many enterprises of the school that ought to be developed. We have inherited from the past the privilege of helping needy students, and this work is being carried on a small scale through our dairy farm and apple orchard. At present, we are able to help only twelve boys in all. There are about thirty applicants for the jobs and I don't know what to do with them. The boys earn from six to nin yen a month - just enough to pay their board. Some times, I am tempted to close this department altogether, so as to hear no more of the sobs and to see no more of the discouraged faces of boys who are unable to be placed in one of the twelve openings. But this I can not do.

So, this year has passed amidst unsolved problems and unfinished tasks but with faith in God and in His purpose. To confess the truth, I have often felt burdened, but the heaviness of the task appeals to me oftener, as a rare privilege to serve. I am also concious of your sympathy and prayer for my work, and this strengthens me to go on.

As I often mention you and your work in my prayers, I long for the friendships I was privileged to enjoy while I was in your midst. Although we are separated by the miles and years, I beleive our prayer and friendships know neither. So, in closing I wish you a Merry Christmas and a Happy New Year.

I look forward with eagerness to hear from you again.

Sincerely,

L. W. Chang.

◁ 1930년 신성학교 교장 재직 시 장리욱이 듀북대학에 보낸 편지

2

그래함[1] 씨에 대한 추억[2]

파리에서 온 전보

1920년 가을, 나는 여름 동안에 번 돈 얼마를 가지고 다시 학교로 돌아갔다. 대학 제2학년 때의 일이다. 공부를 시작해서 약 한 달이 됐을까 말았을까 했을 때 멀리 파리로부터 전보와 편지 한 통을 받았다. 그것은 그 전해 기미년에 상해로 달려갔던 나의 동생에게서 온 연락인데 그는 그동안 중국을 떠나서 프랑스에 왔다는 것, 또 사정만 허락하면 속히 미국으로 건너가기를 바란다고 하는 사연이었다. 이러한 정세는 나로 하여금 얼마 동안 학업을 정지하고라도 돈벌이에 종사해야 한다는 판단을 내리게 하였다. 돈벌이에 나아간댔자 반드시 자신이 있던 것도 아니다. 그러나 그냥 학교에서 공부만 하고 있을 수는 없었던 것이다.

나는 학교를 등지고, 일로(一路), 미국 안에 있어서 자동차 공업의 중심지가 되는, 디트로이트시로 달려갔다. 여기는 내가 할 수 있는 무슨 일자리가 있을 것이라고 막연히 믿었기 때문이다. 내가 맨 처음 일자리를 구해서 찾아간 곳은 바로 포드 자동차 공장이었다. 매일 아침 출근하다시피 이 공장 직공 모집 사무실에 나가기를 약 10여 일을 계

---

1 윌리엄 그레이엄(William Graham)을 말함.

2 유학 시절 일자리를 찾았던 디트로이트시에서 우연히 만나 평생 잊지 못할 인연을 맺은 보험회사 직원 그레이엄 씨를 회상하며 적은 글. 『새벽』, 1957년 2월.

속했지만, 좀처럼 일자리가 생겨질 것 같지 않다는 것을 점점 알게 되었다. 마음은 초조해지기 시작하면서 나는 몇몇 다른 자동차 공장도 찾아다녀 보았지만 여기서 무슨 일자리를 구한다는 것은 도저히 어려운 일임을 깨닫게 되었다. 때는 바로 대통령 선거가 있는 해였다. 앞으로 4년 동안 미국의 경제 동향과 산업 정책이 어떻게 진전될 것인가 하는 것이 모두 다 의문의 역에 있느니만큼 사업체다운 모든 사업기관들은 극도의 소비 정책을 취해서 기껏 현상 유지가 아니면 무엇이나를 긴축한다는 것이 그때 산업계의 현실이었다. 그래서 그 많은 구직자들 가운데서 일을 얻는 사람의 수는 극히 적었던 것이었다.

이렇게 두 주일이나 시일을 보내는 동안 나의 포켓은 바닥이 드러나서 진퇴양난의 경지에 가까워 가고 있었다. 이 이상 더 이곳에 있을 사정도 못 되고 또 그럴 희망도 없었기 때문에 나는 곧 이 디트로이트를 떠나서 멀리 우리 동포들이 농업을 경영하고 있는 서방가주(西方加洲, 서캘리포니아)로 나가 갈 것을 작정했다.

때는 늦가을, 내가 들어 있는 셋방은 그때까지도 화기를 맛보지 못한 냉방이었다. 잎이 다 떨어져서 앙상히 서 있는 가로수들을 몹쓸게도 흔들고 지나가는 바람은 저 북쪽 캐나다로부터 불어오는 찬바람이었다.

사다리 아래서 만나다

그 어느 날 오후, 나는 한 손에 수트 케이스 하나를 들고 디트로이트시 간선 통로 가운데 하나인 우드워드가를 향해서 걸어가고 있었다. 이것은 내가 반 달 동안 이곳에서 일자리를 구하다가 실패하고 그냥 떠나가는 심히 초라한 모습이었다. 이역 머언 땅 찬바람 부는 이 낯선

거리를 이렇게 걸어가고 있는 나의 심정은 깊이 고적과 불안의 감에 잠겨 있었던 것이다. 바로 이때 "할로우!" 하고 명랑하게 외치는 소리가 들려왔다. 이 땅에서 날 찾을 사람이 없으련만 그래도 나는 그쪽을 둘러보지 않고 그냥 지나갈 수는 없었다.

셔츠 바람으로 어떤 집 전면에 기대어 놓은 긴 사다리 밑에 서서 웃는 얼굴로 나를 부르고 있는 나이 사십을 좀 넘어 보이는 신사, 어디서 한번 만났던 사람 같으면서도 그가 누구라는 것을 나는 얼른 기억할 수가 없었다.

나는 여기 와서 약 2주일을 체류하는 동안 언젠가 일요일에 한번 근처 어느 감리교회에 나갔던 일이 있었다. 지금 나를 찾은 이 신사는 그 교회 직원 가운데 한 사람으로서 그날 나와 악수까지 한 일이 있었노라고 구면같이 반겨 주었다. 그는 내가 어찌해서 디트로이트에 왔던 것, 또 지금은 어디를 향하고 가느냐 하는 것 등을 단순한 인사 정도가 아닌, 성의로써 묻는 것이었다. 나는 간단하게 현재의 나의 사정을 설명했다. 우리는 아직도 길가에 그냥 서서 이야기를 계속했다. 나는 오늘 저녁 디트로이트역을 떠나 시카고 방면을 향하는 기차를 놓치게 될까 봐 연방 시계를 들여다보는데, 그는 정색을 하고 나에게 이렇게 제의하는 것이었다. 기왕 일이 이렇게 지연된 것이니 한 2, 3일간 더 묵을 각오를 하고, 일자리를 알아보는 것이 어떻겠느냐는 것이었다. 내가 그때 떠나가던 그 길은 무슨 분명한 예정이 있어서 가던 것이 아니었으므로 나는 쾌히 승락했다.

이 신사는 당시 헤이스 생명 보험 회사 디트로이트시 지사 지배인으로 있는 윌리엄 그래함이라고 하는 분이었다. 도러시라는 맏딸을 비롯해서 그랑트, 윌리엄, 제임스의, 3남 1녀를 두고 부인과 함께 심히 단락한 생활을 하고 있었다. 교회에 나아가서는 주일학교 교장으로 또 일반 시민으로서는 여러 가지 자선 사업 기관과 또 공민 지도

사업에 자기 최선을 바치고 있던 것을 나는 그 후에 알았다. 이날도 그는 자기 사무실에서 돌아와서 휴양과 운동을 겸해서 자기 집에 페인트칠을 하고 있던 참이었다.

그는 이날 밤 여러 곳에 전화를 걸어서 나를 위해서 일자리를 알아보았다. 특히 포드 회사 관계자 가운데 자기가 직접 혹 간접으로 연락할 수 있는 사람은 거의 다 문의해 보는 모양이었다. 그러나 그들의 대답은 그 어느 하나도 희망을 주는 것은 없었다. 때가 때인지라 어떤 특수 기술자가 아니고는 도리어 해고시키는 것이 모든 회사의 정책이니만큼 이때 취직은 사실 불가능하다는 것이었다. 그래도 그는 단념치 않았다. 그다음 날 그는 나와 동행해서 여러 곳을 찾아 다녔지만 그 결과는 백 퍼센트 실패였다. 그는 하는 수없이 손을 들었다. 즉 실패를 자인하고 여러 번 나에게 미안한 뜻을 표한 것이다.

그 사람

그다음 날 그는 나를 디트로이트 중앙역까지 전송해 주었다. 나는 처음 계획했던 대로 도중 인디아나주 사우드밴드 우리 동포 사업처에 들려서 노비(路費)를 꾸어 가지고 일로 서방가주를 향해서 대륙 중서부를 횡단하여 기차를 달렸다. 때는 11월 중순 네브라스카주 일대에는 백설이 덮여 있었다. 차창을 통해서 바라보는 대륙의 풍경은 참으로 황심숙조(荒深肅條)한 그것이었다. 나는 아마 이 여행에서처럼 마음이 묘적(杳寂)해 본 일이 다시 있는 것 같지 않다.

어느 비 내리던 날 늦게 나는 북가주 윌로스(Willows) 우리 동포들이 합자경영하는 농장에 도착했다. 여기는 그때 우리 동포 노동자 약 1백 명, 또 서인(西人) 노동자 약 50명을 사용하고 있는 대규모 농장이었다. 그러나 대전이 종식되면서 벼 값이 폭락해서 이해 농사는 전실(全失)을 보던 때였다. 추수를 한댔자 수지가 맞지 않는 것이었기 때문에 만야(滿野)한 벼는 그냥 논바닥에서 썩어 버리고 말았다.

그 후 나는 남가주 방면으로 옮겨 가서 약 1년 남짓이 '돈벌이'를 하면서 지냈다. 1922년 가을에는 그렇게도 그립던 학교를 향하여 다시 듀북으로 돌아왔다. 그리고 어느덧 여름 방학도 머지않게 바라보게 되었다.

나는 그 전전해 디트로이트시를 그렇게 막막한 심정을 가지고 떠난 이후에도 그래함 씨에 대한 고마운 생각만은 잊을 수가 없었다. 남의 일에 대해서 그렇게도 성의를 가지는 사람이 이 세상에 얼마나 있을 것인가—하는 것을 생각할 때에는 참으로 감격하지 않을 수 없었다. 그러면서도 나의 이러한 감사의 표현은 기껏 성탄 축하장을 보내는 데 지나지 못했다.

해마다 여름 휴가가 가까워 올 때에는 그때 우리 같은 처지의 학생들로서는 또 어디로 가서 일자리를 얻어 보는가 하고 미리부터 마음을 쓰게 되는 것이었다. 이해 5월 상순경, 나는 그래함 씨한테서 한 통의 서간을 받았다. 거기는 50불 은행 수표가 동봉되었고 그리고 그 서신의 내용은 금년에는 일을 얻어 줄 자신이 있으니 넣어 보내는 돈으로 여비를 해서 방학이 되거든 곧 디트로이트로 오라는 것이었다. 고학하는 외국 학생에게 있어서, 또 여름 방학 동안 일자리를 걱정하던 학생에게 있어서, 그때 이보다 더 반가운 소식이 어디 있을 것인가. 이것이 우리 동료 학우 사이에 있어서 다소 선망의 적이 되었던 것도 사실이다.

이해 여름 약 3개월 동안 나의 디트로이트시 생활은 2년 전 불안과 초조에 싸였던 그때에 비해서 크게 대조적인 것이었다. 이것은 그래함 씨의 주선에 의해서 내가 얻을 수 있었던 그 일자리가 일의 종류로 보아서, 또 그 보수로 보아서 다 만족하는 데 있었던 것만은 아니다. 나는 이 여름을 통해서 그래함이라는 인물을 보다 더 가까이 접촉하면서 어느 정도 이상적이고 또 전통적인 대표적 미국 사람을 그에게서 발견한 것이었다.

그는 정규의 교육으로는, 소학교를 졸업하였을 뿐이요, 또 일찍이 집안이 가난해서 추운 겨울에도 구두를 신어 보지 못했다고 말했다. 그 집안에는 '메이드'니 '쿡'이니 하는 일꾼이 없었다. 자기 온 집안 식구가 집 안팎의 모든 일을 분담해서 처리하였다. 그러면서도 그는 집에 돌아오면 소위 '하비'라는 것이 있어서 지하실 한 방에 목공 도구를 준비해 두고 일기가 구짖거릴 때에는 여기서 웬만한 가구 수리를 하기도 하고, 혹은 그저 무엇이나 생각나는 대로 만들어 보기도 하는 것이었다. 그리고 후원에는 그가 가꾸는 장미밭이 있었다. 여기는 적어도 수십 종의 색다른 로즈가 재배되고 있었다. 이렇게 목수 노릇을 해 보고 또 장미꽃 재배를 일삼아 보는 것은 다 일종의 오락이었으나 동시에 심신의 휴식이요, 또 수양이었다.

그해 여름, 그곳 포드 자동차 공장에는 중국인 학생 약 100명이 고용된 일이 있는데 이들은 대개가 다 대학 졸업생이거나 그렇지 않으면 고급 학년에 재학했던 이들이다. 포드 공장 견학생이라고도 부를 수 있으리만큼 그들은 약 1년 반 동안에 이 공장의 전 작업 과정을 한 번씩 다 거치게 되어서 어느 한 부에 가서라도 2주일 이상을 머물지 않고, 계속해서 그다음 다른 부로 옮겨 가게 되어 있었다.

그러면서도 대우는 좋았다. 이들 중국 학생은 포드 공장 가까이 주택을 사고 지낸 일이 있었다. 그래함 씨의 도움의 손은 여기에도 뻗쳤다. 집을 매수하는 일로부터 수리에 관한 일, 소유권 이동을 중심한 수속과 서류 조제에 관한 일 등으로서 외국 사람에게 있어서 서투른 일체의 난건을 몸소 돌보아 준 것이었다.

그때 디트로이트 시내에는 그전부터 거기 오래 살고 있는 우리 교포 한 사람이 있었다. 그는 그때 독신으로 바이올린의 개인 교수를 하면서 지내고 있었는데, 그가 퍽 외롭다는 것은 누구의 눈에나 띄었다. 나는 이 여름, 여러 번 그래함 씨와 동행해서 이 고독하게 지내고 있는 바이올린 선생을 찾아보았다. 석양 드라이브를 나갔던 길에도 그는 이 외롭게 지내는 이를 찾아보아 주자고 제언하는 것이었다. 그에게 무슨 경제적 도움을 주는 것은 아니었다. 그저 격려하고 위로하고 또 종종 유머 섞인 농담이나 건네고 나오는 것이었다.

이것은 그로부터 몇 해 후에 있은 사실이지만 역시 디트로이트 시내에서 상업 방면에 관련해 지내던 우리 교포 한 분이 있었다. 그는 지금 가주에 있어서 우리 동포를 위해서 헌신하고 지낸다. 그는 그때 어느 보험 회사에 보험을 가지고 있었다. 그러나 그는 어느 해에 가서 그 연금을 기한 내에 지불하지 못했기 때문에 보험은 실효가 되었다고 한다. 바로 이때 그는 폐병에 걸렸다. 저축도 많지 못하고 또 보험은 실효가 되어 그에게 있어서 이것은 사형 선고나 마찬가지였다. 이 사정을 듣게 된 그래함 씨는 그가 보험 사업계에 있어서 지금까지 얻은 모든 경험과 지식과 또 영향력을 동원해 가지고 이 병들고 또 속수무책이 된 우리 교포를 위해서 혹은 싸우고 혹은 간청한 것이다. 그래함 씨의 이러한 성의의 노력은 결국 승리해서 이 병든 우리 친구는 그 후 여러 해 동안 마음 놓고 치료할 수 있었고 또 그래서 완쾌를 얻은 것이다.

그는 교회 안에서는 물론, 그 밖의 일반 사회에 있어서는 특히 구호 사업을 목적으로 하는 여러 기관에 관련이 되어 있었다. 그러면서 그는 이렇게 조직된 구호 사업을 전적으로 찬성하지는 않았다. 요구호차(要救護車)가 생겼을 때에 이러한 기관의 행동은 심히 느리고 복잡하다는 것이 그의 이론이었다. 보고가 들어가고 위원회가 소집되고 조사위원이 선정되고 또 보고가 들어가고 위원회 총회가 소집되는 동안에 이 시급한 구호를 요하는 사람은 어떻게 될 것이냐 하는 것이 그의 염려하는 점이었다. 그래서 그는 먼저 자기 개인으로서 적당한 수단을 취한 다음에 그러고도 필요한 경우라면 그런 기관에 사실을 보고하는 것이었다.

그는 종종 외국 사람 특히 유색한 외국 사람과 또 흑인 명사들을 자기 집에 청해서 식사를 대접했다. 이것은 물론 그 손님들을 위하는 것이었으나 또 다른 한편으로는 자기 자식들을 위하는 것이라고 그는 말했다. 얼굴빛이 어떻고 또 사회적 지위가 어떻든지 간에 모든 사람을 다 같이 대하라고 하는 훌륭한 교훈을 말로만 해서는 실제의 효과는 별로 생기지 않는다는 것이 그의 관찰이었다. 그래서 이렇게 색도 다르고 말도 다르고 또 행동도 다소 다른 여러 나라 사람으로 더불어 식탁을 같이하면서 사람으로서의 같은 것을 경험하도록 한다는 것이었다.

통틀어 나는 그에게서 이상적 미국 사람을 발견한 것으로 느꼈다. 그는 무엇보다 실천의 인물이었다. 그에게 있어서 이론과 학식은 장기가 아니었다. 자기가 아는 범위 안에서 옳다고 믿는 것, 또 할 것이라고 판단한 것은 하고야 마는 사람이었다. 그는 개척자, 또는 노력가였다. 가난이 무엇이라는 것을 알고, 또 이것을 극복하고 성공하는 데 있어서 그 기쁨이 어떻다는 것을 체험한 사람이었다. 노력의 가치를 높이 평하고 또 그러한 노력 바치기를 주저하지 않는 것이었다.

그는 또 무엇보다도 이웃 돕기를 좋아했다. 이 이웃은 원근의 거리가 있거나 지식과 인종 차별이 있는 것이 아니다. 이런 이웃들을 그는 돈으로 돕고 노력으로 돕고 격려와 유쾌한 말로 도왔다. 그는 좋은 책 읽기를 즐겨했고, 또 그 읽은 책의 자료를 가지고 담화하기를 좋아했다. 이 여름 나는 이의 추천과 또 '선전'에 따라서 당년에 베스트 셀러였던 에드워드 보크의 자서전을 읽었고 또 이태리 문호(그의 이름은 잊어버렸다) 저술의 『예수의 일생』이란 명저를 읽었다. 그리고 그는 웨이마우드 씨가 현대 영어로 번역한 신약성서 한권을 나에게 선사했다.

이렇게 유쾌하면서도 수양과 교훈이 되고 또 게다가 돈까지 벌 수 있었던 이 여름도 지나가고야 말았다. 나는 내명일(來明日)같이 학교로 돌아갈 것을 생각하면서 9월 초의 어느 날 일을 끝막았다. 내가 떠나기 전날 저녁, 그는 나를 자기 집에 청해서 그 가족들과 함께 식사를 같이했다. 식사가 끝난 후 팔러(Parlor)에 나와 앉았을 때, 그는 잠자코 봉투 하나를 내어 주었다. 여기는 내가 여름 동안 버는 대로 그에게 맡겼던 돈을 계산해서 쓴 은행 수표 한 장이 들어 있었고, 그리고 다시 이 수표의 액수와 똑같은 액수의 다른 수표 한 장이 더 들어있을 뿐 아니라 거기엔 간단한 노트 하나가 붙어 있었다. 이 노트의 요지는—자기의 모든 사업은 하나님의 은혜와 보우로 인해서 매우 은성(殷盛)하다는 것, 그래서 자기 소득의 10분지 1을 별달리 떼어서 유익한 좋은 사업을 위하여 사용하기로 가족 결의가 있는 것, 그리고 거기 별달리 들어 있는 수표도 역시 이 돈의 일부로서 나의 학비를 위해서 넣은 것이라고 적혀 있었다. 이 돈에 대해서는 그 자리에서 아무 발언도 하지 말고 그냥 받아 넣으라는 것이 끝에 부기되어 있었다.

동서로 갈리다

그 후 4년 만에 나는 귀국해서 선천 신성중학교의 교장이 되었다. 그 후에도 그래함 씨와의 통신거래는 드물게나마 계속되어 왔다. 그는 동양에 여행할 마음이 있다는 것, 또는 내가 교장 노릇을 하고 있는 신성학교를 친히 와서 보고 싶다는 의미의 서신이 한두 번 있었다. 그때가 언제인 것은 지금 기억되지 않으나 그는 어느 한번 나에게 상해 향항은행 수표 한 장을 넣어 보냈다. 그 액면은 적은 것이 아니었다. 그리고 그 돈의 내력과 또 그 돈을 무엇에 쓰라는 용도에 대하여 간단한 설명이 편지에 씌어 있었다.

그는 연래로 집에 돌아와서 오락으로 일삼는 하비(hobby) 한 가지를 더 늘여서 '카나리아' 새를 기르기 시작한 것이며, 이 새의 번식률이 놀랍다는 것을 말했다. 그리고 또 노래 잘하는 카나리아를 작은 새장에 넣어서 오랫동안 입원하고 지내는 환자들에게 선사해서 그들을 다소라도 위안할 수 있는 사실을 말하고 그러고도 또 많은 카나리아를 판매까지 해서 자기가 관리하는 주일학교에 그 일부를 기부하고 그 남은 부분을 나에게 보내노라고 한 것이었다. 그리고 이 돈은 신성학교에 재거한 고학생을 위해서 내가 적당하다고 생각하는 방법대로 쓰라는 것이었다. 나는 그의 성의를 고마워하면서 그 뜻에 부응하기를 힘썼을 뿐이다. 그가 보내 온 편지 속에는 언제나 이렇게 돈이 들어있는 것은 아니었다. 그러나 거기는 언제라도 젊은 일꾼에게 주는 격려의 말과 진리의 토론과 또 신앙을 격려해 주는 조언이 가득 들어 있었다.

나는 일 년이 지나도록 그에게서 서신을 받지 못했다. 한두 번 몹시 궁금하게 여기노라는 편지를 부쳤지만 그래도 회신이 없었다. 그렇게 2년이 지난 어느 날 미국 디트로이트로부터 오는 외국 서신 한 통을 받았다. 그래함 부인의 필적이 분명하였다. 또 그렇게 그 발신인의 이름이 명기되어 있었다. 그 부인이 나에게 직접 편지 쓰는 일은 그때까지는 대단히 드문 일이었다. 나는 직감적으로 불안을 느꼈다. 편지의 사연은 사실상 그래함 씨의 불행한 소식이었다. 나는 느껴 울었다. 그는 그 전해 크리스마스 전날 새벽, 갑자기 심한 복통을 일으켜 가지고 크리스마스날 오후에 별세했다는 사실이 씌어 있었다. 천만 뜻밖에 이런 비길 데 없는 비애에 빠지게 된 그 부인은 1년 세월이 지나가도록 이 비보를 나에게 알릴 용기와 기력이 없었노라고 말했다. 넉넉히 이해할 수 있는 정경이었다.

무언 재회

소위 지나사변과 대동아전쟁 기간을 통해서 일절의 통신 연락은 물론 끊어지고 말았다. 해방을 맞이한 익년 춘삼월 명랑한 시절, 나는 그때 교육사절단의 일원으로서 15년 만에 다시 미국을 볼 수 있었다. 나는 동행과 같이 샌프란시스코에 상륙하자마자 몇몇 곳에 연락하는 통신을 급속히 발송했다. 그중의 하나가 곧 그래함 부인에게 보내는 것이었다. 공무가 끝나는 대로 디트로이트를 들러서 찾을 예정이 되는 것과 또 그때까지 연락을 워싱턴 국무성으로 보내 달라는 부탁을 보낸 것이다. 그 후 5월 상순까지 워싱턴에 체류하는 동안에도 한두 번 서신을 부쳤지만 일절 회신이 없었다. 그렇다고 해서 부쳤던 서한이 회송되어 온 것도 아니다. 대체 까닭을 알 수 없었다. 나는 궁여의 일책으로 로비에서 장거리 전화를 통하여 실로 오래간만에 그리운 그래함 부인과 만났다. 그의 아들 윌리엄[3]이 벌써 육군 소좌가 되어 화이트하우스 지도실에서 일하고 있다는 얘기를 듣고 전화를 걸어 보기로 생각하고 호텔에서 그다음 날 나는 윌리엄 소좌와 점심을

3 이 책 1부에서 저자는 백악관 지도실에서 근무하고 있던 그레이엄 씨의 아들을 '프랭크 대위'로 회상하고 있다. 추측건대, '프랭크'는 아버지와 이름이 같은 둘째 아들 윌리엄의 미들네임인 듯하다. 또한 윌리엄의 계급이 소좌와 대위로 다르게 서술되고 있는데, 이 글이 1957년에, 회고록이 1975년에 쓰인 것을 고려하면 1957년의 기억이 보다 정확할 것이다. 같은 맥락에서 저자와 함께 성묘를 갔던 아들(1부에서는 윌리엄)은 이 글대로 막내 제임스로 보아야 할 것이다.

같이하면서 과거의 그의 경험담을 들을 수 있었다. 이 지도실이라는 것은 지도면에 나타나는 국제 정세를 일일이 파악하기 위해서 대통령 자신이 종종 들려서 상세한 사정을 청취하는 곳이라고 한다. 제2차 전쟁(2차 세계대전) 기간에 있어서 그래함 소좌는 루스벨트 대통령 또 그 후 트루먼 대통령이 참가하는 중요한 거두회담에 몇 번이고 수행한 일이 있었다고 했다.

나는 이 그래함 젊은 소좌를 향해서 "그대는 그대의 선친이 얼마나 위대한 인물, 이름나지 않은 위대한 인물이었다는 것을 아오?" 하고 물어보았다. 그는 아버지가 생존했을 때까지는 아직도 연소해서 상세한 것을 다 안다고 하기 어려우나 좌우간 훌륭(원더풀)한 양반임에 틀림없다고 하는 정도로 대답하는 것이었다.

나는 그때 우리 교육사절단 일행을 대표해서 트루먼 대통령에게 기념품 증정하는 사명을 수행하기 위해서 다른 일행이 다 워싱턴을 떠난 이후에도 약 1주간을 더 묵었다. 이것은 국무성 내 의식부를 통해서 모든 절차가 취해지기까지는 어느 정도 시일이 요하기 때문이었다. 그때 그래함 소좌는 이 일이 좀 더 빨리 추진되도록 화이트하우스 안에 있어서 조력해 줄 것을 약속한 일이 있었다.

나는 5월 30일 밤 깊어서야 디트로이트에 도착했다. 그리고 그래함 부인이 예약해 놓은 호텔에서 그 밤을 쉬었다. 5월 30일은 '메모리얼데이'다. 즉 미국의 성묘하는 날이다. 아침에 호텔에서 그래함 부인을 15년 만에 만났다. 그는 늙었다. 그러나 상상했던 것같이 애잔한 늙은이는 아니었다. 나는 이날 부인과 또 그의 막내 아들 제임스와 동반해서 고 그래함 씨의 묘소에 찾아갔다. 이 묘지에까지 통하는 길은 여러 해 전 고인과 같이 드라이브를 하노라고 몇 번이고 다녀 본 길이다. 나는 화분 하나를 사서 그가 고요히 누워 안식하고 있는 자리 앞에 심었다.

3

딸과 사위에게 보낸 편지[1]

락준 군에게

이번 11월 31일[2] 부서(付書)를 아울러 두 번째 군의 글월을 받고도 이때까지 나로서 편지를 쓰지 못한 것이 미안하네. 군 결혼식을 이제 1주를 앞두고 나는 지금 이 글을 쓰는 것이지만 자네들의 약혼식이 있은 이후부터 나는 별다른 정과 의리를 가지고 그대들의 행복과 성공을 빌어 온 것이네.

이제 결혼식에 있어서는 다정한 두 집 부모가 다 참석하지 못하느니만큼 자네들의 마음인들 또 부모들의 마음인들 섭섭함을 아니 느낄 수는 없는 것이네. 그러나 다행히 혜전의 숙부들이 참석할 수 있고 또 군과 또 혜전의 친우들이 같이할 수 있다는 것을 위로로 여기는 것이네. 모쪼록 마음 든든히 가지고 지내기를 바라네.

혜전이가 그대를 남편으로 또 그대가 혜전을 아내로 택하게 되었다는 것은 역시 우리 재래의 표현법으로는 아마 '인연'이라고 할 것이네. 그러나 우리 종교적 신념으로는 하나님의 의사에 의지해서 된 일이라고 믿네. 그대가 혜전을 사랑하고 또 혜전이가 그대를 사랑하는

1 십여 년간의 미국 유학으로 떨어져 살았던 큰 두 자녀들과는 달리 곁에서 자라는 것을 보며 유난히 귀여워했던 막내딸의 결혼식에 참석 못하는 안타까움을 담아 사위와 딸에게 보낸 서신(1957년 12월).

2 원문을 그대로 따른다.

그 참되고 아름다운 사랑이 있는 거기 신의가 없을 수 없는 것이라고 생각하네. 참된 사랑을 가지는 그때와 같이 우리 인간이 고상해지고 행복스러워지기는 어려운 것이네. 이것은 우리 인간에게만 허락된 특전이라고 믿네. 그러나 여기는 우리 인간에게 짊어진 의무도 같이하는 것이네. 이러한 특전이 있는 곳에 의무가 없을 수는 없는 것이네. 이것은 피차에 저를 희생하고 상대방을 위하는 데 귀결하는 것이라고 믿네.

그런데 참사랑이 있는 곳에서는 이러한 의무를 이행하는 것이 무거운 짐이 되지 않고 도리어 더 큰 기쁨이 된다고 하는 데 특색이 있다고 보네. 나는 그대의 결혼식을 이제 가까이 앞두고 다시금 그대의 인격과 신의와 또 이지력의 끊임없는 향상을 비는 동시, 군이 이루는 새 가정에 신의 우호가 떠나지 않고 늘 같이 하심을 빌어 마지않는 것이네.

1957년 12월 20일
혜전과 락준의
아바지로서

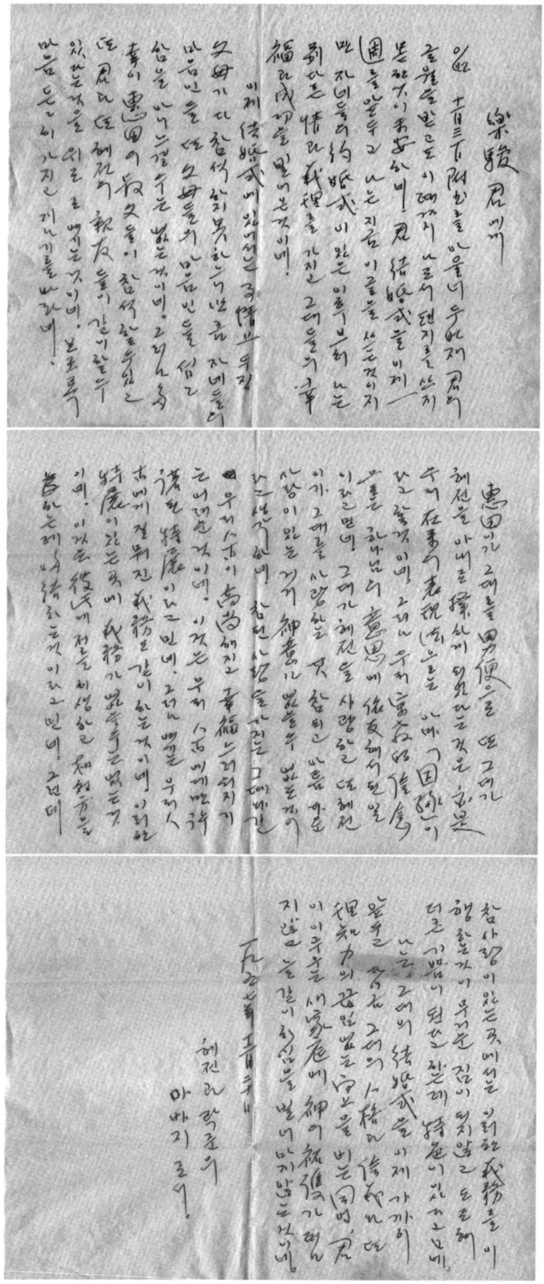

△ 1957년 결혼을 앞둔 딸과 사위에게 장리욱이 보낸 편지

제3부

학문적으로 본 장리욱의 생애

1

장리욱의 생애와 교육사상

『교육철학』 제6권(1988)

박의수(강남대학교 명예교수)

I. 서론

장리욱 박사는 청일전쟁이 일어난 다음해에 피난지에서 출생하여 격동의 세기, 민족의 수난기를 88년간 살다가 떠났다.

그가 실제로 교육기관에 몸담았던 것은 그의 긴 생애에 비추어 보면 오히려 짧은 기간에 불과하다. 약관의 나이에 1년 남짓 소학교에서 가르쳤고, 30대와 40대에 걸쳐 11년간 중등학교 교장을 역임했고, 해방 후 군정기에 서울대학교에서 학장과 총장을 지낸 것이 전부다.

물론 그가 한때 자동차 회사 사장, 주미대사라는 직함을 갖기도 했다는 이유로 순수한 교육자는 아니라는 평을 받을 수도 있다. 그가 살았던 시대적 환경이 그로 하여금 어느 한 곳에 조용히 몸담고 교수와 연구와 저술에만 전념할 수 없게 했다. 그것이 그의 불행이라면 불행이라 할 수 있을 것이다.

그러나 그는 미국 듀북대학에서 교육학에 뜻을 두고, 컬럼비아대학 사범대학원에서 교육학을 전공하여 석사학위를 받았고, 초창기 서울대학교에서 민주주의 교육의 기초를 다지는 데 주역을 담당했을 뿐만 아니라 재야에서 강연과 글을 통하여 국민교육에 일생을 바쳤다.

그는 천성적으로 '장(長)' 자리를 좋아하는 인물이 아니다. 평화 시라면, 평교수로서 강의하고 연구하고 저술활동을 하는 일을 누구보다도 즐기고 만족했을 것으로 생각된다. 그러기에 그는 기회가 있을 때마다 독서하고 강연하고 글을 썼다. 글의 내용은 국민교육의 발전과 민주주의 사회 건설을 염원하고 그에 필요한 국민적 자질을 함양하는 것들이다.

그가 떠난 지 이제 4년, 한 인물을 정확하게 평가하기에 아직은 이르다고 할 수 있을 것이다. 다만 그가 한국 교육사에 커다란 발자취를 남긴 교육자임에는 틀림이 없다고 하겠다.

본고에서는 그의 생애와 교육적 업적을 살펴보고, 그의 인격과 사상을 고찰하고, 끝으로 그의 교육사상의 특징을 추출하여 논하고자 한다.

본 연구에서 사용한 자료는 단행본으로 출판된 5권의 저서와 『사상계』, 『새교육』, 『새벽』, 『기러기』, 『샘터』 등의 월간 잡지와 흥사단의 기관지인 『단보』, 『공함』 등에 게재된 글들을 토대로 했고, 평소에 장 박사와 자주 접했던 몇몇 인물들의 증언을 참고로 했다.

그러나 그의 활동 무대가 북한, 미국, 일본에도 걸쳐 있었고, 그곳에서의 활동에 관한 기록은 다만 그의 회고록(『나의 회고록』)에 나타난 것 이상의 자료를 접하지 못했다. 또 국내의 자료도 필자가 미처 접하지 못한 것이 적지 않게 있을 것이다.

II. 생애와 업적

장리욱은 자신이 쓴 회고록에서 6편으로 나누어 생애를 서술하고 있다. 그러나 여기서는 주로 교육적 생애와 업적을 중심으로 3기로 나누어 연대순으로 살펴보고, 흥사단운동과 저작에 대해서는 별개의 항으로 독립시켜 살펴보기로 한다.

1. 성장기: 자아 형성기(1895~1927)

장리욱은 1895년 6월 29일 평남 대동강 하류 베기섬(碧只島)에서 장동상(張東商) 씨의 4형제 중 장남으로 태어났다. 그가 9세 되던 해에 가족이 안주로 이사하였다. 원래는 평양성 밖에 한 문중을 이루고 살다가 청일전쟁 때 일시 그 섬으로 피난을 갔었다고 한다.

그는 어려서 마을 사숙에서 한문을 배우다가 1906년 감리교 선교사가 설립한 '유신소학교'에 입학했다. 당시 그 학교는 교사 1명에 학생 6명의 '미니 스쿨'이었으나 전익호(全益鎬)라는 훌륭한 스승이 있었다.[1] 그는 이 학교에서 기독교 교리와 산수, 역사, 과학 등 새로운 지식을 놀라움과 흥미와 존경심을 가지고 배웠고, 평생의 벗 김화식(金化湜)을 얻었다.

1908년 소학교를 졸업하고 평양의 숭실중학교에 진학했다. 이 시절에 그는 역사와 한문, 대수, 기하, 화학, 생리학, 영어, 일본어 등의 학과 공부는 물론 정구, 야구, 축구 등의 운동을 즐겼다. 또 융희 황제(순종)의 관서 지방 순방 환영행사에 일장기를 거부한 사건을 계기로 민족의식이 싹트기도 했다.[2]

1912년 6월 숭실학교를 졸업하고 1년간 집에서 위장병을 치료하며 보내다가 이듬해 9월에 일본 유학길에 올라 세이소쿠영어학교(正則英語學校)에 등록하고 일어와 영어를 공부했다. 이 무렵 한국 YMCA를 중심으로 김억, 전영택, 김동인 등의 유학생들과 사귀면서 정규 대

---

1 장리욱, 『나의 회고록』, 샘터사, 1975. 여기서는 이 책 제1부를 기준으로 쪽수를 밝힌다. 24쪽.

2 1909년 융희 황제의 관서지방 순방에 이토 히로부미가 배종했는데, 평양의 일본인 경찰서장은 태극기와 일장기를 함께 가지고 환영하도록 지시했었다. 『나의 회고록』, 28-29쪽.

학 입학을 준비했다.

1914년 여름방학을 맞아 일시 귀국했으나 가세가 기울어 일본으로 다시 돌아갈 수 없게 되었다. 그리하여 모교인 유신소학교에서 일어를 가르치며 김화식과 함께 교회 청소년부 일을 보면서 비밀히 미국 유학의 길을 모색했다.

1916년 11월 일제의 눈을 피하여 조국을 탈출, 상해를 거쳐 12월 말경 샌프란시스코에 도착했다. 1917년 8월 도산 안창호(安昌浩)를 만나 그 인격과 논리 정연한 조국 독립 방략에 깊은 감명을 받아 흥사단에 입단했다.

그는 한인 학생 양성소[3]에 기거하면서 '스쿨보이'[4]를 하면서 YMCA 영어반에서 공부를 하는 동안 장태윤(張泰潤)의 소개로 아이오와주의 듀북(Dubuque)대학에 입학할 것을 결심했다.

1918년 9월 듀북대학의 호의로 입학이 허락되고, 기숙사도 제공되었다. 이 대학은 당시 70년의 전통을 지닌 기독교 계통의 대학으로 학생 정원이 500명 이내의 가족적인 분위기였다. 특히 한국 학생들에게 호의적이어서 그 무렵 몇 명의 한국 학생들이 재학하고 있었다.

그는 이 대학에서 전공인 교육학은 물론, 사회학, 경제학, 생물학, 지리학, 사회심리학, 종교철학 등을 공부하며 폭넓은 교양을 쌓았다. 특히 자연과학에 깊은 흥미를 가지고 토론에 참여했다. 왕성한 지적 욕구와 호기심을 가지고 미국의 문물과 생활양식까지도 받아들였다. 그러나 이때 비로소 주체적 자아의 발견이 이루어지기도 했다. 그는

---

3 당시 샌프란시스코에 본부를 둔 대한인국민회(大韓人國民會)는 그 사업의 일환으로 클레어몬트에 유학생을 위한 기숙사를 경영하고 있었는데, 그 이름을 '한인 학생 양성소'라고 했다. 『나의 회고록』, 54쪽.

4 미국 중류 가정에서 가정부 대신 시간제로 집안의 잔일을 돕게 하는 것으로, 당시의 유학생들이 많이 활용하던 고학의 한 수단이었다. 『나의 회고록』, 53쪽.

당시를 이렇게 회고하고 있다.

> 3학년을 마치면서부터 내 생활에는 일종에 변환기를 맞았다. 그때까지 지나치게 마음 쓰며 지내오던 모방과 순응과 추종의 굴레에서 벗어나 독립성과 주체성을 갖는 방향으로 돌아서게 된 것이다. …… 그것은 자아발견이었다. 무엇을 배우려고 미국에 왔는가. 나의 신분, 처지, 위치는 어떤 것인가 하는 진지한 자성을 해 보았다. 결국 나는 미국에서 살거나 미국에서 일하려는 것은 아니다. 나는 조국에 돌아가 거기서 살며 일해야 할 사람이다.[5]

이러한 자각은 그의 유학 목표를 보다 높은 차원에 두게 했으며 생활 태도도 눈에 띄게 달라졌다. 또 비교적 안정된 환경 속에서 대학생활을 마칠 수 있게 된 것을 두고두고 고맙게 생각했다.

1925년 6월 대학을 졸업하고 도산의 권고에 따라 다시 흥사단에서 1년 반 동안 서무의 일을 보면서 도산으로부터 많은 감화를 받았다.

1926년 가을부터 27년 6월까지 컬럼비아대학 사범대학원에서 교육학을 전공하여 석사학위를 받았다. 당시 이 대학은 존 듀이의 진보주의 교육 이론으로 세계적인 명성을 얻어 도처에서 많은 학생과 학자들이 모여들어 새로운 교육방법을 배우고 토론했다.

그는 여기서 새로운 교육이론을 접하게 됨은 물론 뜻밖의 행운을 얻게 되었다. 선천 신성여학교 교장으로 있는 서애온(Blanche I. Stevens)이란 사람이 일시 귀국하여 이 대학에서 석사학위 과정을 공부하고 있었다. 그녀와의 우연한 만남이 후에 장리욱을 선천 신성학교장으로 추천하게 된 것이다.

---

5 『나의 회고록』, 70쪽.

2. 교육행정가로서의 활동기(1928~1948)

장리욱은 미국 북장로교 선교회에서 마련해 준 여비로 조국을 탈출한 지 11년 만인 1928년 1월에 33세의 장년이 되어 고향에 돌아왔다. 당시 북장로선교회에서는 한국에 8개의 학교[6]를 운영하고 있었는데 그중의 하나가 신성학교였다. 당시의 교장은 모두 미국인 선교사였는데 장리욱은 최초의 한국인 교장으로 임명된 셈이다.

그는 대학에서 배운 새 교육의 이념과 방법을 실천해 보려는 꿈을 안고 주로 교육학 책만 약 200권을 싸 가지고 왔다. 그러나 현실은 다른 일이 더 시급함을 일깨워 주었다.

이 무렵 그가 힘쓴 일은 지방 유지들로부터 기부금을 받아 사단법인을 설립하고, 자격 있는 유능한 교원을 초빙하고, 실험 기구, 표본류, 체육시설, 강당 등의 시설을 확충하여 총독부의 인가를 얻어 각종학교에서 지정학교로 승격시키는 일이었다. 당시의 중등교육기관은 고등보통학교와 지정학교가 있었고, 그밖에 각종학교가 있었는데, 각종학교 졸업자가 상급학교에 진학하려면 별도로 검정시험을 패스해야만 했다.

한편 1930년대 후반에 들어서자 일제의 탄압은 더욱 심해지고, 신사참배를 강요하는가 하면 학생들의 잦은 동맹휴학의 여파는 신성에까지 몰아닥쳤다. 그는 이런 소용돌이 속에서 지혜롭게 인내와 설득으로 대처하며 끝내 신사참배를 거부했다.

그러나 대륙 침략에 광분하던 일제는 소위 '동우회 사건'[7]을 일으켜 도산을 비롯한 애국지사들을 무더기로 검거했다. 장리욱도 1937년 5월 8일 밤중에 체포되어 옥중에서 사직서를 쓰고 1년이 넘는 옥

6 대구에 신명, 계성, 서울에 정신, 경신, 평양에 숭의, 숭실, 선천에 보성, 신성.

7 '동우회'는 흥사단의 국내 조직 명칭이다.

고를 치르고 다음해 8월 보석으로 풀려났다. 석방이 되었으나 공직을 가질 수 없는 상황이라 친지 김동원(金東元)의 권유로 평양자동차공업주식회사의 사장을 맡아 생계를 유지하다가 해방을 맞았다.

해방 후 서울에 온 그는 미군정청으로부터 경성사범학교장으로 임명되었고, 이듬해 3월에는 미국 정부의 초청으로 한국교육사절단의 일원으로 미국 시찰을 다녀오게 되었다. 이 여행 중 듀북대학에서 명예 법학박사 학위를 받고, 여러 대학을 순방하며 시찰을 하고 친교를 맺어 후에 여러 제자들의 유학을 알선하기도 했다.

1946년 8월 국립종합대학안이 발표됨에 따라 장 박사는 자동적으로 초대 사범대학장이 되었다. 이때 각 학교가 종합대학안에 반대하고 나서자 이에 편승한 좌익분자들의 선동과 위협이 극심하였다. 사범대학은 더욱 치열하여 정상 수업을 방해하고 동맹휴학을 선동 강요하였다.

"교내 분위기가 이 지경이고 보니 교수나 학생들이 교실에 들어가기를 꺼리게 되고 아예 장기간 등교를 하지 않은 현상이 나타나기 시작했다. 이때 나는 소위 우익 교수나 학생들에 대해 회의하지 않을 수 없었다. 자기들에게 주어진 자유와 권리가 침해당하고 있는데도 불구하고 무기력하게만 있는 꼴이 이해할 수 없었기 때문이다. 난동하는 좌익들과 대항할 용기와 투지가 도대체 없단 말인가" 하고 당시의 심정을 술회하고 있다.[8]

어느 날 좌익 학생들이 교정에서 삐라를 뿌린다는 말을 듣고, 그가 격분하여 웃통을 벗어 던지고 고함을 지르며 쫓아갔더니 모두 달아나 버렸다. 이것이 우익 학생들에게 "어떤 자극을 주었는지 모르지만", 우익 학생들도 뭉쳐서 조직적으로 투쟁을 벌이기 시작했고, 좌우

8 『나의 회고록』, 183쪽.

익 세력 균형에 하나의 "터닝 포인트"가 되었다.[9]

그는 언제나 민주적 대화와 토론을 존중하면서도, 그와 같은 민주적 원칙과 기본 질서를 지키기 위해서는 누구보다도 강경한 자세를 취했다. 그렇게 하여 초창기의 혼란을 잠재우고 점차 질서를 잡아 나갔다.

한편 학장 시절에 그는 와일즈(Wilds)의 *The Foundations of Modern Education*을 교재로 「현대 교육사조」 등의 강의를 담당하여 초기 교육학 강좌에서도 선구적 역할을 담당했다.[10]

또 1945년 11월 22일부터 다음해 3월까지 조선교육심의회 사범교육 분과위원으로 참여했고, 1949년 교육법 초기위원으로 선임되어 한국 교육의 법적 기초를 마련하는 데 공헌했다. 특히 조선교육심의회는 짧은 기간에 모두 105회의 분과 회의와 20회의 전체 회의를 했다고 하니 당시 위원들이 열의와 노고를 짐작할 만하다.[11]

1947년 좌익분자들의 책동이 어느 정도 가라앉을 무렵 서울대학교는 새로운 분규가 생겼다. 교수 연구실 배분에 대한 이사회의 결정에 문리대가 불복하고 이사진의 사퇴를 결의하자, 이사회는 문리대 학장의 해임을 결의하는 사태가 발생하여 급기야는 2대 총장인 이춘호(李春昊) 박사까지 사직하게 되어 이사회는 1948년 5월 3대 총장으로 장리욱을 선출했다.

총장에 취임한 장 박사는 이사회와 문리대 간의 마찰을 중재하여 학원 분규를 수습하고 종합대학으로서의 기틀을 다져 나갔다. 그러느라고 "새 시대 새 나라의 최고 교육 전당으로서 마땅히 가져야 할 원

---

9 『나의 회고록』, 184쪽.

10 대한교육연합회 편, 『한국교육연감』, 1972, 38쪽.

11 오천석, 『한국신교육사(하)』, 광명출판사, 1975, 23~25쪽, 46~47쪽 참조.

대한 교육적 비전을 구상"할 겨를이 없었다.[12]

그동안 정부가 수립되고 11월 어느 날 그는 문교부 장관(안호상)으로부터, 대통령과 국무총리(이범석) 그리고 장관까지 다 같이 장 박사의 총장직 사퇴를 원한다는 이유로 사직을 강요당했다. 그는 "사표쯤은 벌써부터 써 가지고 다니던 것이고 또 그것을 새로 출범한 우리 정부 당국에 내는 것은 기쁜 일이 아닐 수 없다. 그러나 우리 정부는 아직 새 교육령을 마련하지 못하고 있는 실정이다. …… 아직까지는 서울대학교 이사회만이 이것을 다룰 수 있는 기관이다."[13]라고 설명하고 거절한 후 서울대학교 이사회장(이규동)에게 사표를 전달했다.

이렇게 하여 대한민국 문교부의 출범과 더불어 대학의 자율권을 박탈당하는 슬픈 역사가 시작되었고, 장리욱은 이승만이 개인적으로 좋아하지 않는 인물이라는 이유로 조국에서의 공적인 활동을 할 기회가 차단되어 버렸다.

3. 사회교육 활동기(1949년 이후)

서울대 총장직을 물러난 그는 1949년 봄부터 6·25가 일어날 때까지 흥사단을 통한 사회교육 활동에 전력을 기울였다. 이 무렵 흥사단은 미국에 있던 본부를 국내로 옮기고 해방된 조국의 부흥을 위한 국민적 수련을 위하여 조직의 재건에 힘쓰고 있었다.

1950년 12월경 그는 미 국무성의 초청으로 도일하여 하경덕, 오천석 등과 함께 평양 점령 시 가져온 문서를 영역하는 일을 맡았고, 1951년 4월부터 약 5년간 유엔군사령부방송(VUNC)에서 〈장 박사 시간〉을 담당했다. 이것은 15분짜리 프로그램으로 새로운 시대의 민주

12 『나의 회고록』, 189쪽.
13 『나의 회고록』, 191쪽.

국민의 자질 향상을 위한 교양 강좌였다. 후에 그 내용은 『현실과 이상』이란 책으로 출판되었다.

그는 VUNC의 일을 계속하면서 한편으로 재일 교포와 유학생들을 돕는 일에 착수했다. 당시 일본에는 모두 70~80만의 교포들이 살고 있는 것으로 추산되었는데, 인구 수와 교육시설 및 재정 면에서 우익이 좌익보다 심한 열세에 있었다. 그는 먼저 아시아재단의 재정적 원조를 받아 당시 우익 진영을 대변하는 한글 신문인 『신세계신문』의 출판비 전액을 보조하고, 이어서 『기독신문』의 창간을 후원했다.

그리고 민단 측의 교육적 열세를 다소나마 만회하기 위하여 역시 아시아재단의 기금을 지원받아서 '한국학생육영회'를 조직하고, 이사진을 구성했다. 일본 각지의 대학생 중에서 약 50명을 선발하여 장학금을 지급하고, 아울러 기숙사용으로 도쿄 교외에 건물 한 채를 마련하여 '화랑장'이라고 명명했다.

당시 일본에서의 공식 직장은 UN군사령부 방송국이었지만, 당시 대한민국 정부에서는 생각도 못하고 방치해 둔[14] 상태에서 장 박사가 한 역할은 매우 큰 의미를 갖는다.

그럼에도 불구하고 이승만 정권은 부단히 감시와 경계의 눈초리를 보내고 있었고, 반정부적이고 친야적인 움직임을 보이고 있는 것으로 오해했다. 특히 1956년 선거를 앞두고, 그가 야당인 민주당을 돕기 위하여 미국으로부터 거액의 정치 자금을 얻어 귀국한다는 소문이 떠돌기까지 했다.[15] 그런 소문 탓으로 그해 4월 중순에 부친의

---

14 당시 조총련은 북한에서 매년 1억 원 정도 지원을 받아 교육기관을 운영하는 한편, 일부를 많은 학생들에게 장학금으로 지급했다. 『나의 회고록』, 203쪽 참조.

15 주요한에 의하면, 홍사단을 배경으로 장 박사가 대통령에 출마하리라는 조작 기사까지 나돌았으나 하등의 근거가 없는 일이었다고 한다. 홍사단운동70년사편찬위원회, 『홍사단운동 70년사』, 홍사단출판부, 1983, 264쪽 참조.

상을 당하고도 귀국조차 할 수 없었다. 더구나 주일대표부에 맡겨 놓은 여권조차 행방불명이 되어 본의 아닌 망명객의 신세가 되었다.

1958년 가을에야 귀국한 장리욱은 다시 흥사단 일에 참여하는 한편, 점차 그 흉계가 노골화되고 있는 부정 선거를 좌시할 수 없어 재야 인사들과 더불어 '공명선거추진위원회'를 결성하고 그 위원장을 맡기도 했다.

결국 4·19의거로 자유당 정권이 물러나고, 1960년 7월 총선거에 출마하였으나 당초에 정치에 큰 애착도 조직도 없었던 탓에 낙선의 고배를 마시고, 10월에는 주미대사로 임명되어 5·16이 일어날 때까지 대사의 임무를 수행했다.

그는 군사 혁명이 일어났다는 소식을 듣고 즉시, 5월 17일 기자회견을 갖고 다음과 같은 성명을 발표했다.

> 어제 한국에서 발생한 쿠데타는, 내가 보는 한 아무런 정당성을 지니고 있지 않다. 무엇보다도 한국 헌법은 민주주의 원칙에 의하여 제정된 것으로서 언제든지 정부를 변경할 필요를 느낄 경우라면 입법행위를 통해서 합법적으로 할 수 있는 방도가 마련되어 있다. (중략) 그런고로 나는 이번에 있는 쿠데타를 아래와 같은 이유를 들어 반대한다.[16]

다음 날 그는 장면 내각의 일괄 사표 소식을 듣고, 곧 사표를 타전하였다. 그렇다고 곧 귀국할 수 있는 형편이 못 되어 3년간 미국에 머물면서, 흥사단 미주위원부에서 『흥사단 소식』이란 월간지를 발행하며 재미유학생들을 대상으로 흥사단운동을 전개했다.

---

16 『나의 회고록』, 233쪽.

1964년 봄에 귀국하여 다시 흥사단에서 여러 직책을 맡기도 하고, 강연과 집필을 하면서 지내다가 1983년 7월 9일 로스앤젤레스에서 향년 88세로 운명했다.

그는 민족의 수난기에 태어나서 하나의 원칙과 신념에 따라 깨끗하게 살았다. 본의 아니게 일시 다른 일들을 맡기도 했지만, "내 자신으로서는 교육 방면의 일을 한다는 것을 생애의 사명인 양 느끼면서"[17] 오직 이 나라의 민주주의 교육을 위하여 일생을 살았다.

4. 흥사단운동

장리욱은 1917년 8월 도산과 몇 차례에 걸친 입단 문답을 거쳐 흥사단에 가입한 후 평생을 흥사단운동에 바쳤다. 그것은 도산에게 받은 인격적 감화의 탓도 있겠지만, 또한 도산이 주창한 흥사단운동이 자신이 추구하는 이상과 방법과 일치한다고 믿었고 교육 활동의 연장이라고 보았기 때문이다.

"흥사단의 민족개조운동은 인간이 지닌 창의·개조·진화·혁신의 힘을 믿는다. 그러므로 흥사단운동은 목적관적(目的觀的) 철학에 근거을 두고 있는 진보적이요, 낙관적이요, 도덕적이요, 교육적이요, 애국애족적인 적극적 운동인 것이다."[18] 이것이 그의 흥사단관이다.

그는 미국 유학 시절에 두 차례(1921~1922, 1925~1926)에 걸쳐 3년여의 기간을 흥사단 본부 서무원으로 일했고, 해방 후 1947년 흥사단 국내위원부 위원장을 맡아서 본부를 국내로 이전하는 준비를 위하여 많은 활약을 했고, 1948년 본부 이전과 더불어 새로 선출된 본부 의사부장을 맡았고, 흥사단의 초기 책임자인 이사회장의 직책만도 세

---

17 『나의 회고록』, 238쪽.

18 장리욱, 「민족개조론을 뒷받침하는 역사철학」, 『기러기』, 1980년 7·8월, 31쪽.

차례(1949~1950, 1959~1960, 1967)나 역임했으며, 4·19를 전후하여 흥사단의 주요 사업의 하나인 새벽사의 사장을 맡아서 우리나라 잡지사에 획기적인 업적을 남겼다.

1959년 10월 『새벽』 혁신호는 판매 5일 만에 5,000부가 매진되어 2,500부의 재판을 발행하기까지 했다. 특히 1960년에 접어들면서 당시 최고의 필진들이 참여하여 "이 땅에 민주화의 새벽을 마련하는 데 단연 제1선이었고," "4·19 민주혁명을 일으키는 점화대"의 구실을 했다.[19]

그 밖에도 크고 작은 직책을 맡아서 흥사단운동에 지도적인 역할을 했다. 그 때문에 해방 전에는 동우회 사건으로 1년여의 옥고를 치렀고, 이승만 정권하에서는 모든 공직에의 기회를 박탈당했다. 그는 당시의 상황을 이렇게 회고했다.

> 12년 동안이나 계속되는 이 정권(李政權) 치하에 있어서 흥사단은 공산당과 일본 사람과 더불어 이승만 대통령이 가장 싫어하고 미워하는 세 가지라는 이야기가 항간에 파다하였다. (중략) 오랫동안 흥사단우였던 사람 가운데는 한때 장관이 되고 혹은 대사가 된 사람이 없지 않았다. 그러나 그들은 한동안이나마 흥사단이나 흥사단우들을 경계하고 멀리하는 처세술을 아니 가질 수 없었던 것이 또한 사실이다.[20]

그러나 그는 어떠한 경우에도 변함없이 흥사단을 이끌어 왔다. 흥사단이 민족 사회에 끼친 공과 죄는 별도로 평가되어야 하겠지만, 온

---

19 『흥사단운동 70년사』, 313쪽 참조.

20 『흥사단운동 70년사』, 263쪽.

갖 오해와 탄압에도 불구하고 넓은 의미의 교양운동 단체로서, 혹은 사회교육기관으로서 74년이라는 긴 역사를 유지할 수 있었던 것은 그의 공헌이 결코 적지 않다는 것을 부인할 수 없을 것이다.

5. 저작

[단행본]

1) 『현실과 이상』(새벽사, 1958): 주로 VUNC의 방송 내용을 담은 것이며 민주주의 국가의 국민적 자질 향상을 위한 내용들이다.
2) 『끝없는 탐구』(문예사, 1968): 지상에 발표한 글과 대학에서 강연한 원고를 정리한 것이며, 『현실과 이상』 중 여러 편을 재수록했다.
3) 『도산의 인격과 생애』(대성문화사, 1973): 1966~1968년 『기러기』에 연재되었던 글들을 모은 것으로 도산의 인간적인 면모가 잘 나타난 귀중한 자료이다.
4) 『나의 회고록』(샘터사, 1975): 1974~1975년에 『기러기』에 실린 것을 토대로 다시 집필했으며, 꾸밈없는 진실한 필치로 20세기 한국 교육사 연구의 중요한 자료가 될 것이다.
5) 『무엇인가 들려오고 있다』(샘터사, 1979): 『샘터』 창간호부터 약 100호까지에 실린 글들을 묶은 수상집이다.

[논설 및 수필]

단행본으로 편찬되지 않은 많은 글들 중에서 주로 교육사상을 이해하는 데 필요하다고 생각되는 것들만 정리해 보면, 다음과 같다. (그 밖에 『기러기』에 흥사단운동에 관한 많은 글들이 있으나 그 목록은 생략했다.)

- 「대학과 교수와 학생」, 『사상계』(통권 제151호), 1965년 9월, 48~55쪽.
- 「원칙과 신념의 교육자」, 『사상계』(통권 제152호), 1965년 10월, 202~204쪽.

- 「대학의 혼을 곡한다」, 『사상계』(통권 제153호), 1965년 11월, 28~35쪽.
- 「한국교육20년의 반성: 교육자에게도 책임있다」, 『사상계』(통권 제156호), 1966년 2월, 84~91쪽.
- 「도의교육에 대하여」, 『새교육』, 1959년 1월, 10~14쪽.
- 「새교육의 선구자 전익호 선생」, 『새교육』, 1959년 5월, 70~72쪽.
- 「올바른 가치관을 갖자」, 『새교육』, 1965년 10월, 14~17쪽.
- 「대학의 권위」, 『새교육』, 1968년 1월, 24~27쪽.
- 「존 듀이 선생과 컬럼비아 대학」, 『새교육』, 1967년 8월, 80~81쪽.
- 「자녀에게 줄 유산은 무엇인가」, 『교육평론』, 1966년 1월, 129쪽.
- 「교육행정 20년」, 『청량원(淸凉苑)』 71호, 1968년 5월, 17~18쪽.
- 「한국의 미래상과 대학」, 『연세춘추』 526호, 1969년 2월 10일, 2쪽.
- 「새 시대의 새 지도자론」, 영남대학교, 『영대』 1, 1969, 67~71쪽.
- 「한국의 아카데미즘」, 『신동아』 61호, 1969년 9월, 122~131쪽.
- 「대학설계를 위한 연재 에세이(1)」, 『이대학보』 391, 1970년 3월, 7쪽.
- 「청년의 가슴에 불길이 일어나야 한다」, 『새벽』, 1960년 1월, 68~73쪽.
- 「대학을 나오는 젊은이들에게」, 『새벽』, 1960년 3월, 97~102쪽.
- 「민심구제의 길: 학자나 문인은 사회의 장식품이 아니다」, 『새벽』, 1960년 5월, 49~53쪽.
- 「새 공화국의 마음밭(心田)」, 『새벽』, 1960년 7월, 27~30쪽.
- 「청년의 정열」, 『새벽』, 1960년 10월, 28~29쪽.
- 「그날의 마음밭(心田)을 도로 찾자」, 『새벽』, 1960년 10월, 22~26쪽.
- 「무엇을 위해서 이러느냐」, 『새벽』, 1960년 11월, 85~87쪽.
- 「제가 하는 정신」, 『새벽』, 1958년 8월, 4~8쪽.
- 「재건사업의 기초공사」, 『새벽』, 1958년 11월, 2~8쪽.
- 「무명영웅의 성격」, 홍사단, 『단보』, 1953년 3월.
- 「해방과 월남」, 홍사단, 『단보』, 1949년 11월.

• 「난관과 신념」, 홍사단, 『공함』, 1960년 1월.
• 「회의는 본무를 잊은 탓, 자아를 찾아 정진하자」, 홍사단, 『공함』, 1959년 10월.
• 「도덕적 가치에 대한 신념」, 홍사단, 『공함』, 1958년 12월.
• 「홍사단 창립 53주년을 맞이해서」, 『기러기』, 1966년 5월.
• 「제54차 홍사단 대회: 기념강연」, 『기러기』, 1967년 10월.
• 「도산의 생애와 예술」, 『기러기』, 1968년 12월.
• 「철학의 이야기」, 『기러기』, 1969년 2월.
• 「민족이상은 현실을 승화」, 『기러기』, 1971년 8월.
• 「사회주의 거센 바람」, 『기러기』, 1972년 5월.
• 「창단이념의 재확인」, 『기러기』, 1973년 5월.
• 「양심에 사는 민족」, 『기러기』, 1973년 9월.
• 「사랑의 사람 도산」, 『기러기』, 1973년 11월.
• 「진정한 의미의 모던스쿨」, 『기러기』, 1974년 4월.
• 「학생이여 스승을 찾아 만나라」, 『기러기』, 1977년 2월.
• 「오늘의 홍사단, 도산을 얼마나 닮았나」, 『기러기』, 1978년 5월.
• 「인생을 사는 지혜: 최후의 결정은 누가 만드나」, 『기러기』, 1976년 10월.
• 「나 자신부터」, 『기러기』, 1979년 2월.
• 「사업은 믿음성이 앞서야」, 『기러기』, 1979년 9월.
• 「부름을 받은 사람」, 『기러기』, 1980년 1월.
• 「시국하 그리운 3·1 정신」, 『기러기』, 1980년 3월.
• 「홍사단모항에 닻을 내려라」, 『기러기』, 1980년 5월.
• 「민족개조론을 뒷받침하는 역사철학」, 『기러기』, 1980년 7·8월.
• 「높은 차원에서의 정의돈수(精誼敦修)」, 『기러기』, 1981년 11월.
• 「신념에서냐 정성(情性)에서냐」, 『기러기』, 1982년 5월.

III. 인격과 사상

1. 인격과 사상 형성의 배경

한 인간의 인격과 사상을 형성하는 데 있어서 그의 전 생애가 어느 것 하나 영향을 주지 않은 것이 없을 것이다. 그러나 특히 많은 영향을 주었을 것으로 생각되는 몇 가지 요인과 아울러 그의 인격적 특징을 살펴보기로 한다.

그에게 특히 많은 영향을 준 것은 양친으로부터 받은 가정교육, 숭실학교, 도산과 그래함, 그리고 기독교와 듀북대학 및 컬럼비아대학을 들 수 있을 것이다.

장 박사의 어머니는 신앙심이 두텁고 자애로운 분이었고, 아버지는 대를 이어 한약국을 경영했는데, 경우가 밝고 신망이 두터워 무엇보다 "진짜 약"을 파는 사람으로 알려져 있었다.[21] 특히 공사를 구별하는 데 엄격하여, 장리욱이 교장으로 있을 당시, 그때도 입학 경쟁이 치열하여 그 부친에게 도움을 청하는 사람이 한둘이 아니었다. 그러나 단 한 번도 부친으로부터 그런 청탁을 들어 본 적이 없다고 한다.

그는 또 숭실학교 교육을 통해서 민족의식과 애국심이 싹텄고, 도산의 인격과 사상은 평생의 삶의 좌표를 설정하는 데 기초가 되었다. 또한 미국 유학 시절에 듀북대학에서 자아에 눈뜨고, 아울러 폭넓은 교양과 참된 기독교 정신을 체득했다. 컬럼비아대학의 자유주의적이고 진보주의적인 지적 풍토에서 대학의 자유가 왜 소중한가를 깨닫고 대학의 기능과 사명이 무엇인지를 배웠으며, 듀이의 새교육 이념과 방법에 깊은 감명을 받았다.

그는 또 평범한 시민이며 독실한 크리스천으로서 항상 불우한 이

---

21 장리욱, 『무엇인가 들려오고 있다』, 샘터사, 1979, 104~106쪽 참조.

웃을 도우며 검소하게 살고 있는 윌리엄 그래함이라는 인물을 통하여 "이상적이고 또 전통적인 대표적 미국인"을 발견했다.[22]

그는 성경과 윌 듀란(Will Durant)의 『철학 이야기(*The Story of Philosophy*)』를 가장 즐겨 읽었고 자주 인용하기도 했다. 그의 종교적 태도는 이성과 신앙이 조화된 합리적인 것이었다. 내세보다는 현실의 삶과 사랑의 덕을 가장 소중하게 여기고, 그것이 인간의 윤리적 삶에 도움을 준다면 어떤 종교든 권장할 만하다고 보는 점에서 그의 종교관은 프래그머티즘적이다.

그의 삶의 태도는 목적 추구가 아닌 의미 추구의 삶이고, 결과보다는 과정을 더 존중하는 삶이며, 자연의 원리에 순응하는 것이었다.

> 곱게 늙으시는 온화한 동안과 미수의 고령임에도 전혀 굳어지지 않는 박사의 유연한 사고력과 신선한 감수성 그 비결이 무엇일까를 생각하게 한다. 오랜 풍설을 거듭 지내 온 자만이 가질 수 있는 풍격(風格), 항상 감사하면서 살아가는 마음밭(心田)에서 생장한 겸손, 인간에 대한 사랑과 이성에 대한 깊은 신뢰감 등이 몸에 배어, 대하는 사람에게 전달되는 박사님의 체취, 이런 것이 박사님의 주변에 항상 젊은이들의 발걸음을 끊이지 않게 하는 것들임에 틀림없으리라.[23]

장 박사를 오랫동안 측근에서 모셨던 김재순의 위와 같은 인상기는 결코 과장된 것이 아닌 것 같다.

---

22 장리욱, 『끝없는 탐구』, 문예사, 1968, 271쪽.

23 『나의 회고록』, 245~247쪽. 김재순의 간행사 중에서.

2. 민주주의

그의 평생의 소원과 궁극적 목표는 해방된 조국이 건전한 민주주의 사회로 뿌리를 내리는 것이었다. 따라서 그의 말과 글은 그 제목을 무엇이라고 붙이든 궁극적으로 국민의 민주적 생활 태도를 기르기 위한 것이라고 할 수 있다. 「민주주의의 본질」이라는 글을 중심으로 그의 민주주의 사상을 살펴보면 다음과 같다.

1) 민주주의의 본질적 요소

"백성들이 하는 것이요, 백성들의 것이요, 백성들을 위해서 하는 것"이라고 한 링컨의 말은 민주주의는 사람을 중심한 주의라는 뜻이다.[24] 이 인간 중심의 사상은 동서양이 다 같이 이상으로 삼았다. "천하만물지중에 인간이 최귀(最貴)"라고 한 것만 보아도 알 수 있다. 그러나 이 '사람'이라는 용어가 모든 사람, 즉 인종과 종교와 직업과 지위의 고하와 학식의 유무에 관계없이 모든 사람을 다 포함하게 된 것은 기독교 사상에서 그 근원을 찾아볼 수 있는 것으로서 그 후 오랜 세월 동안에 발전되어 온 것이요, 앞으로도 계속해서 발전될 것이다.[25]

그러므로 우리가 추구하는 민주주의는 어느 제도나 법률이나 혹은 당(黨)보다도 오직 인간을 중심으로 하며, 또 일부의 인간이 아니고 모든 개인을 포함하는 것이어야 한다. 이런 내용의 인간중심주의야말로 민주주의의 출발점인 동시에 귀착점이다.

두 번째 민주주의의 기본원칙은 "사람의 문제를 처리하고 판단하는 데 있어서 거기 관계를 가진 모든 사람이 다 관여한다는 것"이다.[26] 인간은 저마다 추구하는 욕망이 다르고 주장하는 바가 다르기 때문

24 장리욱, 『현실과 이상』, 새벽사, 1958, 246쪽.
25 『현실과 이상』, 245~287쪽.
26 『현실과 이상』, 249쪽.

에 피차에 충돌이 생기고 이해가 상반되는 경우가 있게 마련이다. 따라서 이와 같이 다양한 욕구가 반영되고 상충하는 이해가 조정될 수 있도록 올바른 여론이 형성되고, 이러한 여론이 정치, 경제, 법률, 도덕, 교육 일반에 실현되어야 한다.

요약하면 민주주의의 본질적 요소는 첫째 이념적 측면에서 인간중심주의이며, 둘째는 정치적 제도적 측면에서 주권재민(主權在民)·대의정치(代議政治)·의회정치(議會政治)·여론정치(輿論政治)를 의미한다.

2) 인간중심주의

인간을 본위로 한다는 것은 첫째, 인격을 존중한다는 것이다. 인격을 존중한다는 것은 신분의 귀천, 남녀노소의 구별 없이 다만 인간이라는 그 이유만으로 존중해야 한다는 것이다.

둘째로 민주주의가 인간을 본위로 한다는 것은 타인의 감정을 존중하는 것이다. 이것은 인간이 저마다 다른 감정을 가지고 있다는 것을 인정하는 데서 출발한다.

셋째는 모든 사람의 생각 내지 지성을 존중하는 것이다. 이 생각이라는 것은 모든 사물에 대하여 헤아리고 판단하고 사고하는 것을 의미한다. 인간은 저마다 생장 배경과 환경이 다르고, 유한한 지식과 무한한 이상과 자유를 가지고 있기 때문에 개인차가 있을 수밖에 없다.

"나는 그대가 말하는 것을 그 어느 하나도 동의할 마음은 없다. 그러나 그대가 그런 말을 할 수 있는 권리만은 내 생명을 바쳐서라도 보호하겠다"라고 한 볼테르의 말을 인용하면서, 이런 정신이 전제되어야 비로소 대화와 토론을 통한 민주주의 제도와 생활 태도가 실현될 수 있다고 믿었다.

3) 민주적 제도와 생활

앞으로 민주주의의 본질적 요소의 두 번째는 그 사회의 모든 일이 그 구성원 모두가 관여해서 이루어지는 것이라고 했다. 이는 국민이 그 국가사회의 주인이기 때문이다. 그러나 현대 국가의 규모와 기술적 필요에 따라 대의정치가 불가피하게 되었다. 국민은 투표로 그들의 대표를 뽑아 그들에게 자신의 권리를 위임하는 것이다.

그런데 이 투표가 제대로 이루어지고 권리를 제대로 행사할 수 있으려면 충분한 선택의 자료와 그 자료를 식별할 수 있는 능력이 있어야 하고, 또 국민이 판단한 대로 투표할 수 있는 자유가 보장되어 있어야 한다. 민주주의가 비밀투표를 원칙으로 하는 것은 그 때문이다.

한편 정부는 여론을 통하여 국민의 뜻을 수시로 파악하여 국정에 반영해야 한다. 올바른 여론이 형성되려면 토론의 자유가 있어야 하며, 자유로운 토론이 가능하려면 사고와 언론의 자유는 물론 집회와 결사의 자유가 보장되어야 한다. 그런데 경우에 따라서는 독재자에 의하여 조작된 사이비(似而非) 여론도 있음을 경고하면서 참다운 여론정치의 확립을 위해서는 자유로운 토의를 할 수 있는 아량과 훈련을 쌓아야 한다고 했다.

그는 현대적 민주주의의 원리를 매우 정확하게 이해했을 뿐 아니라, 참된 민주주의는 이념과 제도보다도 생활 속에서 구현되어야 한다고 믿었다. 이러한 민주적 생활 태도의 정착이야말로 그가 추구한 국민교육의 궁극적 목표였다.

3. 합리주의

그는 합리주의는 곧 과학 정신이며 과학 정신은 민주사회의 생존 방식이라고 파악하고 있다.

20세기 문명을 과학 문명이라고 할 만큼 과학이 우리의 문명을 발전시켰다. 따라서 수리(數理)를 연구하고 자연과학과 공학을 연구하는 일도 중요하지만, "이러한 마음의 태도를 갖도록 노력하고 지도하는 것이 과학 교육에 있어서 근본 되는 사업이다."[27] 그리고 이러한 태도야말로 현대 과학의 생명이요, 그 원동력이다. 나아가서 오늘의 민주주의 사회는 이 정신 없이는 유지될 수 없다. "과학은 민주주의 사회의 산물이며, 민주주의 사회는 과학의 서식처다. 과학과 민주주의는 똑같은 생명소를 가지고 있기 때문이다.[28] 그러므로 과학 정신은 과학의 발전과 성장을 위해서보다 민주주의 사회의 생존과 진전을 위해서 더욱 필요하다고 하면서 과학 정신의 요소를 다음과 같이 설명했다.

첫째, 비판 정신이다. 이것은 어떤 진리 혹은 참된 사실을 찾는 데 있어서 어떤 전통이나 풍속이나 습관, 혹은 지시나 명령에 맹종하지 않고 그 진리의 진리 되는 근거를 찾아보는 태도를 가리킨다. 근대 과학의 기원을 16~17세기에서 찾는 이유는, 과거에는 인간계와 자연계의 어떠한 사실이나 현상을 해석하는 데 있어서 2천 년 전 아리스토텔레스의 학설이나 교회 거두들의 해설에 전적으로 의존했지만 브루노나 갈릴레이는 이러한 전통적 믿음에 대하여 결연히 비판을 가했기 때문이다.

준법의 태도에 대해서도, 민주사회나 독재사회나 모두 준법정신을 강조하지만 민주주의 사회는 토론과 비판을 거쳐 만들어졌기 때문에 자발적이고 이성적이지만, 독재사회에서는 공포에 의해서 만들어지고 유지된다. 비판 정신이 없으면 과학도 민주주의도 질식하고 만다.

---

27 『현실과 이상』, 276쪽.

28 『현실과 이상』, 276~277쪽 참조.

둘째는 속단을 피하는 태도다. 이것은 어떤 인물이나 사물에 대해서 당장에 최종 판단을 내리지 않고 오히려 미해결 혹은 미정리된 것으로 간주하면서 이에 관계가 있을 수 있는 자료와 참고될 만한 사실을 더 모으고 더 조사하는 태도를 가리키는 것이다. 과학자는 폐렴에 페니실린 이상의 더 좋은 약이 없다고 인정하지 않기에 끊임없이 연구를 계속하는 것이다.

이와 같이 사물에 대하여 변통성 없는 최종적 판단을 내리지 않고 늘 여유 있는 태도를 갖는 것이 민주주의 사회를 유지하기 위하여 극히 필요한 정치 훈련 중의 하나이기도 하다.

셋째는 인과율(因果律)을 파악하는 태도다. 이것은 자연적 혹은 사회적 현상을 관찰하거나 판단하는 데 있어서 참된 원인과 결과를 찾는 태도이다. 뉴턴은 사과 한 알이 나무에서 떨어지는 것도 무심히 보지 않고 실험과 관찰을 거듭한 끝에 만유인력의 법칙을 발견했다.

어느 사회에서나 정치적·경제적·도덕적으로 나타나는 여러 가지 사회 현상을 판단하고 규명하는 데 있어서 사실적 인과 관계를 찾은 태도와 열의를 가진다면, 그런 사회의 발전은 보장될 것이다.

네 번째 과학 정신의 요소는 지적 정직성이다. 이는 자기의 실험이나 객관적 조사에 의해서 얻어진 사실을 성실히 인정하는 태도다. 실험이나 조사 결과가 자신이 본래 추측했거나 희망했던 것과 배치된다고 해서 그 결과와 사실을 부인하거나 감추지 않아야 한다는 뜻이다.

민주주의 국가에 있어서 일반 국민의 지식이 향상되어 모든 사물에 대하여 올바른 판단을 할 수 있어야 함은 물론이지만, 자기가 아는 사실조차 눈감아 가면서 다른 이유로 모른 척하는 국민이라면 본시부터 사물을 알지 못하는 것보다 더 소망 없는 국민이라고 할 수 있을 것이다.[29]

IV. 교육사상

1. 교육의 본질

그는 "교육이란 우리로 하여금 우리 주위 환경에 대하여 가장 합리적으로 대응케 하고, 보다 나은 환경을 개척하면서 저 스스로를 낫게 만들고, 또 향상시킬 수 있는 작용이다"라고 정의하고 있다.[30] 다시 말하면 교육은 인간이 학습과 경험을 통하여 환경에 적응해 가는 과정이라고 보았다. 물론 이것은 듀이의 영향이라고 볼 수 있다.

그는 인간의 환경을 자연적·물질적 환경, 사회적·문화적 환경, 정신적·이상적 환경으로 구분하고, 이러한 세 가지 환경에 적응(그는 조절이라고 표현했다)하는 능력을 길러 주는 것이 교육이라고 보았다.

첫째, 인간은 이 세상에 태어나는 순간 제일 먼저 물질적 환경과 접촉을 갖게 된다. 우리의 존재가 물질적 차원에서부터 시작되기 때문이다. 인간은 이 환경 속에서 끝없이 많은 조절을 함으로써만 육체적 생명을 보존할 수 있다. 그런데 의식주를 중심으로 한 물질적 환경에 대한 조절 방식도 끊임없이 변화하므로 이에 최상의 수단으로 합리적 조절을 지을 수 있는 힘을 길러야 한다.

둘째, 인간은 끊임없이 다른 많은 인간 속에서 관계를 맺으며 살아가고 있다. 이러한 인간관계를 규율하는 것이 윤리이다. 동양에서는 예부터 오륜을 중요시했으나 가치관과 윤리관도 항상 변하고 있으므로 보다 근본적이고 포괄성을 가진 원리가 요청된다. "인간과 자연을 보다 더 깊이 이해하고 또 그 이해된 사실에 더해서 인간관계가 이루어져야 한다." 즉 "인간의 존귀성, 인간 감정의 동일성, 인간의 유

---

29 『현실과 이상』, 275~288쪽 참조.

30 『끝없는 탐구』, 201쪽.

한성을 깊이 이해하고 인정하는 자세에서 새 인간관계가 이루어져야 한다."[31] 그래야만 올바른 사회적 적응이 가능하다.

셋째는 우리가 상상하고 이상하고 꿈꾸는 세계에 대한 조절이다. 물론 이런 세계는 결코 물질적·사회적 환경과 완전히 독립된 것은 아니다. 그러나 한편 기존의 물질적·사회적 환경에의 조화를 초월하는 더 높은 차원의 사회를 추구하며, 이상적 환경에 조화하는 사람만이 진정한 인간적 가치를 누릴 수 있다고 보았다.[32]

교육은 물질적 생활에 대한 욕구를 충족시키고, 기존의 환경에 습관적으로 적응하도록 하는 측면도 중요하지만, 윤리적 사고를 계발시켜 현실을 자유자재로 재량하고 판단하게 하는 역량을 길러 주어야 한다. 그리고 인간으로 하여금 건전하고 생산적인 물질 생활과 아울러 그 지력이 미칠 수 있는 심오한 경지에까지 이르러 진·선·미의 극치를 향유할 수 있도록 해야 한다고 했다.

2. 인간과 사회

"본래 인간은 완전무결하게끔 만들어진 존재는 아니다. 그러나 실수와 잘못을 통해서 배우고 나아지고 하는 능력을 가졌다는 점에서 인간은 존귀한 것이다."[33] 이와 같이 그는 인간을 미완성의 존재로 보고, 또 경험을 통하여 이익을 얻는 능력이 있기 때문에 인간만이 교육이 가능하다고 보고 있다.

또 양심이 인간됨의 척도라고 보았다. 그는 데카르트의 말을 변조하여 "나는 양심을 갖고 있다. 그런고로 나는 인간으로 존재한다"고 하면서 오늘 우리가 살고 있는 사회상을 깊이 살펴보면 생각하는 인

31 『끝없는 탐구』, 205쪽.

32 『끝없는 탐구』, 206~209쪽 참조.

33 『나의 회고록』, 245쪽.

간보다 참된 양심을 가진 인간이 더욱 요청된다고 했다. "양심은 우리가 가진 감각 기관을 통해서 인식된 사물을 논리적으로 판단하기 이전에 직관적으로 혹은 선천적으로 그 시비와 선악과 정사(正邪)를 판단하는 천부의 정신 능력이기 때문이다."[34]

이 양심을 보존하고 키우는 길이 번영의 첫걸음이다. 이 사회에 진정한 조화와 협력과 영원한 번영을 가져오게 하는 본질적 작업은 맑은 양심의 소리에 귀를 기울이고 그 양심의 명령대로 살기를 노력하는 것이라고 했다.

또 인간은 환경의 영향을 받지만, 또한 그 환경을 개선하고 창조하는 원동력을 지녔다고 보았다. "인간 사회의 모든 일은 사람이 하는 것이올시다. 그리하여 모든 사업의 성불성이나 혹은 선악까지도 그 일을 하는 사람의 질에 따라 좌우되는 것이올시다."[35] 그는 이와 같은 맥락에서 듀란(W. Durant)의 사관(史觀)을 인용하면서 도산의 민족개조의 사상을 지지한다. "인간의 창의력이 역사적 전통을 만든다. 이렇게 만든 전통은 되돌아 인간 사회에 영향을 끼친다.", "흥사단의 민족개조운동은 인간이 지닌 창의·개조·진화·혁신의 힘을 믿는다."[36] 그는 양심적이고 창조적인 인간에 의해서만이 사회의 번영이 이룩된다고 굳게 믿었다.

3. 교육의 목적: 이상적 인간상

앞에서 인간으로 하여금 자연적·사회적·정신적 환경에 적응할 수 있는 능력을 기르는 것을 교육의 본질이며 기능이라고 보았다. 그러면 좀 더 구체적으로 교육이 그 목적으로 추구하는 이상적 인간상은 어

---

34 『기러기』, 1973년 9월, 4~8쪽 참조.

35 『현실과 이상』, 347쪽.

36 장리욱, 「민족개조론을 뒷받침하는 역사철학」, 『기러기』, 1980년 7·8월, 31쪽.

떤 것이라고 보았는가?

그가 여러 글과 말에서 자주 인용하는 인물들에는 도산을 비롯하여 여러 인물들이 있다. 평범한 시민이요 크리스천으로 사랑을 실천한 윌리엄 그레이엄(William Graham), 용감한 종군 기자로서 이름 없는 병사들의 벗이었던 어니 파일(Ernie Pyle), "네가 그곳에 있기 때문에 그곳이 무슨 모양으로라도 보다 더 나아지기를 힘써라"라고 한 조부의 말을 평생 실천하였던 에드워드 보크(Edward Bok),[37] 기업가 정신의 모범을 보인 유일한(柳一韓), 그늘진 곳에서 평생 동안 도산과 그의 가족을 돌본 멸사봉공(滅私奉公)의 인물 송종익 등이다. 이들의 공통점은 숨은 일꾼들이며, 작은 일에서 자신의 사명을 깨달은 부름을 받은[召命] 인물들이다. 부름을 받은 사람은 첫째, 그 일상생활에서 기쁨과 만족감을 갖게 되며, 둘째는 하고 있는 일에 모든 정열과 심혈을 기울인다고 했다.[38] 또 이들은 모두 지극한 인간애와 합리적 정신과 근면한 실천력을 지닌 사람들이다.

장리욱은 또 "내가 바라는 신세대의 주인공"의 속성으로 첫째, 고매한 이상을 지닐 것, 둘째, 보다 고귀한 가치를 식별하고 추구할 것, 셋째, 심오한 이지력을 지닐 것, 넷째, 풍부한 생을 사는 것, 다섯째, 몸소 구체적으로 봉사하는 재간과 마음을 지닐 것 등을 들었다.[39]

이들을 분석하여 요약하면 곧 인간에 대한 참다운 이해를 바탕으로 한 사랑과 합리적 지성과 실천적 자세가 조화된 인간이다. 그는 이런 인간의 모델을 도산에게서 뚜렷하게 발견했다.

---

37 『끝없는 탐구』, 14~19쪽.

38 장리욱, 「부름을 받은 사람」, 『기러기』, 1980년 1월.

39 『현실과 이상』, 396~416쪽 참조.

4. 이상적 교사상

장리욱이 존경하는 스승은 도산 선생과 전익호 선생과 모어 교수다. 도산은 그에게 참다운 인간애와 조국애를 일깨워 주었고, 듀북대학의 모어는 그에게 해박한 지식으로 논리적이고 지적인 사고와 학문하는 태도를 가르쳐 주었다.

전 선생은 그가 최초로 만난 소학교 시절의 교사이며 평생 잊을 수 없는 깊은 인상과 감화를 준 "새교육의 선구자"였다. 그는 당시 이미 진보주의적 교육방법을 사용했다. 당시의 교재는 『성경 요리(要理) 문답』과 『유몽천자(幼蒙千字)』(1, 2, 3, 4권과 속편)라는 일종의 종합 교과서였다. 장리욱은 이때 처음으로 지구가 둥글다는 것과 자전(自轉)과 공전(公轉)에 대하여 배웠다.

전 선생은 이때 손수 두레박에 물을 담아 머리 위에 돌려 보임으로써 "원운동을 하는 물체에 있어서는 비록 물이라도 떨어지지 않는다는 것"을 보여 주었다. 또 성서의 복음서에 나오는 팔복(八福)의 교훈을 가르치기 위하여 학생들과 함께 작은 인조산을 만들어 8개의 봉우리에 각각 8복의 이름을 붙이고 가꾸게 하였다. 그런가 하면 학교 신문을 발행하게 하고, 수리학 잡지에 나온 비누 제조법을 학생들과 함께 실험하기도 했다. 그는 전 선생에 대한 기억을 이렇게 적고 있다.

> 전 선생은 특히 상급 학생들에게 한해서 그때는 다른 누구가 상상도 할 수 없었던 독자적이고, 또 창작적인 교육방침을 취했던 것이다. 이것은 오늘 우리가 말하는 '프로젝트' 방법이요, 또 '리서치' 방식이다. 이것은 주로 안주성 내외를 중심하고 남아있던 명승고적, 사찰, 성지 등에 대해서 우리 학생들로 하여금 그 구조, 역사, 관계사실, 일화 등을 조사 정리해서 지금은 논문이라고도 할 수 있는 보고서를 써 바치게 하는 것이었다. (중략)

> 회고컨대 이것은 모두 반세기 전에 생긴 일이다. 듀이와 킬패트릭의 새 교육원리가 아직 그 체계도 다 갖추기 전의 일이다. 무엇이 그로 하여금 이렇게 참된 교사 또 선각자가 되게 하였던가.
>
> 첫째 그는 천래(天來)의 선생이었다. 학생들의 일 이외에는 아무것도 생각하거나 좋아하는 것이 없었다. (중략) 둘째 그는 본시 진보적 두뇌를 타고난 사람이었다.[40]

이상에서 그가 전 선생을 통하여 바라본 이상적 교사상은 학생들에 대한 깊은 애정, 교직에 대한 열정, 그리고 진보적이고 창조적인 지성의 소유자이다.

5. 인격론

장 박사는 "부흥과 재건"의 궁극적 목표는 "우리 민족의 참된 자유와 경제적 균점(均霑)과 또 참된 의미의 교육과 지식의 보급"에 있으며, 그 목표는 인간의 정신적 도덕적 재생이 전제가 되지 않으면 이룩될 수 없다고 했다.[41]

또 플라톤이 "그 인간에 그 국가(like man, like state)", "한 국가는 그 국민의 인간성에 의지해서 이루어지는 것이다"라고 한 말이나, 도산의 인격 개조론의 근본 발상은 모두 도덕적 인격교육이 국민교육의 기초요 핵심이라고 보고[42] 인격교육을 강조하고 있다.

그는 인격이라는 말은 문화적 발전과 생활양식의 변화에 따라 더 풍부하고 폭넓은 의미를 갖게 되었다고 보고, 그 의미는 적어도 다음 네 가지 측면을 포함하고 있다고 했다.

---

40 장리욱, 「새교육의 선구자 전익호 선생」, 『새교육』, 1959년 5월, 70~72쪽.
41 『현실과 이상』, 378쪽, 347~348쪽.
42 장리욱, 『도산의 인격과 생애』, 대성문화사, 1973, 92~95쪽.

첫째, 철학적 측면의 인격: 이는 신격과 구별되는 것이다. 전지전능 지선지미 등이 신의 속성이라면 유한성과 결함을 지닌 것이 인간이다. 모든 인간이 이와 같은 인간의 유한성을 받아들이는 데서 민주주의는 출발한다.

둘째, 인도주의적 측면의 인격: 인간의 유한성이나 무한성과는 별개의 문제로 오직 인간이기 때문에 존귀하다는 인간의 존엄성을 뜻한다. 이 역시 오랜 세월을 거쳐 확대되고 발전되어 온 것이다. 모든 사람의 기본적 권리와 자유는 존중해야 한다는 것이다.

셋째, 교육학적 혹은 심리학적 측면의 인격: 이는 모든 인간이 공통으로 지닌 유한성과 존귀성과는 별도로 어느 한 사람이 독특하게 갖게 된 성격 혹은 인품을 뜻한다. 몇 가지 기본적 본능을 가지고 태어난 인간은 그 후 수십 년에 걸친 가정과 학교와 사회 환경을 통해서 독특한 하나의 인격을 형성하게 된다. 이것은 습관의 총회이기도 하고 추적된 경험을 토대로 한 의식적 판단의 결과일 수도 있다.

넷째, 윤리적 측면의 인격: 사회가 인류의 궁극적 목적을 향해서 발전해 나아가는 과정에서 마땅히 있어야 할 인격을 의미한다. 우리가 흔히 인격자라고 할 때의 그 의미와 같다. 이 인격자는 움직일 수 없는 큰 원칙을 따라서 하는 사람인 동시에 상식의 사람이다.[43]

이처럼 포괄적인 인격론은 결국 민주주의의 바탕이 되는 올바른 인간관과 개성의 존중은 물론 당위의 법칙으로서의 도덕률을 존중하는 인간교육을 강조한 것이다.

6. 대학의 자유

그는 특히 대학과 대학생에 관하여 많은 글을 썼다. 그리고 대학의 자

43 『끝없는 탐구』, 121~139쪽 참조.

유를 강조했다. "대학의 자유라고 하면 이것은 대개 학원의 자치, 교수의 자유, 연구의 자유를 의미한다. 그리고 이런 내용과 이런 의미의 자유를 대학이 필요로 하는 것은 대학이 가진 그 목적을 수행하는 데 있어서 필요 불가결하기 때문이다."[44]

그는 우리의 대학 20년사를 이렇게 회고했다.

"우리 대학은 학원 안에서 모두가 다 같이 누릴 수 있는 학문의 자유조차 부정하는 선에서 행동한 것이라고 보아야 할 것이다. 모든 '컨트로버셜'한 문제 다루기를 심히 꺼렸다. '이데올로기' 문제를 비롯해서 소위 시국관 내지 한일국교 정상화 문제에 이르기까지 어떤 신념에 대한 견해를 솔직 대담하게 주장해 보기는 매우 어려웠던 것이라고 생각한다. 이것은 외부로부터 오는 어떤 제약보다도 대학 안에 있어서 이것을 조장하는 자유 분위기가 마련되지 않았기 때문이다.

대학은 원래 고정되어 버린 어떤 진리를 가르치는 데는 아니다. 진리에 가까워 보이는 견해를 끊임없이 추구하고, 또 그렇게 추구하는 태도를 가르치는 데다. 우리 대학은 이때까지 2에 2를 가하면 4가 되는 것밖에 다른 길이 있을 수 없는 수학적 진리를 가르치는 정도의 수준을 넘지 못한 감이 있다."[45]

이러한 비판은 오늘날의 우리 대학의 현실을 보더라도 귀담아 듣고 진지한 반성의 계기로 삼아야 할 것이다. 아울러 외부로부터도 대학의 자유를 침해하려는 세력이 유령과 같이 주위를 배회하고 있다고 경고하면서, 대학이 그 자유를 수호하는 길을 다음과 같이 제시하고 있다.

첫째, 지적 정직성이다. 사물에 대하여 참으로 믿고 참으로 느끼는

---

44 『끝없는 탐구』, 214쪽.

45 장리욱, 「대학의 권위」, 『새교육』, 1968년 1월, 24~27쪽.

것을 말하는 것이다.

둘째, 아기를 기르는 어머니의 자세와 같이 대학의 자유가 어떤 형태로든 침해를 받게 되는 근거와 틈을 주지 않도록 면밀히 주의를 기울여야 한다.

셋째, 상대방의 태도를 존중하는 태도다.

넷째, 투쟁이다. 대학이 가진 그 신념, 또 생명과 같이 여기는 어떤 원칙이 기로에 서게 되는 경우라면 여기에는 타협이나 양보가 있을 수 없다.[46] 대학이 그 자유를 지키기 위한 마지막 수단은 투쟁이며, 이러한 투쟁에는 모든 대학이 공동의 보조를 취해야 한다고 강조했다.

V. 결론: 교육사적 의의

장리욱은 아직 교육학이 독립된 학문으로서 자리를 굳히기도 전에 교육학에 뜻을 두고 당시 세계 교육학의 요람이었던 컬럼비아대학에서 한국인 최초로 교육학 석사 학위를 받았고, 일생을 이 나라 민주교육의 발전을 위하여 일관된 삶을 살았다.

그러나 정작 그가 학교에 몸담은 것은 일제하 신성학교에서 11년, 미군정 기간 서울대학교에서 3년이 고작이다. 해방 전에는 일제에 의하여, 해방 후에는 이승만 정권에 의하여 교직을 박탈당했기 때문이다.

그가 비록 학교에 머무른 기간은 짧다고 하더라도 그의 관심은 한결같이 국민교육에 있었고, 그의 활동과 말씀과 글 등은 그 초점을 교육문제에 맞추고 있었다.

---

46 『끝없는 탐구』, 222쪽 참조.

물론 그가 잠시나마 주미대사를 지냈고, 국회의원에 출마했다는 것은 부인할 수 없는 정치적 경력이다. 그러나 그가 받는 오해의 상당 부분은 흥사단의 일원이라는 사실 때문이며, 그것은 또한 흥사단이 정치단체로 오해받은 데서 기인하는 것이다.

이제 앞에서 고찰한 그의 생애와 업적과 사상을 토대로 그의 삶이 한국 교육사에 주는 의의를 요약해 보면 다음과 같다.

첫째, 그의 삶은 곧 민주주의 원리의 실천이며 앎과 삶이 일치하는 것이었다. 그의 삶은 목적 추구의 삶이라기보다 의미 추구의 삶이며, 결과보다는 과정을 존중하는 삶이었다. 그는 외면적 성취보다 내면적 도덕적 자기 완성을 추구했기 때문에 결코 사회적 지위나 자리에 연연하지 않았다. 이러한 삶 자체가 후세에 교훈을 주기에 충분하다.

둘째, 해방 직후 혼란기에 서울대학교의 분규를 진압하고 발전의 기틀을 마련했고, 과도기에 민주주의 교육의 기초를 마련하는 데 기여했다.

셋째, 6·25 직후 일본에서 유학생들을 위한 장학활동과 교포사회의 언론 육성은 특히 이념적으로 대립 상태에 있던 재일 교포 교육에 커다란 활력소가 되었을 것이다.

넷째, 흥사단운동에 일생 동안 일관된 자세로 참여하여 민간 사회교육 단체로서의 흥사단의 발전에 기여했고, 도산의 생애와 사상에 관한 많은 글들은 도산 사상의 연구와 발전에 중요한 자료를 제공했다.

다섯째, 민주주의 이념에 대한 이해도 부족하던 당시에 민주주의 이념과 기본 원리를 알기 쉽고 정확하게 소개했으며, 또한 미국 진보주의 교육이념을 소개한 것은 한국 현대 교육사상의 형성에 중요한 의미를 갖는다.

끝으로 그의 민주주의 이념과 자유주의 교육사상은 오늘날까지도 혼란을 거듭하고 있는 대학의 자율화와 우리나라 교육의 방향을 모색하는 데 많은 시사를 줄 것이다.

참고문헌

장리욱, 『현실과 이상』, 새벽사, 1958.
장리욱, 『끝없는 탐구』, 문예사, 1968.
장리욱, 『도산의 인격과 생애』, 대성문화사, 1973.
장리욱, 『나의 회고록』, 샘터사, 1975.
장리욱, 『무엇인가 들려오고 있다』, 샘터사, 1979.
서울대학교 20년사 편찬위원회, 『서울대학교 20년사』, 서울대학교출판부, 1970.
오천석, 『외로운 성주(城主)』, 광명출판사, 1975.
오천석, 『한국신교육사(하)』, 광명출판사, 1975.
흥사단운동70년사편찬위원회, 『흥사단운동 70년사』, 흥사단출판부, 1986.

2

장리욱의 생애와 사상(논평)[1]

『교육철학』 제6권(1988)

이순형(제주대학교 명예교수)

먼저 박 교수의 「장리욱의 생애와 교육사상」에 대한 논의는 아마 최초의, 그리고 개척자적 연구라는 점에서 높이 평가되어야 마땅하리라 보며 아울러 그 노작(勞作)에 경의를 드려 마지않는다.

논평자는 아직 어떤 학구적 안목에서 장 박사를 연구할 겨를을 갖지 못하였다. 여기서는 발표에 대한 전반적인 견해를 피력하기보다 평소 그를 가까이 접할 수 있었던 한 사람의 홍사단우 입장에서 그에 대한 인간 이해를 중심으로 몇 가지 가정을 제안함으로써 논평의 책임을 면할까 한다.

1.

박 교수는 장 박사를 한국 교육사에 커다란 발자취를 남긴 '교육자'로 규정하고 주로 교육행정가와 사회교육 지도자로서 그 생애와 업적의 특징을 파악하였다. 이러한 연구자의 관점은 기본적으로 정확한 관찰

---

1 앞 글 박의수의 「장리욱의 생애와 교육사상」을 평하며 앞 글에서 다루지 않은 한 인간으로서의 장리욱에 대해 이야기한다.

임에 틀림없다.

그러나 풍운의 시대를 살았던 그 생애의 다면성을 가정하고 그 요소가 교육사상에 제공할 수 있는 어떤 가능성을 배제하지 않는다면 그 생애를 보다 다양한 시각에서 파악할 필요가 있지 않은가 생각한다.

그 하나는 '정치가'로서의 그의 생애이다. 물론 그가 정당에 가입했던 사실도 없고 정치적 신념이나 그 관철을 위한 투쟁도 내세울 만큼 뚜렷하지 않다. 이 점은 필자인 박의수 교수도 언급했듯이 그를 정치가로 말하기 어려울지 모르겠다.

그러나 그는 원했든 원치 않았든 간에 분명히 정치적인 생애를 살았다. 일제강점기하에서 흥사단을 통한 민족 운동에 참여했으며 이를 주도했다는 의혹으로 동우회 사건에 연루되어 피압박민족의 정치지도자로 지목되어 옥고를 치렀다. 또한 한 국가를 대표하는 대사직을 비롯하여 국회의원으로 입후보하여 의회 진출을 기도했었다. 그는 집념이 뚜렷하지 못해 낙선됐다고 회고하고 있지만 (어떤 정치적 식견이나 포부 없이 의회 진출을 기도한다는 것이 납득하기 어려운 일이라면 이는 그의 순후한 인품에서 드러내는 겸양의 고백이라 보아야 옳을 것이다) 다만 그 일의 실패는 후일의 그의 회고에서 대수롭지 않은 일로 여기게 만들었을 것이다.

적어도 주미대사로서 5·16 군사 정권의 등장을 정면으로 반박한 기자회견은 매우 신념 있는 정치인의 행동임에 틀림없다. 이는 그 당시 정치 풍토로 보아 상상하기 어려운 일이다. 이러한 몇 가지 정치적 활동으로 하여 그는 이미 비중 있는 정치인이 되어 있었다. 이승만 정권하의 기피인물이었다는 점, 또 유능한 국가 지도자였으면서도 일체의 공직이 주어질 수 없었다는 것도 그 야인성의 일면을 잘 드러내는 것이다. 이 점에서 그는 재야 정치인이었다고 말할 수 있다. 필자가 제시한 '민주주의' 사상도 이와의 관련에서만 그 성격을 더욱 분명히 할 수 있다. 『끝없는 탐구』의 '정치적 동물'이라 제(題)한 장에서 보면 민주주의 정치의 발전, 정치가, 여당과 야당 등 10개의 주제를 다루고 있다. 이러한 정치관이나 사상의 문제는 별도의 증거에 의해 새로이 논의될 필요가 있을 것이다.

또 하나 '언론가'로서 보아야 할 측면이 있지 않은가 하는 점이다. 『새벽』지 발간 활동과 일본에서의 방송 참여 활동, 또 아시아재단을 연계시켜 교포사회의 언론을 지원한 활동들은 특별한 의미를 갖는다. 이미 1950년 『동광(東光)』지 사장으로서 그 속간에 "맹활동을 계속"했으며[2] 6·25로 좌절되었던 그 의지는 수년 후의 『새벽』의 사장을 맡아 이를 훌륭히 탄생시켰다. "자유와 민주의 역량을 풀뿌리에서부터 쌓아 올리자"는 사시(社是)에서 16권에 이르는 민주지 『새벽』 간행은 4·19를 전후한 민주화의 시대정신을 창출하는 데 크게 기여하였다. 또한 "일본에 있으면서 한 일이란 주로 인간의 수련과 교양, 특히 민주 국민의 자질 향상을 위해 글쓰고 말하는 것이었다".[3] 이러한 활동은 그의 '민주주의'의 사상성을 읽게 하는, 당시 우리 민족의 민주국가 수립에서 과소평가될 수 없는 업적과 생애의 측면들이다.

2.

필자는 장 박사의 인격과 사상 형성에 많은 영향을 주었을 것으로 생각되는 몇 가지 요인들을 들었는데 이 중에서 가장 결정적 영향력을 끼친 도산에 대해 너무 간략히 언급한 감이 없지 없다. 이는 그와

---

2 홍사단사 편찬위원회, 『홍사단 50년사』, 대성문화사, 1964, 291쪽(이하 『50년사』).

3 장리욱, 『나의 회고록』, 샘터사, 1975. 여기서는 이 책 제1부를 기준으로 쪽수를 밝힌다. 211쪽.

의 관계에서 연원(淵源)될 수 있는 어떤 사상성을 간과할 우려를 준다. 논평자는 '민주주의'와 '합리주의'로 파악한 그의 사상에 대해서 기본적으로 동의한다. 그렇지만 왜 이 두 가지가 그 기본 사상으로 대표될 수 있는지에 대한 관점의 설정이 명료하지 못한 아쉬움을 갖게 한다. 이러한 아쉬움은 그의 교육사상을 논하는 데 있어서도 마찬가지로 남는다. 필자가 '교육의 목적'이라고 하여 제시한 것은 장(張)이 어떠한 교육 목적을 가졌다는 것을 논했다기보다 장 박사가 보는 이상적인 인간에 대해서만 언급하지 않았나 하는 것이며 그것은 바라는 인간상을 말한 것인지 그가 주장한 교육의 목적이 무엇인지에 대해 분명한 이해를 주지 않는다. 또한 이상적 교사상을 제시함에 있어서도 전익호를 제외한 도산, 모어 교수에 대해 장이 보는 교사상으로서 별다른 논의가 없다. 모어 교수는 그에게 이성과 신앙의 조화를 가르쳐 준 사람이라면 인간 형성과 그것의 국가와의 관계, 그리고 민족(애)에 눈을 뜨게 해준 것이 바로 도산이었다. 스승에게서 받은 이러한 영향은 그의 종교교육, 사회교육사상의 중요한 모티브를 제공한다. 필자가 언급했듯이 그가 국민교육의 기초요, 핵심이라고 본 인격교육은 도덕교육을 정점으로 하여 덕체지(德體知) 삼육(三育)과 4대 정신(무실·역행·충의·용기)의 함양을 강조한 도산 사상에서 그 근원을 갖는 것이다. 그는 「스승 도산」에서 '메시지를 가졌기 때문이다. (중략) 교육목표를 뚜렷이 제시 (중략) 새 교육의 목표가 반드시 내용으로 삼아야 할 그 중요한 요소를 밝혀냈다. (중략) 4대 정신의 함양을 가지고 우리 민족교육의 바탕을 삼아야 한다'고 강조한다.[4] 이 점에 있어 도산 사상 또는 흥사단주의를 그의 교육사상성의 한 특징으로 제시될 수 있다.

---

4 장리욱, 『도산의 인격과 생애』, 대성문화사, 1973.

3.

논평자는 그의 '인격과 사상'을 논할 때 적어도 다음 세 가지를 말하고 싶다. 신앙의 사람, 흥사단 사람, 그리고 사랑의 사람으로서의 장리욱이다. 이러한 측면을 통해서 보면 그의 사상의 특성, 나아가서 교육사상의 실태에 접근할 수 있는 몇 가지 가정이 설정될 수 있다.

첫째, 그 인간됨과 사상 형성에 큰 영향을 준 것으로 기독교 사상을 들어야 하지 않나 싶다. 어려서부터 그는 신앙의 가정에서 자랐으며 후에 장로의 직분으로 피택되었고 또한 보수파 미션스쿨의 교장으로 추대되었다는 점에서 그는 돈독한 신앙의 사람이었다 할 수 있다. 『예수의 생애』가 그의 감명 깊게 읽은 두 권의 책 가운데 하나임도 이를 반증한다. 그는 종립(宗立)학교 신성에서 일관된 신앙을 가지고 그것을 학생들에게 심어 주고자 했을 것임에 틀림없다. 이 점은 그의 종교교육사상이 어떤 것이었는지 탐구해 볼 필요를 시사한다.

"이 학교에서 내가 가진 종교교육의 개념은 그때까지 선교사들이 펴온 그것보다 넓은 뜻에서의 종교교육이었다"[5]는 술회에서 보면 그것은 극히 보수적인 북장로교 선교사의 종교 교육 풍토를 벗어나고자 했던 시도로 볼 수 있으며 그것은 '이성적'인 신앙을 강조했던 것이 아닌가 가정된다. 이는 당시 기독교계에 있어서 매우 진보적인 종교 사상이었다고 볼 수 있다. 듀북 시절 그의 신앙의 회의에 대한 모어 교수와의 담화 내용이 이를 뒷받침한다.

"그즈음 종교에 대한 회의를 갖게 된 것이다. …… 이런 나의 심경을 그에게 고백한 것이다. …… 그는 내게 타이르는 것이다. 인간의 사상사를 살펴보면 마치 시계의 진자처럼 어떤 시대에는 신앙유일주

---

5 『나의 회고록』, 113쪽.

의가 어떤 시대에는 이성지상주의가 앞세워지면서 그 두 사이를 왔다 갔다 하는 것이다. 네가 이성 쪽에 기울어지고 있는 듯하다면 이때 가장 경계해야 할 것이 바로 지상주의라는 것이다. 즉 이것뿐이다라고 하는 생각을 가져서는 안 된다는 것이다. 신앙이란 이성과 병행하면서 우리 인간 생활의 가치를 보다 더 높여 준다는 사실을 잊지 말도록 하라고 그는 간곡히 부탁했다. 그의 이 충고는 두고두고 내게 큰 교훈이 되었다."[6] 그는 훌륭한 인간상을 논한 「무명영웅의 성격」에서도 '진정한 의미에 있어 이름 없는 영웅 노릇을 할 수 있는 사람은 참된 종교심을 가진 사람이다'라고 가르친다.[7]

둘째, 누구 못지않게 그는 흥사단적 인간이었다는 점에서 그 사상성에 흥사단주의를 들어야 할 것 같다. 도산과의 만남은 그의 생애에 있어 '결정적 사건'이었다. 도산을 가까이 모시며 "그의 생활철학을 배울 수 있었다. 그것은 결코 무엇과도 바꿀 수 없는 값진 것이었다."[8] 이 결정적 만남은 그(사상)를 흥사단(주의)과 분리해서 생각하기 어려울 만큼 그의 특징을 이룬다. 유학 시 핵심 간부(서무직), 국내위원부 위원장, 의사부장, 이사회장(3회), 단기관지 새벽사장 등 "흥사단은 내 일생의 정착지가 되어 버렸다는 느낌"으로[9] 흥사단에 종신하였다.

그는 흥사단을 상징하는 사람이었다. 주미대사를 파직한 후에도 흥사단에 돌아와 유학생 대상의 흥사단운동을 전개했을 정도이다. "경우와 사정에 따라 일시 다른 방면의 일을 위해 시간을 쓰다가도 결국 다시 돌아가는 곳은 흥사단이었다. 그러면 어째서 내 생애의 정착

---

6 『나의 회고록』, 73쪽.

7 흥사단운동70년사편찬위원회, 『흥사단운동 70년사』, 흥사단출판부, 1986, 315쪽(이하 『70년사』).

8 『나의 회고록』, 85쪽.

9 『나의 회고록』, 237쪽.

지랄까 모항이랄까 할 수 있는 곳이 여기에 설정되었던 것인가…….
이것은 결국 흥사단운동이란 무엇인가를 인식하는 데서 그 이유를 찾을 수 있다. 흥사단운동은 우리 민족이 독립을 회복하고 계속해서 평화와 자유와 번영을 누릴 수 있는 능력과 자질을 갖추도록 하는 건전 인격을 이루게 하는 넓은 의미의 교양운동인 것이다."[10] 필자가 지적했듯이 사회교육자로서 그가 '국민교육에 일생을 바쳤다'고 하는 것을 이러한 흥사단적 입장에서 이해되어야 하고 그것은 흥사단주의(인격주의)교육에서 찾아져야 한다고 본다.

나아가서 그것은 민족교육에까지 신장될 수 있다. 도산 교육사상의 특색을 민족교육론에서 찾는다면[11] 이 민족교육사상은 그의 교육사상의 한 주류로 이어진다. 그에게는 숭실 시절에서 민족의식[12]이 싹텄으며 민족주의 교육의 본거지라는 신성의 10년에서 일련의 맥락을 찾을 수 있다. "무명영웅", "그 제일의 조건은 자기가 현재하고 있는 일이 오늘 우리 민족사회에 봉사하는 그 큰 사명과 어떻게 연락이 되어 있는지 그 관련성을 똑똑히 살펴보는 힘을 가지는 것"[13]이며 "우리가 생명같이 여기는 주장과 4대 정신이 이 민족 운명을 개척하는 데 직접 관련되어 있다는 것을 명심해야 하겠다"면서 '수양해야 하는 것'[14]을 강조한다. 그의 흥사단 지도자로서의 사회교육사상은 여기에서 찾아야 한다. 이러한 민족교육사상의 특성은 그의 독자적인 것이라고는 할 수 없어도 그의 교육사상의 꼴(주형)을 규정 짓는 중요한 측면으로 이해되어야 할 것이다.

---

10 『나의 회고록』, 238쪽.
11 김정환, 「도산교육사상의 발전적 계승책」, 『도산사상연구 1집』, 흥사단출판부, 1986.
12 『나의 회고록』, 30쪽.
13 『70년사』, 134쪽.
14 『50년사』, 243쪽.

이에 덧붙여 얘기하고 싶은 것은 필자가 말한 흥사단 활동을 보다 세분하여 고찰할 필요가 있지 않은가 하는 점이다. 하나는 그가 일반적으로 단우 또는 일반 국민들을 대상으로 한 사회지도가로서의 활동이요, 또 하나는 이상촌운동에 대한 미국, 일본, 대보산장에서의 준비 활동[15]이며 마지막으로 전기한 『새벽』들의 언론 활동이다. 이러한 분석은 그의 사회교육 활동의 업적이나 그 사상성의 실마리를 찾아내기 위해 필요한 작업이다.

셋째로 들고 싶은 것은 인도주의적인 그의 사랑의 실천이다. 사랑의 실천이나 봉사적 삶이 얼마나 중요한 것인가를 그는 일찍이 '사랑의 사람 도산'[16]과 '잊지 못할 두 사람'[17]에게서 나누어 받았다. 봉사하는 가운데 보람을 느끼는 삶을 그래함에게서 구체적으로 보았으며 흠모의 정을 가지고 사귀었던 우강(友江, 송종익)에게서 성실과 나눔의 삶을 배웠다.[18] 두 사람에게서 받은 그 깊은 감명을 "그것은 긴 코스의 인생대학에서 적지 않은 학점의 의의를 띠고 있는 것이라고 믿는다.", "진정한 인도주의자를 발견할 수 있었다"[19]라고 술회한다. 그가 얼마나 또 어떤 형태로 사랑의 나눔을 실천했는가는 아직 밝혀지지 않은 일화들에 잠재되어 있으리라 믿는다.

논평자가 그에게서 받은 사랑의 한 분깃은 이에 대한 하나의 증언이 될 수 있다.

70년, 내가 흥사단아카데미의 지도를 맡아 일하고 있을 때였다. 단에 들르시는 그를 자주 대할 수 있었는데 그 무렵 나는 오랜 객지

15 이순형, 「안창호의 이상촌운동과 새마을운동」, 『교육학연구』 15권 2호, 1977.
16 장리욱, 「사랑의 사람 도산」, 『기러기』, 1973년 11월, 11쪽.
17 『나의 회고록』, 85쪽.
18 『나의 회고록』, 91~92쪽.
19 『나의 회고록』, 93쪽.

생활에 시달려 경제적·정신적으로 매우 고달픈 시절이었다. 그해 겨울도 내게 유난히 추울 수밖에 없었다. 그런 어느 날 그가 뜻밖에도 선물을 주신 것이다. 집에 가서 펴 보니 그것은 두툼한 내의 한 벌이었다. 그 내의 자체보다도 그분의 배려에 가슴 뜨거운 무엇을 느꼈던 나는 그때를 생각할 때마다 인간에 대한 진정한 감동과 감사를 느끼곤 한다. 특별한 인간관계가 있었던 것도 아닌데 내게까지 그만 한 사랑을 베푸실 수 있는 분이라면 그와 유사한 얼마나 많은 일화들이 묻혀져 있는가는 짐작하고도 남음이 있다. 그의 인품에서는 명사연(名士然)하는 권위의 그것보다 늘 훈훈한 친밀감을 느끼게 하였다. 그에게 있어 사랑은 어떤 사상이었다기보다 바로 '삶' 자체였다고 말할 수 있을 것이다. 이상촌운동에 대한 자료수집 차 수유리 댁을 찾아 면담했을 때도 그 포근한 정을 더욱 확인케 해주었다. 제자나 흥사단 후배들로부터 남다른 존경을 받았던 것도 바로 이 점에 그 큰 무엇이 있지 않았나 생각된다.

> 번뇌나 희열도 알고 보면 크게 다른 것은 없다.

어느 해 내게 써 주신 이 교훈은 성실과 사랑으로 삶을 옳게 구현하려 했던 한 교육 선각자의 달관의 경지를 잘 보여 주고 있다.

사람은 누구나 시대적 환경의 제약을 받으며 살아갈 수밖에 없는 것이지만 그만큼 민족 과도기에 자신의 역량을 다해 힘닿는 한, 각 분야에 헌신하고자 했던 분도 드물 것이다. 이러한 선각자에 대한 재조명과 그 삶의 의의를 되새기는 일은 오늘의 우리 시대의 혼란을 가다듬고 채찍질하는 더없는 계기가 될 것으로 믿어 의심치 않는다.

참고문헌

장리욱, 『도산의 인격과 생애』, 대성문화사, 1973.
장리욱, 「사랑의 사람 도산」, 『기러기』, 1973년 11월.
장리욱, 『나의 회고록』, 샘터사, 1975.
흥사단사 편찬위원회, 『흥사단 50년사』, 대성문화사, 1964.
이순형, 「안창호의 이상촌운동과 새마을운동」, 『교육학연구』 15권 2호, 1977.
김정환, 「도산교육사상의 발전적 계승책」, 『도산사상연구 1집』, 흥사단출판부, 1986.
흥사단운동70년사편찬위원회, 『흥사단운동 70년사』, 흥사단출판부, 1986.

3

해방 후 장리욱의 교육 활동

—미군정기 경성사범학교 교장·서울대학교 사범대학 학장·서울대학교 총장

정병준(이화여자대학교 사학과 교수)

이 글은 해방 후 미군정기 장리욱의 교육 분야에서의 활동을 간단하게 정리한 것이다. 북한에서 해방을 맞은 장리욱은 조만식의 평남 건국준비위원회·평남 인민정치위원회에 잠시 관계한 후 1945년 9월 월남했다. 미군정기 장리욱은 경성사범학교 교장, 미군정 도미 교육시찰단, 서울대학교 사범대학 학장, 서울대학교 총장 등을 역임했다. 그는 한국 사범 교육의 방향, 새로운 교육제도와 학제 결정, 국대안 파동 등의 경험자이자 정책 참여자였다. 미군정기 활발했던 장리욱의 교육활동은 한국 정부가 수립된 이후 중단되었다. 장리욱은 한국전쟁기 맥아더 사령부의 초청으로 도쿄에서 대북 심리전에 참가했으며, 1958년 귀국한 후 장면 정부 시기까지 정치 활동에 참가했다. 이 글은 이 가운데에서 미군정기 장리욱의 교육활동을 중심으로 다룬 것이다.

1. 짧은 해방과 평남 건준 참여

일제 말기 동우회 사건으로 고초를 치른 장리욱은 10여 년 넘게 근무한 선천 신성학교 교장직에서 물러났다. 장리욱의 회고에 따르면

1939년 가을 동우회 회원이자 평양의 지도급 인사였던 김동원과 함께 평양자동차공업주식회사를 만들고 사장에 취임했다.[1] 역시 미국에서 공부한 최능진도 취체역(주식회사의 이사)으로 함께했다. 미국에서 교육받은 유학생들은 일제 시기 고등교육자에 적합한 사회적 지위를 획득하지 못할 경우 실용적 직업을 선택해 생계를 해결하는 경우가 많았다. 장리욱은 1932년 여름 미국 유학 시절 디트로이트시의 포드 공장에서 일한 바 있다.

1945년 봄 장리욱은 미군의 공습을 피해 대동강 상류 지역 흥부촌(興府村)으로 소개했다. 해방을 흥부촌에서 맞은 장리욱은 8월 17일 빨리 평양에 나오라는 김동원의 전갈을 받고 평양에 들어왔다. 장리욱은 조만식을 중심으로 하는 평안남도 건국준비위원회 그룹에 가담했다. 일제하에서 신간회운동, 물산장려운동, 흥사단, 기독교, 교육 운동 등을 중심으로 형성된 민족주의적이고 보수적인 집단이었다.

해방 직후 서울에서와 마찬가지로 평양에서도 평안남도 도지사 후루카와 가네히데(古川兼秀) 측에서 패전 후의 치안 유지를 위해 한국인 유력자와의 접촉 시도를 계속하고 있었다. 소련군이 선전 포고한 상황 속에서 평양과 서울에서는 소련군이 진주한다는 것을 기정사실로 전제한 후에 그 대비책을 수립하려고 했다. 특히 한국인 청년·학생·노동자 등의 폭동·방화·약탈 및 일본인·기관에 대한 공격으로 야기될 수 있는 무정부 상태를 우려했다. 패전 후 행정권 이양은 연합국에게 하는 것이지만, 과도적 시기에 치안 유지를 위해 한국인

---

1 조선총독부 관보에 따르면 1938년 10월 18일 자본금 10만 원으로 평양자동차공업주식회사가 설립되었으며, 취체역 이영하(李泳夏), 최능진(崔能珍), 김일선(金日善), 감사역 김성환(金星煥), 회사대표 취체역 이영하였다. 김동원의 이름은 들어 있지 않다. 『조선총독부관보』 3575호(1938년 12월 17일). 1939년에는 김일선이 취체역을 사임하고 장리욱이 같은 해 9월 5일 취체역으로 취임했다. 『조선총독부관보』 3844호(1939년 11월 11일). 최능진, 장리욱은 취체역에 중임되었다. 『조선총독부관보』 4558호(1942년 3월 10일).

유력자와의 협력을 구하고 있었다.

일제의 패전 사실을 확인한 평남지사 측은 강서군 반석에 소개해 있던 조만식 등 한국인 유력자와의 접촉을 시도했다. 조만식은 평남지사 측과 접촉을 거절했지만, 평남지사 측은 김동원(金東元), 최정묵(崔鼎黙), 김항복(金恒福)[홍정모] 등과 면담했고,[2] 오윤선 등을 통한 간접적 연락이 이루어졌다. 장리욱의 회고에 따르면 1945년 봄 이래 평안남도 지사 후루카와 가네히데가 조만식을 비롯한 3~4명을 관사로 초대해 저녁을 먹는 자리에 동석했다. 만찬의 목적으로 향후 시국이 달라질 것이니 혹시 모른 민중의 폭동 등이 발생하지 않도록 협조해 달라는 뜻이었다.[3] 1945년 8월이 되면서 서울과 평양의 조선총독부 관리들은 패전을 앞둔 일종의 비상 계획을 수립하고 있었던 것이다.

서울에서 8월 16일 오후 건국준비위원회 부위원장 안재홍이 일본인에 대한 관용과 치안 유지를 역설하는 방송을 한 것처럼, 평양에서도 8월 16일 오윤선의 방송 연설이 있었다. 8월 15일 밤 평양 신사가 방화되자 평남도는 제대 군인 400명으로 특별경찰대를 편성해 평남 경찰부에 대기시키는 한편, 일본군을 치안 상태가 나쁜 곳에 출동시켜 치안을 유지하게 했다. 평양사관구는 일본군이 건재하다는 소식을 발표하며 버스를 타고 시내를 순회하며 선전했다. 8월 16일 서대문 감옥을 비롯해 전국 형무소에 수감 중이던 정치범·경제범 등이 석방되었고, 평남도지사도 정치범을 석방했다.

조만식은 8월 17일 강서에서 평양에 들어와 산정현교회 장로이자 평생의 동지였던 오윤선 자택에서 평안남도 건국준비위원회를 조

---

2 오영진, 『하나의 증언: 작가의 수기』, 국민사상지도원, 1952, 13쪽; 한근조, 『고당조만식』, 태극서관, 1970, 368~370쪽.

3 장리욱, 『나의 회고록』, 샘터사, 1975. 여기서는 이 책 제1부를 기준으로 쪽수를 밝힌다. 161쪽.

직했다. 일부 일본 측 기록에는 8월 15일 평안남도 치안유지회가 조직되어 조만식이 위원장, 현준혁이 부위원장이었으며, 8월 16일에 조선건국준비위원회 평안남도 지부로 개칭되었다고 쓰고 있다.[4] 그러나 8월 15일에 현준혁이 부위원장이 된 평안남도 치안유지회는 존재하지 않았다. 왜냐하면 현준혁은 해방 후 서울에서 파견되었으므로, 8월 15일 평양에서 활동을 개시하기 불가능했고, 조만식도 8월 17일 새벽 2시경에 평양에 들어왔기 때문이다. 8월 17일 공표된 건준 평남 지부는 평남도청과 무관하게 활동을 개시했는데, 주안점은 치안 유지에 두어졌다.[5]

해방 후 북한에는 기독교의 영향이 강했으며, 교인 숫자는 약 20만 명으로 평양을 중심으로 한 평남에서는 기독교·민족주의자들의 영향력이 압도적이었다.[6] 조선공산당 평안남도위원회가 1945년 12월에 작성한 보고서에 따르면 평남은 공업 지대와 집중된 노동자를 가지고 있어 당조직의 토대가 충분히 성숙되었지만, "일본 제국주의의 백색학살과 평양을 중심으로 한 기독교 사상의 침투와 민족운동의 기형적 발달 등으로 인하야 8·15 이전에는 당의 기초가 없었다고 해도 과언이 아니리만침 되었다"라고 쓰고 있을 정도였다.[7]

8월 17일 평남 건준의 부서가 결정·발표되었다.

---

4 모리타 요시오(森田芳夫), 「소련군의 북한 진주와 인민위원회의 결성」, 『한국사회연구5』, 정도영 옮김, 한길사, 1987, 290쪽.

5 8월 17일 평남 건준의 성명은 「과거의 소사(小事)는 청산하고 동포여, 건국에 돌진하자」는 제호로 『평양매일신문』 1945년 8월 18일 자 호외로 발표되었다. 일본인에 대한 박해 자제, 조선인 동포끼리 가해 금지 등의 온건한 입장을 취했다. 8월 16일 서울에서 방송된 안재홍 건준 부위원장의 방송 내용과 같은 기조였다. 박재창, 「평남건국준비위원회 결성과 고당 조만식 1945년」, 『북한』 8월호, 1985, 47~48쪽.

6 『로동신문』(1946년 10월 30일); 김광운, 『북한정치사연구 I』, 선인, 2003, 86쪽.

7 조선공산당평안남도위원회, 「조선공산당 평남도 제1차 대표대회 보고 연설」(1945년 12월 26일), 『조선공산당문건자료집(1945~46)』, 한림대학교아시아문화연구소, 1993, 64~65쪽.

위원장: 조만식

부위원장: 오윤선

총무부장: 이주연

치안부장: 최능진

선전부장: 한재덕

교육부장: 홍기주

산업부장: 이종현

재무부장: 박승환

지방부장: 이윤영

섭외부장: 정기수

무임소위원: 김병연, 한근조, 김광진, 지창규, 노진설, 김동원[8]

장리욱은 평남 건준 위원 명단에는 포함되어 있지 않았지만, 조만식·오윤선 중심의 평남 건준 그룹의 핵심인물로 함께 활동했다.[9] 8월 24일 소련군 선발대 카멘슈코프 소령 이하 80명이 수송기 3대로 평양에 들어왔고, 8월 26일 소련 25군 사령관 치스차코프 대장과 정치위원 슈티코프를 비롯한 소련군 본대 3~4천 명이 평양에 진주해 일본군과 경찰의 무장해제 및 무기 인수가 이뤄졌다. 함흥 등에서는 치스차코프 도착 직후 해당 지역 건준 지부와 지역 공산당을 반반씩으로 하는 인민위원회를 구성한 후 바로 정권을 이양했지만, 민족주의자들이 압도적으로 우세한 평양에서는 상황이 달랐다. 치스차코프는 연길에 있던 레베제프 군사위원을 호출했고, 그는 8월 28일 평양에

---

8 오영진, 『하나의 증언: 작가의 수기』, 35쪽; 김병연, 『평양지』, 평남민보사, 1964, 47쪽; 한근조, 『고당조만식』, 372~373쪽.

9 장리욱 회고록에는 자신이 평남 건준 위원 16명의 명단에 들어 있었다고 쓰여 있지만, 장리욱은 평남 건준이 아니라 평남 인민정치위원회 위원이었다. 『나의 회고록』, 162쪽.

도착했다. 8월 29일 치스차코프는 조만식 등 평남 건준 측과 현준혁 등 평남 조공 측과 협의한 결과 평남 건준 절반(16명), 평남 조공 절반(16명)으로 구성된 평남인민정치위원회를 결성케 하고, 8월 30일 평남인민정치위원회에 행정권을 이양했다.[10] 성립된 평남인민정치위원회의 부서는 다음과 같았다.

위원장: 조만식(건준)　　부위원장: 현준혁(공산), 오윤선(건준)
위원(건준): 김병연, 이윤영, 홍기주, 김광진, 정기수, 김익진, 노진설, 장리욱, 최아립, 조명식, 박현숙, 한근조, 김병서, 이종현
위원(공산): 김유창, 김용범, 송창렴, 장시우, 이주연, 장종식, 문태영, 이관엽, 이성진, 허의순, 한재덕, 박정애, 그 외 2명.
내무위원: 이주연(공산)
교육위원: 장종식(공산)
사법위원: 장시우(공산)
재정위원: 김병연(건준)
치안위원: 김익진(건준)
상공[광공]위원: 김광진(건준)
농촌[농림]위원: 정기수(건준)
운수통신위원: 이종현(건준)
보건위원: 김병서(건준)
평양시장: 한근조(건준)　　부시장: 허의순(공산)
평양치안서장: 송창렴(공산)
동평양[선교]서장: 유기선(건준)　　서평양[대동]서장: 윤무선(건준)[11]

10 와다 하루키는 민족진영 절반, 공산진영 절반으로 구성된 인민정치위원회의 구성이 소련군이 처음 진주했던 함흥에서 채택된 '함흥방식'이었다고 설명했다. 와다 하루키, 「소련의 대북한정책 1945~1946」, 『분단전후의 현대사』, 일월서각, 1983.

장리욱은 건준 계열의 위원으로 이름을 올렸다. 장리욱은 평남 건준, 인민정치위원회에 참가했지만, 활발하게 활동한 것 같지는 않다. 일제 시대부터 해방 후까지 장리욱의 주요 활동은 교육 분야에 집중되어 있었으며, 그 외의 사회 활동은 흥사단 참가 정도였다. 장리욱은 자신이 경영하던 평양자동차공업주식회사가 평양자동차공장자치회로 바뀌고 만 6년 동안 일했던 회사의 사장 자리에서 자신이 쫓겨난 것을 알게 되었다. 또한 평남 인민정치위원회에서 "그들의 속셈이 너무나 뻔히 보이는 붉은 수법"이라는 것을 깨닫고 서울로 떠날 결심을 했다. 조만식 위원장 앞으로 정치위원 사퇴서를 써서 박태성(朴泰成) 변호사에게 맡기고 9월 중순 서울로 떠났다.[12]

2. 조기 월남

장리욱이 평양을 떠날 결심은 한 시점은 아마도 9월 3일 조선공산당 평남지구위원회 위원장이자 평남 인민정치위원회 부위원장이던 현준혁(玄俊爀) 암살 직후였을 것으로 보인다. 평남 건준, 평남 인민정치위원회에 참가했던 김동원, 최능진, 노진설 등과 거의 같은 시점에 평양을 떠나 서울로 향했다. 장리욱은 가장 먼저 평양을 떠나 월남한 지도급 인사에 포함되었다. 가족들은 모두 흥부촌에 두고 혼자서 서울로 향했다. 쉽지 않은 선택이었다. 미국에서 공부한 장리욱에게 미군

11 김병연, 『평양지』, 48쪽; 한근조, 『고당 조만식』, 378~379쪽; 오영진, 『하나의 증언』, 116~117쪽; 와다 하루키, 『분단전후의 현대사』, 257쪽; 조영암, 『고당조만식』, 정치신문사, 1953, 51~52쪽.

12 장리욱은 회고록에서 평양을 떠난 날짜를 9월 중순(163쪽), 9월 1~3일 사이(163쪽)로 혼란스럽게 적고 있다.

이 진주한 서울이 보다 많은 기회가 있는 곳이자 정치적으로 안정적으로 비춰졌음은 의문의 여지가 없었다.

1945~1946년 미군정 초기에 월남한 평남 건준·조선민주당의 핵심 인사들은 미군정기에 중요한 정치적 지위에 올라설 수 있었다. 이들은 강한 반소·반공 입장을 지녔고, 미군정 초기부터 군정의 정책에 강한 영향력을 끼쳤다. 또한 이들은 평남 건준 출신이라는 공통분모에 기초해 생소한 서울에서 서로에게 의지처가 되었다. 민족주의, 기독교, 신간회, 보수주의에 기초한 이들의 행보는 활동 분야와 무관하게 서로 상통하는 것이었다.

평남 건준 출신 주요 인사의 월남 후 경력

이름	월남시기	미군정기 경력	정부수립 후 경력
김동원	1945. 9. 7. 이전	국민대회준비회, 한국민주당 발기인, 미군정고문(10. 7.)	제헌의원, 국회부의장, 한국전쟁기 납북
한근조	1945. 12. 8. 이전	대법원 판사, 사법부 차장	4~6대 국회의원
노진설	1945. 9. 19.	서울공소원 판사(1945. 12.), 대법원 판사	중앙선거위원회 위원장, 감찰위원회 위원장, 심계원장
김익진	1948.	–	대법관, 검찰총장
최능진	1945. 9. 15.	미군정 경무부 수사국장	혁명의용군사건 시 검거, 처형
장리욱	1945. 9. 중순	경성사범학교 교장, 서울대 총장	맥아더사령부 고문, 주미대사
김병연	1946. 2. 1. 이전	조선민주당 정치부장	초대 총무처장, 평안남도지사
이윤영	1946. 2. 7.	조선민주당 최고위원회, 독립촉성국민회, 민족통일본부 최고위원	제헌의원, 2대 사회부장관, 국무총리서리, 무임소장관
박현숙	1946. 6. 30. 이전	과도입법의원	4, 6대 국회의원, 무임소장관

장리욱은 9월 10~11일경 평양을 떠난 것으로 보인다. 회고록에 월남 당시 개성에서 여현 소련 군사령부를 방문한 미국 기자단을 만났다고 쓰고 있는데, 이는 1945년 9월 11일에 발생한 일이었다.

장리욱은 신성학교 제자인 김치옥(金致玉), 평양역 책임자로 있던 강용전(姜龍田, 연희전문 출신)과 동행해 여현역까지는 기차를, 개성역까지는 자동차를 얻어 타고 내려왔다.[13] 개성역에서 장리욱은 여현 소련군 사령부를 방문한 미군 장교들과 연합군 종군 기자들을 만났다. 『뉴욕 타임스』, 『샌프란시스코 이그재미너(*San Francisco Examiner*)』, 중국, 오스트레일리아, 뉴질랜드 등의 기자들과 만났다. 장리욱은 평남 건준, 평남 인민정치위원회, 소련군의 시계 약탈, 조만식 등에 대해 이야기했다. 장리욱은 『샌프란시스코 이그재미너』 기자와의 인터뷰를 기억했다.

주한미군 측 기록에 따르면 연합군 기자단이 개성을 방문한 것은 9월 11일이다. 『주한미군사(*History of United States Army Forces in Korea: HUSAFIK*)』에 따르면 미국 언론인들은 "마치 냄새를 맡는 개처럼" 38도선에 이끌렸다. 『뉴욕 타임스』의 리처드 존스턴(Richard Johnston)은 소련군과의 조우를 다음과 같이 묘사했다.

> 지난 밤 금교(개성 북방 38 이북 지역)에서는 소련군 전차 대대가 여섯 명의 미국 종군 기자를 환영하는 요란한 축하연이 있었다. 이들은 소련군이 조선에 진입한 이후 처음 만난 미국인이었다. 미육군의 공보 담당자는 소련군이 '적대적일 것'이라고 경고했지만, 기자들은 개성을 출발했다. 우리 기자단은 소련 점령 지역을 20마일가량 들어가서 행군하는 소련군을 발견했고 이들은 환호성을 지르고 손을 흔들며 환영했고, 우리를 금교에 위치한 본부로 초대했다.
>
> 금교의 소련군 지휘관 보리스 파지노스(Boris Pazynos) 소령은 두 팔을 벌려 기자들을 껴안고 '트루먼, 스탈린, 동무'를 외쳤다. 그

13 장리욱은 자신의 회고록 뒤편에서 소련군이 9월 9일 미군의 인천 상륙 시까지 개성에 머물다가 여현으로 물러갔다고 쓰고 있다. 이 이야기는 장리욱이 개성에 도착한 날 상봉한 개성 송도고보 김준옥 교장이 미국 기자단에게 한 발언이었다. 『나의 회고록』, 164쪽.

> 는 미국인들을 환영하기 위해 파티를 열라고 명령했다. 기자들은 여러 잔의 술을 마시고 엄청난 양의 스테이크를 먹었으며, 소련 장교들과 춤도 추었다. 소련군은 그들의 무기와 장비를 보여 주면서 '미국 기자'들의 등을 찰싹 때리곤 했고 미국 기자들도 마찬가지로 소련 군인들의 등을 때렸다. 모두에게 훌륭한 밤이었다.[14]

리처드 존스턴은 주한미군 통신망을 통해 이 기사를 『뉴욕 타임스』에 송고했는데(1945년 9월 13일), 정작 『뉴욕 타임스』에 기사가 게재되지는 않은 것으로 보인다.[15]

리처드 존스턴 일행이 떠난 다음 날 두 그룹의 소련군이 개성 북쪽의 검문소에 나타나 전날 밤 소련 측이 미국 기자들에게 성대한 파티를 열어 줬으며, 미국 측으로부터 답례를 받기 위해 왔다고 밝혔다. 이들은 미국 기자들을 정중하게 대접해 줬음에도 불구하고 미군이 자신들을 막는 것을 이해하지 못했다. 하지만 미군은 이들의 개성 출입을 통제했고, 소련군은 물러났다.[16]

3. 미군정의 경성사범학교 교장 임명과 학교 재건

월남한 장리욱은 미군정하에서 교육 분야의 전문가로서 두각을 나타내기 시작했다. 미군정기 그의 활동은 첫째, 경성사범학교 교장, 둘

---

14 "Dispatch, Richard Johnston," *The New York Times*, September 13, 1945.

15 『주한미군사』는 리처드 존스턴의 기사 내용을 인용하고 있지만, 『뉴욕 타임스』의 아카이브 검색(Times Machine)에는 해당 기사가 나타나지 않는다.

16 제32보병연대장 제임스 켈러(James H. Keller) 중령이 제7보병사단장에게 보낸 보고서, "Russian Activities South of the 38th Parallel," 1945년 9월 15일.

째, 조선교육심의회 위원이자 사범학교 전문가, 셋째, 교육사절단장으로 미국 방문, 넷째, 서울대학교 사범대학 학장 및 총장 등 교육전문가로서의 행보였다.

장리욱은 1945년 10월 1일 경성사범학교 교장에 임명되었다.[17] 미군정 학무국장(문교부장) 록카드(E. L. Lockard) 소령이 작성한 「1945년 9월 11일부터 1946년 2월 28일까지 학무국 역사(History of Bureau of Education from 11 September 1945 to 28 February 1946)」에 따르면 9월 30일 자로 경성여자사범학교 교장에 임명된 손정규에 이어 장리욱은 미군정하에서 두 번째로 임명된 사범학교 교장이었다. 한국 언론에는 1945년 10월 20일자로 모든 사범학교 교장이 임명된 것으로 발표되었다.[18]

군정장관 아놀드 소장은 1945년 10월 20일 공식적으로 공석이던 각 학교 교장의 임명을 발표했다.

> 경성공업전문학교장 안동혁(安東赫)
> 공주여자사범학교장 정의택(鄭義澤)
> 경성사범학교장 장리욱(張利旭)
> 경성대학 이공학부장 대리 최규남(崔奎南)
> 경성광산전문학교장 최윤식(崔允植)
> 박물관장 김재원(金載元)
> 국립도서관장 이재욱(李在郁)
> 경기여학교장 고황경(高凰京)

---

17 Major Earl N. Lockard (Director of Bureau of Education), "History of Bureau of Education from 11 September 1945 to 28 February 1946," p.30, RG 332, Entry A1 1256, USAFIK, XXIV Corps, G-2, Historical Section, Box 36.

18 미주 『신한민보』에는 1945년 10월 18일 자에 오천석이 미군정 학무국장, 장리욱이 경성사범학교 교장이 되었다는 기사가 이미 게재되었다. 「경성제3신」, 『신한민보』(1945년 10월 18일).

경성농업학교장 이휘재(李徽載)

경복중학교장 이병규(李炳圭)

경기상업학교장 맹주천(孟柱天)

경성대학법문학부장 백낙준(白樂濬)

학무국장 학관실장학관(시학관) 사공환(司空桓)

경성여자사범학교장 손정규(孫貞圭)

무학고등여학교장 차사백(車士白)

수원농림학교장 조백현(趙伯顯)

청주사범학교장 최기철(崔基哲)

광주의학전문학교장 최상채(崔相彩)

경성대학예과장 현상윤(玄相允)

충주사범학교장 김형배(金瀅培)

경기공업학교장 고백한(高白漢)

대구의학전문학교장 고동한(高東翰)

경기중학교장 이한구(李翰求)

광주사범학교장 이완균(李完均)

경동(旭丘)중학교장 맹원영(孟元永)

경성공업학교장 박장렬(朴璋烈)

덕수상업학교장 박진동(朴鎭東)

학무국장 비서관 이근용(李根用)[19]

그러나 사실 임명일은 제각각이었다.

경성여자사범학교 교장 손정규(도쿄여자고등사범) 1945년 9월 30일

19 「각 학교장임명」, 『신조선보』(1945년 10월 20일).

경성사범학교 교장 장리욱(컬럼비아 대학원) 1945년 10월 1일

대구사범학교 교장 손계선(히로시마고등사범) 1945년 10월 31일

대전사범학교 교장 김태식(도쿄고등사범) 1946년 1월 24일

공주여자사범학교 교장 정의택(히로시마고등사범) 1945년 10월 1일

진주사범학교 교장 박경완(교사검정시험) 1945년 10월 1일

충주사범학교 교장 대리 최기철(교사검정시험) 1945년 10월 16일

춘천사범학교 교장 정익성(도쿄고등사범) 1946년 1월 14일

전주사범학교 교장 김형배(도쿄고등사범) 1945년 11월 5일

광주사범학교 교장 이완규(조선기독대학, 캘리포니아대학) 1945년 10월 3일[20]

정확한 경위는 밝혀져 있지 않지만, 오천석을 비롯한 한국교육위원회의 추천에 따라 미군정이 임명한 것이 분명했다. 오천석은 학무국 한인 직원 가운데 가장 빠른 1945년 9월 12일 학무국에 들어왔으며, 무급 직원으로 헌신적으로 일한 것으로 평가되었다.[21] 학무국 국장인 록카드 대위가 9월 10일 서울에 도착해, 9월 11일 학무국을 설립했기 때문에 오천석은 설립 시점부터 학무국 일을 도운 셈이다.[22] 록카드가 진술한 미군정 초기 학무국 역사에 따르면 "코넬대학 학사, 노스웨스턴대학 석사, 컬럼비아대학 박사를 모두 교육학으로 받은 오

---

20 "History of Bureau of Education from 11 September 1945 to 28 February 1946," p.30.

21 "History of Bureau of Education from 11 September 1945 to 28 February 1946," p.38; 오천석, 『외로운 성주(城主)』, 광명출판사, 1975, 81~85쪽.

22 오천석을 록카드 대위에게 추천한 사람은 하지 장군의 통역을 맡은 이묘묵이었다. 오천석과 이묘묵은 해방 직후 영자신문 『코리아 타임스(*Korea Times*)』를 함께 발행했다(『매일신보』 1945년 9월 3일). 이묘묵은 조선총독의 영어 통역 오다 야스마(小田安馬)의 소개로 하지 장군의 통역을 맡았다(「역사는 흐른다」, 『조선일보』(1985년 1월 25일); 김수자, 「미군정기(1945~1948) 통치기구와 관료임용정책」, 이화여자대학교 사학과 석사학위 논문, 1994, 41쪽).

천석(Auh, Chun Suk)은 [일본 지배하에서] 다른 도미 유학생들처럼 공립학교에서는 고위직을 얻지 못했고 사립학교에서 가르쳤다. 군정이 실시된 첫 주 동안 교육 담당 장교의 무급 보좌역으로 학무국에서 일하기 시작했다. 이후 학무과(Department of School) 과장이 되었고, 이후 학무국 부국장이 되어 현재에 이르고 있다."[23] 오천석은 자신의 컬럼비아대학 선배이자 교육학 전공자로 선천 신성학교 교장직을 수행했던 장리욱을 경성사범학교 교장에 추천했음이 분명했다. 또한 미군정 학무국은 교육 관련 분야의 한국인 전문가들을 한국교육위원회 고문단으로 위촉해 새로운 교육제도와 체제를 준비했는데, 여기에 백낙준이 포함되어 있었다. 평북 선천 출신의 미국 예일대 박사였던 백낙준은 장리욱을 자신의 모교인 선천학교 교장에 추천한 바 있다. 연희전문학교 교수 출신 백낙준은 장리욱과 미국 유학 시절부터 알고 지냈으며 흥사단 단원이기도 했다.[24] 백낙준도 장리욱의 경성사범 교장 추천에 적극적이었을 것이다.

장리욱은 자신이 컬럼비아대학 사범대학원을 나왔고, 10년 동안 신성학교 교장을 했다는 점이 고려되어 경성사범학교 교장이 되었다고 기억했다.[25] 미군정의 교육계 인사에서 가장 큰 특징은 구미 유학생 출신(장리욱, 고황경, 백낙준, 김재원) 및 한민당 계열의 절대적 우세에 있었다. 미군정 교육정책을 주도한 한국교육위원회는 미국 유학생 및 한국민주당 출신들이 중심이 된 보수우파적 견해를 견지하고 있었다.

장리욱은 경성사범 교장으로 임명되었지만 곧바로 취임은 하지 못했다. 11월 상순 경성사범학교 관사로 이사할 때까지 친구인 오경숙(吳敬淑)의 집에서 머물렀다는 회고록의 설명처럼 교장으로 활동을

---

23 "History of Bureau of Education from 11 September 1945 to 28 February 1946," p.6.

24 백낙준, 『나의 종강록』, 정음문화사, 1983, 266~267쪽.

25 『나의 회고록』, 170쪽.

시작하기까지 시간이 소요되었던 것이다. 장리욱은 미군정이 임명한 교장이라는 이유에 일제하에서 자동차 공장을 한 인물이라는 이유로 경성사범 교장 취임 반대에 봉착했다. 해방 후 경성사범 학생이었던 이원순은 장리욱에 대해 "미제의 앞잡이다. 특히 매판 자본의 앞잡이 노릇을 하던 장사꾼이 이 나라 교육의 총본산의 학장이 될 수 없다"고 하여 배척 운동이 일어났다고 기억했다.[26] 오천석 역시 경성사범 학생 10여 명이 학무국 사무실로 몰려와 "자동차 수리 공장을 경영하던 사람"을 왜 경성사범 교장에 임명했느냐고 항의했다고 기억했다.[27]

『주한미군사』의 설명에 따르면 새로 임명된 교장에 대한 반대에서 시작된 경성사범의 동맹휴학은 1945년 10월에 발생해 3주간 지속되었다. 학생들의 시위는 학생들이 직접 학교를 운영하고 교수진의 임명 및 교과 과정까지 승인할 수 있는 학생자치제도를 요구하는 데까지 나아갔다. 사태는 학무국이 학생들에게 양보는 하지 않되 처벌 또한 하지 않기로 약속하는 수준에서 타협이 이뤄졌다.[28]

보다 자세한 설명은 록카드의 「1945년 9월 11일부터 1946년 2월 28일까지 학무국 역사」에 나타나 있다.

> 경성사범학교는 새로운 교장의 임명을 받아들이길 거부하면서 1945년 10월 7일부터 스트라이크에 돌입했다. 학생들은 학생자치대(student self-government)를 꾸려서 학교를 운영하며 교수진 임명과 커리큘럼 운영을 승인하길 희망했다. 스트라이크는 학생들에게

---

26 서울대학교·한국교육사고, 「이원순 선생님」(1992. 6. 2.), 『서울대학교 사범대학 50년 구술사자료집(1)』, 서울대학교 사범대학, 1999, 117쪽.

27 오천석, 『외로운 성주』, 91~92쪽.

28 XI. Student Strikes and Other Disturbances, Chapter IX Education in South Korea Under United States Occupation, 1945-1948, *History of the United States Army Forces in Korea*, vol. 4.

어떤 양보를 하거나 어떤 처벌도 가하지 않고 1945년 10월 24일 진정되었다. 교장인 장[리욱] 씨와 선임교사인 신[기범] 씨가 학무국의 도움 없이 사태를 진정시켰다. 동창회와 교수진이 큰 도움이 되었다.[29]

즉 장리욱은 1945년 10월 1일 경성사범학교 교장에 임명되었으나, 10월 7일부터 10월 24일까지 장리욱의 교장 취임에 반대하는 동맹휴학이 벌어졌던 것이다. 여기에는 학생 자치의 목소리가 개입해 있었으며, 사태는 장리욱과 선임교사 신기범의 노력으로 진정되었고, 여기에 동창회, 교수진의 도움이 있었다는 것이다.

록카드 학무국장의 판단에 따르면 미군정 진주 후 일본인 교장들이 축출되고 새로 임명된 한국인 교장들은 상당한 교육 배경을 지녔지만 교장으로서는 경험이 부족했다. 때문에 신임 교장들은 학교를 조직하고 관리하는 일에 공포를 느껴서 어떻게 출발해야 할지를 알지 못했다. 게다가 해방의 여파하에 있던 학생 단체들은 학교를 자주적으로 운영하길 희망했고, 부모들 역시 당시 마을 주민들이 건준-인민위원회를 운영한 것처럼 학교를 운영한다는 생각을 가지고 있었다. 만약 교장이 문제를 잘 해결한다면 학무국의 간섭이 없었지만, 그렇지 않은 경우 학무국이 상황을 통제했고, 때에 따라서는 새 교장을 임명했다.[30]

이원순에 따르면 학생들이 교장으로 추천한 인물은 신기범(愼驥範)으로 교토제국대학 출신으로 퍽 온건한 분이라 요란하지 않았고, 좌파 학생들이 내세우기 좋았다는 것이다.[31] 유경로의 회고에 따르면

29 "History of Bureau of Education from 11 September 1945 to 28 February 1946," p.30.
30 "History of Bureau of Education from 11 September 1945 to 28 February 1946," p.30.
31 서울대학교·한국교육사고, 「이원순 선생님」(1992. 6. 2.), 117쪽.

영어교사였던 신기범은 "신동"이라 할 만했는데, 해방 직후에는 영어를 떠듬거렸으나 2개월 후에는 청산유수였다는 것이다. 해방 후 일본인 교수와 행정 직원, 학생들이 물러간 경성사범은 말 그대로 존립 위기였다. 이원순 등 학생자치대가 학교 서무행정을 관리해야 하는 상황이었다. 이런 가운데 신기범은 1930년부터 경성사범 교유(教諭)로 근무했던 연조 있는 한국인 선생이었다. 때문에 신기범은 장리욱이 교장으로 부임하기 전에 실질적으로 경성사범의 책임자 격으로 일했다. 오천석 학무국 부국장은 1945년 가을 신기범과 경성사범 졸업생을 불러 경성사범이 사범대학으로 개편된다고 알렸다.[32] 신기범은 "적어도 대학이라면 대학에서 학생을 가르치는 사람은 적어도 대학을 나와야겠다"고 해서 대학 나온 가장 우수한 사람을 경성사범에 초청하려고 했다.[33] 신기범의 영향으로 물리화학과의 제1회로 제일 선배 격이었던 유경로는 물리학으로 대학 나온 사람들의 리스트를 만들어 대학 교수를 섭외하는 일을 했다.[34] 그러나 일류 교수는 경성대학에 빼앗기고 그다음 후배 등이 경성사범에 오게 되었다.

신기범은 중도적 성향의 인물로 좌우 누구든 불합리한 언행을 지적하곤 했다. 신기범은 독재적 성격이 없었기에, 초기 경성사범 교수들과 밤낮으로 회의를 했다. 장리욱의 표현을 빌리자면 "좌익 학생들 편에 호의적이라는 오해를 가끔 받았다". 신기범은 좌파 조선교육자협회의 부위원장을 맡았으나, 활발한 활동을 벌인 것 같지는 않다. 신기범은 신중한 처신으로 학생들의 동맹휴학을 조정하고, 장리욱이 교

---

32 서울대학교·한국교육사고, 「유경로 선생님 추가인터뷰」(1992. 6. 2.), 93쪽.

33 서울대학교·한국교육사고, 「유경로 선생님」(1991. 6. 13.), 76쪽; 「유경로 선생님 추가인터뷰」(1992. 6. 2), 83~85쪽.

34 유경로(서울대학교 사범대학 교수)에 따르면 당시 대학 물리학과를 나온 사람은 한국에 모두 7명뿐이었다. 도상록을 포함한 대부분이 월북했다.

장으로 안착할 수 있도록 도움을 제공한 것으로 보인다.

장리욱도 현명하고 단호한 처신을 보인 것으로 보인다. 장리욱은 경성사범 교사진들과 잘 협력관계를 구축했고, 학생 및 동창들과도 밀접하게 접촉하며 자신의 능력과 실력을 증명했다. 일제 시대 경성사범 출신으로 해방 후 서울대 사범대학에 진학한 유경로(서울대 사범대 교수 역임)는 경성사범 동창들이 오천석을 만나서 경성사범을 어떻게 할 것인지를 묻자 사범대학으로 승격시키겠다고 언질하며, 교장으로 적임자가 있는데 자신의 선배로 이북에 계시며 곧 나올 것이라고 말했다고 한다. 이에 따라 동창들은 미국 컬럼비아대학 출신이라는 장리욱을 청량리 밖의 어느 절에서 만나 점심을 한 적이 있다고 했다.[35] 국방색 양복을 입은 장리욱은 상당히 좋은 인상으로 유머러스하여 호감을 샀으며, 허우대나 말하는 품이 경성사범 교장을 할 만하다고 생각했다는 것이다.

장리욱은 경성사범이 아닌 미군정 학무국 구내에서 학생 대표 7~8명을 만났고, 이후 반대가 좀 진정되자 교장일을 시작했다고 썼다. 유경로의 증언과 일맥상통하는 얘기이다. 장리욱은 경성사범 동창 및 재학생들을 직접 만나 자신이 적임자임을 증명한 후에 경성사범학교 교장에 취임할 수 있었다. 장리욱 자신의 회고에 따르면 11월 하순에 이르러서야 정식 취임을 하게 되었다.[36]

교장에 취임한 장리욱은 학생들의 정치적 요구를 거부하고 심하게 꾸짖고 나무랐다. 학생들은 신입생 구두시험과 입학 허가 적부를 최종으로 심의하는 회의에 교수진에 상등(相等)하는 학생 대표의 참석이 있어야 한다고 요구했던 것이다. 그러자 학생들은 친일파로 구

35 서울대학교·한국교육사고, 「유경로 선생님」(1991. 6. 13.), 68~69쪽.

36 장리욱, 「소위 '국대안 사건'의 전말」, 『월간중앙』 8월호, 1969, 133쪽.

성된 한국교육위원회가 추천한 장리욱도 친일파이자 반동파 인물이므로 교장직을 거부한다고 주장했다. 장리욱은 자신이 교장으로 있던 신성학교 학생들은 한 명도 경성사범에 들어올 수 없었는데, 신성학교가 반일학교라는 낙인이 찍혔기 때문이었다며, 그렇다면 학생들도 모두 친일파거나 학부형들이 친일파였을 것이라고 받아쳤다.[37] 또한 자신이 2년 동안 감옥 생활을 했다는 점을 피력했다고 한다. 장리욱이 회고록에 이렇게 쓸 정도였다면 실제로 경성사범에서의 장리욱에 대한 학생들의 반대와 이에 맞선 장리욱의 대응 역시 심각했다고 볼 수 있을 것이다.

경성사범은 1천여 명의 학생 중 일본 학생이 70%를 점했고, 교사도 40여 명 중 4~5명만이 한국인이었다. 해방 후 일본 학생·교사가 철수하자 학생 300여 명과 교사 몇 명이 학교를 지키고 있었다. 그런데 장리욱에 따르면 "京師(경성사범)는 해방 직전부터 좌익세력의 침투가 심"해 해방 후 좌익이 교내 주도권을 장악했고, 교내에서는 김택원(金澤源)이라는 교사가 주동자였다. 훗날 월북한 김택원의 주도하에 반대를 일삼았다는 것이다.[38]

장리욱의 회고록에는 김택원의 이름만 적었지만, 해방 후 남한에서 교육계의 주도권과 방향을 둘러싼 각축과 대결은 경성사범에서도 재현되었다. 경성제대 법문학부 철학과 졸업생으로 교육학을 전공한

37 장리욱, 「소위 '국대안 사건'의 전말」, 133쪽; 『나의 회고록』, 172쪽.

38 『나의 회고록』, 171쪽. 경성사범 및 서울사대 교수였던 김준민은 서울사대에 좌익 계통의 교수들이 많았고, 6·26 당시 좌익 계통 선생들이 학교를 운영했다고 기억했다. 서울대학교·한국교육사고, 「김준민 선생님」, 4쪽. 이원순도 일제하에서 사범학교 학생들이 좌익에 유인당할 수 있는 몇 가지 요인이 있었다고 지적했다. 수재만이 사범학교에 들어올 수 있었는데, 일본인 선생이 출세가 빠르고 식민지 수당을 받는 데다 출세를 할 수 없어 좌절감을 느끼고, 독립운동과 좌파운동이 결합되어 좌익 세력이 강했다고 회고했다. 서울대학교·한국교육사고, 「이원순 선생님」, 116~117쪽.

김택원은 경성제대 졸업 논문에서 리트(T. Litt)의 정신과학적 교육학을 다룬 바 있다.[39] 1939년 이래 경성사범 교유로 재직했으며, 경성사범이 서울대 사범대학으로 통합된 후 사범대학 교수로 재직(1946. 10. 22.~1947. 3. 31.)하다 국대안 반대운동과 관련해 1947년 3월 의원면직되었다. 김택원은 해방 후 좌파 교원 단체·교육 단체에서 활발한 활동을 벌였으며 1947년 월북해 김일성대학 교육학 교수가 되었다. 북한에서 김택원은 자신의 경력을 다음과 같이 설명했다(1947. 12.).

> 8월 15일 해방 직후 경성사범학교 졸업생을 지도하여 교육혁신동맹에 가맹케 하고 재학생으로 하여금 사회과학 연구반을 조직케 하여 맑쓰레닌주의 연구를 지도하다. 1945년 12월 김태준(金台俊)·이창기(李昌器) 동지의 추천으로 당시 조선공산당에 입당하다. 1946년 2월 교육혁신동맹을 해체하고 조선교육자협회를 조직하게 되자 서기장과 부위원장으로 선임되어 미군정하의 문교 정책의 반동성을 폭로 공격하다. 1946년 2월 16일 민주주의민족전선 결성대회에 대의원으로 출석하여 교육 문화 대책 연구위원에 피선되다. 그 후 주로 교육자협회 간부로 남로당 지시에 의하여 활동하는 과학자동맹과 조소문화협회의 상임위원으로 피선되다. 1946년 4월 경성사범이 사범대학으로 승격되자 교수로서 교육학을 강의하다가 1947년 3월 미군정청 문교부 방침으로 파면되다. 그 후 7월 말까지 중등학교 교과서 『사회생활』의 저술에 종사하다.[40]

39 김성학, 『서구교육학 도입의 기원과 전개』, 문음사, 1996, 171쪽.

40 김기석, 「김일성종합대학의 창설에 관한 일 연구」, 『교육이론』 제10권 제1호, 1996, 232쪽; 「金宅源자서전」, 『(1947년도) 金日成大學發令件』(北幹第26號, 北朝人委 教育局), NARA, RG 242, SA 2006, Box 12, Item 32.1.

조선교육혁신동맹은 1945년 10월 초 국민학교(현 초등학교) 교원을 중심으로 조직된 진보적 교원 조직이었다. 김택원은 경성사범 출신 국민학교 교원은 조선교육혁신동맹으로, 경성사범 재학생들은 사회과학 연구반으로 조직한 것이다. 게다가 그는 조선공산당 당원이었다. 조선공산당의 지시로 1946년 2월 17일 교육혁신동맹을 해체하고 조선교육자협회를 조직한 후 서기장과 부위원장으로 일했다.[41]

김택원은 해방 직후 조직된 조선학술원 출판과 위원이자, 상무위원으로 이름이 올라 있고,[42] 1946년 4월에는 청주 학생 동맹휴학과 관련해 학원의 자유가 중요하다는 발언이 기사화되기도 했다.[43] 1946년 8월 21일 해방 1주년 기념 교육 강연회에서 김택원은 장리욱·박준영과 함께 강연에 참가했다.[44] 1947년 1월에는 남조선교육자대회(1947년 1월 14일)에서 경과보고를 했고,[45] 6월 17일에는 문교부 차장 오천석을 방문해 국대안 문제로 항의했다.[46] 1947년 8월 15일 미군정의 대대적 좌익 검거 때 교육자협회 부위원장으로 8월 12일 검거되었다가 9월 23일 불기소 석방되었다.[47] 김택원의 이후 행적이 확인되지 않는 것으로 미루어 1947년 하반기 이래 월북했을 것이다. 1963년 남한 교육에 관한 공저를 북한에서 출간한 바 있다.[48]

---

41 김성학, 『한국 근대교육의 탄생』, 교육과학사, 2013, 268~301쪽.

42 「정치 자유가 없는 곳에 학술의 발전이 없다, 학술원서 각 문화 부문을 토의」, 『신조선보』(1945년 10월 6일).

43 「민주국가건설은 학원의 자유에서, 경사(京師) 교수 김택원 씨 담(談)」, 『현대일보』(1946년 4월 4일).

44 『조선인민보』(1946년 8월 20일); 김성학, 『한국 근대교육의 탄생』, 283쪽.

45 「교육자대회 성황」, 『대구시보』(1947년 1월 16일).

46 『문화일보』(1947년 6월 18일); 김성학, 『한국 근대교육의 탄생』, 284쪽.

47 「교육자협회 박 위원장 등 송청」, 『조선중앙일보』(1947년 9월 16일); 「교협 간부들 불기소 석방, 박 위원장과 유상선 씨만 기소」, 『조선중앙일보』(1947년 9월 25일).

48 김택원·송재구·최준갑, 『미제 강점하의 남조선: 교육편』, 평양조선로동당출판사, 1963.

미군정의 국립서울대학교안(국대안)이 발표된 후 좌익계 교수·학생의 반발은 극에 달했고 충돌이 벌어졌고 사대부중 주사(교장)를 겸임하던 신기범은 1947년 11월 21일 사대부속중학교 학생들에 의해 타살되었다.[49] 장리욱이 회고록에 단 한 줄로 설명한 경성사범 내에서 좌우 대립, 혹은 좌익계 교수·학생과의 갈등은 심각한 수준이었다. 또한 사상 사건도 끊이지 않았다. 서울대 사범대 생물과 장형두(張亨斗) 교수는 38선을 오가는 소금 밀무역을 하는 조카와 연루되어 1949년 10월 인천경찰서에서 고문치사 당하기도 했다.[50] 장 교수는 10월 21일 서울 동대문구 용두동 138번지 자택에서 피검되어, 10월 22일 인천으로 이송된 후 23일 고문치사 당했다. 사건 관계자인 인천경찰서 사찰계 형사 2명 중 허운찬만 독직치사죄로 기소되고, 정동국은 기소유예 처분을 받았다.[51] 사범대 교수의 고문치사 사건은 국회로까지 비화되었지만, 범인들의 최종 처벌 여부는 확인되지 않는다.

일제하에서 경성사범은 가난한 식민지 학생이 선택할 수 있는 안정적 직업으로 향하는 지름길이었다. 당연히 입학 조건과 시험이 까다로웠고, 수재들만이 이 학교에 진학할 수 있었다. 1922년 조선총독부 사범학교를 개편한 경성사범학교는 5년의 보통과와 1년의 연습과

---

49 『한성일보』(1947년 11월 26일); 『자유신문』(1947년 12월 24일); 김성학, 『한국 근대교육의 탄생』, 288쪽. 장리욱은 "어느 날 자기 집 앞길에서 어떤 자에게 테러를 당한 것"이라고만 적었다. 『나의 회고록』, 184쪽. 사대부속중학교 애교동지회(愛校同志會) 소속 범인 5명(이기홍, 정광원, 권광원, 이순의, 이종황)은 단기 3년 장기 5년의 가벼운 형을 선고받았다. 『한성일보』(1948년 4월 17일). 신기범은 사대부중에서 서북청년회 계열인 규율부가 학생들을 테러하고 폭력을 행사하는 것을 방지하려고 규율부를 없앴다가 테러를 당했다. 애교동지회가 바로 규율부인 것으로 보인다. 서울대학교·한국교육사고, 「김준민 선생님」, 3쪽; 서울대학교·한국교육사고, 「유경로 선생님」(1991. 6. 13.), 72~73쪽.

50 서울대학교·한국교육사고, 「김준민 선생님」, 5쪽; 「사대 장 교수 변사 경기경찰국서 문초 중 국회조사키로 가결」, 『한성일보』(1949년 10월 27일).

51 「경사 2명을 문초; 장씨 변사 사건 이지검청장 담(談)」, 『한성일보』(1949년 10월 29일); 「장형두 씨 취조관 독직치사죄로 수기소」, 『한성일보』(1949년 11월 19일).

를 두었으며, 연습과는 전문학교 수준으로 인정받았다. 1943년 개정된 조선교육령에 따라 경성사범학교는 전문학교 수준의 초등교원 양성기관이 되었다. 총독부의 전폭적 후원하에 교과 과정, 교육학 교육, 충실한 실습 등은 경성사범의 자랑이 되었다. 일본인 학생들은 경성사범은 학생들의 개성을 존중하는 자유로운 분위기의 학교, 일본인 교사의 식민지적 사명의식, 민족 차별이 없이 공평하고 관대한 전인교육을 실시한 멋진 학교였다고 기억한[52] 반면 한국인 학생들은 경성사범이 설립 초기부터 황민화 교육과 식민지 지배 체제를 공고히 하는 교육 내용을 일관했으며, 민족 차별과 멸시가 눈에 띌 정도로 심각했다고 기억했다.[53] 이원순은 5년제 평양 제3공립중학교를 졸업하고 1944년 경성사범학교에 입학했는데, 평양사범학교 출신 부친의 영향을 받았을 뿐만 아니라 사범학교 학생들은 졸업할 때까지 전쟁에 끌고 가지 않는 특례 때문이었다. 경성사범에 입학한 이원순은 한국인이라고 일단 일본인들에게 괄시를 당했고, 기숙사 입사 첫날 기합을 받았다. 이 기합이 끝나자 예과로부터 올라온 같은 한국인 친구로부터 이중의 기합을 받아야 했다.[54] 경성사범 출신들은 해방 후 경성사범 내의 좌우 대립, 국대안 반대 사건 등의 배경으로 일제 시대부터 일본인 선생들로부터 인정받고 공부도 잘하던 학생들은 죽순회라는

52 차은정, 『식민지의 기억과 타자의 정치학』, 선인, 2016, 216, 226쪽. 52대 1의 경쟁률을 뚫고 경성사범에 들어간 정범모는 경성사범이 황국신민 교육의 측면을 제외하면 전형적인 전인교육이었다며, 교과 수업 및 각종 운동, 글라이더 비행, 마라톤, 바다 수영, 오르간, 공작, 농사실습, 물리화학 등의 전인교육을 상찬했다. 정범모, 「경성사범학교」, 『그래, 이름은 뭔고? 회상과 수상』, 나남, 2007, 182~187쪽.

53 선우휘, 『노다지』, 동서문화사, 1986, 166~167쪽; 한수영, 『사상과 성찰: 한국 근대문학의 언어·주체·이데올로기』, 소명출판, 2011, 167~174쪽.

54 서울대학교·한국교육사고, 「이원순 선생님」(1992. 6. 2.), 114쪽. 이원순과 김종서 등은 방계였고, 한기언, 정범모 등 예과에서 올라온 사람들이 직계였다. 유경로는 보통학교·초등학교 졸업 후 경성사범 6~7년을 다닌 부류가 정통파, 연습과 출신은 비정통파라고 했다.

우익이 되었고, 일본인들과 사이가 좋지 않고 괄시를 받아 불만을 가졌던 눌려 있던 학생들은 럭비부를 중심으로 좌익이 되었다고 기억했다.[55]

장리욱은 경성제대 2회 졸업생으로 이전부터 잘 알고 지내던 이종수(李鍾洙) 교수의 도움으로 교수진을 짜고 학내의 복잡한 문제들을 처리하는 데 도움을 받았다. 이와 관련해 경성사범 교수가 된 김준민은 해방 후 9월 장리욱 교장의 부름을 받고 을지로 6가 캠퍼스로 가니 일제 때 경성사범학교 교유로 있던 영어의 신기범, 수학의 정순택, 교육의 김택원 등이 그대로 있고 새로 초빙한 심리학의 임석재, 영어의 이종수, 가정과의 장명욱, 생물과의 김준민이 모였다고 회고했다.[56] 이들이 경성사범을 이끌게 되었다는 것이다. 이후 경성사범이 사범대학으로 발족하게 되어 김준민은 장리욱의 지시로 생물과 과목을 짜고 교수를 초빙해 진용을 짜게 되었다는 것이다.

장리욱은 상당히 부드러운 사람이지만 "원칙으로 해결하는 문제에 대해서는 끝까지 붙들고 늘어"지는 성격이었다. 장리욱은 이원순에게 초대면한 손님을 대접하고 여유를 갖기 위해서 담배를 피워 보는 게 좋겠다고 권유했다는 일화를 전하기도 했다. 담배 피우는 사람은 손님 접대에 그런 여유를 갖게 되니 담배를 피우지 않는 자신은 좀 안타깝더라는 얘기였다. 이원순은 상대를 알아주는 너그러움, 이해하려는 인품으로 장리욱이 어려운 사범대학 및 서울대학 문제를 풀어 나갔다고 해석했다.[57]

임석재는 장리욱 교장이 민주주의 교육을 하라고 얘기했는데, 민

---

55 서울대학교·한국교육사고, 「유경로 선생님」(1991. 6. 13.), 71쪽; 「유경로 선생님 추가인터뷰」(1992. 6. 2.), 94~95쪽.

56 서울대학교·한국교육사고, 「김준민 선생님」, 1쪽.

57 서울대학교·한국교육사고, 「이원순 선생님」, 125쪽.

주주의라는 것이 무엇인지 어떻게 하는 것이 민주주의 교육인지는 참으로 막막했다는 회고를 남겼다.[58] 미국에서 공부한 장리욱은 경성사범학교-서울대학에서 교육학을 가르쳤는데, 일제 시대 이래 일반적이던 일방적인 노트 필기식 강의와는 다른 강의방식으로 유명했다. 장리욱에게 배운 학생들의 기억에 의하면 경성제국대학에서 일본 교육을 받은 교수들은 학생들에게 불러줄 노트 준비를 하고, 수업시간 내내 그 내용을 불러주고 학생들은 이를 그냥 받아쓰는 노트 필기식 강의뿐이었다. 교수자의 판서도 없고, 강의라고 부를 만한 교수의 설명도 없는 수업 방식이 대부분이었다. 그러나 장리욱은 토론을 중심으로 수업을 진행했다. 서울대 사범대학 교육학과를 졸업한 학생은 50년 뒤에도 일본식 강의 방식과는 달랐던 장리욱의 토론 수업을 기억했다.[59]

4. 한미교육사업협의회·조선교육심의회 참여와 사범교육의 방향 설정

장리욱은 경성사범 교장에 임명된 직후 미군정 학무국 교육고문으로 본격적으로 활동하기 시작했다. 평남 건준, 평남 인민정치위원회 출신이지만 월남 이후 장리욱은 정치적 활동이나 개입은 의도적으로 삼간 것으로 보인다. 같은 시기 월남한 평남 건준 출신들은 경찰, 검

58 서울대학교·한국교육사고, 「김준민 선생님 추가 인터뷰」, 22쪽.

59 서울대학교 사범대학 교육학과 50년사 기획 구술자료(구술자 김종서, 면접자 강일국, 1996. 5. 21., 오후 3시, 교육개혁위원회 위원장실), 서울대학교 사범대학 한국교육사고 소장; 강명숙, 「미군정기 고등교육연구」, 서울대학교대학원 교육학과 박사학위논문, 2002, 152쪽.

찰, 법원, 정치 등의 분야에서 활동한 것과 대비되는 행보였다.

장리욱은 미군정 교육 분야의 고문, 자문역으로 참가했으며, 미국에서 교육학을 전공한 극소수의 인물이었지만, 교육행정 분야에서 적극적 개입과 역할은 회피한 것으로 판단된다. 이는 오천석의 행보와 비교할 때 보다 분명해진다.

미군이 진주하자 처음으로 만들어진 교육관련 자문기구는 한국교육위원회(The Korean Committee on Education)였다. 김성달, 현상윤, 유억겸, 백낙준, 김활란, 김성수, 최규동으로 구성된 위원회는 미군정기 한국 교육의 기본 방향을 정하는 역할을 수행했다. 일제가 물러나고 난 뒤 교육 현장에서 교사 충원, 일본식 교육에 젖은 교사 재교육, 교과서 및 교재 부족, 시설·비품 파괴, 한국 교육의 이념과 목표 설립 등 산적한 문제 한두 가지가 아니었다.

장리욱은 한국교육위원회가 주도해 구성된 한미교육사업협의회(Korean Council on Educational Aid from America)에 1945년 10월 20일 참여했다. 남한을 대표하는 19명으로 구성된 이 위원회는 각 분야별 전문가들로 구성되었다. 의학(김명선, 이용설), 물리학(이원철, 최규남), 농학(이훈구), 교육학(오천석, 장리욱), 역사학(이묘묵, 이병도), 사회학(고황경), 법학(유진오), 영문학(이양하), 철학 및 경제학(안호상, 장덕수, 하경덕, 백남운), 미술·음악(고희동, 박경호), 신학(김관식) 등이었다.[60] 장리욱은 오천석과 함께 교육학을 대표하는 위원으로 참여했다. 한미교육사업협의회는 미국으로부터 교육 원조를 획득하기 위한 목표를 지녔으므로 주로 미국 유학파를 중심으로 구성되었고 일부 일본 유학파가 포함되었다.[61] 정치적으로 가장 큰 특징은 한국민주당 계열의 인사들이

60 Department of Education, Weekly Report, 20 October 1945; "History of Bureau of Education: from 11 September 1945 to February 28," p.10; 윤종문, 「1945~1949년 미군정의 전문인력양성계획과 미국 파견 연구」, 서강대학교 사학과 박사학위논문, 2020, 24쪽.

대거 포함된 반면 좌파 인사들이 대부분 배제된 상태였다는 점이다. 유일하게 포함된 것은 사회경제사학자였던 백남운뿐이었다.

한미교육사업협의회는 1945년 10월 31일부터 11월 22일까지 4차례 회의를 개최했다. 회의에는 주한미군 사령관 하지(John R. Hodge)의 정치고문인 베닝호프(M. Merrell Benninghoff)와 윌리엄스(George Z. Williams), 한국인 위원 19명이 참석했다. 이들은 교육원조 요청안을 마련해 미군정에 제출했다. 그 내용은 미국으로부터 미국인 기술전문가 10명, 교사 15명을 한국에 초청하며, 한국으로부터 한국인 학생 58명을 미국 대학 학부 과정에, 한국인 의사 30명을 미국 임상실습에, 한국 보이스카우트 대원 2명을 미국 보이스카우트 훈련학교에 입학시키는 방안이었다. 또한 한국인 6명으로 '교육조사시찰단'을 구성해 미국에 파견해 미 연방정부와 민간 교육 기관을 상대로 입학 및 교육원조 청원 활동을 전개한다는 내용도 포함되었다.[62]

1945년 12월 12일 한국교육위원회와 학무국 관계자들은 장리욱을 단장으로 하고, 고황경, 나기호, 이용설, 이훈구, 장리욱, 조병옥으로 구성된 교육조사시찰단을 미국에 파견하기로 결정했다. 이들은 모두 일제 시대 미국에서 유학했으며, 해방 직후 미군정과 깊은 관련을 맺고 있었다. 조병옥은 미군정 경무부장, 이훈구는 농상국장, 이용설은 보건후생국장, 나기호는 상공국 차장이었다. 고황경, 이용설, 이훈구, 이용설, 장리욱은 미군정 교육·의학·농업·기술분야 자문위원이었다.[63] 그런데 현직 군정관리로 일하는 조병옥, 이훈구, 이용설이 교

---

61 윤종문, 「1945~1949년 미군정의 전문인력양성계획과 미국 파견 연구」, 24쪽. 그런데 애초 신문 보도에 발표된 위원은 17명이며, 장덕수, 이묘묵은 포함되지 않았다. 「한미교육사업협의회 탄생」, 『신조선보』(1945년 11월 10일).

62 Arnold to MacArthur, December 1, 1945, *Foreign Relations of the United States (FRUS)* 1945, vol Ⅵ.

63 윤종문, 「1945~1949년 미군정의 전문인력양성계획과 미국 파견 연구」, 57~58쪽.

육조사시찰단에 참가한다는 것은 현실적으로 무리였다. 때문에 이들은 구영숙, 김훈, 문장욱으로 대체되었다.[64]

한편 장리욱은 학무국 자문 기구인 조선교육심의회(朝鮮教育審議會, 조선교육심사위원회로도 불림)에도 참여했다. 1945년 11월 14일 군정청에서 제1회 위원회가 개최되었는데, 모두 9개 분과로 구성된 이 위원회는 전문가를 위원으로 선임해 한국 교육의 여러 문제들을 해결하기 위한 것이었다. 조선교육심의회의 9개 분과와 위원은 다음과 같았다.

교육이념위원: 안재홍(安在鴻), 정인보(鄭寅普), 하경덕(河敬德), 김활란(金活蘭), 백낙준(白樂濬), 키퍼 대위, 홍정식(洪鼎植)

교육제도위원: 김준연(金俊淵), 김원규(金元圭), 이훈구(李勳求), 이인기(李寅基), 유억겸(兪億兼), 에렛 소좌, 오천석(吳天錫)

교육행정위원: 최두선(崔斗善), 최규동(崔奎東), 현상윤(玄相允), 이묘묵(李卯默), 백남훈(白南薰), 그랜드 대위, 사공환(司空桓)

초등교육위원: 이활성(李活盛), 이계백(李揆百), 이강원(李康元), 이극로(李克魯), 파라 대위, 이승기(李承寄), 정승봉(鄭錫鳳)

중등교육위원: 조동식(趙東植), 고황경(高鳳京), 송진하(宋鎭夏), 서원출(徐元出), 비스코 중위, 이흥종(李興鍾)

직업교육위원: 장면(張勉), 조백현(趙伯顯), 정문기(鄭文基), 이규재

64 『대동신문』(1946년 1월 15일).

(李奎載), 박장렬(朴璋烈), 로즈 대위, 이경선(李敬善)
고등교육위원: 조병옥(趙炳玉), 백남운(白南雲), 유진오(俞鎭午), 윤일선(尹日善), 크로프스 소좌, 김성수(金性洙), 박종홍(朴鍾鴻)
사범교육위원: 장덕수(張德秀), 장리욱(張利旭), 김애마(金愛麻), 신기범(愼驥範), 손정규(孫貞圭), 파리 대위, 허현(許鉉)
교과서위원: 조진만(趙鎭滿), 조윤제(趙潤濟), 김성달(金性達), 피천득(皮千得), 황신덕(黃信德), 월취 대위, 최현배(崔鉉培).[65]

당시 신문 보도에 따르면 고등교육위원은 제7분과, 사범교육위원은 제8분과, 교과서위원은 제9분과로 칭해졌다. 장리욱은 사범교육을 담당하는 제8분과 소속이었는데, 한민당 총무인 장덕수를 제외하면 장리욱, 김애마, 신기범, 손정규, 허현 모두 사범대학 혹은 교육 전공 교수였다. 장리욱과 신기범은 경성사범 교장·교수였고, 손정규는 경성여자사범학교 교장, 김애마는 이화여전 교육과장·교수, 허현은 경성치전 영어·사회과학 교수였다. 한민당 총무로 정치인인 장덕수를 제외하면 교육학, 사범교육을 전공한 사람들이었다. 장리욱은 컬럼비아대학 사범대학, 신기범은 교토제국대학, 손정규는 동경여자고등사범, 김애마는 내셔널사범대학을 졸업했다. 허현은 도쿄고등사범을 졸업한 후 보스턴대학 대학원에서 2년간 수학했으며, 1945년 10월 12일 미군정에 의해 교사훈련과 과장으로 임명된 바 있다. 허현의 후임은 1945년 12월 19일 임명된 사공환으로 도쿄고등사범 출신으로 중

65 『중앙신문』(1945년 11월 16일). 고등교육위원 크로프스 소좌는 크로프츠(Alfred Crofts) 해군 중위이며, 다른 보도에는 헥타 중위, 고든 소좌가 포함되었다. 고든은 페처(Gordon J. Fecher) 해군 중위이다. 『서울신문』(1945년 12월 2일).

동고보 선생을 지냈다.[66]

제7분과에서는 고등교육과 그 목적을 연구과제로 하고 전문대학의 정의(定義), 고등교육기관의 학칙 규정, 남녀공학 대책, 전문학교의 자치 문제, 학과와 교원의 소질 향상, 고등교육의 일반 공용(公用) 연구기관 설치, 대학원 제도, 학위 수여, 과학교육 진흥, 귀국 유학생 알선 등을 연구 결정하고, 제8분과에서는 교원 훈련, 사범학교의 목적과 학급편성, 장학금, 의무교육 실시로 인해서 요구되는 사범학교 설치, 사범대학·고등사범대학 설치, 교원의 재교육, 교원 자격 등을 심사·결정한다고 되어 있다.[67]

분과위원 구성의 가장 큰 특징은 각 분과마다 1~2명의 한민당 소속 정치인이 포함되었고, 미국 유학생 출신들이 다수 배치되었으며, 나머지 구성원들의 대부분은 민족주의적이며 보수우파적인 인물로 채워졌다는 점이었다.[68] 우파가 아닌 이로 눈에 띄는 거의 유일한 사람은 마르크스주의 경제학자로 유명세를 얻은 백남운이었다. 이외에 신간회 이래 중도우파적 입장을 취한 민족주의 좌파의 맹장 안재홍이 포함되어 있었다. 이러한 인적 구성은 전반적으로 미군정하 교육정책이 한민당 주도하에 미국 유학생 출신 소수자에 의해 정책 방향과 판단이 이뤄졌음을 잘 보여 주고 있다.

이는 교원 단체, 학생, 교수진 등이 전반적으로 좌파적·진보적 흐름이 주도적이었던 상황과 대비되는 것이었다. 교육행정, 교육권력은 한국민주당 중심의 우파적·보수적 흐름이 주도하고 있었던 것이다.

---

66 "History of Bureau of Education from 11 September 1945 to 28 February 1946," p.30.

67 「조선교육심사위원회, 각분과위원회규정과 위원 결정(3)」, 『서울신문』(1945년 12월 2일).

68 전체 심의위원 중 한국민주당 28명, 민족청년단 7명, 흥사단 31명이 포함되어, 전반적으로 민주주의, 반공, 온건 민족주의적 지향을 지녔다. 하두봉, 『서울대학교 자연과학대학 초기약사(1920~1953)』, 서울대학교출판부, 1999, 17쪽.

위에서 살펴본 해방 후 교원 단체의 활동에서도 조선교육혁신동맹-조선교육자협회로 이어지는 좌파적·진보적 흐름이 주도적이었으며, 이에 맞서 오천석·조동식이 주도한 우파의 조선교육연합회는 국대안 문제가 일단락된 1947년 11월 23일에야 출범할 수 있었다.[69] 교육 행정·교육 권력을 장악한 집단과 교육 현장을 장악한 집단 간의 충돌은 미군정 내내 지속되었고, 그 대표적인 사례가 국립서울대학교안(국대안)을 둘러싼 충돌이었다.

조선교육심의위원회는 1945년 12월 현행 교육제도에 관한 임시 조치안을 발표했는데, 장리욱이 속한 사범교육 분과에서는 사범학교에 대해 다음과 같은 결정을 내렸다.

> 6) 사범학교
>
> (가) 현재의 사범학교는 현재 학생의 전부 졸업할 時까지 此를 계속케 함.
>
> (나) 현재 제도에 의한 졸업생으로서 제4학년 졸업자는 신제도에 의한 사범학교 제2학년에 제5학년 졸업자는 신제도에 의한 사범학교 제2학년에 입학케 함.
>
> (다) 신제도에 의한 사범학교 입학 자격은 현제도에 의한 남녀 각 중학교 3학년을 수료한 자 또는 此와 동등 이상의 학력을 有한 자로 함.
>
> (라) 현제도에 의한 師範學校本科大學者는 신제도에 의한 사범학교의 각 상당 학년에 편입할 수 있음.
>
> 註 今回에 제정한 신교육제도는 1946년도 9월부터 此를 실시하기

---

69 김성학, 『한국 근대교육의 탄생』, 302~303쪽.

로 하고 현재의 학년은 1946년 8월까지 此를 연장함.[70]

해방 후 한국 교육의 기본이념과 방향도 이 시기에 그 대강이 결정되었다. 1945년 12월 20일 조선교육심사위원회의 제4차 본회의는 각 분과위원이 모여 교육이념 문제를 논의했다. 교육이념 심의 안건은 안재홍이 지난 회의에 제안한 안을 약간 수정한 것으로, "弘益人間의 건국 이상을 바탕으로 한 민주국가의 공민 양성"을 내세운 것이었다.[71] 결정안은 다음과 같았다.

> 조선 교육의 근본이념과 방침 수립의 건
>
> 홍익인간의 건국 이상에 기하야 인격이 완전하고 애국정신에 투철한 민주국가의 공민 양성을 조선 교육의 근본이념으로 함.
>
> 우(右) 이념 관철을 위하여 左記 교육방침을 수립함.
>
> 1) 민족적 독립, 자존(自尊)의 기풍과 국제적 우호협조의 정신이 구전(具全)한 국민의 품성을 도야함.
> 2) 실천궁행과 근로역작(勤勞力作) 정신을 강조하고 충실한 책임감과 상호부조의 공덕심(公德心)을 발휘케 함.
> 3) 고유 문화를 순화앙양하고 과학기술의 독자적 창의로써 인류 문화에 공헌케 함.
> 4) 국민체위 향상을 도모하여 견인불발(堅忍不拔)의 기백(氣魄)을

---

70 「조선교육심사위원회, 현행교육제도에 대한 임시 조치안 발표」, 『동아일보』(1945년 12월 14일).

71 지금까지 교육계에서는 홍익인간의 건국 이상이라는 내용이 초대 문교부 장관을 지낸 안호상의 제안이었다고 알려져 왔다(서울대학교30년사편찬위원회, 『서울대학교30년사: 1946-1976』, 1976, 20쪽). 그러나 언론 보도에 따르면 안재홍이 초안을 만든 것으로 되어 있으며, 안호상은 교육이념위원에 들어 있지 않다. 한편 백낙준은 자신이 홍익인간을 교육이념으로 삼자는 제안을 했다고 회고했다. 백관익, 『내일을 위하여』, 정음문화사, 1989, 295쪽.

함양케 함.

5) 숭고한 예술의 감상 창작을 고조하여 순후 원만한 인격을 양성 함.[72]

사범교육 분과는 최종적인 심의 내용을 1946년 초 학무국에 보고했다.

1. 사범교육의 목적은 민주주의와 애국심, 국제협력에 기초한 교육 제도 안에서 교사가 되려고 하는 사람들이 교육자로서의 인격과 지식, 기술을 완전하게 갖추도록 하는 데 있다.
2. (a) 초급중학교 수준의 사범학교 폐지
   (b) 각도에 고급중학교 수준의 남녀 사범학교 각 1교씩 설립
   (c) 사범대학 설립
   (d) 사범학교와 사범대학에 단기의 교사 양성 과정 설치
   (e) 모든 사범학교에 부속 유치원과 부속 초등학교 설립. 사범대에 부속 유치원, 부속 초등학교, 부속 고등학교 설립
3. 월 25원씩 재학생에게 보조금을 지급하는 현행 제도를 폐지하고 장학금 제도로 대체하며 현재 보조금을 지급받고 있는 학생들은 졸업 때까지 이를 계속 받게 할 것.[73]

이상과 같이 1946년 초 초등교원 양성을 위한 사범학교와 중등교원 양성을 위한 사범대학이라는 이원체제가 마련되었다. 이에 따라 미군정 학무국은 1946년 3월 7일 사범대학 신설을 공식 발표했다. 사

72 「교육심의본회의, 교육이념 심의」, 『동아일보』(1945년 12월 20일).

73 국립서울대학교개학반세기역사편찬위원회, 『국립서울대학교 개학 반세기사(1895~1946)』, 2016, 863~864쪽.

범대학은 6년간의 중등교육을 마친 후 4년제 대학의 고등교육 기관으로 1946년 9월부터 시행케 되었다. 이 과정에서 1946년 8월 22일 국립서울대학교설립에관한법령(미군정 법령 제102호)이 제정됨으로써 경성사범학교와 경성여자사범학교가 폐지되고, 그 자원을 계승해 서울대학교 사범대학이 신설되었다. 장리욱은 신설된 서울대학교 사범대학 학장을 맡게 되었다.

5. 미군정 교육시찰단 단장으로 미 전역을 누비다

장리욱은 1946년 3월 13일 교육조사시찰단(Korean Education Commission) 단장으로 미국에 파견되었다. 미군정 헤르츠 대위의 안내로 인천항에서 미군 수송선 시걸(Sea Gull)호를 타고 여정을 시작했다. 귀환하는 미군 장병들 1,000여 명을 싣고 돌아가는 배였다.

Korean Education Commission은 외교정책사절단, 조선교육문화사절단, 도미교육문화사절단, 조선시찰사절단 등으로도 불렸는데, 이들의 도미 목적은 미국 공사립 기관을 방문해 한국의 교육 건설에 필요한 원조를 획득하는 것이었다. 그와 함께 미국에 파견된 인물은 고황경, 구영숙, 김훈, 나기호, 문장욱 등이었다.[74] 장리욱은 한국에 문화 및 기술적 원조 훈련 프로그램을 마련하고 교수와 학생들을 교환하기 위하여 미국 정부 초청으로 교육사절단 6명을 파견하게 되었다고 기억했다.

시찰단 파견 계획은 미군의 진주 직후부터 구상되기 시작했고, 1945년 12월 12일 한국교육위원회와 학무국은 장리욱(단장), 고황경,

74 윤종문, 「1945~1949년 미군정의 전문인력양성계획과 미국 파견 연구」, 56~79쪽.

나기호, 이용설, 이훈구, 조병옥 등을 최초의 시찰단원으로 선정했다. 모두 도미유학생 출신이자 미군정기 학교 교장 혹은 미군정 실무부서의 국장급 인물들로 경성사범 교장(장리욱), 경기여고 교장(고황경), 상공국 차장(나기호), 보건후생국장(이용설), 농상국장(이훈구), 경무국장(조병옥)의 현직을 맡고 있었다. 이들은 대부분 한미교육사업협의회, 조선의학교육평의회, 농업교육자문위원회, 기술교육지도부 위원 등 미군정 자문기구의 자문위원으로 일하고 있었다. 최초에 선발된 시찰단원 중 미 군정 국장급으로 일하던 이용설, 이훈구, 조병옥이 현직을 유지한 채 도미 시찰단으로 파견되기는 곤란한 실정이었다. 때문에 1946년 1월 말 이들 대신 구영숙(의사, 전 세브란스 과장), 김훈(농무부 차장), 문장욱(외무처 차장)이 새로 선임되었다. 국장급 대신 차장급이 선발된 것이다.

이들 6명의 시찰단원들은 샌프란시스코에 도착해 구한말 주한공사관에서 근무했던 윌리엄 샌즈(William Franklin Sands)의 영접을 받았다. 노령의 샌즈는 국무부 국제 보도 및 문화사무소의 상담역이었다. 시찰단은 1946년 4월 11일 워싱턴 D.C.에 도착해 본격적인 활동에 들어갔다. 장리욱은 기자들과 만나 "우리의 목적은 교육 방면에 있어서 실시된 일본 정신을 일소함에 있다. 현재 시급히 요망하는 것은 학교와 교원이다. 교원 부족 수는 5만 명이나 된다"라고 발언했다.[75] 최초 이들의 도미 일정은 3개월로 예정되어 있었다.[76]

이들은 블레어 리 하우스(Blair Lee House)에 머물며 국무부 관계자들과 회의를 갖고, 활동 범위와 방문 기관 조율에 들어갔다. 국무부 관계자들은 워싱턴 D.C. 소재 연방 정부 기관과의 면담을 조율해 주

---

75 「교육문화사절단, 미주각지서 대활약, 체미 장리욱 구영숙 양씨 종횡담」, 『조선일보』(1946년 4월 22일).

76 「조선교육사절단 미국무당국과 토의」, 『조선일보』(1946년 4월 23일).

었고, 시찰단은 1개월 동안 연방 기관과 함께 교육 원조를 제공할 수 있는 교육 기관 목록을 작성하고, 추천서 작성을 병행했다. 장리욱은 교육학·사범 분야, 김훈은 농업 분야, 나기호는 광공국 분야 문장욱은 행정·외무 분야, 구영숙은 의학 분야, 고황경은 사회복지 분야를 분담했다.

워싱턴 D.C.에서 업무를 마친 사절단 일행은 미 전역으로 흩어졌고, 장리욱은 트루먼 대통령을 만나기 위해 워싱턴 D.C.에 체류했다. 장리욱은 백악관 의전국장을 통해 접견 의사를 밝힌 후 1주일간 기다렸다. 그동안 장리욱은 자신의 미국 유학 시절 은인이었던 그레이엄 부인과 연락이 닿았고, 백악관 지도실에 근무하고 있는 둘째 아들 프랭크 대위를 만나기도 했다.

장리욱은 5월 21일 트루먼 대통령을 접견하고 한국민의 선물을 전달했다. 고려 초기 화병으로 1912년 경기도 장단의 왕비릉에서 발굴된 국보급 물건이었다. 장리욱이 고려 화병을 전달하는 사진은 현재 트루먼대통령도서관(Harry S. Truman Presidential Library)에 남아 있다. '트루먼 대통령이 한국 화병을 선물받다(President Harry S. Truman Receives Korean Vase)'라는 제목으로 2장의 사진이 남아 있다. 캡션에 따르면 "해리 S. 트루먼 대통령(왼쪽)이 서울사범대학 학장인 장리욱 박사(오른쪽)로부터 900년 된 화병을 받고 있다. 화병은 미국인들에게 보내는 선물이다. 장 박사는 미국 교육 제도를 시찰하기 위한 한국사절단의 단장으로 미국을 방문했다. 1946년 5월 21일"이라고 적혀 있다.[77]

---

77 "President Harry S. Truman Receives Korean Vase," https://www.trumanlibrary.gov/photograph-records/66-3272; https://www.trumanlibrary.gov/photograph-records/59-1213(2021년 4월 14일 검색). 이 사진과 기사는 국내에도 전해졌다. 「세계에 자랑할 고려자기, 미 대통령에 장리욱 씨가 전달」, 『동아일보』(1946년 6월 10일).

△ 트루먼 대통령에게 화병을 선물하는 장리욱(1946. 5. 21.) ⓒ Truman Library

트루먼 대통령을 직접 접견한 후 장리욱은 자신의 임무를 시작했다. 5월 29일 디트로이트에 도착해 그레이엄 부인과 막내아들을 만났다. 이후 미시간주 칼라마주시에 위치한 웨스턴미시간 교육대학(Western Michigan College of Education)을 방문한 후, 6월 8일까지는 일리노이주 시카고대학교, 일리노이주립 사범대학(Illinois State Normal University)을 방문해 사범교육에 필요한 원조를 요청했다. 이후 아이오와주립 농기계대학(Iowa State College of Agriculture and Mechanic Arts) 등을 방문했다. 장리욱은 6월 5일에는 모교인 듀북대학(University of Dubuque)을 방문해 졸업식에서 명예법학박사(LLD) 학위를 받았다.

이후 장리욱은 다시 시카고로 돌아와 비행기를 타고 조지아주 사바나시로 향했다. 사바나시에는 장리욱의 동생 장성욱(張聖郁)이 개업의로 살고 있었다. 장리욱은 동생이 운전하는 자동차를 타고 조지아, 앨라배마, 루이지애나 등 3개 주를 횡단하는 9백 마일의 여정을 함께 했다.

먼저 6월 9~22일까지 조지아주립 밀리지빌여자대학(Georgia State College for Women, Milledgeville)을 방문해 가정교육학의 권위자로 알려진 홀츠클로(Holtzclow) 교수와 면담했다. 홀츠클로는 한국에서 유능한 학생들을 보내주면 모든 편의를 보살펴 주겠다고 약속했다. 장리욱의 주선으로 경기여고·서울대 사범대학 출신인 주정일과 권진숙을 1948년 이 학교에 유학을 보냈다.[78]

또한 장리욱의 딸도 밀리지빌여자대학을 졸업했다. 훗날 홀츠클로 교수는 한국을 방문해 숙명여대 학생처장으로 일하는 주정일 등 자신의 제자들과 한국 여성 지도자들과 만나보기도 했다.[79]

△ 권진숙(좌), 홀츠클로(중), 주정일(우). 『동아일보』(1962. 6. 23.)

장리욱은 이어서 앨라배마주 터스키기학원(Tuskegee Institute)을 방문했다. 터스키기학원은 입지전적 흑인인 부커 워싱턴(Booker T. Washington)이 설립한 특수교육기관으로 생산 기술을 가진 농촌 사회 지도자를 양성하는 학원이었다. 터스키기학원 견학을 끝낸 장리욱은

---

78 주정일은 서울사대 학장이 된 정범모와 결혼했고, 권진숙은 아르헨티나 대사 등을 지낸 김동성과 결혼했다. 김동성과 정범모는 경성사범 출신으로 해방 후 경성사범학교 및 서울대학교 사범대학에서 우파 학생운동의 중심인 죽순회의 창립 및 핵심 멤버였다. 한국교육사고 편, 「유경로 선생님」(1991. 6. 13.), 71쪽; 서울대학교·한국교육사고, 「유경로 선생님 추가인터뷰」(1992. 6. 2.), 94~95쪽.

79 홀츠클로는 1962년 6월 11~22일 서울에서 개최된 제4회 극동지역 농촌지도사업회의에 옵서버로 참석했다. 당시 홀츠클로는 미 국제개발처 부녀사업국장 '캐더린 홀츠클로우'(66)로 소개되었다. 「눈물 흘린 석별, 홀 여사 제자와」, 『동아일보』(1962년 6월 23일).

멕시코만으로 내려가 연안을 따라 뉴올리언스시로 갔다. 여기서 100마일 떨어진 루이지애나 주립대학을 방문해 교육대학장과 만났다. 미국무부의 연락을 받은 교육대학장은 몇몇 교수들과 함께 장리욱을 환대했고, 장리욱은 한국 유학생을 보내 주면 가능한 한 모든 지원을 해달라고 부탁했다. 장리욱은 '남부의 친절(The Southern Hospitality)'을 체험했고, 이를 인연으로 일제 시대 경성사범학교에 입학해 해방 후 서울대 사범대학 2회 졸업생인 정범모를 한국전쟁 직전 루이지애나 주립대학에 유학 보낼 수 있었다.

뉴올리언스에서 동생 장성욱과 헤어진 장리욱은 기차를 타고 서부로 향했다. 장리욱은 6월 말까지 콜로라도농업기술대학(Colorado Agriculture & Mechanical College)과 캘리포니아 주립대학 버클리캠퍼스의 교육대학원장 등과 만나 사범교육 인재 양성을 위해 논의했다.

미국 전역에서 각 분야별 교육 원조를 협의한 시찰단원들은 시애틀에 결집해, 미국 교육관계자들과 면담 내용, 결과, 권고사항을 담은 최종 시찰 결과 보고서를 작성했다. 시찰단은 7월 26일 미군 수송함인 시스타(Sea Star)호를 타고 한국으로 향했고, 8월 16일 인천항에 도착했다.

시찰단의 활동은 적지 않은 성과를 거두었다. 시찰단원들은 54개 이상의 기관을 방문했고, 최소 227~251명의 학교 입학 약속을 받았다. 확보한 장학금은 최소 134명분에 달했다.[80] 시찰단의 일원이었던 문장욱에 따르면 시찰단은 외교, 교육, 농공상, 의학, 사회 등 여러 분야에서 약 400명의 학생을 미국에 보내 훈련을 받을 수 있는 스칼라십을 얻었다고 밝혔다.[81] 그러나 실제로 이들이 확보한 입학허가와

---

80 윤종문, 「1945~1949년 미군정의 전문인력양성계획과 미국 파견 연구」, 87~88쪽.

81 「문장욱 박사의 강연」, 『신한민보』(1946월 7월 4일); 윤종문, 「1945~1949년 미군정의 전문인력양성계획과 미국 파견 연구」, 88쪽.

장학금은 미국무부에서 1947년 교육원조 예산을 배정하지 않음으로써 실현될 수 없었다. 장리욱은 8월 24일 문교부 주최 하기대학에서 미국 시찰담을 강연하기도 했다.[82]

장리욱을 기다리고 있던 것은 국립종합대학안, 즉 국대안 문제였다. 그가 한국을 떠난 사이 경성사범학교는 서울대학교 사범대학이 되었고, 그는 교장에서 사범대학장이 되었다.

6. 서울대학교 사범대학 학장과 국대안 파동

1946년 8월 22일 미군정청 법령 제102호로 국립서울대학교 설립에 관한 법령이 공포되었다.[83] 속칭 국대안(국립서울대학교설립안)으로 불린 이 법령은 일대 파란을 불러일으켰다. 반대하는 교수와 학생들에 의한 동맹휴학과 대학 등록 및 수업 거부가 이어진 반면 이를 강행하려는 미군정 학무국·문교부의 대결이 이어졌다. 이 결과 1946~1947년간 서울의 주요 대학 및 전문학교는 물론 전국의 전문학교, 중학교까지 동맹휴학의 여파가 미쳤다. 해방 직후 교육 재건의 염원이 또 한 차례 시련을 겪게 되는 계기였다. 법안의 핵심은 서울과 그 인근에 있는 경성대학 및 9개 관립전문학교(사립전문학교 1개 포함)를 통합해서 국립서울대학교라는 종합대학을 새로 출범시킨다는 것이었다. 9개 관립전문학교는 경성경제전문학교, 경성치과전문학교(사립), 경성법학전문학교, 경성의학전문학교, 경성광산전문학교, 경성사범학교, 경성공업전문학교, 경성대학, 경성여자사범학교, 수원농촌전문학교 등

82 「장리욱 씨의 미시찰 강연」, 『조선일보』(1946년 8월 21일).

83 「군정청법령」 제102호(1946년 8월 22일).

이었다. 경성대학(서울대학)에는 법문학부, 이공학부, 의학부, 예과 등 4개의 학부가 존재했는데, 이들 경성대학 4개 학부와 9개 관립전문학교를 통합해서 문리과대학, 법과대학, 공과대학, 의과대학, 사범대학, 농림과대학, 상과대학, 치과대학, 예술대학 등 9개 단과대학과 대학원을 설치한다는 것이었다.

국립서울대학교 설립안에 따른 대학·전문학교의 통폐합

<table>
<tr><th></th><th>경성대학 학부</th><th>경성대학 통합 관립
전문학교(교장)</th><th>서울대
단과대학</th><th>학장</th></tr>
<tr><td rowspan="6">대학</td><td rowspan="2">법문학부
(백낙준–조윤제)</td><td>경성대 문학부 + 경성대 이학부</td><td>문리과대학</td><td>이태규</td></tr>
<tr><td>경성대 법학부 +
(1) 경성법학전문학교(고병국)</td><td>법과대학</td><td>고병국</td></tr>
<tr><td rowspan="2">이공학부
(최남규–이태규)</td><td>(2) 경성공업전문학교(안동혁)</td><td rowspan="2">공과대학</td><td rowspan="2">김동일</td></tr>
<tr><td>(3) 경성광산전문학교(최윤식)</td></tr>
<tr><td>의학부(윤일선)</td><td>(4) 경성의학전문학교(심호섭)</td><td>의과대학</td><td>심호섭</td></tr>
<tr><td>예과(현상윤)</td><td></td><td>예과(잠정)</td><td>채관석</td></tr>
<tr><td colspan="2"></td><td></td><td>대학의원</td><td>백인제</td></tr>
<tr><td colspan="2" rowspan="5">전문학교</td><td>(5) 경성경제전문학교(이인기)</td><td>상과대학</td><td>이인기</td></tr>
<tr><td>(6) 경성치과전문학교(박명진)</td><td>치과대학</td><td>박명진</td></tr>
<tr><td>(7) 경성사범학교(장리욱)</td><td rowspan="2">사범대학</td><td rowspan="2">장리욱</td></tr>
<tr><td>(8) 경성여자사범학교(손정규)</td></tr>
<tr><td>(9) 수원농촌전문학교(조백현)</td><td>농업과대학</td><td>조백현</td></tr>
<tr><td colspan="2" rowspan="2"></td><td rowspan="2">경성음악학교(현제명)</td><td rowspan="2">예술대학</td><td>장발(미술학부장)</td></tr>
<tr><td>현제명(음악부장)</td></tr>
<tr><td colspan="2" rowspan="2">대학원</td><td rowspan="2"></td><td rowspan="2">대학원</td><td>윤일선(원장)</td></tr>
<tr><td>조윤제(부원장)</td></tr>
</table>

국대안은 미국식 주립대학 시스템을 한국에 적용시키려 한 의도로 알려져 왔다. 즉 각 단과대학이 유기적이고 종합적으로 집중된 종합대학 시스템을 지향한 것으로 알려져 왔다. 그런데 위의 대학·전문학교 통폐합 표에서 알 수 있듯이, 한국 내 유일한 대학이었던 경성대학의 3개 학부를 복잡하게 나누고 더함으로써 제국대학의 유산·유제

와 시스템을 단절시키려 한 것임을 알 수 있다.

(5)~(9)번의 전문학교는 바로 개별적 단과대학이 되었으며, 전문학교가 존재하지 않던 예술대학이 신설된 반면, 경성대의 3개 학부 중 법문학부와 이공학부는 형체를 알아볼 수 없게 분해된 뒤 다른 전문학교와 통합되었다. 경성[제]대의 핵심이었던 법문학부의 경우 문학부는 이학부와 합해져 문리과대학이 되었고, 법학부는 경성법학전문과 합해져 법과대학이 되었다. 이공학부는 이학부와 공학부가 분리된 후 공학부는 경성공업전문·경성광산전문과 통합돼 공과대학이 되었다. 의학부는 경성의전과 통합해 의과대학이 되었다.

이 시기 연희전문, 보성전문, 이화여전, 숙명여전 등 사립 전문학교들이 모두 독립적인 대학으로 승격해 식민지의 유산과 경험을 확산시켜 가던 것과는 다른 경로가 취해졌음을 알 수 있다.

국대안에 대한 가장 큰 불만은 경성[제국]대학의 권위와 전통, 특권이 손상되었다는 데 대한 경성대학 교수·직원·학생·동창들의 반발, 경성대학에 흡수·통합하게 된 9개 전문학교 교수·직원·학생·동창들의 반발에서 비롯되었다. 교수들에게는 60일의 봉급만 지불되고, 이후 새로운 단과대학에서의 임용권은 서울대학교 총장과 이사회에 주어진다고 공표되었기에 교수들의 강한 불만이 제기되었다 교수 임용에서 탈락할지도 모른다는 위기 의식과 교수 임용의 권한이 교수회의가 아니라 미군정이 임명하는 관선 이사회에 주어진다는 점이 가장 큰 쟁점으로 부각되었다. 발표된 국대안 법령에 따르면 군정 문교부가 임명하는 6명의 임시 이사는 미군 문교부장, 문교부 차장, 고등교육 국장과 한국인 문교부장, 문교부 차장, 고등교육 국장 등 6명의 미군정 관료로 채워졌다. 임시 이사회가 서울대학의 총장 임명권을 포함한 학교 운영의 모든 책임을 부여받았다. 총장은 교수의 임용, 정권·해임 권한을 부여받았다. 학과목·과정의 채택도 총장의 권한으로 지정되었다. 또한 관선 이사회가 1946년 8월 주한미군 군목이자 해군 대위인 앤스테드(Harry Bidwell Ansted)를 초대 서울대학교 총장에 임명하고, 교무처장으로 언더우드(元一漢, Horace G. Underwood), 학생처장으로 미국 시민권자 김성덕(金聖德, Jacob S. Kim)을 임명하자 사태는 걷잡을 수 없게 되었다.[84] 미군들이 관선 이사의 절반을 차지하고, 미군 대위가 초대 총장에 임명되는 상황은 신탁통치안처럼 대학도 강대국의 개입과 간섭하에 놓일 것이라는 의혹과 우려를 증폭시켰다.

일본 제국대학 시스템에서는 강좌를 운영하는 교수의 권한이 절대적이어서, 교수 자치 제도라는 것이 확립되어 있었다.[85] 해방 후 경성대학에서도 일본인 교수·직원·학생이 물러간 이후 직원·학생자치위원회가 설립되어 제국대학 시스템의 유산을 따라 교수 자치, 학생 자치, 학교 자치를 주장하고 있었다. 해방 직후 정치 분야에서 건국준비위원회가 결성되고 치안대·보안대·학생대를 운영한 바 있으며, 공장·광산·기업소에서는 자주 관리 운동이 일어나 적산 접수 및 운영을 시도한 바 있다. 경성대학에서도 한국인 직원·학생에 의한 자치 관리·자주 관리 시도가 존재했다. 이들은 학교 운영의 핵심인 인사와 예산 문제를 대학 교수 중심으로 운영하는 대학 자치를 주장했다.

반면 진주한 미군정 학무국(문교부)은 대학 자치는 일제 잔재이며 교수는 연구와 교육을, 학생은 공부에 전념해야 한다는 입장이었다.[86]

---

84 서울대학교20년사편찬위원회, 『서울대학교20년사』, 서울대학교출판부, 1966, 21쪽.

85 김기석, 『일란성 쌍생아의 탄생, 1946: 국립서울대학교와 김일성종합대학의 창설』, 교육과학사, 2001, 49쪽. 대학 자치는 일본 제국대학에서 교수가 대학 운영의 핵심인 인사권과 재정권을 행사하는 관행이었다. 1913년 발생한 '교토제대 사와야나기 사건(京大澤柳事件)'을 계기로 공인되었다.

86 1946년 초반 경성대학 이공학부장 이태규는 학무국장 록카드로부터 "대학의 자치, 學의 독립은 일제잔재"라는 발언을 들었다(「일인일언(一人一言): 잔재냐 체재냐, 김재을(金在乙)」, 『현대일보』 1946년 4월 9일). 1946년 7월 31일 서울대학교 교수·조교수·강사 대표 4인은 미군정 문교부장 피텐저 대령을 방문했는데, "군정은 비민주적이라는 것을 알

여기에는 일본 제국대학 시스템을 일제 잔재이자 청산해야 할 악폐로 상정한 오천석 등 한국인 학무국 관료들의 입장이 투영되어 있었다. 경성대학에서는 1945년 9월 말 이래 백낙준을 총장대리 겸 법문학부장, 현상윤을 예과부장으로 임명한 데 대한 학생·교직원 자치회의 반발이 수개월간 지속되었다.[87] 백낙준 대신 정식으로 경성대 총장에 임명된(1945년 10월 17일) 해군 중위 크로프츠(Alfred Crofts)는 학무국 내외의 갈등으로 1945년 12월 7일 학무국을 떠났고, 미군정 외사처를 거쳐 1946년 2월 일본으로 전출되었다. 그사이 1946년 초 학무국은 동경제대 독문학과 출신 김준연을 경성대 총장 물망에 올렸으나 군정 장관이 임명을 거부했다. 당시 신문에는 김준연이 거절해 성사되지 못한 것으로 보도되었다.[88] 백낙준, 현상윤, 김준연은 모두 한민당 계열의 인사들이었다. 이후 1946년 2월 학무국은 2명의 총장 후보자를 전쟁부에 추천했고, 이 결과 1946년 2월 20일 해군 대위이자 군목인 앤스테드가 경성대 책임자로 임명되었다.[89]

1946년에는 5월에는 저명한 사회경제학자이자 법문학부 교수 백

아야 한다. 군정은 민주주의가 될 수 없다. (중략) 학자는 행정에는 관계치 말고 연구와 교육에나 종사할 것이며 자치 운운은 일제 잔재다"라는 발언을 듣고 경악했다(「전국교육자대표 한자리에 모여, 국립서울대학안 철회 요청; 경성대학 전학교수회 대표 피렌취 문교부장과 회담」, 『현대일보』 1946년 8월 2일).

87 조헌영, 「국립서울대학안과 학생맹휴에 대하야」, 『건설』 3월호, 건설출판사, 1947, 57~60쪽.

88 "History of Bureau of Education from 11 September 1945 to 28 February 1946," pp.27-28.

89 강명숙, 「미군정기 고등교육 연구」, 서울대학교 교육학과 박사학위논문, 2002, 92쪽; "History of Bureau of Education from 11 September 1945 to 28 February 1946," Appendix I. List of Military Personnel, p.38. 이 「학무국 역사」에 첨부된 학무국 소속 군인 명부에 따르면 앤스테드, 해군 중위, 1946년 2월 20일 배치, [경성]대학 담당으로 되어 있다. 전임자인 크로프츠 해군 중위는 1945년 9월 24일 배치, 1945년 12월 12일 전출, 고등교육과, [경성]대학 담당으로 되어 있다. 앤스테드가 1946년 2월 20일부터 경성대학 담당자로 배치된 것은 확실하지만, 당시 직책이 경성대 총장이었는지는 명확하지 않다.

남운이 사표를 제출하자 군정에서 당일로 수리했으며, 같은 시기 이공학부 수석교수 도상록은 공금 횡령 혐의로 파면되었다(1946. 5. 23.). 반면 백낙준이 1945년 12월 연희전문 교장으로 취임해 경성대 법문학부를 떠난 후 1946년 3월 법문학부장에 임명된 조윤제는 자의적인 법문학부 운영 및 교수 회의와 갈등 끝에 6월 자진 사표를 제출한다고 공언했지만, 군정은 이를 받아들이지 않고 조윤제는 사표를 철회했다.[90] 결국 누가 경성대학의 주도권·인사권을 장악할 것인가가 초미의 관심사였고 권력 투쟁이 되었다. 미군정 학무국과 학무국 한국인 관료들은 관료적 힘으로 대학을 지배하려 했으며, 경성대학 교수·학생들은 제국대학 시스템의 특권과 유제를 이어받아 대학 자치의 명목으로 학교의 자주적 관리·운영을 주장했다. 군정 학무국에서는 1946년 3월 이래 경성대학 의학부와 경성의학전문의 통합을 시도했지만, 양교 교수·직원·학생·동창의 강한 반발 속에 실패로 귀결되었다.

이후 마련된 것이 국대안이었다. 이전의 개별적 인사 파견, 경성대 의학부와 경성의전의 통합이 실패하자 새로운 방향을 모색한 것이다. 이것은 효율적인 학교 인적·물적 자원의 관리, 예산의 효율적 운영, 학교 학사·행정 관리의 중앙집중적 장점, 일제 교육 잔재의 청산 등의 장점이 있다고 설명되었다. 또한 학교의 패권적 운영을 막고, 교수 양성에서의 동종 교배 현상을 막아 학문의 발전을 꾀하거나 이사회 제도의 본래적 기능인 대학 운영의 공공성 제고를 위해서였다. 물론 고등교육기관에 내재한 좌파 교수·학생 세력의 분쇄라고 하는 정치적

---

90 『서울신문』(1946년 6월 30일); "Faculty dispute at Seoul University"(1946. 7. 1.). RG 554 Records of General Headquarters, Far East Command, Supreme Commander Allied Powers, and United Nations Command, USAFIK: XXIV Corps, G-2 Historical Section, 1945-1948, Box 36.

의도와 이사회를 통한 지속적 통제를 확보한다는 목표도 포함되어 있었다.[91]

국대안에 대한 반대는 경성대학 및 관립 전문학교를 중심으로 통합반대 성명과 입장 표명에서 나아가 등록 거부·수업 거부·동맹휴학으로 확산되었고, 이어 서울 시내 다른 전문학교로 동정 동맹휴학이 파급되었으며, 1947년 초에 이르자 지방의 전문학교들과 서울·지방의 중학교에까지 동맹휴학이 만연했다. 1928년 광주학생의거를 기억하는 한국인들에게 동맹휴학은 불의에 항거하는 학생들의 수단으로 인식되어 왔기 때문에, 학생 맹휴는 1946년 가을부터 1947년 가을까지 한국 교육계와 사회 전반을 뒤흔들었다.

시기적으로 1946년 하반기는 1차 미소공동위원회가 휴회된 뒤 미군정의 좌우합작운동 지지 및 입법의원 수립이 추진되는 한편 정판사 위폐사건 이후 조선공산당에 대한 탄압이 본격화되는 시점이었다. 조공은 미군정의 탄압에 맞선 정당방위의 역공세를 주장하며 9월 총파업과 '10월 인민항쟁'으로 남한 전역에서 미군정을 공격하는 상황이었다. 미군정은 국대안 문제를 교육계의 난제일 뿐만 아니라 조공의 배후 공작에 의한 의도된 혼란으로 해석했다. 때문에 동맹휴학으로 맞서는 국대안 반대 세력과 미군정·문교부 사이에는 물리적 마찰이 불가피했다.

이 소용돌이의 와중에서 경성사범학교 교장이던 장리욱은 1946년 8월 서울대학교 사범대학 학장에 임명되었고, 곧 국대안의 한가운데 서게 되었다. 장리욱은 국대안에 대한 생각을 여러 곳에서 밝힌 바 있다.[92] 장리욱은 국대안을 이렇게 정리하고 있다.

---

91 강명숙, 『대학과 대학생의 시대』, 서해문집, 2018, 76쪽.

92 장리욱, 『나의 회고록』; 장리욱, 「소위 '국대안 사건'의 전말」; 장리욱, 「국대안 분규」, 서울대학교사범대학30년사편찬위원회, 『민주교육의 요람: 서울대학교사범대학 30년사

> 국대안 그 자체를 지금 회고한다면 이것은 아주 간단하고 또 거의 상식적인 안이라고 보아 무방할 것이다. 이것은 일제 때부터 있어 온 경성대학을 비롯해서 법학전문, 의학전문, 고등공업, 고등상업, 고등농업, 광산전문, 치과전문 등 소위 고등교육기관을 하나의 큰 종합대학 테두리 안에 모아서 국립서울대학을 만드는 것이었다.
>
> 본래 관비(官費)에 의해서 운영되어 오던 이 기관들이 그냥 분산된 채 저마다 독립해서라면 돈은 누가 뒷받침하고 교수진은 어떻게 꾸려질 수 있을 것인가, 이런 사정하에 놓인 기관들이 하나의 종합대학으로 뭉쳐서 그 넉넉지 못한 물적 또는 인적 자원이나마 상호 교류 또는 유무상보(有無相補)하면서 당장 그 어려운 고비를 넘겨야 할 것이 아니겠는가. 또 이러한 새 출발을 계기로 해서 교육이념 또는 그 방법에 있어서 일상적 잔재를 털어 버리고 청신한 민주주의적 고등교육기관 체제 속에서 학원의 자주성과 자유 활동을 보장하는 것이야말로 새 시대를 맞이하는 고등교육기관을 위한 구상이 아닐 수 없다.[93]

장리욱이 제시한 국대안의 이유는 첫째, 일제하에서 관비(官費)로 운영되던 기관들의 비용 절감과 효율성을 위해 종합대학을 만들어 어려운 고비를 넘긴다. 둘째, 교육 이념과 방법에서 일제 잔재를 청산하고 새로운 민주주의적 고등교육기관 체제를 만든다는 두 가지로 요약할 수 있다. 이러한 주장은 당시 국대안을 제시한 미군정 문교부의 주장과 동일한 것이다.

국대안이 미군정 법령 제102호로 발표되기 이전 그 원형이 미군

(1945~1974)』, 한국능력개발사, 1969.

93 장리욱, 「국대안 분규」, 222~224쪽.

정 문교부에 의해 1946년 7월 13일 발표된 바 있다. 문교부장은 유억겸이었으나 실질적으로는 문교부 차장이던 오천석이 주도한 것으로 알려져 있다.[94] 이때 제시된 종합대학 설립의 핵심 근거는 다음과 같았다.

> 일정시대 유물인 기존 고등교육기관은 일본이 우리나라를 예속화하려는 식민지 정책의 잔재요 우리 민족을 위한 교육기관이 아니다. 우리는 반드시 신국가에 적합한 고등교육기관을 건설하여야 한다.
>
> 일정시대의 고등교육기관은 일관된 교육적 안(案)이나 계획 없이 그때그때의 형편과 사정에 따라 만들어진 잡연(雜然)한 산물에 불과하다. 거기에는 무용(無用)한 중복과 경쟁이 있어 국가의 재정을 남비(濫費)한 흔적이 심하다. 작은 독립기관들이 각기 소왕국(小王國)을 형성하고 군웅할거하여 아무런 연락·협조도 없다. 서울과 부근의 관립 전문대학을 폐지하고 새 이념과 새 구상 아래 종합대학을 신설한다. 국립서울대학교는 문리과대학·사범대학·법과대학·상과대학·공과대학·의과대학·치과대학·농과대학·예술대학 대학원으로 구성된다. 이를 통해 각 학교가 분립해 수용하는 학생수보다 배수를 수용할 수 있는 동시에 교육적 질을 수단(數段) 높일 수 있다.[95]

국립종합대학 설립의 이유는 첫째, 일제 시대의 고등교육기관은 잡다한 정책의 산물이고, 중복과 경쟁으로 국가재정을 낭비한다. 둘

94 오천석은 자신의 회고록의 제목을 '외로운 성주(城主)'라 명명했는데, 미군정 문교부장으로서 자신의 위상과 역할을 그렇게 표현한 것이다.

95 「문교부, 국립서울대학교 설립취지문 발표」, 『동아일보』(1946년 7월 14일).

째, 작은 독립기관이 연락·협조 없이 난립해 있다. 셋째, 전문대학 통폐합으로 종합대학을 신설해 학생 수용 능력을 배가하고 교육의 질을 높인다는 것으로 요약할 수 있다. 성명 자체가 굉장히 호전적이며 위압적인 데다, 기성의 제도와 질서를 한 번에 뒤집어 버리겠다는 명령적 태도가 여실히 드러나고 있다.

장리욱은 국대안에 대한 반대가 제기된 이유를 세 가지로 들었다. 첫째, 인간성의 일면으로 내 것에 대한 집착성으로, 관계 기관에 속한 소수의 교수·학생·졸업생들의 기득권 혹은 소유감이었다. 둘째, 한국이 민주주의 사회 생활의 경쟁을 갖지 못한 데서 나오는 공동 운영에 대한 불신경향이었다. 셋째, 국대안 파동을 격화·장기화시킨 것은 교내 좌익 교수와 학생이었다. 이들은 미군정의 정책은 무엇이든 반박하여 좌절시키고자 하는 사명과 임무를 자임했다는 것이다.[96]

국대안 사건과 관련해서 장리욱은 미군정 문교부장 피튼저(Aubrey O. Pittenger) 대령의 에피소드를 2건 들고 있다. 미군 측의 실수를 부각하고 있는 것이다. 첫째는 1946년 10월 말 국립서울대학교 등록 업무가 시작된 문리대 구내 체육관에 군정 문교부장 피튼저 대령이 군복 차림에 권총을 차고 장내를 순시한 사실이다. 모두의 눈살을 찌푸리게 한 소동으로 인해 미군정의 정책에 대한 일반인의 반감과 좌익 교수·학생의 선동이 거세졌다는 것이다. 둘째는 피튼저 대령이 각 대학 교수들에게 공개서한을 보내서 "당신네들 척수 속에는 분명 강철 같은 것이 들어 있어야 하지만 사실은 감탕(mud)만이 가득 차 있는 것 아닌가?" 하는 힐난조의 문구를 구사해서 역시 민족 감정을 자극하는 좌익 세력의 빌미가 되었다는 점을 지적했다.[97]

---

96 장리욱, 「국대안 분규」, 224쪽.

97 장리욱, 「국대안 분규」, 225~226쪽; 장리욱, 「소위 '국대안 사건'의 전말」, 134~135쪽. 피튼저는 중령으로 미군정 문교부 고문이었다. 피튼저는 1947년 3월 언더우드(원한

국대안의 고안자이자 실행자는 미군정 문교부 차장·부장을 지낸 오천석이었는데, 이에 대해 훗날 이렇게 회고하고 있다.

> 이 문제[국대안]를 마음에 두고 나는 몇 주일에 걸쳐 구상을 다듬어 보았다. 마침내 나는 발의할 때가 왔다고 생각하고, 내 상사이었던 유억겸 부장에게 이를 제의하였다. 그는 즉각적으로 이에 찬의를 표하여 주었다. 이로써 용기를 얻는 나는 록[카드] 대위에게 우리의 복안을 피력하였다. 그는 또한 주저 없이 동의하였다. 아마도 그도 현상의 불합리성을 느끼고 있었던 모양이다. 일의 중대성에 비추어, 우리는 군정장관 러치 장군을 찾아 그의 동조를 요청하였다. 그 역시 찬동하여 주었다. 나는 그 실현까지에는 상당한 반대와 난관이 있을 것을 예상하고 무슨 일이 있더라도 군정장관은 우리를 끝까지 지지하여 주겠는가고 다짐했다. 그는 적극적으로 지원을 약속하였다.[98]

오천석은 국대안의 필요성을 첫째, 같은 국가의 재원으로 동일한 성질의 교육을 하는 기관이 이중 또는 삼중으로 있을 필요가 없다는 것이다. 시설의 중복, 노력의 중복, 실험 기계의 부족, 분산된 학생의 소수 등으로 국가 재정의 비효율적 사용이 초래된다. 둘째, 극심한 인적 자원의 부족을 해결해야 한다. 셋째, 한국을 대표할 만한 최고 학부를 세워야 한다는 점에서 찾았다.[99] 오천석은 컬럼비아대학 박사였으나 "민족자본으로 경영"되던 일개 보성전문에서조차 조교수가 아닌 전임강사로 임용된 사실을 지적하며 일제 학문·교육 체제하에서

경)로 교체되었다. 『경향신문』·『서울신문』·『동아일보』(1947년 3월 20~21일).

98 오천석, 『외로운 성주』, 100~101쪽.

99 오천석, 『외로운 성주』, 99~100쪽.

미국식 학위 소지자가 당한 수모를 기억했다.[100]

일제의 식민지 고등교육 체계를 재편하고 혁신해야 한다는 당위성에는 모두가 공감하는 바이자 교육계의 시대적 과제였다. 그런데 문제는 누가 그러한 교육계 혁신의 주도권을 쥘 것인가, 혁신의 방향은 무엇인가, 나아가 혁신의 방향에 대한 사회적 합의, 교육계 내부 전문가 및 교육 주체들의 동의·합의·협력이 이뤄졌는가 하는 점이 관건이었다.

국대안이 발표되자 관련 학교의 교직원과 학생들이 반발하고 나섰다. 오천석의 분석에 따르면 소수의 무능력한 교수들은 기득권 상실을 우려했고, 좌익 교수들은 대학에서 제거될 것을 두려워했다. 특히 상과대학에서 좌익 교수들은 학생들에게 좌익 운동을 하고 있었으며, 이들은 신규 채용 과정에서 재채용될 가능성이 희박했다. 국대안이 전국 중등학교까지 확산되자 400여 학교가 동맹휴학을 단행하는 지경에 이르렀다. 수업은 중단되었고, 학교는 사실상 문을 닫았다. 미군정 문교부는 강경한 입장을 취해 서울대를 휴교하는 한편 맹휴에 참가한 학생을 정학시켰다. 동맹휴학은 1947년 2월 재연되었고, 과도입법의원이 개입한 끝에야 부분적으로 진정되기 시작했다. 과도입법의원은 주로 교수들의 요구 사항에 맞춘 법률을 제정함으로써 타협책을 모색했다.

1947년 3월 미소공동위원회 미국 측 분석가는 국대안 사건의 배경과 경과에 대한 11쪽 분량의 보고서를 작성한 바 있다. 「한국 서울의 동맹휴학, 그들의 정치적 의미」(1947년 3월 20일)라는 보고서는 국대안 사건의 핵심적 내용과 경과를 다음과 같이 정리하고 있다.

---

100 오천석, 『외로운 성주』, 76쪽.

1. 국대안시위는 1946년 10월 시작되어 1947년 2월 재개됨. 시위의 배경 (1) 좌익 교수의 대량 사직과 해고 (2) 학교의 좋지 않은 환경에 대한 학생 대다수의 불평
2. 시위는 강력한 좌익학생조직이 조직화, 공산주의자가 도덕적 아마도 재정지원을 했을 것.
3. 시위는 군정이 도입한 교육 변화를 싫어하는 다수 교수들의 암묵적 후원을 향유, 좌익 통제의 교수 운동. 동기는 우익 교육부 하에서 자기 직업을 잃을지 모른다는 좌익 교수의 두려움.
4. 시위와 좌익 교수의 소위 곤경은 상당한 정도로 한국 지식인 가운데 반미 감정의 파도를 생산. 그중 다수는 좌익 언론이 자주 이 상황 전개를 보도함.
5. 남로당 및 산하 조직은 시위를 도덕적으로 고무했지만, 어떤 적극적 원조를 학생들에게 제공하는 데는 매우 신중함. 소련군 장교가 허헌에게 학교 시위 지령을 지시했다는 등사판 편지는 극우파가 심은 위조물일 가능성이 확실함.
6. 서울대 문제는 현재 공식적 시위의 주요 이슈인데, 입법의원에 의해 해결 중임. 입법의원 내 문교부 및 그 정책을 지지하는 극우진영과 그에 반대하는 좌익·중도진영 간에 계선이 분명함. 제안된 해결은 학생보다는 교수들을 향한 것임.
7. 군정과 입법의원 양자가 행한 무신경한 취급에 학생들은 여전히 분개함. 일정 요구가 수용될 때까지 시위를 계속할 것 같음. 학생들 사이에 압도적 권위를 향유하는 여운형은 민정장관 안재홍에게 그렇게 조언한 것으로 알려짐.[101]

---

101 "School Strike in Seoul, Korea, Their Political Implications," 20 March 1947. Headquarters XXIV Corps, United States Armed Forces in Korea, Office of the Assistant Chief of Staff, G-2, APO 235. Headquarter, XXIV Corps, G-2 Weekly Summary, no.79 (20

국대안은 1947년 가을이 되면서 기세가 누그러졌으며, 서울대는 정상수업을 시작하게 되었다. 장리욱은 이때부터 각 학교에서 좌우익 학생 간에 투쟁이 심각하게 벌어졌다고 기억했다. 좌익 학생들은 삐라전술을 구사했는데, 삐라는 뿌리는 게 아니라 바르는 것이었다. 사대 벽돌담과 벽돌 건물의 전면에 밤새 빈틈없이 삐라를 발랐다. 때로는 수백 명이 교정 안에 몰려 들어와 스크럼을 짜고 돌면서 욕설 구호와 군가를 외쳤고, 비어 있는 교실에 들어가 협박과 욕설로 채워진 삐라를 뿌리고 나가곤 했다.[102]

장리욱은 우익적 교수, 학생들이 자신들의 자유와 권리를 옹호하기 위해 대담하게 저항하고 투쟁하지 못하는가를 안타까워하기도 했다. 장리욱은 맹휴파 학생들이 학교에 들어왔다는 이야기를 듣고 학장실을 박차고 나가 그들을 단독으로 추방했다는 에피소드를 기록하고 있다.[103] 사무직원들의 만류에도 불구하고 교정으로 뛰쳐나와 고래고래 고함을 지르며 코트를 벗어 내동댕이치면서 이들을 따라갔다. 이들은 곧 교정을 벗어나 어디론가 잠적해 버렸다.[104] 이원순의 회고에 따르면 국대안의 와중에서 제적을 면하기 위해 서울대 학생들이 시험에 응시하게 되자, 수백 명의 좌익 테러가 시험장을 습격해 시험 보는 학생들에게 의자를 던지곤 했다는 것이다. 비가 오던 날, 장리욱 학장은 그 가운데 서서 가슴을 내대고 옷을 벗어 흙탕물에 내던지며, "때리려면 나를 때려라" 그러자 학생들이 의자를 놓고 도망갔다고 하는 것이다. 학생들이 학생총회를 열어 이러다간 시험을 볼 수 없다고 하자 그 자리에 찾아가 차분히 시험을 치르라고 타일렀다는 것

March 1947), Incl #2.

102 장리욱, 「국대안 분규」, 225쪽; 장리욱, 「소위 '국대안 사건'의 전말」, 136쪽.

103 장리욱, 「국대안 분규」, 226쪽.

104 장리욱, 「소위 '국대안 사건'의 전말」, 136쪽.

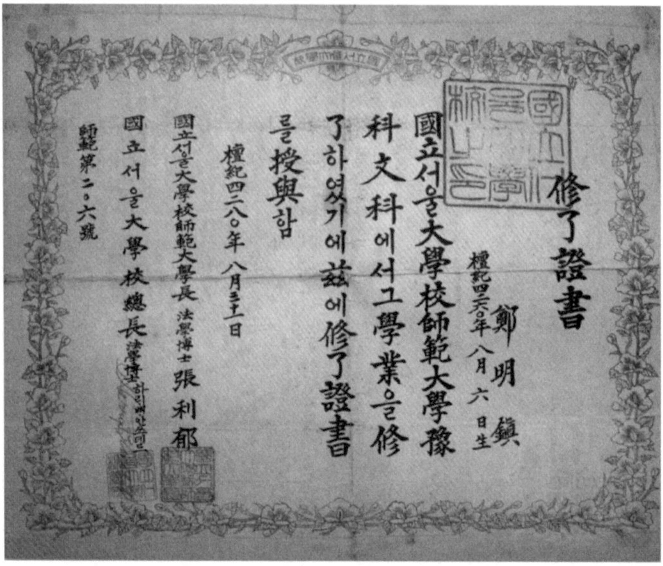
修了證書
鄭明鎮
檀紀四二六〇年八月六日生
國立서울大學校師範大學豫
科文科에서그學業을修
了하였기에玆에修了證書
를授與함
檀紀四二八〇年八月三十一日
國立서울大學校師範大學長 法學博士 張利郁
國立서울大學校總長 法學博士 하리 뻬 안스테드
師範第二〇六號

△ 서울대학교 사범대학 예과 수료증서(1947. 8. 31.)

"서울대학교사범대학장 법학박사 장리욱, 총장 하리 뻬 안쓰데드(Harry B. Ansted)"의 직인이 찍혀 있다. ⓒ 서울대학교기록관

이다.[105] 당시 서울사대 재학생으로 우파 사대건설동지회 회원이었던 정원식도 기말시험을 치던 시험장에 국대안 반대 학생들이 쳐들어오자 아수라장이 벌어졌고, 장리욱 학장은 "때리려거든 나를 때려라!"라며 "공부 중인 학생들이 무슨 잘못을 했다고 테러를 하느냐?"라고 크게 꾸짖었고, 침입자들이 학교에서 물러갔다고 기억했다.[106] 이를 계기로 학생들 사이에 우익적 그룹이 뭉치기 시작했고, 장리욱은 이를 '터닝 포인트'였다고 기록했다. 그 이후 학생운동은 다른 하나의 극단으로 흘러갔다.[107] 정원식에 따르면 사대 캠퍼스 옆에 월남한 청

105 서울대학교·한국교육사고, 「이원순 선생님」, 126~127쪽.
106 정원식, 『변혁의 시대에서: 정원식회고록』, 기파랑, 2010, 33~34쪽.
107 장리욱, 「소위 '국대안 사건'의 전말」, 137쪽.

년 100여 명이 공제회라는 집단 숙식소를 마련해 놓고 있었고, 이들은 2~3명으로 편성된 조가 캠퍼스에 상주하며 우파 학생회를 보호했다. 이들은 동맹휴학의 아지트인 기숙사를 습격하기도 했다.[108]

1946년 여름 서울에서 국대안이 발표되는 시점에 평양에서는 김일성대학을 만든다는 계획이 발표되었다. 서울과 평양에서 동시에 종합대학 설립 계획이 발표된 것이다. 북한은 김광진 등을 내세워 경성제대 출신의 교수·지식인·학자들을 김일성대학으로 초빙했고, 상당수의 인사들이 국대안 반대라는 정치·사상적 입장, 대학 내 지위 상실 우려, 사회경제적 생활 불안 등의 요인으로 김일성대학으로 향했다. 법문학부의 박극채(경제학), 박시형(역사), 이종식(법학), 김한주(농학), 이공학부의 도상록(물리학), 전평수(물리학), 김지정(수학), 이재곤(수학), 사범대 김석형(역사), 신남철(철학) 등이 서울대에서 김일성대로 자리를 옮겼다. 이외에 1946년 강대창, 계응상, 곽대홍, 김수경, 김종희, 도유호, 박종식, 신구현, 우형주, 유연락, 조영식, 최용달, 최윤식, 최응석, 한필하, 홍성해, 황도연, 황영식 등이 남에서 김일성대에 초빙되었다. 이들은 첫째, 각 분야에서 탁월한 업적을 쌓은 이름난 학자들이었고, 둘째, 국내외에서 일본 제국대학을 나온 동문이라는 학연으로 맺어진 인간관계를 유지했으며, 셋째, 해방 후 진보적 정당에 가입하고 1946~1947년 국대안 반대 운동에서 중심 역할을 담당했다는 공통점을 지니고 있다.[109] 이런 측면에서 남북한에는 일본의 제국대학 시스템이 키워 낸 인적자원을 둘러싼 치열한 각축전이 전개된 것이며, 1946년 설립된 국립서울대학과 김일성종합대학은 "일란성

108 정원식, 『변혁의 시대에서: 정원식 회고록』, 34~35쪽; 이숭녕, 「국대안 반대 맹휴」, 『전환기의 내막』, 조선일보사, 1982, 119~120쪽.

109 김기석, 『일란성 쌍생아의 탄생, 1946: 국립서울대학교와 김일성종합대학의 창설』, 70~71쪽.

쌍생아"였던 셈이다.[110] 남한에서 국대안 파동이라는 밀어내는 내력(內力)이 작용했다면, 북한에서는 김일성대학이라는 끌어당기는 외력(外力)이 작용했고 이러한 상호작용 속에 남한에서 밀려난 제국대학 출신 교수·지식인들이 북한으로 향했던 것이다. 그렇지만 남한에서 국대안에 반대하며 내세웠던 정부 관료에 의한 대학의 통제, 대학 자치의 확립 등을 주장했던 이들이 북한에서는 그러한 자유를 누릴 수 없었다. 김일성대학은 교수가 교수를 상호 감시하는 보고서를 써 내야 하는 시스템이었다.[111]

국대안은 1947년 3월 과도입법의원이 중재를 통해 관선 이사회를 폐지하고 9개 단과대학을 대표하는 9명의 한국인 이사회를 구성하는 내용의 수정안을 제시한 이후 진정되기 시작했다. 학생들의 동맹휴학과 등록 거부 등의 기세가 꺾이기 시작한 것이다. 5월 미등록으로 제적된 4,956명 중 3,200명에 대한 복교가 이뤄졌다. 한국인으로 구성된 이사회는 해리 앤스테드 대신 이춘호를 총장으로 선출해 헬믹 군정장관이 재가했고(1947년 8월 7일), 이춘호는 과도입법의원의 인준을 받아 총장에 취임했다(1947년 10월 25일). 그러나 제적된 학생 중 800명은 복교 신청을 했으나 학교 당국의 불허로 복교하지 못했다. 복교를 신청하지 않은 학생을 포함하면 1,500명의 서울대생이 학교를 떠났다. 교수 가운데에서 300명이 넘는 이들이 파면되거나 사임했고, 남은 교수는 140명에 불과했다.[112]

---

110 김기석, 『일란성 쌍생아의 탄생, 1946: 국립서울대학교와 김일성종합대학의 창설』.

111 서울대학교·한국교육사고, 「이원순 선생님」(1992. 6. 2.), 127쪽. 김일성대학에서 교수 생활을 하다 월남해 서울대 교수가 된 김기석 교수(사회학)는 월북할 처지에 놓인 서울대 신남철 교수에게 자신이 월남하게 된 결정적 계기가 이 때문이었다고 얘기했다.

112 유용태·정숭교·최갑수, 『학생들이 만든 한국 현대사: 서울대 학생운동 70년』 제1권, 한울엠플러스, 2020, 44쪽.

7. 과도기의 서울대학교 총장

장리욱은 1948년 5월 13일 서울대학교 총장에 취임하였다.[113] 형식은 서울대 이사회의 결정이었지만, 사실상 미군정 문교부의 임명이었다. 전임 서울대 총장이던 이춘호는 미군정 문교부 차장에 취임하였고, 서울사대 학장이던 장리욱이 총장이 된 것이다.[114] 이는 미군정기 문교부와 서울대 간의 힘의 서열을 잘 보여 주는 척도였다.

이춘호 총장이 물러나게 된 직접적인 동기는 서울대 동숭동 캠퍼스 내 교사(校舍)의 분배 및 도서관 내 60여 개 연구실 배정을 둘러싼 문리과대학과 법과대학의 갈등 때문이었다. 소위 '교수 연구실 분쟁'으로 일컬어지는 이 사건은 국대안 파동 이후 서울대학교가 처한 현실을 적나라하게 드러내는 것이었다. 국대안을 통해 서울대학으로 재편되면서 경성대 법문학부와 이공학부는 전문학교와 통합되어 전혀 새로운 단과대학으로 재편되었다. 서울대 문리과대학은 경성대 법문학부 중 문학부와 경성대 이공학부 중 이학부가 합쳐져 만들어진 단과대학으로 경성대 시절 이래 동숭동 캠퍼스를 사용했으며, 또한 도서관을 계속 사용했다. 서울대 법과대학은 경성대 법문학부 중 법학부와 경성법학전문학교가 합쳐져 만들어진 단과대학으로 경성법학전문학교가 있던 청량리 교사를 사용했다. 그러던 중 법과대학이 1947년 9월 청량리 교사에서 동숭동 캠퍼스로 이사해 오면서 문제가 발생하기 시작했다. 이미 교사(校舍)를 선점하고 있던 문리과대학과 새로 이사 온 법과대학의 갈등과 충돌이 벌어지기 시작한 것이다. 교사의 배분뿐만 아니라 도서관 2층에 있던 연구실의 배정을 둘러싸고

113 「서울대학 총장에 장리욱박사 취임」, 『동아일보』(1948년 5월 15일).
114 『경향신문』(1948년 5월 15일).

문리과대학과 법과대학이 충돌을 벌이게 된 것이다.

갈등은 국대안과 이전의 인간관계의 갈등으로 인해 증폭되었다. 문리과대학 학생들과 예과 학생들은 1948년 3월 19일 합동학생대회를 열고 총장, 사무처장, 이사회의 총퇴진을 요구하는 결의를 채택했다. 당시 도서관장 이병도와 조윤제 교수는 "비인격적 싸움"까지 벌였다.[115] 1946년 경성대 법문학부 교수단 사건 '18'의 재연이었다. 당시 문리대 학장은 경성대 이공학부장을 지냈던 이태규였으며, 법대 학장은 경성법학전문 교장이던 고병국(高秉國)이 사임한(1947년 12월) 후[116] 최태영(崔泰永)이 맡았다.

이춘호 총장은 문리대 학생들이 불법 집회를 했다며 이태규 학장에게 권고사직을 요구했고, 이에 맞서 문리대 학생들은 다시 학생대회를 개최했다.[117] 문리대 예과 교수회의도 1948년 3월 26일 결의서를 작성해 이춘호 총장에게 전달했다. 핵심 내용은 학교의 행정권, 예산권의 일부를 문리대에 이관하라는 것이었다.[118] 나아가 문리대 교수들은 이태규 학장이 책임을 지고 사퇴하라고 요구했다.[119] 교사와

---

115 「서울대학문리과생동요, 학사문제로 학교당국과 대립, 합동학생대회소집·맹휴기세농후」, 『신민일보』(1948년 3월 19일).

116 고병국은 동경제대 법학부 출신으로 고등문관시험 행정과·사법과를 합격한 경력을 지니고 있었다. 해방 후인 1946년 2월 23일 개교한 서울(경성)법학전문학교의 교장에 취임했다. 1948년 5월 변호사로 개업했고, 헌법제정전문위원·법전편찬위원·학술원 회원 등을 지냈다.

117 이춘호 총장이 이태규 학장의 권고사직을 주장한 이유는 (1) 학생들의 불법 집회(1948. 3. 18. 학생대회)를 방관, (2) 학생 출석률이 나쁜 것, (3) 교수 출강률이 나쁜 것, (4) 문교부의 미국인 고문들이 싫어한다는 것 등이었다. 「학장에 사직권고로 문리대 또 분규, 총장처사에, 교수학생반대」, 『신민일보』(1948년 3월 29일); 「문리대에 분규」, 『조선중앙일보』(1948년 3월 30일).

118 내용은 다음과 같다. (1) 사무국장 李桂元을 파면시킬 것, (2) 구매과 관재과를 없앨 것, (3) 예산을 문과대학에 이양할 것, (4) 행정권 일부를 문과대학 책임자에 이양할 것. 「4개 요구조건, 교수회서 총장에 제출, 문리대 분규 속보」, 『신민일보』(1948년 3월 30일).

119 「이(李) 국대총장인책사임, 문리법양대 알력 확대」, 『수산경제신문』(1948년 4월 22일).

도서관 연구실 문제로 외화된 문리대와 법대의 갈등의 내면에는 학교의 예산, 행정권을 단과대학 혹은 대학 교수회로의 이관을 주장하는 대학 자치의 요구가 내재해 있었음을 알 수 있다. 국대안이 휩쓸고 간 뒤에도 여전히 대학 자치를 주장하는 교수진과 총장·대학본부·이사회의 갈등이 재연되고 있었다.

법대 교수와 학생들은 4월 8일 문리대 21개 연구실과 대학원 남부를 교실로 사용할 것을 요구하며 이를 '점령'했고, 문리대는 원상회복을 이사회에 요구하였다. 이사회는 4월 12일 밤중까지 이 문제를 논의했으나 해결하지 못했다. 문리대 학생들은 이사회와 총장의 책임 사퇴를 요구했다.[120] 당시 문리대와 법대의 주장은 다음과 같았다.

- 법과대학 측 견해: 학벌적 계급을 철폐하고 효율적 이용을 충분히 보장함으로써 종합대학의 면목을 발휘하려 한 것이 국립서울대학의 목적이었다. 그럼에도 불구하고 법과대학은 청량리 교사로부터 동교사를 이사한 이래 교실다운 교실은 물론이어니와 연구실 기타시설을 도모지 획득하지 못하였다. 따라서 법대 측은 요즘 동교사의 대부분을 점유하고 있는 문리대 교사 중 사용치 않는 교실 또는 사용하지 않는 시간을 이용하여 문리대 교실을 사용할 것을 요구하였다. 또 전 경성대학 법문학부 시대에 법학과가 사용하였던 30여 개 연구실 중 우선 긴급 필요한 20개 연구실을 요구하였다.
- 문리대 측 견해: 1. 법대의 행동은 불법이다. 2. 연구실을 불법점거 책임자를 처벌하라. 3. 연구실은 현재 법대가 사용하고 있는

120 「문리대 학생회 결의, 총장 인책 요구, 교사문제 미해결로」, 『조선중앙일보』(1948년 4월 17일).

4개 실 이상 양보할 수 없다.

- 이사회 측 견해: 4월 15일까지 문리대로 연구실 9개를 법대에 양도할 것을 지시하였다. 또 협조 정신하의 상호 양보를 종용하고 있다.[121]

1948년 3~4월은 국가·사회적으로 정치적 대격변이 벌어지는 상황이었다. 유엔한국임시위원단(UNCTCOK)의 보고에 기초해 유엔소총회는 한국에 대한 총선거, 즉 5·10선거를 결정했다. 이를 지지하는 정부수립파와 이를 반대하는 남북협상파의 정치적 충돌은 물론이고 제주 4·3 등 거친 파열음이 들리던 시기였다. 단정이냐 남북협상이냐가 국가적 의제가 되었고, 생사를 건 인정투쟁이 벌어지는 와중이었는데, 경성제대-경성대의 전통을 계승했다는 국립서울대 문리대와 법대 사이에는 이 시기에 연구실·강의실 분배를 둘러싼 소동이 벌어지고 있었던 것이다. 결국 2년 넘게 지속된 국대안 파동의 결과 국립서울대는 철저히 비정치화되었고, 국가적 중심 의제를 도외시한 대학의 기득권 이기주의가 대학 사회를 지배하는 상황이 되었음을 알 수 있다.

결국 문리대와 법대의 갈등 속에 이춘호 총장은 취임 6~7개월 만인 1948년 4월 사임을 표명했고, 사범대학장이던 장리욱이 후임 총장으로 선임되기에 이르렀다(1948년 5월 13일). 해방 후 경성대학 제1대 총장 크로프츠(1945년 10월 17일~1945년 12월 7일), 제2대 서울대학 총장 앤스테드(1946년 2월 20일~1946년 8월 21일), 국립서울대학교 제1대 총장 앤스테드(1946년 8월 22일~1947년 10월 24일), 제2대 총장 이춘호(1947년 10월 25일~1948년 5월 12일)를 이어 국립서울대학교 제3대 총장에 임

121 「교실문제로 옥신각신, 문리대와 법대 간에 암류」, 『민중일보』(1948년 4월 17일).

명된 것이다.

총장에 임명된 장리욱은 대학 교육 이념으로 다음의 세 가지를 들었다.

> 첫째, 일(사물)을 올바르게 처리하는 힘을 길러주는 것.
> 둘째, 보다 고상한 가치를 식별하고 또 그것을 추구하는 의욕을 갖게 하는 것.
> 셋째, 생활을 철학화하는 것.[122]

일반적으로 서울대 내에서 사범대학장이던 장리욱의 평판은 원만하고 좋은 편이었다. 민주적 원칙을 중시하는 합리주의자이자 교육가라는 평을 얻었던 것으로 보인다.[123]

문리대와 법대의 강의실·연구실 분쟁은 낯뜨거운 것이었고, 학교 문턱을 넘어가 사회적 동의나 반향을 얻기 힘든 사안이었다 . 총장 이춘호는 사퇴하고, 문리대학장 이태규가 서울대를 떠났다. 교토제국대학 화학과 출신으로 1931년 이학박사 학위를 받은 이태규는 조선인으로서는 최초로 교토제국대학 조교수가 되었으며, 프린스턴대학

---

122 서울대학교20년사편찬위원회, 『서울대학교20년사』, 20쪽.

123 해방 후 장리욱은 교육 분야 중 아동교육, 보건교육 등에 관한 계몽적인 글들을 발표했다.
「(주장) 아동교육제일과」, 『兒童敎育』 1호, 아동교육연구회, 1947; 「생각하는 사람이 되고저」, 『兒童敎育』 2호, 1947; 「(주장) 신형원자탄과 조선교육」, 『兒童敎育』 3호, 1947; 「(논설) 정치와 교육」, 『兒童敎育』 4호, 1947; 「(논설) 개인과 사회와 교육」, 『兒童敎育』 5호, 1948; 「과학적 태도와 민주주의생활」, 『교육』 창간호, 1948; 「보건교육의 기본이념」, 『兒童敎育』 8호, 1948; 「보건교육의 기본이념·二」, 『兒童敎育』 9호, 1948; 「(논설) 보건교육의 이념·三」, 『兒童敎育』 10호, 1949; 「(논설) 보건교육의 이념· 四」, 『兒童敎育』 11호, 1949; 「(논설) 보건교육의 이념·五」, 『兒童敎育』 13호, 1949; 「(권두언) 나라일과 學業」, 『조선교육』 제3권 제1호, 1949; 「대학특집(선진제국의 대학체제)」, 『민성』 제6권 제2호, 1950; 「진학하려는 제군에게」, 『진학』 5월호, 1950.

에서 2년 반 동안 연구한 바 있다. 해방 후 이태규, 이승기, 박철재 박사의 귀국 소식은 이공계에 큰 활력이 되기도 했다.[124] 1945년 경성대 이공학부장, 1946년 국립서울대 문리과대학 학장이 된 이태규는 1946년 도상록 교수 파면 소동, 1946~1947년간 국대안 파동, 1948년 문리대-법대 연구실·강의실 소동 끝에 서울대학을 떠났다. 이태규는 1948년 9월 미국 유타대학으로 떠났고, 25년 뒤인 1973년에서야 귀국했다.[125] 법대학장 최태영은 뇌물을 받고 학생 부정입학에 개입한 결과 1948년 11월 21일부터 법과대 교수들이 학장의 사퇴를 요구하며 휴강하는 사태가 벌어져 학장직에서 물러났다.[126] 최태영을 비롯해 법대 부정 입학에 관련된 교수 4명은 구속 기소되었고(1949년 11월), 모두 집행유예 및 벌금의 실형을 언도받았다.[127]

총장과 문리대학장이 모두 대학을 떠나는 초유의 사태가 벌어진 후 문리대와 법대의 갈등은 자연 수면 아래로 가라앉게 되었다. 국대안 파동 및 대학 자치를 둘러싼 갈등의 대단원이었다. 장리욱이 서울대 총장이 되었을 때 사태는 자연스럽게 마무리되는 형국이었다. 그러나 그 여진은 여전히 계속되고 있었다.

---

124 「과학계의 3중진, 이(李), 이(李), 박(朴) 박사 환국」, 『공업신문』(1945년 11월 17일).

125 이태규를 초청한 것은 프린스턴 시절 동료였던 아이링(Henry Eyring) 교수였다. 대한화학회 편저, 『나는 과학자이다: 우리나라 최초의 화학박사 이태규 선생의 삶과 과학』, 양문, 2008; 김용덕, 『어느 과학자의 이야기: 이태규 박사의 생애와 학문』, 동아, 1990; 송상용, 「한국화학계의 큰 별: 이태규」, 김근배 외, 『한국 과학기술 인물 12인』, 해나무, 2005.

126 「법대를 파괴하려는, 소수분자의 책동, 법대학장 최태영씨 담(談)」, 『대한일보』(1948년 10월 30일); 「학장문제로 법대에 불상사」, 『평화일보』(1948년 11월 20일); 「법대교수휴강에 최학장 사의표명」, 『독립신문』(1948년 12월 2일).

127 관련자는 법과대학장 최태영(50), 교수 원희철(41), 현수길(35), 전임강사 백삼출(33) 등이었다. 「부정입학혐의, 전 법대학장 등 기소」, 『민주중보』(1949년 11월 23일); 「법대 전 학장 등에 각기 체형을 구형」, 『자유신문』(1949년 12월 16일); 「전 법대학장 등 집행유예 언도」, 『한성일보』(1949년 12월 28일).

1948년 9월 서울대에 잠정적으로 설치되었던 예과가 드디어 폐지되었다. 졸업생 893명은 대학 학부에 무시험 진학하게 되었는데, 이들은 문리대 195명(정치과 71명, 영문과 22명, 불문과 21명, 철학과 21명, 사회과 19명, 기타 각과 25명), 상대 16명, 법대 18명, 예대 1명, 농대 4명, 공대 291명, 의대 131명을 지망하고 있었다.[128] 그런데 공대 예과를 졸업한 인원 중 20명이 문리대 진학을 희망하자 문리대 측에서 5명만 편입시험을 허용했고, 그나마 편입시험 중 자격 미달이라며 퇴장시켰다. 공대는 격앙했고, 공대는 동맹휴학을 벌였다.[129]

원래 경성(제)대 시절 예과는 200명 수준이었는데, 해방 후 국립대 구성을 위해 800명 이상을 모집했다. 공대학장 김동일은 임의로 공대 예과생을 4차례나 모집했고, 미국인 총장 앤스테드도 수용을 허락했다. 공과대학 학생·교수들이 문리대의 처사에 항의하자, 문리대는 "해방 후 국대안 반대로 사직한 공대 후임 교수의 대다수가 옛 고공(경성고등공업학교) 출신으로 교수의 질이 저하한 것이 근원이라"고 반박했다.[130] 경성대 예과를 계승한 문리대 예과와 경성고등공업을 계승한 공대 고등부[예과]의 수준 차이가 분명하기 때문에 공대 예과생을 문리대에 수용할 수 없다는 문리대 교수들의 판단에 대해 언론은 "일본 군국주의 교육의 전철인 제국대학의 전통 유지"와 "일제 잔재인 수준 유지"에 급급한 학원 내 발악이라고 혹평했다.

서울대 이사회의 추천으로 총장에 선임된 장리욱은 정부 수립 얼마 후 문교부 장관 안호상으로부터 사퇴 압력을 받게 되었다. 새로운

---

128 「대예 25년 만에 폐지, 금년도 졸업생을 최후로」, 『현대일보』(1948년 5월 25일).

129 「공대생들 맹휴, 문대 편입 문제 악화」, 『평화일보』(1948년 7월 11일); 「공대의 독단적 행위로 방황하는 문리대, 학부의 선과(選科)는 자유 아닌가?」, 『대한일보』(1948년 7월 11일).

130 「국대 분쟁의 연계 속, 왜제 잔재 전통 찾는 문리대, 공대 정규 예과생의 진학을 거부」, 『대한일보』(1948년 7월 11일).

정부가 수립되었으니, 새로운 총장을 임명해야 한다는 취지였다. 그러나 장리욱은 자신은 문교부 장관에게 임명받은 것이 아니라 서울대 이사회로부터 임명받았기 때문에 장관에게 사표를 제출할 수 없다는 원론적 입장을 피력했다.[131] 미군정하 문교부-서울대 이사회의 전폭적 신임을 받았던 장리욱은 한국 정부 수립 후 문교부와는 갈등 관계에 놓이게 된 것이다. 문교부 혹은 한국 정부가 왜 장리욱을 교체하려 했는지에 대해 명확한 사유를 보여 주는 자료는 남아 있지 않다. 다만 장리욱이 미군정 교육부에 의해 선임된 인물이며, 또한 이승만과 대립하던 흥사단 소속이었다는 점이 걸림돌이었을 가능성이 높다. 또한 민족주의적이며 국수적인 교육 개편을 주장하던 문교부 장관 안호상도 장리욱을 마뜩지 않게 여겼던 것으로 보인다. 장리욱은 1949년 1월 초 서울대 총장직 사표를 이사회에 제출했다. 후임 총장은 서울대학교 이사회장이던 최규동이 선임되었다(1949년 1월 4일).[132]

국대안 파동 속에 국립서울대의 최고 의결 기관이자 집행 기관으로 설립된 이사회는 단명했다. 1949년 한국 정부는 서울대의 이사회 제도를 폐지하고 국립대학을 문교부에 직속시키기로 결정했다. 역설적이게도 1946년 국대안 파동 과정에서 서울대 이사회 제도를 옹호했던 백낙준, 오천석, 장리욱, 유진오, 현상윤은 1949년 6월 3일 새로운 교육법안 작성을 위한 국회 문교전문위원에 임명되었고,[133] 8월 22일 대한민국 교육 법안을 기초해 최종 심사회를 개최했다.[134]

131 『나의 회고록』, 191쪽.
132 『관보』 제29호(1949. 1. 4.).
133 『조선일보』(1949년 6월 5일).
134 『서울신문』(1949년 8월 25일).

8. 한국전쟁 맥아더 사령부 시절

서울대 총장에서 물러난 장리욱은 흥사단 이사장으로 일하며 월간지 『동광(東光)』을 간행했다. 그는 평생 흥사단에 헌신하며 도산 안창호의 뜻을 전파하는 데 진력했다.[135] 한국전쟁이 발발하자 장리욱은 서울에 잔류한 비도강파가 되어 공산치하에서 3개월을 보내야 했다. 본인의 회고에 따르면 13군데 처소를 다니며 피난생활을 했다.

가까스로 살아남은 장리욱은 중공군의 개입으로 1·4후퇴가 시작되기 직전인 1950년 12월 중순경 일본에 건너가 1958년 가을 귀국할 때까지 만 8년가량을 체류했다. 모두 유엔군사령부와 유대 속에 대북작전에 참가한 것이다.

> 12월 중순경 어느 날 밤 나는 송현동 미국인 주택지에 사는 미국부영사 도날드 맥도날드 씨로부터 연락을 받고 밤중에 그를 방문했다. 그가 나를 만나자고 한 것은 그때 미 국무성이 일본 동경에서 어떤 일을 시작하려고 하고 있는데 일본으로 가서 그 일을 도와줄 수 있겠느냐는 것이었다. 때는 바로 북괴와 중공군이 평양 대동강 철교를 넘어 섰다는 소문이 전해지면서 서울이 술렁거릴 무렵이었다. 이번에는 서울을 떠나려고 생각하고 있던 나는 맥도날드 씨의 제의를 고맙게 생각하며 받아들였다. 다음날 도일 수속을 하는 자

---

135 장리욱이 쓴 도산 안창호 관련 글들은 다음과 같다.
「참된 혁명가 안도산」, 『민성』 10월, 1949; 「안도산 비록」, 『思想界』 3월, 1965; 「도산기념사업회는 유야무야」, 『기러기』 8월, 1965; 「장한 아내 훌륭한 어머니[안혜련 추모]」, 『기러기』 5월, 1969; 「도산의 생애와 예체」, 『기러기』 12월, 1968; 「도산이 영면한 그 후」, 『기러기』 3월, 1970; 장리욱·최희송·백낙준, 「도산 안창호 선생 탄신 백주년 기념대회」, 『기러기』 10월, 1978; 장리욱·박종화·장리욱·동아일보·안병무·조선일보·안병욱, 「도산 40주기 추모」, 『기러기』 3월, 1978; 「가깝게 본 도산」, 『나라사랑』 39, 1981; 『도산 안창호』, 태극출판사, 1972; 『도산의 인격과 생애』, 대성문화사, 1973.

리에 나가 보니 이 일을 위해서 일본에 가는 사람은 나만이 아니었다. 하경덕(河敬德) 박사, 오천석(吳天錫) 박사, 황진남(黃鎭南) 씨, 신동기(申東起) 씨, 김영원(金英源) 씨 등 모두 합해서 우리 일행은 10명이었다. 급한 때이고 보니 모든 수속은 서둘러 간단히 끝났다. 그리고 어느 날 밤 김포공항에서 서북항공 편으로 일본을 향해 떠났다. (중략) 도쿄에 도착한 우리 일행은 그때 미군속들 숙소 중의 하나인 컨티넨탈 호텔에 체류하면서 서둘러 일을 시작했다. 우리가 하는 일이란 번역이었다. 그해 가을 UN군은 평양을 탈환했을 때 적의 많은 문서를 차압했다. 미국무성은 이것들을 번역하고 정리하기 위해서 우리를 도쿄에 데려온 것이다. 그러니까 우리의 일이란 그리 어렵지 않은 번역이었다. 국무성이 주관한 이 일은 1951년 4월 말에 끝이 났다.[136]

장리욱이 먼저 참가한 것은 미군이 한반도에서 북한으로부터 빼앗은 '북한 노획 문서'의 정리였다. 미국 메릴랜드주 칼리지 파크(College Park, Maryland)에는 미국립문서기록관리청 제2청사가 있다. 여기에 한국전쟁 기간 중 미군이 북한으로부터 빼앗은 소위 '북한 노획 문서'라고 하는 방대한 문서철이 소장되어 있다. 공개된 시기에 따라 구(舊)노획 문서와 신(新)노획 문서라고 불리는 이 문서철은 북한 및 한국현대사 연구에 있어서 귀중한 보물적 존재이다. 구노획 문서는 총 1,216상자, 문서 7,235건, 약 158만 매의 문서와 책자로 구성되어 있으며, 신노획 문서는 200001~208072번 사이의 문서 5,822건으로 구성되어 있다.[137] 이들 문서의 대부분은 한글 혹은 국한문 혼용으로 작

---

136 『나의 회고록』, 197쪽.

137 방선주, 「노획 북한필사문서 해제 (1)」, 『아시아문화』 창간호, 한림대 아시아문화연구소, 1986; 방선주, 「미국 국립공문서관 소장 RG 242 내 〈선별노획문서〉 조사연구」, 『미

성되어 있는데, 구노획 문서의 경우 영어로 작성된 종합적 목록이 존재한다. 북한 문서의 노획·분석·정리를 담당한 극동군 총사령부 연합통역번역대 8238부대가 작성한 『북한노획문서 목록 및 간략해설』로 원 제목은 『문서군 242, 1941년 이래 국립문서보관소 노획외국문서 콜렉션, 주석이 달린 목록, 주한미군이 노획한 기록물(*Record Group 242, National Archives Collection of Foreign Records Seized, 1941-, Annotated Lists: Records Seized by U.S. Military Forces in Korea*)』이라는 긴 원제목을 갖고 있다. 각 번호별로 북한 노획 문서에 대한 정보가 정리되어 있다. 선적 목록 번호, 작성일, 문서 노획 장소, 일시, 언어 등의 기본 정보가 제시된 후 발송상자(Box), 항목(Item), 내용 설명(Description)이 제시되었다. 내용 설명은 문서의 형식, 제목, 간단한 내용 소개, 쪽번호 등이 포함되어 있다. 극동군 총사령부 연합통역번역대가 작성한 일종의 종합적 『북한 노획문서 선적 목록』이다. 이 문서의 정리 작업에 장리욱, 오천석, 하경덕 등 당대 최고의 도미 유학생 출신 한국 엘리트들이 참가한 것이다. 오천석도 이렇게 회고했다.

> 나는 그 직전(1·4후퇴), 미국 대사관의 요청에 의하여 장리욱·하경덕·황진남·신동기(전 주필리핀 대사)·장문상(현 대사)·만화가 김능초 등 여러 사람들과 더불어 동경 맥아더 사령부의 심리작전국의 요원으로 현해탄을 건너게 되었다. 처음 우리의 임무는 북한에서 노획한 공산군과 괴뢰정부의 중요 문서를 번역·분석하는 일이었[다].[138]

국소재 한국사자료 조사보고Ⅲ: NARA 소장 RG 242 〈선별노획문서〉 외』, 국사편찬위원회, 2002(방선주, 「노획 북한필사문서 해제(1)」, 『방선주저작집』 제2권, 선인, 2018에 재수록).

138 오천석, 『외로운 성주』, 122쪽.

미국에서 대학을 다니다가 급히 도쿄로 소환되었던 문익환 목사는 이렇게 회고했다.

> 도쿄 유엔사령부에 입대하여 배치받은 부서로 가 보니, 오천석 박사, 장이욱 박사 등 한국의 일류 명사들이 모여 있는데 그 속에 문익환 목사가 끼어 있었다. 도쿄역 앞 무루노우치 빌딩에 자리한 ATIS(Allied Translation and Interpretation Section: 연합군번역통역섹션)에서 그는 20세기의 국제질서를 만들어 내는 중대한 업무를 수행하였다. ATIS는 전선에서 노획해 온 문서들을 분류하고 번역해서 중요한 내용을 정리하는 곳인데, 한국인 스태프는 약 30명. 사령부 안에서도 우수한 인재들을 모아 놓은 엘리트 부서였다.[139]

내용을 정리하자면 1950년 12월경 미대사관은 서울과 부산에서 북한 노획 문서를 번역·정리할 인원을 모집해 도쿄로 보냈으며, 여기에 미군정기 문교부장 오천석, 서울대 총장 장리욱, 『*Seoul Times*』·『서울신문』 사장·입법의원 의원 하경덕, 안창호의 상해 시절 비서이자 여운형의 측근이었던 황진남, 미군정장관 비서실장 신동기, 장문상, 김웅초, 김영원 등이 포함되었던 것이다. 이들은 도쿄 맥아더 사령부의 심리작전국의 요원이 되어, 북한에서 노획한 공산군과 북한정부의 중요문서를 번역·분석했다. 그리 어렵지 않은 번역이었고, "국무성이 주관한 이 일"(장리욱)은 1951년 4월 말에 끝났다.[140]

장리욱·정경모의 회고처럼 중국인민지원군 철수 이후 1·4후퇴 상황이었기 때문에 미군정기 최고 엘리트들이 도쿄에 모여 있는 것은

---

139 김형수, 『문익환 평전』, 실천문학사, 2004, 288, 297~298쪽.
140 『나의 회고록』, 197쪽.

미국의 망명정부 수립 계획으로 해석되기도 했다. 미국은 1951년 1월 12일에는 NSC 101을 작성했는데, 한국에서 철수할 경우 한국 망명정부 수립을 건의하는 내용이었다.[141] 미국은 한국 망명정부를 수립할 후보지로 제주도, 일본 본토, 오키나와 등을 상정했으며, 철수할 인원을 대규모(80~100만)와 소규모(1~2만)로 나누어 구상했다. 여기에는 한국 정부 주요 인사 및 그 가족(약 4,000명), 한국군 고위 장교·기술관리 및 그 가족(약 3,000명), 기독교 인사·민간 지도자·교육가 및 그 가족(약 1만 명), 포로기관·전쟁포로 등이 포함되었다.

북한 노획 문서에 대한 분류·번역 작업이 일단락된 후 장리욱과 동료들은 이들은 유엔군사령부G-2 소속의 유엔군사령부방송, 즉 'VUNC(The Voice of United Nations Command)'에서 일하는 한편 공산군 포로를 상대로 하는 심리전에 참가했다.[142] 전쟁이 장기화되자 유엔군사령부는 심리전의 일환으로 대북 방송을 시작했다. 장리욱 일행의 대부분은 이 방송에 필요한 각종 프로그램 제작에 투입되었다. 한국 최고의 엘리트들이 동원된 대북 심리전 방송이 시작된 것이었다.

> 처음 나는 이 방송 일과는 별도로 퓌서 박사를 중심으로 하는 다른 활동에 협력하다가 후에 UN군 총사령부 방송의 부탁을 받아 소위 〈장 박사 시간〉이라는 15분짜리 프로그램을 맡게 되었다. 그들

141 NSC 100, "Recommended Polices and Actions in Light the Grave World Situation," January 11, 1951; NSC 101, NSC 101, "Course of Action Relative to Communist Chinese and Korea," January 12, 1952; 이상호, 「한국전쟁기 미국의 한국정부 해외 이전 계획」, 『군사』 101호, 2016, 192~193쪽.

142 VUNC 방송에 대해서는 다음을 참조. 장영민, 「6·25전쟁기 '유엔군총사령부의 소리(VUNC)'방송에 관한 고찰」, 『한국근현대사연구』 47, 2008; 김영희, 「한국전쟁 기간 미국의 대한 방송활동: VOA 한국어방송과 VUNC를 중심으로」, 『한국언론학보』 53권 2호, 2009; 김영희, 「1960년대 VUNC(유엔군총사령부방송)의 운영과 폐쇄」, 『한국언론학보』 56권 5호, 2012.

이 처음 내게 제안한 것은 이북을 상대로 하는 내용의 방송이었는데 나의 주장은 좀 달랐다. 물론 우리가 하는 일이 전쟁의 일부이니만큼 적을 정면으로 공격하는 일도 중요하지만 한편 우리의 전투력을 증대시키는 일 역시 그만큼 중요한 일이라는 것이었다. 그래서 결국 나의 방송은 남한 동포의 정신무장을 강조하면서 일반 교양의 향상과 민주국민으로서의 자질을 쌓는 데 중점을 두고 시작했다. 이 방송은 그 후 5년 남짓한 세월 동안 계속되었다. 그런데 얼마 후 이 방송 원고 중 얼마를 골라서 본국에 있는 김재순 군(현 사단법인 『샘터』사 이사장)의 수고로 『현실과 이상』이란 책자로 펴냈다. (중략) UN군사령부는 이런 일[포로 재교육용 자료 작성]을 책임지고 수행할 수 있는 유능한 한국인 약 50명을 초대해 와야 했다. 그때 일본에 건너온 사람들 가운데는 내가 기억하는 범위 안에서 다음과 같은 인사들이 있었다. 윤하영(고 목사), 박형규(현 초동교회 목사), 육지수(고 교수), 이종선(고인), 장상문(현 멕시코 대사), 최창호(현 중앙대 교수), 김종흡(전 서울대 교무처장), 홍양실(아나운서), 김도성(고 전 연전 영어교수), 김용규(현 중앙청 행정개혁 위원), 김의환(만화가), 최준(현 중앙대 교수), 김익호(현 일본 거주), 함병춘(현 주미대사) 등등.[143]

장리욱은 유엔군사령부방송에서 행한 자신의 연설집을 귀국 후인 1958년 『현실과 이상: 내가 바라는 새 세대 주인공들』이라는 제목으로 출간했다.[144] 오천석은 심리작전대 선임고문이 되어 대공산군 심

143 『나의 회고록』, 198~199쪽.

144 장리욱, 『현실과 이상: 내가 바라는 새 세대 주인공들』, 새벽사, 1958. 장리욱은 1968년 이 책의 일부 원고와 자신의 강연 원고를 묶어 『끝없는 탐구』(문예사, 1968)로 간행했다. 장리욱의 수필 일부는 『현대한국수상록』 5권(금성출판사, 1984)에 수록되었다.

리전 정책 수립과 실전에 참가했다. 작전의 주요 수단은 라디오 방송(VUNC)과 전단제작·살포와 비행기를 이용하여 직접 전투 현장에 가서 확성기로 공산군의 투항을 권고하는 일과 생포된 병사를 심문하여 정보를 수집하는 일이었다. 오천석은 한국인의 심리를 모르는 미국인을 도와 공산군에게 호소력을 가지는 글을 작성하고, 라디오 방송 내용을 조정하는 작업을 담당했다.[145]

유엔군사령부에서 활동, '유엔군사령부의 소리 방송(VUNC: The Voice of United Nations Command)'에서의 상황에 대해 주일대표부 대표였던 김용주 공사의 회고,[146] 정경모의 회고,[147] 박형규 목사의 회고,[148] 위진록 아나운서의 회고[149] 등이 남아 있다. 1951년 10월 하순경 맥아더 사령부에서 근무를 시작한 정경모는 "서울대 총장으로 계시던 장리욱 박사, 문교부 장관 오천석 박사, 그리고 몽양 선생의 측근이었으며 젊어서 구라파 유학을 했던 경력 때문인지 셰익스피어를 줄줄 외우던 어학의 천재 황진남 씨 등 한국의 일류 명사들이 모두 모여 있다는 사실"을 목격하고 깜짝 놀랐다.[150]

장리욱은 한국 정부와 여권 연장 문제, 한국 정치에의 개입 우려 등의 갈등을 겪은 뒤 만 8년 뒤인 1958년 가을에야 서울로 돌아올 수 있었다. 1958년 9월 그를 인터뷰한 『경향신문』 기자는 "야당 중에도 골수 야당인 것처럼 일부 측에서 생각하는 흥사단. 그 흥사단의 단장격인 장리욱 박사가 최근 일본에서 귀국"했다고 썼다. 흥사단에 단장이라는 직제가 없지만 흥사단에서는 창건자 도산 안창호 선생의 후

145 오천석, 『외로운 성주』, 122쪽.
146 김용주, 『풍설시대 팔십년』, 신기원사, 1984, 141~143쪽.
147 정경모, 『시대의 불침번』, 한겨레출판, 2010, 31~33쪽.
148 정경모, 『시대의 불침번』, 73쪽.
149 위진록, 『고향이 어디십니까?』, 모노폴리, 2013, 215쪽.
150 정경모, 『시대의 불침번』, 31~33쪽.

계자로 누구나 장리욱 박사를 지목하고 있으니 알기 쉽게 단장이라고 해도 무방할 듯하다는 것이다.[151] 누구나 장리욱을 흥사단의 최고 지도자로 생각했다.[152]

귀국한 장리욱은 이승만 독재 체제에 맞서는 반독재 투쟁과 함께 정치에 한발을 들여놓았다. 장리욱은 재야 및 야당 인사를 총망라한 민권수호국민총연맹(1959년 1월 17일), 언론자유수호국민대회(1959년 6월 13일), 공명선거추진위원회(1960년 2월) 등에 참가했다. 4·19로 이승만정권이 붕괴된 이후 장리욱은 무소속으로 성동갑구에 출마했으나 민주당 바람이 분 7·29총선에서 낙선했다. 장리욱은 민주당 장면 정부에서 주미대사를 역임한 후 공직 생활에서 은퇴했다.

참고문헌

『조선총독부관보』 3575號(1938년 12월 17일), 4558號(1942년 3월 10일).

『매일신보』(1945년 9월 3일).

『신조선보』(1945년 10월 6일, 11월 10일).

『신한민보』(1945년 10월 18일, 10월 20일, 1946월 7월 4일).

『공업신문』(1945년 11월 17일).

『중앙신문』(1945년 11월 16일).

『서울신문』(1945년 12월 2일, 1946년 6월 30일, 1947년 3월 20~21일, 1949년 8월 25일).

『동아일보』(1945년 12월 14일, 12월 20일, 1946년 6월 10일, 7월 14일, 1947년 3월 20~21일, 1948년 5월 15일, 1962년 6월 23일).

『대동신문』(1946년 1월 15일).

『현대일보』(1946년 4월 4일, 8월 2일, 1948년 5월 25일).

『조선일보』(1946년 4월 22일, 8월 21일, 1949년 6월 5일, 1985년 1월 25일).

『조선인민보』(1946년 8월 20일).

---

151 「흥사단 단장의 말」, 『경향신문』(1958년 9월 17일).

152 박표, 「경무대 12년간의 비사(2) 흥사단 총사 장리욱 씨의 동경망명 진상」, 『인물계』 8월호, 1960.

「군정청법령」 제102호(1946년 8월 22일).
『대구시보』(1947년 1월 16일).
『경향신문』(1947년 3월 20~21일, 1948년 5월 15일).
『문화일보』(1947년 6월 18일).
『조선중앙일보』(1947년 9월 16일, 25일, 1948년 3월 30일, 4월 17일).
『한성일보』(1947년 11월 26일, 1949년 10월 27일, 10월 29일, 11월 19일, 12월 28일).
『자유신문』(1947년 12월 24일, 1949년 12월 16일).
『신민일보』(1948년 3월 19일, 3월 30일).
『민중일보』(1948년 4월 17일).
『수산경제신문』(1948년 4월 22일).
『대한일보』(1948년 7월 11일).
『평화일보』(1948년 7월 11일).
『독립신문』(1948년 12월 2일).
『민주중보』(1949년 11월 23일).
『월간중앙』 8월호, 1969.

조헌영, 「국립서울대학안과 학생맹휴에 대하야」, 『건설』 3월호, 건설출판사, 1947.
오영진, 『하나의 증언: 작가의 수기』, 국민사상지도원, 1952.
조영암, 『고당조만식』, 정치신문사, 1953.
장리욱, 『현실과 이상: 내가 바라는 새 세대 주인공들』, 새벽사, 1958.
김택원·송재구·최준갑, 『미제 강점하의 남조선: 교육편』, 평양조선로동당출판사, 1963.
김병연, 『평양지』, 평남민보사, 1964.
서울대학교20년사편찬위원회, 『서울대학교20년사』, 서울대학교출판부, 1966.
서울대학교사범대학30년사편찬위원회, 『민주교육의 요람: 서울대학교사범대학 30년사(1945~1974)』, 한국능력개발사, 1969.
한근조, 『고당조만식』, 태극서관, 1970.
오천석, 『외로운 성주(城主)』, 광명출판사, 1975.
장리욱, 『나의 회고록』, 샘터사, 1975.
서울대학교30년사편찬위원회, 『서울대학교30년사: 1946-1976』, 1976.
백낙준, 『나의 종강록』, 정음문화사, 1983.
와다 하루키, 「소련의 대북한정책 1945~1946」, 『분단전후의 현대사』, 일월서각, 1983.
김용주, 『풍설시대 팔십년』, 신기원사, 1984.

박재창, 「평남건국준비위원회 결성과 고당 조만식 1945년」, 『북한』 8월호, 1985.
방선주, 「노획 북한필사문서 해제(1)」, 『아시아문화』 창간호, 한림대아시아문화연구소, 1986.
모리타 요시오(森田芳夫), 「소련군의 북한 진주와 인민위원회의 결성」, 『한국사회연구5』, 정도영 옮김, 한길사, 1987.
백관익, 『내일을 위하여』, 정음문화사, 1989.
김용덕, 『어느 과학자의 이야기: 이태규 박사의 생애와 학문』, 동아, 1990.
조선공산당평안남도위원회, 「조선공산당 평남도 제일차 대표대회 보고 연설」(1945년 12월 26일), 『조선공산당문건자료집(1945~46)』, 한림대학교아시아문화연구소, 1993.
김수자, 「미군정기(1945~1948) 통치기구와 관료임용정책」, 이화여자대학교 사학과 석사학위논문, 1994.
김기석, 「김일성종합대학의 창설에 관한 일 연구」, 『교육이론』 제10권 제1호, 1996.
김성학, 『서구교육학 도입의 기원과 전개』, 문음사, 1996.
서울대학교 사범대학 교육학과 50년사 기획 구술자료(구술자 김종서, 면접자 강일국, 1996. 5. 21., 오후 3시, 교육개혁위원회 위원장실), 서울대학교 사범대학 한국교육사고 소장.
서울대학교·한국교육사고, 『서울대학교 사범대학 50년 구술사자료집(1)』, 서울대학교 사범대학, 1999.
하두봉, 『서울대학교 자연과학대학 초기약사(1920~1953)』, 서울대학교출판부, 1999.
김기석, 『일란성 쌍생아의 탄생, 1946: 국립서울대학교와 김일성종합대학의 창설』, 교육과학사, 2001.
강명숙, 「미군정기 고등교육연구」, 서울대학교 교육학과 박사학위논문, 2002.
김광운, 『북한정치사연구 I』, 선인, 2003.
김형수, 『문익환 평전』, 실천문학사, 2004.
송상용, 「한국화학계의 큰 별: 이태규」, 김근배 외, 『한국 과학기술 인물 12인』, 해나무, 2005.
정범모, 「경성사범학교」, 『그래, 이름은 뭔고? 회상과 수상』, 나남, 2007.
장영민, 「6·25전쟁기 '유엔군총사령부의 소리(VUNC)'방송에 관한 고찰」, 『한국근현대사연구』 47, 2008.
김영희, 「한국전쟁 기간 미국의 대한 방송활동: VOA 한국어방송과 VUNC를 중심으로」, 『한국언론학보』 53권 2호, 2009.
정경모, 『시대의 불침번』, 한겨레출판, 2010.

정원식, 『변혁의 시대에서: 정원식회고록』, 기파랑, 2010.
한수영, 『사상과 성찰 : 한국 근대문학의 언어·주체·이데올로기』, 소명출판, 2011.
김영희, 「1960년대 VUNC(유엔군총사령부방송)의 운영과 폐쇄」, 『한국언론학보』 56권 5호, 2012.
김성학, 『한국 근대교육의 탄생』, 교육과학사, 2013.
국립서울대학교개학반세기역사편찬위원회, 『국립서울대학교 개학 반세기사(1895~1946)』, 2016.
강명숙, 『대학과 대학생의 시대』, 서해문집, 2018.
방선주, 「노획 북한필사문서 해제(1)」, 『방선주저작집』 제2권, 선인, 2018.
윤종문, 「1945~1949년 미군정의 전문인력양성계획과 미국 파견 연구」, 서강대학교 사학과 박사학위논문, 2020.
유용태·정숭교·최갑수, 『학생들이 만든 한국 현대사: 서울대 학생운동 70년』 제1권, 한울엠플럿, 2020.

"Dispatch, Richard Johnston," *The New York Times*, September 13, 1945.
James H. Keller, "RussianActivities South of the 38th Parallel," 1945. 9. 15.
Department of Education, Weekly Report, 20 October, 1945.
Arnold to MacArthur, December 1, 1945, *Foreign Relations of the United States (FRUS)* 1945, vol. VI.
Major Earl N. Lockard (Director of Bureau of Education), "History of Bureau of Education from 11 September 1945 to 28 February 1946," p.30, RG 332, Entry A1 1256, USAFIK, XXIV Corps, G-2, Historical Section, Box 36.
"School Strike in Seoul, Korea, Their Political Implications," 20 March 1947. Headquarters XXIV Corps, United States Armed Forces in Korea, Office of the Assistant Chief of Staff, G-2, APO 235. Headquarter, XXIV Corps, G-2 Weekly Summary, no.79 (20 March 1947), Incl #2.

4

장리욱이 본 도산 안창호

—『도산의 인격과 생애』를 중심으로

박만규(흥사단 이사장)

1. 장리욱과 도산

장리욱(1895~1983)의 88년 생애에서 그가 도산 안창호(1878~1938)를 알게 되고 두 차례 4년여에 걸쳐 직접 접촉하며 교분을 갖게 된 것은 매우 중요한 사실 가운데 하나였다. 그는 75세 되던 1970년에 쓴 『도산의 인격과 생애』라는 소책자의 머리말에서 다음과 같이 말한 바 있다.

> 나는 도산의 일생 행로 몇몇 대목에 걸쳐서 그를 가장 가깝게 모시고 지낼 수 있는 귀한 인연을 가졌다. 특히 그가 마지막으로 미국에 체류하는 기간(1925~1926)과 그 후 대전 감옥에서 출감해서 1938년 봄 별세하기까지의 사이는 그렇게 할 수 있는 보다 더 좋은 기회이기도 했다. 나는 당시에 도산이 민족과 사회, 또 접촉하는 모든 인간에 대하여 갖는 그 성실한 자세, 또 인간 문제에 관련된 대소 모든 사물을 다루는 데서 나타내 보인 그 예지와 수법에 대하여 깊은 감명을 받았다. 그 인격의 위대성과 그의 생애가 언제나 늘 보다 높은 차원에서 움직이고 있다는 것을 체험했다.[1]

위에서 그가 말한 도산이 마지막으로 미국에 체류하던 1925~1926년의 1년여에 걸친 교류는 특히 갓 30대 초의 그에게는 상당히 감동적인 체험이었던 것으로 보인다. 막 듀북대학을 졸업하고 컬럼비아대학의 사범대학원 진학을 모색하던 그는 도산의 간곡한 권유에 따라 학업 계획을 변경하기까지에 이른다.

이에 앞서 장리욱이 도산을 처음 만난 것은 유학을 위해 미국에 도착한 직후인 1916년 12월 말로 그의 나이 만 21세 때였다.

> 로스앤젤레스에서 며칠간 머무르는 동안 먼저 도산 안창호 선생을 찾아뵈었다. 그분의 말씀도 듣고 저녁 식사에도 초대되었는데, 이 '만남'은 내 평생을 통하여 줄곧 깊은 영향을 끼쳐 주었다.[2]

그 후 도산이 3·1운동으로 중국에 가서 활동하다가 세 번째로 미국에 오자 7년 만에 시카고에서 그를 다시 만나 대학원 진학 계획을 일단 보류할 수밖에 없게 된 것이다. 도산이 장리욱에게 함께 캘리포니아로 가서 다시 흥사단 일을 도와 달라고 요청했기 때문이었다. 장리욱은 이미 듀북대학 재학 중에도 흥사단 이사장 송종익의 요청으로 2년간 휴학하고 1년 반가량 흥사단 일을 맡아 한 바 있었으니 이번에 도산에게서 두 번째로 또 일해 달라는 요청을 받은 셈이었다.

장리욱은 저간의 사정을 다음과 같이 회고하였다.

> 이제 다시 학업을 중단하고 흥사단 일을 보게 된다면 나의 해외 생활과 수학 연한이 그만큼 늦어질 것이다. 더구나 나는 그 가을에

---

1 장리욱, 『도산의 인격과 생애』,흥사단출판부, 2010, 9쪽.

2 장리욱, 『나의 회고록』, 샘터사, 1975. 여기서는 이 책 제1부를 기준으로 쪽수를 밝힌다. 54쪽.

> 컬럼비아로 가서 계속 공부하기로 계획하고 있던 처지가 아니었던가.
>
> 물론 도산은 이런 나의 사정을 모르지 않았다. 그러면서도 그는 "장 군이 한 번 더 수고를 해야 돼" 하면서 나의 결의를 재촉하는 것이었다. 나는 그때 별달리 생각하고 느낀 바가 있어서 마침내 도산을 따라 나설 것을 작정했다. 나는 그때 적은 힘이나마 흥사단에 도움이 되어야겠다는 생각도 있었지만 한편으로는 도산을 모시고 가까이 지낼 수 있다는 사실에 보다 더 큰 의의를 느낀 것이다. 대학은 대학으로서 나에게 학문적으로 무엇을 주겠지만 도산은 남달리 타고난 그 예지와 파란만장한 경험의 진수를 생활을 통해 가르쳐 줄 것이라고 나는 믿었던 것이다.[3]

어렵게 듀북대학에서의 학업을 마치고 이제 다시 본격적으로 컬럼비아 대학원에서 존 듀이의 교육학을 배우려는 열망에 차 있던 30세의 엘리트 청년 장리욱이 "별달리 생각하고 느낀 바가 있어" 도산의 권유를 받아들인 이유는 이처럼 정규 학업보다 도산과의 직접 접촉을 통해 더 귀한 교훈을 배울 수 있으리라는 기대 때문이었다.

그로부터 1년여 후 도산이 다시 중국으로 떠날 때까지 그를 직접 모신 장리욱은 다음과 같이 당시를 돌아보았다.

> 마침내 나는 로스앤젤레스를 떠나 뉴욕으로 가야 할 때가 왔다. 로스앤젤레스에 온 지 14개월 만이었다. 그 기간은 결코 짧다고 말할 수는 없을 것이다. 그러나 나는 그동안 흥사단 일을 도우며 다른 한편으로는 도산을 가까이 모시면서 그의 생활철학을 배울 수 있

3 『나의 회고록』, 77-78쪽.

었다. 그것은 결코 무엇과도 바꿀 수 없는 값진 것이었다.[4]

또다시 10여 년이 흐른 뒤, 그의 40대 전반에는 도산이 1932년 윤봉길 의거의 여파로 일제에 납치되어 국내로 끌려와 수감되었다가 대전 감옥에서 가출옥해 나온 1935년부터 동우회 사건 조작으로 다시 검거된 후 옥고로 1938년 사망하기까지의 3년여 동안 직접 접촉하였다. 군국주의 일제의 침략이 절정에 이른 엄혹한 상황에서 도산이 저들에 어떤 생각과 자세로 의연하게 대처했는가를 가까이서 지켜볼 수 있었던 것이다.

그러면 과연 장리욱은 도산에게서 무엇을 보고 배웠을까?

2. 장리욱이 본 도산=지성인(知性人), 초지성인(超知性人)

앞서 말했듯이 그는 1970년에 『도산의 인격과 생애』라는 작은 책을 써서 그가 직접 본 도산에 관해 상세히 증언했다. 여기서 그는 도산의 특징을 다음 세 가지 요소로 집약하였다.

> 내가 믿는 한 도산의 전 생애는 남달리 두드러지게 타고 난 세 가지 성격이 아름다운 균형을 이루면서 작용하는 데서 나타난 것이다. 그것은 다름 아닌 그의 진실성, 이지성, 또 애인성이다.[5]

즉 그는 도산에게서 진실성(眞實性)과 이지성(理智性)과 애인성(愛

4 『나의 회고록』, 84~85쪽.
5 『도산의 인격과 생애』, 189쪽.

人性)의 세 가지를 특징적으로 보고 느꼈던 것이다.

그런데 도산이 진실과 사랑을 중요시하고 강조하며 몸소 실천했다는 사실은 이미 널리 알려진 사실이었다. 해방 직후인 1947년 국내에서 최초의 도산 전기인 『도산 안창호』를 쓴 춘원 이광수가 집중적으로 그려 낸 도산상이었기 때문이다. 춘원의 도산관은 그 뒤 1963년에 『안도산전서』를 쓴 주요한에게도 기본적으로 계승되며 장리욱을 거쳐 안병욱의 『민족의 스승 도산 안창호』 등에 의해서도 그대로 이어진다. 이는 도산의 실제 면모가 그러했기 때문에 아주 당연한 일이었다. 그 점에서 장리욱이 도산의 특성으로 진실성과 애인성을 강조한 것은 이들과 다른 특별한 관점을 제시했다고 말하기는 어렵다. 오히려 여기서 주목되는 것은 장리욱이 도산의 가장 두드러진 요소로 이지성을 각별히 강조하고 있다는 점이다.

> 오늘 도산을 사모하고 존경하는 많은 국민들은 그가 뛰어난 독립운동 지도자요, 교육가라는 것을 잘 알고 있다. 또 그의 진실성과 지조와 희생과 지도력을 높이 찬양한다. 그러나 그의 인격에서 다른 어느 면과 마찬가지로 중대한 일면인 그의 이지성에 대해서 깊이 또 널리 이해되지 않고 있는 듯이 살펴진다. 이것은 그가 어느 대학을 졸업했거나 또 어떤 학위를 갖고 있지 못한 데 기인된 사실인지 모른다.
>
> 그러나 가령 도산이 다른 독립운동 지도자에 비겨 어떤 다른 점이 있다고 하면, 이는 그가 독립운동을 위한 근본적 프로그램을 마련했다는 데 있는 것이라고 말할 수 있다. 그런데 이 프로그램은 철두철미하게 논리적인 것이다. 그는 귀납적으로 또 연역적으로 모든 사물을 추리해 보는 것이었다.
>
> 우리나라는 독립국인데 어째서 외국 군대가 제멋대로 이 땅에

횡행하는가. 아직 10대 청년인 그의 머릿속에 이런 문제가 떠올랐다. 이것은 힘이 부족하기 때문이라고 추리했다. 그러면 진정한 독립을 유지하기 위해서는 힘을 길러야 한다고 결론했다. 그리고 그는 다시 무엇이 한 나라의 힘이 될 것이냐고 이것을 분석했고 또 거기에 처해서 그 운동방법을 마련한 것이다.[6]

같은 맥락에서 장리욱은 다시 도산의 지성적 측면을 다음과 같이 강조한다.

> 내가 믿는 한, 근대 한국사에 있어서 우리 민족 문제와 사회 문제를 현대의 과학적 방법으로 다루어 보기는 도산이 그 처음이 아닌가 한다. (중략) 그러나 도산에게는 우리 국민이 이 이상 좀 더 깊이 알고, 또 이해하여야 할 면이 있다. 이것은 다름 아닌 그의 논리정연한 계획성—기본적 민족 역량을 배양, 또 축적하는 것을 골자로 삼은 계획성—을 보이는 면이다.[7]

이처럼 장리욱은 도산의 가장 큰 특징을 합리성과 논리성에 입각한 이지적 지성인이라는 데서 찾았고 그래서 그가 주로 비분강개의 격정과 투쟁 일변도의 다른 지도자들과 달리 '독립운동을 위한 근본적 프로그램'을 갖게 되었다고 보았다.

그러면서 또 장리욱은 도산은 고도의 지성인이면서 동시에 지성을 뛰어넘은 초지성인이기도 했다고 말한다. 이 점은 얼핏 모순적이면서도 한국 근대 지성인들이 처했던 시대적 딜레마를 상징적으로

---

6 『도산의 인격과 생애』, 190쪽.
7 『도산의 인격과 생애』, 16~17쪽.

말해 주는 표현으로 이해된다. 합리적 근대성과 민족적 자주성을 동시에 추구해야 했던 우리 근현대사에서 합리적 근대 지성은 분명히 중요한 가치였지만 경험적으로 그것은 또 강력한 외세 앞에 너무도 취약한 모습을 보여 준 것이 사실이었다. 이른바 신지식인 가운데 수많은 사람들이 제국주의의 압도적인 힘에 좌절하여 반민족의 길로 함몰되어 갔기 때문이다. 나름대로 높은 학력과 지식을 가진 대부분의 근대 지식인들이 외세와 민족 간 힘의 격차라는 현상에 절망해 친일로 빠져 들었던 것이다. 장리욱 자신을 포함해 도산을 따랐던 동우회 인물들조차도 대부분 그러했다.

도산은 이들과 어떻게 달랐기에 끝까지 민족적 대의와 지조를 지킬 수 있었는가. 이에 대한 답을 찾는 것은 장리욱 자신에게도 절실하게 아픈 반성이자 내면적 참회의 과정에서 절실히 필요한 통과 절차였다고 볼 수 있다.

> 도산은 일본의 국력이 거대해진 사실을 부인하지 않았다. 또 일본이 조선 민족을 영구히 통치하려는 야심이 정책의 일단으로 되어 있다는 것을 모른다고 하지도 않았다. 도산은 이 현존한 사실을 일일이 인정하고 시인했다. 그러나 '한 민족의 운명은 그렇게 간단하게 결정되고 마는 것이라고 나는 믿지 않소'. 우리 민족 문제에 대해서 나는 비관을 갖지 않소.[8]

일제와 친일파들의 협박과 회유에 대한 위와 같은 도산의 응답은 얼른 보아 매우 비현실적이고 비합리적이라고도 말할 수 있을 것이다. 그러면 가장 이지적이고 합리적인 지성인 도산에게 이는 또 어떻

---

8 『도산의 인격과 생애』, 23쪽.

게 해석될 수 있을까.

장리욱은 이를 다음과 같이 설명하였다.

> 나는 이 점에 대해서, 이때 도산의 가슴속에서는 보통 지성을 초월한 보다 높은 차원의 지성이 작용되고 있었다는 것을 믿고자 한다. 이것은 누구의 가슴속에서라도 지극한 정성과 성의와 사랑이 가득 차 있을 경우 어느 정도 자연스럽게 떠오르는 혜지(慧智)라고 생각한다. 칸트가 말한 선험인식이라는 것이 곧 그것일는지도 모른다. 조선 민족에 대한 지극한 사랑이 그로 하여금 이런 혜지를 갖게 한 것이라고 믿는다.
>
> 도산이 만일 지성의 도산이 아니었다면 그저 비분강개한 애국자로서 그 일생을 마쳤을지도 모른다. 또 되건 아니 되건 그저 명분과 의리에 몰린 독립운동으로 한평생을 보냈을지도 모른다. 물론 감상적 애국자도 좋고 또 의분에 사무친 독립운동도 귀하다. 그러나 도산의 지성은 민족을 위한 사업이 여기서 끝나는 것을 용납하지 않았다. 원대한 독립운동의 방략을 세워야 했고 또 민성 개혁을 위한 흥사단운동을 일으켜야 했던 것이다.
>
> 도산이 만일 초지성적 도산이 아니었다면 옥사를 면했을는지도 모른다. 도산이 만일 많은 다른 사람과 마찬가지로 숫자와 현실에 아주 사로잡혀 버렸더라면 그도 또 누구나 마찬가지로 영리할 수 있었다. 즉 요령 있게 일신의 안일을 가질 수 있었던 것이다.[9]

요컨대 장리욱은 도산이 고도로 이지적이고 합리적인 사고를 하는 근대 지성인이었지만 동시에 특수한 시대상황에서 끝까지 그 한

---

9 『도산의 인격과 생애』, 23~24쪽.

계에 사로잡히지 않은 초지성적 인물이기도 했다고 말하고 있는 것이다. 실제로 제국주의 시기 우리 역사에서 많은 근대 지식인들이 그 합리성의 한계를 극복하지 못한 채 압도적 힘의 차이에 좌절하여 반민족 친일의 길로 함몰해 버린 사례가 너무도 많았다.

장리욱 자신도 도산이 최후까지 민족적 지조를 지키다 순국한 직후 그 자신의 본의 여부와는 별개로 동우회원들의 일제에의 집단 전향에 참여한 아픔을 가진 인물이었다. 아마도 이 부분에서 장리욱은 도산이 끝끝내 애국지사로서 지조를 견지할 수 있었던 원동력이 진실로 궁금했을 것이다. 그 결과 그는 합리성으로 표상되는 근대 지성의 한계성을 뼈저리게 느끼면서 도산이 마지막까지 보여 준 장엄한 모습을 초지성이라는 말로 표현한 것이라 할 수 있다.

3. 장리욱의 도산관 평가

장리욱은 봉건 적폐와 제국주의 외세 침탈이 동시에 중첩되고 있던 19세기 말에 태어났다. 당시로는 매우 드물게 미국에 유학까지 하여 듀북대학과 컬럼비아대학에서 교육학을 공부한 당대 최고의 지식인 가운데 한 사람으로 성장하였다. 31세 되는 1928년 초 일제강점하의 조국에 귀국하여서는 미국 북장로교단이 설립한 평북 안주의 신성학교 교장을 지냈고, 해방 후에는 서울대 사범대학장 및 총장을 역임했다. 비록 단기간에 끝나고 말았지만 주미대사로 임명되기도 했다. 또 당시 유력한 민간 단체였던 흥사단에서도 중요 임원으로 활동했으므로 학력과 사회 경력으로 보아 명실공히 당대 최고의 지식인이자 사회유지의 한 사람이었던 것이다. 그런 장리욱이 오히려 최고의 지성인으로 추앙한 도산은 그럼 과연 어떤 인물인가.

도산에 대해서는 보는 이에 따라 대별하면 다음 세 가지 다른 관점이 있다.

먼저, 도산을 우리 근대사의 여러 지도자 가운데 특히 도덕과 윤리적인 측면에서 높은 인격을 지녔던 인물로 평가하는 사람들이 있다. 그 연장선에서 근대적 민중 계몽과 교육 부문에서의 공로가 특별히 부각된다.

또 한편에서는, 독립운동의 실천적 측면에서 그가 보여 준 조직 역량과 이론 및 사상 면의 탁월한 업적을 중시하는 사람들도 많다.

이와는 대조적으로, 도산은 일제에 대한 적대 의식과 저항 투쟁보다 자기 반성과 실력양성주의에 치중함으로써 결과적으로 자치운동론자 내지는 민족개량주의자들의 정신적 원조가 되었다는 매우 부정적인 평가까지 혼재한다.

장리욱 역시 그동안 한국 사회에서 도산을 바라보는 여러 시각 가운데 중요한 한 부분을 제공한 인물들 가운데 한 사람이다. 앞에서 본 것처럼 장리욱의 생애에서는 두 차례에 걸쳐 모두 4년가량 도산 안창호와 가장 가까이 접촉했던 경험이 중요하게 자리 잡고 있었다.

장리욱보다 17년 연상이었던 도산은 독립운동의 최고 지도자였으며 한국 민족의 근대적 교화에도 큰 공로를 세운 인물이었다. 그런데 정작 그의 학력은 공식적으로는 특별히 내세울 것이 없었다. 그런 그를 최고 학력을 가진 장리욱은 한국의 최고 지성으로 추앙하였다. 가장 이지적인 인물로서 사회 문제와 민족 문제에 관해 가장 합리적이고 근본적인 계획을 가진 인물로 보고 높이 평가했던 것이다. 장리욱은 『도산의 인격과 생애』를 통해 이를 매우 잘 증언해 주었다.

이 점에서 그는 기본적으로 이광수, 주요한, 장리욱, 안병욱으로 이어지는 첫 번째 맥락의 도산관을 가졌다 할 수 있다. 도산의 이지적·지성적 측면을 강조하고 그에 따라 독립운동의 근본적이면서도 합리적인 계획이 있는 지도자였음을 강조한 것이다.

그러나 장리욱은 동시에 도산의 초지성적 측면을 발견해 강조함으로써 제국주의가 맹위를 떨치던 엄혹한 시절에 민족지도자로서 끝까지 지조를 지켜 낸 도산의 면모를 설득력 있게 설명해 준 점이 특히 주목된다. 일부 도산을 부정적으로 말하는 사람들이 주로 춘원의 도산관을 기초로 도산을 자치운동론자 내지 민족개량주의자로 폄하하는 데 그 논거를 극복할 수 있는 '지성인 겸 초지성인'의 관점을 제시했다는 점은 높이 평가할 만하다.

그러면서도 단지 그가 말한 도산의 독립운동을 위한 근본적 프로그램이 정작 무엇이었는지에 대해서 좀 더 구체적인 언급이 있었더라면 하는 아쉬움이 남는다. 도산이 한국 민족의 힘의 부족을 자각했고 따라서 그 힘의 배양을 위해 무실·역행·충의·용감의 정신과 지식·조직·금전의 축적을 강조했으며 그래서 흥사단을 만들고 활동하게 했다는 프레임은 독립운동의 최고지도자 도산의 전모를 말해 주기에는 많이 부족하다. 이 점에서는 역시 춘원과 주요한, 안병욱 등에게서 느끼는 아쉬움과 크게 다르지 않다.

이는 아마도 장리욱의 개인적 특성을 감안해 보아야 하는 게 아닌가 하는 생각이 든다. 그는 기본적으로 교육학자였으며 교육행정가였다. 도산에게 그런 장리욱은 아마도 독립운동 과정에서의 투쟁의 동지라기보다는 독립 후 국가 운영에 필요한 미래의 인재로 보지 않았을까 생각된다. 특히 장차 교육 분야에서 활약할 중심인물로 생각했음 직하다. 대부분의 독립운동 지도자들이 독립운동 과정의 투쟁에 치중하여 매몰되고 있을 때도 도산은 늘 독립 이후까지를 내다보며 독립 국가의 운영에 필요한 인재의 필요성을 강조하였던 것이다.

그래서 장리욱에게 독립운동 과정의 구체적인 계획이나 방략에 대해 상의하거나 애써 설명해 주지는 않았으리라 추측해 볼 수 있다.

예컨대 신민회운동 당시의 청년 시절부터 도산이 일관되게 가졌던 단계별 독립운동 방략에 대해서도 장리욱은 구체적으로 언급하지 못하고 있다. 이 점은 이광수나 주요한이 그러했듯이 장리욱의 도산관이 갖는 큰 한계라 할 수 있다.

그럼에도 불구하고 그의 도산관이 춘원이나 주요한의 그것과 구분되는 것은 도산을 지성인이자 동시에 초지성인으로 보는 점에 있었다고 생각된다. 생각해 보면 합리적 근대지성이면서 동시에 그 합리성을 넘어서는 초지성이야말로 엄혹했던 한국 근대사에서 민족지도자가 아울러 갖추어야 할 필수적인 요소였다고 보이기 때문이다. 춘원이 해방 전과 후 그의 정치적 입장과 처지를 무의식적으로라도 합리화하기 위해 도산을 상당 부분 축소하고 왜곡한 데 비해 장리욱은 그런 사사로운 의도 없이 순수하게 자신의 안목과 시각에서 도산을 이해하고 표현했기 때문에 가능했다고 본다.

참고문헌

장리욱, 『나의 회고록』, 샘터, 1975.
장리욱, 『도산의 인격과 생애』, 흥사단출판부, 2010.

장리욱 연보

1895 청일전쟁(1894)이 일어나자 평안남도 강서에 거주하던 아버지 장동상과 어머니 박은상이 대동강 하류의 베기섬(碧只島)으로 피난. 이곳에서 6월 29일 장남으로 태어남.

1900 할아버지가 한약방을 하는 평안남도 안주로 이주. 이곳에서 러일전쟁을 목격.

1905 한국, 일본의 강제에 의해 보호국으로 전락.
평안남도 안주에서 선교사가 설립한 유신소학교를 다님.
유신소학교에서 전익호 선생과 동창 김화식(해방까지 평양 장시현교회 목사, 작곡가 김동진의 아버지)을 만남.

1908 장로교 선교회에서 설립한 평양 숭실학교 입학.
교장 윤산온. 곽림대(역사), 조설(한문), 뻴정쓰(서양사), 정인과(수학), 백아덕 선교사(화학), 루프스(대수, 기하), 배위랑 선교부인(생리학) 등이 교사로 재직함.
조병옥, 김화식, 이용설, 엄희안, 김극로, 한장호, 장병훈 등이 동창. 정구에 취미를 붙임.

1912 6월, 숭실학교 졸업(제9회 졸업생).

1913 9월, 일본 유학. 세이소쿠(正測)영어학교에서 일어와 영어를 공부하며 대학 입학을 준비.
월남 이상재 선생의 유학생들을 위한 강연을 감명 깊게 들음.
피아니스트 김영환, 문인 주요한, 김억, 전영택, 김동인, 이응준 등을 만남.

1914 6월, 여름방학 귀국.

1915 가세가 기울어 일본 유학을 포기.
모교인 유신소학교에서 일어를 가르치고 교회에서 청소년부 일을 맡음.

1916 9월 중추절경, 친구 최희송과 동행하여 집을 떠남.
상하이를 거쳐 미국 배 에퀘도호에 승선.
요코하마, 호놀룰루, 천사도(Angel Island)를 거쳐 12월 상순 샌프란시스코에 도착.
12월 하순, 샌프란시스코에서 배를 타고 로스앤젤레스 앞 산페드로(San Pedro) 도착.
로스앤젤레스에서 도산 안창호를 찾아 뵘.
로스앤젤레스에서 50마일 떨어진 클레어몬트(Claremont) 한인 학생 양성소 입소.

1917 4월, 미국이 1차 세계대전 참전.
클레어몬트 초등학교에서 5학년 영어와 미국 역사 수업을 들음.
한인 학생 양성소에서 한국 교포 어린이들을 위해 여름 국어 강습회를 염.
디누바(Dinuba)에 있는 포도 농장에서 여름 동안 일함.
안창호 선생과 인터뷰를 하고 흥사단에 입단.
이해 가을에서 1918년 봄까지 로스앤젤레스에 있는 YMCA에서 영어를 배우고 '스쿨보이'로 일함.

1918 11월 11일 11시, 1차 세계대전 종전.
여름 동안 시카고의 화학공장, 오하이오주 애크론의 고무공장에서 일함.
9월, 아이오와주 듀북(Dubuque)대학 입학.

1919 3·1운동 후, 총장과 교수들의 도움을 받아 듀북대학 전체 학생을 대표하여 미 국무장관 브라이언을 통해 파리 평화회의에 탄원서를 보냄.
듀북대학 한국 학생 클럽 조직.

1920 3·1운동 1주년 기념으로 한국 유학생들이 듀북대학 당국의 허락을 받아 기념행사 주최.
가을, 학업을 중단하고 동생의 여비 해결을 위해 일자리를 구하려고 디트로이트, 북가주 등 방문.
새크라멘토에서 송종익을 만나 흥사단에서 일할 것을 권고받음.
1년 반 동안 로스앤젤레스 흥사단 사무실에서 일함.

1922 가을, 듀북대학 복학.

1924 여름, 아이오와 주립대학 하기대학에서 엘리 교수의 경제학통론 수업 수강.
당시 듀북대학을 거쳐 간 한국 학생들로는 곽림대, 최윤호, 최능진, 강형섭, 김태선, 신윤국, 한훙, 최경학, 신동기, 정애경, 신줄리아, 박이근, 황창하, 이선두, 김형린 등이 있음.

1925 5월, 듀북대학 졸업.
듀북 학창 시절 스테픈스 총장과 사회심리학과 종교철학을 가르친 모어 교수의 영향을 받음.
6월, 노스웨스턴대학교에서의 강연과 학생들과의 대화를 위해 시카고를 방문한 도산 안창호 선생을 7년 만에 만남.
도산 선생과 동행하여 시카고를 출발하여 캔자스시, 콜로라도 스프링스, 솔트레이크시티, 빙햄, 샌프란시스코를 거쳐 로스앤젤레스까지 여행.
컬럼비아대학교에 입학하여 대학원 과정을 시작할 예정이었으나 도산 선생의 권고로 학업을 미룸.
1925년 여름부터 1926년까지 14개월 동안, 도산 선생을 도와 로스앤젤레스 흥사단에서 월간 『흥사단보』 발간을 포함한 흥사단의 일반 행정을 맡음.
「교육적 견지에서 관찰하는 유미 학생의 심리상 경험」(『우라키(*The Rocky*)』 제1호, 북미학생총회, 1925) 발표.

1926 뉴욕 컬럼비아대학교 사범대학원 입학(Teachers College, Columbia University).
교육철학자 존 듀이(John Dewey)의 새교육철학, 진보주의 교육 방법을 배움.

선교사이며 선천 보성여학교 교장인 서애온(Blanche I. Stevens)을 컬럼비아대학교에서 만남.

1927 6월, 컬럼비아대학교에서 교육학 석사학위 취득.

8월, 뉴욕 북장로교 선교회 본부로부터 신성중학교(평안북도 선천) 교장직을 제안 받고 수락.

1928 1월, 샌프란시스코에서 호놀룰루, 요코하마를 거쳐 귀국.

2월, 신성학교 교장 취임(1937년까지 재직).

「미국 유학생의 미국 문명에 대한 감상(설문 대답)」(『우라키』 제3호, 1928) 발표.

「유미 우리 학생들의 신앙생활 경로」(『우라키』 제3호, 1928) 발표.

1931 신성학교가 '각종학교'에서 '지정학교'로 승격.

「중등학교—실업교육? 고보교육?: 학교 선택 문제 특집, 학부형 제위 각 학교 졸업생 제군에게 이 호를 정하노라」(『동광』 18호, 1931) 발표.

1934 기부금 모집 운동을 통하여 신성 사단법인을 만들고 새 강당 겸 체육관 건축, 낙성.

1936 여름, 도산의 지원과 부탁으로 일본 모범 농촌과 농공 교육 시설 견학 시찰.

1937 5월 8일 단오절 축제날, 일경에 의해 신성학교에서 압송되어 서울 종로경찰서에 수감.

수감 중, 고등계 차석 사이가 하치로(齋賀八郎)의 주선으로 도산 안창호와 마지막 점심을 나눔.

10월 하순, 감옥에서 신성학교 교장직 사직서 제출.

11월 1일, 서대문형무소로 이감.

1938 3월 12일, 도산 안창호 선생의 부음 소식을 서대문형무소에서 들음.

9월 상순, 보석으로 풀려남.

1939 평양자동차공업주식회사 사장 취임.

1945 8월 15일, 광복

8월 16일, 평남건국준비위원회원(위원장 조만식) 참여.

8월 26일, 소련군 대부대 평양 입성.

평양자동차공업주식회사장 사직, 평남 건국준비위원회원 사임.

10월, 경성사범학교 교장으로 임명.

1946 미국 정부 초청의 한국교육사절단 일원으로 미국 교육계 시찰(3~8월).

사절단: 고황경(경기여자중학교 교장), 구영숙(의사), 김훈(농상부 총무국장), 문장욱(군정 외사과 총무), 나기호(광공부 화학국), 장리욱(경성사범학교 교장).

한국 국민을 대표하여, 미국 국민에게 전하는 뜻으로 트루먼 대통령에게 고려자기 증정.

6월, 모교 듀북대학에서 명예 법학박사 학위를 받음.

7~8월, 조지아주 밀리지빌여자대학 방문, 주정일·권진숙의 유학의 계기를 마련.

뉴올리언스의 루이지애나 주립대학을 방문하여 정범모의 유학을 주선.

8월, 경성사범학교가 서울사범대학교로 바뀌면서 서울대학교 사범대학장으로 취임.

1948 4월, 서울대학교 제3대 총장 임명.

「협력 생활을 조선 교육 목표 중의 하나로」(『새교육』 1권 3호, 1948) 발표.

1949 3월, 서울대학교 총장 사임.

문교부 장관에게 직접 사직서를 내라는 압력에도 불구하고 서울대학교 이사회에 사직서 제출.

4월부터 1950년 6월까지, 흥사단 이사장으로 활동.

1950 6·25전쟁 발발.

12월, 미 국무성의 제의로 하경덕, 오천석, 황진남, 신동기, 김영원 등 10명과 일본 도쿄로 떠남.
12월부터 1958년까지, 일본 거주.

1951 4월, 유엔군이 평양 탈환 시 차압했던 문서 번역 작업(미 국무성 의뢰) 마감.
유엔 총사령부의 의뢰로 일본 도쿄에서 5년 남짓 방송 활동(프로그램명 〈장 박사 시간〉).
〈장 박사 시간〉은 남한 동포의 정신 무장 강조 및 일반 교양 향상과 민주 국민으로서의 자질을 쌓는 데 중점을 둔 15분짜리 방송 프로그램. 이 방송 원고 중 일부를 『현실과 이상』이라는 책으로 출간(새벽사, 1958).
아시아재단과 같이 일을 하며 재일 교포를 위한 여러 사업에 재정적인 도움 주선.

- 교토의 재일 교포 주간신문 『신세계신문』 출판비 전액 보조.
- 재일 교포들의 『기독신문』 발행 경비 보조.
- 도쿄에 있는 한국 YMCA 건물과 시설 개조의 경비 전담.
- 한인 학생 육영회를 조직하여 1952년부터 약 50명에게 장학금 지급.
- 학생 월간지 『학동신문』 간행 경비 전담.
- 장학생과 기숙사생들의 여름 수련회 각종 경비 보조.
- 도쿄 교외에 육영회 이름으로 건물 구입. '화랑장'이라 명명하고 학생 14~15명 수용.

1953 미국과 일본 평화조약 체결.

1956 4월 중순, 가친 별세. 한국 정부의 방문 불허로 귀국하지 못함.
한국 대통령 선거에서 이승만 당선.

1957 「그래함 씨의 추억」(『새벽』, 1957년 2월) 발표.

1958 가을, 귀국.
흥사단 월간지 『새벽』 속간(주간 김재순, 재정 지원 풍한산업 김영구).
「제가 하는 정신」(『새벽』, 1958년 8월) 발표.
「재건사업의 기초공사」(『새벽』, 1958년 11월) 발표.
『현실과 이상: 내가 바라는 신세대의 주인공들』(새벽사, 1958) 출간.

「나의 묵상록: 사람은 언제 고상한가 또 언제 추악한가」(『사상계』 제6권 12호(통권 65호), 1958년 12월) 발표.

1959 공명선거 추진위원회 위원장으로 임명.

「도의 교육에 대하여」(『새교육』, 1959년 1월) 발표.

「인생노오트 – 궤변술의 금석(今昔)」(『사상계』 제7권 2호(통권 67호), 1959년 2월) 발표.

「자유인간과 그의 역량」(『사상계』 제7권 4호(통권 69호), 1959년 4월) 발표.

「새교육의 선구자 전익호 선생」(『새교육』, 1959년 5월) 발표.

1960 3·15선거, 4·19혁명.

7월, 무소속으로 서울 성동갑구 총선에 출마해 낙선.

10월, 주미대사로 임명.

10월, 15차 한국 옵서버 대표단의 수석대표로 유엔총회 참석.

「청년의 가슴에 불길이 일어나야 한다」(『새벽』, 1960년 1월) 발표.

「대학을 나오는 젊은이들에게」(『새벽』, 1960년 3월) 발표.

「민심구제의 길: 학자나 문인은 사회의 장식품이 아니다」(『새벽』, 1960년 6월) 발표.

「새 공화국의 마음밭」(『새벽』, 1960년 7월) 발표.

「그 날의 마음밭을 도로 찾자」(『새벽』, 1960년 10월) 발표.

「청년의 정열」(『새벽』, 1960년 10월) 발표.

「무엇을 위해서 이러느냐」(『새벽』, 1960년 11월) 발표.

1961 1월 20일, 케네디 대통령 취임식 참석.

1월 30일, 브라질 콰드로스(Quadros) 대통령 취임식 참석.

5·16 군사정변 발발.

5월 17일, 기자회견을 갖고 성명서 발표.

5월 18일, 주미대사직 사임.

여름부터 1964년 봄 귀국 전까지, 로스앤젤레스 흥사단 활동.

월간 『흥사단 소식』 발간.

1964 봄, 귀국.

「이 막다른 골목을 뚫고 나가야」(『사상계』 제12권 6호(통권 135호), 1964년 6월) 발표.

「정치 모랄을 재건하기 위하여: 정치풍토를 개선하고 새 세대로 바꾸자」(『사상계』 제12권 10호(통권 139호), 1964년 10월) 발표.

1965 「박정희 대통령에게 부치는 공개장」(『사상계』 제13권 1호(통권 142호), 1965년 1월) 발표.

「안도산 비록: 내가 지내 본 도산 이야기」(『사상계』 제13권 3호(통권 144호), 1965년 3월) 발표.

「대학과 교수와 학생: 교육 20년의 회고」(『사상계』 제13권 10호(통권 151호), 1965년 9월) 발표.

「올바른 가치관을 갖자」(『새교육』, 1965년 10월) 발표.

「원칙과 신념의 교육자(인터뷰 – 초대 총장들의 현실관)」(『사상계』 제13권 11호(통권 152호), 1965년 10월) 발표.

「대학의 혼을 곡한다: 소위 '정치교수' 파동을 보고」(『사상계』 제13권 12호(통권 153호), 1965년 11월) 발표.

1966 「교육자에게도 책임 있다: 기본자세의 문제(특집 – 한국교육 20년의 반성)」(『사상계』 제14권 2호(156호), 1966년 2월) 발표.

「인격: 철학적 인생론」(『사상계』 제14권 4호(통권 158호), 1966년 4월) 발표.

1967 「현대인과 저항」(『사상계』 제15권 2호(통권 166호), 1967년 2월) 발표.

「존 듀이 선생과 컬럼비아대학」(『새교육』, 1967년 8월) 발표.

1968 「대학의 권위」(『새교육』, 1968년 1월) 발표.

『끝없는 탐구』(문예사, 1968) 출간.

1969 「소위 '국대안 사건'의 전말」(『월간중앙』, 1969년 8월) 발표.

「한국의 아카데미즘」(『신동아』, 1969년 9월) 발표.

1970 『도산의 인격과 생애』(대성문화사, 1970) 출간.

월간 『샘터』(1970년 4월 창간) 고문.

『샘터』의 고정 수필 코너 〈인생수상〉 담당.

1972 『도산 안창호: 위대한 한국인』(태극출판사, 1972) 출간.

1975 『나의 회고록』(샘터사, 1975) 출간.

1979 『무엇인가 들려오고 있다: 장리욱 수상집』(샘터사, 1979) 출간.

1983 7월 8일, 별세.

1987 장리욱·주요한, 『나의 사랑 한반도야: 도산 안창호의 말과 얼, 그리고 삶』(흥사단출판부, 1987) 출간.

할아버님 이야기

90세가 되시던 2020년 봄, 이모님께서는 1975년에 발간되었던 외할아버님의 회고록을 간단히 영어로 번역을 해서 미국에서 자란 자녀, 손자들에게 나누어 주셨습니다.

이모님께서 회고록을 번역하시며 먼저 떠올렸던 기억은 1944년 어느 한겨울 저녁, 멀건 죽 한 그릇으로 저녁을 때우고 난 후에 외할아버님께서 식구들(외할머님, 외삼촌, 저의 어머니, 이모님)에게 옛이야기 하듯 조용조용 당신의 지난날에 대해 이야기를 해 주신 것이었다고 합니다. 1916년 평안남도 안주를 떠나 중국 상하이를 거쳐 미국에 가시던 때로 시작해 미국에서 11년간 겪으신 일들을 장장 이틀 밤에 걸쳐서 이야기해 주셨답니다. 그때가 바로 일본의 패망이 예측된 때이고 따라서 일제의 횡포가 극에 달하던 시기라 외할아버님께서는 신변의 위험을 감지하시고 당신의 지난날을 후손에게 전하고자 하셨던 것 같습니다.

저희 외할아버님께서는 1916년에 외할머님, 4살이었던 저의 외삼촌, 갓난아기인 저의 어머님과 가족을 고향에 두고 미국에 가셨다가 12년 만에 한국으로 돌아오신 후에 저의 이모님을 두셔서 두 자매의 터울이 14년입니다. 솔직히 저는 할아버님이 어떻게 그 긴 세월을 가족을 떠나 생활을 하셨으며 어떠한 미래를 꿈꾸며 지내셨는지 이해하지 못했습니다. 그러다가 이모님이 회고록을 번역하신 것을 계기로 세로로 쓰인 한자가 빼곡한 회고록을 한 자 한 자 한글로 다시 옮겨 적으며 저는 할아버님의 삶에 푹 빠져들었습니다.

할아버지께서는 아이오와주에 있는 듀북대학교에서 겸양심과 과감함을 겸비해야 한다고 강조하신 스테픈스 총장님과 인간 생활의 가치에 대한 깨달음을 주신 철학과 모어 교수님의 영향을 깊이 받았고, 컬럼비아 대학원에서는 당시 새교육철학으로 혁명을 일으키고 있던 존 듀이 교수의 가르침을 받으셨습니다. 미국 체류 중 가장 중요한 사건은 도산 안창호 선생님과의 인연이라고 할 수 있겠는데, 학업을 잠시 중단하고 흥사단 사무실의 업무도 2년여 동안 맡아 보고, 도산 선생님과 동행하여 솔트레이크시티 등 미국의 여러 곳을 돌아보는 여행을 하며 이상촌에 대한 계획도 나누는 소중한 시간들을 보내셨습니다. 회고록에는 큰 만남 외에 작지만 아름다운 인연에 대해서도 지면을 할애하셨습니다.

한국 현대사의 격변기를 사셨던 할아버님의 삶은 주어진 환경과 그에 따른 여러 가지 맡은 임무에 열정과 원칙을 가지고 대처하셨던 삶이었습니다. 회고록에서 시작했던 할아버지의 삶의 궤적을 찾는 여정은 『사상계』 등에 실린 할아버님의 글들을 살펴보게 했고 또 다른 자료들도 찾아보는 과정으로 이어졌습니다. 특히 친구 조인숙 교수가 구해서 보내 준 박의수 교수님의 논문 「장리욱의 생애와 교육사상」과 이순형 교수님의 논평은 할아버님이 공직을 떠나고 연세가 드신 후 한집에서 살 때의 소소한 일상만을 주로 기억하고 있던 저에게는 큰 놀라움이었습니다. "번뇌나 희열도 알고 보면 크게 다른 것은 없다"라는 할아버님의 말씀이 이 교수님의 일생에 큰 교훈이 되었다는 글에 감동을 받았습니다. 여러 지인들을 거친 끝에 이순형 교수님과 연락이 닿아서 이야기를 나누며 인연을 귀하게 여기시고 인격을 존중하시던 할아버님의 성품을 느낄 수 있었습니다.

혹시나 하는 마음에 모교 듀북대학교에 혹시 할아버님에 관한 기록이 있나 알아보게 되었습니다. 할아버님께서는 학창 시절은 물론 학업을 마친 후에도 모교에 남다른 애정을 가지셨습니다. 듀북대학교와의 인연은 계속되어, 1946년에는 명예 박사학위를 받으셨고, 1979년에는 자랑스러운 졸업생으로 초대되어 제가 모시고 가기도 했습니다. 작년 8월 듀북대학교 도서관에 연락을 취하여 졸업생인 할아버님에 대한 기록을 요청했더니 당시의 졸업앨범 등을 소개해 주어 그 당시의 교정, 한국 학생들의 모임 등을 사진으로 볼 수 있었습니다. 놀랍게도 이튿날에는 크리스토퍼 돌(Christopher Doll)이라는 사서 분이 할아버님에 관한 기록을 더 찾았다며 서신을 비롯한 여러 자료들을 보내 주시며, 본인이 10년 이상 한국에 체류하며 대학교에서 가르치기도 했으며 최근에 미국에 돌아왔다는, 뜻밖의 한국에 대한 인연도 이야기해 주셨습니다. 보내 주신 자료들 중에는 할아버님께서 평안북도 선천에 있는 신성학교 교장 선생님으로 취임하고 2년째가 되던, 지금으로부터 90여 년 전인 1930년 연말에 모교인 듀북대학교의 지인들에게 보내신 서신이 있었습니다. 떨리는 마음으로 열어 보니 상세한 학교 사정, 고학생들을 마음껏 도와주지 못하는 안타까운 마음이 담긴 사연과 서로 보지는 못하지만 우정은 거리와 시간을 뛰어넘는다는 애틋한 말로 매듭지은, 정이 듬뿍 담긴 편지였습니다. 이 책에 그 서한을 싣게 된 것을 보람되게 생각합니다.

한편, 할아버님께서 자신의 교육철학을 건학 이념에 조화시켜 그 어려운 시대 상황 속에서 모든 힘을 쏟아 구현시켜 나갔던 신성학교의 모습을 담은 사진이 있을까 하여 국립중앙도서관의 도서 목록을 검색하던 중 『신성학교 100년사』가 2006년에 신성학교 동창회에서 출판되었다는 것을 발견하게 되었습니다. 목차를 보니 놀랍게도 거의

100페이지가 신성학교의 발전기로, 할아버님께서 교장 선생님을 하던 시절의 이야기였습니다. 친구인 조희금 교수가 오종훈 동창회장님을 찾아뵙고 신성학교의 역사와 그 시대의 배경을 자세히 싣고 여러 방면에서 활약한 졸업생들의 활동을 적은 방대한 책을 구해서 보내 주었습니다. 이 책을 통하여 할아버님의 친구이셨던 백낙준 박사님과 저희 아버님의 친구이셨던 성악가 이성삼 선생님도 신성학교의 졸업생인 것을 알게 되었습니다.

제가 이모님께 할아버님의 회고록 재출간을 도모한다고 말씀드리니, 60년간 소중하게 간직하고 계셨던, 미국 대사로 계시던 중 5·16 군사정변이 일어나자 다음 날 미국 언론을 통해 쿠데타의 불법·부당성을 발표한 할아버님의 인터뷰 원본을 보내 주셨습니다.

평상시에도 종종 할아버님을 뵈러 오셨지만 특히 해마다 설날 아침 할아버님께 제일 먼저 신년인사를 드리러 오던 분은 김재순 아저씨와 이용자 아주머님이셨습니다. 회고록을 읽으니 두 분 인연의 시작이 김재순 아저씨가 서울 상대 학생이었을 당시 사범대학교 학장이시던 할아버님께서 겉저고리를 벗어던지고 시위를 하며 맞서던 좌익 학생들에게 호통을 치시는 모습에 감명을 받았던 때라고 합니다. 그 후로 김재순 아저씨는 할아버님과 월간『새벽』편집도 같이하시고 계속 할아버님 곁에서 끝까지 살펴 주셨습니다. 김재순 아저씨께서 월간『샘터』이사장으로 계실 때 할아버님께 회고록 집필을 적극 권하여서 책이 출간되었던 것도 이번에 알게 되었습니다. 서울에 계시는 아주머님께 전화를 드려 제가 철이 없던 탓에 할아버님이 어떤 분이었는지 제대로 몰랐었다고 늦어도 한참 늦은 후회를 한다는 말씀을 드렸더니 아주머님께서는 "요즘은 그런 분 안 계셔……"라고 하셨습니다.

저희 가족은 워싱턴 근교 버지니아주의 비엔나라는 마을에서 할

아버님의 말년 몇 해를 같은 집에서 할머님, 저의 어머니, 저의 여동생과 살았더랬습니다. 여든이 넘은 연세셨는데도 매일 아침 식사 후에는 책상 앞에 앉으셔서 글을 쓰시거나 읽는 규칙적인 생활을 하시고, 오후에는 정확히 같은 시간에 모자를 쓰고 산책을 나가셨습니다. 저의 어머니가 항상 소박하지만 정성을 다해서 할아버님의 식사를 준비해 드렸었는데 제일 즐기시던 음식은 냉면이었습니다. 저녁때는 월터 크롱카이트의 뉴스를 너무 크게 틀어 놓고 보셔서 저는 슬그머니 방을 나가곤 했습니다. 가끔 찾아오는 옛 친구 분들과 지난 일들을 생생히 기억하고 얘기를 나누며 유쾌한 시간을 가지시던 것도 생각납니다.

다른 사람의 부축받기를 싫어하셨고 저희가 모시고 건강검진을 받으러 가실 때나, 또 평소에 조금씩 즐기시던 짐빔 위스키를 사러 가는 잠시의 외출에도 항상 정갈한 옷차림을 한 멋쟁이 신사이기도 하셨습니다. 그리고 매번 가족들에게 고맙다, 수고했다는 이야기를 하셨습니다. 곁에 계실 때는 정말 할아버님이 남다른 분인 줄 몰랐었는데 이번 작업을 하면서 깨닫게 되었습니다.

『회고록』 재출판의 의의를 설명하고, 연구 자료를 찾아내고, 원고 청탁을 맡아서 하고, 출판사와 연락을 하는 등 모든 일을 발 벗고 나서서 추진한 유영미 교수가 아니었으면 할아버님의 이야기를 다시 출간하는 일은 가능하지 않았을 것입니다. 자료를 찾는 길목마다 아낌없이 도와주신 여러분들 덕분에, 신의로 평생을 사셨던 할아버님의 이야기를 할아버님께서 적으신 그대로 여러분께 다시 보이게 되었습니다. 재출간을 맡아 준 서울대학교출판문화원과 김명환 교수님께 아울러 감사 말씀드립니다.

김미혜(전 웨스트민스터 콰이어 컬리지 도서관장)